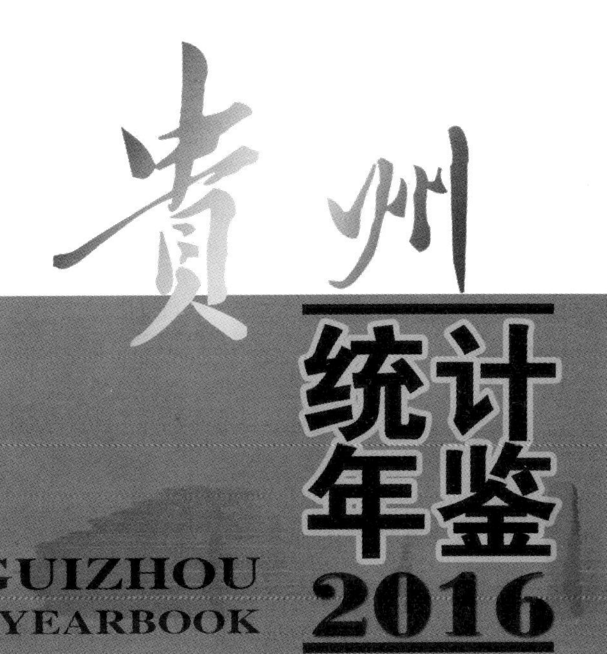

中国统计出版社
China Statistics Press

贵州省统计局 国家统计局贵州调查总队 编
Compiled by Guizhou Provincial Bureau of Statistics NBS Survey Office in Guizhou

贵州统计年鉴 2016

GUIZHOU STATISTICAL YEARBOOK

中国统计出版社
China Statistics Press

图书在版编目(CIP)数据

贵州统计年鉴. 2016 : 汉英对照 / 贵州省统计局, 国家统计局贵州调查总队编. -- 北京 : 中国统计出版社, 2016.10

ISBN 978-7-5037-7896-4

Ⅰ. ①贵… Ⅱ. ①贵… ②国… Ⅲ. ①统计资料-贵州-2016-年鉴-汉、英 Ⅳ. ①C832.73-54

中国版本图书馆 CIP 数据核字(2016)第 192273 号

贵州统计年鉴-2016

作　　者/ 贵州省统计局 国家统计局贵州调查总队
英文翻译/ 贵州财经大学贵州统计应用研究院
责任编辑/ 佘竞雄
出版发行/ 中国统计出版社
地　　址/ 北京市丰台区西三环南路甲 6 号　邮政编码/100073
电　　话/ 邮购(010)63376909　书店(010)68783171
网　　址/ http://www.zgtjcbs.com
印　　刷/ 贵州新华印务有限公司
经　　销/ 新华书店
开　　本/ 890mm×1240mm　1/16
字　　数/ 1800 千字
印　　张/ 36.5
版　　别/ 2016 年 10 月第 1 版
版　　次/ 2016 年 10 月第 1 次印刷
定　　价/ 330.00 元

本书附同版本 CD-ROM 一张,光盘内容以书面文字为准。
如有印装差错,由本社发行部调换。

编者说明

一、《贵州统计年鉴-2016》系统收录了 2015 年贵州省国民经济和社会发展等各方面统计数据,改革开放以来特别是 2011 年以来的主要统计数据,"十二五"时期贵州主要经济指标完成情况,全省各市(州)、县(市、区、特区)和全国及各省(区、市)主要统计数据,是反映贵州省情的重要工具书之一。

二、本年鉴包括 28 个部分:综合,国民经济核算,人口,就业人员和职工工资,固定资产投资,对外经济贸易,能源,财政税收,价格指数,人民生活,城市概况,资源和环境,农业,工业,建筑业,运输和邮电,批发、零售、住宿和餐饮业,旅游业,金融业,教育,科技,文化、体育和卫生,社会服务及其他,民营经济,民族自治地方,脱贫进展,市(州)、县(市、区、特区)资料,全国及各省(区、市)资料。为便于读者了解和使用统计数据,在每部分首页作简要说明,末尾附该部分主要统计指标解释。

三、本年鉴中,凡由有关部门(单位)提供的数据都在统计表下方注明了数据来源。部分指标统计范围、口径发生变化的在表下均有注释,请读者使用时注意。

四、本年鉴中部分数据合计数或相对数由于计算单位或取舍不同而产生的计算误差,均未作机械调整。

五、本年鉴表中符号使用说明:"…"表示数据不足最小计量单位,"空格"表示该统计指标数据不详或无数据,"#"表示该指标为其中项。

本年鉴在编辑、出版过程中,得到了有关部门(单位)的大力支持和帮助,在此谨致衷心感谢!

Editor's Notes

I. Guizhou Statistical Yearbook 2016 is an annual statistical publication, it system included the statistical data, which reflects comprehensively the economic and social development of Guizhou Province. It covers data for 2015, key statistical data for the years since Reform and Opening-up especially the year 2011, and Main Statistics of Province (autonomous regions, municipalities) as well as the whole country. It is a useful reference book to thoroughly know Guizhou.

II. The Yearbook contains 28 chapters: General Survey; National Accounts; Population; Employment and Wages; Investment in Fixed Assets; Foreign Trade and Economic Cooperation; Energy; Government Finance and Taxation; Price Indices; Peoples Living Conditions; General Survey of Cities; Resources and Environment; Agriculture; Industry; Construction; Transport, Postal and Telecommunication Services; Wholesale and Retail Trades; Hotel, Catering Services and Tourism; Financial Intermediation; Education, Science and Technology; Culture, Sports and Public Health; Social Services and Others; Private Economy; Minority Nationality Autonomous Areas; Economically Strong Counties; Anti-poverty Progress; Main Statistics of Prefectures and Counties; Main Statistics of Provinces (autonomous regions, municipalities) and the Whole Country; Historical Statistics. A brief description is given on the front page of each section, and explanatory Notes on Main Statistical Indicators is attached to the end of each chapter, to help the readers to use the statistical data in this book.

III. Notes are taken under the data tables in which the data are provided by relative departments (unit) In part of the statistical divisions or the caliber of the changes in table are all noted. Please pay attention when you use it.

IV. Statistical discrepancies on totals and relative figures due to rounding are not adjusted in the yearbook.

V. Notations used in the yearbook: " …" indicates that the figure is not large enough to be measured with the smallest unit in the table; " blank space" indicates that data are unknown or are not available; " #" indicates a major breakdown of the total.

Thanks for enthusiastic of many relational departments and individuals to the editing, publication and distribution of the Yearbook!

《贵州统计年鉴-2016》编辑委员会

王　彬（省工商局局长）

朱新武（省新闻出版广电局局长）

张玉广（省体育局局长）

李尚宽（省安全监管局局长）

李三旗（省旅游发展委主任）

沈　健（省粮食局局长）

叶　韬（省扶贫办主任）

宋宇峰（省食品药品监管局局长）

卢自强（省国税局局长）

赵广忠（省气象局局长）

李德明（省通信管理局局长）

王　平（人民银行贵阳中心支行党委书记）

张卫民（贵阳海关关长）

刘文新（贵阳市市长）

周　荣（六盘水市市长）

魏树旺（遵义市市长）

曾永涛（安顺市市长）

陈　晏（铜仁市市长）

桑维亮（毕节市代市长）

杨永英（黔西南州州长）

冯仕文（黔东南州州长）

向红琼（黔南州州长）

Editorial Board

Li Shangkuan:	Director of the Provincial Safety Production Supervision and Management
Li Sanqi:	Director of the Provincial Tourism Administration
Shen Jian:	Director of the Provincial Grain Administration
Ye Tao:	Director ofthe Provincial Anti-poverty Office
Song Yufeng:	Director of Guizhou province food and drug supervision bureau
Lu Ziqiang:	Director of the Provincial National Taxation Administration
Zhao Guangzhong:	Director of Guizhou Meteorological Bureau
Li Deming:	Director of Guizhou Communication
Wang Ping:	Praty Secretary of the People´s Bank of China Guiyang Branch
Zhang Weimin:	Director of Guiyang Customs of the People´s Republic of China
Liu Wenxin:	Mayor of Guiyang City
Zhou Rong:	Mayor of Liupanshui City
Wei Shuwang:	Mayor of Zunyi City
Zeng Yongtao:	Mayor of Anshun City
Chen Yan:	Mayor of Tongren City
Sang Weiliang:	Acting Deputy Mayor of Bijie City
Yang Yongying:	Chief Executive of Qianxinan Autonomous prefectare.
Feng Shiwen:	Chief Executive of Qiandongnan Autonomous prefectare.
Xiang Hongqiong:	Chief Executive of Qiannan Autonomous prefectare.

《贵州统计年鉴-2016》编辑人员

主　　　编： 任湘生　钟赛梅

副　主　编： 冯育毅　何友才　肖云慧　王文忠　董安娜　卓玛才让
彭　龙　白文英　何永东　唐晓川　杨天禄　廖金昌
刘文华　王　渝

编辑部主任： 陈应芳　刘杰

编辑部副主任： 王练练　李武星　周惠云

分 科 主 编：（按姓氏笔划为序）
王　瑛　王朝晖　邓　曼　刘　旭　刘　晴　吴　江
张小芳　张仕英　张忠跃　李青忆　李贵东　李鹤群
杨　丽　杨永彦　杨兆顺　肖　瑶　周　蓉　罗玉坤
范振新　金泽波　胡　刚　徐　锋　黄　茹　龚　勇
程大利　谢小青　廖建伟　谭春明

编 辑 人 员：（按姓氏笔划为序）
万朝晖　弋文军　王　品　王冬平　刘　娟　刘彦成
刘维炼　吕　林　孙　珊　张铃铃　李国玉　杨　娣
周　莲　胡国阳　赵世玲　赵俊琨　顾　贤　梁　希
黄　威　游涛英　董建巍

英 文 翻 译： 白万平　刘丽萍

校 对 人 员： 秦　怡

Gui Zhou Statistical rearbook-2016 Editorial staff

目 录

CONTENTS

一 综 合

General Survey

二 国民经济核算
National Accounts

三 人 口
Population

四　就业人员和职工工资
Employment and Wages

五　固定资产投资
Investment in Fixed Assets

六　对外经济贸易
Foreign Trade and Economic Cooperation

七 能 源
Energy

八 财政税收
Government Finance and Taxation

九 价格指数
Price Indices

十 人民生活
People´s Living Conditions

十一 城市概况
General Survey of Cities

十四 工 业
Industry

十五 建筑业
Construction

十六 运输和邮电
Transport, Postal and Telecommunication Services

十七 批发、零售、住宿和餐饮业
Wholesale and Retail Trades

十八 旅游业
Tourism

十九 金融业
Financial Intermediation

二十 教育
Education

二十一 科学技术 Technology

二十二 文化、体育和卫生 Culture, Sports, and Public Health

二十三 社会服务及其他 Social Services and Others

二十四　民营经济
Private Economy

二十五　民族自治地方
Minority Nationality Autonomous Areas

二十六　脱贫进展
Anti-poverty and Development

二十七 市(州)、县(市、区、特区)资料
Main Statistics of City(State,Prefecture) and County(City,District,Special Region)

二十八 全国及各省(区、市)资料
Main Statistics of Provinces(autonomous regions, municipalities) in the Whole Country

综 合

General Survey

1

简 要 说 明

一、主要内容

综合部分包括全省行政区划、法人单位数、国民经济和社会发展综合资料、“十二五”时期全省主要经济指标完成情况。

二、资料来源

“行政区划”资料，为2015年末全省行政区划变更情况，由省民政厅汇总整理并提供。

法人单位统计资料范围为所有法人单位和产业活动单位。

国民经济综合资料是本年鉴之精华，集中反映全省国民经济和社会发展的总量、速度、结构、比例和效益状况及变化。由省统计局国民经济综合统计处编辑整理。

Brief Introduction

一、Main Contents

This chapter consists of three parts: divisions of administrative areas, number of legal entities summary data on the national economy and social development, completion situation of major economic indicators during the 12th Five-Year.

二、Sources of Data

Data on divisions of administrative areas in Guizhou Province are prepared and provided by Civil Affairs Bureau is the changes in the divisions of administrative areas at the end of 2015.

Statistical coverage of legal entities is all legal entities and industrial active entities.

The summary data on the national economy reflect the overall situation of the economic and social development by presenting further processed statistics including growth, structure, ratio and efficiency data derived from other chapters, which edited by Comprehensive Department of Guizhou Provincial Bureau.

1-1 行政区划(2015)
Divisions of Administrative Areas

单位:个 (unit)

市(州)名称	City (State)	地级单位 Units at Prefectural Level	#市 Cities	县级单位 Units at County Level	县 Counties	自治县 Autonomous Counties	县级市 Cities at County Level	市辖区 Districts under the Jurisdiction of City
全省合计	**Total**	**9**	**6**	**88**	**55**	**11**	**7**	**14**
贵 阳 市	Guiyang	1	1	10	3		1	6
六盘水市	Liupanshui	1	1	4	2			1
遵 义 市	Zunyi	1	1	14	8	2	2	2
安 顺 市	Anshun	1	1	6	1	3		2
毕 节 市	Bijie	1	1	8	6	1		1
铜 仁 市	Tongren	1	1	10	4	4		2
黔西南布依族苗族自治州	Qianxinan	1		8	7		1	
黔东南苗族侗族自治州	Qiandongnan	1		16	15		1	
黔南布依族苗族自治州	Qiannan	1		12	9	1	2	

注：资料来源于省民政厅(下表同)。
Note:Date in the table are obtained from the department of civil affairs(the same applies to the next table).

1-1 续表 continued

市(州)名称	City (State)	特区 Special District	镇 Town	街道办事处 Street Communities	乡 Township	#民族乡 Ethnic Community Township	城市社区居民委员会 Neighbourhood Committees	村民委员会 Village Committees
全省合计	**Total**	**1**	**796**	**173**	**401**	**194**	**2086**	**16612**
贵 阳 市	Guiyang		45		32	18	544	949
六盘水市	Liupanshui	1	39	21	27	26	206	888
遵 义 市	Zunyi		180	29	35	8	331	1679
安 顺 市	Anshun		45	12	30	10	145	1054
毕 节 市	Bijie		118	35	110	72	208	3451
铜 仁 市	Tongren		96	26	51	38	210	2745
黔西南布依族苗族自治州	Qianxinan		83	22	23	3	126	1084
黔东南苗族侗族自治州	Qiandongnan		111	9	85	15	170	3307
黔南布依族苗族自治州	Qiannan		79	19	8	4	146	1455

1-2 各市(州)、县(市、区、特区)名称(2015)

Name of Each City(State,Prefecture) and County(City,District,Special Region)

市(州)名称 City(State)	县(市、区、特区)名称 County(City,District,Special Region)
贵阳市 Guiyang	南明区 云岩区 花溪区 乌当区 白云区 观山湖区 清镇市 开阳县 息烽县 修文县 Nanming Yunyan Huaxi Wudang Baiyun Guanshanhu Qingzhen Kaiyang Xifeng Xiuwen
六盘水市 Liupanshui	钟山区 六枝特区 盘县 水城县 Zhongshan Liuzhi Panxian Shuicheng
遵义市 Zunyi	红花岗区 汇川区 遵义县 赤水市 仁怀市 桐梓县 绥阳县 正安县 Honghuagang Huichuan Zunyi Chishui Renhuai Tongzi Suiyang Zhengan 凤岗县 湄潭县 余庆县 习水县 道真仡佬族苗族自治县 务川仡佬族苗族自治县 Fenggang Meitan Yuqing Xishui Daozhen Wuchuan
安顺市 Anshun	西秀区 平坝区 普定县 关岭布依族苗族自治县 镇宁布依族苗族自治县 Xixiu Pingba Puding Guanling Zhenning 紫云苗族布依族自治县 Ziyun
毕节市 Bijie	七星关区 大方县 黔西县 金沙县 织金县 纳雍县 赫章县 威宁彝族回族苗族自治县 Qixingguan Dafang Qianxi Jinsha Zhijin Nayong Hezhang Weining
铜仁市 Tongren	碧江区 万山区 江口县 石阡县 思南县 德江县 沿河土家族自治县 松桃苗族自治县 Bijiang Wanshan Jiangkou Shiqian Sinan Dejiang Yanhe Songtao 玉屏侗族自治县 印江土家族苗族自治县 Yuping Yinjiang
黔西南布依族苗族自治州 Qianxinan	兴义市 兴仁县 普安县 晴隆县 安龙县 望谟县 贞丰县 册亨县 Xingyi Xingren Puan Qinglong Anlong Wangmo Zhenfeng Ceheng
黔东南苗族侗族自治州 Qiandongnan	凯里市 黄平县 施秉县 三穗县 镇远县 岑巩县 天柱县 锦屏县 Kaili Huangping Shibing Sansui Zhenyuan Cengong Tianzhu Jinping 剑河县 台江县 黎平县 榕江县 从江县 雷山县 麻江县 丹寨县 Jianhe Taijiang Liping Rongjiang Congjiang Leishan Majiang Danzhai
黔南布依族苗族自治州 Qiannan	都匀市 福泉市 荔波县 贵定县 瓮安县 平塘县 罗甸县 长顺县 龙里县 惠水县 Duyun Fuquan Libo Cuiding Wengan Pingtang Luodian Changshun Longli Huishui 独山县 三都水族自治县 Dushan Sandu

1-3 法人单位数

Number of legal person units

单位：个 (unit)

指　标	Item	2011年	2012年	2013年	2014年	2015年
法人单位数	**Number of legal person units**	**116423**	**133420**	**174739**	**209858**	**265382**
按三次产业分	**Grouped by three strata Industry**					
第一产业	Primary industry	4120	9842	26764	30956	44993
第二产业	Secondary industry	20457	24323	32330	40673	51081
#工业	Industry	18020	21480	28717	35521	43383
第三产业	Tertiary industry	91846	99255	115645	138229	169308
按经济类型分	**Grouped by Registration Status**					
国有经济	State-owned Economic Units	33592	34105	28242	32066	32139
集体经济	Collective Economic Units	3541	3558	2762	3590	3696
私营经济	Private Economic Units	33243	44773	67985	88523	131101
联营经济	Joint Ownship Units	299	302	609	668	671
股份制经济	Share cooperative Units	1840	1945	1920	2360	2577
外商投资经济	Foreign Funded Units	218	225	158	218	239
港澳台商投资经济	Units with Funds from Hong Kong, Macao and Taiwan	201	194	168	218	249
其他经济	Others	43489	48318	72895	82215	94710
按机构类型分	**Grouped by Enterprises, Institutions and Agencies**					
企业	Enterprises	60595	76029	118290	147401	199132
事业单位	Institutions	21404	21702	18610	20901	21450
机关	Agencies	7216	7211	6851	7190	7271
社会团体	Social groups	3589	3785	4643	5546	6190
民办非企业单位	Private non-enterprise unit	2056	2300	2295	2701	3053
其他组织机构	Others	21563	22393	24050	26119	28286

注:2013年为第三次经济普查数据(下表同)。

Note:Data in 2013 is provided by the third economy census.

1−4　按行业分法人单位数

Number of legal person units Grouped by sector

单位：个　　　　(unit)

行业门类	Item	2011年	2012年	2013年	2014年	2015年
全省总计	**Total**	**116423**	**133420**	**174739**	**209858**	**265382**
农、林、牧、渔业	Farming、Forestry、Animal Hasbandry 、Fishery	4422	10235	27662	32131	46520
采矿业	Mining	5269	5630	5575	6917	7361
制造业	Manufacturing	11444	14525	21696	26912	33897
电力、燃气及水的生产和供应业	Production and Supply of Electricity, Heat,Gas and Water	1307	1404	1606	1877	2125
建筑业	Construction	2437	2843	3613	4967	7914
批发和零售业	Wholesale and Retail Trades	17073	19844	28354	36267	47826
交通运输、仓储和邮政业	Transport,Storage and Post	1740	1971	2679	3300	4392
住宿和餐饮业	Hotels and Catering services	1664	2144	4060	5043	8149
信息传输、软件和信息技术服务业	Information Transmission,Software and Information Technology	2136	1195	1401	1907	3042
金融业	Financial Intermediation	894	1159	1378	1761	2163
房地产业	Real Estate	5126	5660	5542	7367	8751
租赁和商务服务业	Leasing and Business Services	5622	6385	9068	12131	17043
科学研究和技术服务业	Scientific Research and Technical Services	3194	3532	4240	4756	5710
水利、环境和公共设施管理业	Management of Water Conservancy、Environment and Public Facilities	1167	1262	1223	1510	1904
居民服务、修理和其他服务业	Services to Households repairs and other Services	1770	2414	3404	4451	6403
教育	Education	9650	9869	9925	11290	12180
卫生和社会工作	Health and Social Service	4049	3926	4027	4537	4955
文化、体育和娱乐业	Culture, Sports and Entertainment	1515	2896	2854	3476	4617
公共管理、社会保障和社会组织	Public Management 、Social Security and Social Organization	35944	36526	36432	39258	40430

注：行业分类2011年按照《国民经济行业分类》(GB/T4754—2002)执行，2012年及以后按照《国民经济行业分类》(GB/T4754—2011)45执行。

Note:《classification of national economy industry》(GB/T4754-2002) was used before 2011,and 《classification of national economy industry》(GB/T4754-2011) was used after 2012.

1-5 国民经济和社会发展主要指标

指　标	Item	总量指标		
		1978	2000	2005
人口	**Population**			
年末常住人口(万人)	Total Population at the Year-end (10000 persons)	2686.40	3755.72	3730
#城镇人口	Urban Population	323.97	896.49	1002.25
乡村人口	Rural Population	2362.43	2859.23	2727.75
#男性人口	Male	1364.82	1968.00	1920.55
女性人口	Female	1321.58	1787.72	1809.45
年平均人口(万人)	Annual Average Population(10000 persons)	2663.27	3732.89	3718
就业	**Employment**			
就业人员(万人)	Year-end Employees (10000 persons)	1053.67	1866.28	1944.29
#非私营单位在岗职工人数	Staff and Workers	171.19	193.96	202.02
城镇登记失业人数（万人）	Urban Registeration Unemployment (10000 persons)		10.23	12.13
国民经济核算	**National Accounting**			
地区生产总值(亿元)	Gross Domestic Product (100 million yuan)	46.62	1029.92	2005.42
第一产业增加值	Value-added of Primary Industry	19.42	271.20	368.94
第二产业增加值	Value-added of Secondary Industry	18.73	391.20	821.16
第三产业增加值	Value-added of Tertiary Industry	8.47	367.52	815.32
人均地区生产总值(元)	Per capita GDP(yuan)	175	2759	5394
固定资产投资	**Investment in Fixed Assets**			
全社会固定资产投资(亿元)	Total Investment in Fixed Assets in the Whole Province (100 million yuan)	10.93	402.50	1018.25
消费	**Consumption**			
社会消费品零售总额(亿元)	Total Retail Sales of Consumer Goods(100 million yuan)	21.23	355.58	615.75
对外贸易	**Foreign Trade**			
进出口总额（亿美元）	Total Value of Imports and Exports(USD 100 million)	0.16	6.60	14.04
#出口额	Total Exports	0.03	4.21	8.59
利用外资	**Utilization of Foreign Capital**			
签订合同项目(个)	Projects of Agreements and Contracts(unit)		59	61
实际利用外资金额(万美元)	Foreign Capital Actually Absorbed(USD 10000)	※148	19545	19568
财政	**Government Finance**			
财政总收入(亿元)	Total Financial Revenue(100 million yuan)	14.20	153.04	366.16
#一般公共预算收入(亿元)	Local Financial Revenue (100 million yuan)	6.26	85.23	182.50
一般公共财政支出(亿元)	Financial Expenditure (100 million yuan)	12.30	201.57	520.73
价格指数(上年=100)	**Price Indices(preceding year=100)**			
居民消费价格总指数	Consumer Price Index	100.3	99.5	101.0
商品零售价格总指数	Retail Price Index	100.3	97.3	101.3
农业生产资料价格总指数	General Price Index of Means of Agricultural Production	△102.1	100.6	110.2
工业生产者出厂价格指数	Ex-Factory Price Index of Industrial Producer		100.4	107.2
工业生产者购进价格指数	Purchasing Price Index of Industrial Producer		102.9	107.4

National Economic and Social Development Indicators

Aggregate Indicators			增长速度（%） Indices and Growth Rates (%)							
			2015年比以下各年增长 Increase Rate in 2015 over the Following years					平均增长速度 Average Annual Growth Rate		
2010	2014	2015	1978	2000	2005	2010	2014	1979–2015	2001–2015	2011–2015
3479	3508.04	3529.50	31.4	-6.0	-5.4	1.5	0.6	0.7	-0.4	0.3
1176.25	1403.57	1482.74	357.7	65.4	47.9	26.1	5.6	4.2	3.4	4.7
2302.75	2104.47	2046.76	-13.4	-28.4	-25.0	-11.1	-2.7	-0.4	-2.2	-2.3
1797.43	1817.91	1820.63	33.4	-7.5	-5.2	1.3	0.1	0.8	-0.5	0.3
1681.57	1690.13	1708.87	29.3	-4.4	-5.6	1.6	1.1	0.7	-0.3	0.3
3508	3505	3518.77	32.1	-5.7	-5.3	0.3	0.4	0.8	-0.4	0.1
1770.90	1909.69	1946.65	84.7	4.3	0.1	9.9	1.9	1.7	0.3	1.9
210.67	278.63	277.62	62.2	43.1	37.4	31.8	-0.4	1.3	2.4	5.7
12.18	14.09	14.49		41.6	19.5	19.0	2.8		2.3	3.5
4602.16	9266.39	10502.56	3453.5	435.4	226.6	80.3	10.7	10.5	11.8	12.5
625.03	1280.45	1640.61	478.1	99.2	66.3	32.0	6.5	4.9	4.7	5.7
1800.06	3857.44	4147.83	6002.4	540.1	256.5	96.5	11.4	12.4	13.2	14.5
2177.07	4128.50	4714.12	7376.8	569.1	271.5	80.1	11.1	12.9	13.5	12.5
13119	26437	29847	2640.4	468.8	245.3	79.6	10.3	9.6	12.0	12.4
3186.28	9025.75	10945.54					21.3			28.6
1531.64	2936.85	3283.02	15364.1	823.3	433.2	114.3	11.8	14.6	16.0	16.5
31.47	107.71	122.21	74191.8	1751.6	770.3	288.4	13.5	19.6	21.5	31.2
19.20	93.97	99.49	348987.7	2265.4	1057.9	418.1	5.9	24.7	23.5	39.0
42	172	187		216.9	206.6	345.2	8.7		8.0	34.8
34026	213053	262747		1244.3	1242.7	672.2	23.3		18.9	50.5
969.57	2130.90	2291.82	16039.6	1397.5	525.9	136.4	7.6	14.7	19.8	18.8
533.73	1366.67	1503.38	23915.7	1663.9	723.8	181.7	10.0	16.0	21.1	23.0
1631.48	3542.80	3939.50	31928.5	1854.4	656.5	141.5	11.2	16.9	21.9	19.3
102.9	102.4	101.8								
103.0	101.2	100.1								
101.1	99.0	103.1								
104.7	98.3	96.1								
109.8	98.6	97.5								

1-5 续表1

指标	Item	总量指标 1978	2000	2005
能源生产与消费	**Total Production and Consumption of Energy**			
一次能源生产总量（万吨标准煤）	Total Production of Primary Energy(10000 tons of SCE)	1204.51	3288.83	7957.07
能源消费总量(万吨标准煤)	Total Energy Consumption(10000 tons of SCE)	674.50	4278.60	5641.25
农业	**Agriculture**			
主要农产品产量(万吨)	Output of Major Farm Products(10000 tons)			
粮 食	Grain	643.36	1161.30	1152.06
油 料	Oil-bearing Crops	9.89	74.34	84.89
#油菜籽	Rapeseed	7.34	66.20	76.51
烤 烟	Flue-cured Tobacco	8.11	31.09	34.45
肉类总产量	Meat	12.80	124.06	187.01
水产品	Aquatic Products	0.37	6.24	9.46
工业	**Industry**			
规模以上工业企业	Industrial Enterprises above Designated Size			
增加值（亿元）	Added Value(100 million yuan)		216.99	585.85
#轻工业	Light Industry		82.16	177.19
重工业	Heavy Industry		134.83	408.66
主营业务收入(亿元)	Revenue from Principal Business(100 million yuan)		593.80	1577.16
利税总额(亿元)	Total Profits(100 million yuan)		87.44	232.49
主要工业产品产量	Output of Major Industrial Products			
发电量(亿千瓦小时)	Electricity(100 million kwh)	41.43	404.70	786.78
电解铝(万吨)	Aluminum(10000 tons)	2.32	27.19	41.99
成品钢材(万吨)	Rolled Steel(10000 tons)	4.95	150.93	214.85
水泥(万吨)	Cement(10000 tons)	130.93	783.88	1557.97
磷矿石(万吨)	Phosphorite(10000 tons)	169.02	588.70	878.79
茅台酒(吨)	Mao-Tai Chiew(ton)	1067	5397	8885
卷烟(万箱)	Cigarettes(10000 cases)	31.60	187.40	208.21
建筑业	**Construction**			
建筑业总产值(亿元)	Gross Output Value of Construction(100 million yuan)	4.40	109.06	271.23
房屋建筑施工面积(万平方米)	Floor Space of Buildings under Construction(10000 sq.m)	313	1792	3153
房屋建筑竣工面积(万平方米)	Floor Space of Buildings Completed(10000 sq.m)	164	824	1150
交通运输业	**Transportation**			
运输线路长度(公里)	Length of Transportation Routes(km)			
铁路营业里程	Length of Railways	1365	1641	1986
公路线路里程	Length of Highways in Operation	25954	34643	46893
客运量(万人)	Passenger Traffic(10000 persons)	3294	53032	64450
旅客周转量(亿人公里)	Passenger-Kilometers(100 million passenger-km)	25.50	238.36	312.40
货运量(万吨)	Freight Traffic(10000 tons)	3467	15615	21771
货物周转量(亿吨公里)	Freight Ton-Kilometers(100 million ton-km)	79.60	404.07	646.55

continued

Aggregate Indicators			增长速度（%） Indices and Growth Rates (%)							
			2015年比以下各年增长 Increase Rate in 2015 over the Following years					平均增长速度 Average Annual Growth Rate		
2010	2014	2015	1978	2000	2005	2010	2014	1979–2015	2001–2015	2011–2015
13100.00	15136.11	15061.47	1150.4	358.0	89.3	15.0	-0.5	7.1	10.7	2.8
8175.43	9708.78	9948.48	1374.9	132.5	76.4	21.7	2.5	7.5	5.8	4.0
1112.30	1138.50	1180.00	83.4	1.6	2.4	6.1	3.6	1.7	0.1	1.2
60.34	98.05	101.34	924.7	36.3	19.4	68.0	3.4	6.5	2.1	10.9
51.62	86.69	89.03	1112.9	34.5	16.4	72.5	2.7	7.0	2.0	11.5
37.02	35.34	32.93	306.0	5.9	-4.4	-11.0	-6.8	3.9	0.4	-2.3
179.09	201.80	201.94	1477.7	62.8	8.0	12.8	0.1	7.7	3.3	2.4
8.79	20.99	24.98	6651.4	300.3	164.1	184.2	19.0	12.1	9.7	23.2
1227.17	3117.60	3542.03		712.6	278.1	95.4	9.9		15.0	14.3
413.99	1185.13	1374.19		656.0	273.0	96.4	8.3		14.4	14.5
813.18	1932.47	2167.84		727.7	281.4	95.2	10.9		15.1	14.3
3926.01	8655.87	9876.81		1563.3	526.2	151.6	14.1		20.6	20.3
671.39	1310.38	1460.84		1570.7	528.3	117.6	11.5		20.6	16.8
1358.69	1682.27	1740.92	4102.1	330.2	121.3	28.1	3.5	10.6	10.2	5.1
88.79	65.21	85.52	3586.2	214.5	103.7	-3.7	31.1	10.2	7.9	-0.7
391.04	552.39	463.04	9254.3	206.8	115.5	18.4	-16.2	13.1	7.8	3.4
3694.84	9386.89	9909.52	7468.6	1164.2	536.1	168.2	5.6	12.4	18.4	21.8
1579.21	3397.42	4323.10	2457.7	634.3	391.9	173.8	27.2	9.2	14.2	22.3
12911	18319	22373	1996.8	314.5	151.8	73.3	22.1	8.6	9.9	11.6
239.24	258.36	252.34	698.5	34.7	21.2	5.5	-2.3	5.8	2.0	1.1
622.96	1640.24	1947.74	44166.8	1685.9	618.1	212.7	18.7	17.9	21.2	25.6
5756	13890	16770	5264.5	835.6	431.9	191.3	20.7	11.4	16.1	23.8
1350	2801	3194	1848.3	287.6	177.9	136.6	14.0	8.4	9.5	18.8
2002	2373	2810	105.9	71.2	41.5	40.4	18.4	2.0	3.7	7.0
151644	179079	186407	618.2	438.1	297.5	22.9	4.1	5.5	11.9	4.2
97793	86572	87541								
514.41	635.50	658.23								
40310	85673	84539								
1012.20	1442.24	1379.00								

1-5 续表2

指 标	Item	总量指标		
		1978	2000	2005
邮电通信业	**Post and Telecommunication**			
邮政业务总量（亿元）	Business Volume of Post (100 million yuan)			
邮路总长度(公里)	Number of Postal Routes(km)		63538	64926
函件(万件)	Number of Letters(10000 pcs)	3880	6943	5728
交换机容量(万门)	Capacity of Telephone Exchanges(10000 lines)	8.95	260.46	1369.55
年末固定电话用户(万户)	Number of Telephones Subscribers at the Year-end (10000 subscribers)	3.80	153.70	466.49
移动电话用户(万户)	Number of Mobile Telephones Subscribers(10000 subscribers)		79.70	509.42
互联网宽带接入端口(万个)	Number of Subscribers of Internet Service(10000 subscribers)			51.21
旅游业	**Tourism**			
旅游总人数(万人次)	Total Number of Visitors(10000 persons)		1980	3099
#入境旅游人数	Number of International Tourists Inbound		18.39	27.62
旅游总收入(亿元)	Total Tourism Income(100 million yuan)		57.95	242.83
#国际旅游外汇收入(万美元)	International Earnings from Tourism (USD 10000)		6092	10141
金融业	**Financial Intermediatio**			
全部金融机构人民币各项存款余额(亿元)	Total Savings Deposit Balancen(100 million yuan)	18.05	1106.64	2777.54
#个人储蓄存款	Savings Deposit	1.84	539.49	1350.90
全部金融机构人民币各项贷款余额(亿元)	Total Loan Balance (100 million yuan)	21.62	1064.82	2303.93
教育	**Education**			
专任教师数	Full-time Teachers			
普通高等学校(万人)	Regular Institutions of Higher Education (10000 persons)	0.28	0.72	1.44
普通中学(万人)	Regular Secondary Schools (10000 persons)	5.42	8.12	12.27
小学(万人)	Primary Schools(10000 persons)	15.59	17.48	18.37
在校学生数	Students Enrollmen			
普通高等学校(万人)	Regular Institutions of Higher Education (10000 persons)	1.33	7.55	20.68
普通中学(万人)	Regular Secondary Schools(10000 persons)	137.17	157.20	254.96
小学(万人)	Primary Schools(10000 persons)	423.60	500.21	473.76
小学学龄儿童入学率(%)	Enrollment Rate of School-age Children (%)	89.5	98.5	98.3
文化	**Culture**			
图书总印数(万册)	Number of Books Printed Copies (10000 copies)	5842	10289	9993
杂志总印数(万册)	Number of Magazines Printed Copies(10000 copies)	69	994	1349
报纸总印数(万份)	Number of Newspapers Printed Copies(10000 copies)	11930	28799	35172
家庭	**Household**			
城镇居民平均每户常住家庭人口(人)	Average Persons Per Urban Household(person)	5.41	3.11	3.06
农村居民平均每户常住人口(人)	Average Persons Per Rural Household(person)	5.80	4.52	4.40
婚姻	**Marital**			
准予登记结婚(万对)	Marriage Registration Permitted(10000 households)	△7.02	28.02	21.13
离婚人数(万人)	Divorce(10000 persons)	△0.38	1.54	8.21
居住	**Residence**			
城镇人均住宅建筑面积(平方米)	Per Capita Building Space in Urban Areas(sq.m)	5.45	17.60	26.40
农村居民人均年末使用房屋面积(平方米)	Per Capita Living Space in Rural Areas(sq.m)		19.75	23.50
收入	**Income**			
城镇常住居民人均可支配收入(元)	Per Capita Annual Disposable Income of Urban Households (yuan)	261	5121	8147
农村常住居民人均可支配收入(元)	Per Capita Annual Net Income of Rural Residents(yuan)	109	1374	1877

continued

Aggregate Indicators			增长速度 (%) Indices and Growth Rates (%)							
			2015年比以下各年增长 Increase Rate in 2015 over the Following years					平均增长速度 Average Annual Growth Rate		
2010	2014	2015	1978	2000	2005	2010	2014	1979–2015	2001–2015	2011–2015
15.50	27.75	33.77				117.9	21.7			16.9
96174	164841	187688		195.4	189.1	95.2	13.9		7.5	14.3
5939	3809.37	3795.23	-2.2	-45.3	-33.7	-36.1	-0.4	-0.1	-3.9	-8.6
3673.01	5671.60	5545.40	61859.8	2029.1	304.9	51.0	-2.2	19.0	22.6	8.6
432.61	339.10	312.50	8123.7	103.3	-33.0	-27.8	-7.8	12.7	4.8	-6.3
1964.40	3059.85	3172.30		3880.3	522.7	61.5	3.7		27.8	10.1
231.69	668.40	916.68			1690.0	295.6	37.1			31.7
12913.02	32134.94	37630.01		1800.5	1114.3	191.4	17.1		21.7	23.9
50.01	85.50	94.09		411.6	240.7	88.1	10.0		11.5	13.5
1061.23	2895.98	3512.82		5961.8	1346.6	231.0	21.3		31.5	27.0
12958	21671	20111.94		230.1	98.3	55.2	-7.2		8.3	9.2
7363.92	15263.26	19438.64	107593.3	1656.5	599.9	164.0	27.4	20.8	21.1	21.4
3244.99	6620.56	7394.86	401794.6	1270.7	447.4	127.9	11.7	25.1	19.1	17.9
5747.53	12368.30	15051.94	69520.4	1313.6	553.3	161.9	21.7	19.4	19.3	21.2
2.04	2.81	3.05	1008.4	321.5	112.6	49.9	8.6	6.7	10.1	8.4
14.31	17.20	17.99	231.7	121.6	46.6	25.7	4.6	3.3	5.4	4.7
19.79	19.29	19.35	24.1	10.7	5.4	-2.2	0.3	0.6	0.7	-0.4
32.33	46.04	50.09	3666.0	563.4	142.3	54.9	8.8	10.3	13.4	9.2
276.75	301.10	295.86	115.7	88.2	16.0	6.9	-1.7	2.1	4.3	1.3
433.50	346.31	346.31	-18.2	-30.8	-26.9	-20.1	0.0	-0.5	-2.4	-4.4
97.9	99.1	99.5	11.2	1.1	1.2	1.6	0.4	0.3	0.1	0.3
8069	10099	9636	64.9	-6.3	-3.6	19.4	-4.6	1.4	-0.4	3.6
1300	1523	1756	2444.9	76.7	30.2	35.1	15.3	9.1	3.9	6.2
37004	36409	33375	179.8	15.9	-5.1	-9.8	-8.3	2.8	1.0	-2.0
3.03	3.01	3.05	-43.6	-1.9	-0.3	0.7	1.3	-1.5	-0.1	0.1
4.34	3.49	3.53	-39.1	-21.9	-19.8	-18.7	1.1	-1.3	-1.6	-4.0
37.51	43.72	49.26		75.8	133.2	31.3	12.7		3.8	5.6
12.79	19.14	21.68		1305.5	164.1	69.4	13.3		19.3	11.1
27.42	36.58	36.37	567.3	106.6	37.8	32.6	-0.6	5.3	5.0	5.8
27.26	31.61	32.33		63.7	37.6	18.6	2.3		3.3	3.5
14143	22548	24580	1232.9	234.1	124.5	51.0	7.4	7.3	8.4	8.6
3472	6671	7387	969.1	244.1	172.4	74.1	10.5	6.6	8.6	11.7

1-5 续表3

指 标	Item	总量指标		
		1978	2000	2005
社会保险	**Social Insurance**			
社会保险基金收入(亿元)	Revenue of Social Insurance Fund (100 million yuan)		22.87	57.34
社会保险基金支出(亿元)	Expenses of Social Insurance Fund (100 million yuan)		23.41	53.78
参加城镇职工基本养老保险人数(万人)	Number of Urban Employees Basic Pension Insurance (million persons)		165.42	183.67
参加失业保险人数(万人)	Number of Unemployment Insurance (million persons)		131.33	129.30
卫生	**Health Care**			
医院、卫生院(个)	Number of Hospitals and Health Centers(unit)	4510	1878	1843
执业(助理)医师(万人)	Number of Licensed (Assistant) Doctors (10000 persons)	2.12	4.57	3.55
医院、卫生院床位数(万张)	Number of Beds(10000 beds)	3.75	5.51	5.84
城市市政建设	**City Construction**			
供水总量(万立方米)	Volume of Tap Water Supply(10000 cu.m)	5389	45693	63705
城市排水管道长度(公里)	Length of Sewer Pipelines(km)	214	1665	4313
出租汽车(辆)	Taxi(unit)	☆33	7352	12386
年末公共交通运营车辆数(辆)	Number of Public Vehicles under Operation at Year-end (Buses and Trolley Buses, etc.)(unit)	●326	●4144	5814
年末实有道路长度(公里)	Length of Paved Roads at Year-end(km)	184	1679	3518
城市园林绿地面积(公顷)	Area of Parks and Green Land (hectare)	1037	9939	31161
环境	**Environment**			
环保资金投入(亿元)	Environment Protection Investment(100 million yuan)	☆0.17	10.98	33.26
环境污染事故(起)	Accident of Environment Pollution(unit)			28
火灾、交通事故	**Basic Statistics on Fires and Traffic Accidents**			
火灾发生数(起)	Number of Fires(case)	2501	1608	2299
直接财产损失(万元)	Losses Converted into Cash(10000 yuan)	1734.21	2814.70	1078.50
交通事故发生数(起)	Number of Traffic Accidents(case)	3104	2593	3315
损失折款(万元)	Losses Converted into Cash(10000 yuan)	236.07	1899.62	2507.06

注：1.年末常住人口及分项指标1978、2000年为常住一年口径。2.规模以上工业统计口径2000—2010年为年主营业务收入500万元及以上的工业企业，2011年起为年主营业务收入2000万元及以上工业企业(以下相关表同)。茅台酒产量从2005年起按包装量统计。3.全社会固定资产投资统计口径2010年为计划总投资50万元及以上固定资产项目投资、房地产开发投资及农村农户投资，2011年起为计划总投资500万元及以上固定资产项目投资、房地产开发投资及农村农户投资(以下相关表同)。4.由于交通运输部对公路、水运运输量统计方案进行调整，2013年相关数据统计口径发生变化，相同指标数据与以往年份不可比(下表同)。5.本表速度指标中，地区生产总值、工业增加值和城乡居民收入及分项指标均按可比价格计算。6.工业生产者出厂价格指数2010年及以前为全部工业品出厂价格指数，工业生产者购进价格指数2010年及以前为全部原材料、燃料、动力价格指数，统计口径不变。7.储蓄存款2010年及以前为城乡居民储蓄存款(以下相关表同)。8.农村常住居民人均可支配收入2013年及以前为农民人均纯收入。9."△"为1979年数据；"☆"为1981年数据；"●"为"标台"。

continued

Aggregate Indicators			增长速度(%) Indices and Growth Rates (%)							
			2015年比以下各年增长 Increase Rate in 2015 over the Following years					平均增长速度 Average Annual		
2010	2014	2015	1978	2000	2005	2010	2014	1979–2015	2001–2015	2011–2015
201.56	386.81	463.97		1929.0	709.2	130.2	19.9		22.2	18.1
151.41	319.42	362.85		1449.8	574.7	139.6	13.6		20.0	19.1
257.31	361.45	392.09		137.0	113.5	52.4	8.5		5.9	8.8
152.48	191.86	205.31		56.3	58.8	34.6	7.0		3.0	6.1
2005	2612	2631	-41.7	40.1	42.8	31.2	0.7	-1.4	2.3	5.6
4.22	5.78	6.34	198.7	38.8	78.5	50.4	9.7	3.0	2.2	8.5
9.75	17.84	18.53	393.7	236.0	217.3	90.1	3.9	4.4	8.4	13.7
63572	79789	85454	1485.7	87.0	34.1	34.4	7.1	7.8	4.3	6.1
5507	8856	9529	4352.7	472.3	120.9	73.0	7.6	10.8	12.3	11.6
15087	24394	25697		249.5	107.5	70.3	5.3		8.7	11.2
4984	7355	7889			35.7	58.3	7.3			9.6
4081	6325	7014	3711.4	317.7	99.3	71.8	10.9	10.3	10.0	11.4
45500	71048	73980	7034.0	644.3	137.4	62.6	4.1	12.2	14.3	10.2
89.52	175.25	161.16		1367.8	384.5	80.0	-8.0		19.6	12.5
4	3	9			-67.9	125.0	200.0			17.6
1630	4221	3483	39.3	116.6	51.5	113.7	-17.5	0.9	5.3	16.4
4416.80	17667.00	6538.00	277.0	132.3	506.2	48.0	-63.0	3.7	5.8	8.2
1764	1145	1035	-66.7	-60.1	-68.8	-41.3	-9.6	-2.9	-5.9	-10.1
1208.00	1282.45	1198.95	407.9	-36.9	-52.2	-0.7	-6.5	4.5	-3.0	-0.2

Note:1.As to permanent population at the year-end and subitems in this table,the year 1978 and 2000 refer to permanent population in one year scope. 2.The scale above ind ustrial enterprises statistics was the industrial of main business income of 5 million yuan and above in 2000 to 2010. And from 2011, it is the industrial of main business income of 20 million yuan and above(The relative tables in this chapter are the same). 3.In 2010, data in the table referred to those projects that planned to invest 500,000 yuan at least in investment in fixed assets, real estate development and rural household investment. From 2011,the statistical coverage has referred to those projects that planned to invest 5000,000 yuan at least in investment in fixed assets, real estate development and rural household investment(The relative tables in the chapter are the same). 4.Because the statistics schemes of highway, waterway transport volume are adjusted by the Ministry of Transport of the People's Republic of China, the correlation data statistics caliber changes for 2013, the same indicators can not compare with previous years (the same applies to the next table). 5.As to growth rates in the table,GDP, value-added of industry, per capita annual disposable income of urban households and per capita annual net income of rural residents and their sub items were calculated at constant price. The average annual growth rate of total inve stment in fixed assets in the whole province and its sub items were calculated by accumulation method. 6.The year 2010 and before, Ex-Factory price index of industrial product refere to the ex-factory price index of the whole industrial products and purchasing price index of industrial producer refer to the price index of the whole raw materials, fuels and power. The statistics caliber isn't changed. 7.The year 2010 and before,savings deposit refer to resident savings deposit of urban and rural(The relative tables in this chapter are the same). 8.Ruralpermanent residents's disposable income in 2013 and before was per capita net income of farms. 9.Data with "△" refer to the year 1979, with "☆" refer to the year 1981, with "※" refer to the year 1985, and with "●" refer to standard unit.

1-6 国民经济和社会发展主要指标结构

Composition Indicators on National Economic and Social Development

单位：% (%)

指 标	Item	2011	2012	2013	2014	2015
人口	**Population**					
城镇、乡村	Grouped by Urban and Rural Area					
城 镇	Urban Population	35.0	36.4	37.8	40.0	42.0
乡 村	Rural Population	65.0	63.6	62.2	60.0	58.0
性别	Grouped by Sex					
男性	Male	51.9	52.2	52.0	51.8	51.6
女性	Female	48.1	47.8	48.0	48.2	48.4
就业人员	**Employment**					
第一产业	Primary Industry	66.6	65.1	63.3	61.3	59.7
第二产业	Secondary Industry	12.0	13.0	14.2	15.3	16.2
第三产业	Tertiary Industry	21.3	21.8	22.5	23.4	24.1
国民经济核算	**National Accounting**					
地区生产总值	GDP					
第一产业增加值	Value-added of Primary Industry	12.7	13.0	12.3	13.8	15.6
第二产业增加值	Value-added of Secondary Industry	38.5	39.1	40.5	41.6	39.5
第三产业增加值	Value-added of Tertiary Industry	48.8	47.9	47.2	44.6	44.9
投资	**Investment in Fixed Assets**					
全社会固定资产投资	Structure of Total Investment in Fixed Assets in the Whole Province					
#中央	Central	8.2	6.8	6.7	6.7	5.5
地方	Local	91.8	93.2	93.3	93.2	94.5
#国有经济	State-owned Economic Unit	47.0	44.3	44.5	46.2	49.5
非国有经济	Non-State-owned Economic Unit	53.0	55.7	55.5	53.8	50.5
资金来源结构	Grouped by Source of Funds					
国家预算内资金	State Budgetary Appropriation	10.7	8.6	6.8	6.5	7.8
国内贷款	Domestic Loans	16.1	15.3	11.9	11.9	13.2
利用外资	Foreign Investment	0.3	0.2	0.2	0.3	0.1
自筹资金	Self-raising Funds	49.6	52.5	55.8	57.3	55.9
其他资金	Others	23.4	23.4	25.4	24.1	23.0
对外贸易	**Foreign Trade**					
出 口	Total Exports	61.1	74.7	83.1	87.2	81.4
进 口	Total Imports	38.9	25.3	16.9	12.8	18.6
财政	**Government Finance and Tax**					
一般公共预算收入	General Public Financial Budget Revenue					
省 级	Provincial Level	21.4	17.7	17.5	18.3	18.3
市 级	Prefectural Level	21.9	20.2	20.6	20.9	20.5
县 级	County level	45.7	51.2	52.2	50.1	51.4
乡 级	Township Level	11.0	10.9	9.8	10.7	9.8

1-6 续表1 continued

单位：% (%)

指　　标	Item	2011	2012	2013	2014	2015
能源	**Energy**					
一次能源生产总量	Structure of Total Energy Production					
原　煤	Coal	91.4	88.8	89.4	85.5	82.1
水　电	Hydro-power	8.6	11.2	10.6	14.4	17.7
能源终端消费总量	Structure of Total Energy Consumption					
#原　煤	Coal	48.8	48.0	38.2	37.9	42.6
天然气	Natural Gas	0.6	0.7	1.3	1.3	1.6
电　力	Electricity	33.2	33.1	37.4	37.1	35.4
农业	**Agriculture**					
农林牧渔业增加值	Structure of Value-added of FFAFS					
农　业	Farming	59.3	62.9	62.6	64.7	64.0
林　业	Forestry	4.4	4.2	4.6	5.2	5.4
畜牧业	Animal Husbandry	30.7	27.5	27.2	25.2	24.3
渔　业	Fishery	1.8	2.0	2.3	2.2	2.1
农林牧渔服务业	FFAF Seryices	3.8	3.4	3.2	2.7	4.2
工业	**Industry**					
规模以上工业增加值	In the Industrial Enterprises above Designated Size					
#轻工业	Light Industry	32.7	37.6	38.3	38.0	38.8
重工业	Heavy Industry	67.3	62.4	61.7	62.0	61.2
#大型企业	Large Industry	37.2	44.0	43.8	38.7	33.8
中型企业	Medium-sized Industry	23.9	26.2	29.9	29.3	25.3
小型企业	Small Industry	36.6	29.2	26.0	31.5	40.3
建筑业	**Construction**					
建筑业总产值	Structure of Gross Output Value of Construction					
国有及国有控股	State-owned	79.9	82.7	80.8	77.1	76.9
非国有经济	Non-state-owned	20.1	17.3	19.2	22.9	23.1
交通运输业	**Transportation**					
货运量	Structure of Freight Traffic					
铁　路	Railways	16.1	12.6	8.9	7.4	6.8
公　路	Highways	81.7	85.3	89.5	91.0	91.5
水　运	Waterways	2.2	2.1	1.6	1.6	1.7
客运量	Structure of Passenger Traffic					
铁　路	Railways	3.3	2.7	5.2	5.1	5.6
公　路	Highways	94.9	95.6	92.7	92.7	92.1
水　运	Waterways	1.8	1.7	2.1	2.2	2.3
旅游业	**Tourism**					
来黔涉外旅游人数	Structure of Tourists Visiting Guizhou					
外 国 人	Foreigners	40.4	43.1	41.1	42.0	42.3
港澳同胞	Compatriots from Hong Kong and Macao	28.9	29.6	29.5	28.7	28.8
台湾同胞	Compatriots from Taiwan	30.7	27.3	29.3	29.3	28.9
金融业	**Financial Intermediation**					
金融机构人民币各项存款余额	Structure of Total Savings Deposit Balance					
#财政存款	Treasury Deposit	5.1	3.9	3.2	3.5	3.9
个人储蓄存款	Personal Savings Deposit	45.0	45.6	44.6	43.4	38.0

1-6 续表2 continued

单位：% (%)

指 标	Item	2011	2012	2013	2014	2015
金融机构人民币各项贷款余额	Structure of Total Loan Balance					
#短期贷款	Short-Term Loan	18.9	21.1	22.2	22.7	20.9
中长期贷款	Middle-Term & Long-Term Loan	79.5	77.4	76.8	76.0	77.6
教育(学历教育口径)	**Education**					
在校学生	Structure of Students Enrollment					
#高等教育阶段	Higher Education	5.6	6.4	7.1	7.8	8.3
高中阶段	Senior Secondary Schools	13.8	15.3	17.7	19.5	20.6
初中阶段	Junior Secondary Schools	27.7	27.9	27.9	27.2	25.8
小学阶段	Primary Schools	52.9	50.4	47.2	45.5	45.2
专任教师	Structure of Full-time Teachers					
#高等教育阶段	Higher Education	5.9	5.9	6.5	7.0	7.3
高中阶段	Senior Secondary Schools	12.7	13.9	15.5	16.8	17.5
初中阶段	Junior Secondary Schools	29.4	29.4	29.2	29.2	29.3
小学阶段	Primary Schools	52.1	50.8	48.8	47.1	45.8
人民生活	**People's Living Conditions**					
城镇居民消费性支出	Consumption Structure of Urban Residents					
#食品类	Food	40.2	39.7	35.9	34.9	34.0
衣着类	Clothing	10.7	11.1	10.2	8.2	8.0
居 住	Residence	9.7	8.1	10.9	15.9	17.7
家庭设备用品及服务	Household Facilities,Articles and Services	7.6	6.8	7.9	7.1	6.4
医疗保健	Medicines and Medical Services	5.1	5.2	4.6	6.1	5.2
交通和通信	Transport and Communications	12.3	15.0	13.6	12.3	13.3
教育文化娱乐服务	Education, Cultural and Recreation Services	11.7	11.1	14.2	13.6	13.7
农村居民生活消费支出	Consumption Structure of Rural Residents					
#食品类	Food	47.6	44.6	43.0	41.7	39.8
衣着类	Clothing	5.4	5.8	5.4	5.7	5.3
居 住	Residence	18.5	19.4	20.7	20.1	20.4
家庭设备、用品及服务	Household Facilities,Articles and Services	5.6	5.4	5.7	5.9	5.7
医疗保健	Medicines and Medical Services	7.1	7.2	6.4	6.2	6.8
交通和通信	Transport and Communications	8.8	9.5	10.3	10.7	11.8
文教、娱乐、用品及服务	Recreation,Education and Cultural Articles and Services	5.3	5.8	6.4	8.1	8.8
卫生	**Health Care**					
卫生机构床位数	Structure of Beds of Health Care Institutions					
#医院、卫生院	Hospitals and Health Centers	91.9	95.0	95.4	95.8	95.3
卫生技术人员	Medical Technical Personnels					
#执业(助理)医师	Licensed(Assistant) Doctors	39.2	37.9	35.7	34.0	33.9
环境	**Environment**					
环境保护投入资金	Structure of Environment Protection Investment					
#老工业污染源治理资金	Old Industry Pollute Fountain Treatment	13.2	12.8	14.1	10.5	6.6
城市环境基础设施建设	Urban Environment Infrastructure Investment	35.6	36.7	43.5	48.0	54.4

1-7　国民经济和社会发展主要指标比例、效益
Major Indicators on Proportions and Efficiency in National Economic and Social Development

指　　标	Item	2011	2012	2013	2014	2015
人口与就业	**Population and Employment**					
城镇人口比重(%)	Proportion of Urban Population(%)	35.0	36.4	37.8	40.01	42.01
人口出生率(‰)	Birth Rate(‰)	13.31	13.27	13.05	12.98	13.00
人口死亡率(‰)	Death Rate(‰)	6.93	6.96	7.15	7.18	7.20
人口自然增长率(‰)	Natural Growth Rate(‰)	6.38	6.31	5.90	5.80	5.80
城镇登记失业率(%)	Registered Unemployment Rate in Urban Areas(%)	3.63	3.29	3.26	3.27	3.29
国民经济核算	**National Accounting**					
县域经济增加值占GDP比重(%)	Add Value in County Economy Share of GDP(%)	65.9	66.3	67.0	68.0	66.1
民营经济增加值占GDP比重(%)	Add Value in Non-public-owned Economic Share of GDP(%)	36.9	40.3	43.2	46.1	50.0
人均地区生产总值(元)	Per Capita Gross Domestic Product(yuan)	16413	19710	23151	26437	29847
固定资产投资	**Investment in Fixed Assets**					
固定资产交付使用率(%)	Rate of projects fixed assets completed and put into use(%)	54.0	53.6	50.2	58.1	68.1
项目投产竣工率(%)	Rate of projects completed and put into use(%)	68.9	73.8	68.8	74.1	77.6
消费	**Consumption**					
社会消费品零售总额相当于地区生产总值比例(%)	Proportion of Retail Sales of Consumer Goods to GDP(%)	30.7	29.6	29.6	31.7	31.3
人均社会消费品零售额(元)	Per Capita Ratail Sales of Consumer Goods(yuan)	5042	5832	6774	8379	9330
对外贸易	**Foreign Trade**					
进出口总额相当于地区生产总值比例(%)	Proportion of Total Value of Imports and Exports as Percentage to GDP(%)	5.6	6.1	6.4	6.2	7.2
财政	**Government Finance**					
财政总收入相当于地区生产总值比例(%)	Proportion of Total Financial Revenues to GDP(%)	23.3	24.0	24.0	23.0	21.8
一般公共预算支出相当于地区生产总值比例(%)	Proportion of General Budget Expenditure to GDP (%)	39.5	40.2	38.5	42.5	37.5
能源	**Energy**					
能源生产弹性系数	Elasticity Ratio of Energy Production		1.26	0.37	0.47	
电力生产弹性系数	Elasticity Ratio of Electricity Production		1.27	0.33	0.38	0.98
能源消费弹性系数	Elasticity Ratio of Energy Consumption	0.73	0.66	0.65	0.41	0.23
电力消费弹性系数	Elasticity Ratio of Electricity Consumption	0.87	0.80	0.61	0.39	0.004
每万元地区生产总值能耗(吨标准煤/万元)(可比价)	Energy Consumption Per Unit of GDP (ton of SCE/10000 yuan) (equivalent value)	1.7140	1.6444	1.5801	1.2967	1.2000
农业	**Agriculture**					
每亩播种面积农产品产量	Output of Farm Crops Per Mu of Sowning Area					
粮　食(公斤)	Grain(kg)	191	236	220	242	253
油　料(公斤)	Oil-bearing Crops(kg)	98	106	109	112	114

注：县域经济增加值占GDP比重，是除贵阳市南明区、云岩区、花溪区、乌当区、白云区、观山湖区，六盘水市钟山区，遵义市红花岗区、汇川区，安顺市西秀区，毕节市七星关区，铜仁市碧江区、万山区等13个区之外的75个县(市、特区)经济总量占88个县(市、区、特区)GDP合计数的比重。

Note:The add value in county economy share of GDP is the proportion of 75 counties economy the 13 districts such as Nanming,Yunyan,Huaxi, Wudang,Baiyun,Guan shanhu,Zhongshan,Honghuagang,Huichuan,Xixiu,Qixingguan,Bijiang,Wanshan,etc to total GDP of 88 counties.

1-7 续表1 continued

指 标	Item	2011	2012	2013	2014	2015
工业(规模以上)	**Industry(above Designated Size)**					
总资产贡献率(%)	Ratio of Total Assets to Industrial Output Value(%)	14.13	15.97	19.11	13.00	12.41
资本保值增值率(%)	Capital Maintenance and Appreciation Rate (%)	118.66	121.72	117.66	115.87	117.94
流动资产周转次数(次/年)	Number of Times of Turnover of Circulating Fund (times/year)	1.95	1.89	1.72	1.86	1.77
成本费用利润率(%)	Ratio of Profits to Industrial Cost(%)	9.98	11.89	14.53	8.03	8.24
建筑业	**Construction**					
建筑业劳动生产率(元/人)(按增加值计算)	Overall Labour Productivity in Construction(yuan/person) (account by value-added)	98494	141459	155658	160881	149454
技术装备率(元/人)	Value of Machinery Per Laborer (yuan/person)	9982	8148			8006
产值利税率(%)	Ratio of Per-tax Profits to Gross Output Value(%)	5.9	5.5		5.9	5.9
交通运输业	**Transportation**					
铁路网密度(公里/万平方公里)	Railway Density(km/10000 sq.km)	117.50	116.82	118.83	134.70	159.48
公路网密度(公里/万平方公里)	Highway Density(km/10000 sq.km)	8958.70	9340.26	9797.13	10165.30	10579.28
邮电通信业	**Postal and Telecommunication Services**					
电话普及率(包括移动电话)(部/百人)	Popularization Rate of Telephone (set/100 persons)	74.35	83.27	93.25	97.98	100.50
移动电话普及率(部/百人)	Popularization Rate of Mobile Telephone (set/100 persons)	62.71	72.34	82.78	88.21	91.50
旅游业	**Tourism**					
每一来黔境外旅游者消费支出(美元/人天)	Daily Expenditure of Per Tourists Visiting Guizhou(USD/preson and day)	168.68	167.13	181.05	180.65	201.01
金融	**Finance**					
金融机构人民币各项存款余额相当于地区生产总值比例(%)	Deposit of Financial Institutions as Percentage of GDP(%)	153.3	153.8	164.0	164.7	185.1
金融机构人民币各项贷款余额相当于地区生产总值比例(%)	Loans of Financial Institutions as Percentage of GDP(%)	120.0	120.8	124.9	133.5	143.3

1-7 续表2 continued

指 标	Item	2011	2012	2013	2014	2015
教育	**Education**					
学龄儿童入学率(%)	Enrollment Rate of School-age Children(%)	98.6	99.3	99.3	99.1	99.5
初中阶段毛入学率(%)	Enrollment Rate of Primary School Graduates Entering into Junior Secondary Schools(%)	94.2	97.4	101.1	102.5	104.0
高中阶段毛入学率(%)	Enrollment Rate of Junior secondary School Graduates Entering into Senior secondary Schools(%)	58.9	62.2	68.0	78.0	86.1
高等教育毛入学率(%)	Enrollment Rate of Senior secondary School Graduates Entering into Institution of Higher Learning(%)	23.2	25.5	27.4	29.4	31.2
教师负担学生系数(学生/教师)	Student-Teacher Ratio (student/teacher)					
普通高校	Regular Institution of Higher Education	15.74	16.83	16.53	16.36	16.41
普通高中	Regular Senior Secondary Schools	19.02	18.59	18.25	18.00	17.42
普通初中	Regular Junior Secondary Schools	19.23	18.31	18.23	17.29	16.01
小 学	Primary Schools	20.74	19.20	18.43	17.96	17.90
城乡收入比例	**Urban-rural income ratio**					
城乡居民收入比(以农村常住居民人均可支配收入＝1)	Ratio of Annual Income of Urban Residents to Rural(rural resident=1)	3.98	3.93	3.80	3.38	3.33
卫生	**Health Care**					
每万人拥有执业(助理)医师数(人)	Number of Licensed(Assistant) Doctors Per 10000 Persons(person)	10.4	11.2	13.0	13.4	18.0
每万人拥有床位数(张)	Number of Beds in Hospitals and Health Centers Per 10000 Persons(bed)	27.7	32.1	38.1	42.0	55.7
城市建设	**City Construction**					
人均公园绿地面积(平方米)	Per Capita Area of Parks and Green Land (sq.m)	5.50	6.68	7.98	8.66	9.6
用水普及率(%)	Percentage of Population with Access to Tap Water(%)	86.9	87.6	88.5	90.2	91.8
燃气普及率(%)	Percentage of Households with Access to Tap Gas(%)	55.0	55.2	58.7	60.3	70.7
环境、灾害	**Environment and Disaster**					
环保投入相当于地区生产总值比例(%)	Environment Protection Investment as Percentage to GDP(%)	1.9	1.4	1.7	1.9	1.5
亿元地区生产总值生产安全事故死亡人数(人/亿元)	Deaths of Industrial Accidents per Unit of GDP(person/100 million yuan)	0.29	0.19	0.14	0.11	0.08
平均每起火灾损失(万元)	Average Loss of Per Fire(10000 yuan)	5.66	5.37	3.84	4.19	1.87
平均每起交通事故损失(万元)	Average Loss of Per Traffic Accident (10000 yuan)	1.03	1.25	1.19	1.12	1.16

1-8 贵州经济社会主要指标占全国比重

Proportion of Guizhou's Main Economic and Social Indicators to the Whole Country

指标	Item	全国 China		贵州 Guizhou		贵州占全国比重(%) Proportion of Guizhou to China(%)	
		2010	2015	2010	2015	2010	2015
土地面积(万平方公里)	**Area of Territory(10000 sq.km)**	**960**	**960**	**17.62**	**17.62**	**1.8**	**1.8**
人口	**Population**						
年末总人口(万人)	Total Population at the Year-end (10000 persons)	134091	137462	3479	3530	2.6	2.6
就业	**Employment**						
就业人员(万人)	Employees(10000 persons)	76105	77451	1770.9	1946.65	2.3	2.5
非私营单位在岗职工年平均工资(元)	Average Wage of Staff and Workers(yuan)	36539	62029	31458	62591	86.1	100.9
国民经济核算	**National Accounting**						
地区生产总值(亿元)	Gross Domestic Product (100million yuan)	408903	676708	4602.16	10502.56	1.1	1.6
第一产业增加值	Value-added of Primary Industry	39355	60863	625.03	1640.61	1.6	2.7
第二产业增加值	Value-added of Secondary Industry	188805	274278	1800.06	4147.83	1.0	1.5
第三产业增加值	Value-added of Tertiary Industry	180743	341567	2177.07	4714.12	1.2	1.4
人均地区生产总值(元)	Per Capita Gross Domestic Product (yuan)	30567	49351	13119	29847	42.9	60.5
固定资产投资	**Investment in Fixed Assets**						
全社会固定资产投资(亿元)	Total Investment in Fixed Assets (100 million yuan)	278122	562000	3186.28	10945.54	1.1	1.9
消费	**Consumption**						
社会消费品零售总额(亿元)	Total Retail Sales of Consumer Goods (100 million yuan)	156998	300931	1531.64	3283.02	1.0	1.1
对外贸易	**Foreign Trade**						
进出口总额(亿美元)	Total Value of Imports and Exports (USD 100 million)	29740	39569	31.47	122.21	0.1	0.3
#出口	Total Exports	15778	22749	19.20	99.49	0.1	0.4
财政	**Government Finance**						
一般公共预算收入(亿元)	General Public Financial Budget Revenue(100 million yuan)	83102	82983	533.73	1503.38	0.6	1.8
一般公共预算支出(亿元)	General Public Financial Budget Expenditure(100 million yuan)	89874	150219	1631.48	3939.50	1.8	2.6
能源	**Energy**						
一次能源生产总量(万吨标准煤)	Total Production of Primary Energy(10000 tons of SCE)	312125	362000	13100.00	15136.11	4.2	4.2
能源终端消费总量(万吨标准煤)	Consumption of Energy (10000 tons of SCE)	360648	430000	7373.10	9015.18	2.0	2.1
农业	**Agriculture**						
粮食产量(万吨)	Output of Grain(10000 tons)	54648	62144	1112	1180	2.0	1.9
油料产量(万吨)	Output of Oil-bearing Crops (10000 tons)	3230	3537	60.34	101.34	1.9	2.9
工业	**Industry**						
发电量(亿千瓦小时)	Output of Electricity (100 million kwh)	42072	58106	1359	1741	3.2	3.0
卷 烟(亿支)	Output of Cigarettes (10000 cases)	23753	25891	1196	1262	5.0	4.9

1-8 续表 continued

指 标	Item	全 国 China 2010	2015	贵 州 Guizhou 2010	2015	贵州占全国比重(%) Proportion of Guizhou to China(%) 2010	2015
交通运输业	**Transportation**						
铁路营业里程(万公里)	Length of Railways(10000 km)	9.12	12.10	0.20	0.28	2.2	2.3
公路里程(万公里)	Length of Highways(10000 km)	400.82	457.73	15.16	18.64	3.8	4.1
旅客周转量(亿人公里)	Passenger-Kilometers (100 million passenger-km)	27894	30059	514.41	658.23	1.8	2.2
货物周转量(亿吨公里)	Freight Ton-Kilometers(100 million ton-km)	141837	177835	1012.20	1379.00	0.7	0.8
邮电通信业	**Post and Telecommunication**						
电信业务总量(亿元)	Business Revenue of Telecommunications (100 million yuan)	29993	23142	566.40	481.00	1.9	2.1
邮政业务总量(亿元)	Business Volume of Post (100 million yuan)	1985	5079	15.50	33.77	0.8	0.7
旅游业	**Tourism**						
国际旅游外汇收入(亿美元)	International Earnings from Tourism (USD 100 million)	458	1137	1.30	2.01	0.3	0.2
国内旅游收入(亿元)	Domestic Earnings from Tourism (100 million yuan)	12580	34195	1052.64	3500.46	8.4	10.2
金融业	**Finance**						
金融机构人民币各项存款余额(亿元)	Total Savings Deposit Balance (100 million yuan)	718238	1357022	7363.92	19438.64	1.0	1.4
金融机构人民币各项贷款余额(亿元)	Total Loan Balance(100 million yuan)	479196	939540	9250.26	15051.94	1.9	1.6
教育	**Education**						
普通高等学校(所)	Regular Institutions of Higher Education (unit)	2358	2560	47	59	2.0	2.3
普通高等学校专任教师(万人)	Full-time Teachers of Regular Institutions of Higher Education(10000 persons)	134	157	2.04	3.05	1.5	1.9
普通高校在校大学生(万人)	Students Enrollment of Regular Institutions of Higher Education(10000 persons)	2232	2625	32.33	50.09	1.4	1.9
文化	**Culture**						
图书总印数(亿册)	Number of Books Printed Copies (100 million copies)	72	81	0.81	0.96	1.1	1.2
期刊总印数(亿册)	Number of Magazines Printed Copies (100 million copies)	32	30	0.13	0.18	0.4	0.6
报纸总印数(亿份)	Number of Newspapers Printed Copies (100million copies)	451	440	3.70	3.34	0.8	0.8
卫生	**Health Care**						
医院(万个)	Number of Hospitals(10000 unit)	2	3	0.20	0.18	9.5	6.5
执业(助理)医师(万人)	Number of Licensed(Assistant) Doctors (10000 persons)	241	304	4.22	6.34	1.7	2.1
医院床位(万张)	Number of Beds in Hospitals(10000 beds)	339	533	9.75	14.82	2.9	2.8
人民生活	**People's Livelihood**						
城镇常住居民人均可支配收入(元)	Per Capita Annual Disposable Income of Urban Permanent Households(yuan)	19109	31195	14143	24580	74.0	78.8
农村常住居民人均可支配收入(元)	Per Capita Annual Disposable Income of Rural Residents(yuan)	5919	11422	3472	7387	58.7	64.7

注：贵州占全国比重中，非私营单位职工平均工资、人均地区生产总值、城乡居民人均收入占比表示贵州相当于全国的比例。

Note: In the proportion of Guizhou tolhina, the ratio in average wage of workers in non-private units, in per capita gross domestic product, and in per capita income of urban house holds shows the proportion of Guizhou to China.

1-9 各时期地区生产总值

Gross Domestic Product by Period

指　标	Item	地区生产总值 Gross Domestic Product	第一产业增加值 Primary Industry	第二产业增加值 Secondary Industry	#工业 Industry	第三产业增加值 Tertiary Industry	人均地区生产总值(元) Per Capita Gross Domestic Product (yuan)
一、绝对数累计(亿元)	**Absolute Figure(100 million yuan)**						
"一五"时期(1953-1957年)	the First Fve-Year Plan Period	63.71	39.54	13.25	9.80	10.92	80
"二五"时期(1958-1962年)	the Second Five-Year Plan Period	101.38	49.35	32.62	22.00	19.41	120
"三五"时期(1966-1970年)	the Third Five-Year Plan Period	119.63	73.94	28.79	22.02	16.90	120
"四五"时期(1971-1975年)	the Fourth Five-Year Plan Period	145.88	75.78	47.41	35.93	22.69	124
"五五"时期(1976-1980年)	the Fifth Five-Year-Plan Period	229.18	102.58	86.64	70.89	39.96	170
"六五"时期(1981-1985年)	the Sixth Five-Year Plan Period	466.85	201.21	178.92	149.91	86.72	323
"七五"时期(1986-1990年)	the Seventh Five-Year Plan Period	1012.84	401.10	369.27	321.23	242.47	651
"八五"时期(1991-1995年)	the Eighth Five-Year Plan Period	2214.17	780.99	805.97	712.55	627.21	1303
"九五"时期(1996-2000年)	the Ninth Five-Year Plan Period	4354.78	1330.48	1605.09	1373.43	1419.21	2393
"十五"时期(2001-2005年)	the Tenth Five-Year Plan Period	7486.26	1557.64	2987.51	2514.31	2941.11	3934
"十一五"时期(2006-2010年)	the Eleventh Five-Year Plan Period	17299.49	2542.93	6739.04	5782.83	8017.52	9626
"十二五"时期(2011-2015年)	the Twelfth Five-Year Plan Period	40409.85	5537.66	16153.38	13189.24	18718.81	23112
二、构成(%)	**Composition(%)**						
"一五"时期	the First Fve-Year Plan Period	100.0	62.1	20.8	15.4	17.1	
"二五"时期	the Second Five-Year Plan Period	100.0	48.7	32.2	21.7	19.1	
"三五"时期	the Third Five-Year Plan Period	100.0	61.8	24.1	18.4	14.1	
"四五"时期	the Fourth Five-Year Plan Period	100.0	51.9	32.5	24.6	15.6	
"五五"时期	the Fifth Five-Year-Plan Period	100.0	44.8	37.8	30.9	17.4	
"六五"时期	the Sixth Five-Year Plan Period	100.0	43.1	38.3	32.1	18.6	
"七五"时期	the Seventh Five-Year Plan Period	100.0	39.6	36.5	31.7	23.9	
"八五"时期	the Eighth Five-Year Plan Period	100.0	35.3	36.4	32.2	28.3	
"九五"时期	the Ninth Five-Year Plan Period	100.0	30.6	36.9	31.5	32.5	
"十五"时期	the Tenth Five-Year Plan Period	100.0	20.8	39.9	33.6	39.3	
"十一五"时期	the Eleventh Five-Year Plan Period	100.0	14.7	39.0	33.4	46.3	
"十二五"时期	the Twelfth Five-Year Plan Period	100.0	13.7	40.0	32.6	46.3	
三、年平均增长速度(%)	**Average annual growth rate (%)**						
"一五"时期	the First Fve-Year Plan Period	13.0	7.9	16.4	18.5	27.8	10.3
"二五"时期	the Second Five-Year Plan Period	-7.7	-8.2	-7.7	-4.2	-6.0	-7.6
"三五"时期	the Third Five-Year Plan Period	2.4	-1.0	9.6	12.7	…	-1.1
"四五"时期	the Fourth Five-Year Plan Period	3.1	0.4	3.0	3.7	12.4	…
"五五"时期	the Fifth Five-Year-Plan Period	11.5	3.3	19.4	21.6	12.6	9.3
"六五"时期	the Sixth Five-Year Plan Period	12.4	10.6	13.8	14.1	13.4	10.9
"七五"时期	the Seventh Five-Year Plan Period	6.7	3.2	7.3	8.1	11.5	5.0
"八五"时期	the Eighth Five-Year Plan Period	8.7	4.4	10.8	11.7	11.5	7.3
"九五"时期	the Ninth Five-Year Plan Period	8.7	3.3	11.5	10.7	10.0	7.2
"十五"时期	the Tenth Five-Year Plan Period	10.4	3.7	12.4	12.5	12.5	10.5
"十一五"时期	the Eleventh Five-Year Plan Period	12.6	4.7	12.6	12.4	15.6	14.0
"十二五"时期	the Twelfth Five-Year Plan Period	12.5	5.7	14.5	13.5	12.5	12.4

注：绝对数按当年价格计算，速度按不变价格计算。

Note:Absolute numbers in the table are calculated at current prices,increase rates are calculated at comparable prices.

1-10 各时期全社会固定资产投资
Total Investment in Fixed Assets by Period

指 标	Item	全社会固定资产投资 Total Investment in Fixed Assets in the Whole Province	#工 业 Industry	#房地产开发 Real Estate Development
一、绝对数(亿元)	**Absolute Number(100 million yuan)**			
"六五"时期(1981-1985年)	the Sixth Five-Year Plan Period	103.91		
"七五"时期(1986-1990年)	the Seventh Five-Year Plan Period	219.97		0.91
"八五"时期(1991-1995年)	the Eighth Five-Year Plan Period	558.17		31.79
"九五"时期(1996-2000年)	the Ninth Five-Year Plan Period	1495.64		128.45
"十五"时期(2001-2005年)	the Tenth Five-Year Plan Period	3807.81	1458.49	530.75
"十一五"时期(2006-2010年)	the Eleventh Five-Year Plan Period	10188.20	3925.31	1675.92
"十二五"时期(2011-2015年)	the Twelfth Five-Year Plan Period	37297.13	9982.22	8676.38
二、构成(%)	**Composition(%)**			
"六五"时期	the Sixth Five-Year Plan Period	100.0		
"七五"时期	the Seventh Five-Year Plan Period	100.0		0.4
"八五"时期	the Eighth Five-Year Plan Period	100.0		5.7
"九五"时期	the Ninth Five-Year Plan Period	100.0		8.6
"十五"时期	the Tenth Five-Year Plan Period	100.0	38.3	13.9
"十一五"时期	the Eleventh Five-Year Plan Period	100.0	38.5	16.4
"十二五"时期	the Twelfth Five-Year Plan Period	100.0	26.8	23.3
三、年平均增长速度(%)	**Average annual growth rate (%)**			
"六五"时期	the Sixth Five-Year Plan Period	13.5		
"七五"时期	the Seventh Five-Year Plan Period	9.6		
"八五"时期	the Eighth Five-Year Plan Period	27.0		73.7
"九五"时期	the Ninth Five-Year Plan Period	18.7		15.2
"十五"时期	the Tenth Five-Year Plan Period	22.0	26.9	28.8
"十一五"时期	the Eleventh Five-Year Plan Period	24.1	19.7	27.1
"十二五"时期	the Twelfth Five-Year Plan Period	28.6	20.3	40.7

1-11 各时期内外贸易
Domestic and Foreign Trade by Period

年 份	Year	社会消费品零售总额 Total Retail Sales of Consumer Goods	进出口总额(万美元) Total Value of Imports and Exports(10000 dollars)	出口总额 Total Exports	进口总额 Total Imports
一、绝对数(亿元)	**Level(100 million yuan)**				
"一五"时期(1953-1957年)	the First Fve-Year Plan Period	23.29			
"二五"时期(1958-1962年)	the Second Five-Year Plan Period	44.01	5828	4663	1165
"三五"时期(1966-1970年)	the Third Five-Year Plan Period	58.80	1100	354	746
"四五"时期(1971-1975年)	the Fourth Five-Year Plan Period	81.75	2695	365	2330
"五五"时期(1976-1980年)	the Fifth Five-Year-Plan Period	109.25	8380	2669	5711
"六五"时期(1981-1985年)	the Sixth Five-Year Plan Period	199.35	31192	20883	10309
"七五"时期(1986-1990年)	the Seventh Five-Year Plan Period	376.78	77103	55923	21180
"八五"时期(1991-1995年)	the Eighth Five-Year Plan Period	712.22	216730	146242	70488
"九五"时期(1996-2000年)	the Ninth Five-Year Plan Period	1496.47	314908	208427	106481
"十五"时期(2001-2005年)	the Tenth Five-Year Plan Period	2438.58	524463	317819	206644
"十一五"时期(2006-2010年)	the Eleventh Five-Year Plan Period	5373.32	1271479	768345	503134
"十二五"时期(2011-2015年)	the Twelfth Five-Year Plan Period	12987.26	4280198	3416918	863279
二、构成(%)	**Composition(%)**				
"二五"时期	the Second Five-Year Plan Period		100.0	80.0	20.0
"三五"时期	the Third Five-Year Plan Period		100.0	32.2	67.8
"四五"时期	the Fourth Five-Year Plan Period		100.0	13.5	86.5
"五五"时期	the Fifth Five-Year-Plan Period		100.0	31.8	68.2
"六五"时期	the Sixth Five-Year Plan Period		100.0	66.9	33.1
"七五"时期	the Seventh Five-Year Plan Period		100.0	72.5	27.5
"八五"时期	the Eighth Five-Year Plan Period		100.0	67.5	32.5
"九五"时期	the Ninth Five-Year Plan Period		100.0	66.2	33.8
"十五"时期	the Tenth Five-Year Plan Period		100.0	60.6	39.4
"十一五"时期	the Eleventh Five-Year Plan Period		100.0	60.4	39.6
"十二五"时期	the Twelfth Five-Year Plan Period		100.0	79.8	20.2
三、年平均增长速度(%)	**Annual Average Growth Rate (%)**				
"一五"时期	the First Fve-Year Plan Period	17.6			
"二五"时期	the Second Five-Year Plan Period	5.3	26.8	27.7	-12.9
"三五"时期	the Third Five-Year Plan Period	3.0	-22.1	-62.5	113.9
"四五"时期	the Fourth Five-Year Plan Period	6.9	28.3	43.1	27.8
"五五"时期	the Fifth Five-Year-Plan Period	8.4	28.4	114.7	8.6
"六五"时期	the Sixth Five-Year Plan Period	14.3	25.5	19.6	32.4
"七五"时期	the Seventh Five-Year Plan Period	10.5	20.1	30.8	6.5
"八五"时期	the Eighth Five-Year Plan Period	18.9	25.6	22.9	31.3
"九五"时期	the Ninth Five-Year Plan Period	11.7	-0.6	-0.5	-1.0
"十五"时期	the Tenth Five-Year Plan Period	11.6	16.3	15.4	17.9
"十一五"时期	the Eleventh Five-Year Plan Period	19.2	17.5	17.4	17.6
"十二五"时期	the Twelfth Five-Year Plan Period	16.5	31.2	39.0	13.1

注：进出口总额1997年及以前数据来源于原省对外经济贸易厅；1998年及以后数据来源于贵阳海关。

Note:Data of the year 1997 and before were obtained from the former Department of Foreign Trade and Economic Coopration of Guizhou province, while data of the year 1998 and later were obtained from Guiyang Customs.

1-12　各时期财政收支、税收收入

Financial Revenue and Expenditure and Tex Revenue by Period

指　标	Item	财政总收入 Total Financial Revenue	#一般公共预算收入 General Public Budgetary Revenue	财政支出 Financial Expenditure	税收收入 Tax Revenue
一、绝对数(亿元)	**Absolute Value(100 million yuan)**				
"一五"时期(1953-1957年)	the First Fve-Year Plan Period	9.57	8.60	6.15	4.67
"二五"时期(1958-1962年)	the Second Five-Year Plan Period	29.41	21.91	26.85	9.08
"三五"时期(1966-1970年)	the Third Five-Year Plan Period	23.82	13.71	20.37	10.02
"四五"时期(1971-1975年)	the Fourth Five-Year Plan Period	35.47	10.41	34.77	13.27
"五五"时期(1976-1980年)	the Fifth Five-Year-Plan Period	58.94	22.92	54.73	22.23
"六五"时期(1981-1985年)	the Sixth Five-Year Plan Period	96.52	50.56	91.60	48.71
"七五"时期(1986-1990年)	the Seventh Five-Year Plan Period	202.46	131.84	191.76	138.68
"八五"时期(1991-1995年)	the Eighth Five-Year Plan Period	349.82	217.52	341.00	281.14
"九五"时期(1996-2000年)	the Ninth Five-Year Plan Period	643.21	332.19	718.44	512.77
"十五"时期(2001-2005年)	the Tenth Five-Year Plan Period	1279.35	664.38	1863.37	1080.45
"十一五"时期(2006-2010年)	the Eleventh Five-Year Plan Period	3429.61	1811.72	5465.18	2884.92
"十二五"时期(2011-2015年)	the Twelfth Five-Year Plan Period	9315.42	5863.59	15570.04	4192.19
二、年平均增长速度(%)	**Average Annual Growth Rrate (%)**				
"一五"时期	the First Fve-Year Plan Period	12.2	12.4	20.1	21.7
"二五"时期	the Second Five-Year Plan Period	7.4	5.1	6.3	1.3
"三五"时期	the Third Five-Year Plan Period	1.0	0.1	8.3	0.3
"四五"时期	the Fourth Five-Year Plan Period	9.0	-14.5	6.3	5.6
"五五"时期	the Fifth Five-Year-Plan Period	12.6	34.1	11.4	12.8
"六五"时期	the Sixth Five-Year Plan Period	15.1	17.8	14.2	22.1
"七五"时期	the Seventh Five-Year Plan Period	13.1	18.4	14.3	20.4
"八五"时期	the Eighth Five-Year Plan Period	12.1	1.9	12.3	12.4
"九五"时期	the Ninth Five-Year Plan Period	11.9	17.0	18.8	12.8
"十五"时期	the Tenth Five-Year Plan Period	19.1	16.4	20.9	19.9
"十一五"时期	the Eleventh Five-Year Plan Period	21.5	23.9	25.7	21.3
"十二五"时期	the Twelfth Five-Year Plan Period	18.8	23.0	19.3	23.3

注：财政数据来源于省财政厅，税收数据来源于省地税局、省国税局。

Note: The sources of financial data are from Guizhou Provincial Finance Bureau, Tax data are from Guizhou Provincial Office of State Taxation Bureau and Guizhou Local Taxation Bureau.

1-13 各时期人民生活

People'Living Condition by Period

指标	Item	城镇常住居民人均可支配收入 Per Capita Disposable Income of Urban Permanent Households	城镇常住居民人均消费支出 Per Capita Cansumptior Expenditure of Urban Permanent Households	农村常住居民人均可支配收入 Per Capita Disposable Income of Rural Permanent Households	农村常住居民人均生活消费支出 Per Capita Consumptior Expenditure of Rural Permanent Households	城乡居民人均储蓄 Urban and Rural Households Per Capita Saving	在岗职工平均工资 Average Salaries and Wages of Staff and Workers
一、绝对数(元)	**Absolute Valuel(yuan)**						
1952年	1952			48.90	44.90	0.27	
“一五”时期末(1957年)	1957			63.70	57.40	2.66	
“二五”时期末(1962年)	1962			112.90	99.10	2.98	
1965年	1965			110.40	98.80	4.31	
“三五”时期末(1970年)	1970			102.70	93.10	4.52	
“四五”时期末(1975年)	1975			89.80	85.20	5.89	
1978年	1978	261.26	246.53	109.30	104.52	6.91	616
“五五”时期末(1980年)	1980	343.83	334.32	161.50	139.24	13.54	755
“六五”时期末(1985年)	1985	682.27	617.52	302.14	254.58	56.27	1066
“七五”时期末(1990年)	1990	1399.36	1163.25	435.14	403.28	190.32	1947
“八五”时期末(1995年)	1995	3916.25	3250.55	1086.62	930.59	710.89	4475
“九五”时期末(2000年)	2000	5121.22	4278.28	1374.16	1096.59	1445.23	7453
“十五”时期末(2005年)	2005	8147.13	6156.27	1876.96	1552.39	3633.79	14344
“十一五”时期末(2010年)	2010	14142.74	10058.29	3471.93	2852.48	9250.26	31458
“十二五”时期末(2015年)	2015	24579.64	16914.20	7386.87	6644.93	19499.51	62591
二、年平均增长速度(%)	**Annual Average Increase Rate(%)**						
“一五”时期	the First Fve-Year Plan Period						
“二五”时期	the Second Five-Year Plan Period					2.3	
“三五”时期	the Third Five-Year Plan Period					1.0	
“四五”时期	the Fourth Five-Year Plan Period					5.4	
“五五”时期	the Fifth Five-Year-Plan Period	14.7	13.1	13.3	12.8	18.1	
“六五”时期	the Sixth Five-Year Plan Period	10.4	8.5	11.1	10.6	33.0	7.1
“七五”时期	the Seventh Five-Year Plan Period	4.0	2.2	-1.5	0.3	27.6	12.8
“八五”时期	the Eighth Five-Year Plan Period	8.1	7.9	3.4	2.8	30.2	18.1
“九五”时期	the Ninth Five-Year Plan Period	3.0	3.1	4.5	3.4	15.2	10.7
“十五”时期	the Tenth Five-Year Plan Period	8.3	7.5	6.4	6.0	20.2	14.0
“十一五”时期	the Eleventh Five-Year Plan Period	8.3	6.9	9.4	9.2	20.5	17.0
“十二五”时期	the Twelfth Five-Year Plan Period	8.6	7.7	11.7	13.1	16.1	14.8

注：1.城镇常住居民人均可支配收入2013年及以前为城镇居民人均可支配民入，农村常住居民人均可支配收入2013年及以前为农民人均纯收入。2.城乡居民人均收支年平均增长速度已扣除价格因素，城乡居民人均储蓄和在岗职工平均工资年平均增长速度未扣除价格因素。

Note:1.Befor 2013, The Urban Permaneht Hauseholds refers to urban Residents; Rural Permanent Residents disposable income in 2013 and before was per-capita net income of farms. 2.The annual average increase rates of urban and rural househoulds are calculated at constant prices. The annual average increase rates of urban and rural househoulds per capita saving and average wages and salaries of staff and workers are calculated at current price.

1-14 各时期旅游总人数、旅游总收入

Nunber of Turists and Turism Earning of Each Period

指 标	Item	旅游总人数（万人次）Number of Turists (10000 person-times)	入境旅游者（万人次）Number of Overseas Visitor Arrivals 10000person-times)	国内旅游者（万人次）Number of Domestic Tourists (10000 person-times)	旅游总收入（亿元）Tourism Earnings (100 million yuan)	国际旅游外汇收入（万美元）Foreign Exchange Earnings from International Tourism (10000 USD	国内旅游收入（亿元）Earnings from Domestic Tourism (100 million yuan)
一、绝对数	**Level**						
“七五”时期(1986–1990年)	the Seventh Five-Year Plan Period	1611.85	9.43	1602.43	0.96	717.60	0.67
“八五”时期(1991–1995年)	the Eighth Five-Year Plan Period	7201.52	47.35	7154.16	24.23	7050.29	18.62
“九五”时期(1996–2000年)	the Ninth Five-Year Plan Period	9497.77	77.78	9420.00	195.83	24666.00	176.18
“十五”时期(2001–2005年)	the Tenth Five-Year Plan Period	11817.16	101.78	11715.38	723.37	35879.40	693.88
“十一五”时期(2006–2010年)	the Eleventh Five-Year Plan Period	42553.98	204.64	42349.34	3418.92	60132.86	3375.98
“十二五”时期(2011–2015年)	the Twelfth Five-Year Plan Period	134946.77	386.30	134560.47	12069.09	92327.36	12011.49
二、年平均增长速度(%)	**Annual Average Growth Rate (%)**						
“七五”时期	the Seventh Five-Year Plan Period	10.3	16.4	10.3	25.5	23.9	22.1
“八五”时期	the Eighth Five-Year Plan Period	34.4	41.4	34.4	102.7	74.2	106.8
“九五”时期	the Ninth Five-Year Plan Period	2.5	6.1	2.5	45.7	16.0	51.8
“十五”时期	the Tenth Five-Year Plan Period	9.4	8.5	9.4	31.9	10.7	33.2
“十一五”时期	the Eleventh Five-Year Plan Period	32.8	12.6	32.9	33.4	5.0	34.1
“十二五”时期	the Twelfth Five-Year Plan Period	23.9	13.5	23.9	27.0	9.2	27.2

注：数据来源于省旅游发展委。

Note: Data in the table are obtained from the provincial tourism administration.

1-15 各时期交通

指　标	Item	旅客周转量（亿人公里）Passenger-Kilometers (100 million passenger-km)	铁路 Railways	公路 Highways	水运 Waterways
一、绝对数	**Absolute Valuel**				
"一五"时期(1953-1957年)	the First Fve-Year Plan Period	8.62		8.49	0.13
"二五"时期(1958-1962年)	the Second Five-Year Plan Period	17.55		17.42	0.13
"三五"时期(1966-1970年)	the Third Five-Year Plan Period	63.5	39.69	23.58	0.23
"四五"时期(1971-1975年)	the Fourth Five-Year Plan Period	95.83	63.95	31.2	0.68
"五五"时期(1976-1980年)	the Fifth Five-Year-Plan Period	136.44	86.19	49.19	1.06
"六五"时期(1981-1985年)	the Sixth Five-Year Plan Period	277.67	164.03	112.31	1.33
"七五"时期(1986-1990年)	the Seventh Five-Year Plan Period	483.94	269.09	212.94	1.91
"八五"时期(1991-1995年)	the Eighth Five-Year Plan Period	764.44	382.27	380.33	1.84
"九五"时期(1996-2000年)	the Ninth Five-Year Plan Period	1046.29	526.58	515.82	3.89
"十五"时期(2001-2005年)	the Tenth Five-Year Plan Period	1341.01	623.98	710.37	6.66
"十一五"时期(2006-2010年)	the Eleventh Five-Year Plan Period	2071.58	836.28	1218.98	16.32
"十二五"时期(2011-2015年)	the Twelfth Five-Year Plan Period	3237.31	1062.30	2148.66	26.35
二、年平均增长速度(%)	**Average Annual Growth Rates(%)**				
"一五"时期	the First Fve-Year Plan Period	34.2		34.8	8.4
"二五"时期	the Second Five-Year Plan Period	3.9		4.0	-7.8
"三五"时期	the Third Five-Year Plan Period	11.5	15.8	4.8	21.7
"四五"时期	the Fourth Five-Year Plan Period	4.4	4.5	3.9	16.3
"五五"时期	the Fifth Five-Year-Plan Period	13.5	11.4	17.5	8.0
"六五"时期	the Sixth Five-Year Plan Period	14.5	14.7	14.3	5.1
"七五"时期	the Seventh Five-Year Plan Period	6.8	1.8	13.2	2.4
"八五"时期	the Eighth Five-Year Plan Period	11.8	13.1	10.6	8.4
"九五"时期	the Ninth Five-Year Plan Period	5.8	5.8	5.7	13.8
"十五"时期	the Tenth Five-Year Plan Period	5.6	3.8	7.2	11.6
"十一五"时期	the Eleventh Five-Year Plan Period	10.5	5.4	14.2	20.8
"十二五"时期	the Twelfth Five-Year Plan Period		4.0		

注：由于交通运输部对公路、水运运输量统计方案进行调整，2013年相关数据统计口径发生变化，相同指标数据与往年不可比，故公路、水运的旅客周转量及货物周转量无法计算年均增速。

Transport by Period

民航旅客吞吐量（万人次） Volume of Passenger in Civil Aviation (10000 persons)	货物周转量（亿吨公里） Freight Ton-Kilometers (100 million ton-km)	铁路 Railways	公路 Highways	水运 Waterways	民航货邮吞吐量（万吨） Volume of Freight Handled in Civil Aviation (10000 tons)
	11.68		10.32	1.36	
	32.61		30.38	2.23	
	92.48	73.66	17.37	1.45	
	182.34	157.33	22.44	2.57	
	347.58	314.60	28.94	4.04	
	611.48	549.45	54.63	7.40	
	993.92	818.52	161.61	13.79	
274.29	1394.39	1130.87	242.87	20.65	3.18
616.60	1758.18	1450.13	286.11	21.94	8.00
1173.39	2729.77	2302.90	399.66	27.21	15.03
2478.89	4121.73	3056.72	1012.03	52.98	23.53
5747.43	6351.82	3241.52	2987.75	122.56	39.93
	38.5		40.7	25.9	
	0.3		1.6	-12.9	
	21.6	30.4	-4.1	7.2	
	7.1	6.8	9.4	6.8	
	19.8	21.5	4.2	14.7	
	9.5	8.4	22.5	10.7	
	8.2	6.2	20.7	7.9	
32.4	6.1	6.5	4.2	8.7	27.4
11.9	6.0	6.3	5.1	-0.4	16.3
16.2	9.9	10.3	7.4	14.6	10.9
14.8	9.4	5.4	25.5	9.5	13.0
19.6		-4.5			7.7

Note: Due to the Statistics Program is adjusted by the Ministry of Transport on the highway, water transport volume, the statistics scope of related date in 2013 is changed, The same indicator data should not be compared by previous years, so the average annual growth rate on the passonger turnover and freight turnover about highway and water transport can not be calculated.

1-16 各时期农林牧渔业总产值

Agriculture by Gross Output Value of Farming,Forestry, Animal Husbandry and FisheryPeriod

指　标	Item	农林牧渔业总产值 Gross Output Value of Farming,Forestry, Animal Husbandry and Fishery	#农业 Farming	#林业 Forestry	#畜牧业 Animal Husbandry	#渔业 Fishery
一、绝对数(亿元)	**Absolute Valuel(100 million yuan)**					
"一五"时期(1953-1957年)	the First Fve-Year Plan Period	48.67	34.19	5.42	9.06	
"二五"时期(1958-1962年)	the Second Five-Year Plan Period	63.28	53.96	2.27	6.95	0.10
"三五"时期(1966-1970年)	the Third Five-Year Plan Period	98.39	78.89	5.11	14.24	0.15
"四五"时期(1971-1975年)	the Fourth Five-Year Plan Period	110.67	88.27	5.03	17.24	0.13
"五五"时期(1976-1980年)	the Fifth Five-Year-Plan Period	146.06	114.65	5.84	25.43	0.14
"六五"时期(1981-1985年)	the Sixth Five-Year Plan Period	279.41	202.02	17.86	58.47	1.06
"七五"时期(1986-1990年)	the Seventh Five-Year Plan Period	574.20	375.26	30.75	164.51	3.68
"八五"时期(1991-1995年)	the Eighth Five-Year Plan Period	1165.45	758.73	62.41	335.91	8.40
"九五"时期(1996-2000年)	the Ninth Five-Year Plan Period	2028.24	1387.60	79.92	540.80	19.92
"十五"时期(2001-2005年)	the Tenth Five-Year Plan Period	2413.20	1487.51	106.28	749.73	33.18
"十一五"时期(2006-2010年)	the Eleventh Five-Year Plan Period	4015.37	2293.80	167.18	1298.73	51.85
"十二五"时期(2011-2015年)	the Twelfth Five-Year Plan Period	9122.23	5611.74	408.04	2520.64	189.32
二、构成(%)	**Composition(%)**					
"一五"时期	the First Fve-Year Plan Period	100.0	70.2	11.1	18.6	
"二五"时期	the Second Five-Year Plan Period	100.0	85.3	3.6	11.0	0.2
"三五"时期	the Third Five-Year Plan Period	100.0	80.2	5.2	14.5	0.2
"四五"时期	the Fourth Five-Year Plan Period	100.0	79.8	4.5	15.6	0.1
"五五"时期	the Fifth Five-Year-Plan Period	100.0	78.5	4.0	17.4	0.1
"六五"时期	the Sixth Five-Year Plan Period	100.0	72.3	6.4	20.9	0.4
"七五"时期	the Seventh Five-Year Plan Period	100.0	65.4	5.4	28.7	0.6
"八五"时期	the Eighth Five-Year Plan Period	100.0	65.1	5.4	28.8	0.7
"九五"时期	the Ninth Five-Year Plan Period	100.0	68.4	3.9	26.7	1.0
"十五"时期	the Tenth Five-Year Plan Period	100.0	61.6	4.4	31.1	1.4
"十一五"时期	the Eleventh Five-Year Plan Period	100.0	57.1	4.2	32.3	1.3
"十二五"时期	the Twelfth Five-Year Plan Period	100.0	61.5	4.5	27.6	2.1
三、年平均增长速度(%)	**Average Annual Growth Rates(%)**					
"一五"时期	the First Fve-Year Plan Period	8.5	7.4	19.2	7.5	
"二五"时期	the Second Five-Year Plan Period	-7.4	-6.8	-11.6	-10.5	-10.6
"三五"时期	the Third Five-Year Plan Period	-0.5	0.1	2.8	-4.0	2.9
"四五"时期	the Fourth Five-Year Plan Period	0.5	0.6	-0.6	0.3	-4.8
"五五"时期	the Fifth Five-Year-Plan Period	4.4	4.0	2.7	6.4	10.9
"六五"时期	the Sixth Five-Year Plan Period	8.0	6.2	11.3	12.6	18.2
"七五"时期	the Seventh Five-Year Plan Period	4.4	4.5	-2.6	6.0	2.8
"八五"时期	the Eighth Five-Year Plan Period	4.9	4.9	2.5	5.2	11.6
"九五"时期	the Ninth Five-Year Plan Period	3.4	2.9	1.6	4.7	13.8
"十五"时期	the Tenth Five-Year Plan Period	4.0	2.6	-3.4	8.6	8.0
"十一五"时期	the Eleventh Five-Year Plan Period	4.9	3.5	6.2	6.8	8.2
"十二五"时期	the Twelfth Five-Year Plan Period	6.0	6.9	7.5	3.0	21.6

主要统计指标解释

行政区划 国家对行政区域的划分。根据有关法规规定，我国的行政区域划分如下：(1)全国分为省、自治区、直辖市；(2)省、自治区分为自治州、县、自治县、市；(3)自治州分为县、自治县、市；(4)县、自治县分为乡、民族乡、镇；(5)直辖市和较大的市分为区、县；(6)国家在必要时设立的特别行政区。

国民经济行业分类 2012年起统计定期报表使用《国民经济行业分类》（GB/T4754-2011）。该分类是由国家统计局组织修订，经国家质检总局和国家标准化委员会批准，于2011年4月29日发布实施。该次修订是在2002年分类标准的基础上，参照联合国《国际标准产业分类》修订第四版（ISIC/Rev.4）进行的。修订后的《国民经济行业分类》（GB/T4754-2011）共有门类20个，大类96个，中类432个，小类1094个。

可比价格 指计算各种总量指标所采用的扣除了价格变动因素的价格，可进行不同时期总量指标的对比。按可比价格计算总量指标有两种方法：一种是直接用产品产量乘某一年的不变价格计算；另一种是用价格指数进行缩减。

平均增长速度 我国计算平均增长速度有两种方法：一种是“水平法”，又称几何平均法，是以间隔期最后一年的水平同基期水平对比来计算平均每年增长（或下降）速度；另一种是“累计法”，又称代数平均法或方程法，是以间隔期内各年水平的总和同基期水平对比来计算平均每年增长（或下降）速度。在一般正常情况下，两种方法计算的平均每年增长速度比较接近；但在经济发展不平衡、出现大起大落时，两种方法计算的结果差别较大。

本《年鉴》内所列的平均增长速度，除固定资产投资用“累计法”计算外，其余均用“水平法”计算。从某年到某年平均增长速度的年份，均不包括基期年在内。如改革开放三十六年的平均增长速度是以 1978 年为基期计算的，则写为 1979-2014 年平均增长速度。

各个计划时期 五年计划是中国国民经济计划的一部分，主要是对全国重大建设项目、生产力分布和国民经济重要比例关系等作出规划，为国民经济发展远景规定目标和方向。我国除了 1949 年到 1952 年底为国民经济恢复时期和 1963 年至 1965 年为国民经济调整时期外，从 1953 年第一个五年计划开始，编制了十二个“五年计划。

各个时期代表年份如下：第一个五年计划时期（简称“一五”时期），为 1953-1957 年；第二个五年计划时期（简称“二五”时期），为 1958-1962 年；“第三个五年计划时期（简称“三五”时期），为 1966-1970 年；第四个五年计划时期（简称“四五”时期），为 1971-1975 年； 第五个五年计划时期（简称“五五”时期），为 1976-1980 年；第六个五年计划时期（简称“六五”时期），为 1981-1985 年；第七个五年计划时期（简称“七五”时期），为 1986-1990 年；第八个五年计划时期（简称“八五”时期），为 1991-1995 年；第九个五年计划时期（简称“九五”时期），为 1996-2000 年；第十个五年计划时期（简称“十五”时期），为 2001-2005 年；第十一个五年计划时期（简称“十一五”时期），为 2006-2010 年；第十二个五年计划时期（简称“十二五”时期），为 2011-2015 年。

Explanatory Notes on Main Statistical Indicators

Divisions of Administrative Areas refers to the division of administrative areas by the state. The relative laws stipulate that: 1) The whole country is divided into provinces, autonomous regions and municipalities directly under the central government; 2) Provinces and autonomous regions are divided into autonomous prefectures, counties, autonomous counties and cities; 3) Autonomous prefectures are divided into counties, autonomous counties and cities; 4) Counties and autonomous counties are divided into townships, nationality townships and towns; 5) Municipalities and large cities are divided into districts and counties, 6) The state shall, when necessary, establish special administrative regions.

Industrial Classification of the National Economy The Industrial Classification of the National Economy (GB/T 4754-2011) is introduced starting from the compilation of 2012 annual statistics. The revision, based on the 2002 classification, was organized by the National Bureau of Statistics taking into consideration of the International Standards of the Industrial Classification of All Economic Activities (ISIC/Rev.4) of the United Nations. The new Classification was promulgated by the National Administration of Quality Supervision, Inspection and Quarantine and State Committee for Standardization on April 29, 2011. The revised version of the Industrial Classification of the National Economy (GB/T 4754-2002) is composed of 20 major divisions, 96 divisions, 432 major groups and 1094 groups.

Comparable Price Refers to the calculation of the total amount of indicators used to deduct the price changes in the price, can be carried out in different periods of the total index contrast. There are two ways to calculate the total amount of the total index: one is that the output of the product is directly used for one year. The other is to reduce the price by the price index.

Average Annual Growth Rate There are two methods of method for calculating the average growth rate of our country: one is "horizontal", also known as the geometric mean method is to last year's levels of interval compared with the base period level to calculate the average annual growth (or decline) speed; another is the "cumulative method", also known as algebraic average method and equation method is combined with a interval in each level compared with the base period level to calculate average annual growth (or decline) speed. In the normal case, two methods for calculating the average annual growth rate is close to; but when the unbalanced economic development, the emergence of big ups and downs, two methods to calculate the results vary greatly.

The average annual growth rates listed in Yearbook are calculated by the level approach except for the growth rates are computed. For instance, the average annual growth rate of the 36 years since 1978 is shown as the average annual growth rate of 1979-2014 without showing the base year 1978.

Each Five-Year Periods The Five-Year Plan is a part of China's national economic plan. It is mainly to plan major national construction projects, the distribution of productive forces and the important proportion of the national economy, and set goals and direction for the future national economic development. China has worked out twelve Five-Year plans from 1953 the first Five-Year Plan to now, exept the national economy recovery period from 1949 to 1952 and the national economy adjustment period from 1963 to 1965.

Each Five-Year period are as follows: the first Five-Year Plan period from 1953 to 1957; the 2nd Five-Year Plan period from 1958 to 1962 ; the 3rd Five-Year Plan period from 1966 to 1970 ; the 4th Five-Year Plan period from 1971 to 1975 ; the 5th Five-Year Plan period from 1976 to 1980 ; the 6th Five-Year Plan period from 1981 to 1985 ; the 7th Five-Year Plan period from 1986 to 1990 ; the 8th Five-Year Plan period from 1991 to 1995 ; the 9th Five-Year Plan period from 1996 to 2000 ; the 10th Five-Year Plan period from 2001 to 2005 ; the 11th Five-Year Plan period from 2006 to 2010 ; the 12th Five-Year Plan period from 2011 to 2015.

国民经济核算

National Accounts 2

简 要 说 明

一、主要内容

国民经济核算资料主要包括地区生产总值及其有关资料。

二、地区生产总值

地区生产总值数据是根据不同产业部门、不同支出构成的特点和资料来源情况而采用不同方法计算的。

本年鉴公布的地区生产总值数据，如遇普查，在能够获得更详细的基础资料的情况下，地区生产总值的历史数据还会发生变动。2013 年是第三次经济普查年度，按照国家统计局统一要求，重新计算经济普查年度的地区生产总值，并利用趋势离差法，修订历史数据。

地区生产总值是一个价值量指标，其价值的变化受价格变化和物量变化两大因素影响。不变价地区生产总值是把按当期价格计算的地区生产总值换算成按某个固定期（基期）价格计算的价值，从而使两个不同时期的价值进行比较时，能够剔除价格变化的影响，以反映物量变化，反映生产活动成果的实际变动。随着经济的不断发展，各行业的价格结构也会不断发生变化，为了更好地反映这种变化对于经济的影响，计算不变价国内生产总值需要每隔若干年调整一次基期。我国自开始核算国内生产总值以来，共有 1952 年、1957 年、1970 年、1980 年、1990 年、2000 年、2005 年、2010 年 8 个不变价基期，目前的基期是 2010 年。

三、资料来源

本篇资料由省统计局国民经济核算处根据产业部门资料加工计算。

Brief Introduction

I. Main Contents

Statistics on national accounts include Gross Regional Product and other related data.

II. Gross Regional Product

Data on GRP are computed based on different approaches in the light of the different features of various sectors, various expenditure structures and different data sources.

Data on GRP and related indicators of the most recent year published in the Yearbook are not final and are subject to changes when more information from financial data and administrative records become available. Where a census has been conducted, historical data of GRP of the previous years may also undergo change. The 3rd National Economic Census was conducted in 2013. According to the Uniform requirements of NBS, historical data of GDP were revised by trend deviation method.

Gross Regional Product (GRP) is a measurement of value which changes depending on changes of price and production. GRP at constant prices converts the gross domestic product based on the current price into a value based on the price of the base period. When adjusted for price changes, the values of two different periods can be compared to reflect changes of both products and production activities. As economy grows, changes will take place in the price structures of various industries, and the base period for the measurement of constant-price GRP thus needs to be adjusted every few years in order to better reflect the impact of price change on the economy. Since China started GRP calculation, eight constant-price base periods have been used, i.e., 1952, 1957, 1970, 1980, 1990, 2000， 2005, and 2010 and the current base period is 2010.

III. Sources of Data

Data in this chapter which based on various industry sectors are computed by National Accounts Department of Guizhou Provincial Bureau of Statistics.

2-1 地区生产总值
Gross Domestic Product

单位：亿元 (100 million yuan)

指　标	Item	2011	2012	2013	2014	2015	2015年比2014年增长(%) Increase Rate in 2015 over 2014(%)
地区生产总值	**Gross Domestic product**	**5701.84**	**6852.20**	**8086.86**	**9266.39**	**10502.56**	**10.7**
按产业分	**By Three Strata of Industry**						
第一产业增加值	Primary Industry	726.22	891.91	998.47	1280.45	1640.61	6.5
第二产业增加值	Secondary Industry	2194.33	2677.54	3276.24	3857.44	4147.83	11.4
第三产业增加值	Tertiary Industry	2781.29	3282.75	3812.15	4128.50	4714.12	11.1
按国民经济行业分	**By Sector**						
农　业	Agriculture	726.22	891.91	1031.70	1316.08	1712.65	6.4
#农林牧渔服务业	Agriculture Forestry, Animal Husbandry and Fishery Services			33.23	35.63	72.04	4.6
工　业	Industry	1829.20	2217.06	2686.52	3140.88	3315.58	9.8
#金属制品、机械和设备修理业	Repair Serivice of Metal Products, Machinery and Equipment			0.97	1.13	1.19	9.5
建筑业	Construction	365.13	460.48	590.69	717.69	833.44	18.3
批发和零售业	Wholesale and Retail Trade	448.77	514.49	582.05	624.17	671.39	8.4
交通运输、仓储和邮政业	Transport, Storage and Post	590.91	687.45	772.44	828.69	920.36	9.4
住宿和餐饮业	Hotel and Catering Services	224.40	266.58	294.86	322.71	360.38	9.7
金融业	Financial Intermediation	297.27	365.87	444.53	491.65	607.11	19.2
房地产业	Real Estate	160.30	176.75	202.94	220.48	232.07	6.6
营利性服务业	For-profit Services	398.09	467.57	546.11	591.36	687.39	11.9
非营利性服务业	Non-profit Services	661.55	804.04	935.02	1012.68	1162.19	11.5
人均地区生产总值(元)	**Per Capita Gross Domestic Product(yuan)**	**16413**	**19710**	**23151**	**26437**	**29847**	**10.3**

注：1、2013年数据根据第三次经济普查资料进行修订；2、2013年和2014年国民经济核算数据按照国家统计局统一要求，采用《国民经济行业分类》（GB/T4754－2011）和《三次产业划分规定》（国统字〔2012〕108号）。2013年起第一产业增加值等于农业、林业、畜牧业、渔业增加值之和，不包含农林牧渔服务业；第二产业增加值等于工业与建筑业增加值之和再扣除工业中开采辅助活动增加值、金属制品机械和设备修理业增加值。农林牧渔服务业，开采辅助活动，金属制品机械和设备修理业归入第三产业。（以下相关表同）

Note: 1.Data of 2013 is revised according to third time econimic census;2 Data of national economy account has to adapt to 《National economy industrial classification》 and 《Three industry division rule》 according to national statistical department.From 2013,the first industry added value has included added value of agriculture, forestry,graziery and fishery excepet service of those industries.the second industry added value equals to the sum of industry's added value and construction's added value, then deduct the added value of exploit activities, metal product machinery and equipment repair. the third industry includes service in agriculture, forestry,graziery ,fishery, exploit activities, metal product machinery and equipment repair. (the related tables in the chapter are the same)

2-2 地区生产总值构成
Compostion of Gross Domestic Product

单位：% (%)

指　标	Item	2011	2012	2013	2014	2015
地区生产总值	**Gross Domestic product**	**100.0**	**100.0**	**100.0**	**100.0**	**100.0**
按产业分	**By Three Strata of Industry**					
第一产业增加值	Primary Industry	12.7	13.0	12.3	13.8	15.6
第二产业增加值	Secondary Industry	38.5	39.1	40.5	41.6	39.5
第三产业增加值	Tertiary Industry	48.8	47.9	47.2	44.6	44.9
按国民经济行业分	**By Sector**					
农　业	Agriculture	12.7	13.0	12.7	14.2	16.3
#农林牧渔服务业	Agriculture Forestry, Animal Husbandry and Fishery Services			0.4	0.4	0.7
工　业	Industry	32.1	32.4	33.2	33.9	31.6
#金属制品、机械和设备修理业	Repair Serivice of Metal Products, Machinery and Equipment			…	…	…
建筑业	Construction	6.4	6.7	7.3	7.7	7.9
批发和零售业	Wholesale and Retail Trade	7.9	7.5	7.2	6.7	6.4
交通运输、仓储和邮政业	Transport Storage and Post	10.4	10.0	9.6	9.0	8.8
住宿和餐饮业	Hotel and Catering Services	3.9	3.9	3.6	3.5	3.4
金融业	Financial Intermediation	5.2	5.3	5.5	5.3	5.8
房地产业	Real Estate	2.8	2.6	2.5	2.4	2.2
营利性服务业	For-profit Services	7.0	6.8	6.8	6.4	6.5
非营利性服务业	Non-profit Services	11.6	11.8	11.6	10.9	11.1

2-3 地区生产总值(按支出法计算)
Gross Domestic Product（Accounted by Expenditure）

指　标	Item	2011	2012	2013	2014	2015	2015年比2014年增长(%) Increase Rate in 2015 over 2014(%)
地区生产总值(亿元)	**Gross Domestic Product (100 million yuan)**	**5701.84**	**6852.20**	**8086.86**	**9266.39**	**10502.56**	**10.7**
最终消费	Final Consumption Expenditures	3438.71	3950.64	4535.82	5288.50	5957.73	9.8
居民消费	Household Consumption Expenditures	2566.78	2910.93	3332.70	3982.27	4530.88	11.4
农村居民	Rural Household	908.51	994.67	1182.14	1417.43	1632.70	8.6
城镇居民	Urban Household	1658.27	1916.26	2150.56	2564.84	2898.18	12.9
政府消费	Government Consumption Expenditures	871.93	1039.71	1203.12	1306.23	1426.85	5.1
资本形成总额	Gross Capital Formation	3229.30	4164.37	5261.41	6114.31	7104.22	14.7
固定资本形成总额	Gross Fixed Capital Formation	3147.46	4067.26	5141.75	5928.80	6913.85	14.9
库存增加	Changes in Inventories	81.84	97.11	119.66	185.51	190.37	7.6
货物和服务净出口	Net Outflow of Goods and Services	-966.17	-1262.81	-1710.37	-2136.42	-2559.39	
构成(%)	**Composition(%)**						
以最终消费为100	Final Consumption Expenditures=100						
居民消费	Household Consumption Expenditures	74.6	73.7	73.5	75.3	76.1	
政府消费	Government Consumption Expenditures	25.4	26.3	26.5	24.7	23.9	
以居民消费为100	Household Consumption Expenditures =100						
农村居民	Rural Household	35.4	34.2	35.5	35.6	36.0	
城镇居民	Urban Household	64.6	65.8	64.5	64.4	64.0	
最终消费率(%)	**Final Consumption Rate(%)**	**60.3**	**57.7**	**56.1**	**57.1**	**56.7**	
资本形成率(%)	**Capital Formation Rate(%)**	**56.6**	**60.8**	**65.1**	**66.0**	**67.6**	
城乡居民人均消费水平比(农村居民=1)	**Urban/Rural Consumption Ratio (rural households=1)**	**3.49**	**3.47**	**3.08**	**2.84**	**2.55**	

注：表中居民消费按常住半年人口计算，城乡居民人均消费水平比根据第六次人口普查数据进行修订。

Note:The Data of Household Consumption in the table are calculated based on permanent population in half a year scope.Urban/Rural Consumption ratio is adjusted according to the result of the sixth National population census.

2-4 三次产业贡献率

Share of the Contributions of the Three Strata of Industry to the Increase of the GDP

单位：%　　(%)

指　标	Item	2011	2012	2013	2014	2015
地区生产总值	**Gross Domestic Product**	**100.0**	**100.0**	**100.0**	**100.0**	**100.0**
第一产业增加值	Primary Industry	1.1	7.6	5.1	6.4	6.0
第二产业增加值	Secondary Industry	46.8	49.6	46.8	47.7	45.0
#工　业	Industry	39.2	38.7	36.2	35.4	31.8
第三产业增加值	Tertiary Industry	52.1	42.8	48.1	45.9	49.0

2-5 三次产业对地区生产总值增长的拉动

Contribution of the Three Strata of Industry to GDP Growth

单位：百分点　　(percentage points)

指　标	Item	2011	2012	2013	2014	2015
地区生产总值	**Gross Domestic Product**	**15.0**	**13.6**	**12.5**	**10.8**	**10.7**
第一产业增加值	Primary Industry	0.2	1.1	0.6	0.7	0.6
第二产业增加值	Secondary Industry	7.0	6.7	5.9	5.1	4.8
#工　业	Industry	5.9	5.3	4.5	3.8	3.4
第三产业增加值	Tertiary Industry	7.8	5.8	6.0	5.0	5.3

2-6 历年地区生产总值

Gross Domestic Product Over the Years

单位：亿元 (100 million yuan)

年 份 Year	地 区 生产总值 Gross Domestic Product	第一产业 增加值 Primary Industry	第二产业 增加值 Secondary Industry	工 业 Industry	建筑业 Construction	第三产业 增加值 Tertiary Industry	#交通运输、仓储和邮政业 Transport, Storage and Post	人均地区 生产总值 (元) Per Capita GDP(yuan)
1978	46.62	19.42	18.73	15.24	3.49	8.47	1.68	175
1979	55.28	23.29	22.41	18.33	4.08	9.58	1.86	204
1980	60.26	24.86	24.00	19.37	4.63	11.40	2.01	219
1981	67.89	29.90	24.95	20.36	4.59	13.04	2.56	242
1982	79.39	37.37	27.44	22.58	4.86	14.58	2.74	278
1983	87.38	37.76	33.14	28.16	4.98	16.48	3.76	302
1984	108.27	45.73	43.51	36.85	6.66	19.03	4.66	371
1985	123.92	50.45	49.88	41.96	7.92	23.59	5.86	420
1986	139.57	56.46	50.96	43.57	7.39	32.15	7.34	467
1987	165.50	66.46	60.11	49.93	10.18	38.93	7.74	546
1988	211.79	85.20	78.63	68.32	10.31	47.96	9.78	683
1989	235.84	92.88	86.74	77.26	9.48	56.22	12.36	750
1990	260.14	100.10	92.83	82.15	10.68	67.21	11.69	810
1991	295.90	115.71	101.54	88.96	12.58	78.65	13.98	896
1992	339.91	121.18	122.08	106.41	15.67	96.65	19.00	1034
1993	417.69	133.41	155.03	135.40	19.63	129.25	25.45	1234
1994	524.46	183.56	194.80	173.03	21.77	146.10	18.02	1527
1995	636.21	227.13	232.52	208.75	23.77	176.56	22.77	1826
1996	723.18	254.53	255.09	225.36	29.73	213.56	26.79	2048
1997	805.79	271.96	288.99	251.10	37.89	244.84	23.51	2250
1998	858.39	265.04	319.40	273.82	45.58	273.95	29.14	2364
1999	937.50	267.75	350.41	294.42	55.99	319.34	59.17	2545
2000	1029.92	271.20	391.20	328.73	62.47	367.52	75.86	2759
2001	1133.27	274.41	433.52	360.73	72.79	425.34	88.47	3000
2002	1243.43	281.10	481.96	395.45	86.51	480.37	102.48	3257
2003	1426.34	298.69	569.37	473.38	95.99	558.28	119.26	3701
2004	1677.80	334.50	681.50	577.40	104.10	661.80	134.90	4317
2005	2005.42	368.94	821.16	707.35	113.81	815.32	138.65	5394
2006	2338.98	382.06	967.54	839.13	128.41	989.38	192.95	6305
2007	2884.11	446.38	1124.79	978.86	145.93	1312.94	282.04	7878
2008	3561.56	539.19	1370.03	1195.30	174.73	1652.34	370.65	9855
2009	3912.68	550.27	1476.62	1252.67	223.95	1885.79	399.77	10971
2010	4602.16	625.03	1800.06	1516.87	283.19	2177.07	480.32	13119
2011	5701.84	726.22	2194.33	1829.20	365.13	2781.29	590.91	16413
2012	6852.20	891.91	2677.54	2217.06	460.48	3282.75	687.45	19710
2013	8086.86	998.47	3276.24	2686.52	590.69	3812.15	772.44	23151
2014	9266.39	1280.45	3857.44	3140.88	717.69	4128.50	828.69	26437
2015	10502.56	1640.61	4147.83	3315.58	833.44	4714.12	920.36	29847

注：1.三次产业划分1978—2004年按老行业分类标准计算，2005年开始按新行业分类标准计算，第三产业中“交通运输、仓储、邮电通信业”从2005年起按新标准分类为“交通运输、仓储和邮政业”，2013年起，用新的分类标准，详见2—1表注；2.2005—2011年人均地区生产总值按人口普查资料修订。3.2005年起人均地区生产总值按常住半年人口计算，以往年份按常住一年人口计算(以下相关表同)。

Note: 1. New standards of classification of three industries started From 1978 to 2004, data in the table were calculated by the Old Industry Classificatic Standard;from 2005, data in the table were calculated by the New Industry Classification Standard; from 2005,acording to the New the Industry Classification Standard, the data of Transportation, Storage,Post and telecommunications refers to data of Transportation, Storage and Post fro 2013, details in the 2-1 note. 2. From 2005 to 2011,the data of per capital GDP have been adjusted according to the result of national populatior census. 3. Data from 2005 were calculated by permanent resident population in half a year scope,while they were calculated by permanent popula in a year scope in the past(the relative tables in the chapte are the same).

2-7 历年地区生产总值增长速度

Indices of Gross Domestic Product Over the Years

单位：% (%)

年份 Year	地区生产总值 Gross Domestic Product	第一产业增加值 Primary Industry	第二产业增加值 Secondary Industry	工业 Industry	建筑业 Construction	第三产业增加值 Tertiary Industry	#交通运输、仓储和邮政业 Transport, Storage and Post	人均地区生产总值 Per Capita GDP
1978	23.7	6.6	37.3	39.7	23.7	32.7	33.6	21.4
1979	11.0	2.8	17.3	19.1	5.2	11.4	7.2	9.1
1980	4.4	0.4	4.3	6.9	-14.4	11.7	6.5	2.7
1981	6.5	9.9	1.7	-0.9	12.7	9.5	9.8	4.7
1982	15.8	23.0	9.3	11.4	1.3	12.6	3.6	13.8
1983	12.6	4.6	22.9	26.4	8.8	12.3	34.6	11.2
1984	19.8	18.2	23.8	23.8	23.5	14.9	37.6	18.6
1985	7.9	-1.2	12.8	12.0	16.6	17.8	24.3	6.7
1986	5.6	6.1	-2.0	-0.3	-9.5	20.9	8.7	4.3
1987	10.8	2.9	16.2	13.8	28.6	14.8	13.9	9.3
1988	8.6	-1.0	13.2	15.5	3.1	15.0	8.3	6.2
1989	4.5	6.3	3.9	6.8	-10.6	3.3	13.0	3.1
1990	4.3	1.7	6.1	5.6	8.8	4.6	-15.1	2.1
1991	9.2	13.2	3.5	3.5	3.8	11.2	6.8	6.2
1992	8.1	-0.7	15.0	16.0	8.0	12.6	21.2	8.6
1993	10.4	3.9	13.5	15.8	-4.8	14.8	15.1	8.8
1994	8.4	3.7	11.8	12.4	5.8	9.8	11.9	6.9
1995	7.5	2.4	10.5	11.1	4.0	9.3	7.8	5.9
1996	8.9	3.8	12.6	12.1	17.8	9.2	11.1	7.4
1997	9.0	4.2	12.3	11.8	18.0	9.3	12.5	7.5
1998	8.5	1.5	11.8	10.4	26.4	10.5	17.5	6.9
1999	8.8	3.4	13.2	11.8	25.1	7.3	14.5	7.3
2000	8.4	3.6	7.6	7.5	8.3	13.7	17.5	7.0
2001	8.8	1.1	9.4	9.2	10.7	13.6	12.0	7.5
2002	9.1	2.2	13.2	11.0	24.5	9.4	5.4	7.9
2003	10.1	4.6	13.3	13.3	13.5	10.1	10.9	9.1
2004	11.4	5.3	14.2	15.9	6.5	12.0	16.0	10.4
2005	12.7	5.2	12.0	13.0	7.4	17.6	26.5	17.9
2006	12.8	4.6	13.4	13.8	11.2	16.0	29.6	13.1
2007	14.8	3.3	13.2	14.0	7.8	21.1	29.4	16.4
2008	11.3	6.8	8.1	8.6	4.7	15.8	19.4	12.8
2009	11.4	4.3	12.1	10.2	25.6	13.1	5.3	12.9
2010	12.8	4.7	16.6	15.7	22.1	12.1	15.2	14.7
2011	15.0	1.2	17.9	17.8	18.3	16.5	15.3	16.1
2012	13.6	8.6	16.8	15.6	23.3	12.1	13.8	13.5
2013	12.5	5.8	14.1	13.1	19.2	12.5	12.4	11.9
2014	10.8	6.6	12.3	11.1	18.2	10.4	9.3	10.4
2015	10.7	6.5	11.4	9.8	18.3	11.1	9.4	10.3

2-8 历年地区生产总值指数（1978年=100）

Indices of Gross Domestic Product Over the Years (year of 1978=100)

年份 Year	地区生产总值 Gross Domestic Product	第一产业增加值 Primary Industry	第二产业增加值 Secondary Industry			第三产业增加值 Tertiary Industry	人均地区生产总值 Per Capita GDP
				工业 Industry	建筑业 Construction		
1978	100.0	100.0	100.0	100.0	100.0	100.0	100.0
1979	111.0	102.8	117.3	119.1	105.2	111.4	109.1
1980	115.9	103.2	122.3	127.3	90.1	124.4	112.0
1981	123.4	113.4	124.4	126.2	101.5	136.3	117.3
1982	142.9	139.5	135.9	140.5	102.9	153.4	133.5
1983	160.9	145.9	167.1	177.6	111.9	172.3	148.4
1984	192.8	172.5	206.8	219.9	138.2	198.0	176.0
1985	208.0	170.4	233.4	246.3	161.1	233.2	187.9
1986	219.6	180.8	228.7	245.6	145.8	281.9	195.9
1987	243.4	186.0	265.8	279.4	187.5	323.7	214.1
1988	264.3	184.2	300.9	322.8	193.3	372.2	227.5
1989	276.2	195.8	312.6	344.7	172.8	384.5	234.4
1990	288.1	199.1	331.7	364.1	188.0	402.2	239.4
1991	314.6	225.4	343.3	376.8	195.1	447.2	254.2
1992	340.1	223.8	394.8	437.1	210.8	503.6	276.1
1993	375.3	232.5	448.3	506.1	200.6	578.3	300.5
1994	407.0	241.2	501.1	568.7	212.2	635.2	321.2
1995	437.4	246.8	553.7	632.0	220.6	693.9	340.3
1996	476.1	256.3	623.4	708.7	259.8	757.9	365.3
1997	519.0	267.1	700.3	792.3	306.6	828.6	392.8
1998	562.9	271.0	783.1	874.8	387.6	915.3	420.0
1999	612.4	280.0	886.4	978.4	485.0	982.5	450.5
2000	663.7	290.2	953.4	1051.5	525.1	1117.4	481.8
2001	721.8	293.4	1043.5	1148.3	581.5	1269.5	517.9
2002	787.2	300.0	1181.3	1274.5	724.2	1388.3	558.7
2003	866.6	313.8	1338.4	1443.5	821.8	1528.6	609.4
2004	965.4	330.4	1528.4	1673.0	874.9	1711.4	673.1
2005	1088.0	347.6	1711.8	1890.5	939.6	2012.6	793.6
2006	1227.3	363.6	1941.2	2151.4	1044.8	2334.6	897.6
2007	1408.9	375.6	2197.4	2452.6	1126.3	2827.2	1044.8
2008	1568.1	401.1	2375.4	2663.5	1179.2	3273.9	1178.5
2009	1746.9	418.3	2662.8	2935.2	1481.1	3702.8	1330.5
2010	1970.5	438.0	3104.8	3396.0	1808.4	4150.8	1526.1
2011	2266.1	443.3	3660.6	4000.5	2139.3	4835.7	1771.8
2012	2574.3	481.4	4275.6	4624.6	2637.8	5420.8	2011.0
2013	2896.1	509.3	4878.4	5230.4	3144.2	6098.4	2250.3
2014	3208.9	543.0	5478.5	5811.0	3716.5	6732.7	2484.3
2015	3552.3	578.3	6103.0	6380.5	4396.6	7480.0	2740.2

主要统计指标解释

国内生产总值(GDP) 指一个国家所有常住单位在一定时期内生产的全部最终产品和服务的价值总和。国内生产总值有三种表现形态，即价值形态、收入形态和产品形态。从价值形态看，它是所有常住单位在一定时期内生产的全部产品和服务价值减去同期投入的全部产品和服务价值的差额，即所有常住单位的增加值之和；从收入形态看，它是所有常住单位在一定时期内的生产活动所形成的原始收入之和；从产品形态看，它是所有常住单位在一定时期内最终使用的产品和服务减去进口的产品和服务的价值总和。在实际核算中，国内生产总值有三种计算方法，即生产法、收入法和支出法。三种方法分别从不同的方面反映国内生产总值及其构成。

对于一个地区来说，称为地区生产总值。

三次产业 三次产业的划分是世界上较为常用的产业结构分类，但各国的划分不尽一致。我国的三次产业划分是：

第一产业指农业、林业、畜牧业、渔业（不含农林牧渔服务业）。

第二产业指采矿业（不含开采辅助活动），制造业（不含金属制品、机械和设备修理业），电力、热力、燃气及水的生产和供应业，建筑业。

第三产业指除第一、二产业以外的其他行业。

支出法国内（地区）生产总值 是从最终使用的角度反映一个国家(或地区)一定时期内生产活动最终成果的一种方法，包括最终消费支出、资本形成总额及货物和服务净出口三部分。计算公式为：

支出法国内（地区）生产总值=最终消费支出+资本形成总额+货物和服务净出口

最终消费支出 指常住单位为满足物质、文化和精神生活的需要，从本国经济领土和国外购买的货物和服务的支出。它不包括非常住单位在本国经济领土内的消费支出。最终消费支出分为居民消费支出和政府消费支出。

居民消费支出 指常住住户在一定时期内对于货物和服务的全部最终消费支出。居民消费支出除了直接以货币形式购买的货物和服务的消费支出外，还包括以其他方式获得的货物和服务的消费支出，即所谓的虚拟消费支出。居民虚拟消费支出包括如下几种类型：单位以实物报酬及实物转移的形式提供给居民的货物和服务；住户生产并由本住户消费了的货物和服务，其中的服务仅指住户的自有住房服务和付酬的家庭雇员提供的家庭和个人服务；金融机构提供的金融中介服务；保险机构提供的保险服务。

政府消费支出 指政府部门为全社会提供的公共服务的消费支出和免费或以较低的价格向居民住户提供的货物和服务的净支出，主要包括行政管理、卫生文教、国防支出等。

资本形成总额 指常住单位在一定时期内新形成的固定资产和增加的库存存货的价值，包括固定资本形成总额和存货增加两部分。

固定资本形成总额 指常住单位在一定时期内获得的固定资产减处置的固定资产的价值总额。固定资产是通过生产活动生产出来的，且其使用年限在一年以上、单位价值在规定标准以上的资产，不包括自然资产。可分为有形固定资本形成总额和无形固定资本形成总额。有形固定资本形成总额主要包括住宅、非住宅建筑物、机器设备的购置价值、土地改良支出、大牲畜和新增经济林价值。无形固定资本形成总额包括矿藏的勘探、计算机软件等获得减处置。

存货增加 指常住单位在一定时期内存货实物量变动的市场价值，即期末价值减期初价值的差额，再扣除当期由于价格变动而产生的持有收益。存货增加可以是正值，也可以是负值，正值表示存货比基期上升，负值表示存货比基期下降。存货包括生产单位购进的原材料、燃料和储备物资等存货，以及生产单位生产的产成品、在制品和半成品等存货。

货物和服务净出口 指货物和服务出口减货物和服务进口的差额。出口包括常住单位向非常住单位出售或无偿转让的各种货物和服务的价值；进口包括常住单位从非常住单位购买或无偿得到的各种货物和服务的价值。由于服务活动的提供与使用同时发生，一般把常住单位从非常住单位得到的服务作为进口，非常住单位从常住单位得到的服务作为出口。货物的出口和进口价值都按离岸价格计算，服务业出口和进口价值按交易发生时的市场价格计算。

Explanatory Notes on Main Statistical Indicators

Gross Domestic Product (GDP) refers to the final products and services produced by all resident units in a country (or a region) during a certain period of time. Gross domestic product is expressed in three different perspectives, namely value, income, and products respectively. GDP in its value perspective refers to the balance of total value of all goods and services produced by all resident units during a certain period of time, minus the total value of input of goods and services of the nature of non-fixed assets; in other words, it is the sum of the value-added of all resident units. GDP from the perspective of income includes the primary income created by all resident units and distributed to resident and non-resident units. GDP from the perspective of products refers to the value of all goods and services for final demand by all resident units plus the net exports of goods and services during a given period of time. In the practice of national accounting, gross domestic product is calculated from three approaches, namely production approach, income approach and expenditure approach, which reflect gross domestic product and its composition from different angles.

For a region, it is called as Gross Regional Product.

Three Strata of Industry Classification of economic activities into three strata of industry is a common practice in the world, although the grouping varies to some extent from country to country. In China economic activities are categorized into the following three strata of industry:

Primary industry refers to farming, forestry, animal husbandry and fishery.（excluding services in support of these industries）

Secondary industry refers to mining and quarrying(excluding support activities for mining), manufacturing (excluding Repair Services of metal Products, Machinery and Equipment), production and supply of electricity, heat, gas and water, and construction.

Tertiary industry refers to all other economic activities not included in the primary or secondary industries.

GDP by Expenditure Approach refers to the method of measuring the final results of production activities of a country (region) during a given period from the perspective of final uses. It includes final consumption expenditure, gross capital formation and net export of goods and services. The formula for computation is.:

GDP by expenditure approach = final consumption expenditure + gross capital formation +

net export of goods and services

Final Consumption Expenditure refers to the total expenditure of resident units for purchases of goods and services from both the domestic economic territory and abroad to meet the needs of material, cultural and spiritual life. It does not include the expenditure of non-resident units on consumption in the economic territory of the country. The final consumption expenditure is broken down into household consumption expenditure and government consumption expenditure.

Household Consumption Expenditure refers to the total expenditure of resident households on the final consumption of goods and services. In addition to the consumption of goods and services bought by the households directly with money, the household consumption expenditure also includes expenditure on goods and services obtained by the households in other ways, i.e. the so-called imputed consumption expenditure, which includes the following: (a) the goods and services provided to households by employers in the form of payment in kind and transfer in kind; (b) goods and services produced and consumed by the households themselves, in which the services refer to the owner-occupied housing and services offered by payed family employees; (c) financial intermediate services provided by financial institution;(d) insurance services provided by the insurance institution.

Government Consumption Expenditure refers to the consumption expenditure spent for the provision of public services provided by the government to the whole country and the net expenditure on the goods and services provided by the government to households free of charge or at reduced prices, including administration, health and education, expenditure on national defense, etc.

Gross Capital Formation refers to the newly formed fixed assets and increased the net value of inventory during a given period, thus including gross fixed capital formation and changes in inventories.

Gross Fixed Capital Formation refers to the value of acquisitions less those disposals of fixed assets during a given period. Fixed assets are the assets produced through production activities with unit value above a specified amount and which could be used for over one year. Natural assets are not included.Gross fixed capital formation can be categorized into total tangible fixed capital formation and total intangible fixed capital formation. Total tangible fixed capital formation includes the value of the construction projects and installation projects completed and the equipment, apparatus and instruments purchased (less those disposed) as well as the value of land improved, the value of draught animals, breeding stock and animals for milk, for wool and for recreational purposes and the newly increased forest with economic value. Total intangible fixed capital formation includes the prospecting of minerals and the acquisition of computer software minus the disposal of them.

Changes in Inventories refers to the market value of the change in the physical volume of inventory of resident units during a given period, i.e. the difference between the values at the beginning and at the end of the period minus the gains due to the change in prices. The changes in inventories can have a positive or a negative value. A positive value indicates an increase in inventory while a negative value indicates a decrease in inventory. The inventory includes raw materials, fuels and reserve materials purchased by the production units as well as the inventory of finished products, semi-finished products and work-in-progress.

Net Export of Goods and Services refers to the exports of goods and services subtracting the imports of goods and services. Exports include the value of various goods and services sold or gratuitously transferred by resident units to non-resident units. Imports include the value of various goods and services purchased or gratuitously acquired resident units from non-resident units. Because the provision of services and the use of them happen simultaneously, the acquisition of services by resident units from abroad is usually treated as import while the acquisition of services by non-resident units in this country is usually treated as export. The exports and imports of goods are calculated at FOB. Export and cmport value of service industry are calculated at the market price when transaction occurs

人 口

Population 3

简 要 说 明

一、主要内容

本篇资料反映全省人口方面的基本情况，包括六次人口普查数据；年末常住人口数、城镇人口、乡村人口；出生率、死亡率、自然增长率、人口受教育程度等。

二、统计调查方法

目前由省统计局人口和就业统计处实施的人口统计调查有：在逢“0”的年份进行全省人口普查；在逢“5”的年份进行全省 1%人口抽样调查；其余年份进行全省人口变动情况抽样调查，其样本量约占总人口的 1‰左右。人口抽样调查是以全省为总体，市级单位为次总体，采用分层、多阶段、整群概率比例抽样方法抽取样本。

三、资料来源

本篇资料由省统计局人口和就业统计处整理。年末常住人口数据资料来源于人口普查和年度人口变动抽样调查数据，户籍人口数据资料由省公安厅提供，计划生育数据资料由省卫生计生委提供。

Brief Introduction

I. Main Contents

Data in this chapter show the basic condition of the population in Guizhou Province，which include six times census data, the main statistical indicators included: provincial residential population, urban population and rural population over the years; as well as birth rates, death rates, natural growth rates, population dependency coefficient and education attainments of the population, etc.

II. Sampling Methodology

The statistical surveys on population which are conducted by Department of Population and Employment

Statistics of Guizhou Provincial Bureau of Statistics are as follows: The provincial population census is conducted in the year ending with 0; the provincial 1 percent population sample survey is conducted in the year ending with 5; sample surveys on population changes are conducted in the rest of the years which cover about 1 per thousand of the total population of the province. The sample survey on population change takes the whole province as the population and each city, autonomous region or municipality as sub-populations, and the stratified multi-stage systematic PPS cluster sampling scheme is used.

III. Sources of Data

Data in this chapter are prepared by the Department of Population and Employment Statistics of Guizhou Provincial Bureau of Statistics. The data provincial residential population over the years comes from the data which sample surveys on population changes are conducted in the rest of the years, and the household population provides by the Public Security Department of Guizhou province. Family planning data in the table are provided from the Health and Family Planning of Guizhou Provincial.

3-1 全省历次人口普查主要指标

Main Indicators on National Population Census in 1953,1964,1982,1990,2000 and 2010

单位：万人 (10000 persons)

指 标	Item	第一次 (1953年) The First	第二次 (1964年) The Second	第三次 (1982年) The Third	第四次 (1990年) The Forth	第五次 (2000年) The Fifth	第六次 (2010年) The Sixth
总人口	**Total Population**	**1503.73**	**1714.05**	**2855.29**	**3239.11**	**3524.77**	**3474.65**
按城镇、乡村分	**Grouped by Residence**						
城镇人口	Urban population	109.91	203.55	540.22	623.17	844.51	1174.78
乡村人口	Rural population	1393.82	1510.51	2315.07	2615.94	2680.25	2299.87
城镇人口比重（%）	The proportion of urban population(%)	7.31	11.88	18.92	19.24	23.96	33.81
按性别分	**Grouped by Male and Female**						
男	Male	759.80	868.48	1464.08	1676.88	1846.45	1795.15
女	Female	743.93	845.57	1391.21	1562.22	1678.32	1679.50
性别比(以女性为100)	Sex Ratio(female=100)	102.13	102.71	105.24	107.34	110.02	106.89
人口年平均增长率（%）	The growth rate of Annual Average Population(%)		1.32	2.89	1.59	0.82	-0.14
家庭总户数（万户）	Total Number of Household (10000 households)	340.15	390.96	565.93	721.04	923.94	1038.96
户均规模（人/户）	Average Family Size(person/household)	4.42	4.38	4.93	4.41	3.74	3.24
人口自然变动（‰）	**Natural Change of Population(‰)**						
出生率	Birth Rate	38.43	52.62	24.81	23.09	20.59	13.96
死亡率	Death Rate	17.61	20.66	7.60	7.90	7.53	6.55
自然增长率	Natural Growth Rate	20.82	31.96	17.21	15.19	13.06	7.41
年龄结构（%）	**Age Composition (%)**						
0-14岁	Aged 0-14	37.88	38.82	40.88	32.68	30.17	25.22
15-64岁	Aged 15-64	58.52	58.42	54.45	62.71	63.87	66.21
65岁及以上	Aged 65 and Over	3.59	2.76	4.66	4.61	5.97	8.57
民族	**Population by Ethnicity**						
汉族	Han	1109.84	1312.89	2112.95	2114.88	2191.17	2219.85
占总人口比重（%）	Percentage to Total Population(%)	73.81	76.61	74.00	65.29	62.16	63.89
年均增长率（%）	Annual average growth rate(%)		0.37	-0.35	-1.24	-0.49	0.27
少数民族	Ethnic Minorities(10 000 persons)	393.89	401.16	742.35	1124.23	1333.60	1254.80
占总人口比重（%）	Percentage to Total Population(%)	26.19	23.39	26.00	34.71	37.84	36.11
年均增长率（%）	Annual average growth rate(%)		-1.12	1.06	2.93	0.87	-0.46
受教育程度	**Education Attainments**						
小 学	Primary School		352.71	822.65	1210.75	1535.30	1368.07
初 中	Junior Secondary School		53.80	325.86	475.78	727.48	1035.07
高 中	Senior Secondary School		13.38	84.72	127.50	199.67	253.02
大专以上	College and Higher Level		3.96	11.09	25.06	67.49	183.88
文盲人口	Illiterate Population			1202.24	969.11	598.58	303.85
文盲率（%）	Illiterate Rate(%)			42.11	29.92	16.98	8.74
每十万人口拥有的各种受教育程度人口（人）	**Population with Various Education Attainments Per 100000 Persons(person)**						
小 学	Primary School				37379	43557	39373
初 中	Junior Secondary School				14688	20639	29789
高中/中专	Senior Secondary School and Technical Secondary School				3973	5665	7282
大专及以上	College and Higher Level				774	1915	5292

注：表中数据来源于历次人口普查公报。

Note:Data in this table come from the communique of the six national population censuses.

3-2 第六次人口普查全省世居民族人口数

Population of all ethnic groups on the Sixth National Population Census

单位：万人 (10000 persons)

指 标	Item	第六次人口普查(2010年)
总人口	Total Population	3474.86
男	Male	1790.55
女	Female	1684.31
汉族	Han	2234.42
男	Male	1151.79
女	Female	1082.63
蒙古族	Mongolian	4.16
男	Male	2.32
女	Female	1.84
回族	Hui	18.48
男	Male	9.50
女	Female	8.98
苗族	Miao	396.84
男	Male	204.09
女	Female	192.75
彝族	Yi	83.45
男	Male	42.96
女	Female	40.49
壮族	Zhuang	5.26
男	Male	2.65
女	Female	2.61
布依族	Bouyei	251.06
男	Male	127.11
女	Female	123.95
满族	Manchu	2.31
男	Male	1.19
女	Female	1.12
侗族	Dong	143.19
男	Male	75.02
女	Female	68.17
瑶族	Yao	4.09
男	Male	2.14
女	Female	1.95
白族	Bai	17.95
男	Male	9.59
女	Female	8.36
土家族	Tujia	143.70
男	Male	73.65
女	Female	70.05
畲族	She	3.66
男	Male	1.91
女	Female	1.75
水族	Shui	34.87
男	Male	18.03
女	Female	16.84
仫佬族	Mulam	2.50
男	Male	1.33
女	Female	1.17
羌族	Qiang	0.16
男	Male	0.09
女	Female	0.07
毛南族	Maonan	2.73
男	Male	1.42
女	Female	1.31
仡佬族	Gelao	49.52
男	Male	25.89
女	Female	23.62
未定族称人们共同体	Undetermined called People Community	61.28
男	Male	32.01
女	Female	29.27

注：表中数据来源于第六次人口普查机器汇总数。

Note:Data in this table are obtained from machine summary number of the Sixth Population Census.

3-3 常住人口主要指标(半年口径)

Permanent Resident Population (at least half a year)

单位：万人 (10000 persons)

指 标	Item	2010	2011	2012	2013	2014	2015
年末总人口	**Total Population at the Year-end**	**3479**	**3469**	**3484**	**3502.22**	**3508.04**	**3529.50**
家庭年末总户数(万户)	Total Number of Household (10000 hous	1038.96	1066.13	1103.77	1125.07	1133.00	1068.51
家庭户规模(人/户)	Average Family Size(person/household)	3.24	3.16	3.10	3.11	3.08	3.20
人口自然变动	**Natural Change of Population**						
出生人数	Number of Birth	48.52	46.24	46.13	45.58	45.50	45.74
出生率(‰)	Birth Rate(‰)	13.96	13.31	13.27	13.05	12.98	13.00
死亡人数	Number of Death	22.76	24.07	24.20	24.97	25.17	25.34
死亡率(‰)	Death Rate(‰)	6.55	6.93	6.96	7.15	7.18	7.20
自然增长人数	Natural Increase of Population	25.76	22.17	21.93	20.61	20.33	20.40
自然增长率(‰)	Natural Growth Rate(‰)	7.41	6.38	6.31	5.90	5.80	5.80

3-4 计划生育

Family Planning

单位：万人 (10000 persons)

指 标	Item	2011	2012	2013	2014	2015
生育政策符合率(%)	Family Planning Rates(%)	93.9	94.7	95.0	95.2	95.2
采取节育措施人数	Number of Contraception Users	572.94	611.10	622.72	610.26	604.03
避孕率(含复合使用药具)(%)	Contraception Rates(Including Using contraceptives)(%)	88.1	89.0	89.0	89.1	88.7

注：资料来源于省卫生计生委。

Note:Data in the table are provided from the Health and Family Planning of Guizhou Provincial.

3−5 历年年末常住人口

Permanent Population at the year-end Over the Years

单位：万人 (10000 persons)

年 份 Year	合 计 Total	按城镇、乡村分 Grouped by Urban and Rural		按性别分 Grouped by Sex		性别比 Sex Ratio (女=100) (female=100)	年平均人口 Annual Average Population
		城 镇 Urban	乡 村 Rural	男 Male	女 Female		
1978	2686.40	323.97	2362.43	1364.82	1321.58	103.27	2663.27
1979	2730.99	520.82	2210.17	1386.93	1344.06	103.19	2708.70
1980	2776.67	543.18	2233.49	1409.61	1367.06	103.11	2753.83
1981	2826.78	528.41	2298.37	1439.89	1386.89	103.82	2801.73
1982	2875.21	542.13	2333.08	1470.43	1404.78	104.67	2851.00
1983	2901.46	550.96	2350.50	1484.73	1416.73	104.80	2888.33
1984	2931.85	854.14	2077.71	1501.55	1430.30	104.98	2916.65
1985	2972.18	883.18	2089.00	1522.93	1449.25	105.08	2952.02
1986	3025.86	909.55	2116.31	1550.90	1474.96	105.15	2999.02
1987	3072.58	1002.93	2069.65	1576.23	1496.35	105.34	3049.22
1988	3127.27	951.23	2176.04	1599.01	1528.26	104.63	3099.93
1989	3171.00	1000.26	2170.74	1628.85	1542.15	105.62	3149.14
1990	3267.53	1083.67	2183.86	1684.53	1583.00	106.41	3219.27
1991	3314.63	1238.48	2076.15	1709.31	1605.32	106.48	3291.08
1992	3360.96	2256.05	1104.91	1735.46	1625.50	106.76	3337.80
1993	3408.69	2324.92	1083.77	1761.65	1647.04	106.96	3384.83
1994	3458.41	2371.06	1087.35	1789.32	1669.09	107.20	3433.55
1995	3508.08	2408.78	1099.30	1815.63	1692.45	107.28	3483.25
1996	3555.41	2457.33	1098.08	1840.38	1715.03	107.31	3531.75
1997	3605.81	2503.75	1102.06	1866.48	1739.33	107.31	3580.61
1998	3657.60	2539.76	1117.84	1893.29	1764.31	107.31	3631.70
1999	3710.06	2539.80	1170.26	1920.40	1789.66	107.30	3683.83
2000	3755.72	896.49	2859.23	1968.00	1787.72	110.08	3732.89
2001	3798.51	910.12	2888.39	1973.41	1825.10	108.13	3777.12
2002	3837.28	932.11	2905.17	1993.15	1844.13	108.08	3817.90
2003	3869.66	958.52	2911.14	2010.22	1859.44	108.11	3853.47
2004	3903.70	1025.89	2877.81	2022.22	1881.48	107.48	3886.68
2005	3730	1002.25	2727.75	1920.55	1809.45	106.14	3717.61
2006	3690	1013.27	2676.73	1908.85	1781.15	107.17	3710
2007	3632	1025.68	2606.32	1879.70	1752.30	107.27	3661
2008	3596	1046.79	2549.21	1868.73	1727.27	108.19	3614
2009	3537	1057.21	2479.79	1827.56	1709.44	106.91	3567
2010	3479	1176.25	2302.75	1797.43	1681.57	106.89	3508
2011	3469	1212.76	2256.24	1801.21	1667.79	108.00	3474
2012	3484.07	1268.54	2215.53	1818.64	1665.43	109.20	3476.53
2013	3502.22	1324.89	2177.33	1822.5	1679.72	108.50	3493.15
2014	3508.04	1403.57	2104.47	1817.91	1690.13	107.56	3505.13
2015	3529.50	1482.74	2046.76	1820.63	1708.87	106.54	3518.77

注：1. 2000年及以后的城镇、乡村人口的划分标准按国家统计局1999年发布的《关于统计上划分城乡的规定》计算，与以前年份数据不可比。2.2005年及以后为常住半年口径。 3.2006−2009年常住总人口数据已根据第六次人口普查资料进行修订（下表同）。

Note:1.Since 2000,standards of grouping rural and urban residents were calculated on the basis of Statistical Partition Ordain about Urban or Rural that had been issued by National Bureau of Statistial of China, So the data are not comparable with the preceding years. 2.Population cablier have refer to permanent population in half a year scope since 2005. 3.Data from 2006 to 2009 had been verified according to the Six National Population Census since 2005(the same applies to the next table).

3-6 历年人口自然变动

Natural Change of Population Over the Years

单位：万人 (10000 persons)

年 份 Year	出生 Birth		死亡 Death		自然增长 Natural Grouth	
	人数 Number of Persons	率(‰) Rate(‰)	人数 Number of Persons	率(‰) Rate(‰)	人数 Number of Persons	率(‰) Rate(‰)
1978	76.22	28.62	19.65	7.38	56.57	21.24
1979	72.84	26.89	19.23	7.10	53.61	19.79
1980	68.02	24.70	19.39	7.04	48.63	17.66
1981	66.46	23.72	21.07	7.52	45.39	16.20
1982	70.73	24.81	21.67	7.60	49.06	17.21
1983	60.11	20.81	26.46	9.16	33.65	11.65
1984	54.98	18.85	21.29	7.30	33.69	11.55
1985	59.97	20.33	17.43	5.91	42.54	14.42
1986	72.04	24.11	18.08	6.05	53.96	18.06
1987	71.77	23.69	25.87	8.54	45.90	15.15
1988	73.76	23.81	18.62	6.01	55.14	17.80
1989	67.08	21.23	21.58	6.83	45.50	14.40
1990	74.13	23.09	25.36	7.90	48.77	15.19
1991	72.96	22.42	26.39	8.11	46.57	14.31
1992	73.61	22.40	28.00	8.52	45.61	13.88
1993	74.96	22.6	28.19	8.50	46.77	14.10
1994	76.93	22.92	27.32	8.14	49.61	14.78
1995	76.14	21.86	26.47	7.60	49.67	14.26
1996	77.88	22.05	27.16	7.69	50.72	14.36
1997	79.31	22.15	27.46	7.67	51.85	14.48
1998	79.97	22.02	28.18	7.76	51.79	14.26
1999	80.75	21.92	28.29	7.68	52.46	14.24
2000	76.86	20.59	28.11	7.53	48.75	13.06
2001	70.10	18.56	27.31	7.23	42.79	11.33
2002	68.57	17.96	27.53	7.21	41.04	10.75
2003	61.31	15.91	26.47	6.87	34.84	9.04
2004	58.61	15.08	24.68	6.35	33.93	8.73
2005	54.00	14.59	25.00	7.21	29.00	7.38
2006	51.83	13.97	24.89	6.71	26.94	7.26
2007	48.62	13.28	24.16	6.60	24.46	6.68
2008	48.75	13.49	24.47	6.77	24.28	6.72
2009	48.68	13.65	23.86	6.69	24.82	6.96
2010	48.52	13.96	22.76	6.55	25.76	7.41
2011	46.24	13.31	24.07	6.93	22.17	6.38
2012	46.13	13.27	24.20	6.96	21.93	6.31
2013	45.58	13.05	24.97	7.15	20.61	5.90
2014	45.50	12.98	25.17	7.18	20.33	5.80
2015	45.74	13.00	25.34	7.20	20.40	5.80

3−7 历年户籍人口

Household Registered Population Over the Years

单位：万人 (10000 persons)

年 份 Year	年末总人口 Total Population at the Year-end	按农业非农业分 Grouped by Agriculture and Non-agriculture		占总人口比重(%) Proportion(%)	
		农 业 Agriculture	非农业 Non-agriculture	农 业 Agriculture	非农业 Non-agriculture
1978	2686.40	2380.52	305.88	88.6	11.4
1979	2730.99	2416.67	314.32	88.5	11.5
1980	2776.67	2456.37	320.30	88.5	11.5
1981	2826.78	2500.74	326.04	88.5	11.5
1982	2875.21	2544.10	331.11	88.5	11.5
1983	2901.46	2564.92	336.54	88.4	11.6
1984	2931.85	2588.11	343.74	88.3	11.7
1985	2967.91	2609.04	358.87	87.9	12.1
1986	3007.99	2643.57	364.42	87.9	12.1
1987	3051.39	2678.60	372.79	87.8	12.2
1988	3143.94	2760.47	383.47	87.8	12.2
1989	3184.05	2793.35	390.70	87.7	12.3
1990	3236.97	2840.21	396.76	87.7	12.3
1991	3271.40	2868.27	403.13	87.7	12.3
1992	3300.97	2887.95	413.02	87.5	12.5
1993	3332.30	2910.71	421.59	87.3	12.7
1994	3380.58	2927.54	453.04	86.6	13.4
1995	3419.54	2957.32	462.22	86.5	13.5
1996	3459.54	2979.85	479.69	86.1	13.9
1997	3495.50	3004.76	490.74	86.0	14.0
1998	3536.54	3032.50	504.04	85.7	14.3
1999	3582.05	3063.23	518.82	85.5	14.5
2000	3676.63	3144.98	531.65	85.5	14.5
2001	3710.20	3156.33	553.87	85.1	14.9
2002	3747.68	3175.17	572.51	84.7	15.3
2003	3786.84	3196.70	590.14	84.4	15.6
2004	3831.19	3224.62	606.57	84.2	15.8
2005	3867.73	3258.05	609.68	84.2	15.8
2006	3921.91	3295.08	626.83	84.0	16.0
2007	3985.04	3346.09	638.95	84.0	16.0
2008	4036.75	3385.66	651.09	83.9	16.1
2009	4090.78	3429.36	661.43	83.8	16.2
2010	4189.00	3512.92	676.07	83.9	16.1
2011	4238.44	3551.18	687.26	83.8	16.2
2012	4249.48	3557.14	692.34	83.7	16.3
2013	4286.15	3584.17	701.98	83.6	16.4
2014	4325.49	3616.27	709.22	83.6	16.4
2015	4395.33				

注：资料来源于省公安厅。1984年及以前为公安、统计共同使用的数据，1985年起为公安户籍人口统计口径。2015年户籍制度改革，取消农业、非农业之分。

Note: Data in the table is provided by Provincial Public Security Department. Data after 1985 in the table is obtained from the Public Security Department of Guizhou Province,while data before 1984 are used by Statistics Beaura and Public Security Department of Guizhou Province. The 2015 reform of the household registration system abolish the distinction between agriculture and non-agricultrue.

主要统计指标解释

总人口　指一定时点、一定地区范围内的有生命的个人的总和。年度统计的年末人口数指每年 12 月 31 日 24 时的人口数。

城镇人口和乡村人口　城镇人口是指居住在城镇范围内的全部常住人口；乡村人口是除上述人口以外的全部人口。

出生率(又称粗出生率)　指在一定时期内(通常为一年)一定地区的出生人数与同期内平均人数之比，用千分率表示。本资料中的出生率指年出生率，其计算公式为：

$$出生率=\frac{年出生人数}{年平均人数}\times 1000‰$$

公式中：出生人数指活产婴儿，即胎儿脱离母体时(不管怀孕月数)，有过呼吸或其他生命现象。年平均人数指年初、年底人口数的平均数，也可用年中人口数代替。

死亡率(又称粗死亡率)　指在一定时期内(通常为一年)一定地区的死亡人数与同期内平均人数之比，用千分率表示。本资料中的死亡率指年死亡率，其计算公式为：

$$死亡率=\frac{年死亡人数}{年平均人数}\times 1000‰$$

人口自然增长率　指在一定时期内(通常为一年)人口自然增加数(出生人数减死亡人数)与该时期内平均人数之比，用千分率表示。计算公式为：

$$人口自然增长率=\frac{本年出生人数-本年死亡人数}{年平均人数}\times 1000‰$$

$$=人口出生率-人口死亡率$$

Explanatory Notes on Main Statistical Indicators

Total Population refers to the total number of people alive at a certain point of time within a given area. The annual statistics on total population is taken at midnight, the 3lst of December.

Urban Population and Rural Population Urban population refers to all people residing in cities and towns, while rural population refers to population other than urban population.

Birth Rate (or Crude Birth Rate) refers to the ratio of the number of births to the average population during a certain period of time (usually a year), expressed in ‰. Birth rate in the chapter refers to annual birth rate. The following formula is used:

$$\text{Birth Rato} = \frac{\text{Number of Births}}{\text{Annual Average Population}} \times 1000‰$$

Number of births in the formula refers to live births, i.e. when a baby has breathed or showed any vital phenomena regardless of the length of pregnancy.

Annual average population is the average of the number of population at the beginning of the year and that at the end of the year. Sometimes it is substituted by the mid-year population.

Death Rate(or Crude Death Rate) refers to the ratio of the number of deaths to the average population during a certain period of time (usually a year), expressed in ‰. Death rate in the chapter refers to annual death rate. The following formula is used:

$$\text{Death Rato} = \frac{\text{Number of Death}}{\text{Annual Average Population}} \times 1000‰$$

Natural Growth Rate of Population refers to the ratio of natural increase in population (number of births minus number of deaths) in a certain period of time (usually a year) to the average population of the same period, expressed in ‰. The following formula is applied:

$$\text{Natural Growth Rate of Population} = \frac{\text{Number of Births} - \text{Number of Death}}{\text{Annual Average Population}} \times 1000‰$$
$$= \text{Birth Rate} - \text{Death Rate}$$

就业人员和职工工资

Employment and Wages

4

简要说明

一、主要内容

本篇资料反映劳动经济方面的基本情况，如：经济活动人口数，就业人员数，城镇登记失业人数，就业人员工资总额，平均工资等。

二、统计范围及统计调查方法

《劳动工资统计报表制度》的调查范围为城镇地区全部法人单位；《劳动力调查制度》的调查范围为全省16岁及以上人口；《农林牧渔业统计调查制度》的调查范围为全省乡镇以下农村地区；《培训就业统计报表制度》的填报范围为全省就业服务和职业介绍机构；私营企业及个体工商业统计范围为全社会。

本篇“城镇单位”均指“城镇非私营单位”。

劳动工资统计中，城镇非私营单位采用全面调查方法，城镇私营单位采用抽样调查方法；劳动力调查采用抽样调查方法；就业统计及私营企业和个体工商业统计利用行政登记资料加工整理。

三、资料来源

1.就业基本情况及分组资料、工资总额等资料，由省统计局人口和就业统计处根据《劳动工资统计报表制度》、《劳动力调查制度》及《农林牧渔业统计调查制度》搜集资料，加工整理。

2.城镇新增就业、城镇登记失业人数，由省人力资源社会保障厅整理提供。

3.私营企业及个体工商业就业人员，由省工商局提供。

Brief Introduction

I. Main Contents

Data in this chapter show the basic conditions of the labour economy, such as the economically active population, number of employed persons, number of registered unemployed persons in urban areas, total wages bills of employed persons and average wages, etc.

II. Scope and Methodology of Statistics

The Reporting Form System on Labour Wage Statistics covers corporate units in all urban area. The scope of survey of The Sample Survey System on Labour Force are the population aged 16 and over of the whole province. The System of Rural Social and Economic Surveys covers all rural areas below township level in Guizhou. The Reporting Form System on Training and Employment Statistics covers all agencies and units providing employment services and job centers. The scope of statistics on private enterprises and self-employed individuals covers the whole province.

In this chapter, urban corporate units refer to urban corporate unit excluding private units.

A complete reporting form system from lower-level statistical bureaus to higher level statistical bureaus is used in the labour wage statistics of urban non-private enterprises, and sampling methods is used in the statistics of urban private enterprises. The Sample Survey on Labour Force is conducted by using sampling methods. Statistics on employment, private enterprises and self-employed individuals are collected and compiled on basis of administrative registering records.

III. Sources of Data

(1) Data on basic conditions of employment, data by groups, total wage bills of staff and workers are collected and compiled through The Reporting Form System on Labour Wage Statistics, The Sample Survey System on Labour Force, and The System of Rural Social and Economic Surveys by the Department of Population and Employment Statistics of Guizhou Provincial Bureau of Statistics.

(2) Data on the urban new employment conditions and on the number of registered unemployed persons in urban areas are provided by the Ministry of Human Resources and Social Security of Guizhou Province.

(3) Data on the number of employed persons in private enterprises and self-employed individuals are provided by the Administration for Industry and Commerce of Guizhou Province.

4−1 就业人员及劳动报酬

Number of Employed Personnels and Wages

指　　标	Item	2011	2012	2013	2014	2015	2015年比2014年增长(%) Increase Rate in 2015over 2014(%)
就业人员(万人)	**Number of Employed Persons(10000 persons)**	**1792.80**	**1825.82**	**1864.21**	**1909.69**	**1946.65**	**1.9**
按产业分	**Grouped by Three Strata of Industry**						
第一产业	Primary Industry	1194.39	1189.04	1179.76	1171.02	1161.54	-0.8
第二产业	Secondary Industry	215.86	238.10	264.32	291.42	315.38	8.2
第三产业	Tertiary Industry	382.55	398.68	420.13	447.25	469.73	5.0
按城乡分	**Grouped by Urban and Rural**						
城镇	Urban Area	554.14	596.06	639.67	690.28	739.41	7.1
乡村	Rural Area	1238.66	1229.76	1224.54	1219.41	1207.24	-1.0
非私营单位在岗职工人数(万人)	**Total Number of Staff and Workers of Non-privately-owned unit (10000 persons)**	**225.91**	**249.67**	**273.27**	**278.63**	**277.62**	**-0.4**
国有单位	State-owned Unit	158.26	161.19	152.41	153.29	152.36	-0.6
集体单位	Collective-owned Unit	7.17	6.16	5.49	5.27	4.62	-12.3
其他单位	Others	60.47	82.32	115.37	120.07	120.64	0.5
非私营单位在岗职工工资总额(亿元)	**Total Wage of Staff and Workers of Non-privately-owned unit (100 million yuan)**	**830.11**	**1050.68**	**1322.82**	**1508.25**	**1713.10**	**13.6**
国有单位	State-owned Unit	606.80	729.04	780.07	862.93	1041.56	20.7
集体单位	Collective-owned Unit	22.12	24.29	27.27	31.43	31.47	0.1
其他单位	Others	201.19	297.36	515.48	613.89	640.08	4.3
非私营单位在岗职工平均工资(元)	**Average Wage of Staff and Workers of Non-privately-owned unit (yuan)**	**37331**	**42733**	**49087**	**54685**	**62591**	**14.5**
国有单位	State-owned Unit	38914	45825	52327	56918	69068	21.3
集体单位	Collective-owned Unit	31601	40420	50545	59458	69106	16.2
其他单位	Others	33851	36816	44819	51627	54087	4.8

注：在岗职工包含劳务派遣人员(以下相关表同)。

Note:The working staff at work include labor dispatching personnel (the related tables in the chapter are the same).

4-2 非私营单位就业人员年末人数(2015)

Number of Employed Persons in Non-private Units at Year-end

单位：人 (person)

指 标	Item	就业人员 Number of Employed	国有单位 State-owned Unit	集体单位 Collective-owned Unit	其他单位 Unit of Other Type of Ownership
总 计	**Total**	**3074744**	**1688399**	**52193**	**1334152**
按企事业、机关分	**By Enterprises,Institutions and Agencies**				
企 业	Enterprises	1747935	367490	50728	1329717
事 业	Institutions	903374	897874	1450	4050
机 关	Agencies	423435	423035	15	385
按产业分	**By Three Strata of Industry**				
第一产业	Primary Industry	11713	8772	98	2843
第二产业	Secondary Industry	1135861	221436	25962	888463
第三产业	Tertiary Industry	1927170	1458191	26133	442846
按国民经济行业分	**By Sector**				
农、林、牧、渔业	Agriculture,Forestry,Animal Husbandry and Fishery	11713	8772	98	2843
采矿业	Mining	154712	9629	1281	143802
制造业	Manufacturing	424859	59204	5133	360522
电力、热力、燃气及水生产和供应业	Production and Supply of Electricity Heat, Gas and Water	128112	90016	404	37692
建筑业	Construction	428178	62587	19144	346447
批发和零售业	Wholesale and Retail Trades	123757	28344	3954	91459
批发业	Wholesale	64409	25742	2237	36430
零售业	Retail Trades	59348	2602	1717	55029
交通运输、仓储和邮政业	Transport,Storage and Post	116431	59696	1454	55281
住宿和餐饮业	Hotels and Catering Services	29014	4072	497	24445
信息传输、软件和信息技术服务业	Information Transmission, Software and Information Technology	32588	2451	34	30103
金融业	Financial Intermediation	86467	21457	11583	53427
房地产业	Real Estate	87494	4018	1156	82320
租赁和商务服务业	Leasing and Business Services	45743	7790	3154	34799
租赁业	Leasing Services	1422	67	54	1301
商务服务业	Business Services	44321	7723	3100	33498
科学研究、技术服务业	Scientific Research and Technic Services	76858	56698	324	19836
水利、环境和公共设施管理业	Management of Water Conservancy, Environment and Public Facilities	49620	42973	326	6321
居民服务、修理和其他服务业	Services to Households,Repair and Other Services	12394	3777	293	8324
教 育	Education	536554	518315	1580	16659
卫生和社会工作	Health and Social Service	199067	185502	1691	11874
卫 生	Health	195739	182690	1652	11397
社会工作	Social Service	3328	2812	39	477
文化、体育和娱乐业	Culture,Sports and Entertainment	20704	13352		7352
#新闻和出版业	News Publishing Company	4387	2231		2156
广播、电视、电影和影视录音制作业	Radio,Television,Movies and Video Recordings	6947	4818		2129
体 育	Sports	1202	521		681
公共管理、社会保障和社会组织	Public Management、Social Securities and Social Organization	510479	509746	87	646

4-3 非私营单位女性就业人员年末人数(2015)

Number of Employed Female in Non-private Units at the Year-end

单位：人 (person)

行业	Sector	女性就业人员数 Number of Female Employed	国有单位 State-owned Unit	集体单位 Collective-owned Unit	其他单位 Unit of Other Type of Ownership
总计	**Total**	**1036632**	**655755**	**14249**	**366628**
农、林、牧、渔业	Agriculture,Forestry,Animal Husbandry and Fishery	3473	2353	20	1100
采矿业	Mining and Quarrying	18630	1064	65	17501
制造业	Manufacturing	142503	19393	1737	121373
电力、热力、燃气及水生产和供应业	Production and Supply of Electricity,Heat,Gas and Water	33963	25269	79	8615
建筑业	Construction	46687	9414	2242	35031
批发和零售业	Wholesale and Retail Trades	51099	7905	1540	41654
批发业	Wholesale	20565	6861	830	12874
零售业	Retail Trades	30534	1044	710	28780
交通运输、仓储和邮政业	Transport,Storage and Post	30158	14371	337	15450
住宿和餐饮业	Hotels and Catering Services	17833	2579	319	14935
信息传输、软件和信息技术服务业	Information Transmission,Software and Information Technology	12676	837	16	11823
金融业	Financial Intermediation	40387	8539	4952	26896
房地产业	Real Estate	32093	1518	474	30101
租赁和商务服务业	Leasing and Commerce Services	13335	2847	427	10061
租赁业	Leasing Services	426	28	17	381
商务服务业	Commerce Services	12909	2819	410	9680
科学研究、技术服务业	Scientific Research,Technic Services	21261	16237	88	4936
水利、环境和公共设施管理业	Management of Water Conservancy, Environment and Public Facilities	25734	22772	82	2880
居民服务、修理和其他服务业	Services to Households Repair and Other Services	5857	1972	126	3759
教育	Education	255168	245653	810	8705
卫生和社会工作	Health and Social Service	123566	114649	897	8020
卫生	Health	121840	113265	875	7700
社会工作	Social Service	1726	1384	22	320
文化、体育和娱乐业	Culture,Sports and Entertainment	9000	5532		3468
#新闻和出版业	News Publishing Company	1962	1031		931
广播、电视、电影和影视录音制作业	Broadcasting,Television,Film and Video Trade	2717	1728		989
体育	Sports	490	193		297
公共管理、社会保障和社会组织	Public Administration Social Securities and Social Organization	153209	152851	38	320

4-4 非私营单位各行业在岗职工年末人数(2015)

Working Staff and Workers in Non-private units at the Year-end by Sector

单位：人 (person)

指 标	Item	职工人数 Number of Staff and Workers	国有单位 State-owned Unit	集体单位 Collective-owned Unit	其他单位 Unit of Other Type of Ownership
总 计	**Total**	**2776232**	**1523637**	**46206**	**1206389**
按企事业、机关分	**By Enterprises,Institutions and Agencies**				
企 业	Enterprises	1594076	346982	44852	1202242
事 业	Institutions	811353	806202	1339	3812
机 关	Agencies	370803	370453	15	335
按产业分	**By Three Strata of Industry**				
第一产业	Primary Industry	10285	7634	71	2580
第二产业	Secondary Industry	1014729	208207	21306	785216
第三产业	Tertiary Industry	1751218	1307796	24829	418593
按国民经济行业分	**By Sector**				
农、林、牧、渔业	Agriculture,Forestry,Animal Husbandry and Fishery	10285	7634	71	2580
采矿业	Mining	149756	9230	1187	139339
制造业	Manufacturing	413860	57293	4666	351901
电力、热力、燃气及水生产和供应业	Production and Supply of Electricity,Heat, Gas and Water	119905	83683	399	35823
建筑业	Construction	331208	58001	15054	258153
批发和零售业	Wholesale and Retail Trades	119040	26369	3419	89252
批发业	Wholesale	61203	23996	1814	35393
零售业	Retail Trades	57837	2373	1605	53859
交通运输、仓储和邮政业	Transport,Storage and Post	109910	57607	1385	50918
住宿和餐饮业	Hotels and Catering Services	28145	3779	495	23871
信息传输、软件和信息技术服务业	Information Transmission,Software and Information Technology	31451	2358	34	29059
金融业	Financial Intermediation	77755	21062	11279	45414
房地产业	Real Estate	84214	3745	1103	79366
租赁和商务服务业	Leasing and Business Services	44292	7437	3102	33753
租赁业	Leasing Services	1413	62	50	1301
商务服务业	Business Services	42879	7375	3052	32452
科学研究、技术服务业	Scientific Research and Technic Services	71826	53463	323	18040
水利、环境和公共设施管理业	Management of Water Conservancy, Environment and Public Facilities	36201	29971	304	5926
居民服务、修理和其他服务业	Services to Households Repair and Other Services	11151	3063	261	7827
教 育	Education	493683	476424	1396	15863
卫生和社会工作	Health and Social Service	178010	164906	1641	11463
卫 生	Health	174893	162295	1607	10991
社会工作	Social Service	3117	2611	34	472
文化、体育和娱乐业	Culture,Sports and Entertainment	19370	12149		7221
#新闻和出版业	News Publishing Company	4221	2068		2153
广播、电视、电影和影视录音制作业	Radio,Television,Movies and Video Recordings	6371	4299		2072
体 育	Sports	1179	507		672
公共管理、社会保障和社会组织	Public Managemen、 Social Securities and Social Organization	446170	445463	87	620

4-5 非私营单位在岗职工工资总额(2015)

Total Wages Bill of Working Staff and Workers in Non-private units

单位：亿元 (100 million yuan)

指 标	Item	工资总额 Total Wage Bill	国有单位 State-owned Unit	集体单位 Collective-owned Unit	其他单位 Unit of Other Type of Ownership
总 计	**Total**	**1713.10**	**1041.56**	**31.47**	**640.08**
按企事业、机关分	**By Enterprises,Institutions and Agencies**				
企 业	Enterprises	918.29	249.50	30.60	638.19
事 业	Institutions	545.02	542.41	0.85	1.75
机 关	Agencies	249.79	249.65	0.01	0.13
按产业分	**By Three Strata of Industry**				
第一产业	Primary Industry	5.40	4.61	0.02	0.77
第二产业	Secondary Industry	535.32	138.38	8.24	388.69
第三产业	Tertiary Industry	1172.38	898.56	23.21	250.61
按国民经济行业分	**By Sector**				
农、林、牧、渔业	Agriculture,Forestry,Animal Husbandry and Fishery	5.40	4.61	0.02	0.77
采矿业	Mining	76.81	5.36	0.55	70.89
制造业	Manufacturing	217.57	45.71	1.61	170.25
电力、热力、燃气及水生产和供应业	Production and Supply of Electricity,Heat,Gas and Water	92.37	65.60	0.13	26.64
建筑业	Construction	148.57	21.71	5.95	120.91
批发和零售业	Wholesale and Retail Trades	69.26	28.57	1.09	39.61
批发业	Wholesale	45.91	27.49	0.63	17.79
零售业	Retail Trades	23.35	1.08	0.46	21.82
交通运输、仓储和邮政业	Transport,Storage and Post	72.83	41.19	0.71	30.92
住宿和餐饮业	Hotels and Catering Services	10.51	1.85	0.12	8.54
信息传输、软件和信息技术服务业	Information Transmission,Software and Information Technology	25.67	1.53	0.01	24.12
金融业	Financial Intermediation	102.01	19.59	17.90	64.52
房地产业	Real Estate	38.98	1.85	0.38	36.76
租赁和商务服务业	Leasing and Business Services	21.50	4.38	0.99	16.13
租赁业	Leasing Services	0.61	0.04	0.02	0.55
商务服务业	Business Services	20.89	4.34	0.97	15.58
科学研究、技术服务业	Scientific Research and Technic Services	46.48	36.99	0.15	9.35
水利、环境和公共设施管理业	Management of Water Conservancy, Environment and Public Facilities	15.00	12.53	0.12	2.36
居民服务、修理和其他服务业	Services to Households Repair and Other Services	4.14	1.31	0.07	2.76
教 育	Education	332.30	324.93	0.83	6.54
卫生和社会工作	Health and Social Service	125.91	119.81	0.79	5.31
卫 生	Health	124.00	118.08	0.77	5.15
社会工作	Social Service	1.91	1.78	0.02	0.17
文化、体育和娱乐业	Culture,Sports and Entertainment	11.42	8.07		3.36
#新闻和出版业	News Publishing Company	2.66	1.61		1.05
广播、电视、电影和影视录音制作业	Radio,Television,Movies and Video Recordings	3.92	2.73		1.19
体 育	Sports	0.59	0.30		0.29
公共管理、社会保障和社会组织	Public Management Social Securities and Social Organization	296.36	295.97	0.05	0.33

4-6 非私营单位各行业在岗职工平均工资(2015)

Average Wages of Working Staff and Workers in Non-private units by Sector

单位：元 (yuan)

指 标	Item	平均工资 Average Wage	国有单位 State-owned Unit	集体单位 Collective-owned Unit	其他单位 Unit of Other Type of Ownership
总 计	**Total**	**62591**	**69068**	**69106**	**54087**
按企事业、机关分	**By Enterprises,Institutions and Agencies**				
企 业	Enterprises	58646	72891	69228	54115
事 业	Institutions	67831	67936	64957	46569
机 关	Agencies	67944	67968	74067	40563
按产业分	**By Three Industries**				
第一产业	Primary Industry	52570	60357	21296	30133
第二产业	Secondary Industry	53622	67189	39068	50398
第三产业	Tertiary Industry	67831	69419	95259	61183
按国民经济行业分	**By Sector**				
农、林、牧、渔业	Agriculture,Forestry,Animal Husbandry and Fishery	52570	60357	21296	30133
采矿业	Mining	49964	58640	46866	49437
制造业	Manufacturing	52608	79741	33327	48446
电力、热力、燃气及水生产和供应业	Production and Supply of Electricity,Heat,Gas and Water	77413	78662	33292	74972
建筑业	Construction	47665	38695	40482	50192
批发和零售业	Wholesale and Retail Trades	58755	111244	32086	44595
批发业	Wholesale	76229	117883	34852	50680
零售业	Retail Trades	40501	45606	28938	40617
交通运输、仓储和邮政业	Transport,Storage and Post	67521	72651	53433	62061
住宿和餐饮业	Hotels and Catering Services	37505	49360	24807	35895
信息传输、软件和信息技术服务业	Information Transmission,Software and Information Technology	81981	65859	41147	83325
金融业	Financial Intermediation	132293	92926	163120	143199
房地产业	Real Estate	48774	49958	35227	48907
租赁和商务服务业	Leasing and Business Services	48920	60079	31240	48169
租赁业	Leasing Services	43647	64410	39000	42841
商务服务业	Business Services	49093	60043	31118	48382
科学研究、技术服务业	Scientific Research and Technic Services	65962	69278	46393	55777
水利、环境和公共设施管理业	Management of Water Conservancy,Environment and Public Facilities	40994	41081	39010	40637
居民服务、修理和其他服务业	Services to Households Repair and Other Services	37339	41912	25276	35885
教 育	Education	67992	68847	61021	42436
卫生和社会工作	Health and Social Service	72128	73970	50184	48197
卫 生	Health	72300	74075	49904	48774
社会工作	Social Service	62481	67442	66259	35232
文化、体育和娱乐业	Culture,Sports and Entertainment	59062	66580		46462
#新闻和出版业	News Publishing Company	62846	76939		49114
广播、电视、电影和影视录音制作业	Radio,Television,Movies and Video Recordings	61656	63763		57298
体 育	Sports	50648	60294		43338
公共管理、社会保障和社会组织	Public Management Social Securities and Social Organization	67120	67140	57517	54131

4-7 非私营单位各行业从业人员平均工资(2015)

Average Wages of Working Staff and Workers in Non-private units by Sector

单位：元 (yuan)

指 标	Item	平均工资 Average Wage	国有单位 State-owned Unit	集体单位 Collective-owned Unit	其他单位 Unit of Other Type of Ownership
总 计	**Total**	**59701**	**64552**	**64057**	**53286**
按企事业、机关分	**By Enterprises,Institutions and Agencies**				
企 业	Enterprises	57196	70006	64119	53313
事 业	Institutions	63269	63350	61756	45887
机 关	Agencies	62323	62345	74067	37636
按产业分	**By Three Industries**				
第一产业	Primary Industry	48077	54393	16755	29410
第二产业	Secondary Industry	52581	64146	36877	50103
第三产业	Tertiary Industry	63936	64676	91952	59807
按国民经济行业分	**By Sector**				
农、林、牧、渔业	Agriculture,Forestry,Animal Husbandry and Fishery	48077	54393	16755	29410
采矿业	Mining	49498	58406	44450	48968
制造业	Manufacturing	52024	77658	31735	48095
电力、热力、燃气及水生产和供应业	Production and Supply of Electricity,Heat, Gas and Water	72900	73303	33167	72348
建筑业	Construction	47832	38131	37873	50282
批发和零售业	Wholesale and Retail Trades	57568	103570	29807	44445
批发业	Wholesale	73618	109535	31005	50675
零售业	Retail Trades	40162	44182	28228	40338
交通运输、仓储和邮政业	Transport,Storage and Post	65506	71234	51477	59587
住宿和餐饮业	Hotels and Catering Services	37208	47617	24729	35730
信息传输、软件和信息技术服务业	Information Transmission,Software and Information Technology	80955	64743	41147	82300
金融业	Financial Intermediation	123592	92162	160237	128618
房地产业	Real Estate	48331	47813	34358	48558
租赁和商务服务业	Leasing and Business Services	48290	58807	30978	47587
租赁业	Leasing Services	43587	61333	39623	42841
商务服务业	Business Services	48439	58785	30834	47769
科学研究、技术服务业	Scientific Research and Technic Services	64338	67354	46278	54911
水利、环境和公共设施管理业	Management of Water Conservancy, Environment and Public Facilities	36336	35950	38472	38829
居民服务、修理和其他服务业	Services to Households Repair and Other Services	35528	37585	25326	34912
教 育	Education	64268	65007	56945	41582
卫生和社会工作	Health and Social Service	67511	68937	49434	47392
卫 生	Health	67645	69015	49245	47918
社会工作	Social Service	59636	63844	58813	35217
文化、体育和娱乐业	Culture,Sports and Entertainment	57257	63352		46172
#新闻和出版业	News Publishing Company	62974	76193		49122
广播、电视、电影和影视录音制作业	Radio,Television,Movies and Video Recordings	58911	59824		56835
体 育	Sports	50136	59515		42927
公共管理、社会保障和社会组织	Public Management Social Securities and Social Organization	61371	61383	57517	52450

4-8 城乡私营企业户数和就业人员(2015)

Number of Private Enterprises and Employed Persons in Urban and Rural Areas by Sector

指　　标	Item	私营企业户数(户) Number of Private Enterprises (Household)	城 镇 Urban Areas	乡 村 Rural Areas	就业人员(人) Number of Employees (Person)	城 镇 Urban Areas	乡 村 Rural Areas
总　计	**Total**	**337587**	**111729**	**225858**	**2612056**	**878504**	**1733552**
农、林、牧、渔业	Agriculture,Forestry,Animal Husbandry and Fishery	44478	5884	38594	832895	45727	787168
采掘业	Mining	6764	1056	5708	49053	11128	37925
制造业	Manufacturing	38977	10779	28198	261932	118813	143119
电力、热力、燃气及水的生产和供应业	Production and Supply of Electricity Heat Gas and Water	1648	542	1106	13232	7993	5239
建筑业	Construction	19920	6587	13333	116100	59661	56439
批发和零售业	Wholesale and Retail Trades	110424	44113	66311	619082	317898	301184
交通运输、仓储和邮政业	Transport,Storage and Post	7562	2765	4797	45912	21043	24869
住宿和餐饮业	Hotels and Catering Services	10286	3434	6852	60605	30167	30438
信息传输、软件和信息技术服务业	Information Transmission,Software and Information Technology	11564	3334	8230	68149	21176	46973
房地产业	Real Estate	11668	5325	6343	90759	48026	42733
租赁和商务服务业	Leasing and Business Services	42159	15449	26710	251600	106561	145039
居民服务、修理和其他服务业	Services to Households Repair and Other Services	13879	5623	8256	79357	38985	40372
卫生和社会工作	Health and Social Service	955	365	590	15308	5909	9399
文化、体育和娱乐业	Culture,Sports and Entertainmen	4049	1475	2574	21482	9617	11865
其他行业	Others	13254	4998	8256	86590	35800	50790

注：资料来源于省工商局(下表同)。
Note: Data in the table are obtained from Guizhou Provincial Industrial and Commercial Bureau(the same applies to the next table).

4-9 城乡个体工商户数和就业人员(2015)

Number of Household and Self-Employed Individuals in Urban and Rural Areas

指标	Item	个体工商户数(户) Number of individual industrial and commercial households(Household)	城镇 Urban Areas	乡村 Rural Areas	就业人员(人) Number of Employed (Person)	城镇 Urban Areas	乡村 Rural Areas
总计	**Total**	**1492083**	**592789**	**899294**	**2535362**	**1048198**	**1487164**
农、林、牧、渔业	Agriculture,Forestry,Animal Husbandry and Fishery	29512	6341	23171	61195	12248	48947
采矿业	Mining	3521	3521		14663	14663	
制造业	Manufacturing	72711	27419	45292	163735	60160	103575
电力、热力、燃气及水的生产和供应业	Production and Supply of Electricity Heat Gas and Water	467	132	335	1156	306	850
建筑业	Construction	3346	3346		8133	8133	
批发和零售业	Wholesale and Retail Trades	1006562	380027	626535	1463893	608766	855127
交通运输、仓储和邮政业	Transport,Storage and Post	27483	16475	11008	41350	28904	12446
住宿和餐饮业	Hotels and Catering Services	178399	76382	102017	417497	146507	270990
信息传输、软件和信息技术服务业	Information Transmission,Software and Information Technology	8681	8681		12437	12437	
房地产业	Real Estate	302	302		811	811	
租赁和商务服务业	Leasing and Business Services	14736	6171	8565	28007	11226	16781
居民服务、修理和其他服务业	Services to Households Repair and Other Services	124564	49392	75172	265826	105632	160194
卫生和社会工作	Health and Social Service	3529	1750	1779	10310	4776	5534
文化、体育和娱乐业	Culture,Sports and Entertainment	6612	6612		25066	25066	
其他行业	Others	11658	6238	5420	21283	8563	12720

4-10 城镇新就业人数和失业人数
Number of Newly Employed Persons and Unemployed Persons in Urban Areas

单位：万人

指 标	Item	2011	2012	2013	2014	2015
新就业人数总计	Total Incremental Employed Personnels	35.94	50.63	63.39	75.03	79.71
#新增就业人数	Number of Newly Incremental employed persons	28.37	42.23	55.49	68.37	72.68
城镇登记失业人数	Number of Registered Unemployed Persons in Urban Areas	12.51	12.56	13.66	14.09	14.49
城镇登记失业率(%)	Registered Unemployment Rate in Urban Areas(%)	3.63	3.29	3.26	3.27	3.29

注：资料来源于省人力资源社会保障厅(以下相关表同)。

Note: Data in the table are obtained from Guizhou Department of Human Resources and Social Security(the related tables in the chapter are the same).

4-11 下岗失业人员享受再就业优惠政策情况
Statistics of Re-employment Preferential Policies for Laid-off Workers

单位：人 (person)

指 标	Item	2013	2014	2015	2015年比2014年增 长(%) Increase Rate in 2015 over 2014(%)
下岗失业人员实现再就业	Laid-off Workers	141833	152902	145504	-4.8
#就业困难对象实现就业	Residents Experiencing Employment Difficulty	70397	74902	72836	-2.8
消除零就业家庭(户)	Number of Househoulds rased Zero-employment Families (househould)	256	171	145	-15.2
促进零就业家庭成员就业	Promoting Zero-employment Families Employed	318	191	189	-1.0
从事公益性岗位人数	Number of Persons Engaged in Public-service Jobs	89620	74430	76252	2.4
享受职业培训补贴人数	Number of Persons Receiving Professional Training Subsidies	149368	80310	88815	10.6
享受职业介绍补贴人数	Number of Persons Receiving Job Services Subsidies	4084	1957	4720	141.2
享受技能鉴定补贴人数	Number of Persons Receiving Skill Identification Subsidies	39108	28656	42764	49.2
享受社会保险补贴人数	Number of Persons Receiving Social Insurance Subsidies	84683	62512	63520	1.6
使用就业再就业资金(万元)	Using Employment and Re-employment Fund(10000 yuan)	214296	187105	182949	-2.2
#社会保险补贴	Social Insurance Subsidies	55450	41625	38831	-6.7
岗位补贴	Post Subsidies	84805	69639	77694	11.6
职业培训补贴	Professional Training	35622	33897	21459	-36.7
职业介绍补贴	Job Services	257	234	265	13.2
扶持公共就业服务	Supporting Public Employment Service	1122	2888	4624	60.1

4-12 职业技能鉴定
Occupation Skill Appraisal

单位:人 (person)

指 标	Item	2011	2012	2013	2014	2015
参加职业技能鉴定	Number of Persons Joining in Occupation Skill Appraisal	114691	135948	132382	188815	190104
获取证书人数	Number of Persons With Qualification Certificates	105141	125959	123983	175487	164900
#高级技工	Advanced Mechanic	11322	13454	11463	20346	18891
#技 师	Technician	615	364	837	1116	996
#高级技师	Advanced Technician	138	115	375	333	247

4−13 历年就业人员
Employed Persons Over the Years

单位：万人 (10000 persons)

年份 Year	就业人员 Total Employed Persons	第一产业 Primary Industry	第二产业 Secondary Industry	第三产业 Tertiary Industry
1978	1053.67	872.89	108.26	72.52
1979	1060.62	873.88	105.63	81.11
1980	1109.63	919.69	102.01	87.93
1981	1152.95	954.55	102.64	95.76
1982	1207.06	989.78	109.53	107.75
1983	1234.18	1014.15	109.99	110.04
1984	1285.32	1037.71	122.12	125.49
1985	1335.17	1018.38	185.98	130.81
1986	1383.17	1053.26	197.09	132.82
1987	1435.85	1115.35	180.53	139.97
1988	1501.32	1172.51	185.80	143.01
1989	1570.84	1228.64	163.19	179.01
1990	1651.75	1292.30	169.10	190.35
1991	1701.47	1329.56	177.72	194.19
1992	1739.03	1359.00	173.35	206.68
1993	1779.01	1374.00	171.00	234.01
1994	1828.30	1365.00	181.90	281.40
1995	1812.20	1312.80	268.80	230.60
1996	1783.20	1235.60	278.50	269.10
1997	1796.70	1251.10	256.60	289.00
1998	1844.43	1284.72	251.57	308.14
1999	1832.50	1299.90	201.40	331.20
2000	1866.28	1305.28	221.80	339.20
2001	2068.01	1692.33	133.88	241.80
2002	2106.14	1698.39	108.89	298.86
2003	2145.00	1671.20	120.49	353.31
2004	2186.00	1672.29	124.60	389.11
2005	1944.29	1497.26	164.00	283.04
2006	1953.24	1487.40	174.17	291.67
2007	1872.64	1388.02	172.31	312.31
2008	1867.20	1350.32	180.73	336.15
2009	1841.92	1299.29	197.60	345.03
2010	1770.90	1209.55	203.52	357.82
2011	1792.80	1194.39	215.86	382.55
2012	1825.82	1189.04	238.10	398.68
2013	1864.21	1179.76	264.32	420.13
2014	1909.69	1171.02	291.42	447.25
2015	1946.65	1161.54	315.38	469.73

注：就业人员数2010年根据第六次人口普查长表数据推算，2005−2009年根据第六次人口普查结果，采用趋势离差法进行了修订，2011年及以后按同口径进行推算。

Note:Data of employees were estimated according to the 6th National Population Census in 2010,From 2005 to 2009, according to the result of the first National Population Census,the total number of employees were revised by the trend deviation method,and the same to 2011 and after.

4-14 历年非私营单位在岗职工人数

Number of Employed persons in Non-private Units Over the Years

单位：万人 (10000 persons)

年份 Year	合 计 Total	国有单位 State-owned Units	集体单位 Collective-owned Units	其他单位 Units of Other Types of Owership
1978	171.19	137.66	33.53	
1979	175.56	142.32	33.24	
1980	178.18	146.14	32.04	
1981	185.73	153.50	32.23	
1982	191.03	158.08	32.95	
1983	193.33	160.54	32.79	
1984	197.13	159.53	37.60	
1985	202.33	162.11	40.03	0.19
1986	206.69	167.81	38.78	0.10
1987	211.92	172.58	38.88	0.46
1988	214.43	176.32	37.56	0.55
1989	216.70	180.10	35.90	0.70
1990	225.48	185.35	39.19	0.94
1991	231.88	190.45	40.49	0.94
1992	235.80	193.61	40.94	1.25
1993	233.11	192.83	38.35	1.93
1994	230.88	194.47	34.87	1.54
1995	226.55	193.36	29.63	3.56
1996	231.64	196.60	30.45	4.59
1997	232.80	196.08	31.33	5.39
1998	207.01	167.14	23.98	15.89
1999	197.80	156.86	21.03	19.91
2000	193.96	153.55	19.00	21.41
2001	189.18	148.87	15.73	24.58
2002	188.47	146.96	14.39	27.12
2003	188.70	141.75	13.71	33.24
2004	192.67	139.57	12.77	40.33
2005	202.02	140.50	9.81	51.71
2006	201.87	137.86	8.86	55.15
2007	207.53	141.48	8.10	57.95
2008	199.76	140.97	7.42	51.37
2009	206.44	141.79	6.69	57.96
2010	210.67	146.81	6.41	57.45
2011	225.91	158.26	7.17	60.47
2012	249.67	161.19	6.16	82.32
2013	273.27	152.41	5.49	115.37
2014	278.63	153.30	5.27	120.07
2015	277.62	152.36	4.62	120.64

4-15 历年非私营单位在岗职工平均工资

Average Wages of Employed persons in Non-private Units Over the Years

单位：元 (yuan)

年 份 Year	在岗职工平均工资 Average Wages of Staff and Workers	国有单位 State-owned Units	集体单位 Collective-owned Units	其他单位 Units of Other Types of Owership
1978	616	642	450	
1979	654	692	448	
1980	755	797	502	
1981	774	804	535	
1982	783	815	562	
1983	801	830	608	
1984	913	949	708	
1985	1066	1132	787	
1986	1216	1297	859	1236
1987	1319	1395	961	1204
1988	1531	1627	1072	1389
1989	1676	1777	1158	1647
1990	1947	2070	1347	2281
1991	2090	2214	1489	2527
1992	2406	2543	1717	3286
1993	2823	2958	2104	3375
1994	3870	4085	2618	4475
1995	4475	4672	3061	5369
1996	4917	5125	3456	5613
1997	5206	5434	3556	6461
1998	5775	5819	4426	7289
1999	6595	6695	5008	7456
2000	7453	7594	5444	8325
2001	8991	9308	6218	8831
2002	9810	10150	6566	9680
2003	11037	11390	7504	10975
2004	12431	12870	8630	12103
2005	14344	14681	10506	14161
2006	16815	17638	12873	15365
2007	20668	22106	16893	17668
2008	24602	25874	20914	21659
2009	28245	29956	22167	24772
2010	31458	32718	24703	29006
2011	37331	38914	31601	33851
2012	42733	45825	40420	36816
2013	49087	52327	50545	44819
2014	54685	56918	59458	51627
2015	62591	69068	69106	54087

主要统计指标解释

就业人员 指在16周岁及以上，从事一定社会劳动并取得劳动报酬或经营收入的人员。这一指标反映了一定时期内全部劳动力资源的实际利用情况，是研究我国基本国情国力的重要指标。

单位就业人员 指在各级国家机关、政党机关、社会团体及企业、事业单位中工作，取得工资或其他形式的劳动报酬的全部人员。包括在岗职工、再就业的离退休人员、民办教师以及在各单位中工作的外方人员和港澳台方人员、兼职人员、借用的外单位人员和第二职业者。不包括离开本单位仍保留劳动关系的职工。各单位的就业人员反映了各单位实际参加生产或工作的全部劳动力。

在岗职工 指在本单位工作并由单位支付工资的人员，以及有工作岗位，但由于学习、病伤产假等原因暂未工作，仍由单位支付工资的人员。

国有单位职工指在国有经济单位及其附属机构工作，并由其支付工资的各类人员。

城镇集体单位职工指在城镇集体经济单位及其管理部门工作，并由其支付工资的各类人员。

其他单位职工指在联营经济、股份制经济、外商投资经济、港、澳、台投资经济单位工作，并由其支付工资的各类人员。

工资总额 指各单位在一定时期内直接支付给本单位全部就业人员的劳动报酬总额。工资总额的计算原则应以直接支付给就业人员的全部劳动报酬为根据。各单位支付给就业人员的劳动报酬以及其他根据有关规定支付的工资，不论是计入成本的还是不计入成本的，不论是按国家规定列入计征奖金税项目的，还是未列入计征奖金税项目的，不论是以货币形式支付的还是以实物形式支付的，均包括在工资总额内。

平均工资 指企业、事业、机关单位的就业人员在一定时期内平均每人所得的货币工资额。它表明一定时期职工工资收入的高低程度，是反映就业人员工资水平的主要指标。计算公式为：

$$平均工资=\frac{报告期实际支付的全部就业人员工资总额}{报告期全部就业人员平均人数}$$

城镇登记失业人员 在一定的劳动年龄内(16 周岁至退休年龄)，有劳动能力，无业而要求就业，并在当地劳动保障部门进行失业登记的人员。

城镇登记失业率 城镇登记失业人员与城镇单位就业人员(扣除使用的农村劳动力、聘用的离退休人员、港澳台及外方人员)、城镇单位中的不在岗职工、城镇私营业主、个体户主、城镇私营企业和个体就业人员、城镇登记失业人员之和的比。计算公式为：

$$城镇登记失业率=\frac{城镇登记失业人数}{\begin{array}{l}(城镇单位就业人员-使用的农村劳动力-聘用的离退休人员-聘用的港澳台\\及外方人员)+不在岗职工+城镇私营业主+城镇个体户主+城镇私营企业\\及个体就业人员+城镇登记失业人数\end{array}}\times100\%$$

Explanatory Notes on Main Statistical Indicators

Employed Persons refer to persons aged 16 and over who are engaged in social working and receive remuneration payment or earn business income. This indicator reflects the actual utilization of total labour force during a certain period of time and is often used for the research on China's economic situation and national power.

Persons Employed in Various Units refer to all the persons working in government agencies of various levels, political and party organizations, social organizations, enterprises and institutions, and receiving wages or other forms of payment. They include fully-employed staff and workers, re-employed retirees, teachers in the schools run by the local people, foreigners and Chinese compatriots from Hong Kong, Macao, and Taiwan working in various units, part-time employees, employees of other units working temporarily at current posts, and employees holding the second job, but exclude staff and workers who have left their working units while keeping their labour contract (employment relation) unchanged. This indicator reflects the total number of laborers actually engaged in production or other operations in various units.

Employed Staff and Workers refer to persons who work in, and receive wages from their working units, including persons who have their work posts but are temporarily absent from work for reasons of study or on sick, injury or maternal leave and still receive wages from their working units.

Staff and Workers in State-Owned Unit refer to the person who work in the state-owned economic units and their subsidiary bodies, and all kinds of personnel to pay wages.

Staff and Workers of Collective Owned Units in Urban Areas refers to the person who work in collective owned units in urban areas and their management department and receive payment therefrom

Staff and Workers in Units of Other types of Ownership refers to the joint venture, the joint stock economy, foreign investment in the economy, Hong Kong, Macao, Taiwan investment economic units, and by the payment of all kinds of personnel.

Total Wage Bill refers to the total remuneration payment to employed persons in various units during a certain period of time. The calculation of total wage bill is based on the total remuneration payment to employed persons . Therefore, all the wages and salaries and other payments to employed persons are included in the total wage bill regardless of sources, reckoning the cost of production or not, category, listing as items of premium taxation or not, and forms, paying in cash or in kind.

Average Wage refers to the average wage in money terms per person during a certain period of time for employed persons in enterprises, institutions, and government agencies, which reflects the general level of wage income during a certain period of time and is calculated as follows:

$$\text{Average Wage} = \frac{\text{Total Wage Bill of Employed Personsat Reference Time}}{\text{Average Number of Persons Employed at Reference Time}}$$

Registered Unemployed Persons in Urban Areas refer to the persons at certain working ages (16 years old to retirement age), who are capable of working, unemployed and willing to work, and have been registered at the local employment service agencies to apply for a job.

Registered Unemployment Rate in Urban Areas refers to the ratio of the number of the registered unemployed persons to the sum of the number of persons employed in various units (minus the employed rural labour force, re-employed retirees, and Hong Kong, Macao, Taiwan or foreign employees), laid-off staff and workers in urban units, owners of private enterprises in urban areas, owners of self-employed individuals in urban areas, employees of private enterprises in urban areas, employee of self-employed individuals in urban areas, and the registered unemployed persons in urban areas. The formula is as follows:

$$\text{Registered unemployment rete in urban areas} = \frac{\text{number of registered urban unemployed persons}}{\text{(number of persons employed in urban units} - \text{employed rural labour forcere} - \text{employed retirees} - \text{Hong Kong, Macan, Taiwan of foreign employees)} + \text{laid} - \text{off staff and workers} + \text{owners of urban private enterprises} + \text{owners of urban self} - \text{employed individuals} + \text{employees of urban private enterprises} + \text{employees of urban self} - \text{employed individuals} + \text{registered unemployed persons in urban areas}} \times 100\%$$

固定资产投资

Investment in Fixed Assets

5

简 要 说 明

一、主要内容

本篇资料通过对一定时期全社会建造和购置固定资产活动的数量方面的描述，反映报告期内固定资产投资的规模和速度、固定资产投资的结构和比例关系、固定资产投资的资金来源及固定资产投资效果等。

二、统计口径

1.全社会固定资产投资统计口径为全省计划总投资500万元及以上的固定资产项目投资、房地产开发项目投资和农户投资。2.固定资产投资统计口径为全省计划总投资500万元及以上的固定资产项目投资和房地产开发项目投资。3.房地产开发企业统计范围包括全省纳入基本单位名录的所有房地产开发企业。

三、资料来源

本篇资料由省统计局固定资产投资统计处提供。

Brief Introduction

I. Main Contents

Statistics in this chapter describe activities on the construction and purchase of fixed assets of the whole country during a given period of time, and reflect the size, growth, structure, ratio, financing and results of the investment in fixed assets during the reference period.

II. Scope of Statistics

1. The total investment in fixed assets refers to those projects that planned to invest at least 5 million yuan, investments in real estate development projects and rural household investment. 2. The fixed assets refers to those projects that planned to invest at least 5 million yuan in investment in fixed assets and real estate development. 3. The statistics scope of real estate development enterprises are the whole real estate development enterprises in Guizhou Province which are included in the basic unit directory.

III. Sources of Data

Data in this chapter are provided by the Department of fixed Assets Investment Department of Guizhou Provincial Bureau of Statistics.

5-1 全社会固定资产投资

Total Investment in Fixed Assets in the whole Province

单位：亿元 (100 million yuan)

指　标	Item	2011	2012	2013	2014	2015	2015年比2014年增长(%) Increase Rate in 2015 over 2014(%)
全社会固定资产投资	**Total Investment in Fixed Assets in theWhole Province**	**4234.44**	**5717.80**	**7373.60**	**9025.75**	**10945.54**	**21.3**
#房地产开发	Real Estate Development	873.48	1467.60	1942.54	2187.67	2205.09	0.8
按隶属关系分	Grouped by Jurisdiction of Management						
中　央	Central	343.59	389.96	492.80	605.60	601.60	-0.7
地　方	Local	3890.85	5327.85	6880.80	8420.15	10343.95	22.8
按经济类型分	Grouped by Registration Status						
国有经济	State-owned Units	1989.06	2530.97	3284.11	4167.03	5423.18	30.1
集体经济	Collective-owned Units	42.61	42.55	27.33	21.97	39.59	80.2
个体经济	Self-employed Units	879.44	1141.36	1706.29	2121.21	2586.37	21.9
联营经济	Joint Ownership Units	3.69	6.71	2.80	6.54	10.62	62.4
股份制经济	Share holding Units	174.15	205.34	2062.31	2399.36	2505.13	4.4
外商投资经济	Foreign Funded Units	29.78	29.45	28.83	36.65	32.71	-10.8
港澳台商投资经济	Units with Funds from Hong Kong,Macao and Taiwan	72.49	117.60	77.70	100.49	62.27	-38.0
其他经济	Others	1043.22	1643.81	184.23	172.51	285.68	65.6
按构成分	Grouped by Structure						
建筑安装工程	Construction and Installation	3047.70	4150.18	5707.82	7272.65	9095.00	25.1
设备工具器具购置	Purchase of Equipment and Instruments	520.42	531.71	581.84	654.88	766.69	17.1
其他费用	Others	666.32	1035.91	1083.94	1098.21	1083.86	-1.3
按三次产业分	Grouped by Three Strata of Industry						
第一产业	Primary Industry	126.48	150.58	185.69	210.37	251.20	19.4
第二产业	Secondary Industry	1357.21	1636.25	1953.90	2328.31	2746.40	18.0
#建筑业	Construction	24.15	22.26	12.36	15.90	27.91	75.5
第三产业	Tertiary Industry	2750.75	3930.97	5234.01	6487.07	7947.94	22.5
资金来源合计	**Total Sources of Funds**	**5150.89**	**6219.71**	**8199.43**	**9955.33**	**11352.30**	**14.0**
国家预算资金	State Budget	548.98	537.04	559.21	644.40	880.66	36.7
国内贷款	Domestic Loans	827.08	950.02	975.43	1183.18	1501.68	26.9
利用外资	Foreign Investment	14.72	11.49	14.19	27.76	16.59	-40.2
自筹资金	Self-raising Funds	2555.43	3263.76	4571.70	5704.03	6346.87	11.3
其他资金	Others	1204.69	1457.41	2078.89	2395.96	2606.51	8.8
房屋建筑面积（万平方米）	**Floor Space of Buildings(10000 sq.m)**						
施工面积	Floor Space under Construction	13959	18510	27642	34043	31114.69	-8.6
#住　宅	Residential Buildings	8875	11045	16775	17256	17506.45	1.5
竣工面积	Floor Space Completed	2988	3496	7299	8143	9381.89	15.2
#住　宅	Residential Buildings	1671	1880	5032	4730	5027.50	6.3

注：全社会固定资产投资统计口径为计划总投资500万元及以上固定资产项目投资，房地产开发项目投资及农村农户投资(以下相关表同)。

Note: This table's statistical criteria is total investment plan of 5 Million yuan and above the fixed assets investment projects, investment in real estate development project and rural household investment(The relative tables in the chapter are the same).

5-2 按行业、隶属关系和注册类型分固定资产投资(2015)

单位：亿元

指　　标	Item	固定资产投资 Investment in Fixed Assets
固定资产投资	**Investment in Fixed Assets**	**10676.70**
农、林、牧、渔业	Farming, Forestry, Animal Husbandry and Fishery	471.67
#农　业	Farming	134.16
畜牧业	Animal Husbandry	58.09
农、林、牧、渔服务业	Services of FFAF	248.99
采矿业	Mining	495.14
#煤炭开采和洗选业	Mining and Washing of Coal	326.10
制造业	Manufacturing	1795.67
#酒、饮料和精制茶制造业	Manufacture of Liquor, Beverages and Refined Tea	258.30
烟草制品业	Manufacture of Tobacco	5.48
造纸和纸制品业	Manufacture of Paper and Paper Products	13.60
石油加工、炼焦和核燃料加工业	Processing of Petroleum, Coking, Processing of Nuclear Fuel	10.93
化学原料和化学制品制造业	Manufacture of Raw Chemical Materials and Chemical Products	143.36
医药制造业	Manufacture of Medicines	87.84
非金属矿物制品业	Manufacture of Non-metallic Mineral Products	293.35
黑色金属冶炼和压延加工业	Smelting and Pressing of Ferrous Metals	49.27
有色金属冶炼和压延加工业	Smelting and Pressing of Non-ferrous Metals	84.78
电力、热力、燃气及水生产和供应业	Production and Supply of Electricity, Hear, Gas and Water	455.41
#电力、热力生产和供应业	Production and Supply of Electric Power and Heat Power	369.11
建筑业	Construction	10.97
交通运输、仓储和邮政业	Transport, Storage and Post	1917.02
#铁路运输业	Railway Transport	363.83
道路运输业	Road Transport	1462.35
仓储业	Storage	58.52
信息传输、软件和信息技术服务业	Information Transmission, Software and Information Technology	72.87
#电信、广播电视和卫星传输服务业	Telecommunication Radio and Television and Satellite Transmission Services	51.23
批发和零售业	Wholesale and Retail Trades	163.34
住宿和餐饮业	Hotels and Catering Services	115.73
金融业	Financial Intermediation	8.77
房地产业	Real Estate	2845.26
租赁和商务服务业	Leasing and Business Services	113.02
租赁业	Leasing	1.69
商务服务业	Business Services	111.33
科学研究和技术服务业	Scientific Research and Technical Service	28.64
#研究和试验发展	Research and Experimental Development	4.01
水利、环境和公共设施管理业	Management of Water Conservancy, Environment and Public Facilities	1713.69
#水利管理业	Management of Water Conservancy	134.20
居民服务、修理和其他服务业	Services to Households, Repair and Other Services	50.65
教　育	Education	203.30
卫生和社会工作	Health and Social Service	63.17
#卫　生	Health	53.08
文化、体育和娱乐业	Culture, Sports and Entertainment	106.05
#文化艺术业	Cultural and Art Activities	44.44
公共管理、社会保障和社会组织	Public Management, Social security and Social Organization	46.34

注：本表统计口径为计划总投资500万元及以上的固定资产项目投资，房地产开发项目投资。

Investment in Fixed Assets by Sector, Jurisdiction of Management and Registration Status

(100 million yuan)

按隶属关系分 Grouped by Jurisdiction of Management		按注册类型分 Grouped by Registration Status			
中央 Central Investment	地方 Local Investment	内资企业 Domestic Funds	港、澳、台商投资企业 Funds from Hong Kong, Macao and Taiwan	外商投资企业 Foreign Funded	个体经营 Self-employed Individual
601.60	**10075.11**	**10537.08**	**62.27**	**32.71**	**44.64**
1.43	470.24	464.16	1.20	0.16	6.16
0.51	133.66	132.26	0.26	0.00	1.65
0.23	57.86	55.79	0.26	0.16	1.89
0.14	248.85	245.84	0.69	0.00	2.45
6.77	488.38	484.55	5.21	1.42	3.97
4.08	322.02	320.98	4.57	0.04	0.52
63.28	1732.39	1765.57	10.30	4.06	15.74
8.50	249.80	247.53	3.34	2.38	5.05
1.82	3.65	5.48	0.00	0.00	0.00
0.00	13.60	13.34	0.00	0.00	0.26
0.00	10.93	10.89	0.00	0.00	0.03
3.86	139.49	143.04	0.00	0.11	0.21
0.00	87.84	86.73	0.11	1.00	0.00
5.00	288.35	287.43	1.81	0.00	4.11
0.00	49.27	49.18	0.00	0.09	0.00
26.28	58.50	84.75	0.00	0.00	0.03
149.59	305.82	451.29	0.00	3.80	0.32
148.20	220.91	365.37	0.00	3.74	0.00
0.00	10.97	10.72	0.00	0.00	0.25
332.67	1584.35	1915.94	0.25	0.33	0.49
330.46	33.37	363.83	0.00	0.00	0.00
1.87	1460.48	1462.17	0.00	0.00	0.17
0.34	58.18	57.67	0.25	0.28	0.32
30.27	42.61	54.16	0.45	18.24	0.02
29.23	22.00	33.04	0.17	18.02	0.00
0.91	162.43	159.24	0.00	2.35	1.75
0.00	115.73	106.91	1.63	0.13	7.06
0.33	8.45	8.77	0.00	0.00	0.00
1.96	2843.31	2797.30	42.26	2.10	3.61
0.00	113.02	112.70	0.00	0.00	0.32
0.00	1.69	1.54	0.00	0.00	0.15
0.00	111.33	111.16	0.00	0.00	0.17
1.19	27.45	28.51	0.00	0.13	0.00
0.06	3.95	4.01	0.00	0.00	0.00
10.43	1703.26	1712.53	0.71	0.00	0.46
0.80	133.40	134.12	0.00	0.00	0.08
0.00	50.65	49.23	0.00	0.00	1.42
1.58	201.72	201.75	0.27	0.00	1.27
0.84	62.33	61.55	0.00	0.00	1.62
0.83	52.25	51.53	0.00	0.00	1.55
0.02	106.02	105.86	0.00	0.00	0.19
0.00	44.44	44.44	0.00	0.00	0.00
0.35	45.99	46.34	0.00	0.00	0.00

Note: This table's statistical criteria is total investment plan of 5 Million yuan and above the fixed assets investment projects, investment in real estate development project.

5-3 全社会工业投资
Industry Investment in the Whole Province

单位：亿元 (100 million yuan)

指　标	Item	2011	2012	2013	2014	2015	2015年比2014年增长(%) Increase Rate in 2015 over 2014(%)
工业投资	**Industry Investment**	**1333.06**	**1614.00**	**1950.07**	**2338.02**	**2746.78**	**17.5**
按隶属关系分	**Grouped by Jurisdiction of Morenagement**						
中　央	Central	141.13	115.55	157.01	191.81	219.63	14.5
地　方	Local	1191.93	1498.45	1793.06	2146.21	2527.15	17.7
按国民经济行业分	**By Sector**						
采矿业	Mining	404.25	408.35	400.25	446.00	495.14	11.0
#煤炭开采和洗选业	Mining and Washing of Coal	347.88	308.38	273.49	289.01	326.10	12.8
黑色金属矿采选业	Mining and Processing of Ferrous Metal Ores	4.25	12.44	8.02	9.35	21.14	126.0
有色金属矿采选业	Mining and Processing of Non-Ferrous Metal Ores	17.84	26.64	35.14	24.16	19.30	-20.1
制造业	Manufacturing	687.42	951.83	1218.19	1517.05	1796.19	18.4
#化学原料和化学制品制造业	Manufacture of Raw Chemical Materials and Chemical Products	64.58	75.76	114.38	131.10	143.36	9.4
黑色金属冶炼和压延加工业	Smelting and Pressing of Ferrous Metals	60.27	85.21	49.23	48.88	49.27	0.8
有色金属冶炼和压延加工业	Smelting and Pressing of Non-ferrous Metals	58.49	55.41	60.30	71.09	84.78	19.3
电力、热力、燃气及水生产和供应业	Production and Supply of Electricity,Heat, Gas and Water	241.39	253.81	331.64	374.97	455.45	21.5
#电力、热力生产和供应业	Production and Supply of Electric Power and Heat Power	215.20	219.16	271.31	308.61	369.11	19.6

注：行业划分按国民经济行业分类(GB/T 4754-2011)（以下相关表同）。
Note: According been classified by Sector Classification (GB / T 4754-2011) (The relative tables in the chapter are the same).

5-4 按行业分500万元以上固定资产投资施工项目(2015)

Number of Construction Projects over 5 Million Yuan under Construction by Sector

指 标	Item	施工项目(个) Number of Projects under Construction This Year (unit)	#新开工项目 Started This Year	本年投产项目(个) Number of Projects Put into Use (unit)	项目建成投产率(%) Rate of Projects Completed and Put into Use(%)
总计	**Total**	**12663**	**9753**	**9829**	**77.6**
农、林、牧、渔业	Farming, Forestry, Animal Husbandry and Fishery	1381	1166	1183	85.7
#农、林、牧、渔服务业	Services of FFAF	384	325	327	85.2
采矿业	Mining	815	634	667	81.8
#煤炭开采和洗选业	Mining and Washing of Coal	439	322	349	79.5
制造业	Manufacturing	2450	1826	1951	79.6
#酒、饮料和精制茶制造业	Manufacture of Beverages	426	334	341	80.0
烟草制品业	Manufacture of Tobacco	7	5	4	57.1
造纸和纸制品业	Manufacture of Paper and Paper Products	31	26	23	74.2
石油加工、炼焦和核燃料加工业	Processing of Petroleum, Coking, Processing of Nuclear Fuel	17	10	11	64.7
化学原料和化学制品制造业	Manufacture of Raw Chemical Materials and Chemical Products	145	110	106	73.1
医药制造业	Manufacture of Medicines	90	57	62	68.9
非金属矿物制品业	Manufacture of Non-metallic Mineral Products	502	383	428	85.3
黑色金属冶炼和压延加工业	Smelting and Pressing of Ferrous Metals	42	21	29	69.0
有色金属冶炼和压延加工业	Smelting and Pressing of Non-ferrous Metals	44	28	33	75.0
电力、热力、燃气及水的生产和供应业	Production and Supply of Electricity, Hear, Gas and Water	513	334	367	71.5
#电力、热力生产和供应业	Production and Supply of Electric Power and Heat Power	275	163	181	65.8
建筑业	Construction	33	27	21	63.6
交通运输、仓储和邮政业	Transport, Storage and Post	1719	1426	1372	79.8
#铁路运输业	Railway Transport	24	1	0	0
道路运输业	Road Transport	1592	1360	1307	82.1
仓 储 业	Storage	68	48	46	67.6

5-4 续表 continued

指 标	Item	施工项目(个) Number of Projects under Construction This Year (unit)	#新开工项 目 Started This Year	本年投产项目(个) Number of Projects Put into Use (unit)	项目建成投产率(%) Rate of Projects Completed and Put into Use(%)
信息传输、软件和信息技术服务业	Information Transmission, Software and Information Technology	111	98	81	73.0
#电信、广播电视和卫星传输服务业	Telecommunication Radio and Television and Satellite Transmission Services	72	62	49	68.1
批发和零售业	Wholesale and Retail Trades	289	222	231	79.9
住宿和餐饮业	Hotels and Catering Services	230	174	180	78.3
金 融 业	Financial Intermediation	27	25	21	77.8
房地产业	Real Estate	897	600	653	72.8
租赁和商务服务业	Leasing and Business Services	168	134	126	75.0
租 赁 业	Leasing	5	5	4	80.0
商务服务业	Business Services	163	129	122	74.8
科学研究和技术服务业	Scientific Research, Technical Service	76	64	61	80.3
#研究和试验发展	Research and Experimental Development	9	7	8	88.9
水利、环境和公共设施管理业	Management of Water Conservancy, Environment and Public Facilities	2795	2163	2071	74.1
#水利管理业	Management of Water Conservancy	386	304	298	77.2
居民服务、修理和其他服务业	Services to Households, Repair and Other Services	133	108	98	73.7
教 育	Education	480	357	355	74.0
卫生和社会工作	Health and Social Service	194	139	131	67.5
#卫 生	Health	134	92	87	64.9
文化、体育和娱乐业	Culture, Sports and Entertainment	170	135	124	72.9
#文化艺术业	Cultural and Art Activities	64	51	48	75.0
公共管理、社会保障和社会组织	Public Management, Social security and Social Organization	181	122	137	75.7

5-5 房地产开发投资主要指标
Main Indicator on Real Estate Development

指　标	Item	2011	2012	2013	2014	2015	2015年比2014年增长(%) Increase Rate in 2015over 2014(%)
本年土地购置面积(万平方米)	**Land Space Purchased This Year (10000 sq.m)**	**883**	**708**	**1210**	**936**	**601.20**	**-35.8**
本年完成投资(亿元)	**Investment Completed This Year (100 million yuan)**	**873.48**	**1467.60**	**1942.54**	**2187.67**	**2205.09**	**0.8**
#住　宅	Residential Buildings	576.44	930.31	1224.23	1350.34	1327.77	-1.7
资金来源合计(亿元)	**Source of Funds(100 million yuan)**	**1533.83**	**1696.00**	**2500.55**	**2807.78**	**2655.63**	**-5.4**
#国内贷款	Domestic Loans	172.78	230.61	226.82	242.62	220.30	-9.2
利用外资	Foreign Investment	4.47	4.29		3.41	0.85	-75.1
自筹资金	Self-raising Funds	526.09	518.44	877.20	964.86	898.35	-6.9
房屋建筑面积(万平方米)	**Floor Space of Buildings(10000 sq.m)**						
施工面积	Floor Space under Construction	10261	13245	17357	20369	20878	2.5
#本年新开工面积	Floor Space Started This Year	2885	3788	5628	4616	4206	-8.9
#住　宅	Residential Buildings	7689	9654	12316	13793	13593	-1.5
竣工面积	Floor Space Completed	1455	1417	1765	2842	2583	-9.1
#住　宅	Residential Buildings	1102	1120	1352	2046	1927	-5.8

5-6 房地产开发企业基本情况(2015)

单位：亿元

指　标	Item	总 计 Total
企业个数(个)	**Number of Enterprises(unit)**	**2633**
年末从业人员总计(人)	**Number of Employed Persons at the Year-end (person)**	**69066**
本年完成投资	**Investment Completed This Year**	**2205.09**
按工程用途分	By Use of Project	
#商品住宅	Residential Buildings	1327.77
办公楼	Office Buildings	164.06
商业营业用房	Houses for Business Use	506.74
其　他	Others	206.53
按构成分	By Type of Construction	
建筑工程	Construction	1765.98
安装工程	Installation	134.03
设备工器具购置	Purchase of Equitment and Instruments	24.67
其他费用	Others	280.41
资金来源合计	**Total Source of Funds This Year**	**2655.63**
#国内贷款	Domestic Loans	220.30
利用外资	Foreign Investment	0.85
自筹资金	Self-raising Fund	898.35
其他资金来源	Others	1128.77
#个人按揭贷款	Personal Housing Mortgage Loans	351.33
土地购置费	Land Acquisition Costs	118.20
待开发土地面积(万平方米)	Land Space to Be Developed (10000 sq.m)	1005.77
购置土地面积(万平方米)	Land Space Purchased This Year(10000 sq.m)	601.20
施工房屋面积(万平方米)	Floor Space Under Construction(10000 sq.m)	20877.67
竣工房屋面积(万平方米)	Floor Space Completed(10000 sq.m)	2582.68
房屋建筑面积竣工率(%)	Rate of Floor Space of Buildings Completed(%)	12.37
新开工房屋面积(万平方米)	**Floor Space Started This Year(10000 sq.m)**	**4206.12**
住　宅	Residential Buildings	2381.20
办公楼	Office Buildings	206.77
商业营业用房	Houses for Business Use	1020.76
其　他	Others	597.38

Basic Conditions of Real Estate Development Enterprises

(100 million yuan)

内资企业 Domestic Funded	#国有企业 State-owned Enterprises	#私营有限责任公司 Private Limited Liability Company	#私营股份有限公司 Private Share-holding Corporations Limited	港澳台商投资企业 Enterprises with Funds from HongKong, Macao and TaiWan	外商投资企业 Foreign Funded Enterprises
2595	**29**	**1089**	**96**	**30**	**8**
67703	**751**	**23295**	**1938**	**1167**	**196**
2161.37	**11.77**	**620.66**	**46.31**	**41.63**	**2.10**
1308.12	6.05	366.93	29.65	17.80	1.85
158.89	0.19	16.94	2.97	5.09	0.07
491.68	2.09	180.46	9.89	14.94	0.11
202.67	3.44	56.33	3.81	3.80	0.06
1728.27	9.31	489.36	39.65	35.72	1.98
132.82	1.29	51.84	3.43	1.19	0.02
24.40	0.10	11.17	0.84	0.23	0.05
275.88	1.05	68.29	2.39	4.48	0.05
2605.71	**28.61**	**759.27**	**50.65**	**48.24**	**1.67**
218.10	1.71	56.45	4.28	2.20	
0.80		0.80			0.05
892.53	16.72	363.66	16.94	5.33	0.49
1099.54	8.52	235.51	20.71	28.45	0.78
341.55	3.61	97.66	7.05	9.45	0.33
116.20	0.42	40.92	0.06	2.00	
889.86	1.40	245.40	25.91	115.91	
601.20	0.60	273.69	4.60		
20609.71	186.60	6656.49	595.02	184.42	83.54
2574.93	35.63	579.56	69.71	7.75	
12.49	19.09	8.71	11.72	4.20	
4145.97	**22.48**	**2108.97**	**77.90**	**60.14**	
2352.75	10.01	1157.16	43.85	28.45	
206.75	0.30	68.66	7.55	0.02	
1002.35	5.14	587.96	19.42	18.41	
584.12	7.03	295.19	7.09	13.26	

5-7 房地产开发企业商品房屋销售面积(2015)
Floor Space of Commercialized Buildings

单位：万平方米 (10000 sq.m)

指 标	Item	商品房屋销售面积 Floor Space of Commercialized Buildings Sold	#住 宅 Residential Buildings
总计	**Total**	**3559.81**	**2943.37**
现房	Existing House	561.28	418.43
期房	Forward House	2998.53	2524.94
按登记注册类型分	**Grouped by status of Registration**		
#内资企业	Domestic Funded	3515.05	2908.11
#国有企业	State-owned Enterprises	39.70	39.13
集体企业	Collective-owned Enterprises		
其他有限责任公司	Other Limited Liability Corporations	1995.52	1661.49
股份有限公司	Share-holding Corporations Ltd.	100.16	90.62
私营独资企业	Private-funded Enterprises	0.46	
私营有限责任公司	Private Limited Liability Corporations	1220.35	988.65
私营股份有限公司	Private Share-holding Corporations Ltd.	85.35	70.95
港澳台商投资企业	Enterprises with Funds from Hong Kong,Macao and Taiwan	42.73	33.35
#与港澳台商合资经营企业	Joint-venture Enterprises	5.81	3.87
港澳台商独资经营企业	Enterprises with Sole Fund	36.46	29.48
外商投资企业	Foreign Funded Enterprises	2.03	1.92

5-8 房地产开发企业商品房屋销售额(2015)
Total Sale of Commercialized Buildings

单位：亿元 (100 million yuan)

指 标	Item	商品房屋销售额 Total Sale of Commercialized Buildings Sold	#住 宅 Residential Buildings
总计	**Total**	**1571.68**	**1068.14**
现房	Existing House	227.36	130.20
期房	Forward House	1344.31	937.94
按登记注册类型分	**Grouped by status of Registration**		
#内资企业	Domestic Funded	1543.35	1049.39
#国有企业	State-owned Enterprises	14.84	14.30
集体企业	Collective-owned Enterprises		
其他有限责任公司	Other Limited Liability Corporations	929.29	633.72
股份有限公司	Share-holding Corporations Ltd.	37.63	28.24
私营独资企业	Private-funded Enterprises	0.12	
私营有限责任公司	Private Limited Liability Corporations	483.25	328.96
私营股份有限公司	Private Share-holding Corporations Ltd.	41.44	24.16
港澳台商投资企业	Enterprises with Funds from Hong Kong,Macao and Taiwan	27.31	17.91
#与港澳台商合资经营企业	Joint-venture Enterprises	2.67	1.34
港澳台商独资经营企业	Enterprises with Sole Fund	24.39	16.56
外商投资企业	Foreign Funded Enterprises	1.02	0.85

5-9 历年全社会固定资产投资

Total Investment in Fixed Assets in the Whole Province Over the Years

单位：亿元 (100 million yuan)

年份 Year	全社会固定资产投资 Total Investment in Fixed Assets in the Whole Province	比上年增长(%) Growth Rate(%)	按经济类型分 Grouped by Ownership		
			国有经济 State-owned Units	集体经济 Collective-Owned Units	其他 Others
1978	10.93		9.73	0.56	0.64
1979	11.94	9.2	10.20	0.61	1.13
1980	13.97	17.0	11.59	0.83	1.55
1981	15.16	8.5	12.06	0.99	2.11
1982	15.52	2.4	11.56	1.08	2.88
1983	17.07	10.0	11.88	1.23	3.96
1984	23.02	34.9	15.02	0.98	7.02
1985	33.14	44.0	21.24	1.76	10.14
1986	35.99	8.6	24.09	1.71	10.19
1987	42.97	19.4	27.10	3.61	12.26
1988	45.42	5.7	33.05	2.74	9.63
1989	44.08	-3.0	32.29	2.73	9.06
1990	51.51	16.9	36.95	2.14	12.42
1991	58.44	13.5	42.97	3.67	11.80
1992	78.82	34.9		3.59	16.41
1993	106.30	34.9	77.84	6.81	21.65
1994	140.95	32.6	93.74	9.77	37.44
1995	173.66	23.2	108.85	12.94	51.87
1996	207.10	19.3	133.19	14.75	59.16
1997	247.23	19.4	149.75	15.09	82.39
1998	304.91	23.3	188.93	19.34	96.64
1999	333.90	9.5	210.80	22.19	100.91
2000	402.50	20.5	259.95	28.45	114.10
2001	533.74	32.6	357.69	22.45	153.60
2002	632.44	18.5	423.88	18.86	189.70
2003	754.13	19.2	457.10	39.26	257.77
2004	869.25	15.3	507.74	38.41	323.10
2005	1018.25	17.1	545.37	12.61	460.27
2006	1197.68	17.6	602.50	12.93	582.25
2007	1488.80	24.3	697.68	17.27	773.85
2008	1864.45	25.2	910.69	25.23	928.53
2009	2450.99	31.5	1250.42	29.70	1170.87
2010	3186.28	30.0	1605.82	29.01	1551.45
2011	5101.55	60.1	2412.97	57.23	2631.36
2012	5717.80	35.0	2530.97	42.55	3144.28
2013	7373.60	29.0	3284.11	27.33	4062.17
2014	9025.75	22.4	4167.03	21.97	4836.76
2015	10945.54	21.3	5423.18	39.59	5482.78

注：2011年及以前统计口径为计划总投资50万元及以上固定资产项目投资、房地产开发投资及农户投资；2012年起统计口径为计划总投资500万元及以上的固定资产项目投资、房地产开发投资及农村农户投资，增长速度为可比口径速度。

Note: Data before 2011 refers to planing investment 500 thousand yuan at least in fixed asset, real estate and household investment. While the data 2012 refers to planing investment 5 millions at least in fixed asset, real estate and household investment.and the growth rate is the ration of comparable caliber speed.

主要统计指标解释

全社会固定资产投资 是以货币形式表现的在一定时期内全社会建造和购置固定资产的工作量以及与此有关的费用的总称。该指标是反映固定资产投资规模、结构和发展速度的综合性指标，又是观察工程进度和考核投资效果的重要依据。全社会固定资产投资包括固定资产项目投资、房地产开发投资和农户投资。全社会固定资产投资按登记注册类型可分为国有、集体、个体、联营、股份制、外商、港澳台商、其他等。

房地产开发投资 指各种登记注册类型的房地产开发公司、商品房建设公司及其他房地产开发法人单位和附属于其他法人单位实际从事房地产开发或经营活动的单位统一开发的包括统代建、拆迁还建的住宅、厂房、仓库、饭店、宾馆、度假村、写字楼、办公楼等房屋建筑物和配套的服务设施，土地开发工程（如道路、给水、排水、供电、供热、通讯、平整场地等基础设施工程）的投资；不包括单纯的土地交易活动。

固定资产投资的资金来源 根据固定资产投资的资金来源不同，分为国家预算资金、国内贷款、债券、利用外资、自筹资金和其他资金。

（1）国家预算资金 自2011年起，按照全国人大和国务院的要求，各级财政的所有资金，包括税收和非税收入，均必须纳入预算管理，我国已不存在预算外资金的概念，因此各级政府用于固定资产投资的财政资金均为预算资金。由于已经没有预算外资金，因此名称改为国家预算资金，包括中央预算资金和地方预算资金，旧的国家预算内资金的内容和现中央预算资金的内容基本一致。

国家预算包括一般预算、政府性基金预算、国有资本经营预算和社保基金预算。各类预算中用于固定资产投资的资金全部作为国家预算资金填报，其中一般预算中用于固定资产投资的部分包括基建投资、车购税、灾后恢复重建基金和其他财政投资。各级政府债券也应归入国家预算资金。

根据《2011年政府收支分类科目》确定的收支范围，目前纳入政府性基金预算的资金主要包括：农网还贷资金、山西省煤炭可持续发展基金、铁路建设基金、民航基础设施建设基金、民航机场管理建设费、海南省高等级公路车辆通行附加费、转让政府还贷道路收费权、港口建设费、散装水泥专项资金、新型墙体材料专项基金、旅游发展基金、文化事业建设费、地方教育附加、江苏省地方教育基金、国家电影事业发展专项资金、新菜地开发建设基金、新增建设用地土地有偿使用费、育林基金、森林植被恢复费、中央水利建设基金、地方水利建设基金、南水北调工程基金、残疾人就业保障金、政府住房基金、城市公用事业附加、国有土地使用权出让金、国有土地收益基金、农业土地开发资金、大中型水库移民后期扶持基金、大中型水库库区基金、三峡水库库区基金、中央特别国债经营基金、中央特别国债经营基金财务收支、彩票公益金、城市基础设施配套费、小型水库移民扶助基金、国家重大水利工程建设基金、车辆通行费、船舶港务费、体育部门收费、司法部门的涉外涉港澳台公证书工本费、贸促会收费、长江口航道维护费、电力改革预留资产变现资金、铁路资产变现资金、其他政府性基金。

（2）国内贷款 指报告期固定资产投资项目单位向银行及非银行金融机构借入用于固定资产投资的各种国内借款，包括银行利用自有资金及吸收存款发放的贷款、上级主管部门拨入的国内贷款、国家专项贷款（包括煤代油贷款、劳改煤矿专项贷款等），地方财政专项资金安排的贷款、国内储备贷款、周转贷款等。

（3）利用外资 指报告期收到的境外（包括外国及港澳台地区）资金(包括设备、材料、技术在内)。包括对外借款(外国政府贷款、国际金融组织贷款、出口信贷、外国银行商业贷款、对外发行债券和股票)、外商直接投资、外商其他投资(包括利用外商投资收益在国内进行固定资产再投资活动的资金)。不包括我国自有外汇资金(国家外汇、地方外汇、留成外汇、调济外汇和国内银行自有资金发放的外汇贷款等)。各类外资按报告期末的外汇牌价（中间价）折成人民币计算。

（4）自筹资金 指固定资产投资单位在报告期收到的，由各企事业单位筹集用于固定资产投资的资金，包括各类企事业单位的自有资金和从其他单位筹集的用于固定资产投资的资金，但不包括各类财政性资金、从各类金融机构借入资金和国外资金。与原有的自筹资金概念相比，最大的变化是地方财政资金全部归为国家预算资金，自筹资金中不再含有财政资金。

（5）其他资金来源 指在报告期收到的除以上各种资金之外的用于固定资产投资的资金。包括社会集资、个人资金、无偿捐赠的资金及其他单位拨入的资金等。

固定资产投资按国民经济行业分 根据建设项目建成投产后的主要产品或主要用途及社会经济活动性质来确定国民经济行业。一般情况下，一个建设项目或一个企业、事业单位只能属于一种国民经济行业。

固定资产投资按隶属关系分 是按照建设单位或企业、事业、行政单位的主管上级机关确定的。

（1）中央 是由中共中央、人大常委会和国务院各部、委、局、总公司以及直属机构直接领导的建设项目和企业、事业、行政单位。这些单位的固定资产投资计划由国务院各部门直接编制和下达，统一组织或委托下级实施。

（2）地方 是由省（自治区、直辖市）、地区（州、盟、省辖市）、县（旗、县级市）三级政府及业务主管部门直接领导和管理的建设项目、企业、事业、行政单位。地方项目还包括不隶属以上各级政府及主管部门的建设项目和企业、事业单位，如外商投资企业和无主管部门的企业等。

固定资产投资按构成分 固定资产投资活动按其工作内容和实现方式分为建筑安装工程，设备、工具、器具购置，其他费用三个部分。

(1) 建筑安装工程(建筑安装工作量)：指各种房屋、建筑物的建造工程和各种设备、装置的安装工程。包括各种房屋建造工程；各种用途设备基础和各种工业窑炉的砌筑工程及金属结构工程；为施工而进行的各种准备工作和临时工程以及完工后的清理工作等；铁路、道路的铺设，矿井的开凿及石油管道的架设等；水利工程；防空地下建筑等特殊工程；列入房屋工程预算内的暖气、卫生、通风、照明、煤气等设备的价值及装设油饰工程；列入建筑工程预算内的各种管道(蒸汽、压缩空气、石油、给排水等管道)、电力、电讯、电缆、导线等的敷设工程；以及各种机械设备的安装工程；为测定安装工程质量，对设备进行的试运工作；房地产开发单位进行的商品房屋开发建设工程、土地开发工程。

在安装工程中，不包括被安装设备本身的价值。

(2) 设备、工具、器具购置：指建设单位或企、事业单位购置或自制的，达到固定资产标准的设备、工具、器具的价值。新建单位及扩建单位的新建车间，按照设计或计划要求购置或自制的全部设备、工具、器具，不论是否达到固定资产标准均计入"设备、工具、器具购置"中。

(3) 其他费用：指在固定资产建造和购置过程中发生的，除建筑安装工程和设备、工器具购置投资完成额以外的应当分摊计入固定资产投资的费用，不指经营中财务上的其他费用。

施工项目个数、本年投产项目个数和本年新开工项目个数：每一个建设项目只计算为一个项目个数。

施工项目个数 指本年正式进行过建筑或安装施工活动的建设项目个数。包括本年新开工项目，以前年度开工跨入本年继续施工项目，本年全部建成投产项目、以前年度全部停缓建在本年恢复施工的项目，本年进行过施工又在本年内全部停缓建的项目。

本年投产项目个数 指报告期内按设计文件规定建成主体工程和相应配套的辅助设施，形成生产能力或工程效益，经过验收合格，并且已正式投入生产或交付使用的建设项目。建成投产项目个数是反映报告期建设成果和考核投资效果的重要依据。

全部建成投入生产或交付使用的工业项目是指设计文件规定形成生产能力的主体工程及其相应配套的辅助设施全部建成，经负荷试运转，证明具备生产设计规定合格产品的条件，并经过验收鉴定合格或达到竣工验收标准，与生产性工程配套的生活福利设施可以满足近期正常生产的需要，正式移交生产的建设项目；非工业项目是指设计文件规定的主体工程和相应配套工程全部建成，能够发挥设计规定的工程效益，经验收鉴定合格或达到竣工验收标准，正式移交使用的建设项目。

凡对环境有污染的建设项目，要按照有关部门规定，在“三废”治理工程按设计规定建成，并经环保部门验收鉴定合格，交付使用后，整个项目才能作为全投项目。达不到要求的则不能作为全投项目统计。

本年新开工项目个数 指报告期内新开工的建设项目。包括新开工的新建项目、扩建项目、改建项目、单纯建造生活设施项目、迁建项目和恢复项目。新开工项目的确定以总体设计或计划文件中所规定的永久性工程正式开工为准。本年新开工项目个数是反映全年新开工的固定资产投资规模的指标。

房屋施工面积 指报告期内施工的全部房屋建筑面积。包括本期新开工的面积、上期跨入本期继续施工的房屋面积、上期停缓建在本期恢复施工的房屋面积、本期竣工的房屋面积以及本期施工后又停缓建的房屋面积。多层建筑应填各层建筑面积之和。

房屋竣工面积 指报告期内房屋建筑按照设计要求已全部完工，达到住人和使用条件，经验收鉴定合格或达到竣工验收标准，可正式移交使用的各栋房屋建筑面积的总和。

竣工面积以房屋单位工程（栋）为核算对象，在整栋房屋符合竣工条件后按其全部建筑面积一次性计算，而不是按各栋施工房屋中已完成的部分或层次分割计算。

计算本年房屋竣工面积，要求严格执行房屋竣工验收标准。民用建筑一般应按设计要求在土建工程和房屋本身附属的水、电、卫（包括设计中有的煤气、暖气）工程已经完工，通风、电梯等设备已经安装完毕，做到水通、灯亮，经验收鉴定合格，并正式交付给使用单位后，才能计算竣工面积。工业及科研等生产性房屋建筑一般应按设计要求在土建工程（包括水、暖、电、卫、通风）及属于房屋组成部分的生活间、操作间等已经完成（不包括安装设备的基础工程），可以进行工艺设备和管线安装时，方可计算本年房屋竣工面积。

房屋建筑面积竣工率 指一定时期内房屋竣工面积占同期房屋施工面积的比率。

商品房销售面积 指报告期内出售商品房屋的合同总面积(即双方签署的正式买卖合同中所确定的建筑面积)。由现房销售建筑面积和期房销售建筑面积两部分组成。

商品房销售额 指报告期内出售商品房屋的合同总价款(即双方签署的正式买卖合同中所确定的合同总价)。该指标与商品房销售面积同口径，由现房销售额和期房销售额两部分组成。

Explanatory Notes on Main Statistical Indicators

Total Investment in Fixed Assets in the Whole Country refers to the volume of activities in construction and purchases of fixed assets of the whole province and related fees, expressed in monetary terms during the reference period. It is a comprehensive indicator which shows the size, structure and growth of the investment in fixed assets, providing a basis for observing the progress of construction projects and evaluating results of investment. Total investment in fixed assets in the whole province includes investment in fixed assets , investment in real estate development and rural household investment. Total investment in fixed assets in the whole province includes, by type of ownership, the investment by State-owned units, collective-owned units, individuals, joint ownership units, share-holding units, as well as investments by entrepreneurs from foreign investors and from Hong Kong, Macao and Taiwan, and by other units.

Investment in Real Estate Development refers to investment by real estate development companies, commercialized buildings construction companies and other real estate development units of various types of ownership in the construction of buildings, such as residential buildings, factory buildings, warehouses, hotels, guesthouses, holiday villages, office buildings, the complementary service facilities and land development projects, such as roads, water supply, water drainage, power supply, heating supply, telecommunications, land leveling and other infrastructural projects. It does not include activities in pure land transactions.

Sources of Funds for Investment in Fixed Assets are categorized as funds from the State budget, domestic loans, bonds , foreign investment, self-raised funds, and others, depending on the sources of investment.

(1) Fund from the State budget From 2011, in accordance with the requirements of the NPC and the State Council, all levels of financial funds included tax and non-tax revenue that both of them must be included in the budget management. And our country has no concept of extra-budgetary funds. So the financial funds of all levels of government that is using for investment in fixed assets are budget funds. Because they have no extra-budgetary funds, the name was changed to state budget funds, including the central budget and local budget funds. The original contents of the state budget funds and the central budget funds are basically the same.

State budget includes the general budget, the government fund budget, the operation budget of state-owned assets and the social security fund budget. All kinds of budget funds for investment in fixed assets are as fill for state budget funds. Among them, the section of general budget which is for investment in fixed assets are including infrastructure investment portion, vehicle purchase, post-disaster restoration and reconstruction funds and other financial investments. All levels of government bonds should also be included in state budget funds.

According to "2011 Government revenue and expenditure classification of subjects" to determine the scope of revenue and expenditure, the current government funds into the capital budget include: rural loan funds, coal Sustainable Development Funds in Shanxi province, railway construction funds, CAAC Infrastructure Development funds, aviation airport management and construction fees, highway vehicle traffic surcharge in Hainan province, transfer government loan road pricing right, port construction fees, bulk cement special funds, new wall materials special funds, tourism development funds, culture construction fees, additional local education, local education funds in Jiangsu province, National Film career development funds, new vegetable field development and construction funds, new construction land use fees, silviculture funds, Forest vegetation restoration fees, central water conservancy construction funds, local water conservancy construction funds, North Water Transfer Project funds, disabled employment security funds, government housing funds, additional city utilities, State-owned land use right transfer fee, State-owned Land Income funds, agricultural land development funds, medium-sized reservoir resettlement support funds, medium-sized reservoir funds, Three Gorges Reservoir funds, central special treasury management funds, central special treasury fund financial revenue and expenditure operations, lottery, urban infrastructure fee, small reservoir resettlement support funds, major national water conservancy construction funds, vehicle tolls, harbor dues, sports department charges, the judiciary involving Hong Kong, Macao and Taiwan foreign notary fees, CCPIT charges, Yangtze Estuary Waterway maintenance fees, electricity reform realization of assets set aside funds, railway assets realized capital, other government funds.

(2) Domestic loans refer to loans of various forms borrowed by investing units from banks and non-bank financial institutions during the reference period for the purpose of investment in fixed assets, including loans issued by banks from their self-owned funds and deposit, loans appropriated by higher authorities, special loans by government(Including loan for substituting petroleum with coal, special loans for reform-though-labour coal mines), loans arranged by local government from special funds, domestic reserve loan, and revolving loan, etc.

(3) Foreign investment refers to foreign overseas (including foreign countries ,Hong Kong, Macao and Taiwan) funds received during the reference period(covering equipment, materials and technology), including foreign borrowings (loans from foreign governments and international financial institutions, export credit, commercial loans from foreign banks, issue of bonds and stocks overseas), foreign direct investment and other foreign investments(including funds from foreign direct investment income that are reinvested in fixed assets domestically). Excluded from this category is capital in foreign exchanges owned by China (foreign exchanges owned by the central and local governments, foreign exchanges retained by enterprises, foreign exchanges by enterprises through the regulating mechanism, loans in foreign exchanges issued by the Bank of China with its own fund, etc.). In calculating the utilization of foreign capital, foreign currencies are converted into Chinese Renminbi applying the exchange rate (central parity rate) at the end of the reference period.

(4) Self-raised funds refer to funds for investment in fixed assets received during the reference period by investing units, including investment in fixed assets using own funds of various enterprises and institutions or funds raised from other units other than financial funds, funds borrowed from financial institutions and overseas funds. Compared with the original concept of self-raised funds, the biggest change is the local fiscal funds are classified as the state budget funds, funds no longer contain self-raised funds.

(5) Others refer to funds for investment in fixed assets received from sources other than those listed above, including capital raised through issuing bonds by enterprises or financial institutions, funds raised from individuals and through donations, and funds transferred from other units.

Investment in Fixed Assets by Sector refer to the classification of construction projects by sector is determined by the major products or the purpose of the projects when they are put into production or use, and by the nature of their social economic activities. In general, one project or one enterprise or institution can only be classified into one sector.

Investment in Fixed Assets by Jurisdiction of Management refers to the classification of investment by the competent authorities under which investment is made by construction units, enterprises, institutions or administrative units.

(1) Central investment refers to the investment in projects or by enterprises, institutions or administrative units which are under the direct leadership and management of the State Council and of the national commissions, ministries, agencies and State-owned large corporations. Various ministries and departments of the State Council prepare and implement plans for investment in fixed assets by those departments, and arrange and ensure the supply of materials and key equipment required for the projects.

(2) Local investment refers to the investment in projects or by enterprises, institutions or administrative units which are under the direct leadership and management of competent departments and governments at the level of province (autonomous regions and municipalities directly under the Central Government), prefecture（prefectures, cities and leagues） and county (districts, cities and banners). Also included are projects by foreign-invested enterprises and enterprises without competent managing authorities.

Investment in Fixed Assets by Structure By their contents and the mode of implementation, investment activities are classified into 3 categories, i.e. construction and installation, purchase of equipment and instrument, and other expenses.

(1) Construction and installation (work volume of construction and installation): refers to the construction of houses and buildings and the installation of various kinds of equipment and instruments. They include construction of houses; equipment foundations, industrial kilns and stoves, and metal structure work; preparation works and temporary works for project construction, and clearing up

works post project construction; pavement of railways and roads, drilling of mines and putting up of oil pipes; construction of water conservancy; construction of underground air-raid shelters and construction of other special projects; value of equipment for heating, sanitation, ventilation, lighting, gas, painting, etc. that are covered by the budget of housing projects; laying out of various pipelines (for steam, compressed air, petroleum, tap water and sewage) and wiring and cabling for electric power and for communications; installation of various machinery and equipment; testing operation for pre-testing the quality of installation projects, and land and other development work conducted by real estate developers for commercialized housing. The value of equipment installed is itself not included in the value of installation projects.

(2) Purchase of equipment and instruments: refers to the total value of equipment, tools, and instruments purchased or self-produced which come up to the cut-off point for fixed assets by the construction units or investing enterprises or institutions. Equipment, tools and instruments purchased or self-produced for new workshops by newly established or expanded units are categorized as "purchase of equipment and instruments" no matter whether they come up to the cut-off point for fixed assets.

(3) Other expenses: refer to expenses arising during the construction or purchase of fixed assets other than those those expenses on construction, installation and purchase of equipment and instruments. Other financial expenses arising in operation are not included.

Number of Projects under Construction, projects put into use and new projects: Every construction project is only counted as a number of projects.

Number of Projects under Construction refer to number of all projects with actual construction or installation activities in current year, including newly started projects, projects started previously and extended into the current year, projects completed and put into operation in current year, projects suspended previously and resumed in current year, and projects started this year but suspended or postponed in current year.

Number of Projects Put into Use This Year refer to projects have completed the main construction and correspondent auxiliary facilities in accordance with the design documents, resulting in forming production capacity (efficiency) and have been checked and accepted after relevant tests, and have been formally delivered for use. Number of projects put into use is an important basis that reflects the results of the report and assessment phase of construction investment results.

All of the industrial projects which completed and put into production or delivery referred to the design document form a production capacity of the main project and its corresponding supporting ancillary facilities completed. After commissioning overloaded, prove that it has the conditions for production design which provide qualified products, And go through acceptance of accreditation or reach completion and acceptance criteria, and supporting productive projects and welfare facilities to meet the needs of normal production recently, formally handed over the production of construction projects; Non-industrial project is the main project design by documents and the corresponding ancillary works are completed, and be able to play the design requirements of the project benefits, go through acceptance of accreditation or reach completion and acceptance criteria, formally handed over to use for construction projects.

All of the construction projects which pollute the environment, in accordance with relevant regulations, in the "three wastes" treatment works built according to the design requirements, and accredited by the environmental protection department, after delivery and use, the entire project can be used as a all of investment projects. Below standard of projects can not be used as all of investment projects to count.

Number of new projects this year refers to newly started construction projects during the reporting period. It includes a newly started new projects and expansion projects, renovation projects, simple living facilities construction projects, relocation projects and restoration projects. New projects in order to determine the overall design or plan to file the required permanent project started prevail. The number of new projects this year is a reflection of newly started investment in fixed assets indicators.

Floor Space of Buildings under Construction refers to the total floor space area of all the buildings in the reference period, It includes buildings started in the year, continued from the previous year, suspended in earlier years but restarted in the year, completed in the year, and started in the year but suspended in the year as well. The floor space of a multi-storied building should be the sum of floor space of all the stories.

Floor Space of Buildings Completed refers to the total floor space area of the buildings completed in the reference period, which meet the requirements as designed, reach the criteria set for people to live in or use, have passed the acceptance checks, and are ready for delivery or use.

The accounting object of the completion of the area is unit of housing project (building), the entire houses meet the completed conditions, in accordance with all construction area to disposable calculated, rather than divisional calculated in accordance with the construction of the building house which finished part or hierarchical.

In calculating the size of houses completed this year is demanded strictly enforced housing completion and acceptance criteria. Civil construction should generally be in accordance with the design requirements of civil works and the house itself attached water, electricity, health (including the design of some gas, heating) project has been completed, Ventilation, elevators and other equipment has been installed, to water and lights, through acceptance accreditation, and formally delivered to the use of the unit, in order to calculate the completion of the area. Industry and research and other production of housing construction general design requirements should be in the civil works (including water, heating, electricity, health, ventilation) and are an integral part of life, housing, the operating room, etc. which have been completed (not including the installation of foundation engineering equipment), process equipment and piping can be installed, then we can calculate the area of housing construction this year.

Housing construction area completion rate refers to the rate of total gross floor area of completed housing area accounted for housing construction area during the reference period.

Area of Commercialized Housing Sold refers to total contracted area of commercialized housing (i.e. area of floor space as designated in the formal contracts signed by both sides) during the reference time. It constitutes floor space of completed housing and floor space of future housing.

Value of Commercialized Housing Sold refers to the total contracted value (i.e. value of sales/purchase for selling/purchase of commercialized housing as designated in the contract signed by both sides) during the reference time. This indicator has the same coverage as the area of commercialized housing sold, which constitutes floor space of completed housing and floor space of housing yet to be completed.

对外经济贸易

Foreign Trade and Economic Cooperation

6

简要说明

一、主要内容

本篇资料综合反映全省对外贸易、利用外资、对外直接投资、对外经济合作等情况。

对外贸易主要内容包括：进出口总额、按地区分进出口商品总额、进出口商品分类等项目。

利用外资主要内容包括：外商直接投资和外商其他投资，外商投资企业登记注册情况。

二、统计范围

对外贸易统计范围：按照联合国的国际贸易统计原则制定的，即凡能引起中华人民共和国关境内物质资源存量增加或减少的进出口货物，除制度另有规定者外，均列入该项统计。对外贸易调查方法为全面调查。

利用外资统计范围：凡经工商行政管理机关核准登记，在贵州省所有利用外资的单位和部门，经批准设立的中外合资经营企业、合作经营企业、外资企业、外商投资股份制企业、合作开发项目等具有法人资格的独立核算企业(包括港澳台地区投资企业)，在贵州省从事经营活动的外国及港澳台地区企业及外国公司在贵州省境内设立的分支机构。

对外直接投资统计范围：包括境内投资主体通过直接投资在境外设立的各类公司型企业和非公司型企业。

三、资料来源

对外贸易统计资料来源于贵阳海关。

利用外资统计资料来源于省发展改革委、省商务厅。

对外直接投资资料来源于省商务厅。

Brief Introduction

I. Main Contents

Data in this chapter comprehensive reflected the province situation of foreign trade, utilization of foreign capital, overseas direct investment and overseas economic cooperation etc.

Data on foreign trade include: total value of imports and exports, total value of imports and exports of goods by region, imports and exports of goods classification etc.

Utilization of foreign capitals includes: foreign direct investments and other foreign investments, and the basic condition of registration of foreign funded enterprises.

II. Statistics Cover

The scope of foreign trade statistics are designed according to United Nations' principles on international trade statistics, that is: all imports or exports that will lead to stock changes of material resources with the territory of People's Republic of China; excluding goods by escape clause. The method of data survey on foreign trade is comprehensive reporting system.

The utilization of foreign capitals' statistics cover all the units and departments which have utilized foreign capitals, all the Sino-foreign joint ventures, Sino-foreign cooperative enterprises, ventures exclusively with foreign investment, foreign-funded stock companies, Sino-foreign cooperative development projects (including the enterprises funded by the entrepreneurs from Hong Kong, Macao and Taiwan) with independent accounting system and legal person status, and all foreign enterprises or enterprises funded by the entrepreneurs from Hong Kong Macao and Taiwan which engaged in business activities, and branches of foreign companies which have been approved to be set up within the boundaries of Guizhou Province after verification and registration through administrative authorities for industry and commerce.

The overseas direct investment statistics cover all types of overseas corporate and non-corporate enterprises by direct investment of domestic investors.

III. Sources of Data

Sources of data on foreign trade are from Guiyang Customs.

Sources of data on utilization of foreign capitals are from Guizhou Development & Reform Commission and the Department of Commerce.

Sources of data on overseas direct investment are from the Department of Commerce of Guizhou Province.

6-1 进出口总额

Total Value of Imports and Exports

指　标	Item	2011	2012	2013	2014	2015	2015年比2014年增长(%) Increase Rate in 2015 over 2014(%)
进出口总额(万元)	**Total Value of Imports and Exports(RMB 10000 yuan)**	**3172193**	**4189987**	**5136541**	**6623074**	**7612878**	**14.9**
出口总额	Total Exports	1936946	3129409	4265712	5778924	6185585	7.0
进口总额	Total Imports	1235246	1060578	870829	844150	1427293	69.1
进出口差额	Balance	701700	2068831	3394883	4934774	4758292	-3.6
进出口总额(万美元)	**Total Value of Imports and Exports(USD 10000)**	**488758**	**663156**	**829009**	**1077133**	**1222142**	**13.5**
出口总额	Total Exports	298509	495223	688598	939726	994862	5.9
进口总额	Total Imports	190249	167933	140411	137407	227279	65.4
进出口差额	Balance	108260	327290	548187	802319	767583	-4.3

注：资料来源于贵阳海关(以下相关表同)。

Note: Data in the table are obtained from Guiyang Customhouse(the same applies to the relative tables below) .

6-2 按地区分的出口商品总额

Total Value of Exports by Region

单位：万美元 (USD 10000)

地　区	Region	2011	2012	2013	2014	2015
总　计	**Total**	**298509**	**495223**	**688598**	**939726**	**994862**
亚　洲	Asia	186317	299176	373558	510734	587208
非　洲	Africa	8296	33260	45552	105979	76582
欧　洲	Europe	23746	57520	110395	116378	113076
拉丁美洲	Latin America	29284	23704	30960	42967	38081
北 美 洲	North America	35270	61443	107210	120804	134615
大 洋 洲	Oceanic	15596	20120	20923	42864	45300

6-3 按地区分的进口商品总额

Total Value of Imports by Region

单位：万美元 (USD 10000)

地　区	Region	2011	2012	2013	2014	2015
总　计	**Total**	**190249**	**167933**	**140411**	**137407**	**227279**
亚　洲	Asia	79069	54464	46860	45111	148007
非　洲	Africa	22188	16509	20491	21483	8191
欧　洲	Europe	9946	8317	16465	16475	11584
拉丁美洲	Latin America	22722	23920	7005	10634	13533
北 美 洲	North America	18644	25409	16705	11065	35016
大 洋 洲	Oceanic	37680	39314	32885	32639	10939
其　他	Others					9

6-4 海关出口商品分类

单位：万美元

指　标	Item
总　计	**Total**
#活动物；动物产品	Live Animals;Animal Products
植物产品	Vegetable Products
动、植物油、脂及其分解产品；精制的食用油脂；动、植物蜡	Animal or Vegetable Fats and Oils and their Cleavage Products;Prepared Edible Fats; Animal or Vegetable Waxes
食品；饮料、酒及醋；烟草及烟草代用品的制品	Prepared Foodstuffs; Beverages, Spirits And Vinegar; Tobacco and Manufactured Tobacco Substitutes
矿产品	Mineral Products
化学工业及其相关工业的产品	Products of The Chemical or Industries Allied
塑料及其产品；橡胶及其制品	Plastics and Articles Thereof Rubber and Articles Thereof
生皮、皮革、毛皮及其制品；鞍具及挽具；旅行用品、手提包及类似品；动物肠线(蚕胶丝除外)制品	Raw Hides and Skins, Leather, Fur Skins and Articles Thereof; Saddlery and Harness; Travel Goods, Handbags and Similar Containers; Articles of Animal Gut (Other Than Silk-Worm Gut)
木及木制品；木炭；软木及软木制品；稻草、秸秆、针茅或其他编结材料制品；篮筐及柳条编结品	Wood and Articles of Wood; Wood Charcoal; Cork and Articles of Cork; Manufactures of Straw, of Esparto or of Other Plaiting Materials; Basket Ware and Wickerwork
木浆及其他纤维状纤维素浆；纸及纸板的废碎品；纸、纸板及其制品	Pulp of Wood or of Other Fibrous Cellulosic Material; Waste and Scrap of Paper or Paperboard; Paper and Paperboard and Articles Thereof
纺织原料及纺织制品	Textiles and Textile Articles
鞋、帽、伞、杖、鞭及其零件；已加工的羽毛及其制品；人造花；人发制品	Footwear, Headgear, Umbrellas, Sun Umbrellas, Walking-Sticks, Seat-Sticks, Whips, Riding-Crops and Parts Thereof; Prepared Feathers and Articles Made Therewith; Artificial Flowers; Articles of Human Hair
石料、石膏、水泥、石棉、云母及类似材料的制品；陶瓷产品；玻璃及其制品	Articles of Stone,Plaster,Cement,Asbestos,Mica or Similar Materials;Ceramic Products ;Glass and Glassware
天然或养殖珍珠、宝石或半宝石、贵金属、包贵金属及其制品；仿首饰；硬币	Natural or Cultured Pearls, Precious or Semi-Precious Stones, Precious Metals, Metals Clad With Precious Metal and Stones, Precious Metals, Metals Clad With Metal and Articles Thereof; Imitation Jewellery; Coin
贱金属及其制品	Base Metals and Articles of Base Metal
机器、机械器具、电气设备机器及其零件、录音机及放声机、电视图象、声音的录制和重放设备及其零件、附件	Machinery and Mechanical Appliances; Electrical Equipment; Parts Thereof; Sound Recorders and Reproducers, Television Image and Sound Recorders and Reproducers; and Parts and Accessories of Recorders and Reproducers; and Parts and Accessories of Such Articles
车辆、航空器、船舶及有关运输设备	Vehicles, Aircraft, Vessels And Associated Transport Equipment
光学、照相、电影、计量、检验、医疗或外科用仪器及设备、精密仪器及设备；钟表；乐器及上述物品的零件、附件	Optical, Photographic, Cinematographic, Measuring, Checking, Precision, Medical or Surgical Instruments and Apparatus; Clocks And Watches; Musical Instruments; Parts and Accessories Thereof
杂项制品	Miscellaneous Manrfactured Articles
艺术品、收藏品及古物	Works of Art, Collectors' Pieces and Antiques

Value of Expert Commodities by Category

(USD 10000)

2011	2012	2013	2014	2015	2015年比2014年增长(%) Increase Rate in 2015 over 2014(%)
298509	**495223**	**688598**	**939726**	**994862**	**5.9**
116	120	109	147	163	10.6
721	1620	1786	2971	3249	9.4
335	295	321	195	112	-42.9
20772	26934	23871	25174	29815	18.4
11185	13313	14074	14690	17680	20.4
171897	129288	81290	134626	158556	17.8
28879	53324	77174	84378	64957	-23.0
419	17137	31400	29758	31560	6.1
3	206	607	2072	3881	87.3
144	5403	15830	21127	22546	6.7
1635	45892	67867	144816	94856	-34.5
164	17649	30953	43120	39336	-8.8
5906	24899	62294	63551	67739	6.6
5	44	1238	5701	17043	198.9
10858	38193	67344	87861	84636	-3.7
37541	50648	72093	118467	227919	92.4
2451	8196	10997	15290	12738	-16.7
577	4872	8997	11582	11059	-4.5
4796	56868	119590	131642	106072	-19.4
105	322	763	710	939	32.4

6-5 海关进口商品分类
Value of Import Commodities by category

单位：万美元 (USD 10000)

指　标	Item	2011	2012	2013	2014	2015	2015年比2014年增长(%) Increase Rate in 2015over 2014(%)
总　计	**Total**	**190249**	**167933**	**140411**	**137407**	**227279**	**65.4**
#活动物；动物产品	Live Animals;Animal Products	0.36	282	140	1	0	—
植物产品	Vegetable Products	21	96	365	1756	7206	310.4
动、植物油、脂及分解品；精制的食用油脂；动、植物蜡	Animal or Vegetable Fats and Oils and their Cleavage Products; Prepared Edible Fats; Animal or Vegetable Waxes	0.01	1				
食品；饮料、酒及醋；烟草及烟草代用品的制品	Prepared Foodstuffs; Beverages,Spirits And Vinegar;Tobacco and Manufactured Tobacco Substitutes	18	54	38	60	195	224.3
矿产品	Mineral Products	135384	118523	94334	84089	43468	-48.3
化学工业及其相关工业的产品	Products of The Chemical or Industries Allied	1471	1713	1682	2975	1588	-46.6
塑料及其产品；橡胶及其产品	Plastics and Articles Thereof Rubber and Articles Thereof	28578	22983	17508	15789	11435	-27.6
生皮、皮革、毛皮及其制品；鞍具及挽具；旅行用品、手提包及类似品；动物肠线（蚕胶丝除外）制品	Raw Hides and Skins, Leather, Fur Skins and Articles Thereof; Saddlery and Harness; Travel Goods, Handbags and Similar Containers; Articles of Animal Gut (Other Than Silk-Worm Gut)	4	9	26	24	52	119.7
木及木制品；木炭；软木及软木制品；稻草、秸秆、针茅或其他缠结材料制品；篮筐及柳条编结品	Wood and Articles of Wood; Wood Charcoal; Cork and Articles of Cork; Manufactures of Straw, of Esparto or of Other Plaiting aterials; Basket Ware and Wickerwork	15	5		441	8	-98.2
木浆及其他纤维状纤维素浆；纸及纸板的废碎品；纸、纸板及其制品	Pulp of Wood or of Other Fibrous Cellulosic Material; Waste and Scrap of Paper or perboard; Paper and Paperboard and Articles Thereof	849	412	402	487	275	-43.5
纺织原料及纺织制品	Textiles and Textile Articles	65	328	761	443	108	-75.6
鞋、帽、伞、杖、鞭及其零件；已加工的羽毛及其制品；人造花；人发制品	Footwear, Headgear, Umbrellas, Sun Umbrellas, Walking-Sticks, Seat-Sticks, Whips, Riding-Crops and Parts Thereof; Prepared Feathers and Articles Made Therewith; Artificial Flowers; Articles of Human Hair	8		33	2	4	117.6

6-5 续表 continued

单位：万美元 (USD 10000)

指 标	Item	2011	2012	2013	2014	2015	2015年比2014年增长(%) Increase Rate in 2015over 2014(%)
石料、石膏、水泥、石棉、云母及类似材料的制品；陶瓷产品；玻璃及其制品	Articles of Stone, Plaster, Cement, Asbestos, Mica or Similar Materials;Ceramic Products; Glass and Glassware	62	50	33	15	61	314.4
天然或养殖珍珠、宝石或半宝石、贵金属、包贵金属及其制品；仿首饰；硬币	Natural or Cultured Pearls, Precious or Semi-Precious Stones,Precious Metals,Metals Clad With Precious Metal and Stones, Precious Metals,Metals Clad With Precious Metal and Articles Thereof;Imitation Jewellery;Coin	2	38	20	2	9616	505418.1
贱金属及其制品	Base Metals and Articles of Base Metal	7308	2870	2748	1361	1830	34.5
机器、机械器具、电气设备及其零件；录音机及放声机、电视图象、声音的录制和重放设备及其零件、附件	Machinery and Mechanical Appliances; Electrical Equipment; Parts Thereof; Sound Recorders and Reproducers, Television Image and Sound Recorders and Reproducers; and Parts and Accessories of Recorders and Reproducers; and Parts and Accessories of Such Articles	10552	15409	16938	23888	136879	473.0
车辆、航空器、船舶及有关运输设备	Vehicles, Aircraft, Vessels And Associated Transport Equipment	1769	642	947	305	7306	2295.9
光学、照相、电影、计量、检验、医疗或外科用仪器及设备、精密仪品及设备；钟表；乐器；上述物品的零件、附件	Optical, Photographic, Cinematographic, Measuring, Checking, Precision, Medical or Surgical Instruments and Apparatus; Clocks And Watches; Musical Instruments; Parts and Accessories Thereof	3904	4496	4393	3705	7192	94.1
杂项制品	Miscellaneous Manufactured Articles	239	22	41	27	51	87.8
艺术品、收藏品及古物	Works of Art, Collectors' Pieces and Antiques				1	4	234.2

6-6 利用外资

Foreign Capital Absorbed

指　标	Item	2011	2012	2013	2014	2015
项目数(个)	**Number of Signed Contracts(unit)**	**70**	**53**	**149**	**172**	**187**
#直接利用外资	Direct Foreign Investment	66	53	75	67	75
合资企业	Joint Venture	26	22	20	26	30
合作经营企业	Contractual Joint Venture	6		4	2	2
独资企业	Solely-foreign Enterprise	34	31	51	39	43
签订合同金额(万美元)	**Contracted Foreign Capital(USD 10000)**	**170785**	**57383**	**118021**	**338663**	**408530**
#直接利用外资	Direct Foreign Investment	170785	57383	118021	338663	408530
合资企业	Joint Venture	73566	37868	22423	71500	111460
合作经营企业	Contractual Joint Venture	9922	240	6163	17972	6763
独资企业	Solely-foreign Enterprise	87297	19275	89435	249191	290307
实际利用外资额(万美元)	**Foreign Capital Actually Absorbed (USD 10000)**	**71674**	**109805**	**157415**	**213053**	**262747**
#直接利用外资	Direct Foreign Investment	51541	49116	57673	46565	41941
合资企业	Joint Venture	23856	17845	14979	8800	9885
合作经营企业	Contractual Joint Venture	657	320		817	1304
独资企业	Solely-foreign Enterprise	27028	30951	42694	36948	30752
外商投资企业基本情况	**Registered Foreign-funded Enterprise**					
年末实有外商投资法人企业(户)	Number of Foreign-funded Enterprises at the year-end(unit)	644	686	740	594	662
#本年登记户数(户)	Number of Registered Enterprises at the year-end(unit)	55	46	77	60	71
年末投资总额(万美元)	Total Investment(USD 10000)	568345	766967	969886	1547158	1814689
年末注册资本(万美元)	Registered Capital(USD 10000)	321179	419657	523496	775630	1018034
#外　方	Capital from Foreign Partners	255181	329321	423032	612198	829752

注：1.资料来源于省发展改革委、省商务厅。2.2011年起实际利用外资统计口径变化，除直接利用外资外，还包括外商投资企业投注差外债实际到位资金和外商投资企业境内投资实际到位资金两部分(以下相关表同)。

Note:1.Data in this table are obtained from the Provincial Development and Reform Commission and the Provincial Department of Commerce.

2.From 2011, the statistical caliber of actual utilization of foreign capital has changed, which in addition to the direct use of foreign capital, including FIEs bets poor external debt actual funds and foreign-invested enterprises in the territory of actual funds invested in two parts as well (the same applies to the relative tables below).

6-7 外商直接投资按行业分项目个数

Number of Projects for Contracted Foreign Direct Investment by Sector

单位：个 (unit)

行　业	Sector	2011	2012	2013	2014	2015
总　计	**Total**	**66**	**53**	**75**	**67**	**75**
农、林、牧、渔业	Agriculture,Forestry,Animal Husbandry and Fishery	6	11	9	11	8
采矿业	Mining	2	3	1	1	1
制造业	Manufacturing	16	20	28	17	21
电力、热力、燃气及水生产和供应业	Production and Supply of Electricity, Gas and Water	7	3	8	4	3
建筑业	Construction	2	1	1		2
交通运输、仓储和邮政业	Transport, Storage and Post		1	1	1	1
信息传输、软件和信息服务业	Information Transmission, Software and Information Technology	1		1		3
批发和零售业	Wholesale and Retail Trades	7	3	9	8	9
住宿和餐饮业	Hotels and Catering Services		2		2	1
金融业	Financial Intermediation	2			4	1
房地产业	Real Estate	5	1	3	4	3
租赁和商务服务业	Leasing and Business Services	10	6	8	6	6
科学研究和技术服务业	Scientific Research and Technical Service	3		1	1	6
水利、环境和公共设施管理业	Management of Water Conservancy, Environment and Public Facilities	3	1	3	6	4
居民服务、修理和其他服务业	Services to Households, Repair and Other Services	1		2	1	3
文化、体育和娱乐业	Culture, Sports and Entertainment	1			1	2
公共管理、社会保障和社会组织	Public Management, Social security and Social Organization		1			1

6-8 按行业分外商直接投资协议金额

Agreement Value of Foreign Direct Investment by Sector

单位：万美元 (USD 10000)

行　业	Sector	2011	2012	2013	2014	2015
总　计	**Total**	**170785**	**57383**	**118021**	**338663**	**408530**
农、林、牧、渔业	Agriculture,Forestry,Animal Husbandry and Fishery	8666	5783	11277	8296	7740
采矿业	Mining	1875	3677	-530	58434.65	18881
制造业	Manufacturing	55293	23779	67099	94074	105803
电力、热力、燃气及水的生产和供应业	Production and Supply of Electricity, Gas and Water	15492	3068	15072	52284	63082
建筑业	Construction	12083	142	-1952	3740	2633
交通运输、仓储和邮政业	Transport, Storage and Post		8053	350	2966	3656
信息传输、软件和信息技术服务业	Information Transmission, Software and Information Technology Services	500		-68	11800	32594
批发和零售业	Wholesale and Retail Trades	6512	-1160	1576	15155	6627
住宿和餐饮业	Hotels and Catering Services	-8	155		248	1
金融业	Financial Intermediation	5142	510		55894	21574
房地产业	Real Estate	24520	483	7510	13036	30017
租赁和商务服务业	Leasing and Business Services	27913	12314	3517	5316	24493
科学研究和技术服务业	Scientific Research and Technical Service	7118		500	-2020	31026
水利、环境和公共设施管理业	Management of Water Conservancy, Environment and Public Facilities	3993	64	13183	19425	26404
居民服务、修理和其他服务业	Services to Households, Repair and Other Services	304		487	4	33529
文化、体育和娱乐业	Culture, Sports and Entertainment	1382			10	362
公共管理、社会保障和社会组织	Public Management, Social security and Social Organization		515			110

6-9 按行业分外商实际直接投资额
Actually Used Amount of Foreign Direct Investment by Sector

单位：万美元 (USD 10000)

指　　标	Item	2011	2012	2013	2014	2015
总　　计	**Total**	**51541**	**49116**	**57673**	**46565**	**41941**
农、林、牧、渔业	Agriculture,Forestry,Animal Husbandry and Fishery	8200	755	2009	3266	1967
采矿业	Mining	737	450	4	1644	784
制造业	Manufacturing	20078	5179	24528	17000	11504
电力、热力、燃气及水的生产和供应业	Production and Supply of Electricity, Gas and Water	7330	8188	10173	5809	6501
建筑业	Construction	21	5328	9		
交通运输、仓储和邮政业	Transport, Storage and Post	3006				980
信息传输、软件和信息技术服务业	Information Transmission, Software and Information Technology		500	32		
批发和零售业	Wholesale and Retail Trades	1172	2526	1342	1447	1149
住宿和餐饮业	Hotels and Catering Services		103	50		5
金融业	Financial Intermediation	-				16346
房地产业	Real Estate	2272	22484	4218	12701	2101
租赁和商务服务业	Leasing and Business Services	6327	548	7554	1743	427
科学研究和技术服务业	Scientific Research and Technical Service	1985	2991			
水利、环境和公共设施管理业	Management of Water Conservancy, Environment and Public Facilities		64	7485	2955	173
居民服务、修理和其他服务业	Services to Households, Repair and Other Services	313		163		4
教育	Education			16		
文化、体育和娱乐业	Culture, Sports and Entertainment	100		90		

6-10 对外经济合作
Economic Cooperation with Foreign Countries or Regions

指　　标	Item	2011	2012	2013	2014	2015
境外经济合作	**Economic Cooperation with Foreigh Countries or Territories**					
签订合同项目(个)	Number of Contracts(unit)	25	22	23	43	36
#对外承包工程	Contracted Projects	25	22	23	43	36
签订合同金额(万美元)	Value of Contracts(USD 10000)	29649	21430	16897	61792	57608
#对外承包工程	Contracted Projects	29649	21430	16897	61792	57608
实际营业额(万美元)	Actual Turnover(USD 10000)	30015	40007	45940	60166	80904
#对外承包工程	Contracted Projects	30015	40007	45940	50129	67756
年末在外人员(人)	Persons in Abroad(year-end)(person)	1938	2442	1615	2114	4920
#对外承包工程	Contracted Projects	1926	2442	1615	2114	4920
省外经济合作	**Economic Cooperation with Other Provinces**					
引进省外项目(个)	Number of Contracted Projects(unit)	4637	2368	2325	2341	4322
引进省外资金(亿元)	Contracted Value(100 million yuan)	2580	3857	5017	6271	7214

注：表中数据不含铝镁设计院及国内国际标的项目。
Note: Data in the table don't contain bidding projects of the Magnesium and Design Institute and the domestic and international.

6-11 历年进出口总额、实际利用外资

Total Value of Imports and Experts and Total Amount of Foreign Investment

年 份 Year	进出口总额(万美元) Total Value of Imports and Exports (USD 10000)	#出口额 Exports	实际利用外资额(万美元) Total Amount of Foreign Investment (USD 10000)	#国外贷款 Foreign Loans	#外商直接投资 Foreign Direct Investments
1978	1645	285			
1979	2111	703			
1980	2797	1641			
1981	4782	3617			
1982	5455	4522			
1983	5238	4186			
1984	6997	4548	61	61	
1985	8720	4010	286	12	148
1986	8605	6361	1276	38	74
1987	12488	9296	376	127	101
1988	15527	11586	1408	425	440
1989	18681	13322	2102	826	747
1990	21802	15358	2983	1925	463
1991	24614	18958	2845	1436	1034
1992	33907	22424	3574	1595	1979
1993	36470	24491	4922	628	4294
1994	53595	37346	8363	2000	6363
1995	68144	43023	9637	3934	5703
1996	64240	43554	10628	7490	3138
1997	67660	48239	13834	8857	4977
1998	62243	38794	18100	13565	4535
1999	54763	35780	19532	15442	4090
2000	66002	42060	19545	17044	2501
2001	64978	42170	14010	11181	2829
2002	69141	44181	9383	5684	3700
2003	98477	58834	13191	7565	5626
2004	151442	86709	13932	7399	6533
2005	140425	85925	19568	8800	10768
2006	161745	103874	18413	9029	9384
2007	227285	146513	15333	2682	12651
2008	337037	190084	17379	2475	14904
2009	230732	135856	18027	4663	13364
2010	314680	192018	34026	4480	29546
2011	488758	298509	71674	4353	51541
2012	663156	495223	109805	5223	49116
2013	829009	688598	157415	4853	57673
2014	1077133	939726	213053	6524	46565
2015	1222142	994862	262747	10324	41941

注：1.进出口总额1997年及以前数据来源于原省对外贸易经济合作厅，1998年及以后数据来源于贵阳海关。2.实际利用外资额数据来源于省发展改革委、省商务厅。

Note:1.The total amount of import and export were obtained from the former provincial department of foreign trade and economic cooperation in 1997 and before, while After 1998 they obtained from Guiyang Customs.2.Data of foreign capital actually utilized are obtained from Provincial Development and Reform Commission and Department of Commerce.

主要统计指标解释

进出口总额 指实际进出我国国境并引起我国物质资源存量增加或者减少的货物金额。包括我国境内法人和其他组织、个人进出口的一般贸易、易货贸易、加工贸易、补偿贸易、保税区和保税仓库进出境货物、国际援助物资或捐赠品。我国规定出口货物按离岸价格统计，进口货物按到岸价格统计。

外商直接投资 指外国企业和经济组织或个人（包括华侨、港澳台胞以及我国在境外注册的企业）按我国有关政策、法规，用现汇、实物、技术等在我国境内开办外商独资企业、与我国境内的企业或经济组织共同举办中外合资经营企业、合作经营企业或合作开发资源的投资（包括外商投资收益的再投资），以及经政府有关部门批准的项目投资总额内企业从境外借入的资金。

对外承包工程 指各对外承包公司以招标议标承包方式承揽的下列业务：(1)承包国外工程建设项目；(2)承包我国对外经援项目；(3)承包我国驻外机构的工程建设项目；(4)承包我国境内利用外资进行建设的工程项目；(5)与外国承包公司合营或联合承包工程项目时我国公司分包部分；(6)对外承包兼营的房屋开发业务。对外承包工程的营业额是以货币表现的本期内完成的对外承包工程的工作量，包括以前年度签订的合同和本年度新签订的合同在报告期内完成的工作量。

Explanatory Notes on Main Statistical Indicators

Total imports and exports refers to the actual cause of out of our borders and the stock of material resources to increase or decrease the amount of goods, including my own country legal persons and other organizations, individuals, import and export of general trade, barter trade, processing trade, compensation trade, bonded and bonded warehouse entry and exit of goods, international aid or donations. China provides export goods at FOB, CIF value of imported goods according to statistics.

Foreign Direct Investment refers to the investments inside China by foreign enterprises and economic organizations or individuals (including overseas Chinese, compatriots from Hong Kong, Macao and Taiwan, and Chinese enterprises registered abroad), following the relevant policies and laws of China, for the establishment of ventures exclusively with foreign own investment, Sino-foreign joint ventures and cooperative enterprises or for co-operative exploration of resources with enterprises or economic organizations in China. It includes the re- investment of the foreign entrepreneurs with the profits gained from the investment and the funds that enterprises borrow from abroad in the total investment of projects which are approved by the relevant department of the government.

Overseas Contracted Project refers to projects undertaken by Chinese contractors (project contracting companies) through bidding process. They include: (1) overseas civil engineering construction projects financed by foreign investors; (2) overseas projects financed by the Chinese government through its foreign aid programs; (3) construction projects of Chinese diplomatic missions, trade offices and other institutions stationed abroad; (4) construction projects in China financed by foreign investment; (5) sub-contracted projects to be taken by Chinese contractors through a joint umbrella project with foreign contractor(s); (6) housing development projects. The business income from international contracted projects is the work volume of contracted projects completed during the reference period, expressed in monetary terms, including completed work on projects signed in previous years.

能 源

Energy 7

简 要 说 明

一、主要内容

本篇资料主要包括能源生产、消费及品种构成，能源生产和消费弹性系数，综合能源平衡表和主要能源品种的单项平衡表，分行业、分主要能源品种的消费量，能源加工转换效率及生活用能源消费量等。

二、统计范围、统计口径和计算方法

本篇资料的统计范围为全社会。

1.一次能源生产量与能源产品产量统计数字一致。

2.能源生产与消费弹性系数分别以能源生产、消费增长速度与地区生产总值增长速度相比求得。

3.综合能源平衡表中，电力折算标准煤系数按平均发电煤耗计算。

4.效率表中，规模以上工业能源消费量电力折算标准煤系数采用当量值计算，每千瓦小时折 0.1229 千克标准煤。

5.GDP 按可比价格计算。

三、资料来源

本篇资料由省统计局能源统计处根据《贵州省能源统计报表制度》加工整理。

Brief Introduction

I. Main Contents

Data in this chapter cover mainly energy production, consumption, and composition; elasticity ratio of energy production and consumption; overall balance sheet of energy and balance sheets by different types of energy; consumption of energy by sector and by types of energy; efficiency of energy processing and conversion; and the consumption of energy for non-production uses.

II. The Scope, Notes on Coverage and Compilation of Data

The scope of data in this chapter is the whole province.

(1) The data on production of primary energy are the same as the corresponding data on output of energy products.

(2) The elasticity ratio of energy production is calculated as the quotient of the growth rate of energy production divided by the growth rate of GDP; and the elasticity ratio of energy consumption is calculated as the quotient of the growth rate of energy consumption divided by the growth rate of GDP.

(3) In the energy balance sheet, the coefficient for conversion of electric power into the standard coal equivalent is calculated according to the average consumption of coal for generating electricity.

(4) In the table on the efficiency of energy conversion, Above scale industrial energy consumption electric power conversion standard coal coefficient calculated by the equivalent value. One kilowatt is equal to 0.1229 kg SCE.

(5) Gross domestic product are calculated at constant prices.

III. Sources of Data

Data in this chapter are collected and compiled by the Energy Statistics Department of Guizhou Provincial Bureau of Statistics, which accordance with the Guizhou Provincial energy statistics report system.

7-1 能源生产、消费总量及构成

Total Production and Consumption of Energy and Its Composition

单位：万吨标准煤 (10000 tons of SCE)

指 标	Item	2011	2012	2013	2014	2015
一、绝对数	**Absolute Figure**					
一次能源生产总量	Total Production of Primary Energy	11190.59	13135.74	14404.15	15136.11	15061.47
#原 煤	Coal	10093.54	11468.18	12881.58	12933.72	12361.54
水 电	Hydro-power	1097.04	1667.56	1522.57	2181.11	2659.24
能源终端消费总量	Final Consumption of Energy	7295.11	7873.57	8715.48	9015.18	9319.60
#原 煤	Coal	2853.68	3018.20	3332.22	3417.21	3966.90
天然气	Natural Gas	53.05	62.08	109.99	118.10	145.50
电 力	Electricity	2777.89	3031.64	3257.13	3346.96	3303.36
二、构成(%)	**Composition(%)**					
一次能源生产总量	Total Production of Primary Energy	100.0	100.0	100.0	100.0	100.0
#原 煤	Coal	91.4	88.8	89.4	85.5	82.1
水 电	Hydro-power	8.6	11.2	10.6	14.4	17.7
能源终端消费总量	Final Consumption of Energy	100.0	100.0	100.0	100.0	100.0
#原 煤	Coal	48.8	48.0	38.2	37.9	42.6
天然气	Natural Gas	0.6	0.7	1.3	1.3	1.6
电 力	Electricity	33.2	33.1	37.4	37.1	35.4

注：1.电力按等价热值折算。2.各年数据根据第三次经济普查资料进行修订(以下各表同)。

Note: 1.Electric power and heating pouer are converted on the basic of equal caloric value. 2.The data for 2013 to 2014 has been adjusted according to the third economy census (The same as in the following tables).

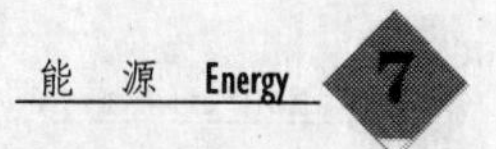

7-2 综合能源平衡表
Overall Energy Balance Sheet

单位：万吨标准煤 (10000 tons of SCE)

指 标	Item	2011	2012	2013	2014	2015
可供消费的能源总量	**Total Energy Available for Consumption**	**7898.28**	**8645.48**	**9405.14**	**9802.02**	**10428.39**
一次能源生产量	Primary Energy Output	11190.59	13135.74	14404.15	15136.11	15061.47
省外调入	Inflow from Other Provinces	1016.65	1047.60	1339.15	1302.67	1619.06
调出省外(一)	Outflow from Guizhou Province(一)	3864.71	5617.01	6344.93	6120.25	6443.42
年初年末库存差额	Stock Changes in the Year	-444.25	78.50	6.78	-519.35	191.30
能源消费总量	**Total Energy Consumption**	**7898.10**	**8604.19**	**9298.54**	**9708.78**	**9948.48**
农、林、牧、渔、水利业	Farming, Forestry, Animal Husbandry, Fishery and Water Conservancy	118.33	128.48	136.16	146.86	158.33
工 业	Industry	5144.56	5873.70	5452.49	5529.57	5369.02
建筑业	Construction	82.57	95.23	113.37	138.49	129.15
交通运输、仓储和邮政业	Transport,Storage and Post	572.57	610.45	665.41	711.87	778.49
批发、零售业和住宿、餐饮业	Wholesale and Retail Trades, Hotels and Catering Services	714.50	783.17	831.99	816.29	1056.76
其 他	Others Sectors	773.37	885.30	957.24	1102.53	1180.11
生活消费	Household Consumption	939.53	1023.14	1141.89	1263.19	1286.68
终端消费	End-use Consumption	7295.11	7873.57	8715.49	9015.18	9319.60
#工 业	Industry	4094.25	4347.81	4869.44	4835.96	4740.08
加工转换损失量	Losses During the Process of Energy Conversion	412.09	513.68	354.31	386.07	299.18
#炼 焦	Coking	67.63	88.06	86.22	76.81	84.12
损失量	Energy Losses	190.90	216.94	228.74	307.53	329.70
平衡差额	**Balance**	**0.17**	**41.29**	**106.60**	**93.25**	**479.92**

7-3 煤炭平衡表
Coal Balance Sheet

单位：万吨 (10000 tons)

指 标	Item	2011	2012	2013	2014	2015
可供量	**Total Energy Available for Consumption**	**12373.79**	**14114.22**	**13717.84**	**13279.50**	**13419.75**
生产量	Output	15601.02	18107.05	18517.78	18508.29	17204.99
调出省外(一)	Outflow from Guizhou Province(一)	167.42	268.19	5137.04	4816.78	4414.08
年初年末库存差额	Stock Changes in the Year	-581.81	-39.88	-11.36	-701.08	307.61
消费量	**Total Energy Consumption**	**12373.79**	**14048.96**	**13650.74**	**13117.60**	**12833.49**
农、林、牧、渔、水利业	Farming,Forestry,Animal Husbandry, Fishery and Water Conservancy	125.69	151.04	152.84	164.00	168.40
工 业	Industry	10145.51	11163.25	10802.63	10118.51	9754.74
建筑业	Construction	20.26	24.00	27.69	26.83	30.50
交通运输、仓储和邮政业	Transport,Storage and Post	65.16	76.76	80.86	68.00	9.19
批发、零售业和住宿、餐饮业	Wholesale and Retail Trades, Hotels and Catering Services	860.90	1001.73	976.06	945.42	1163.28
其 他	Others Sectors	842.10	979.14	928.36	1033.87	971.09
生活消费	Household Consumption	598.36	648.22	682.30	760.97	736.29
终端消费	End-use Consumption	4487.70	4936.76	5211.62	5710.81	5666.61
#工 业	Industry	1975.24	2055.87	2363.51	2711.72	2587.86
中间消费(用于加工转换)	Intermediate Consumption (Consumed in Conversion)	7886.09	9112.20	8439.12	7406.79	7166.88
#发 电	Power Generation	5449.19	5742.00	5714.04	4931.64	5121.79
炼 焦	Coking	908.43	1034.10	1198.30	1028.31	1016.59
平衡差额	**Balance**		**65.26**	**67.10**	**161.90**	**586.26**

7-4 电力平衡表

Electricity Balance Sheet

单位：亿千瓦小时 (100 million kwh)

指 标	Item	2011	2012	2013	2014	2015
可供量	**Total Energy Available for Consumption**	**944.13**	**1046.72**	**1128.02**	**1173.73**	**1174.21**
生产量	Output	1372.87	1610.89	1678.10	1747.71	1930.62
水 电	Hydropower	348.88	537.30	492.70	700.52	859.47
火 电	Thermal Power	1023.99	1073.59	1185.40	1047.19	1071.15
调出省外(一)	Outflow from Guizhou Province(一)	428.74	564.17	550.08	573.98	756.41
消费量	**Total Energy Consumption**	**944.13**	**1046.72**	**1128.02**	**1173.73**	**1174.21**
农、林、牧、渔、水利业	Farming, Forestry,Animal Husbandry, Fishery and Water Conservancy	3.89	3.95	4.51	4.83	5.24
工 业	Industry	715.53	782.96	851.90	864.37	851.16
建筑业	Construction	10.33	13.33	16.87	20.36	19.11
交通运输、仓储和邮政业	Transport,Storage and Post	25.94	26.26	21.89	24.35	23.86
批发、零售业和住宿、餐饮业	Wholesale and Retail Trades, Hotels and Catering Services	14.80	18.72	21.48	25.09	28.19
其 他	Others Sectors	28.58	31.53	36.65	43.35	49.11
生活消费	Household Consumption	145.06	169.98	174.72	191.38	197.54
终端消费	End-use Consumption	883.42	976.82	1054	1074.96	1067.65
#工 业	Industry	654.82	713.06	777.88	765.60	744.60
输配损失量	Losses in Transmission	60.71	69.90	74.02	98.77	106.56

7-5 分行业能源消费总量(2011)

Total Energy Consumption by Sector

单位：万吨标准煤

行　业	Sector	2011
工业	**Industry**	**5895.87**
采掘业	Mining and Quarrying	685.36
#煤炭采选业	Mining and Washing of Coal	606.00
黑色金属矿采选业	Mining and Processing of Ferrous Metal Ores	9.85
有色金属矿采选业	Mining and Processing of Non-Ferrous Metal Ores	16.91
非金属矿采选业	Mining and Processing of Non-metal Ores	27.37
制造业	Manufacturing	4733.39
农副食品加工业	Processing of Food from Agricultural Products	14.23
食品制造业	Manufacture of Foods	13.13
饮料制造业	Manufacture of Beverages	73.72
烟草加工业	Manufacture of Tobacco	20.51
纺织业	Manufacture of Textile	2.73
服装及其他纤维制品制造业	Manufacture of Garments and Other Fiber Products	1.43
皮革、毛皮、羽绒及其制品业	Manufacture of Leather, Fur, Feather and Related Products	0.21
木材加工及竹、藤、棕、草制品业	Processing of Timber, Manufacture of Wood, Bamboo, Rattan, Palm and Straw Products	7.50
家具制造业	Manufacture of Furniture	0.42
造纸及纸制品业	Manufacture of Paper and Paper Products	25.27
印刷业,记录媒介的复制	Printing, Reproduction of Recording Media	1.66
文教体育用品制造业	Manufacture of Articles for Cultural,Educational and Sports	0.49
石油加工及炼焦业	Processing of Petroleum, Coking	207.44
化学原料及化学制品制造业	Manufacture of Raw Chemical Materials and Chemical Products	1189.63
医药制造业	Manufacture of Medicines	18.56

注：表中数据按国民经济行业分类(GB/T4754-2002)分。（本表数据未进行修订）

Note:Data in this table is classified by sector of the National Economy (GB/T4754-2002).

7-5 续表 continued

行 业	Sector	2011
化学纤维制造业	Manufacture of Chemical Fibres	14.06
橡胶制品业	Manufacture of Rubber	54.92
塑料制品业	Manufacture of Plastics	9.17
非金属矿物制品业	Manufacture of Non-metallic Mineral Products	945.45
黑色金属冶炼及压延加工业	Smelting and Pressing of Ferrous Metals	1066.28
有色金属冶炼及压延加工业	Smelting and Pressing of Non-ferrous Metals	943.84
金属制品业	Manufacture of Metal Products	36.74
普通机械制造业	Manufacture of General Purpose Machinery	17.34
专用设备制造业	Manufacture of Special Purpose Machinery	7.71
交通运输设备制造业	Manufacture of Transport Equipment	17.54
电气机械及器材制造业	Manufacture of Electrical Machinery and Apparatus	3.75
电子及通信设备制造业	Manufacture of Electronic and Telecommunications Equipment	2.64
仪器仪表及文化、办公用机械制造业	Manufacture of Measuring Instruments and Machinery for Cultural Activity	0.27
其他制造业	Others Manufacture	36.74
电力、煤气及水的生产和供应业	Electric Power, Gas and Water Production and Supply	477.12
电力、蒸汽、热水的生产和供应业	Production and Supply of Electric Power and Heat Power	437.02
煤气生产和供应业	Production and Supply of Gas	26.59
自来水的生产和供应业	Production and Supply of Water	13.51
建筑业	**Construction**	**76.13**
交通运输、仓储和邮政业	**Transport,Storage and Post**	**597.73**
批发、零售业和住宿、餐饮业	**Wholesale , Retail Trades and Hotels , Restaurants**	**554.60**
其他行业	**Others**	**675.13**
生活消费	**Residential Consumption**	**1138.87**

7-6 分行业能源消费总量(2012-2015)

Total Energy Consumption by Sector

单位：万吨标准煤 (10000 tons of SCE)

行 业	Sector	2012	2013	2014	2015
工业	**Industrial**	**5078.43**	**5452.49**	**5529.57**	**5369.02**
采矿业	Mining and Quarrying	728.25	616.66	613.17	634.51
#煤炭开采和洗选业	Mining and Washing of Coal	702.96	520.68	517.93	539.54
黑色金属矿采选业	Mining and Processing of Ferrous Metal Ores	10.85	11.65	9.53	7.30
有色金属矿采选业	Mining and Processing of Non-Ferrous Metal Ores	5.28	16.52	16.28	12.54
非金属矿采选业	Mining and Processing of Non-metal Ores	9.09	38.13	39.09	41.18
制造业	Manufacturing	3686.33	4168.82	4313.53	4201.03
#农副食品加工业	Processing of Food from Agricultural Products	11.42	20.97	21.83	30.81
食品制造业	Manufacture of Foods	5.71	16.24	18.47	53.55
酒、饮料和精制茶制造业	Manufacture of Beverages	25.19	42.98	46.27	46.92
烟草制品业	Manufacture of Tobacco	12.91	18.29	20.10	7.96
纺织业	Manufacture of Textile	1.02	1.98	4.18	4.62
纺织服装、服饰业	Manufacture of Textile Wearing Apparel, Footware and Caps	0.68	1.50	0.99	2.86
皮革、毛皮、羽毛及其制品和制鞋业	Manufacture of Leather,Furs,Feather and Related Products	1.51	1.24	0.58	1.30
木材加工和木、竹、藤、棕、草制品业	Timber Processing,Manufacture of Wood, Bamboo, Rattan,Palm and Straw Products	5.64	11.17	13.81	14.87
家具制造业	Manufacture of Furniture	0.29	2.30	3.32	5.90
造纸和纸制品业	Manufacture of Paper and Paper Products	12.81	28.85	27.33	16.02
印刷业和记录媒介复制业	Printing,Reproduction of Recording Media	0.76	3.93	5.19	5.85
文教、工美、体育和娱乐用品制造业	Manufacture of Articles for Culture,ducation,Arts and Crafts, Sports and Entertainment Activities	0.61	0.92	0.98	0.81

注：表中数据按国民经济行业分类(GB/T4754-2011)分。

Note:Data in this table is classified by sector of the National Economy Industry(GB/T4754-2011).

7-6 续表 continued

单位：万吨标准煤 (10000 tons of SCE)

行 业	Sector	2012	2013	2014	2015
石油加工、炼焦和核燃料加工业	Processing of Petroleum,Coking,Processing of Nuclear Fuel	168.30	229.98	253.35	250.77
化学原料和化学制品制造业	Manufacture of Raw Chemical Materials and Chemical Products	847.24	771.43	773.68	848.66
医药制造业	Manufacture of Medicines	8.89	17.48	17.34	21.10
化学纤维制造业	Manufacture of Chemical fiber	1.65	6.01	6.24	15.03
橡胶和塑料制品业	Manufacture of Rubber and Plastics Products	231.07	29.55	23.43	33.60
非金属矿物制品业	Manufacture of Non-metallic Mineral Products	737.11	701.30	713.99	905.81
黑色金属冶炼和压延加工业	Smelting and Pressing of Ferrous Metals	1097.40	1068.62	1089.57	834.59
有色金属冶炼和压延加工业	Smelting and Pressing of Non-ferrous Metals	459.71	1008.61	1025.73	851.26
金属制品业	Manufacture of Metal Products	4.17	88.33	117.41	105.32
通用设备制造业	Manufacture of General Purpose Machinery	17.72	12.93	13.58	26.38
专用设备制造业	Manufacture of Special Purpose Machinery	5.13	9.34	11.08	3.84
汽车制造业	Manufacture of Automobiles	8.87	9.94	15.63	19.14
铁路、船舶、航空航天和其他运输设备制造业	Manufacture of Railroad, Marine, Aerospace and Other Transportation Equipments	9.29	17.44	12.01	4.08
电气机械和器材制造业	Manufacture of Electrical Machinery and Apparatus	3.82	3.84	3.05	15.75
计算机、通信和其他电子设备制造业	Manufacture of Computers,Communication and Other Electronic Equipment	0.92	2.47	1.78	8.95
仪器仪表制造业	Manufacture of Measuring Instruments and Machinery	1.05	0.88	2.15	1.16
其他制造业	Others Manufacture	0.72	13.86	20.96	47.80
废弃资源综合利用业	Utilization of Waste Resources	4.73	10.99	18.37	16.33
金属制品、机械和设备修理业	Repair Service of Metal products, Machinery and Equipment		15.45	31.14	0.01
电力、热力、燃气及水生产和供应业	Electric Power, Heat, Gas and Water Production and Supply	663.85	667.00	602.87	533.48
电力、热力生产和供应业	Production and Supply of Electric Power and Heat Power	640.60	615.82	563.37	503.75
燃气生产和供应业	Production and Supply of Gas	16.76	30.98	18.18	9.58
水的生产和供应业	Production and Supply of Water	6.49	20.20	21.32	20.15
建筑业	**Construction**	**95.22**	**113.37**	**138.48**	**129.14**
交通运输、仓储及邮政	**Transport,Storage and Post**	**610.45**	**665.41**	**711.87**	**778.50**
批发、零售业和住宿、餐饮业	**Wholesale,Retail Trade and Hotel,Restaurants**	**783.17**	**831.99**	**816.29**	**1046.76**
其他行业	**Others**	**885.30**	**957.24**	**1102.53**	**1180.11**
生活消费	**Residential Consumption**	**1023.14**	**1141.89**	**1263.19**	**1286.68**

7-7 能源生产消费弹性系数

Elasticity Ratio of Energy Production and Consumption

指标	Item	2011	2012	2013	2014	2015
地区生产总值比上年增长(%)	Growth Rate of Gross Domestic Product (GDP) over Preceding Year	15.0	13.6	12.5	10.8	10.7
能源生产比上年增长(%)	Growth Rate of Energy Production over Preceding Year	-2.8	17.2	-3.5	5.1	-0.5
能源消费总量比上年增长(%)	Growth Rate of Energy Consumption over Preceding Year	10.9	8.9	8.1	4.4	2.5
电力生产比上年增长(%)	Growth Rate of Electricity Production over Preceding Year	-0.9	17.3	4.2	4.1	10.5
电力消费比上年增长(%)	Growth Rate of Electricity Consumption over Preceding Year	13.0	10.9	7.6	4.2	0.04
能源生产弹性系数	Elasticity Ratio of Energy Production		1.26		0.47	
能源消费弹性系数	Elasticity Ratio of Energy Consumption	0.73	0.65	0.65	0.41	0.23
电力生产弹性系数	Elasticity Ratio of Electricity Production		1.27	0.33	0.38	0.98
电力消费弹性系数	Elasticity Ratio of Electricity Consumption	0.87	0.80	0.61	0.39	…

注：地区生产总值增长速度按可比价格计算。

Note:The growth rates of GDP are calculated at comparable prices.

7-8 生活能源消费量

Energy Consumption for Households

能源品种	Item	2011	2012	2013	2014	2015
生活能源消费量(万吨标准煤)	**Energy Consumption for Households (10000 tons of SCE)**	**939.53**	**1023.14**	**1141.89**	**1263.19**	**1286.68**
煤炭(万吨)	Coal (10000 tons)	598.36	648.22	682.30	760.97	736.29
煤油(万吨)	Kerosene (10000 tons)	0.04	0.05	0.06	…	…
液化石油气(万吨)	Liquefied Petroleum Gas (10000 tons)	9.55	8.49	6.57	10.84	11.00
天然气(亿立方米)	Natural Gas(100 million cu.m)	0.13	0.99	1.90	2.24	3.70
煤气(亿立方米)	Coal Gas (100 million cu.m)	1.28	1.43	3.75	3.41	2.94
电力(亿千瓦小时)	Electricity (100 million kwh)	145.06	169.98	174.72	191.38	197.54

7–9 人均生活能源消费量
Annual Average per Capita Energy Consumption of Households

指 标	Item	2011	2012	2013	2014	2015
平均每人生活消费能源（千克标准煤/人）	**Average per Capita Energy Consumption of Households (kg of SCE/person)**	**327.83**	**369.73**	**326.89**	**360.38**	**364.55**
煤炭(千克)	Coal(kg)	205.63	252.33	195.32	217.10	208.61
电力(千瓦小时)	Electricity(kwh)	417.56	488.94	500.18	546.00	559.68
液化石油气(千克)	Liquefied Petroleum Gas(kg)	2.75	2.44	1.88	3.09	3.12
煤气(立方米)	Coal Gas(cu.m)	3.68	4.11	10.74	9.73	8.33

7–10 能源利用效率
Using Efficiency of Energy

指 标	Item	2011	2012	2013	2014	2015
每万元地区生产总值能源消费量（吨标准煤/万元）(可比价)	**Energy Consumption Per Unit of GDP (ton of SCE/10000 yuan) (at comparable prices)**	**1.4929**	**1.4322**	**1.3762**	**1.2967**	**1.2000**
每万元地区生产总值能耗上升或下降（%）	**Energy Consumption Rise or Fall Per Unit of GDP(%)**	**-3.51**	**-4.06**	**-3.91**	**-5.78**	**-7.46**
每万元地区生产总值电力消费量（千瓦小时/万元）	**Electricity Consumption Per Unit of GDP(kwh/10000 yuan)**	**1785**	**1742**	**1667**	**1568**	**1416**
每万元地区生产总值煤炭消费量（吨/万元）	**Coal Consumption Per Unit of GDP(ton/10000 yuan)**	**2.28**	**2.22**	**2.02**	**1.75**	**1.55**
能源消费总量(万吨标准煤)	Total Energy Consumption(10000 tons of SCE)	7898.104	8604.193	9298.54	9708.78	9948.49
每吨能源生产的地区生产总值(万元/吨标准煤)	GDP Produced by Per Unit of Energy(10000 yuan/ton of SCE)	0.67	0.70	0.73	0.77	0.83
规模以上工业能源消费量(万吨标准煤)	Energy Consumption of Industry aboveDesignated Size(10000 tons of SCE)	4803.14	5142.00	5759.90	5549.08	5336.37
规模以上工业万元增加值能耗上升或下降(%)	Million yuan added value Energy Consumption Rise or Fall of Industry above Designated Size(%)	-8.02	-8.52	-4.75	-13.39	-10.84

注：地区生产总值按2010年可比价格计算。

Note: GDP has been calculated at 2010 comparable prices.

主要统计指标解释

能源生产总量 指一定时期内全省一次能源生产量的总和。一次能源生产量包括原煤、原油、天然气、水电、核能及其他动力能(如风能、地热能等)发电量，不包括低热值燃料生产量、生物质能、太阳能等的利用和由一次能源加工转换而成的二次能源产量。

能源消费总量 指一定时期内全省各行业和居民生活消费的各种能源的核算能源消费总量指标。能源消费总量分为终端能源消费量、能源加工转换损失量和损失量三部分。

终端能源消费量：指一定时期内全省各行业和居民生活消费的各种能源在扣除了用于加工转换二次能源消费量和损失量以后的数量。

能源加工转换损失量：指一定时期内全省投入加工转换的各种能源数量之和与产出各种能源产品之和的差额，是观察能源在加工转换过程中损失量变化的指标。

能源损失量：指一定时期内能源在输送、分配、储存过程中发生的损失和由客观原因造成的各种损失量，不包括各种气体能源放空、放散量。

能源生产弹性系数 是能源生产量的增长与国民经济增长速度之间的比值。计算公式为：

$$\text{能源生产弹性系数}=\frac{\text{能源生产总量年平均增长速度}}{\text{地区生产总值年平均增长速度}}$$

电力生产弹性系数 是电力生产量的增长与国民经济增长速度之间的比值。计算公式为：

$$\text{电力生产弹性系数}=\frac{\text{电力生产量年平均增长速度}}{\text{地区生产总值年平均增长速度}}$$

能源消费弹性系数 是能源消费增长速度与国民经济增长速度之间的比值。计算公式为：

$$\text{能源消费弹性系数}=\frac{\text{能源消费量年平均增长速度}}{\text{地区生产总值年平均增长速度}}$$

电力消费弹性系数 是电力消费增长速度与国民经济增长速度之间的比值。计算公式为：

$$\text{电力消费弹性系数}=\frac{\text{电力消费量年平均增长速度}}{\text{地区生产总值年平均增长速度}}$$

每万元地区生产总值能源消耗量 指一定时期内，每生产一个计量单位的地区生产总值所消耗的能源。计算公式为：

$$\text{每万元地区生产总值能源消耗量}=\frac{\text{能源消费总量}}{\text{地区生产总值}}$$

每万元地区生产总值电力消耗量 指一定时期内，每生产一个计量单位的地区生产总值所消耗的电力。计算公式为：

$$\text{每万元地区生产总值电力消耗量}=\frac{\text{全社会用电量}}{\text{地区生产总值}}$$

Explanatory Notes on Main Statistical Indicators

Total Energy Production refers to the total production of primary energy by all energy producing enterprises in the country in a given period of time. The production of primary energy includes that of coal, crude oil, natural gas, hydro-power and electricity generated by nuclear energy and other means such as wind power and geothermal power. However, it excludes the production of fuels of low calorific value, bio-energy, solar energy and the secondary energy converted from the primary energy.

Total Energy Consumption refers to the total consumption of energy of various kinds by the production sectors and the households in our province in a given period of time. Total energy consumption can be divided into three parts: end-use energy consumption; loss during the process of energy conversion; and energy loss.

End-use Energy Consumption: It refers to the total energy consumption by material production sectors, non material production sectors and households in the country(region) in a given period of time, but excludes the consumption during the conversion of primary energy into the secondary energy and the loss in the process of energy conversion.

Loss During the Process of Energy Conversion: It refers to the total input of various kinds of energy for conversion, minus the total output of various kinds of energy in the country in a given period of time. It is an indicator to show the loss that occurs during the process of energy conversion.

Energy Loss: It refers to the total of the loss of energy during the course of energy transport, distribution and storage and the loss caused by any objective reason in a given period of time. The loss of various kinds of gas due to gas discharges and stocktaking is excluded.

Elasticity Ratio of Energy Production is an indicator to show the relationship between the growth rate of energy production and the growth rate of the national economy. The formula is:

$$\text{Elasticity Ratio of Energy Production} = \frac{\text{Average Annual Growth Rate of Energy Production}}{\text{Average Annual Growth Rate of National Economy}}$$

Elasticity Ratio of Electricity Production is an indicator to show the relationship between the growth rate of electricity production and the growth rate of the national economy. Its formula is:

$$\text{Elasticity Ratio of Electricity Production} = \frac{\text{Average Annual Growth Rate of Electricity Production}}{\text{Average Annual Growth Rate of National Economy}}$$

Elasticity Ratio of Energy Consumption is an indicator to show the relationship between the growth rate of energy consumption and the growth rate of the national economy. The formula is:

$$\text{Elasticity Ratio of Energy Consumption} = \frac{\text{Average Annual Growth Rate of Energy Consumption}}{\text{Average Annual Growth Rate of National Economy}}$$

Elasticity Ratio of Electricity Consumption is an indicator to show the relationship between the growth rate of electricity consumption and the growth rate of the national economy. The formula is:

$$\text{Elasticity Ratio of Electricity Consumption} = \frac{\text{Average Annual Growth Rate of Electricity Consumption}}{\text{Average Annual Growth Rate of National Economy}}$$

Energy Consumption per Unit of GDP(ton of SCE/10000 yuan) refers to the energy consumption per unit of Gross Domestic Product in a country or the Gross Regional Product in a region in the same reference period. The formula is:

$$\text{Energy Consumption per Unit of GDP} = \frac{\text{Total Energy Consumption}}{\text{Gross Domestic Product}}$$

Electricity Consumption per Unit of GDP(KWh/10000 yuan) refers to the electricity consumption per unit of Gross Domestic Product in a country or the Gross Regional Product in a region in the same reference period. The formula is:

$$\text{Electricity Consumption per Unit of GDP} = \frac{\text{Total Electricity Consumption}}{\text{Gross Domestic Product}}$$

财政税收

8 Government Finance and Taxation

简 要 说 明

一、主要内容

本篇反映全省财政收支状况、税收情况。

一般公共预算收支是指政府凭借国家政治权力，以社会管理者身份筹集以税收为主体的财政收入，用于保障和改善民生、维持国家机构正常运转、保障国家安全等方面的各项收支。有关一般公共预算收支方面的资料，根据一般公共预算收支决算总表、决算收支明细表的数据加工整理编制。

二、统计口径

2007 年起财政收支科目实施了较大改革，特别是财政支出项目口径变化很大，与以前年度数据不可比。从 2011 年开始，预算外资金全部纳入预算内管理，相关数据不再单独列示。

三、资料来源

财政资料来源于省财政厅，税收资料来源于省地税局、省国税局。

Brief Introduction

I. Main Contents

The data in this chapter shows the government revenue and expenditure situation, the tax collection.

The General Public Budget Revenue and Expenditure refers to the revenues and expenditures mainly in a form of taxes collected by the government as the administration of the society using its State political power for the purposes of assuring and improving the people's life, maintaining the regular operation of the government, and defending the national security.

Data on general public budget revenue and expenditure are compiled on the basis of information from the total final accounts table of revenue and expenditure, the subsidiary table of the final accounts of revenue, and the subsidiary table of the final accounts of expenditure.

II. Scope of Data

Compared with the previous years, the classifications of revenue and expenditure accounts have been adjusted largely in 2007. Therefore, the data on the state revenue and expenditure and the data on general public budget revenue and expenditure after 2007 are not comparable with the data of earlier years. Starting from 2011, the extra-budgetary funds are included in the budgetary management and thus are not listed separately.

Ⅲ. Sources of Data

Sources of data on finance are from Guizhou Provincial Finance Bureau.

Sources of data on tax are from National Tax Bureau and Local Taxation Bureau of Guizhou Province.

8-1 财政收入
Financial Revenue

单位：亿元 (100 million yuan)

指 标	Item	2011	2012	2013	2014	2015	2015年比2014年增长(%) Increase Rate in 2015 over 2014(%)
财政总收入	**Total Government Revenue**	**1329.99**	**1644.48**	**1918.23**	**2130.90**	**2291.82**	**7.6**
#一般公共预算收入	General Public Budget Revenue	773.08	1014.05	1206.41	1366.67	1503.38	10.0
#增值税(含改征增值税)	Value Added Tax	76.41	85.74	96.06	117.03	120.47	2.9
营业税	Business Tax	181.73	241.53	300.78	344.49	353.08	2.5
企业所得税	Corporate Income Tax	70.69	86.53	103.15	123.84	127.35	2.8
个人所得税	Individual Income Tax	33.24	32.29	34.65	32.52	33.27	2.3
资源税	Resource Tax	11.95	12.72	15.33	17.05	24.67	44.7
城市维护建设税	City Maintenance and Construction Tax	37.82	45.79	53.71	57.64	59.80	3.7
房产税	House Property Tax	9.73	11.60	17.13	23.43	29.48	25.8
契 税	Deed Tax	23.91	33.00	41.42	66.93	73.40	9.7
土地增值税	Land Appreciation Tax	13.76	19.07	29.41	64.64	86.57	33.9
国有资本经营收入	Operation Income of State-owned Assets	6.38	7.21	10.97	12.91	15.80	22.4
罚没收入	Penalty Receipts	23.50	25.14	31.15	33.29	32.60	-2.1
行政事业性收费	Charge of Administrative and Institutional Units	45.98	65.71	76.71	70.73	75.72	7.1
专项收入	Special Program Receipts	85.91	84.85	73.84	65.08	96.34	48.0

注：资料来源于省财政厅(以下相关表同)。
Note:Data in the table are provided by the Provincial Department of Finance(The relative tables in this chapter are the same).

8-2 财政支出
Financial Expenditure

单位：亿元 (100 million yuan)

指 标	Item	2011	2012	2013	2014	2015	2015年比2014年增长(%) Increase Rate in 2015 over 2014(%)
一般公共预算支出	**General Public Budget Expenditure**	**2249.40**	**2755.68**	**3082.66**	**3542.80**	**3939.50**	**11.2**
#一般公共服务	General Public Services	307.21	430.16	488.78	422.49	428.61	1.4
国 防	National Defense	4.15	4.58	4.74	5.25	5.09	-3.1
公共安全	Public Security	117.31	146.21	168.22	187.97	215.95	14.9
教 育	Education	376.86	500.51	560.67	637.03	772.91	21.3
科学技术	Science and Technology	21.68	28.98	34.27	44.34	58.68	32.3
文化体育与传媒	Culture, Sport and Media	35.31	49.85	48.68	54.69	61.20	11.9
社会保障和就业	Social Safety Net and Employment Effort	194.78	235.40	264.52	299.72	340.33	13.5
医疗卫生与计划生育	Medical and Health Care,and Family Planning	173.26	201.05	228.71	303.25	360.80	19.0
节能环保	Energy Saving and Environment Protection	55.45	65.73	66.44	85.34	96.49	13.1
城乡社区	Urban and Rural Community Affairs	65.52	100.65	109.46	101.29	127.71	26.1
农林水	Agriculture, Forestry and Water Conservancy	278.47	361.87	400.31	447.19	534.26	19.5
交通运输	Transportation	305.16	288.56	299.79	432.01	392.25	-9.2

注：节能环保2011年为环境保护数据。
Note:Data of energy saving refer to the data of environmental protection in 2011.

8-3 分级一般公共预算收入(2015)
General Public Budget Revenue by Level

单位：亿元 (100 million yuan)

指　标	Item	总计 Provincial Total	省级 Province	地级 Prefecture	县级 County	乡镇级 Villages and Towns
一般公共预算收入	**General Public Budget Revenue**	1503.38	274.62	308.21	773.45	147.09
税收收入	**Tax Revenue**	1126.03	194.90	234.93	559.04	137.15
#增值税	Value Added Tax	120.47	25.36	34.88	48.89	11.34
营业税	Business Tax	353.08	90.56	81.04	143.41	38.07
企业所得税	Corporate Income Tax	127.35	59.15	24.26	35.74	8.20
个人所得税	Individual Income Tax	33.27	6.66	8.47	14.50	3.65
资源税	Resource Tax	24.67	7.40	3.92	8.98	4.37
城市维护建设税	City Maintenance and Construction Tax	59.80	0.19	24.28	30.28	5.04
房产税	House Property Tax	29.48		0.16	23.50	5.82
契　税	Deed Tax	73.40		15.85	51.10	6.45
土地增值税	Land Appreciation Tax	86.57		3.51	70.56	12.51
非税收入	**Non-tax Revenue**	377.35	79.72	73.28	214.41	9.94
#专项收入	Special Program Receipts	96.34	27.85	31.16	34.97	2.36
行政事业性收费	Charge of Administrative and Institutional Units	75.72	18.56	14.61	39.16	3.38
罚没收入	Penalty Receipts	32.60	6.06	7.63	18.11	0.80
国有资本经营收入	Operation Income of State-owned Assets	15.80		1.94	13.70	0.17

8-4 分级一般公共预算支出(2015)
General Public Budget Expenditure by Level

单位：亿元 (100 million yuan)

指　标	Item	总计 Total	省级 Province	地级 Prefecture	县级 County	乡镇级 Villages and Towns
一般公共预算支出	**General Public Budget Expenditure**	**3939.50**	**861.91**	**413.68**	**2406.62**	**257.29**
#一般公共服务	General Public Services	428.61	41.36	52.92	241.13	93.20
国　防	National Defense	5.09	0.76	2.51	1.79	0.02
公共安全	Public Security	215.95	52.45	39.95	122.07	1.48
教　育	Education	772.91	78.90	62.56	617.22	14.23
科学技术	Science and Technology	58.68	16.63	7.27	33.11	1.67
文化体育与传媒	Culture, Sport and Media	61.20	17.24	12.43	27.92	3.61
社会保障和就业	Social Safety Net and Employment Effort	340.33	67.59	62.60	194.15	15.99
医疗卫生	Medical and Health Care	360.80	20.26	35.73	283.96	20.85
节能环保	Energy Saving ang Environment Protection	96.49	3.50	10.63	79.46	2.91
城乡社区事务	Urban and Rural Community Affairs	127.71	0.82	16.89	97.88	12.11
农林水事务	Agriculture, Forestry and Water Conservancy	534.26	109.58	28.31	326.92	69.46
交通运输	Transportation	392.25	343.06	15.98	32.64	0.57

8-5 历年财政收支
Financial Revenue and Expenditure Over the Years

单位：亿元 (100 million yuan)

年份 Year	财政总收入 Total Financial Revenue		一般公共预算收入 General Public Badget Revenue		一般公共预算支出 General Public Badget Expenditure	
	绝对数 Absolute Numbers	比上年增长(%) Growth Rates(%)	绝对数 Absolute Numbers	比上年增长(%) Growth Rates(%)	绝对数 Absolute Numbers	比上年增长(%) Growth Rates(%)
1978	14.20	48.2	6.26	157.6	12.30	39.9
1979	14.26	0.4	6.54	4.5	13.30	8.1
1980	13.23	-7.2	6.69	2.3	12.66	-4.8
1981	13.74	3.9	6.32	-5.5	13.28	4.9
1982	16.00	16.4	7.70	21.8	15.11	13.8
1983	18.26	14.1	9.56	24.2	16.38	8.4
1984	21.81	19.4	11.81	23.5	22.28	36.0
1985	26.71	22.5	15.17	28.5	24.55	10.2
1986	31.38	17.5	17.01	12.1	30.43	24.0
1987	36.80	17.3	21.37	25.6	31.43	3.3
1988	39.55	7.5	25.96	21.5	36.14	15.0
1989	45.37	14.7	32.14	23.8	45.89	27.0
1990	49.36	8.8	35.37	10.0	47.87	4.3
1991	55.71	12.9	42.80	21.0	53.42	11.6
1992	60.98	9.5	47.28	10.5	60.63	13.5
1993	68.43	12.2	56.50	19.5	67.39	11.1
1994	77.30	13.0	31.24	-44.7	74.23	10.1
1995	87.40	13.1	38.80	24.2	85.33	15.0
1996	103.92	18.9	49.46	27.5	99.58	16.7
1997	116.19	11.8	57.90	17.1	113.79	14.3
1998	136.31	17.3	65.34	12.8	133.09	17.0
1999	133.75	-1.9	74.26	13.7	170.72	28.3
2000	153.04	14.4	85.23	14.8	201.57	18.1
2001	177.04	15.7	99.75	17.0	275.20	36.5
2002	203.03	14.7	108.28	8.6	316.67	15.1
2003	236.64	16.6	124.56	15.0	332.35	5.0
2004	296.48	25.3	149.29	19.9	418.42	25.9
2005	366.16	23.5	182.50	22.2	520.73	24.5
2006	448.88	22.6	226.82	24.3	610.64	17.3
2007	556.98	24.1	285.14	25.7	795.40	30.3
2008	674.58	21.1	349.55	22.6	1055.39	32.7
2009	779.59	15.6	416.48	19.1	1372.27	30.0
2010	969.57	24.4	533.73	28.2	1631.48	18.9
2011	1329.99	37.2	773.08	44.8	2249.40	37.9
2012	1644.48	23.6	1014.05	31.2	2755.68	22.5
2013	1918.23	16.7	1206.41	19.0	3082.66	11.9
2014	2130.90	11.1	1366.67	13.3	3542.80	14.9
2015	2291.82	7.6	1503.38	10.0	3939.50	11.2

8-6 税收收入(按产业分)

Tax Revenue (by Industry)

单位：亿元 (100million yuan)

指　标	Item	2011	2012	2013	2014	2015
税收收入合计	**Total Tax Revenue**	**1072.87**	**1308.63**	**1546.50**	**1787.08**	**1911.58**
第一产业	Primary Industry	1.20	1.63	2.42	3.07	5.85
第二产业	Secondary Industry	574.26	684.06	776.41	835.11	898.62
采矿业	Mining	142.59	152.21	130.72	115.92	85.59
制造业	Manufacturing	293.84	330.55	380.35	406.62	431.21
电力、燃气及水的生产和供应业	Production and supply of Electricity, gas and Water	59.42	70.72	74.70	71.86	86.13
建筑业	Construction	78.41	130.58	190.63	240.73	295.69
第三产业	Tertiary Industry	497.40	622.92	767.67	948.89	1007.10
交通运输、仓储及邮政业	Transport,Storage and Post	19.04	19.13	20.31	19.35	18.66
信息传输、计算机服务和软件业	Information Transmission,Computer Services and Software	14.19	17.64	18.66	13.65	15.41
批发和零售业	Wholesale and Retail Trades	170.04	205.71	250.46	282.74	281.48
住宿和餐饮业	Hotel and Catering Services	9.05	10.45	10.23	9.79	8.55
金融业	Financial Intermediation	55.61	77.11	90.97	129.09	147.65
房地产业	Real Estate	138.36	137.09	174.32	217.77	207.66
租赁和商务服务业	Leasing and Business Services	24.01	37.52	49.40	83.62	140.23
科学研究和技术服务业	Scientific Reasearch and Technical Services		9.68	10.90	16.87	16.41
居民服务和其他服务业	Services to Households and Other Services	20.08	38.24	52.64	57.85	42.38
教　育	Education	1.45	1.54	2.34	2.78	2.79
卫生和社会工作	Health and Social Work	1.71	1.53	2.64	3.28	4.04
文化、体育和娱乐业	Culture,Sports and Entertainment	2.80	2.90	3.52	3.38	3.33
公共管理、社会保障和社会组织	Public Management,Social Security and Social Organization	9.41	31.13	40.49	58.79	67.46
其他行业	Others	31.65	33.26	40.79	49.95	51.04

注：1.资料来源于省地税局、省国税局，地税包含耕地占用税、契税。2.2011年按国民经济行业分类(GB/T4754—2002)分，2012年起按国民经济行业分类(GB/T4754—2011)分；3.2015年地税统计口径调整，2015年数据与2014年不可比。(以下相关表同)

Note:1.Data in this table is provided by Guizhou Provincial National Taxation Beaura and Local Taxation Beaura of Guizhou Province. Land tax includes 2.In 2011, data in this table is classified by sector of the National Economy(GB/T4754-2002). And form 2012, data in this table is classified by sector of the National Economy (GB/T4754-2011). 3.In 2015, adjustment of local taxation statistics caliber. Data of 2015 and 2014 is not comparable(The relative tables in this chapter are the same)

8-7 税收收入(按企业类型分)

Taxation Revenue (by Business Entities)

单位：亿元 (100 million yuan)

指　标	Item	2011	2012	2013	2014	2015
总　计	**Total**	**1072.87**	**1308.63**	**1546.50**	**1787.08**	**1911.58**
内资企业	Domestic Enterprises	966.07	1188.71	1405.02	1637.36	1762.62
国有企业	State-owned Enterprises	126.59	154.24	182.57	196.92	236.62
集体企业	Collective-owned Enterprises	15.17	19.31	18.40	20.87	18.19
股份合作企业	Cooperative Enterprises	11.52	14.61	12.26	16.54	15.05
联营企业	Joint Ownership Enterprises	0.87	0.88	0.78	0.91	0.82
#国有控股	State-owned and State-controlled Enterprises	0.48	0.32	0.08	0.05	0.54
股份公司	Share-holding Corporations Limited	636.01	824.87	1006.37	1193.25	1316.57
#国有控股	State-owned and State-controlled Enterprises	274.39	316.77	411.32	444.02	666.36
私营企业	Private Enterprises	100.32	111.52	106.01	95.60	71.90
其它企业	Other Enterprises	75.57	63.28	78.63	113.28	103.47
港澳台投资企业	Enterprises Invested from Hong Kong, Macao and Taiwan	5.30	7.47	11.22	14.35	12.68
#国有控股	State-owned and State-controlled Enterprises	0.46	0.26	0.28	0.19	2.03
外商投资企业	Foreign Invested Enterprises	24.70	19.42	20.75	21.87	25.27
#国有控股	State-owned and State-controlled Enterprises	2.71	1.49	1.20	1.80	8.53
个体经营	Self-employed Individuals	76.79	93.03	109.51	113.50	111.01
附:乡镇企业	Township Enterprises	48.93	82.53	93.83	110.67	

8-8 国税税收收入(按产业分)
Revenue from National Taxation (by Industry)

单位：亿元 (100 million yuan)

指 标	Item	2011	2012	2013	2014	2015
税收收入合计	**Total Tax Revenue**	**568.60**	**647.79**	**729.65**	**805.65**	**840.69**
第一产业	Primary Industry	1.03	1.35	2.01	2.45	1.35
第二产业	Secondary Industry	382.23	422.69	458.69	479.05	484.52
采矿业	Mining	82.10	85.08	70.83	66.08	46.63
制造业	Manufacturing	250.64	279.55	324.39	351.67	361.50
电力、燃气及水的生产和供应业	Production and supply of Electricity, Gas and Water	47.18	54.28	59.70	55.92	70.88
建筑业	Construction	2.31	3.78	3.76	5.39	5.51
第三产业	Tertiary Industry	185.33	223.74	268.95	324.14	354.82
交通运输、仓储及邮政业	Transport,Storage and Post	3.05	2.33	6.84	12.59	11.73
信息传输、计算机服务和软件业	Information Transmission,Computer Services and Software	7.09	9.33	8.96	6.02	10.98
批发和零售业	Wholesale and Retail Trades	111.23	132.19	164.35	188.52	205.37
住宿和餐饮业	Hotel and Catering Services	0.17	0.23	0.18	0.15	0.12
金融业	Financial Intermediation	19.84	27.57	27.37	41.49	51.84
房地产业	Real Estate	13.99	15.30	12.23	11.56	9.92
租赁和商务服务业	Leasing and Business Services	2.25	1.29	2.96	6.20	8.85
科学研究和技术服务业	Scientific Research and Technical Services		2.62	3.00	6.26	7.16
居民服务和其他服务业	Services to Households and Other Services	0.89	1.54	1.83	2.17	2.00
教 育	Education	0.13	0.14	0.19	0.13	0.19
卫生、社会保险和社会福利业	Health,Social Security and Social Welfare	0.15	0.15	0.14	0.25	0.18
文化、体育和娱乐业	Culture,Sports and Entertainment	0.24	0.25	0.49	0.99	0.65
公共管理和社会组织	Public Management and Social Organization	3.91	4.44	4.51	3.42	9.69
其他行业	Others	22.38	26.36	35.90	44.40	36.11

8-9 地方系统税收收入(按产业分)

Revenue from Local Taxation (by Industry)

单位：亿元 (100 million yuan)

指 标	Item	2011	2012	2013	2014	2015
税收收入合计	**Total Tax Revenue**	**504.27**	**660.84**	**816.85**	**981.43**	**1070.89**
第一产业	Primary Industry	0.17	0.28	0.41	0.62	4.51
第二产业	Secondary Industry	192.03	261.37	317.72	356.06	414.10
采矿业	Mining	60.49	67.13	59.89	49.84	38.96
制造业	Manufacturing	43.20	51.00	55.96	54.95	69.71
电力、燃气及水的生产和供应业	Production and Supply of Electricity, Gas and Water	12.24	16.44	15.00	15.94	15.25
建筑业	Construction	76.10	126.80	186.87	235.34	290.18
第三产业	Tertiary Industry	312.07	399.18	498.72	624.75	652.28
交通运输、仓储及邮政业	Transport,Storage and Post	15.99	16.80	13.47	6.76	6.93
信息传输、计算机服务和软件业	Information Transmission, Computer Services and Software Industry	7.10	8.31	9.70	7.63	4.43
批发和零售业	Wholesale and Retail Trades	58.81	73.53	86.11	94.22	76.10
住宿和餐饮业	Hotel and Catering Services	8.88	10.22	10.05	9.64	8.43
金融业	Financial Intermediation	35.77	49.54	63.60	87.60	95.81
房地产业	Real Estate	124.37	121.79	162.09	206.21	197.74
租赁和商务服务业	Leasing and Business Services	21.76	36.23	46.44	77.42	131.38
科学研究和技术服务业	Scientific Research and Technical Services		7.06	7.90	10.61	9.25
居民服务和其他服务业	Services to Households and Other Services	19.19	36.70	50.81	55.68	40.38
教 育	Education	1.32	1.40	2.15	2.65	2.60
卫生和社会工作	Health and Social Work	1.56	1.38	2.50	3.03	3.86
文化、体育和娱乐业	Culture,Sports and Entertainment	2.56	2.65	3.03	2.39	2.68
公共管理、社会保障和社会组织	Public Management Social Security and Social Organization	5.50	26.69	35.98	55.37	57.77
其他行业	Others	9.27	6.90	4.89	5.55	14.92

8-10 国税税收收入(按企业类型分)

Revenue from National Taxation (by Business Entities)

单位：亿元 (100 million yuan)

指 标	Item	2011	2012	2013	2014	2015
总 计	**Total**	**568.60**	**647.79**	**729.65**	**805.65**	**840.69**
内资企业	Domestic Enterprises	514.21	592.32	658.69	716.83	752.37
国有企业	State-owned Enterprises	62.20	72.89	86.14	95.99	119.94
集体企业	Collective-owned Enterprises	7.65	9.20	6.54	9.45	6.63
股份合作企业	Cooperative Enterprises	7.95	9.70	7.15	10.08	8.93
联营企业	Joint Ownership Enterprises	0.62	0.66	0.44	0.35	0.07
#国有控股	State-owned Holding Company	0.47	0.31	0.07	0.05	0.05
股份公司	Joint-stock Company	376.54	436.34	500.17	550.56	580.90
#国有控股	State-owned Holding Company	220.87	265.56	360.34	387.71	393.82
私营企业	Private Enterprises	55.19	59.54	52.99	46.46	32.68
其它企业	Other Enterprises	4.06	3.99	5.26	3.94	3.22
港澳台投资企业	Enterprises Invested from Hong Kong, Macao and Taiwan	3.30	3.88	6.75	8.92	8.23
#国有控股	State-owned Holding Company	0.08	0.15	0.07	0.17	0.51
外商投资企业	Foreign Invested Enterprises	17.83	12.50	13.27	15.47	18.31
#国有控股	State-owned Holding Company	0.36	0.26	0.47	1.56	6.03
个体经营	Self-employed Individuals	33.25	39.09	50.94	64.43	61.78
附：乡镇企业	Township Enterprises	32.41	29.10	34.10	35.92	

8-11 地方系统税收收入(按企业类型分)

Revenue from Local Taxation (by Business Entities)

单位：亿元 (100 million yuan)

指 标	Item	2011	2012	2013	2014	2015
总 计	**Total**	**504.27**	**660.84**	**816.85**	**981.43**	**1070.89**
内资企业	Domestic Enterprises	451.86	596.39	746.33	920.53	1010.25
国有企业	State-owned Enterprises	64.39	81.35	96.43	100.93	116.68
集体企业	Collective-owned Enterprises	7.52	10.11	11.86	11.42	11.56
股份合作企业	Cooperative Enterprises	3.57	4.91	5.11	6.46	6.12
联营企业	Joint Ownership Enterprises	0.25	0.22	0.34	0.56	0.75
#国有控股	State-owned Holding Company	0.01	0.01	0.01	0.00	0.49
股份公司	Joint-stock Company	259.47	388.53	506.20	642.69	735.67
#国有控股	State-owned Holding Company	53.52	51.21	50.98	56.31	272.54
私营企业	Private Enterprises	45.13	51.98	53.02	49.14	39.22
其它企业	Other Enterprises	71.51	59.29	73.37	109.34	100.25
港澳台投资企业	Enterprises Invested from Hong Kong, Macao and Taiwan	2.00	3.59	4.47	5.43	4.45
#国有控股	State-owned Holding Company	0.38	0.11	0.21	0.02	1.52
外商投资企业	Foreign Invested Enterprises	6.87	6.92	7.48	6.40	6.96
#国有控股	State-owned Holding Company	2.35	1.23	0.73	0.24	2.50
个体经营	Self-employed Individuals	43.54	53.94	58.57	49.07	49.23
附：乡镇企业	Township Enterprises	16.52	53.43	59.73	74.75	

8-12 国家税收收入(分行业、分税种)（2015）

单位：亿元

指 标	Item	合 计 Total
合 计	**Total**	**840.69**
第一产业	Primary Industry	1.35
第二产业	Secondary Industry	484.52
采矿业	Mining	46.63
制造业	Manufacturing	361.50
电力、燃气及水的生产和供应业	Production and Supply of Electricity,Gas and Water	70.88
建筑业	Construction	5.51
第三产业	Tertiary Industry	354.82
交通运输、仓储及邮政业	Transport,Storage and Post	11.73
信息传输、软件和信息技术服务业	Information Transmission,Computer Services and Software	10.98
批发和零售业	Wholesale and Retail Trades	205.37
住宿和餐饮业	Hotels and Catering Services	0.12
金融业	Financial Intermediation	51.84
房地产业	Real Estate	9.92
租赁和商务服务业	Leasing and Business Services	8.85
科学研究和技术服务业	Scientific Research and Technical Services	7.16
居民服务、修理和其他服务业	Services to Households and Other Services	2.00
教 育	Education	0.19
卫生和社会工作	Health and Social Work	0.18
文化、体育和娱乐业	Culture,Sports and Entertainment	0.65
公共管理、社会保障和社会组织	Public Management ,Social Security and Social Organization	9.69
其他行业	Others	36.11

Taxation Revenue of the Central Government
(By Industrial Sector and Taxation Category)

(100 million yuan)

国内增值税 Domestic Value-added Tax	#一般纳税人增值税 Value-added Tax from General Taxpayer	国内消费税 Domestic Consumption Tax	企业所得税 Corporate Income Tax	车辆购置税 Vehicle Purchasing Tax
387.87	**360.52**	**235.22**	**166.73**	**50.87**
0.11	0.08		0.05	1.18
234.98	227.53	203.27	45.74	0.54
44.62	43.93		1.95	0.06
130.95	129.41	203.27	26.94	0.34
58.86	53.75		11.96	0.06
0.55	0.45		4.88	0.09
152.78	132.91	31.95	120.94	49.14
9.54	5.29		1.05	1.14
7.77	7.41		2.96	0.25
119.27	111.46	31.95	51.40	2.75
0.01	0.01		0.10	0.01
0.37	0.36		51.40	0.07
0.05	0.03		9.79	0.07
6.83	3.03		1.86	0.16
5.62	3.92		1.49	0.04
1.26	0.70		0.56	0.18
0.02	0.00		0.09	0.08
0.01	0.01		0.12	0.05
0.66	0.60		-0.02	0.01
1.17	0.01		0.02	8.50
0.20	0.08		0.11	35.80

8-13 地方系统税收收入(分行业、分税种)(2015)

单位：亿元

指 标	Item	合 计 Total	营业税 Business Tax	企业所得税 Corporate Income Tax
合 计	**Total**	**1070.89**	**352.98**	**142.97**
第一产业	Primary Industry	4.51	1.95	0.76
第二产业	Secondary Industry	414.10	171.73	65.50
采矿业	Mining	38.96	0.34	7.21
制造业	Manufacturing	69.71	1.93	10.37
电力、燃气及水的生产和供应业	Production and Supply of Electricity, Gas and Water	15.25	1.23	1.46
建筑业	Construction	290.18	168.24	46.45
第三产业	Tertiary Industry	652.28	179.30	76.71
交通运输、仓储及邮政业	Transport,Storage and Post	6.93	1.71	0.91
信息传输、软件和信息技术服务业	Information Transmission,Software and Information Technology	4.43	0.47	0.29
批发和零售业	Wholesale and Retail Trades	76.10	3.55	33.77
住宿和餐饮业	Hotel and Catering Services	8.43	5.35	0.27
金融业	Financial Intermediation	95.81	56.44	1.77
房地产业	Real Estate	197.74	70.36	19.17
租赁和商务服务业	Leasing and Business Services	131.38	22.10	14.52
科学研究和技术服务业	Scientific and Technical services	9.25	1.57	1.89
居民服务、修理和其他服务业	Resident Services, Repairs and Other Services	40.38	8.85	1.47
教 育	Education	2.60	0.88	0.22
卫生和社会工作	Health and Social Work	3.86	0.09	0.12
文化、体育和娱乐业	Culture,Sports and Entertainment	2.68	0.73	0.29
公共管理、社会保障和社会组织	Public Management，Social Security and Social Organization	57.77	3.51	0.39
其他行业	Others	14.92	3.68	1.63

Taxation Revenue of the Local Government (By Industrial Sector and Taxation Category)

(100 million yuan)

个人所得税 Individual Income Tax	城市维护建设税 City Maintenance and Construction Tax	房产税 House Property Tax	印花税 Stamp Tax	城镇土地使用税 Urban Land Use Tax	土地增值税 Land Appreciation Tax	其他各税 Other Taxes
83.18	**59.61**	**29.47**	**13.08**	**27.91**	**86.57**	**275.12**
0.52	0.13	0.11	0.04	0.06	0.32	0.60
33.46	36.19	8.73	4.53	12.74	9.80	71.42
8.96	1.98	0.41	0.37	1.03	0.01	18.65
12.04	21.53	4.09	1.34	8.35	0.89	9.17
2.92	3.60	1.07	0.56	1.15	0.04	3.22
9.54	9.08	3.16	2.27	2.21	8.86	40.38
49.20	23.29	20.63	8.50	15.11	76.45	203.10
1.64	0.50	0.66	0.22	0.35	0.01	0.91
0.98	0.48	0.47	0.09	0.17	0.77	0.71
4.69	9.58	2.17	1.71	1.58	0.54	18.51
1.43	0.33	0.62	0.02	0.16	0.05	0.19
15.65	3.59	1.77	0.71	0.57	3.18	12.13
4.43	5.58	7.63	2.92	6.53	34.67	46.45
5.03	1.53	4.93	2.01	3.53	26.71	51.02
2.26	0.39	0.28	0.15	0.09	0.05	2.57
4.43	0.67	0.85	0.20	1.27	3.63	19.01
1.16	0.06	0.13	0.01	0.09	0.00	0.05
3.50	0.01	0.04	0.02	0.02	0.02	0.03
1.26	0.07	0.14	0.02	0.06	0.00	0.11
2.70	0.25	0.90	0.22	0.05	6.29	43.45
0.04	0.24	0.04	0.19	0.62	0.52	7.96

主要统计指标解释

一般公共预算收入 指政府为履行职能，按国家法律法规规定收取的纳入预算内管理的各项税收及非税收入总和。1994年我国实行分税制改革后，一般公共预算收入划分为中央固定收入、地方固定收入、中央与地方共享收入三部分。其中，地方一般公共预算收入(习惯上称地方财政收入)由地方固定收入和中央与地方共享收入地方分成部分组成，具体又可分为税收收入和非税收入两类。

一般公共预算支出 指地方政府为履行职能需要，通过预算内资金安排的用于维持政权运转及支持各项社会事业发展等方面的支出。主要包括：

(1)一般公共服务：指政府提供基本公共管理与服务的支出，包括人大事务、政协事务、政府办公厅(室)及相关机构事务、发展与改革事务、统计信息事务、财政事务、税收事务、审计事务、海关事务、人力资源事务、纪检监察事务、人口与计划生育事务、商贸事务、知识产权事务、工商行政管理事务、国土资源事务、海洋管理事务、测绘事务、地震事务、气象事务、民族事务、宗教事务、港澳台侨事务、档案事务、共产党事务、民主党派事务及工商联事务、群众团体事务、彩票事务等。

(2)国防：指政府用于国防方面的支出，包括用于现役部队、预备役部队、民兵、国防科研事业、专项工程、国防动员等方面的支出。

(3)公共安全：指政府维护社会公共安全方面的支出，包括武装警察、公安、国家安全、检察、法院、司法行政、监狱、劳教、国家保密、缉私警察等。

(4)教育：指政府教育事务支出，包括教育行政管理、学前教育、小学教育、初中教育、普通高中教育、普通高等教育、初等职业教育、中专教育、技校教育、职业高中教育、高等职业教育、广播电视教育、留学生教育、特殊教育、干部继续教育、教育机关服务等。

(5)科学技术：指用于科学技术方面的支出，包括科学技术管理事务、基础研究、应用研究、技术研究与开发、科技条件与服务、社会科学、科学技术普及、科技交流与合作等。

(6)文化教育与传媒：指政府在文化、文物、体育、广播影视、新闻出版等方面的支出。

(7)社会保障和就业：指政府在社会保障与就业方面的支出，包括社会保障和就业管理事务、民政管理事务、财政对社会保险基金的补助、补充全国社会保障基金、行政事业单位离退休、企业改革补助、就业补助、抚恤、退役安置、社会福利、残疾人事业、城市居民最低生活保障、其他城镇社会救济、农村社会救济、自然灾害生活救助、红十字事务等。

(8)医疗卫生与计划生育：指政府医疗卫生、计划生育方面的支出，包括医疗卫生管理事务支出、医疗服务支出、医疗保障支出、疾病预防控制支出、卫生监督支出、妇幼保健支出、农村卫生支出等。

(9)城乡社区：指政府城乡社区事务支出，包括城乡社区管理事务支出、城乡社区规划与管理支出、城乡社区公共设施支出、城乡社区住宅支出、城乡社区环境卫生支出、建设市场管理与监督支出等。

(10)农林水：指政府农林水事务支出，包括农业支出、林业支出、水利支出、扶贫支出、农业综合开发支出等。

(11)交通运输：指政府交通运输和邮政业方面的支出，包括公路运输支出、水路运输支出、铁路运输支出、民用航空运输支出、邮政业支出等。

Explanatory Notes on Main Statistical Indicators

General Public Finance Budget Revenue refer to the sum of various tax and non-tax revenue which is charged into the budget management according to the national laws and regulations for the government to fulfill its functions. After the implementation of the tax reform in our country in 1994, General public revenue divided into the central fixed income, local fixed-income, central and local revenue sharing three parts. Among them, the local General public revenue (customarily known as local revenues) consists of Local fixed income and revenue sharing between central and local areas into parts, Specifically, it can be divided into tax revenues and non-tax revenue categories.

General Public Finance Budget Expenditure refers to local governments in order to fulfill functional needs, through budgetary funding arrangements for the operation and maintenance of the regime to support the development of social undertakings and other spending. It includes the following main items:

(1) Expenditure for general public services: It refers to the spending on the basic public management and services which provided by governments, including the expense on affairs of People's Congress, affairs of People's Political Consultative Conference, affairs of government general office and relative institutions, affairs of development and reform, affairs of statistics, affairs of finance, affairs of taxation, affairs of audit, affairs of customs, affairs of human resources and social security, affairs of discipline inspection and supervision, affairs of population and family planning, affairs of commerce and trade, affairs of intellectual property, affairs of administration for industry and commerce, affairs of land and resources, affairs of oceanic administration, affairs of surveying and mapping, affairs of earthquake, ethnic affairs, religious affairs, affairs of Hong Kong, Macao, Taiwan, and Overseas Chinese, affairs of archives administration, affairs of Chinese Communist Party, affairs of democratic parties and federation of industry and commerce, affairs of mass organization, and affairs of lottery, etc.

(2) Expenditure for national defence: It refers to the spending of government on national defence, including the expense on active force, reserve force, militia, scientific research on national defence, special projects, mobilization of national defence, etc.

(3) Expenditure for public security: It refers to the spending of government on maintaining social and public security, including the expense on armed police force, public security, state security, prosecution, courts, justice, prison, labour education and rehabilitation, protection of state secrecy, anti-smuggling police, etc.

(4) Expenditure for education: It refers to the spending of government on education, including the expense on the administration of education, pre-primary education, primary education, secondary education, high school education, regular higher education, primary vocational education, secondary vocational education, technical school education, vocational high school education and higher vocational education, radio and television education, student abroad education, special education, on the job training of cadres, education authorities services, etc.

(5) Expenditure for science and technology: It refers to the spending of government on science and technology (S&T), including the expense on the administration of S&T, basic research, applied research, research and development, conditions and services of S&T, popularization of social science, science and technology, exchanges and cooperation of S&T, etc.

(6) Expenditure for culture, sport and media: It refers to the spending of government on culture, cultural heritage, sports, radio, film,

television, press and publication, etc.

(7) Expenditure for social safety net and employment effort: It refers to the spending of government on social safety net and employment, including the expense on administration of social safety net and employment, civil affairs, budgetary subsidy on the social insurance funds, subsidy on National Social Security Fund, retirees of administrative units and institutions, subsidy on enterprise reform, subsidy on employment effort, pension, placement of ex-serviceman, social welfare, the handicapped undertakings, the system of cost of living allowances for urban residents, other urban social relief, rural social relief, living relief of natural disasters, affairs of Red Cross Society, etc.

(8) Expenditure for medical and health care: It refers to the spending of government on medical and health care, including the expense on administration of medical and health care, medical services, health care, disease prevention and control, health inspection and supervision, women and children's health, rural health care, etc.

(9) Expenditure for urban and rural community affairs: It refers to the spending of government on urban and rural community affairs, including the expense on administration of urban and rural community, planning and management of urban and rural community, public facilities of urban and rural community, housing of urban and rural community, sanitation of urban and rural community, management and supervision on the construction market, etc.

(10) Expenditure for agriculture, forestry and water conservancy: It refers to the spending of government on agriculture, forestry and water conservancy, including the expense on agriculture, forestry, water conservancy, poverty alleviation, comprehensive agricultural development, etc.

(11) Expenditure for transportation: It refers to the spending of government on transportation and postal services, including the expense on road transportation, waterway transportation, railway transportation, civil aviation transportation, and postal services.

价格指数

Price Indices

9

简 要 说 明

一、主要内容

本篇资料主要反映生产、流通、消费与投资等环节的价格变动趋势和变动幅度。包括居民消费价格指数、商品零售价格指数、工业生产者出厂价格指数、工业生产者购进价格指数、农业生产资料价格指数、固定资产投资价格指数等。

二、统计范围及调查方法

1.居民消费、商品零售价格指数：编制居民消费、商品零售价格指数的资料采用抽样调查和重点调查相结合的方法取得。

目前，居民消费价格调查按用途划分为8大类，262个基本分类，各调查市县每月调查600种以上的规格品价格；商品零售价格按用途划分为16个大类，229个基本分类，各地每月调查500种以上的规格品价格。

2.工业生产者出厂价格指数：工业生产者出厂价格是工业品第一次出售时的出厂价格。该项调查采用重点调查与典型调查相结合的调查方法。重点调查对象为年主营业务收入2000万元及以上的工业法人企业；典型调查对象为年主营业务收入2000万元以下的工业法人企业。

目前《工业生产者出厂价格调查目录》包括11000多种产品，并将其划分为1702个基本分类；《工业生产者购进价格调查目录》包括6000多种产品，并划分为900多个基本分类。

3.固定资产投资价格指数：固定资产投资价格调查采用重点调查与典型调查相结合的方法。固定资产投资价格调查所涉及的价格是构成固定资产投资额实体的实际购进价格或结算价格。调查内容包括构成当年建筑工程实体的钢材、木材、水泥、地方材料(如砖、瓦、灰、沙、石等)、化工材料(如油漆等)等主要建筑材料价格；作为活劳动投入的劳动力价格（单位工资）和建筑机械使用费用；设备工器具购置和其他费用投资价格。

三、资料来源

本篇资料由国家统计局贵州调查总队依据国家统计局统一制定的价格统计调查制度从基层采集原始数据加工整理后提供。

Brief Introduction

I. Main Contents

Data on price indices in this chapter show the changing trends and the change rates in the prices of production, trade, consumption and investment, including mainly consumer price indices, retail price indices, producer price indices for industrial products, purchasing price indices for industrial producers, producer price indices for farm products, price indices for investment in fixed assets.

II. Scope and Methodology of Data

1. Consumer Price Indices and Retail Price Indices: Data for compilation of the consumer price indices and the retail price indices in China are collected through a combination of sample surveys and surveys of key units.

At present, data are collected on over 600 specifications each month under 262 basic headings in 8 categories in the consumer price surveys. For the retail price surveys, data are collected on more than 500 specifications each month under 229 basic headings in 16 categories.

2. Producer Price Indices for Industrial Products: Producer prices for industrial products refer to the ex-factory price of manufactured goods when they are first sold. The survey program is a combined use of the key units' survey and typical units' survey methods. Key units refer to those industrial enterprises with annual revenue from the primary activities at and above 20 million yuan. Typical units refer to the industrial enterprises with annual revenue from the primary activities below 20 million yuan.

The survey catalog of Producer Prices for Industrial Products includes over 11,000 goods, and they are divided into 1702 basic classification; Survey catalog of Purchasing Price for Industrial Producers includes over 6000 goods, and they are divided into over 900 basic classifications.

3. Price Indices for Investment in Fixed Assets: Data on prices of investment in fixed assets are collected by a program involving the combined use of surveys on key units and surveys on typical units. The prices collected in the surveys of investment in fixed assets are the actual purchasing prices or settlement prices of entities of investment in fixed assets. The survey content includes the prices of main construction materials that constitute the architectural engineering entity in the year, such as steel, timber, cement, local construction materials (such as brick, tile, calcareous ashes, sand, stone, etc.), chemical materials (such as oil paint, etc.), the price of labor force as input (wages), prices for renting of building machinery and equipment, the purchasing price of equipment, tools and instruments and the prices of others investments.

III. Sources of Data

Data in this chapter are collected and compiled by the Department of Guizhou Survey, NBS. Which accordance with the scheme of price survey system stipulated by the NBS, and collect data from the grassroots units in, tabulate them and report them to the higher agencies.

9-1 居民消费价格分类指数

Consumer Price Indices by Category

(上年=100) (preceding year=100)

指 标	Item	2011	2012	2013	2014	2015
居民消费价格总指数	**General Consumer Price Index**	**105.1**	**102.7**	**102.5**	**102.4**	**101.8**
#非食品价格指数	Non-Food Price Index	101.2	101.6	101.7	101.4	101.4
#服务项目价格指数	Services Price Index	101.3	101.8	103.0	102.8	103.0
消费品价格指数	Consumer Goods Price Index	106.6	103.0	102.4	102.3	101.4
#食品	**Food**	**113.5**	**104.7**	**104.1**	**104.2**	**102.6**
粮食	Grain	116.8	104.5	103.3	102.6	102.6
淀粉及薯类	Starches and Tubers	108.9	107.2	107.5	106.0	102.7
干豆类及豆制品	Beans and Bean Products	107.9	100.6	102.9	103.0	100.1
油脂	Oil or Fat	116.5	104.4	100.2	94.1	96.3
肉禽及其制品	Meat, Poultry and Processed Products	124.5	101.3	103.8	101.3	106.6
食用畜肉及副产品	Livestock for Slaughtering and Sideline Products	129.9	100.1	103.7	98.7	107.9
禽	Poultry	113.4	100.1	102.9	110.7	103.9
肉禽加工制品	Products of Processed Meat and Poultry	109.5	112.3	105.8	104.7	102.9
蛋	Eggs	114.7	95.7	104.7	104.6	99.6
水产品	Aquatic Products	111.1	107.6	103.1	103.0	101.7
鱼	Fish	110.7	108.0	102.4	102.1	101.0
其他水产品	Other Aquatic Products	112.0	106.7	104.9	105.1	103.3
菜	Vegetables	108.7	109.0	101.6	104.8	101.2
鲜菜	Fresh Vegetables	108.3	110.8	101.3	104.5	101.5
调味品	Flavoring	107.3	102.7	103.3	102.1	103.2
糖	Carbohydrate	111.7	104.6	100.5	99.1	99.8
茶及饮料	Tea and Beverages	102.6	103.0	101.8	102.5	101.7
干鲜瓜果	Dried and Fresh Melons and Fruits	112.0	100.0	104.4	116.2	96.6
糕点饼干面包	Cake, Biscuit and Bread	110.5	105.6	102.0	101.3	102.8
奶及奶制品	Milk and Its Products	100.5	104.0	109.2	108.4	101.2

9-1 续表1 continued

(上年=100) (preceding year=100)

指 标	Item	2011	2012	2013	2014	2015
在外用膳食品	Dining Out	109.5	109.6	107.6	106.1	103.9
其他食品及食品加工服务	Other Foods and Manufacturing Services	103.5	106.6	101.5	103.8	102.3
烟酒及用品	**Tobacco, Liquor and Articles**	**102.4**	**102.8**	**101.5**	**99.8**	**103.2**
烟草	Tobacco	99.7	102.3	100.8	100.3	104.6
酒	Liquor	107.2	103.5	102.8	99.0	100.9
白酒	Distilled Spirit	110.0	104.5	102.9	97.9	99.5
啤酒	Beer	103.3	100.9	100.5	102.0	105.8
衣着	**Clothing**	**100.3**	**103.8**	**102.3**	**102.1**	**100.8**
服装	Garments	100.9	103.5	102.8	102.3	100.2
衣着材料	Clothing Material	113.2	107.1	101.1	100.0	101.4
鞋袜帽	Footgear and Hats	97.1	104.0	101.0	101.4	100.9
家庭设备用品及维修服务	**Household Facilities, Articles and Services**	**100.2**	**101.1**	**101.1**	**100.7**	**101.3**
耐用消费品	Durable Consumer Goods	98.7	99.1	100.9	101.1	100.0
家 具	Furniture	101.7	101.9	101.6	102.7	101.0
家庭设备	Household Facilities	97.3	97.7	100.5	100.3	99.5
室内装饰品	Interior Decorations	97.6	99.4	104.7	101.4	104.7
床上用品	Bed Articles	103.4	100.4	95.8	99.9	98.1
家庭日用杂品	Daily Use Household Articles	100.7	101.2	100.8	99.5	101.9
家庭服务及加工维修服务	Household Services and Maintenance and Renovation	103.2	111.5	107.4	104.0	106.2
医疗保健和个人用品	**Health Care and Personal Articles**	**102.6**	**102.5**	**101.5**	**101.6**	**100.7**
医疗保健	Health Care	103.5	102.3	101.0	101.3	100.6
医疗器具及用品	Medical Instrument and Articles	100.8	101.8	99.8	100.5	101.0
中药材及中成药	Traditional Chinese Medicine	115.1	108.2	103.0	102.4	100.5
西 药	Western Medicine	101.9	100.9	100.9	102.1	101.2
保健器具及用品	Health Care Appliances and Articles	99.6	99.7	100.3	100.1	100.3
医疗保健服务	Health Care Services	100.0	100.6	100.0	100.1	99.9

9-1 续表2 continued

(上年=100) (preceding year=100)

指　标	Item	2011	2012	2013	2014	2015
个人用品及服务	Personal Articles and Services	101.3	102.8	102.2	102.1	100.8
化妆美容用品	Cosmetics	100.4	100.2	100.0	100.1	100.3
卫生用品	Sanitation Articles	101.3	104.5	103.7	100.6	100.2
个人饰品	Personal Ornaments	103.7	100.1	97.6	97.7	98.4
个人服务	Personal Services	99.9	105.6	106.4	108.5	103.6
交通和通讯	**Transportation and Communication**	**100.1**	**99.6**	**99.6**	**100.2**	**100.6**
交　通	Transportation	102.9	101.4	101.3	101.1	101.8
交通工具	Transportation Facility	100.7	100.0	99.9	100.0	100.0
车用燃料及零配件	Fuels and Parts	109.7	103.3	101.1	99.6	86.6
车辆使用及维修	Fees for Vehicles Use and Maintenance	108.2	103.1	107.3	103.5	101.3
市区公共交通	Incity Traffic Fare	99.3	101.5	100.4	100.7	109.5
城市间交通	Intercity Traffic Fare	104.9	100.8	101.6	102.9	102.6
通　信	Communication	97.2	97.8	97.7	99.1	99.3
通信工具	Communication Facility	84.0	85.4	91.2	92.7	93.1
通信服务	Communication Service	100.6	100.5	98.9	100.2	100.2
娱乐教育文化用品及服务	**Recreation, Education and Culture Articles**	**99.9**	**101.2**	**101.8**	**102.4**	**103.4**
文娱用耐用消费品及服务	Durable Consumer Goods for Cultural and Recreational Use and Services	96.0	96.8	94.6	95.5	96.0
教　育	Education	101.4	102.7	103.0	104.4	106.0
文化娱乐用品	Culture Articles	99.7	101.5	102.9	101.4	101.0
文化娱乐	Culture and Recreational Articles	99.7	100.3	99.5	99.7	99.9
书报杂志	Newspapers and Magazines	100.3	102.2	104.9	100.7	101.3
文娱费	Expenditure on Culture and Recreation	99.5	101.8	103.9	102.2	101.4
旅游	Touring and Outing	100.1	101.5	104.9	104.2	104.9
居住	**Residence**	**102.8**	**101.4**	**103.0**	**101.8**	**100.6**
建房及装修材料	Building and Building Decoration Materials	102.5	100.9	101.5	100.5	100.6
租　房	Renting	99.5	103.2	105.8	104.3	99.9
自有住房	Private Housing	102.3	100.9	105.1	102.5	100.9
水、电、燃料	Water, Electricity and Fuels	103.9	101.9	100.9	101.2	100.3

9-2 商品零售价格分类指数

Retail Price Indices by Category

(上年=100) (preceding year=100)

指　标	Item	2011	2012	2013	2014	2015
商品零售价格总指数	**Retail Price Index**	**105.5**	**102.0**	**101.5**	**101.2**	**100.1**
食品类	Food	113.9	104.6	104.2	103.6	102.6
粮食	Grain	117.1	104.8	103.7	101.9	102.6
油脂	Oil or Fat	116.5	104.3	100.8	93.5	97.2
肉禽及其制品	Meat, Poultry and Processed Products	123.6	101.8	104.1	101.1	106.1
蛋	Eggs	115.7	97.9	106.1	104.2	100.5
水产品	Aquatic Products	112.3	107.3	103.5	102.5	102.7
鲜菜	Fresh Vegetables	109.5	110.6	101.1	104.4	101.4
干菜及菜制品	Dried Vegetables and Its Products	110.8	99.1	102.8	103.7	104.7
鲜果	Fresh Fruits	112.3	98.8	107.4	120.0	95.3
干(坚)果及瓜果制品	Dried Fruits and Its Products	113.4	101.3	100.8	99.8	102.7
在外用膳食品	Outward Dinner Food	109.3	109.9	107.3	106.1	103.8
饮料、烟酒	Beverages,Tobacco and Liquor	101.6	102.5	101.7	99.8	102.5
服装、鞋帽类	Garments,Shoes and Hats	100.4	103.5	102.9	102.3	100.7
纺织品类	Textiles	103.8	102.1	99.2	99.3	99.2
家用电器及音像器材	Household Appliances, Music and Video Equipment	96.3	97.2	97.3	98.3	97.8
文化办公用品	Cultural and Office Appliances	98.1	98.4	98.6	98.6	98.8
日用品	Articles for Daily Use	100.8	100.2	101.0	100.4	101.5
体育娱乐用品	Sports and Recreation Articles	100.3	101.4	99.6	100.4	99.7
交通、通信用品	Transportation and Communication Appliances	96.2	96.3	98.1	98.2	98.4
家具	Furniture	101.9	104.8	103.1	104.2	101.3
化妆品类	Cosmetics	100.6	101.9	102.2	100.1	99.6
金银珠宝类	Gold,Silver and Jewelry	111.7	101.5	95.1	91.3	91.8
中西药品及医疗保健用品类	Traditional Chinese and Western Medicines and Health Care Articles	106.2	104.2	102.1	101.6	100.7
书报杂志及电子出版物类	Books, Newspapers, Magazines and Electronic Publications	100.2	102.0	104.9	100.4	101.5
燃料类	Fuels	113.7	102.2	99.7	100.6	93.1
建筑材料及五金电料类	Building Materials and Hardware	102.7	99.0	99.3	99.4	98.5

9-3 工业生产者出厂价格分类指数

Producer Price Indices for Industrial Products by Category

(上年=100) (preceding year=100)

指 标	Item	2011	2012	2013	2014	2015
工业生产者出厂价格指数	**Producer Price Indices for Industrial Products**	**105.4**	**101.0**	**97.4**	**98.3**	**96.1**
按轻、重工业分	**Grouped by Light or Heavy Industries**					
轻工业	Light Industry	102.9	103.6	102.4	100.2	101.1
重工业	Heavy Industry	106.0	100.4	96.3	97.9	95.0
按用途分	**Grouped by Use**					
生产资料	Means of Production	106.2	100.3	96.1	97.8	94.8
采掘工业	Mining & Quarrying Industry	107.2	99.0	93.2	96.8	96.4
原材料工业	Raw Materials Industry	106.4	102.3	95.7	97.9	95.0
加工工业	Processing Industry	105.6	97.5	97.0	97.8	94.2
生活资料	Consumer Goods	102.8	103.5	102.4	100.3	100.9
食品类	Food	102.8	103.3	102.3	100.2	101.3
衣着类	Clothing	114.2	105.5	100.2	100.2	100.5
一般日用品	Articles for Daily Use	101.6	103.1	101.6	101.3	103.8
耐用消费品	Durable Consumer Goods	101.5	105.4	104.8	100.8	94.2
按工业大类行业分	**Grouped by Sector**					
#煤炭开采和洗选业	Mining and Washing of Coal	111.9	94.5	85.8	94.8	91.0
有色金属矿采选业	Mining and Processing of Non-Ferrous Metal Ores	104.5	98.1	96.2	91.5	99.5
非金属矿采选业	Mining and Processing of Nonmetal Ores	123.6	122.3	92.2	89.4	95.8
农副食品加工业	Processing of Food from Agricultural Products	111.9	110.5	107.0	101.3	103.3
食品制造业	Processing of Foodstuff	104.4	102.6	101.9	101.8	100.5
饮料制造业	Manufacture of Beverages	103.0	104.4	102.1	99.3	103.0
烟草制品业	Manufacture of Tobacco	99.7	101.7	100.9	100.2	100.1
纺织业	Manufacture of Textile	120.9	86.6	97.4	100.0	100.0
纺织服装、鞋、帽制造业	Manufacture of Textile Wearing Apparel, Footware and Caps	104.6	101.8	100.2	100.5	100.3
皮革、毛皮、羽毛(绒)及其制品业	Manufacture of Leather, Fur, Feather and Related Products	119.0	107.3	100.2	100.0	100.5

9-3 续表 Continued

(上年=100) (preceding year=100)

指 标	Item	2011	2012	2013	2014	2015
木材加工及木、竹、藤、棕、草制品业	Processing of Timber,Manufacture of Wood,Bamboo, Rattan,Palm and Straw Products	103.2	108.9	106.5	99.6	106.6
家具制造业	Manufacture of Furniture	119.8	100.6	100.1	100.3	100.0
造纸及纸制品业	Manufacture of Paper and Paper Products	103.0	95.6	102.5	97.0	100.8
印刷业和记录媒介的复制	Printing,Reproduction of Recording Media	100.0	98.6	99.8	102.4	101.6
文教体育用品制造业	Manufacture of Articles For Culture,Education and Sport Activities	109.3	109.3	102.4	107.3	91.3
石油加工、炼焦及核燃料加工业	Processing of Petroleum,Coking,Processing of Nuclear Fuel	112.4	94.3	85.0	97.5	87.1
化学原料及化学制品制造业	Manufacture of Raw Chemical Materials and Chemical Products	114.1	104.8	93.3	94.1	98.5
医药制造业	Manufacture of Medicines	101.9	101.0	102.1	100.3	99.5
橡胶制品业	Manufacture of Rubber	114.0	95.6	95.6	99.6	99.4
非金属矿物制品业	Manufacture of Non-metallic Mineral Products	102.2	96.7	102.8	99.4	90.9
黑色金属冶炼及压延加工业	Smelting and Pressing of Ferrous Metals	105.5	90.8	93.7	97.1	87.2
有色金属冶炼及压延加工业	Smelting and Pressing of Non-ferrous Metals	108.4	98.2	92.5	95.5	93.7
金属制品业	Manufacture of Metal Products	101.4	96.7	96.6	98.3	96.4
通用设备制造业	Manufacture of General Purpose Machinery	100.0	99.1	100.0	99.2	99.0
专用设备制造业	Manufacture of Special Purpose Machinery	105.0	102.2	104.3	101.0	100.7
交通运输设备制造业	Manufacture of Transport Equipment	100.0	90.6	95.6	91.9	100.0
电气机械及器材制造业	Manufacture of Electrical Machinery and Equipment	99.6	98.6	103.5	99.9	94.0
通信设备、计算机及其他电子设备制造业	Manufacture of Communication Equipment, Computers and Other Electronic Equipment	99.3	102.5	103.0	103.7	98.5
仪器仪表及文化、办公用机械制造业	Manufacture of Measuring Instruments and Machinery for Cultural Activity and Office Work	101.5	99.2	99.1	97.1	100.1
电力、热力的生产和供应业	Production and Supply of Electric Power and Heat Power	101.6	106.9	100.7	100.2	97.1
燃气生产和供应业	Production and Supply of Gas	102.4	104.8	115.5	104.7	107.4
水的生产和供应业	Production and Supply of Water	104.3	103.2	105.4	100.8	100.9

注：工业大类行业2011年按国民经济行业分类（GB/T 4754—2002)分，2012年起按国民经济行业分类(GB/T 4754—2011)分。

Note: From 2011, industrial sectors are classified by Sector of the National Economy (GB/T4754-2002) and by Sector of the National Economy (GB/T4754-2011) in the year of 2012 .

9-4 工业生产者购进价格指数

Purchasing Price Index for Industrial Producers

(上年=100) (preceding year =100)

指 标	Item	2011	2012	2013	2014	2015
工业生产者购进价格指数	**Purchasing Price Indices for Industrial Producers**	**115.0**	**102.3**	**96.4**	**98.6**	97.5
燃料、动力类	Fuel and Power	121.6	107.2	96.3	100.3	98.0
黑色金属材料类	Ferrous Metals	109.9	93.2	93.8	98.0	88.5
#钢 材	Rolled-steel	108.0	96.2	93.8	95.7	90.5
有色金属材料和电线类	Nonferrous Metals	112.4	98.4	97.9	95.8	94.7
化工原料类	Raw Chemical Materials	116.4	94.6	85.2	92.9	98.9
木材及纸浆类	Timber and Paper Pulp	107.8	100.9	101.3	100.2	98.7
建筑材料及非金属矿类	Building Materials and Nonmetal Minerals Processing	117.8	116.1	102.2	98.1	94.7
其他工业原材料及半成品类	Other Industrial Raw Materials and Semi-products	106.4	103.9	104.9	101.2	100.1
农副产品类	Agricultural Products	109.2	106.1	104.9	101.7	102.4
纺织原料类	Textile Materials	118.1	100.0	104.2	105.1	101.7

9-5 农业生产资料价格分类指数

Price Indices for Means of Agricultural Production by Category

(上年=100) (preceding year =100)

指 标	Item	2011	2012	2013	2014	2015
农业生产资料价格总指数	**General Price Index for Means of Agricultural Production**	**111.1**	**100.7**	**99.0**	**99.0**	**103.1**
小农具	Small Farm Tools	105.5	114.1	105.8	101.0	101.2
饲 料	Forage	104.1	97.8	100.7	100.9	98.1
产品畜	Commodity Animals	153.9	93.7	97.9	100.0	116.7
半机械化农具	Semi-mechanized Farm Tools	115.7	97.0	97.6	99.2	101.3
机械化农具	Mechanized Farm Machinery	106.0	99.5	99.3	99.3	100.0
化学肥料	Chemical Fertilizer	101.4	105.6	96.9	94.1	100.1
农药及农药器械	Pesticide & Its Appliances	100.6	106.4	101.3	102.3	101.8
化学农药	Chemical Pesticide	101.5	104.8	101.8	102.8	102.2
农药器械	Appliances for Pesticide	96.1	114.6	98.9	100.0	100.0
农机用油	Oil for Farm Machinery	103.8	100.8	99.1	98.2	87.9
其他农业生产资料	Others Means of Agricultural Production	107.8	97.9	101.5	104.8	102.7

9-6 固定资产投资和房地产销售价格指数

Price Indices for Investment in Fixed Assets and Real Estate

(上年=100) (preceding year =100)

指　　标	Item	2011	2012	2013	2014	2015
固定资产投资价格指数	**Price Indices for Investment in Fixed Assets**	**105.4**	**101.5**	**100.9**	**101.1**	**98.4**
建筑安装工程	Price Indices of Construction and Installation	107.5	102.0	101.5	101.3	98.1
人工费	Labor Costs	111.0	108.4	111.8	111.8	106.5
材料费	Materials Costs	109.3	99.7	97.9	97.7	94.4
钢　材	Rolled Steel	114.6	96.2	93.3	93.6	90.3
木　材	Timber	110.0	101.3	104.1	101.0	103.8
水　泥	Cement	102.1	99.1	96.0	103.6	93.7
电　料	Electrical Materials	106.4	102.8	101.2	96.5	100.7
化工材料	Raw Chemical Materials	108.6	107.3	99.9	100.3	91.2
地方建筑材料	Local Building Materials	106.7	101.9	103.5	101.0	100.6
其他材料	Others	102.7	102.9	106.2	106.0	100.9
机械使用费	Costs for Using Machine	101.8	102.7	101.7	101.6	102.0
设备、工器具购置	Purchase of Equipment,Tools and Instruments	101.0	99.1	99.2	99.3	99.5
其他费用	Others	102.6	101.5	100.1	101.1	99.4
新建住宅价格指数(贵阳市)	**Price Indices of New Residential Housings(Guiyang)**	**104.4**	**101.2**	**104.5**	**102.6**	**97.1**
新建商品住宅价格指数(贵阳市)	Price Indices of New Commodity Residential Housings(Guiyang)	104.5	101.3	105.0	102.8	96.8

主要统计指标解释

居民消费价格指数 是反映一定时期内城乡居民所购买的生活消费品价格和服务项目价格变动趋势和程度的相对数。

商品零售价格指数 是反映城乡商品零售价格变动趋势和程度的相对数。零售物价的变动直接反映城乡居民的生活支出和国家的财政收入，影响居民购买力和市场供需平衡，影响消费与积累的比例关系。

工业生产者价格指数 工业生产者价格包括工业企业产品第一次出售时的出厂价格和企业作为中间投入的原材料、燃料、动力购进价格(简称工业生产者购进价格)。工业生产者价格调查的目的在于及时、准确、科学地反映各工业行业产品价格水平及其变动趋势和幅度，为国民经济核算、计算工业发展速度、宏观经济分析和调控、理顺价格体系等提供科学、准确的依据。

农业生产资料价格指数 是反映一定时期内农业生产资料价格变动趋势和程度的相对数。农业生产资料价格指数分为小农具、饲料、产品畜、役畜、半机械化农具、机械化农具、化学肥料、农药及农具械、农机用油、其他农业生产资料十大类。

固定资产投资价格指数 是反映固定资产投资额价格变动趋势和程度的相对数。固定资产投资额是由建筑安装工程投资完成额、设备、工器具购置投资完成额和其他费用投资完成额三部分组成的。编制固定资产投资价格指数应首先分别编制上述三部分投资的价格指数，然后采用加权算术平均法求出固定资产投资价格总指数。

Explanatory Notes on Main Statistical Indicators

Consumer Price Index reflects the trend and degree of changes in prices of consumer goods and services purchased by urban and rural residents during a given period.

Retail Price Index reflects the trend and degree of change in retail prices of commodities. The change and adjustment in retail prices directly affect the living expenditure of urban and rural residents, government revenue, purchasing power of residents and the equilibrium of market supply and demand, and the ratio of consumption to accumulation.

Price Index of Industrial Producer enterprises and enterprises as the prices of intermediate inputs of raw materials, fuel and power purchase price (hereinafter referred to as industrial producer price). Industrial producer prices survey was designed to timely, accurate and scientifically reflect various industrial products industry trends and changes in the price level and the magnitude of national accounts to calculate the speed of industrial development, macroeconomic analysis and control, rationalize the price system to provide scientific and accurate basis.

Price Indices of Means of Agricultural Production reflects the trend and degree of changes in prices of means of agricultural production during a given period. Price indices of means of agricultural production are composed of 10 categories including small farm tools, feeds, domestic animals for meat, draught domestic animals, semi-mechanized farm machinery, mechanized farm machinery, chemical fertilizers, pesticides and spraying machinery, fuels for farm machinery and other means of agricultural production.

Price Index of Investment in Fixed Assets reflects the trend and degree of changes in prices of investment in fixed assets. The investment in fixed assets consists of three components, namely the investment in construction and installation, the investment in purchases of equipment and instrument, and the investment in other items. Price index of investment in fixed assets is calculated as the weighted arithmetic mean of the price indices of the three components of investment in fixed assets.

人民生活

People's Living Conditions 10

简 要 说 明

一、主要内容

本篇资料反映人民生活现状及变化情况。

二、调查方法

2013 年起，按照城乡一体化住户收支与生活状况调查制度，国家统计局贵州调查总队每年收集调查户 12 个月的记账数据，在此基础上汇总计算出当年的全省居民可支配收入、城镇居民可支配收入、农村居民可支配收入等收支数据。

城乡一体化住户收支与生活状况调查是以省为总体，采用分层、多阶段、与人口规模大小成比例的概率抽样方法，随机抽选调查住宅，确定调查户。

城乡一体化住户收支与生活状况调查是在 95%置信度下，全省居民人均可支配收入抽样误差小于 1%。采用调查户日记账的方式采集居民收支数据，同时辅之以统一的调查问卷，收集与收入支出有关的其他调查内容。

三、资料来源

本篇资料由国家统计局贵州调查总队依据国家统计局统一制定的统计调查制度从基层采集原始数据加工整理后提供。

Brief Introduction

I. Main Contents

Data in this chapter show the people's living conditions and their changes in China.

II. Methodology of Data

In terms of the system of Integrated Urban and Rural Households on Income and Expenditures and Living

Conditions conducted since 2013, the Department of Guizhou Survey, NBS collected accounts of 160,000 households about 12 months, at this basis, NBS tabulated comparable national disposable income and expenditures of urban and rural households.

The integrated household survey is conducted by selecting sampled houses randomly, deciding surveyed households, with all households in the province as the population, with stratified sampling, multi-stage sampling, probability sampling in proportion to population scale.

Survey on Income and Expenditures and Living Conditions is required that the sampling error should not exceed ±1%, with a confidence probability as 95%. Methods of collecting income and expenditure data are keeping diaries of the households, and questionnaires as assistance to collect other relevant data.

Ⅲ. Sources of Data

Data in this chapter are collected and compiled by the Department of Guizhou Survey, NBS, which accordance with the scheme of statistic survey system stipulated by the NBS, and collect data from the grassroots units in, tabulate them and report them to the higher agencies.

10-1 城乡人民生活水平
People's Livelihood in Urban and Rural Areas

指 标	Item	2011	2012	2013	2014	2015
就业	**Employment**					
城镇居民家庭每户就业人口(人)	Average Number of Employed Persons per Urban Household(person)	1.43	1.45	1.61	1.56	1.54
城镇居民家庭每个就业者赡养人口(人)	Number of Dependents per Employee of Urban Household(person)	2.08	2.08	1.87	1.93	1.98
城镇平均每户就业面(%)	Proportion of Employment per Urban Household(%)	0.48	0.48	0.53	0.52	0.51
城镇登记失业人数(万人)	Number of Registered Unemployment Persons in Urban Areas (10000 persons)	12.51	12.56	13.66	14.09	14.49
城镇登记失业率(%)	Registered Unemployment Rate in Urban Areas(%)	3.63	3.29	3.26	3.27	3.29
农村平均每户整、半劳动力(人)	Average Number of Full/Semi Laborer Force per Rural Household(person)	2.83	2.82	3.00	2.07	2.15
农村居民家庭每一劳动力赡养人口(人)	Number of Dependents per Laborer of Rural Household(person)	1.52	1.53	1.56	1.69	1.64
收入与支出	**Income and Expenditure**					
城镇常住居民人均可支配收入(元)	Annual Per Capita Disposable Income of Urban Households(yuan)	16495	18700.5	20667	22548	24580
城镇常住居民人均消费性支出(元)	Annual Per Capita Consumption Expenditure of Urban Householdss(yuan)	11353	12585.7	13702.9	15255	16914
在岗职工平均工资(元)	Average Wage of Staff and Workers in their Posts(yuan)	37331	42733	49087	54685	62591
农村常住居民人均可支配收入(元)	Annual Per Capita Disposable Income of Rural Households (yuan)	4145	4753	5434	6671	7387
农村常住居民人均生活消费支出(元)	Annual Per Capita Living Consumption Expenditure of Rural Households (yuan)	3456	3902	4740	5970	6645
生活质量	**Life Quality**					
居民家庭恩格尔系数(%)	**Household's Engle Coefficient(%)**					
城 镇	Urban	40.2	39.7	35.9	34.9	34.0
农 村	Rural	47.7	44.6	43.0	41.7	39.8
居住条件	**Residence Condition**					
城镇居民人均住宅建筑面积(平方米)	Per Capita Floor Space of Residential Building in Urban Areas(sq.m)	27.83	27.86	34.84	36.58	36.37
农村居民人均住房面积(平方米)	Per Capita Floor Space of Residential Building in Rural Areas(sq.m)	29.63	29.75	27.08	31.61	32.33
交通条件	**Traffic Condition**					
城市人均拥有道路面积(平方米)	Per Capita Area of Paved Roads in City(sq.m)	6.66	6.93	8.95	9.72	10.86
每百户城镇居民拥有家用汽车(辆)	Number of Family Vehicles Per 100 Urban Households(unit)	10.48	13.17	15.84	19.66	23.74
每百户农村居民拥有家用摩托车(辆)	Number of Motorcycles Per 100 Rural Households(unit)	35.98	39.02	41.37	48.38	54.88
通信条件	**Communication Condition**					
每百户拥有移动电话(部)	Mobile Telephone Per 100 Households(set)					
城 镇	Urban	204.75	214.73	211.72	228.15	236.52
农 村	Rural	156.96	173.26	190.06	218.13	227.30
城市公用设施普及占有率	City Public Utility Rate					
用水普及率(%)	Rate of Access to Tap Water(%)	86.9	87.6	88.5	90.2	91.8
燃气普及率(%)	Rate of Access to Gas(%)	55.0	55.2	58.7	60.3	70.7
人均公园绿地面积(平方米)	Per Capita Green Area(sq.m)	5.50	6.68	7.98	8.66	9.61

注：2013年全国城乡一体化住户调查改革，调查范围、调查样本、调查对象以及调查方式均进行重大改革。贵州城镇住户调查范围由17县（市、区）扩大到44个，调查样本全部更换；农村住户调查范围由32个县（市、区）扩大到44个，调查样本全部更换。因此2013起城乡住户有关数据请慎与往年比较（以下相关表同）。

Note: At 2013 in the National urban and rural household survey reform ,the survey range , survey samples , survey objects and investigation methods were carried out major reforms. The survey range of Guizhou urban household expanded from 17 counties(cities, districts) to 44, the survey samples all have been replacedl. So please carefully compare the relevant data of urban and rural residents for 2013 with data in previous relative tables in the chapter are the same) .

10-1 续表 continued

指 标	Item	2011	2012	2013	2014	2015
文化、教育和卫生	**Culture, Education and Health Care**					
文化	**Culture**					
广播节目综合人口覆盖率(%)	Radio Coverage Rate of the Population (%)	88.0	88.5	90.0	91.5	92.3
电视节目综合人口覆盖率(%)	TV Coverage Rate of the Population(%)	92.8	93.0	94.1	95.4	96.0
每百户彩色电视机拥有量(部/百户)	Number of Color TV per 100 Households(set)					
城镇	Urban	115.78	115.67	101.84	105.05	106.23
农村	Rural	93.93	95.94	96.53	98.88	101.76
每百户家用电脑拥有量(部/百户)	Number of Computers per 100 Households(set)					
城镇	Urban	63.89	71.22	55.72	63.56	64.44
农村	Rural	4.11	4.87	5.77	8.05	9.74
居民家庭文教娱乐支出比重(%)	Percentage of Household Expenditure on Education,Culture and Entertainment(%)					
城镇	Urban	11.7	11.1	14.2	13.6	13.7
农村	Rural	5.3	5.8	6.4	8.1	8.8
教育	**Education**					
学龄儿童入学率(%)	Enrollment Rate of School-age Children(%)	98.6	99.3	99.3	99.1	99.5
初中阶段毛入学率(%)	Enrollment Rate of Primary School Graduates Entering into Junior Secondary Schools(%)	94.2	97.4	101.1	102.5	104.0
高中阶段毛入学率(%)	Enrollment Rate of Juniorsecondary School Graduates Entering into Senior secondary Schools (%)	58.9	62.2	68.0	78.0	86.1
高等教育毛入学率(%)	Enrollment Rate of Senior secondary School Graduates Entering into Institution of Higher Education(%)	23.2	25.5	27.4	29.4	31.2
卫生	**Health Care**					
居民家庭医疗保健支出比重(%)	Percentage of Resident Expenditure on Health Care(%)					
城镇	Urban	5.1	5.2	4.6	6.1	5.2
农村	Rural	7.1	7.2	6.4	6.2	6.8
社会保障	**Social Security**					
城镇职工基本养老保险参保人数(万人)	Number of Urban Employees Joining in Basic Pension Insurance(10 000 persons)	282.06	309.38	337.29	361.45	392.09
#参保职工	Number of Employees	210.71	231.67	254.68	274.32	297.26
城镇职工基本医疗保险参保人数(万人)	Number of Urban Employees Joining in Urban Basic Medical Care System (10 000 persons)	314.06	329.27	344.72	354.76	372.74
失业保险参保人数(万人)	Number of Employees Joining in Unemployment Insurance (10 000 persons)	160.52	173.46	185.17	191.86	205.31
工伤保险参保人数(万人)	Number of Employees Joining in Work Injury Insurance (10 000 persons)	193.96	238.19	260.39	275.41	290.22
生育保险参保人数(万人)	Number of Persons Joining in Maternity Insurance(10 000 persons)	198.09	221.58	238.75	248.82	263.64
社会保险基金收入(亿元)	Revenue of Social Insurance Fund(100 million yuan)	256.94	310.85	351.06	386.81	463.97

注：城镇职工基本养老保险参保人数2011—2013年为基本养老保险参保人数，统计口径一致。

Note: The number of people who get Urban workers' basic pension refers to basic pension insurance number from 2011 to 2013, the statistics cabliers of both are the same.

10-2 城镇居民家庭生活基本情况
Basic Conditions of Urban Households Life

指　标	Item	2011	2012	2013	2014	2015
调查户数(户)	**Number of Households Surveyed(household)**	**1720**	**1720**	**1129**	**1612**	**1621**
平均每户常住家庭人口(人)	Average Number of Permanent Residents(person)	2.98	3.01	3.01	3.01	3.05
平均每户就业人员(人)	Average Number of Employed Persons Per Household (person)	1.43	1.45	1.61	1.56	1.54
平均每户就业面(%)	Average Proportion of Employment per Household(%)	0.48	0.48	0.53	0.52	0.51
平均每个就业者赡养人口(人)	Average Number of Dependents per Employee(person)	2.08	2.08	1.87	1.93	1.98
平均每人年可支配收入(元)	**Per Capita Annual Disposable Income (yuan)**	**16495**	**18701**	**20667**	**22548**	**24580**
平均每人年总收入(元)	**Per Capita Annual Income(yuan)**	**17599**	**20043**	**21413**		
工资性收入	Income of Wages and Salaries	10754	12309	13628	13148	14166
工资及补贴收入	Income of Laborage and Allowance	10359	11952	12901		
其他劳动收入	Income of other Labor	395	357	726		
经营者净收入	Net Business Income	1615	1982	3245	3173	3730
财产性收入	Income from Properties	356	356	576	1747	1868
转移性收入	Income from Transfers	4873	5396	3964	4482	4816
#养老金或离退休金	Annuities or Pension	4230	4673	2798	4564.20	5099
出售财物收入(元)	Income of Selling Property and Goods(yuan)	47	271	80		
平均每人消费性支出(元)	**Per Capita Annual Consumption Expenditure(yuan)**	**11353**	**12586**	**13703**	**15255**	**16914**
食　品	Food	4566	4993	4915	5320	5757
衣　着	Clothing	1210	1399	1402	1246	1347
居　住	Residence	1103	1014	1496	2433	2994
家庭设备用品及服务	Household Facilities, Articles and Services	858	850	1084	1091	1079
医疗保健	Health Care and Medical Services	578	655	634	927	872
交通和通信	Transport and Communication	1395	1891	1870	1873	2248
教育文化娱乐服务	Education, Culture and Recreation Services	1331	1396	1950	2071	2313
其他商品与服务	Miscellaneous Goods and Services	312	389	352	294	305
平均每人消费性支出构成(%)(人均消费性支出=100)	**Composition of Per Capita Annual Consumption Expenditure (%)**					
食　品	Food	40.2	39.7	35.9	34.9	34.0
衣　着	Clothing	10.7	11.1	10.2	8.2	8.0
居　住	Residence	9.7	8.0	10.9	15.9	17.7
家庭设备用品及服务	Household Facilities, Articles and Services	7.6	6.8	7.9	7.1	6.4
医疗保健	Health Care and Medical Services	5.1	5.2	4.6	6.1	5.2
交通和通信	Transport and Communication	12.3	15.0	13.6	12.3	13.3
教育文化娱乐服务	Education, Culture and Recreation Services	11.7	11.1	14.2	13.6	13.7
其他商品与服务	Miscellaneous Goods and Services	2.7	3.1	2.6	1.9	1.8

10-3 城镇居民家庭人均现金收支

Per Capita Cash Income and Expenditure of Urban Households

单位：元 (yuan)

指 标	Item	2011	2012	2013	2014	2015
家庭总收入	**Total Households Income**	**17599**	**20043**	**21413**		
#可支配收入	Disposable Income	16495	18701	20667	21719	23568
#工资性收入	Income of Wages and Salaries	10754	12309	13628	13114	14142
工资及补贴收入	Income of Laborage and Allowance	10359	11952	12901		
其他劳动收入	Income of other Labor	395	357	726		
经营净收入	Net Business Income	1615	1982	3245	3540	4048
财产性收入	Income from Properties	356	356	576	711	683
#利息收入	Interest Income	19	32	17	-46	19
股息与红利收入	Dividends and Bonus Income	13	12	120	163	101
转移性收入	Income from Transfer	4873	5396	3964	4353	4695
#养老金或离退休金	Annuities or Pension	4230	4673	2798	4564	5099
出售财物收入	Income of Selling Property and Goods	47	271	80		
家庭总支出	**Total Households Expenditure**	**15558**	**17313**	**17138**	**19936**	**24040**
消费支出	Expenses on Consumption	11353	12586	13703	13312	14756
财产性支出	Expenses on Properties	88	87	49	96	72
转移性支出	Expenses on Transfers	2364	2601	2423	828	947
#交纳的个人收入税	Individual Income Tax	16	15	12	33	38
各种非储蓄性保险支出	Various Nonsaving Insurance Expenditure	40	38	77		
其他转移性支出	Others	73	67	177	100	80
社会保障支出	Expenses on Social Seurity	997	1178	601	575	736
购房与建房支出	Expenses on Purchasing or Building House	756	861	362	538	437

10−4 城镇居民家庭人均消费性支出

Per Capita Consumption Expenditure of Urban Household

单位：元 (yuan)

指　标	Item	2011	2012	2013	2014	2015
消费性支出	**Consumption Expenditure**	**11353**	**12586**	**13703**	**15255**	**16914**
食　品	**Food**	**4566**	**4993**	**4915**	**5320**	**5757**
#粮　食	Grain	374	396	450	598	609
糖、烟、酒、饮料类	Sugar, Cigarette,Liquor and Beverage	509	592	711	783	890
在外饮食	Dining Out	918	1055	725	742	835
衣　着	**Clothing**	**1210**	**1399**	**1402**	**1246**	**1347**
居　住	**Residence**	**1103**	**1014**	**1496**	**2433**	**2994**
#房　租	Rent	50	80	186	141	162
水　费	Water	94	101	133	125	140
电　费	Electricity	412	463	542	505	553
燃料费	Fuels	158	162	219	171	174
家庭设备用品及服务	**Household Facilities,Articles and Services**	**858**	**850**	**1084**	**1091**	**1079**
#耐用消费品	Durable Consumer Goods	367	271	446	238	211
医疗保健	**Health Care and Medical Services**	**578**	**655**	**634**	**927**	**872**
交通和通信	**Transport and Communications**	**1395**	**1891**	**1870**	**1873**	**2248**
交　通	Transport	698	1146	1006	1029	1349
通　信	Communications	697	745	864	844	899
教育文化娱乐服务	**Education,Culture and Recreation Services**	**1331**	**1396**	**1950**	**2071**	**2313**
#文化娱乐用品	Recreation Articles	323	316	314	336	330
书报杂志	Books,Newspaper and Magazines	30	27	30	32	28
文化娱乐服务	Recreation Services	521	580	639	731	796
其他商品和服务	**Miscellaneous Goods and Services**	**312**	**389**	**352**	**294**	**305**
恩格尔系数(%)	**Engel's Coefficient(%)**	**40.2**	**39.7**	**35.9**	**34.9**	**34.0**

10−5 城镇居民家庭人均购买主要商品数量

Per Capita Purchases of Major Foods of Urban Househoulds

单位：公斤 (kg)

指　标	Item	2011	2012	2013	2014	2015
粮　食	Grain	78.88	68.13	82.82	85.35	86.96
食用植物油	Edible Vegetable Oil	9.91	8.40	11.81	9.54	10.01
猪　肉	Pork	27.89	24.93	28.37	24.38	25.78
牛、羊肉	Beef and Mutton	2.15	1.82	2.27	1.97	2.21
禽　类	Poultry	9.41	8.61	7.36	7.11	7.59
蛋　类	Eggs	6.68	5.70	5.21	5.02	5.67
水产品类(元)	Aquatic Products(yuan)	86.94	99.05	88.59	86.29	106.32
鲜　菜	Fresh Vegetables	106.12	92.88	92.95	76.70	79.53
糖类(元)	Sugar(yuan)	53.33	61.01	43.03	37.58	36.78
烟草类(元)	Cigarettes(yuan)	277.38	308.76	429.95	400.61	452.31
酒　类	Liquor	3.59	3.56	6.20	5.30	5.09
糕点类	Cake	3.34	2.90	3.23	3.19	3.45
干鲜瓜果类	Dried and Fresh Melons and Fruits	44.08	38.70	36.31	36.57	40.11
奶类及制品(元)	Milk and Its Products(yuan)	157.23	169.88	160.14	170.50	201.40

10−6 每百户城镇居民家庭耐用消费品拥有量

Ownership of Major Durable Consumer Goods Per 100 Urban Households

单位：台 (set)

指　标	Item	2011	2012	2013	2014	2015
摩托车(辆)	Motorcycle(unit)	5.46	5.42	15.39	20.83	17.91
家用汽车(辆)	Automobile(unit)	10.48	13.17	15.84	19.66	23.74
洗衣机	Washing Machine	99.15	99.87	95.50	95.70	97.90
电冰箱	Refrigerator	97.21	97.63	89.98	90.69	93.94
彩色电视机	Color TV Set	115.78	115.67	101.84	105.05	106.23
家用电脑	Household Computer	63.89	71.22	55.72	63.56	64.44
组合音响(套)	Hi-Fi Stereo Component System(unit)	31.22	28.02	14.41	13.49	12.06
照相机(架)	Camera(unit)	29.01	29.87	21.78	21.87	18.89
微波炉	Microwave Oven	45.76	47.59	40.73	40.91	42.78
空调器	Air Conditioner	20.46	21.71	18.70	20.48	27.81
淋浴热水器	Water Heater for Shower	75.11	78.51	77.36	76.63	82.28
健身器材(套)	Healthy Equipment(unit)	3.30	4.06	2.22	3.84	5.04
移动电话(部)	Mobile Telephone(unit)	204.75	214.73	211.72	228.15	236.52

10-7 按收入等级分城镇居民家庭收入、消费情况(2015)

Statistics of Income and Consumption of Urban Househoulds by Level of Income

指 标	Item	低收入户 (20%) Low Income Households	中低收入户 (20%) Lower Middle Income Households	中等收入户 (20%) Middle Income Households	中高收入户 (20%) Upper Middle Income Households	高收入户 (20%) High Income Households
平均每人年可支配收入(元)	**Per Capita Annual Disposable Income(yuan)**	**9550**	**17395**	**24619**	**32640**	**49621**
人均购买主要商品数量	**Per Capita Purchases of Major Commodities**					
粮食(千克)	Grain(kg)	80.69	85.61	92.64	86.74	92.11
食用植物油(千克)	Edible Vegetable Oil(kg)	7.70	9.71	11.30	10.80	11.61
猪肉(千克)	Pork(kg)	18.56	24.80	28.72	30.42	29.54
牛肉(千克)	Beef(kg)	0.93	1.35	2.19	2.80	3.04
鸡(千克)	Chicken(kg)	3.14	4.57	6.38	7.14	8.23
鸭(千克)	Duck(kg)	0.81	0.84	1.18	1.23	1.22
鲜蛋(千克)	Eggs(kg)	3.55	4.28	6.07	6.36	6.69
鱼(千克)	Fish(kg)	2.02	2.57	3.80	4.17	4.26
鲜菜(千克)	Fresh Vegetables(kg)	56.71	74.65	87.43	91.76	98.79
糖类(元)	Sugar(yuan)	22.41	28.98	41.02	41.74	60.04
烟草类(元)	Cigarettes(yuan)	257.39	344.80	529.01	595.32	656.49
白酒(千克)	Liquor(kg)	2.28	2.58	2.61	3.08	3.53
鲜瓜果(千克)	Fresh Fruit(kg)	23.31	29.21	38.20	44.12	51.41
糕点(千克)	Cakes(kg)	1.35	2.11	3.04	3.76	4.32
鲜奶(千克)	Fresh Milk Products(kg)	3.98	6.18	12.30	11.50	14.93
每百户耐用消费品拥有量	**Ownership of Major Durable Consumer Goods Per 100 Urban Househoulds**					
摩托车(辆)	Motorcycle(unit)	30.83	18.37	16.61	13.40	10.43
家用汽车(辆)	Automobile(unit)	12.67	19.14	20.86	30.43	35.52
洗衣机(台)	Washing Machine(set)	98.16	98.82	95.51	98.69	98.33
电冰箱(台)	Refrigerator(set)	87.07	94.46	96.43	97.23	94.47
彩色电视机(台)	Color TV Set(set)	106.64	107.57	103.42	106.22	107.32
计算机(台)	Household Computer(set)	40.95	56.26	67.99	80.96	75.91
组合音响(套)	Hi-Fi Stereo Component System(unit)	5.95	14.41	9.49	15.07	15.36
照相机(架)	Camera(unit)	5.11	7.81	17.14	33.82	30.52
微波炉(台)	Microwave Oven(set)	20.25	34.76	40.81	57.42	60.55
空调(台)	Air Conditioner(set)	10.54	31.39	26.72	30.51	39.79
热水器(台)	Water Heater for Shower(set)	65.68	75.79	83.00	94.20	92.65
健身器材(套)	Healthy Equipment(unit)	1.30	3.70	3.73	6.77	9.67
固定电话(部)	Telephone(unit)	25.77	37.81	42.35	52.19	44.83
移动电话(部)	Mobile Telephone(unit)	240.76	257.66	241.09	236.59	206.53

10-8 农村居民家庭生活基本情况

Basic Conditions of Rural Households Life

指 标	Item	2011	2012	2013	2014	2015
调查户数(户)	**Number of Households Surveyed(household)**	**2240**	**2240**	**2014**	**2748**	**2771**
平均每户常住人口(人)	Average Number of Permanent Residents Per Household (person)	4.32	4.31	4.68	3.49	3.53
平均每户整、半劳动力(人)	Average Number of Full/Semi Labour Force Per Household (person)	2.83	2.82	3.00	2.07	2.15
平均每一劳动力赡养人口(人)	Average Number of Dependents per Labour Force (person)	1.52	1.53	1.56	1.69	1.64
平均每百个劳动力中(人)	In Per 100 Laborers (person)					
文盲或半文盲	Illiterate or Semi-Illiterate	10.29	10.35	10.50		
小学程度	Elementary School	38.63	38.16	37.91		
初中程度	Junior High School	43.23	42.92	42.87		
高中程度	Senior High School	3.78	4.12	4.68		
中专程度	Technical Secondary School	1.69	1.93	2.04		
大专以上	Junior College	1.31	1.42	2.00		
劳动力平均受教育年限(年)	Average Fixed Number of Year of Receiving Education of the Laborers(year)	7.07	7.11	7.28		
平均每人年收入(元)	**Per Capita Annual Income (yuan)**					
总收入	Total Income	5660	6444	7232	9352	10417
工资性收入	Income from Wages and Salaries	1714	1978	2573	2521	2897
家庭经营收入	Income from Household Operations	3368	3809	3922	5162	5730
财产性收入	Income from Properties	60	72	78	96	107
转移性收入	Income from Transfers	519	585	659	1572	1684
现金收入	Cash Income	4440	5078	5983	7667	8853
工资性收入	Income from Wages and Salaries	1712	1976	2572	2520	2895
家庭经营收入	Income from Household Operations	2170	2460	2690	3550	4292
财产性收入	Income from Properties	48	71	78	96	107
转移性收入	Income from Transfers	509	571	642	1472	1560
平均每人年总支出(元)	**Annual Average Expenditure Per Capita(yuan)**	**5722**	**6370**	**6753**	**10893**	**12121**
#人均生活消费支出	Living Expenditure	3456	3902	4740	5970	6645
人均年末使用房屋面积(平方米)	Average Per Capita Living Space at the Year-end(sq.m)	30	30	27	32	32

10-9 农村居民家庭人均可支配收入
Per Capita Annual Net Income of Rural Households

单位：元 (yuan)

指 标	Item	2011	2012	2013	2014	2015
农村常住居民人均可支配收入	**Annual Net Income**	**4145**	**4753**	**5434**	**6671**	**7387**
工资性收入	Income from Wages and Salaries	1714	1978	2573	2521	2897
家庭经营收入	Income from Household Operation	1980	2249	2356	2643	2879
第一产业	Primary Industry	1501	1687	1820	1978	2077
农业收入	Farming	1065	1275	1220	1193	1242
林业收入	Forestry	63	78	62	114	88
牧业收入	Animal Husbandry	368	329	524	664	741
渔业收入	Fishery	4	4	14	7	6
第二产业	Secondary Industry	58	73	96	97	159
工业收入	Industry	13	22	38		
建筑业收入	Construction	46	51	58	48	110
第三产业	Tertiary Industry	421	490	440	569	643
交通运输邮电业收入	Transport, Post and Telecommunication Services	147	193	208	206	208
批发贸易餐饮业收入	Wholesale and Retail Trade & Catering Services	175	201	192		
社会服务业收入	Social Services	39	44	27		
其他家庭经营收入	Others	59	51	13		
转移性收入	Income from Transfer	392	455	427	1436	1527
财产性收入	Income from Property	60	72	78	71	84

注：农村常住居民人均可支配收入2013年及以前为农民人均纯收入。
Note:Ruralpermanent residents's disposable income in 2013 and before was per capita net income of farms.

10-10 农村居民家庭人均年总支出
Per Capita Annual Gross Expenditures of Rural Households

单位：元 (yuan)

指　标	Item	2011	2012	2013	2014	2015
全年总支出	**Gross Expenditure**	**5722**	**6370**	**6753**	**10893**	**12121**
#生活消费支出	Living Expenditure for Consumption	3456	3902	4740	5970	6645
食　品	Food	1647	1741	2036	2489	2645
衣　着	Clothing	186	227	254	342	355
居　住	Residence	639	758	981	1202	1356
家庭设备、用品及服务	Household Facilities,Articles and Services	193	211	272	355	380
医疗保健	Health Care and Medical Services	246	283	302	373	449
交通和通信	Transport and Communications	305	371	490	636	784
文教娱乐用品及服务	Culture,Education and Recreation Articles and Services	183	226	301	481	585
其他商品和服务	Miscellaneous Goods and Services	57	84	103	92	91
家庭经营费用支出	Expenditure for Household Operation	1219	1367	1353	2172	2528
#种植业生产支出	Farming Production Costs	375	468	466		
牧业生产支出	Animal Husbandry Costs	628	644	625	787	824
购置生产用固定资产支出	Expenditure for Purchasing of Productive Fixed Assets	210	183	170	161	183
转移性支出	Expenses on Transfers	809	901	484	137	156
#寄给和带给在外人口	Posting or Taking to Outside City	75	100	92		
财产性支出	Expenses on Properties	25	8	2	22	23
恩格尔系数(%)	**Engel's Coefficient(%)**	**47.7**	**44.6**	**43.0**	**41.7**	**39.8**

10-11 农村居民家庭人均年现金收支

Per Capita Annual Cash Income and Expenditure of Rural Households

单位：元 (yuan)

指 标	Item	2011	2012	2013	2014	2015
现金收入合计	**Total Annual Cash Income**	**4440**	**5078**	**5983**	**5718**	**6491**
工资性收入	Income from Wages and Salaries	1712	1976	2572	2520	2895
家庭经营现金收入	Income from Household Operations	2170	2460	2690	1789	2108
#出售产品收入	Income from Selling Product	1441	1612	1811		
建筑业收入	Construction	65	77	88	62	122
交通运输邮电业收入	Transport, Post and Telecommunication Services	272	318	304	265	269
批发和零售贸易餐饮业收入	Wholesale and Retail Trade & Catering Services	251	311	325		
社会服务业收入	Social Service	45	50	39		
其他家庭经营现金收入	Others	35	33	28		
转移性现金收入	Transfer Cash Income	509	571	642	1335	1404
#亲友赠送	Income from Friends' and Relatives' Presents	141	135	232		
抚恤金	Pension	3	3	8	4	15
财产性现金收入	Property Cash Income	48	71	78	74	84
#租金收入	Rental Income	18	23	37		
非收入所得合计	**Reward From Other Way**	**1690**	**1664**	**1971**	**1351**	**1256**
#银行、信用社贷款	Loans of Bank and Credit Union	271	226	186	288	332
借入款	Borrowed Money	441	422	453	721	653
收回借出款	Drawing Back Loan	55	63	55	102	106
从银行、信用社取回存款	Drawing Money from Banks and Credit Union	200	242	413	832	732
收回投资款	Disinvestment			44		
现金支出合计	**Total Cash Expenditure**	**4660**	**5390**	**5603**	**8774**	**9980**
#生产费用支出	Expenditure for Operating Costs	1153	1317	1230	1791	2184
生活消费支出	Living Expenditure for Consumption	2671	3157	3888	4232	4848
转移性支出	Transfer Expenditures	809	900	483	137	156
#寄给在外人口	Posting to Outside City	75	100	92		
非消费性现金支出	**Nonconsumptive Expenditure**	**668**	**614**	**1078**		
#归还银行、信用社存款	Deposits of Bank and Credit Union Recession	90	110	60		
借出款	Loan	26	18	16	14	21
归还借款	Loan Recession	151	159	159	193	250
存入银行、信用社	Deposit	187	130	245	60	13

10-12 农村居民家庭每人主要消费品消费量
Per Capita Consumption of Major Consumer Goods in Rural Households

单位：公斤 (kg)

指标	Item	2011	2012	2013	2014	2015
粮食	Grain	162.62	149.10	151.57	163.55	152.65
#大米	Rice	135.55	121.17	120.53	127.83	116.76
食油	Edible Oil	4.34	4.80	5.98	8.05	7.06
肉禽及其制品	Meat,Poultry and Related Product	25.73	23.67	28.54	36.52	36.63
#猪肉	Pork	23.04	20.98	24.58	32.11	31.61
家禽	Poultry	2.10	2.05	2.43	3.30	3.63
蛋类及蛋制品	Eggs and Processed Products	1.93	2.35	3.26	3.57	3.54
水产品	Aquatic Products	0.43	0.53	0.80	1.01	1.12
#鱼类	Fish	0.39	0.48	0.72	0.92	1.02
蔬菜	Vegetables	110.42	97.43	95.49	97.17	92.29
瓜果	Melon and Fruits	10.33	12.39	10.88	17.31	20.46
食糖	Sugar	0.68	0.70	0.74	0.94	0.95
卷烟(盒)	Cigarette(pack)	25.34	25.83	24.26	30.31	31.36
酒	Liquor	7.52	7.75	8.82	9.96	9.78

10-13 每百户农村居民家庭年末耐用消费品拥有量
Number of Durable Consumer Goods Owned By Per 100 Rural Households at the Year-end

单位：台 (set)

指标	Item	2011	2012	2013	2014	2015
彩色电视机	Color TV Set	93.9	95.9	96.5	98.9	101.8
电冰箱	Refrigerator	39.9	45.2	50.4	58.6	62.4
洗衣机	Washing Machine	62.5	69.8	69.6	75.2	77.8
热水器	Water Heater for Shower	9.7	12.0	13.8	19.6	21.6
摩托车(辆)	Motorcycle(unit)	36.0	39.0	41.4	48.4	54.9
电话机(部)	Telephone(unit)	17.9	15.4	13.9	13.2	8.4
移动电话(部)	Mobile Telephone(unit)	157.0	173.3	190.1	218.1	227.3

10-14 按收入五等份分农村居民家庭收入、消费情况（2015）

Income and Consumption of Rural Househoulds by Income Quintile

项 目	Item	低收入户 (20%) Low Income Households	中低收入户 (20%) Lower Middle Income Households	中等收入户 (20%) Middle Income Households	中高收入户 (20%) Upper Middle Income Households	高收入户 (20%) High Income Households
人均可支配收入(元)	**Per Capita Disposable Income(yuan)**	**2531**	**5105**	**6930**	**9245**	**15841**
#现金可支配收入	Cash Income	2021	4239	5978	8181	14619
平均每人总支出(元)	**Per Capita Expenditures(yuan)**	**10099**	**9171**	**11192**	**12796**	**19435**
#现金支出	Cash Expenditures	8350	7307	9029	10542	16518
平均每人主要消费品消费量(公斤)	**Per Capita Consumption of Majar Consumor Goods(kg)**					
粮 食	Grain	136.66	137.20	153.72	163.84	182.52
#稻 谷	Rice	101.71	104.34	116.57	129.71	140.73
食 油	Edible Oil	5.72	5.65	7.04	8.43	9.41
肉禽及其制品	Meat,Poultry and Related Product	28.32	31.96	36.00	41.60	49.97
#猪 肉	Pork	24.90	28.23	31.20	35.70	41.62
家 禽	Poultry	2.68	2.99	3.58	4.10	5.40
蛋类及蛋制品	Eggs and Processed Products	2.92	3.21	3.51	3.76	4.62
水产品	Aquatic Products	0.75	0.87	1.10	1.53	1.56
#鱼 类	Fish	0.69	0.78	1.00	1.42	1.40
蔬菜及菜制品	Vegetables	79.69	80.57	95.73	101.09	111.99
干鲜瓜果类	Melon and Fruits	16.41	16.61	19.31	24.42	28.50
食 糖	Sugar	0.74	0.81	1.00	1.07	1.26
卷 烟(盒)	Cigarette(pack)	22.59	27.49	28.75	35.47	47.70
酒	Liquor	8.28	8.77	9.30	10.95	12.55
每百户耐用消费品拥有量	**Number of Durable Consumer Goods Owned By Per 100 Rural Households**					
彩色电视机(台)	Color TV Set(set)	97.80	102.03	102.55	100.27	106.16
电冰箱(台)	Refrigerator(set)	61.56	68.11	64.54	72.92	78.78
洗衣机(台)	Washing Machine(set)	77.92	84.31	85.38	87.93	92.11
热水器(台)	Water Heater for Shower(set)	22.60	24.32	25.20	34.10	38.78
摩托车(辆)	Motorcycles(set)	49.68	59.45	52.54	53.72	58.99
固定电话(部)	Telephone(unit)	6.27	7.40	7.48	8.62	12.07
移动电话(部)	Mobile Telephone(unit)	214.66	227.24	227.66	229.67	237.25

10-15 农村居民家庭人均经营费用和生产性固定资产购置

Per Capita Expenditure for Household Operations and Expenditure for Purchasing Productive Fixed Assets of Rural Households

单位：元 (yuan)

指 标	Item	2011	2012	2013	2014	2015
家庭经营费用支出	**Expenditure for Household Operations**	**1218.87**	**1367.00**	**1353.40**	**2171.76**	**2527.79**
#农业生产支出	Farming	374.98	467.74	465.93	582.11	616.58
林业生产支出	Forestry	8.64	12.35	16.60	10.19	13.83
牧业生产支出	Animal Husbandry	628.23	644.05	625.49	787.16	824.31
渔业生产支出	Fishery	1.03	2.33	2.51	4.99	6.37
工业生产支出	Industry	26.90	21.43	22.26		
建筑业支出	Construction	17.15	22.45	21.57	29.85	141.96
交通运输邮电业支出	Transport, Post and Telecommunication	86.41	85.12	57.69	95.61	148.15
批发和零售贸易、餐饮业支出	Wholesale and Retail Trade & Catering Services	63.42	96.43	106.60		
社会服务业支出	Social Services	4.78	4.91	9.88		
其他经营支出	Others	3.27	6.85	12.46		
购置生产用固定资产支出	**Expenditure for Purchasing Productive Fixed Assets**	**209.95**	**183.17**	**170.29**	**161.09**	**182.58**
#农林牧渔业机械	Machinery of Farming, Forestry, Animal Husbandry and Fishery	52.80	50.11	25.81		
工业机械	Industrial Machinery	5.91	0.35	2.15		
运输机械	Transportation Machinery	86.99	43.82	81.68		
役畜、产品畜	Draught Animals and Commodity Animals	38.80	47.04	39.06	76.70	57.65

10-16 历年城乡居民人均收支

单位：元

年 份 Year	城镇常住居民人均可支配收入 Amual Per Capita Disposable Income of Urban Households	比上年增长(%) Tear-on year Increase Index (%)	指 数(1978年=100) Index (year of 1978=100)	城镇常住居民人均消费性支出 Amual Per Capita Consumption Expenditures of Urban Households	#食 品 #Food
1978	261.26	1.2	100.0	246.53	150.15
1979	279.66	5.2	105.2	273.60	176.64
1980	343.83	11.9	117.7	334.32	202.32
1981	434.10	22.5	144.1	393.24	237.60
1982	459.73	3.8	149.6	403.92	243.96
1983	483.33	3.5	154.8	426.36	258.72
1984	558.00	12.3	173.8	480.36	279.48
1985	682.27	10.9	192.7	617.52	324.24
1986	824.40	13.6	218.8	722.28	381.84
1987	912.26	0.9	220.7	788.76	431.40
1988	1101.84	-0.6	219.4	1050.24	554.52
1989	1275.45	-1.8	215.4	1102.56	640.20
1990	1399.36	8.5	233.8	1163.25	658.19
1991	1593.54	9.6	256.2	1338.86	750.79
1992	1887.51	9.7	281.0	1564.34	886.89
1993	2300.38	5.1	295.4	1876.24	1021.42
1994	3196.06	14.1	337.2	2531.78	1353.13
1995	3916.25	2.2	344.5	3250.55	1752.41
1996	4210.74	-2.9	334.4	3572.78	1923.49
1997	4438.05	1.8	340.4	3555.69	1819.90
1998	4566.17	2.3	348.3	3799.38	1839.64
1999	4935.47	9.0	379.6	3964.35	1683.38
2000	5121.22	5.1	399.0	4278.28	1847.63
2001	5451.91	3.9	414.5	4492.25	1832.26
2002	5944.02	9.8	455.1	4598.30	1788.61
2003	6568.91	9.5	498.4	4947.62	1967.67
2004	7322.04	7.7	536.8	5494.43	2260.46
2005	8147.13	10.6	593.7	6156.27	2457.09
2006	9116.61	10.1	653.7	6848.39	2649.02
2007	10678.40	10.6	723.0	7758.69	3122.46
2008	11758.76	2.9	744.0	8349.21	3597.94
2009	12862.53	10.9	825.1	9048.29	3755.61
2010	14142.74	7.0	882.9	10058.29	4013.67
2011	16495.01	10.8	978.3	11352.88	4565.85
2012	18700.51	10.4	1080.0	12585.70	4992.85
2013	20667.07	7.4	1159.9	13702.87	4915.02
2014	22548.21	7.0	1241.1	15254.64	5319.60
2015	24579.64	7.4	1332.9	16914.20	5757.29

注：1.表中增长速度及指数已扣除价格因素。2.城镇常住居民人均可支配收入2013年及以前为城镇居民人均可支配收入，农村常住居民人均可支配收入2013年及以前为农民人均纯收入。3.农村常住居民人均消费性支出2013年及以前为农村居民数据。

Per Capita Income and Expenditures of Urban and Rural Households Over the Years

(yuan)

农村常住居民人均可支配收入 Amual Per Capita Net Income of Rural Households	比上年增长(%) Tear-on year Increase Index (%)	指 数 (1978年=100) Index (year of 1978=100)	农村常住居民人均生活消费支出 Amual Per Capita Consumption Expenditures of Rural Households	#食 品 #Food
109.30	3.5	100.0	104.52	72.20
131.09	15.4	115.4	116.23	82.44
161.50	16.6	134.5	139.24	96.45
208.87	27.3	171.2	162.51	105.16
223.13	5.3	180.3	187.02	121.67
224.87	0.5	181.1	185.20	126.01
262.81	15.5	209.1	208.87	144.00
302.14	8.8	227.5	254.58	177.83
303.57	-3.9	218.6	271.60	190.60
341.84	6.4	232.5	304.22	212.90
397.74	-0.8	230.7	359.73	254.32
430.34	-7.3	213.9	407.28	282.92
435.14	-1.3	211.0	403.28	281.92
465.53	3.5	218.4	420.44	286.60
506.13	2.0	222.9	454.47	309.77
579.67	-1.4	219.8	550.11	390.45
786.84	6.6	234.2	684.27	484.41
1086.62	6.6	249.6	930.59	661.85
1276.67	5.5	263.3	1068.09	774.62
1298.54	4.2	274.4	1065.70	742.16
1334.46	4.4	286.5	1094.39	757.55
1363.07	4.7	299.9	1069.81	722.16
1374.16	3.6	310.7	1096.59	687.32
1411.73	3.7	322.2	1098.39	659.37
1489.91	4.3	336.1	1137.56	661.35
1564.66	4.7	353.2	1185.17	674.71
1721.55	5.6	373.0	1296.34	754.39
1876.96	5.2	392.4	1552.39	819.87
1984.62	4.7	410.8	1627.07	838.42
2373.99	11.6	458.5	1913.50	998.39
2796.93	8.9	499.3	2165.70	1119.64
3005.41	9.2	545.2	2421.95	1093.94
3471.93	12.6	613.9	2852.48	1319.43
4145.35	14.0	699.8	3455.76	1646.51
4753.00	11.5	780.3	3901.71	1740.58
5434.00	12.4	877.2	4740.18	2036.22
6671.22	10.3	967.5	5970.25	2488.50
7386.87	10.5	1069.1	6644.93	2644.56

Note: 1.The increase index and the index in the table have been deducting price factors. 2.Befor 2013, The Permaneht Residents in cities and towns refers to urban Residents; Rural Permanent Residents disposable income in 2013 and before was per-capita net income of farms. 3.Rural Permanent Residents Per capita Consumer spending in 2013 and before was Rural Residents Data.

主要统计指标解释

住户 指居住在一个住宅内，共同分享生活开支或收入的一群人。居住在同一房间内、不共同分享生活开支的人群，每个人都视为一个住户。住家保姆、住家家庭帮工视为单独的住户。

住户成员 指居住在一个住宅内，所有与本住户分享生活开支或收入的人员。

常住成员 指住户成员中，经常在家居住、或者调查期内居住时间超过一半的人员，以及本住户供养的学生。

季度调查的常住成员包括：

①过去三个月已经居住或未来三个月打算居住时间超过1.5个月的住户成员。

②过去三个月内每月至少在调查住宅居住一天以上，且没有在其他自有或独自租借的普通住宅中住过的人。或者说，在外与人合住或住在工棚、集体宿舍、工作地或其他临时性住所、又定期回家居住的人，也是本住户常住成员。

③由本住户供养的在校学生（包括大中专学生和研究生）。

就业面 指就业人口占家庭人口的百分比。

就业者赡养人口 指家庭人口与就业人口之比。

整、半劳动力 整劳动力指男子18周岁到50周岁，女子18周岁到45周岁；半劳动力指男子16周岁到17周岁，51周岁到60周岁；女子16周岁到17周岁，46周岁到55周岁，同时具有劳动能力的人。虽然在劳动年龄之内，但已丧失劳动能力的人，不应算为劳动力；超过劳动年龄，但能经常参加劳动的人，计入半劳动力数内。常住人口中的职工，若这些职工为劳动力，就包括在本户的整半劳动力中。

可支配收入 指调查户在调查期内获得的、可用于最终消费支出和储蓄的总和，即调查户可以用来自由支配的收入。可支配收入既包括现金，也包括实物收入。按照收入的来源，可支配收入包含四项，分别为：工资性收入、经营净收入、财产净收入和转移净收入。计算公式为：

可支配收入=工资性收入+经营净收入+财产净收入+转移净收入

其中：经营净收入=经营收入−经营费用−生产性固定资产折旧−生产税

财产净收入=财产性收入−财产性支出

转移净收入=转移性收入−转移性支出

工资性收入 指就业人员通过各种途径得到的全部劳动报酬和各种福利，包括受雇于单位或个人、从事各种自由职业、兼职和零星劳动得到的全部劳动报酬和福利。

经营净收入 指住户或住户成员从事生产经营活动所获得的净收入，是全部经营收入中扣除经营费用、生产性固定资产折旧和生产税之后得到的净收入。

财产净收入 指住户或住户成员将其所拥有的金融资产、住房等非金融资产和自然资源交由其他机构单位、住户或个人支配而获得的回报并扣除相关的费用之后得到的净收入。财产净收入包括利息净收入、红利收入、储蓄性保险净收益、转让承包土地经营权租金净收入、出租房屋净收入、出租其他资产净收入和自有住房折算净租金等。

财产净收入不包括转让资产所有权的溢价所得，这应该计入“非收入所得”。

转移性收入 指国家、单位、社会团体对住户的各种经常性转移支付和住户之间的经常性收入转移。包括政府、非行政事业单位、社会团体对居民转移的养老金或退休金、社会救济和补助、惠农补贴、政策性生活补贴、救灾款、经常性捐赠和赔偿以及报销医疗费等；住户之间的赡养收入、经常性捐赠和赔偿以及农村地区（村委会）在外（含国外）工作的本住户非常住成员寄回带回的收入等。

转移性收入不包括住户之间的实物馈赠。

城镇居民人均可支配收入（老口径） 指城镇家庭总收入扣除交纳的个人所得税和个人交纳的各项社会保障支出之后，按照城镇居民家庭人口平均的收入水平。其中家庭总收入是指该家庭中生活在一起的所有家庭人员从各种渠道得到的所有收入之和。更详细的解释可参照《城镇住户调查方案（2011 年统计年报和 2012 年定期报表）》。

农村居民人均纯收入（老口径） 指农村住户当年从各个来源得到的家庭总收入扣除有关费用性支出后，最终归农村居民所有的收入总和，按照农村住户人口平均的纯收入水平。更详细的解释可参照《农村住户调查方案（2011 年统计年报和 2012 年定期报表）》

消费支出 指住户用于满足家庭日常生活消费需要的全部支出，包括用于消费品的支出和用于服务性消费的支出。根据用途不同，消费支出可划分为食品烟酒、衣着、居住、生活用品及服务、交通通信、教育文化娱乐、医疗保健、其他用品及服务八大类。根据来源不同，消费支出可划分为现金消费支出、实物消费支出（含自产自用、来自单位、来自政府和其他社会组织）。

家庭收入分组方法 将所有调查户依户人均可支配收入由低到高排队，按 20%，20%，20%，20%，20%的比例依次分成：低收入户、中低收入户、中等收入户、中高收入户、高收入户等五组。

恩格尔系数 指食物支出金额在生活消费总支出金额中所占的比例。计算公式为：

$$\text{恩格尔系数} = \frac{\text{食品支出金额}}{\text{生活消费总支出金额}} \times 100\%$$

Explanatory Notes on Main Statistical Indicators

Household refer to a group of people who live in a house, share a living expenses or income. Living in the same room, not to share the living expenses of the crowd, everyone is considered as a household. Nanny, home family workers are treated as a separate household。

Household Members refer to a member of the household who is living in a house, all of which share the expenses or income of the household.

Permanent Members refer to the members of the household who is often at home, or in the residence time of more than half of the residence time, and the students who support.

Quarterly Sruvey of Permanent Members include:

①The household members who have been living over the past three months or will live longer than 1.5 months in the next three months.

②The people who live In the investigation housing the past three months, at least over the past months, more than one day, and not live in ordinary homes, or on a lease. Or, in the outside and people share or live in sheds, dormitory, work or other temporary shelters and regular home living people, but also the households resident members.

③Students supported by the household.

Proportion Employment refers to the percentage of the population in the family.

Number of Dependents per Employee refers to the ratio of the household population to the employment population.

Full/Semi Labour Force Full labour force refers to persons capable of work, aged 18-50 for males and 18-45 for females. Semi labour force refers to persons capable of work, aged 16-17 and 51-60 for males and 16-17 and 46-55 for females. Persons at their working ages but not capable of work are not to be included as labour force. Persons not at working ages but participating regularly in work are included in semi labour force. For staff and workers who are usual residents, are included as full or semi labour force of the household if they are in the labour force.

Disposable income refers to the income of the household survey period, which can be used for final consumption and savings, or the income of the household can be used for free. Disposable income includes both cash, but also in kind. According to the sources of income, disposable income includes four items, respectively, income from wages and salaries, net business income, net income from properties and net income from transfer. Calculation formula:

Disposable income = wage income + net income + property net income + transfer net income

Where: operating net income = operating income - operating expenses - production of fixed assets depreciation - production tax

Property net income = property income - property expenses

Transfer of net income = transfer income-transfer expenditure

Income from Wages and Salaries fers to remuneration of labour and salaries from all kinds of sources, including those employed by other units or individuals, freelance work, part-time jobs, and sporadic labour.

Net Business Income refers to the income earned by households and their members engaged in the production and business activities. It refers to the net income of operating revenue minus operating costs, depreciation of productive fixed assets, and production tax.

Property Net Income refers to the net income received as returns by the household or household members of the financial assets, non-financial assets such as housing, to other institutions, households or individuals, and minus relevant costs. Net income from properties includes net income of interest, bonus income, net income of saving insurance, net income of rents of transferring management right of contract land, income of renting housing, income of renting other assets, net converted rents of self-owned housing. Net income from properties do not include premium of transferring ownership of assets.

Property net income does not include the premium income from the transfer of property rights, which should be included in the “non income”.

Transfer income refers to the regular transfer from country, institutions, social communities to households and between households. Including the government, the non administrative institutions, social groups of residents to move pension or retirement benefits, social benefits and subsidies, subsidies benefit farmers, policy subsidy, relief funds, regular donation and compensation and reimbursement of medical expenses; between tenants alimony income, often donations and compensation and rural areas (Village) (including foreign) of the households in non resident members return back to the income.

The transfer of income does not include the physical gifts between households.

The Per Capita Disposable Income of Urban Residents efers to the income tax and the average income level of the residents in urban families after the deduction of the income tax and the social security expenditure. The total household income is the sum of all the income of the family who lives in a variety of ways. More detailed explanation can be referred to the 《urban household survey (2011 statistical report and 2012 periodic report)》.

The Per Capita Net Income of Rural Residents (old caliber) refers to the total income of rural households in the year from various sources of household income after deducting the cost of the total income of rural residents, according to the average net income of rural households. A more detailed explanation can be referred to the 《Rural Household Survey Programme (2011 statistical report and the 2012 periodic report)》.

Consumer Spending efers to all the expenses that the household is used to meet the needs of the daily life of the family, including the expenses for the consumer goods and the expenses for the service. According to different purposes, the consumption expenditure can be divided into tobacco and food, clothing, housing, daily necessities and services, transportation and communication, education culture and entertainment, health care and other goods and services eight categories. According to different sources, consumer spending can be divided into cash consumption, real consumer spending (including self-produced their own, from the unit, from the government and other social organizations).

Household income grouping method according to the households, the average income per household was low to high, according to 20%, 20%, 20%, 20%, 20% of the proportion were divided into: low income households, middle and low income households, middle income households, middle and high income, high income households and other five groups.

Engel Coefficient refers to the percentage of expenditure on food in the total consumption expenditure, using the following formula:

$$\text{Engel Coefficient} = \frac{\text{expenditure on food}}{\text{total consumption expenditure}} \times 100\%$$

城市概况

General Survey of Cities 11

简 要 说 明

一、主要内容

本篇资料主要反映城市公用事业概况，包括：城市公用事业、城市气象、市政建设及设施、公共交通、城市绿化、环境卫生等。

二、统计范围

包括全省所有设市城市在建成区范围内所有的城市规划管理、投资、建设或经营管理相关设施的单位。

三、资料来源

本篇资料由省住房城乡建设厅、省交通运输厅、省气象局等单位提供。

Brief Introduction

I. Main Contents

Data in this chapter present the basic status of urban public utilities, mainly indicators include city public utility, city weather, municipal building and infrastructure, public transportation, urban greening, urban sanitation.

II. Scope of Statistics

Data in this chapter cover all units under the jurisdiction of cities which are engaged in urban planning and management, investment, construction and operation of relevant facilities.

III. Sources of Data

Data in this chapter are collected by the Provincial Bureau of Housing and Urban-Rural Development, Provincial Bureau of Traffic and Transportation, Provincial Bureau of Meteorological Service etc.

11-1 城市公用事业
City Public Utilities

指 标	Item	2011	2012	2013	2014	2015
城市建设	**City Areas and Floor Space of Buildings**					
城区面积(平方公里)	Urban Area (sq.km)	4108.16	4543.68	4708.90	4918.41	4933.60
建成区面积(平方公里)	Area of Built Districts (sq.km)	986.50	1121.68	1315.86	1371.15	1458.83
城市建设用地面积(平方公里)	Area of Land Used for Urban Construction (sq.km)	1005.73	1026.84	1141.93	1203.92	1314.31
征用土地面积(平方公里)	Area of Land Put in Requisition for State Construction Projects (sq.km)	36.20	57.19	95.74	58.68	69.11
城市人口密度(人/平方公里)	Population Density of City Districts (persons/sq.km)	2579	2410	2411	2368	2426
城市供水、燃气	**Supply of Water and Gas**					
年末供水综合生产能力(万立方米/日)	Production Capacity of Tap Water Supply at Year-end (10000 cu.m/day)	364.56	376.94	364.28	371.97	381.31
供水管道长度(公里)	Length of Water Pipelines (km)	11107.57	11629.67	12579.11	13608.14	15239.84
建成区城市供水管道密度(公里/平方公里)	Water Pipelines Pensity of Built Districts of city(km/sq.km)	11.26	10.37	9.56	9.92	10.45
供水总量(万立方米)	Volume of Tap Water Supply (10000 cu.m)	67766	71168	74730	79789	85454
#生活用水	Water Consumption for Residential Use	36091	38367	39631	42847	45349
生产用水	Water Consumption for Productive Use	11335	10728	10196	10379	12076
用水人口(万人)	Number of Residents with Access to Tap Water (10000 persons)	920.40	959.30	1044.68	1050.33	1099.25
人均日生活用水(升)	Per Capita Daily Consumption of Tap Water for Residential Use (liter)	127.82	128.92	131.39	134.53	134.88
用水普及率 (%)	Coverage Rate of Urban Population with Access to Tap Water (%)	86.9	87.6	88.5	90.2	91.8
人工煤气生产能力(万立方米/日)	Production Capacity of Gaswork Gas (10 000 cu.m/day)	187	187	102	102	6
管道长度(公里)	Length of Gas Pipelines (km)	3264.27	3597.19	4065.69	4483.98	5442.03
人工煤气	Gaswork	2741.53	2902.89	2948.42	2954.25	770.95
液化石油气	Liquefied Petroleum Gas	182.72	184.95	189.95	129.39	153.58
天然气	Natural Gas	340.02	509.35	927.32	1400.34	4517.50
全年供气总量	Annual Volume of Gas Supply					
人工煤气(万立方米)	Gaswork (10 000 cu.m)	30515	34167	23788	16034	5540
#家庭用量	Consumption of Gaswork Gas for Residential Use	13118	14259	12177	8461	2820
液化石油气 (吨)	Liquefied Petroleum Gas(ton)	99396	101606	108144	113647	138443
#家庭用量	Consumption of Liquefied Gas for Residential Use	91742	93089	99340	106175	127853
天然气(万立方米)	Natural Gas Supply (10 000 cu.m)	5496	9879	16668	31311	39660
#家庭用量	Consumption of Natural Gas for Residential Us	674	1096	3118	12573	18510
用气人口(万人)	Population with Access to Gas (10 000 persons)	582.54	603.88	666.26	701.73	846.24
人工煤气	Gaswork	207.69	176.05	126.60	127.50	31.00
液化石油气	Liquefied Petroleum Gas	350.98	372.81	402.53	419.23	527.18
天 然 气	Natural Gas	23.87	55.02	137.13	155.00	288.06
燃气普及率(%)	Coverage Rate of Urban Population with Access to Gas (%)	55.0	55.2	58.7	60.3	70.7
城市市政设施	**Municipal Infra-structure**					
年末实有道路长度(公里)	Length of Paved Roads at Year-end (km)	4487	4875	5787	6325	7014

11-1 续表 continued

指　标	Item	2011	2012	2013	2014	2015
年末实有道路面积(万平方米)	Area of Paved Roads at Year-end (10 000sq.m)	7054	7585	10166	11324	13005
人均拥有道路面积(平方米)	Per Capita Area of Paved Roads(sq.m)	6.66	6.93	8.95	9.72	10.86
城市排水管道长度(公里)	Length of City Sewage Pipes(km)	5977	6148	8146	8856	9529
城市污水日处理能力(万立方米)	Daily Disposal Capacity of City Sewage (10 000 cu.m)	171	173	188	191	199
建城区城市排水管道密度(公里/平方公里)	Density of City Sewage Pipes(km/sq.km)	6.06	5.48	6.19	6.46	6.53
城市桥梁(座)	Number of City Bridges (unit)	776	783	901	931	1070
城市道路照明灯(千盏)	Number of Street Lights (1 000 units)	391	428	540	590	660
城市公共交通	**Public Traffic**					
年末公共交通运营车辆数(辆)	Number of Public Vehicles under Operation at Year-end (Buses and Trolley Buses, etc.)(unit)	5364	5429	6484	7355	7889
运营线路网长度(公里)	Length under Operation (km)	6212	6518	7161	9037	10542
公共交通客运总量(万人次)	Passengers Transported by Public Vehicles (10 000person-times)	130976	143499	153381	163336	153634
出租汽车(辆)	Number of Taxi(unit)	17196	20600	22946	24394	25697
城市绿化和园林	**City Greening**					
城市园林绿地面积(公顷)	Area of Parks and Green Land (hectare)	48024	51081	67029	71048	73980
公园绿地面积	Park Green Areas	5830	7311	9063	10090	11503
人均公园绿地面积(平方米)	Per Capita Area of Parks and Green Land(sq.m)	5.50	6.68	7.98	8.66	9.61
公园个数(个)	Number of Parks and Zoos(unit)	146	147	161	160	242
公园面积(公顷)	Area of Parks (hectares)	4941	5074	5743	6439	9135
建成区绿化覆盖率(%)	Green Covered Area as % of Completed Area (%)	24.57	25.06	24.94	24.35	28.15
城市环境卫生	**Environmental Sanitation**					
清扫保洁面积(万平方米)	Area under Cleaning Program (10 000 sq.m)	6982	7831	9028	9546	12161
生活垃圾清运量(万吨)	Volume of Garbage Disposal (10 000 tons)	431.46	449.41	461.47	490.44	501.17
市容环卫专用车辆设备总数(台)	Number of Special Vehicles for Environmental Sanitation (unit)	2320	2696	3134	3733	4254
公共厕所(座)	Number of Public Lavatories (unit)	2121	2110	2213	2311	2476
#三类以上	Third Grade and Above	1445	1461	1536	1689	1850

注：资料来源于省住房城乡建设厅、省交通运输厅(以下相关表同)。

Note: Data is provided by provincial department of transport and housing construction of urban and rural department (The relative tables in the chapter are the same).

11–2 城市气象(2015)
Climate of Major Cities

城市名称	City	年平均气温(℃) Annual Average Temperature(℃)	年降水量(毫米) Annual Precipitation(mm)	年日照时数(小时) Annual Sunshine Hours(hour)	年平均相对湿度(%) Annual Average Relative Humidity(%)
全省平均	Pingjun	16.4	1362.0	1049.4	82
贵阳市	Guiyang	15.2	1430.8	942.3	84
六盘水市	Liupanshui	13.8	980.8	1124.4	79
遵义市	Zunyi	15.6	1080.5	1076.5	80
安顺市	Anshun	15.0	1578.3	1105.7	81
毕节市	Bijie	14.0	1040.6	976.6	82
铜仁市	Tongren	17.3	1273.5	989.3	79
兴义市	Xingyi	17.4	1513.3	1591.2	80
凯里市	Kaili	16.6	1651.9	946.3	81
都匀市	Duyun	15.5	2129.7	681.7	88
清镇市	Qingzhen	15.5	1555.7	1056.8	80
赤水市	Chishui	18.9	1454.9	1193.0	83
仁怀市	Renhuai	16.7	989.2	1046.5	78
福泉市	Fuquan	15.8	1299.8	795.0	83

注：资料来源于省气象局(下表同)。

Note:Data in the table are provided by the provincial bureau of meteorology(The same applies to the next table).

11–3 城市平均气温（2015）
Monthly Average Temperature of Major Cities

单位：℃ (℃)

城市名称	City	1月 Jan.	2月 Feb.	3月 Mar.	4月 Apr.	5月 May	6月 June	7月 July	8月 Aug.	9月 Sept.	10月 Oct.	11月 Nov.	12月 Dec.
全省平均	Pingjun	7.3	9.0	12.6	17.5	21.0	23.5	23.2	22.9	20.9	17.6	13.7	7.0
贵阳市	Guiyang	6.1	8.2	11.3	16.5	19.6	22.0	21.9	21.5	19.7	16.6	13.1	6.0
六盘水市	Liupanshui	5.0	7.6	11.7	14.6	18.4	20.2	19.6	18.6	17.7	14.7	12.6	5.3
遵义市	Zunyi	6.3	7.6	11.5	16.9	20.0	22.9	23.3	22.8	20.1	17.4	12.4	5.9
安顺市	Anshun	6.2	8.2	11.5	16.4	19.6	21.4	21.3	20.4	19.0	16.2	13.7	5.9
毕节市	Bijie	5.0	6.9	11.1	15.0	17.9	21.0	20.8	19.8	18.2	15.1	12.8	4.8
铜仁市	Tongren	8.0	8.6	12.4	18.1	21.8	25.5	25.7	26.0	23.0	19.2	12.2	7.5
兴义市	Xingyi	8.9	11.7	15.5	19.2	22.7	23.4	22.5	21.5	20.8	18.0	15.8	8.6
凯里市	Kaili	7.2	8.5	11.9	17.7	21.5	24.6	23.9	23.9	21.8	18.0	13.1	6.8
都匀市	Duyun	6.4	8.2	11.2	16.6	20.3	22.8	22.2	22.1	20.3	17.2	12.7	6.2
清镇市	Qingzhen	6.6	8.8	11.7	16.5	19.9	22.2	22.1	21.4	19.8	16.9	13.8	6.6
赤水市	Chishui	9.5	11.8	16.4	19.9	22.7	25.1	26.5	26.2	22.9	19.9	16.1	9.8
仁怀市	Renhuai	7.3	9.5	13.2	18.0	20.5	23.7	24.2	23.6	21.1	18.1	13.9	7.0
福泉市	Fuquan	6.5	8.2	11.4	16.9	20.7	23.4	22.8	22.9	20.8	17.1	12.8	6.4

11-4 城市建设(2015)
City Construction

单位：平方公里 (sq.km)

城市名称	City	城区面积 Urban Area	建成区面积 Area of Built Districts	城市建设用地面积 Area of Land Used for Urban Construction
贵阳市	Guiyang	1230.00	299.00	274.34
六盘水市	Liupanshui	129.00	71.68	60.54
遵义市	Zunyi	220.00	66.00	63.83
安顺市	Anshun	145.88	66.30	58.88
铜仁市	Tongren	53.30	34.68	33.59
兴义市	Xingyi	73.40	43.50	41.84
毕节市	Bijie	166.09	42.50	40.36
凯里市	Kaili	111.50	67.00	54.53
都匀市	Duyun	300.00	32.00	17.63
清镇市	Qingzhen	51.60	19.00	17.85
赤水市	Chishui	91.00	16.10	10.85
仁怀市	Renhuai	89.00	15.00	14.14
福泉市	Fuquan	19.20	16.30	13.80

11-5 城市设施水平(2015)
Level of Public Facilities in Cities

城市名称	City	城市用水普及率(%) Coverage Rate of Urban Population with Access to Tap Water(%)	城市燃气普及率(%) Coverage Rate of Urban Population with Access to Gas(%)	每万人拥有公共交通车辆(标台) Number of Public Transportation Vehicles Per 10 000 Population(unit)	人均城市道路面积(平方米) Per Capita Area of Paved Roads (sq.m)	人均公园绿地面积(平方米) Per Capita Area of Park and Green Land (sq.m)
贵阳市	Guiyang	96.21	96.24	20.2	9.94	14.22
六盘水市	Liupanshui	91.99	91.74	11.5	16.14	10.61
遵义市	Zunyi	96.51	79.28	16.0	7.01	15.00
安顺市	Anshun	96.68	69.96	15.0	13.56	8.01
铜仁市	Tongren	93.21	63.14	7.1	9.06	8.54
兴义市	Xingyi	91.44	67.80	12.6	21.98	7.34
毕节市	Bijie	95.99	66.62	12.0	16.80	20.23
凯里市	Kaili	95.09	75.22	16.6	11.53	14.90
都匀市	Duyun	96.09	85.84	14.4	8.95	8.73
清镇市	Qingzhen	95.06	89.72	3.2	11.52	10.25
赤水市	Chishui	90.23	69.17	8.9	11.43	12.18
仁怀市	Renhuai	97.48	79.53	5.7	9.04	14.09
福泉市	Fuquan	96.38	60.30	2.7	9.74	13.57

11-6 城市供水（2015）
Tap Water Supply in Cities

城市名称	City	年末供水综合生产能力（万立方米/日）Production Capacity of Tap Water Supply (year-end) (10 000 cu.m/day)	年末供水管道长度（公里）Length of Water Supply Pipelines (year-end) (km)	全年供水总量（万立方米）Total Annual Volume of Water Supply (10 000 cu.m)	#生活用水 For Residential Use	#生产用水 For Productive Use	用水人口（万人）Number of Residents with Access to Tap Water (10 000 persons)	人均日生活用水量（升）Per Capita Daily Consumption of Tap Water for Residential Use(liter)
贵阳市	Guiyang	120.44	4246.40	30872.28	14324.56	3617.32	255.92	200.94
六盘水市	Liupanshui	10.00	1449.12	3237.00	1728.00	930.00	32.29	146.62
遵义市	Zunyi	30.00	322.00	6159.00	3912.00	687.00	76.03	153.58
安顺市	Anshun	12.87	480.20	3401.48	1347.80	1157.35	44.90	90.33
铜仁市	Tongren	17.20	407.39	2655.30	1386.40	683.80	31.00	122.53
兴义市	Xingyi	12.50	412.00	2737.00	1600.00	462.00	32.37	150.57
毕节市	Bijie	12.00	638.10	2316.00	980.00	48.00	27.52	137.86
凯里市	Kaili	10.40	835.00	2650.00	1601.00	265.00	37.15	120.36
都匀市	Duyun	12.08	310.06	1994.55	905.07	391.38	22.87	162.46
清镇市	Qingzhen	6.00	226.80	1434.35	961.95	290.00	16.36	167.22
赤水市	Chishui	4.00	135.00	651.00	360.00	83.00	12.00	94.98
仁怀市	Renhuai	7.50	140.86	1128.83	756.08	130.69	14.67	156.17
福泉市	Fuquan	2.64	163.00	875.00	530.00	136.00	9.59	170.27

11-7 城市燃气(2015)
Supply of Gas in Cities

城市名称	City	人工煤气生产能力(万立方米/日) Production Capacity of Gaswork Gas (10000cu.m/day)	管道长度(公里) Length of GasPipelines(km)			全年供气总量 Volume of Gas Supply			用气人口(万人) Population with Access to Gas (10 000 persons)		
			人工煤气 Coal Gas	液化石油气 Liquefied Petroleum Gas	天然气 Natural Gas	人工煤气(万立方米) Coal Gas (10000cu.m)	液化石油气(吨) Liquefied Petroleum Gas(ton)	天然气(万立方米) Natural Gas (10000cu.m)	人工煤气 Coal Gas	液化石油气 Liquefied Petroleum Gas	天然气 Natural Gas
贵阳市	Guiyang				2272		42000	21000		72.0	184.0
六盘水市	Liupanshui	6	771			5540	3000		31.0	1.2	
遵义市	Zunyi				225		11720	5719		49.0	13.5
安顺市	Anshun				151		10651	1692		15.0	17.5
铜仁市	Tongren			93			2105			21.0	
兴义市	Xingyi				60		3166	239		23.0	1.0
毕节市	Bijie				126		2218	620		16.9	2.2
凯里市	Kaili				104		8213	906		23.1	6.3
都匀市	Duyun			32	103		1843	197		18.6	1.8
清镇市	Qingzhen				20		1216	357		5.2	10.2
赤水市	Chishui				457		266	1244		2.9	6.3
仁怀市	Renhuai				30		840	933		6.8	5.2
福泉市	Fuquan						1431			6.0	

11-8 城市市政设施（2015）
Municipal Infrastructure in Cities

城市名称	City	年末实有道路长度（公里）Length of Paved Roads (year-end) (km)	年末实有道路面积（万平方米）Area of Paved Roads (year-end) (10 000 sq.m)	城市桥梁（座）Number of City Bridges (unit)	城市排水管道长度（公里）Length of City Sewage Pipes (km)	城市污水日处理能力（万立方米）Daily Disposal Capacity of City Sewage (10 000 cu.m)	城市道路照明灯（千盏）Number of Street Lights (1 000 units)
贵 阳 市	Guiyang	1307.23	2645.00	375	3523.31	64.0	225.71
六盘水市	Liupanshui	229.54	566.38	38	77.58	6.5	25.48
遵 义 市	Zunyi	276.00	552.00	39	222.00	21.0	34.13
安 顺 市	Anshun	324.87	629.73	49	526.95	6.5	21.24
铜 仁 市	Tongren	272.00	301.50	26	207.00	5.4	7.31
兴 义 市	Xingyi	324.37	777.96	26	469.76	5.5	19.04
毕 节 市	Bijie	230.78	481.70	40	203.38	8.0	6.38
凯 里 市	Kaili	239.89	460.58	28	167.00	9.4	47.90
都 匀 市	Duyun	108.75	213.12	47	165.10	6.2	13.71
清 镇 市	Qingzhen	67.04	198.28	4	80.87	5.0	4.07
赤 水 市	Chishui	63.90	152.00	2	110.40	2.0	6.22
仁 怀 市	Renhuai	42.00	136.00	5	42.00	3.0	8.25
福 泉 市	Fuquan	81.00	96.96	6	99.80	1.5	2.24

11−9 城市绿地和园林(2015)

Parks and Green Areas in Cities

城市名称	City	建成区园林绿地面积(公顷) Area of Parks and Green Land(hectare)	公园绿地面积(公顷) ParkGreen Areas(hectare)	公园(个) Number of Parks(unit)	公园面积(公顷) Area of Parks(hectare)	建成区绿化覆盖率(%) Green Covered Area as % of Completed Area
贵阳市	Guiyang	11115	3783	16	2999	38.57
六盘水市	Liupanshui	2321	372	13	335	36.24
遵义市	Zunyi	2666	1182	6	997	44.06
安顺市	Anshun	2151	372	22	360	36.75
铜仁市	Tongren	1355	284	10	350	44.38
兴义市	Xingyi	1332	260	8	280	34.60
毕节市	Bijie	1239	580	7	487	30.54
凯里市	Kaili	1583	582	11	786	26.23
都匀市	Duyun	568	208	6	136	18.14
清镇市	Qingzhen	746	176	3	88	42.04
赤水市	Chishui	534	162	8	122	36.33
仁怀市	Renhuai	345	212	1	2	27.33
福泉市	Fuquan	292	135	3	78	22.02

11−10 城市市容环境卫生(2015)

Urban Sanitation in Cities

城市名称	City	清扫保洁面积(万平方米) Area under Cleaning Program (10 000 sq.m)	生活垃圾清运量(万吨) Volume of Garbage Disposal (10 000 tons)	市容环卫专用车辆设备总数(台) Number of Special Vehicles for Environmental Sanitation (unit)	公共厕所(座) Number of Public Lavatories (unit)	#三类以上 Third Grade and Above	生活垃圾无害化处理率(%) Garbage harmless treatment rate (%)
贵阳市	Guiyang	3012	111.88	1203	540	540	95.1
六盘水市	Liupanshui	500	15.94	180	63	63	95.0
遵义市	Zunyi	552	34.51	318	331	331	94.1
安顺市	Anshun	715	16.20	290	68	61	94.1
铜仁市	Tongren	220	12.72	29	85	29	92.0
兴义市	Xingyi	600	13.45	45	101		95.0
毕节市	Bijie	355	17.08	145	66	30	95.1
凯里市	Kaili	463	13.74	65	40	40	90.3
都匀市	Duyun	208	10.22	86	33	33	91.2
清镇市	Qingzhen	156	5.40	67	19	19	95.0
赤水市	Chishui	152	4.20	52	32	32	95.0
仁怀市	Renhuai	75	6.19	107	44	42	95.0
福泉市	Fuquan	90	6.80	32	18		73.5

主要统计指标解释

供水综合生产能力　指按供水设施取水、净化、送水、出厂输水干管等环节设计能力计算的综合生产能力。包括在原设计能力的基础上，经挖、革、改增加的生产能力。计算时，以四个环节中最薄弱的环节为主确定能力。原则上按设计能力填报，对于经过更新改造后，实际生产能力与设计能力相差很大的，按实际能力填报。

供水管道长度　指从送水泵至用户水表之间所有管道的长度。不包括新安装尚未使用、水厂内以及用户建筑物内的管道。在同一条街道埋设两条或两条以上管道时，应按每条管道的长度计算。

供水总量　指报告期供水企业（单位）供出的全部水量。包括有效供水量和漏损水量。其中有效供水量指水厂将水供出厂外后，各类用户实际使用到的水量。包括售水量和免费供水量。

生活用水量　包括公共服务用水和居民家庭用水。公共服务用水指为城市社会公共生活服务的用水。包括行政事业单位、部队营区和公共设施服务、社会服务业、批发零售贸易业、旅馆饮食业以及其他公共服务业等单位的用水。居民家庭用水指城市范围内所有居民家庭的日常生活用水。包括城市居民、农民家庭、公共供水站用水。

用水普及率　指报告期末城区用水人口数与总人口的比率。计算公式：

$$用水普及率=\frac{城区用水人口（含暂住人口）}{城区人口+城区暂住人口}\times 100\%$$

人工煤气生产能力　指报告期末人工煤气生产厂制气、净化、输送等环节的综合生产能力，不包括备用设备能力。一般按设计能力计算，如果实际生产能力大于设计能力时，应按实际测定的生产能力计算。测定时应以制气、净化、输送三个环节中最薄弱的环节为主。

供气管道长度　指报告期末从气源厂压缩机的出口或门站出口至各类用户引入管之间的全部已经通气投入使用的管道长度。不包括煤气生产厂、输配站、液化气储存站、灌瓶站、储配站、气化站、混气站、供应站等厂(站)内的管道。按不同的材质、管径分别统计。

供气总量　指报告期燃气企业（单位）向用户供应的燃气数量。包括销售量和损失量。

燃气普及率　指报告期末使用燃气的人口与总人口的比率。计算公式为：

$$燃气普及率=\frac{城区用气人口（含暂住人口）}{城区人口+城区暂住人口}\times 100\%$$

桥梁　指为跨越天然或人工障碍物而修建的构筑物。包括跨河桥、立交桥、人行天桥以及人行地下通道等。

排水管道长度　指所有排水总管、干管、支管、检查井及连接井进出口等长度之和。计算时应按单管计算，即在同一条街道上如有两条或两条以上并排的排水管道时，应按每条排水管道的长度相加计算。

污水处理能力　指污水处理厂(或处理装置)每昼夜处理污水量的设计能力。

年末公共交通运营车辆数　指年末公交企业(单位)用于运营业务的全部车辆数。以企业(单位)固定资产台账中已投入运营的车辆数为准。

绿地面积　指报告期末用作园林和绿化的各种绿地面积。包括公园绿地、生产绿地、防护绿地、附属绿地和其他绿地的面积。其中公园绿地指城市中向公众开放的、以游憩为主要功能，有一定的游憩设施和服务设施，同时兼有健全生态、美化景观、防灾减灾等综合作用的绿化用地。它是城市建设用地、城市绿地系统和城市市政公用设施的重要组成部分。

公共绿地 指向公众开放的市级、区级、居住区级各类公园、街旁游园，包括其范围内的水域。其中居住区级公园应不小于1万平方米，街旁游园的宽度不小于8米，面积不小于400平方米。

生活垃圾清运量 指报告期收集和运送到各生活垃圾处理场（厂）和生活垃圾最终消纳点的生活垃圾的数量。统计时仅计算从生活垃圾源头和从生活垃圾转运站直接送到处理场和最终消纳点的清运量，对于二次中转的清运量不要重复计算。

气温 指空气的温度，我国一般以摄氏度(℃)为单位表示。气象观测的温度表是放在离地面约1.5米处通风良好的百叶箱里测量的，因此，通常说的气温指的是离地面1.5米处百叶箱中的温度。其统计计算方法为：月平均气温是将全月各日的平均气温相加，除以该月的天数而得。年平均气温是将12个月的月平均气温累加后除以12而得。

相对湿度 指空气中实际所含水蒸气密度和同温度下饱和水蒸气密度的百分比值。其统计方法与气温相同。

降水量 指从天空降落到地面的液态或固态(经融化后)水，未经蒸发、渗透、流失而在地面上积聚的深度。其统计计算方法为：月降水量是将全月各日的降水量累加而得。年降水量是将12个月的月降水量累加而得。

日照时数 指太阳实际照射地面的时间。其统计方法与降水量相同。

Explanatory Notes on Main Statistical Indicators

Production Capacity of Water Supply refers to the designed overall production capacity of water facilities, covering the four segments of water collection, purification, conveyance, and outflow through trunk pipelines. Increased capacity through transformation and innovation projects is included as well. The capacity is determined mainly on the weakest of the above-mentioned four segments. In principle, according to the design capacity reporting, for after renovation, the actual production capacity and design capabilities are vary greatly. It is according to the actual ability reported.

Length of Water Supply Pipelines refers to the total length of all the pipelines between the water pumps and the user water meters, excluding pipelines newly installed but not used yet, pipeline in the water factory, and pipeline in the user's buildings. Buried in the same street two or more pipes, each pipe length shall be calculated.

Total Volume of Water Supply refers to the total volume of water supplied by water-works (units) during the reference period, including both the effective water supply and loss during the water supply. The effective water supply refers to the water supply for the water supply factory, the actual use of various types of water users. Including the sale of water and free water supply.

Consumption of Water for Residential Use refers to water consumption of households for daily life and water consumption of public service facilities. The latter refers to water consumption for urban public services, including the consumption of government agencies and public institutions, military barracks, public facilities, wholesale and retail outlets, restaurants, hotels, and other units providing public services. Household water consumption refers to consumption of water for daily life of all households within the boundary of cities, including households of urban residents and farmers, and public water supply stations.

Coverage Rate of Urban Population with Access to Tap Water refers to the ratio of the urban population with access to tap water to the total urban population at the end of reference period. The formula is:

$$\text{Coverage of urban population with access to tap water} = \frac{\text{Urban population with access to tap water}}{\text{Urban population}} \times 100\%$$

Production Capacity of Gaswork Gas refers to the overall production capacity of the urban gasworks in gas generation, purification and delivery at the end of the reference period, excluding capacity of the reserved facilities. In general, it is determined by the designed capacity, and when actual production capacity is larger than the designed capacity, the capacity is determined by the actual measurement on the weakest segment in the production, purification and delivery.

Length of Gas Pipelines refers to the total length of pipelines in use between the outlet of the compressor of gas-work or outlet of gas stations and the leading pipe of users, excluding pipelines within gasworks, delivery stations, LPG storage stations, refilling stations, gas-mixing stations and supply stations. It is according to different material, diameter, respectively statistics.

Volume of Gas Supply refers to the total volume of gas provided to users by gas-producing enterprises (units) during the reporting period, including the volume sold and the volume lost.

Coverage Rate of Urban Population with Access to Gas refers to the ratio of the urban population with access to gas to the total urban population at the end of the reference period. The formula is:

$$\text{Coverage rate of urban population with access to gas} = \frac{\text{Urban population with access to gas}}{\text{Urban population}} \times 100\%$$

Bridges refer to bridges built to cross over natural or man-made barriers, including bridges over rivers, overpasses for traffic and for pedestrians, underpasses for pedestrians, etc.

Length of Sewage Pipes refers to the total length of general drainage, trunks, branch and inspection wells, connection wells, inlets and outlets, etc. In the calculation, calculation shall be single-tube that is on the same street if two or more side by side drains, they should be added to the length of each drainage calculations.

Disposal Capacity of Sewage refers to the designed 24-hour capacity of sewage disposal by the sewage treatment works or facilities.

Number of Vehicles under Operation at Year-end refers to the total number of vehicles under operation by public transport enterprises (units) at the end of the year, based on the records of operational vehicles by the enterprises (units).

Area of Green Land refers to the end of the reporting period used for landscaping and green area. Including the park green land, production green land, protection green land, green land attached to institutions, and other green area. Park green area refers to open to the public amusement and rest with the facilities of amusement, rest and services. Its function includes perfecting ecology, beautifying landscape, and preventing and reducing disaster. It is an important part of urban construction land, urban green space system and urban public facilities.

Public Green Area refers to green areas open to the public such as municipal, community and neighborhood parks and roadside parks, including waters within parks. Neighborhood parks should occupy an area larger than 10,000 square meters, and the width of roadside parks should occupy an area larger than 400 square meters, with a width of more that 8 meters.

Consumption Wastes Transported refers to volume of consumption wastes collected and transported to disposal factories or sites during the reference period. The statistical calculations of the clearance volume is only from garbage and garbage transfer station directly to the treatment plant and the final consumer satisfaction point, for the secondary transit clearance volume, it cannot be duplicated.

Temperature refers to the air temperature, China uses centigrade as the unit. The thermometry used for water observation is put in a breezy shutter, which is 1.5 metres high from the ground. There fore the commonly used temperature refers to the temperature in the breezy shutter 1.5 metres away from the ground. The calculation method is as tollows.

Monthly average temperature is the summation of average daily temperature of one moth divided by the actual days of the particular month.

Annual average temperature is the summation of monthy average of a year divided by 12 months.

Relative Humidity refers to the ratio of actual water vapour pressure to the saturation water vapour pressure under the current temperature. The calculation method is the same as that of temperature.

Volume of Precipitation refers to the deepness of liquid state or solid state (thawed) water falling from the sky to the ground that has not been evaporated, infiltrated or run off. The calculation method is as follows: monthly precipitation is the summation of daily precipitation of month. Annual precipitation is the summation of 12 months precipitation of a year.

Sunshine Hours refer to the actual hours of sun irradiating the earth. The calculation method is the same as that of the precipitation.

资源和环境

Resources and Environment 12

简要说明

一、主要内容

本篇资料主要反映全省自然资源状况和环境保护事业发展情况。

自然资源包括河流、矿产资源、森林资源、水资源等资料。

环境保护事业发展情况主要包括环保资金投入、废水治理、空气质量及污染治理、固体废物处理利用情况、环境污染事故、自然灾害等。

二、资料来源

河流、矿产资源、森林资源、水资源等资料分别由省水利厅、省国土资源厅、省林业厅提供。

环境保护资料由省环境保护厅、省住房城乡建设厅提供。自然灾害资料由省民政厅提供。

Brief Introduction

I. Main Contents

This chapter contains information that reflects natural resource conditions and the development of environment protection in Guizhou.

Data on natural resources cover rivers, mineral resources, forest resources, and water resources.

The development of environment protection mainly includes environmental protection capital investment, waste water treatment, air quality and pollution treatment, treatment and utilization of solid wastes; environment pollution, loss of natural calamities, etc.

II. Sources of Data

Data on rivers, mineral resources, forest resources and water resources, etc. are provided respectively by Guizhou Water Resources Department, Guizhou Land and Resources Department, Guizhou Forestry Department. Data on environmental protection are provided by Guizhou Environmental Protection Department, the Ministry of Housing and Urban-Rural Development, Data on natural calamities are provided by the Ministry of Civil Affairs.

12-1 主要河流(省内部分)主要特征值(2015)

Major Feature of Some Part of The Main River

水　系	Water System	流域面积(平方公里) Drainage Area(sq.km)	河长(千米) Length of River (1000 m)	平均坡降(‰) Average Slope Falling(‰)
长江流域	**Changjiang River Drainage**			
#赤水河	Chishuihe	11341	442	1.52
乌　江	Wujiang	66798	993	1.02
清水江	Qingshuijiang	30252	1053	0.49
洪州河	Hongzhouhe	1129	285	0.87
㵲阳河	Wuyanghe	6505	446	0.99
锦　江	Jinjiang	4045	309	1.16
松桃河	Songtaohe	1427	191	1.55
松坎河	Songkanhe	2332	223	1.37
牛栏江	Niulanjing	2010	447	4.35
横江(洛泽河)	Hengjiang(Luozehe)	2944	340	4.18
珠江流域	**Zhujiang River Drainage**			
#南盘江	Nanpanjiang	7651		
北盘江	Beipanjiang	20953	456	2.61
红水河	Hongshuihe	15978		
都柳江	Duliujiang	15676	743	0.43
打狗河	Dagouhe	4206	392	1.40

注：资料来源于省水利厅。

Note:Data in the table are provided by the Provincial Hydrographic Regulatory Burea.

12-2 主要矿产资源(2015)

Major Mineral Resources

指　标	Item	计量单位	保有资源储量 Reserves	居全国位次 Order in Whole Country
汞矿	Hydrargyrum ore	万吨(10000tons)	3.03	1
重晶石	Barite Ore	万吨(10001tons)	11177.29	1
化肥用砂岩	Sandstone for fertilizer	万吨(10000tons)	10596.7	1
光学水晶	Optical crystal	千克(kg)	175	1
饰面用灰岩	Limestone for decoration	亿立方米(100 million cubic meters)	22.55	1
砖瓦用砂岩	Sandstone for brick and tile	万吨(10000tons)	1774.69	1
玻璃用灰岩	Limestone for glass	万吨(10000tons)	38.7	1
锰矿	Manganese ore	万吨(10000tons)	38849.17	2
冶金用砂岩	Gritstone for Metallurgy	万吨(10000tons)	8628.66	2
硫铁矿	Pyrite	亿吨(100million tons)	9.15	2
饰面用辉绿岩	Diabase for decoration	万立方米(10000 cubic meters)	455.96	2
陶瓷用砂岩	Sandstone for ceramics	万吨(10000tons)	1042.5	2
磷矿	Phosphorus Ore	亿吨(100million tons)	37.68	3
铸型用砂岩	Sandstone for cast	万吨(10000tons)	1734	3
熔炼水晶	Melting crystal	吨(ton)	1110	3
铝土矿	Bauxite Ore	亿吨(100million tons)	8.37	4
锑矿	Antimony ore	万吨(10000tons)	32.3	4
化工用白云岩	Dolomite for chemical	万吨(10000tons)	2417	4
建筑石料用灰岩	Limestone for building stone	万立方米(10000 cubic meters)	10599.32	4
煤炭	Coal	亿吨(100million tons)	653.99	5
钒矿	Vanadium	万吨(10000tons)	495.46	5
钛矿	Titanium ore	万吨(10001tons)	101.71	5
金刚石	Diamond	克(g)	755	5
凹凸棒石粘土	Attapulgite clay	万吨(10000tons)	30.4	5
砖瓦用粘土	Clay rock for brick	万立方米(10000 cubic meters)	1639.67	5
建筑用砂	Building sand	万立方米(10000 cubic meters)	3817.93	5
砖瓦用页岩	Shale for brick and tile	万立方米(10000 cubic meters)	3914.78	5
镁矿(炼镁白云岩)	Magnesium	万吨(10000tons)	11729.33	6
镍矿	Nickel ore	万吨(10000tons)	60.41	6
水泥配料用粘土	Clay rock for cement	万吨(10000tons)	11315.31	6
铌钽矿	Niobium tantalum ore	吨(ton)	146	7
玻璃用砂岩	Sandstone for glass	万吨(10000tons)	5122.83	7
金矿(岩金)	Gold ore	吨(ton)	344.49	8
含钾砂页岩	Potassium sandshale	万吨(10000tons)	5084.02	8
压电水晶	Piezoelectric quartz	千克(kg)	6201	8
制灰用石灰岩	Limestone for ash	万吨(10000tons)	4790.57	8
水泥配料用砂岩	auxiliary material	万吨(10000tons)	12245.9	8
钼矿	Molybdenum ore	万吨(10000tons)	87.63	9
锌矿	Zincum ore	万吨(10000tons)	551.91	10
普通萤石(萤石)	Fluorite	万吨(10000tons)	328.6	10
冶金用脉石英	Vein quartz for metallurgy	万吨(10000tons)	191.33	10
耐火粘土	Refractory clays	万吨(10000tons)	6422.98	10
方解石	Calcite	万吨(10000tons)	571.38	10
玉石	Jade	万吨(10000tons)	2.21	10
铁矿	Iron ore	亿吨(100million tons)	12.53	13
水泥用灰岩	Limestone for cement	亿吨(100million tons)	20.48	24

注：资料来源于省国土资源厅。

Note:Data in this table are obtained from the Provisional Department of Land and Resoures.

12-3 森林资源
Forest Resources

指 标	Item	2011	2012	2013	2014	2015
森林面积(万公顷)	**Forest Area(10000 Ha.)**	**732**	**828**	**845**	**863**	**880**
森林覆盖率(%)	Forest Coverage Rate (%)	41.53	47	48	49	50
活立木总蓄积量(亿立方米)	Total Standing Fovest Stock(100 million cubic meters)	3.89	3.97	4.09	4.31	4.44
完成造林面积(万公顷)	Area of Fulfilled Foyestation(10000 Ha.)	13.13	19.93	21.82	30.3	28.0
封山育林面积(万公顷)	Area of Seal Mountain Pass for Forestation(10000 Ha.)	14.48	8.10	8.37	8.73	2.30
实施退耕还林工程中：	**In Implement Cancel Infield for Forest Project**					
宜林荒山造林(万公顷)	Forestation for Feasible deserted Mountain(10000 Ha.)	1.20	1.00	1.20	0.47	0.22
天然林保护工程中：	**In Savageness Forest Protect Project**					
封山育林(万公顷)	Seal Mountain Pass for Forestation (10000 Ha.)	0.60	0.67	0.67	0.67	0.86
森林保护	**Forest Protection**					
森林火灾(起)	Forest Fire (unit)	430	275	208	201	153
森林火灾受害率(‰)	Rate of Fall Victim for Forest Fire (‰)	0.13	0.07	0.06	0.06	0.07
森林病虫鼠害面积(万公顷)	Area of Fall Victim for Insect Pest(10000 Ha.)	27.18	20.60	23.56	22.84	20.03
森林病虫鼠害防治面积(万公顷)	Prevention Area of Forest Insect Pest(10000 Ha.)	18.91	16.63	22.84	20.00	18.69
森林病虫鼠害防治率(%)	Prevention Rate of Forest Insect Pest (%)	69.6	80.7	96.9	87.6	93.3

注：资料来源于省林业厅(以下相关表同)。
Note: The data in this table is obtained from Forest Department of Guizhou Province(The relative tables in the chapter are the same).

12-4 自然保护区
Natural Reserves

指　标	Item	2011	2012	2013	2014	2015
自然保护区个数(个)	**Number of Nature Reserves (unit)**	**130**	**130**	**121**	**123**	**119**
#国家级自然保护区	Nature Reserves of National-level	9	9	9	9	9
省级自然保护区	Nature Reserves of Guizhou Province	4	4	7	7	7
地市级自然保护区	Nature Reserves of Region	21	21	21	21	17
县级自然保护区	Nature Reserves of County	96	96	84	86	86
自然保护区面积(万公顷)	Area of Nature Reserves (10000 hectares)	96.02	96.02	89.51	89.51	89.79
自然保护区面积占全省国土面积(%)	Percentage of Nature Reserves in Guizhou Province Land (%)	5.5	5.5	5.5	5.5	5.1
自然保护区中：	**In Nature Reserves**					
森林生态系统、野生动、植物类型(个)	Forest Biogeocenose,Wildness Animal and Plant (unit)	120	120	120	119	115
内陆湿地类型(个)	Wetlands inside Land(unit)	8	8	8	3	3
古生物遗迹类型(个)	Ancient Biology Relic(unit)	1	1	1	1	1
地质地貌类型(个)	Geological features(unit)	1	1	1	0	0

注：2015年开展自然保护区核查，重新核实相关数据，历史数据未作调整。

Note: The nature reserve in 2015 to carry out verification and re-verification of relevant data, historical data have not been adjusted.

12-5 森林公园
Forest Parks

指　标	Item	2011	2012	2013	2014	2015
森林公园(个)	Number of Forest Park (unit)	72	74	75	78	78
#国家级森林公园	Forest Park of National-level	21	22	22	25	25
省级森林公园	Forest Park of Guizhou Province-level	32	31	32	31	31
森林公园面积(万公顷)	Area of Forest Park (10000 Ha.)	26.1	26.2	26.2	27.2	27.2
森林公园面积约占全省国土面积(%)	Percentage of Forest Park Area to the Guizhou Total Land Areas(%)	1.5	1.5	1.5	1.6	1.6

12-6 水资源和水质监测

Water Resource and Monitoring of Water Quality

指　标	Item	2011	2012	2013	2014	2015
水资源总量(亿立方米)	**Total Amount of Water Resources (100 million cu.m)**	**626.02**	**974.02**	**759.78**	**1213.12**	**1153.72**
#地表水	Surface Water	626.02	974.02	759.78	1213.12	1153.72
人均水资源量(立方米)	Per Capita Water Resources (cu.m)	1805	2796	2169	3458	3269
供水总量(亿立方米)	Water Supply(100 million cu.m)	99.19	100.82	92.61	95.31	97.49
#地表水	Surface Water	98.89	98.05	90.62	82.34	94.51
用水总量(亿立方米)	Water Use(100 million cu.m)	99.19	100.82	92.61	95.31	97.49
河流水质	**Water Quality of River**					
监测河流(条)	Monitored River (unit)	44	44	44	44	44
监测河段断面(个)	Monitored Section of River (unit)	85	85	85	85	85
满足规定水质类别的断面占总监测断面百分比(%)	the Sections Meeting the Standard of Water Quality I-III Genus As Percentage of total Monitored Sections(%)	72.9	83.5	82.3	81.2	87.1
水质良好的出境断面(个)	Number of Favorable Water Quality Section(unit)	12	14	14	14	14
湖泊水质	**Water Quality of Lake**					
监测湖库(个)	Monitored Lake (unit)	8	8	8	8	8
监测点(个)	Monitored Point (unit)	25	25	25	25	25
满足规定水质类别的监测点(个)	Ratio of the Points Meeting Water Quality I-III Genus(unit)	11	10	10	16	16
占总监测点百分比(%)	As Percentage of total Monitored Points (%)	44.0	40.0	40.0	64.0	64.0

注：资料来源于省水利厅、省环境保护厅。

Note:Data in the table are provided by the Provincial Department of Water Resources and Provincial Department of Environmental Protection.

12-7 废水治理

Waste Water Treatment

指　标	Item	2011	2012	2013	2014	2015
废水排放总量(亿吨)	**Total Waste Water Discharged(100 million tons)**	**7.80**	**9.14**	**9.31**	**11.09**	**11.28**
#工业	Industrial Waste Water Discharged	2.07	2.34	2.29	3.27	2.92
生活	Living Waste Water Discharged	5.73	6.80	7.01	7.81	8.36
废水中化学需氧排放量(万吨)	**Emission in Waste Water(10000 tons)**	**34.22**	**33.30**	**32.81**	**32.67**	**31.83**
#工业	Industrial COD Emission	6.55	6.47	6.32	6.73	6.20
生活	Living COD Emission	21.49	19.97	19.81	19.52	19.44
当年完成工业废水治理项目(个)	Item of Industry Waste Water Treatment Completed in This Year(unit)	82	122	34	31	26
新增废水治理能力(万吨/日)	Newly Desinged Treatment and Utilization Capacity of Waste Water(10000 tons/day)	29.91	16.62	7.50	4.46	10.45
城市污水处理率(%)	Treatment Rate of City Waste Water (%)	82.0	83.9	84.8	86.9	90.0

12-8 环保系统机构、人员数

Number of Enviornmental Protection Agencies and Persons Engaged

指 标	Item	2011	2012	2013	2014	2015
机构总数(个)	**Number of Agencies(unit)**	**400**	**370**	**425**	**433**	**462**
省	Province	14	14	14	14	15
地	Prefecture	53	57	66	70	74
县	County	296	292	345	349	373
年末人员总数(人)	**Number of Staff and Workers at the Year-end(person)**	**3168**	**3633**	**3832**	**3945**	**4294**
省	Province	380	375	386	383	394
地	Prefecture	730	895	987	1011	1110
县	County	1984	2363	2459	2551	2790
#科研人员	Scientific and Technical Personnel	93	93	93	107	105
监测人员	Monitoring Personal	838	857	1058	1163	1160
监察人员	Supervising and Administrative Personnel	900	886	1156	1272	1206

注：资料来源于省环境保护厅(以下相关表同)。

Note: The data in the table are provided by the provinvial Department of Environmental Protection(The relative tables in the chapter are the same).

12-9 环境保护资金投入

Investment in Environmental Protection

单位：亿元 (100 million yuan)

指 标	Item	2011	2012	2013	2014	2015	2015年比2014年增长(%) Increase Rate in 2015over2014(%)
环保资金投入	**Investment in Environmental Protection**	**106.70**	**97.35**	**133.70**	**175.25**	**161.16**	**-8.0**
环保资金投入占地区生产总值比重(%)	Investment in Environmental Protection as Percent of GDP(%)	1.9	1.4	1.7	1.9	1.5	-0.4(百分点)
环保资金投入中：	**In Investment of Environmental Protection**						
老工业污染源治理	Treatment of Old Industry Pollution	14.05	12.47	19.56	18.48	10.70	-42.1
建设项目“三同时”污染防治	"Three Simultaneities" Environmental Investment for New Project	13.74	5.37	2.85	18.39	13.18	-28.3
城市环境基础设施建设	Investment in Urban Environmental Infrastructure	37.95	35.73	60.33	84.05	87.67	4.3
环境管理能力建设	Construction of Environment Management Capacity	1.21	1.83	3.19	3.87	3.53	-8.8
工业污染治理设施运行费用	Operating Expense of Industry Pollution Treatment Facilities	39.75	41.95	47.77	50.46	46.08	-8.7
征收排污费总额	**Pollutant Discharge Fees**	**4.58**	**4.73**	**5.41**	**4.30**	**4.25**	**-1.2**

注：“城市环境基础设施建设”数据由省住房城乡建设厅提供。

Note:The data of investment in urban environmental infrastructure was provided by they are provided by provincial Department of urban and Rural development.

12-10 空气质量及污染治理
Air Quality and Treatment of Industrial Waste Gas

指标	Item	2011	2012	2013	2014	2015	2015年比2014年增长(%) Increase Rate in 2015over2014(%)
城市空气质量	**Air Quality of City**						
达到国家环境空气质量二级标准城市(个)	Number of Cities Reaching the National Grade II Standard of Air Quality of City (unit)	11	12	11	11	10	-9.1
占统计城市数(%)	Percentage in Total(%)	91.7	92.3	84.6	84.6	76.9	-7.7(百分点)
城市空气污染物	**Contamination in City Atmosphere**						
二氧化硫年均浓度值(毫克/立方米)	Annual Average Concentration of SO2 (mg/cu.m)	0.044	0.038	0.039	0.026	0.020	-23.1
达到国家空气质量二级标准城市(个)	Number of Cities Reaching the National Grade II Standard of Air Quality of City (unit)	12	12	12	13	13	持平
二氧化氮年均浓度值(毫克/立方米)	Annual Average Concentration of NO2 (mg/cu.m)	0.021	0.021	0.021	0.020	0.018	-10.0
达到国家空气质量一级标准城市(个)	Number of Cities Reaching the National Grade I Standard of Air Quality of City (unit)	12	13	13	13	13	持平
城市可吸入颗粒物年均浓度值(毫克/立方米)	Average Chroma of City Suspend Grain (mg/cu.m)	0.078	0.069	0.078	0.066	0.052	-21.2
达到国家空气质量二级标准城市(个)	Number of Cities Reaching the National Grade II Standard of Air Quality of City (unit)	11	13	12	11	12	9.1
废气中污染物排放	**Pullutant Emission in Waste Gas**						
二氧化硫排放总量(万吨)	Total Volume of SO2 Emission (10000 tons)	110.42	104.11	98.64	92.58	85.30	-7.9
#工业	Industry	90.3	83.71	77.86	70.24	59.89	-14.7
生活及其它废气中二氧化硫排放量	Volume of SO2 from Living and Other Waste Gas Emission	20.12	20.40	20.78	22.34	25.41	13.8
烟(粉)尘排放总量(万吨)	Total Volume of Smoke and Dust Emission (10000 tons)	28.97	29.45	26.45	37.79	28.68	-24.1
#工业	Industry	24.34	25.65	22.53	34.30	23.18	-32.4
生活及其它废气中烟(粉)尘排放量	Discharged Volume of Smoke and Dust from Living and Other Waste Gas Emission	3.69	2.82	3.92	3.48	4.36	25.2
空气污染治理	**Air Pollution Treatment**						
工业废气中:	In Industrial Waste Gas						
二氧化硫去除率(%)	Rate of SO2 Removed (%)	66.3	69.0	70.3	77.2	76.1	-1.1(百分点)
烟(粉)尘去除率(%)	Rate of Smoke and Dust Removed (%)	98.9	98.7	99.3	99.3	99.2	-0.1(百分点)
当年完成废气治理项目(个)	Item of Waste Gas Treatment Fulfilled in This Year (unit)	29	45	51	50	66	32.0
新增废气治理能力(万标立方米/小时)	Newly Waste Gas Treatment Capacity inThis Year (10000 stere/hour)	725.51	2777.86	7118.49	3348.46	2612.97	-22.0
城市燃气普及率(%)	Popularization Rate of City Coal Gas (%)	55.0	55.2	58.7	60.3	70.7	10.4(百分点)

注：“烟(粉)尘排放总量”为原“烟尘排放总量”，“烟(粉)尘去除率”为原“烟尘去除率”。

Note:"Total volume of smoke and dust emission"refers to the original"total volume of dust emission"."Rate of smoke and dust removed"refers to the o of soot removed".

12-11 固体废物生产及处理

Production and Treatment of Industrial Solid Wastes

指　标	Item	2011	2012	2013	2014	2015	2015年比2014年增长(%) Increase Rate in 2015over2014(%)
工业固体废物产生量(万吨)	**Volume of Industrial Solid Wastes Produced (10000 tons)**	**7660.70**	**7835.25**	**8194.05**	**7394.22**	**7054.93**	-4.6
工业固体废物倾倒丢弃量	Volume of Industrial Solid Waste Discharged	28.88	14.05	43.74	1.46	0.92	-37.0
工业固体废物治理	**Industrial Solid Wastes Treatment**						
当年完成工业固体废物治理项目(个)	Item of Industrial Solid Wastes Fulfilled in This Year (unit)	4	5	3	2		
工业固体废物综合利用量(万吨)	Volume of Industrial Solid Wastes Comprehensively Utilized(10000 tons)	4089.09	4838.75	4135.41	4312.91	4299.36	-0.3
工业固体废物处置量(万吨)	Volume of Industrial Solid Wastes Disposed(10000 tons)	2102.95	2067.44	2275.60	1382.22	1897.21	37.3
工业固体废物综合利用率(%)	Ratio of Industrial Solid Wastes Utilized(%)	52.7	60.9	50.5	56.9	59.8	2.9(百分点)
生活垃圾处理	**Consumption Wastes Treatment**						
生活垃圾清运总量(万吨)	Consumption Wastes Collected and Transported (10000 tons)	431.46	449.41	461.47	490.44	501.17	2.2
生活垃圾处理总量(万吨)	Consumption Wastes Treatment (10000 tons)	296.15	324.07	351.56	386.59	427.38	10.6
#无害化处理量	Volume of Wastes Disposed	205.11	231.80	294.57	386.59	424.46	9.8
城市生活垃圾无害化处理率(%)	Treatment Rate of Consumption Wastes in Cities(%)	47.5	51.6	63.8	78.8	84.7	5.9(百分点)

注："工业固体废物倾倒丢弃量"为原"工业固体废物排放量"。

Note:"Volume of Industrial Solid Waste Discharged" refers to original "volume of industrial solid wastes Emission".

12-12 环境污染事故
Accident of Environment Pollution

指 标	Item	2011	2012	2013	2014	2015
环境污染事故(起)	**Number of Environmental Pollution Accidents(unit)**	**7**	**4**	**9**	**3**	**9**
#重大事故	Fatal Accident	1	1			
较大事故	Major Accident	1				
一般事故	Commonly Accident	5	3	9	3	9
#水污染事故	Water Pollution Accident	5	4	7	2	8
空气污染事故	Air Pollution Accident	2		2	1	1

12-13 自然灾害
Natural Disasters

指 标	Item	2011	2012	2013	2014	2015
遭受自然灾害县个数(个)	Number of Counties Suffering from Natural Disasters(unit)	88	86	85	88	86
受灾人口(万人次)	The Population Affected by Natural Disasters (10000 person-times)	2883.44	1227.66	2162.62	1385.28	581.03
农作物受灾面积(万公顷)	Area of Crop Affected by Natural Disasters (10000 hectares)	253.75	55.27	157.81	62.82	21.71
#绝收面积	The Gainless Area of Crop for Natural Disasters	51.51	6.74	36.28	9.74	3.16
因自然灾害造成直接经济损失(亿元)	The Direct Economy Loss for Natural Disasters (100 million yuan)	250.67	66.21	140.06	196.76	73.76

注：资料来源于省民政厅。

Note: The data in the table are provided by the provinvial Department of Civil Affairs.

主要统计指标解释

流域 每条河流都有自己的干流和支流，干支流共同组成这条河流的水系。每条河流都有自己的集水区域，这个集水区域就称为该河流的流域。

矿产资源 矿产指由地质作用形成，富集于地壳中或出露于地表达到工农业利用要求的有用矿物。矿产是一种重要的自然资源，是社会发展的重要物质基础。

矿产保有储量 指探明的矿产储量（包括工业储量和远景储量），扣除已开采部分和地下损失量后的年末实有储量，是反映国家矿产资源现状的重要指标。

森林面积 指由乔木树种构成，郁闭度0.2以上(含0.2)的林地或冠幅宽度10米以上的林带的面积，即有林地面积。森林面积包括天然起源和人工起源的针叶林面积、阔叶林面积、针阔混交林面积和竹林面积，不包括灌木林地面积和疏林地面积。

森林覆盖率 指一个国家或地区森林面积占土地总面积的百分比。森林覆盖率是反映森林资源的丰富程度和生态平衡状况的重要指标。在计算森林覆盖率时，森林面积包括郁闭度0.2以上的乔木林地面积和竹林地面积，国家特别规定的灌木林地面积、农田林网以及四旁(村旁、路旁、水旁、宅旁)林木的覆盖面积。计算公式为：

$$\text{森林覆盖率} = \frac{\text{森林面积}}{\text{土地总面积}} \times 100\%$$

活立木总蓄积量 指一定范围内土地上全部树木蓄积的总量，包括森林蓄积、疏林蓄积、散生木蓄积和四旁树蓄积。

造林面积 指报告期内在荒山、荒地、沙丘、退耕地等一切可以造林的土地上，采用人工播种、飞机播种、植苗造林、分植造林等方法新植成片乔木林和灌木林，经过检查验收符合《造林技术规程》要求的单位面积株数，并按《中华人民共和国森林法实施条例》规定，成活率达85%以上(含85%，年降雨量在400毫米以下且无浇灌条件的地区造林成活率达70%以上)的总面积。四旁植树如一侧在四行以上，连片面积0.066公顷(一亩)以上，应统计在造林面积内。造林面积，通常按所有制(国有、国有集体合作、集体和个人)、造林方式(人工、飞机播种)、主要林种用途(用材林、经济林、防护林、薪炭林、特种用途林)分组进行统计。

水资源 水在自然界中以固体、液体和气态三种聚集状态存在，分布于海洋、陆地(包括土壤)以及大气之中，通过水循环形成水资源。水资源包括经人类控制并直接可供灌溉、发电、给水、航运、养殖等用途的地表水和地下水，以及江河、湖泊、井、泉、潮汐、港湾和养殖水域等。水资源是发展国民经济不可缺少的重要自然资源。

地表水和地下水 陆地上的水因空间分布不同，分为地表水和地下水。地表水指分别存在于河流、湖泊、沼泽、冰川和冰盖等水体中水分的总称，又称陆地水。地下水指储存在地面以下饱和岩土孔隙、裂隙及溶洞中的水。

水资源总量 一定区域内的水资源总量指当地降水形成的地表和地下产水量，即地表径流量与降水入渗补给量之和，不包括过境水量。

用水总量 指分配给用户的包括输水损失在内的毛用水量。

工业废水排放量 指经过企业厂区所有排放口排到企业外部的工业废水量。包括生产废水、外排的直接冷却水、超标排放的矿井地下水和与工业废水混排的厂区生活污水，不包括外排的间接冷却水(清污不分流的间接冷却水应计算在内)。

废水中化学需氧量（COD）排放量 指每年排放的废水中的COD的量。

工业SO_2排放量 指报告期内企业在燃料燃烧和生产工艺过程中排入大气的SO_2总量，计算公式为：

工业SO_2排放量=燃料燃烧过程中SO_2排放量+生产工艺过程中SO_2排放量

生活及其他SO_2排放量 以生活及其他煤炭消费量和其含硫量为基础，根据以下公式计算：

生活及其他SO_2排放量=生活及其他煤炭消费量×含硫量×0.8×2

工业烟尘排放量 指企业厂区内燃料燃烧过程中产生的烟气中夹带的颗粒物排放量。

工业粉尘排放量 指企业在生产工艺过程中排放的能在空气中悬浮一定时间的固体颗粒物排放量。如钢铁企业的耐火材料粉尘、焦化企业的筛焦系统粉尘、烧结机的粉尘、石灰窑的粉尘、建材企业的水泥粉尘等。不包括电厂排入大气的烟尘。

生活及其他烟尘排放量 指除工业生产活动以外的所有社会、经济活动及公共设施的经营活动中燃烧所排放的烟尘纯重量。以生活及其他煤炭消费量为基础进行测算。

工业固体废物产生量 指报告期内企业在生产过程中产生的固体状、半固体状和高浓度液体状废弃物的总量，包括危险废物、冶炼废渣、粉煤灰、炉渣、煤矸石、尾矿、放射性废物和其他废物等；不包括矿山开采的剥离废石和掘进废石(煤矸石和呈酸性或碱性的废石除外)。酸性或碱性废石指采掘的废石其流经水、雨淋水的PH值小于4或PH值大于10.5者。

工业固体废物综合利用量 指报告期内企业通过回收、加工、循环、交换等方式，从固体废物中提取或者使其转化为可以利用的资源、能源和其他原材料的固体废物量(包括当年利用往年的工业固体废物贮存量)，如用作农业肥料、生产建筑材料、筑路等。综合利用量由原产生固体废物的单位统计。

工业固体废物综合利用率 指工业固体废物综合利用量占工业固体废物产生量(包括综合利用往年贮存量)的百分率。计算公式为：

$$\text{工业固体废物综合利用率}=\frac{\text{工业固体废物综合利用量}}{\text{工业固体废物产生量}+\text{综合利用往年贮存量}}\times 100\%$$

工业固体废物处置量 指报告期内企业将固体废物焚烧或者最终置于符合环境保护规定要求的场所，并不再回取的工业固体废物量(包括当年处置往年的工业固体废物贮存量)。处置方式有填埋(其中危险废物应安全填埋)、焚烧、专业贮存场(库)封场处理、深层灌注、回填矿井及海洋处置(经海洋管理部门同意投海处置)等。

生活垃圾清运量 指报告期收集和运送到各生活垃圾处理场（厂）和生活垃圾最终消纳点的生活垃圾的数量。统计时仅计算从生活垃圾源头和从生活垃圾转运站直接送到处理场和最终消纳点的清运量，对于二次中转的清运量不要重复计算。

生活垃圾无害化处理率 指报告期内生活垃圾无害化处理量与生活垃圾产生量的比率。计算公式为：

$$\text{生活垃圾无害化处理率}=\frac{\text{生活垃圾无害化处理量}}{\text{生活垃圾产生量}}\times 100\%$$

在统计时，由于生活垃圾产生量不易取得，可用清运量代替。“垃圾清运量”在审核时要与总人口（包括暂住人口）对应，一般城市人均日产生垃圾为1kg左右。

环境污染事故 指由于违反环境保护法规的经济、社会活动与行为，以及意外因素的影响或不可抗拒的自然灾害等原因，致使环境受到污染，国家重点保护的野生动植物、自然保护区受到破坏，人体健康受到危害，社会经济和人民财产受到损失，造成不良社会影响的突发性事件。

Explanatory Notes on Main Statistical Indicators

Drainage Area Each river has its own main stream and branches to form the water system of the river. Each river has its own catchment's area, which is also called as the drainage area of the river.

Mineral Resources refer to useful minerals that can be used for industrial or agricultural purposes enriched in lithosphere or on earth due to the geological process. Minerals resource is an important natural resources, and is the important material foundation for social development.

Mineral reserves refer to proven mineral reserves (including industrial reserves and prospective reserves), after deducting the amount of mining and underground loss of the end of the year after the real reserves, it is an important indicator of the state of mineral resources.

Forest Area refers to the area of forest where trees and bamboo grow with canopy density above 0.2, including land of natural woods and planted woods, but excluding bush land and thin forest land.

Forest Coverage Rate refers to the ratio of area of afforested land to total land area. It is a very important indicator that reflects the status of abundance of forest resource and ecosystem balance. Forest area includes the area of trees and bamboo grow with canopy density above 0.2, the area of shrubby tree according to regulations of the government, the area of forest land inside farm land and the area of trees planted by the side of villages, farm houses and along roads and rivers. The formula for calculating forest coverage rate is as follows:

$$\text{Forestrycoverage rate}(\%) = \frac{\text{Area of Afforested Land}}{\text{Area of Total Land}} \times 100\%$$

Total Standing Stock Volume refers to total stock volume of trees growing in forest area, including trees in forest, trees in sparse forest, scattered trees and trees planted by the side of villages, farm houses and along roads and rivers.

Total Area of Afforestation refers to the total area of land suitable for afforestation, including barren hills, idle land, sand dunes, rain for green land, on which acres of arbores or bushes are planted through manual planting, airplane planting, plant seedlings, etc. in accordance with the required density standards of the Technical Procedures of Afforestation, and with a survival rate of over 85% in line with the Implementing Rules of the Forest Law of the People's Republic of China (or a survival rate of 75% in areas with less that 400 mm of annual rainfall and without irrigation facilities). Included in the this category are trees planted alone the roadsides, riversides, or next to houses that occupy an area over 0.066 hectares, or where more than 4 lines of trees are planted. Total area of afforestation is further classified by ownership (state-owned, state-collective, collective or private), by approach of planting (manual, airplane), and by type of forests (timber, by-products, protection, fuel, special use, etc.).

Water Resource Water exists in the nature in solid, liquid and gaseous states, is distributed in the ocean, land (including earth) and air, and constitutes the water resource through the circulation of water. Water resource includes the surface water and underground water that is controlled by the human being for irrigation, power-generation, water supply, navigation and cultivation. It also includes rivers, lakes, wells, springs, tides, gulf and water area for cultivation. Water resource as an important natural resource is indispensable for the development of the national economy.

Surface Water and Underground Water Water on earth can be divided into surface water and underground water according to its distribution. Surface water refers to moisture exists in rivers, lakes, swamps, glaciers, icecaps and so on. It is also called land water. The underground water refers to water deposited underground in the cranny and the hole of saturated rock soil and in the water-eroded cave.

Total Water Resources refers to total volume of water resources measured as run-off for surface water from rainfall and recharge for groundwater in a given area, excluding transit water.

Water Use refers to gross water use distributed to users, including loss during transportation, broken down with use by agriculture, industry, living consumption and biological protection.

Waste Water Discharged by Industry refers to the volume of waste water discharged by industrial enterprises through all their outlets, including waste water from production process, directly cooled water, groundwater from mining wells which does not meet discharge standards and sewage from households mixed with waste water produced by industrial activities, but excluding indirectly cooled water discharged (It should be included if the discharge is not separated with waste water).

Volume of Chemical Oxygen Demand(COD) Generated by Waster Water refers to chemical oxygen demand generated through the annual discharge of waste water

SO_2 Emission through Industrial Activities refers to volume of sulphur dioxide emission from fuel burning and production process by enterprises during a given period of time. It is calculated as:

SO_2 emission through industrial activities = SO_2 emission from fuel burning + SO_2 emission from production process

SO_2 Emission through Non-industrial and Other Activities is calculated on the basis of consumption of coal by households and other activities and the sulphur content of coal with the following formula:

SO_2 emission through non-industrial and other activities = consumption of coal by households and other activities × sulphur content × 0.8 × 2

Industrial Soot Emission refers to volume of soot in smoke emitted in process of fuel burning in premises of enterprises.

Industrial Dust Emission refers to volume of dust emitted by production process of enterprises and suspended in the air for a given period of time, including dust from refractory material of iron and steel works, dust from coke-screening systems and sintering machines of coke plants, dust from lime kilns and dust from cement production in building material enterprises, but excluding soot and dust emitted from power plants.

Soot Emission by Consumption and Others refers to net volume of soot emitted by fuel burning from all social and economic activities and operation of public facilities other than industrial activities. It is calculated on the basis of coal consumption by households and others.

Industrial Solid Wastes Produced refers to total volume of solid, semi-solid and high concentration liquid residues produced by industrial enterprises from production process in a given period of time, including hazardous wastes, slag, coal ash, gangue, tailings, radioactive residues and other wastes, but excluding stones stripped or dug out in mining (gangue and acid or alkaline stones not included). A stone is acid or alkaline depending on the pH value of the water below 4 or above 10.5 when the stone is in, or soaked by, the water.

Industrial Solid Wastes Utilized refers to volume of solid wastes from which useful materials can be extracted or which can be converted into usable resources, energy or other materials by means of reclamation, processing, recycling and exchange (including utilizing in the year the stocks of industrial solid wastes of the previous year). Examples of such utilizations include fertilizers, building materials and road materials. The information shall be collected by the producing units of the wastes.

Rate of Utilization of Industrial Solid Wastes refers to the percentage of industrial solid wastes utilized over industrial solid wastes produced (including stocks of the previous years). It is calculated as:

$$\text{Rage of utilization of industrial solid wastes} = \frac{\text{volume of industrial solid wastes utilized}}{\text{industrial solid wastes produced+ stock of previous years}} \times 100\%$$

Industrial Solid Wastes Disposed refers to quantity of industrial solid wastes which are burnt or placed ultimately in the sites meeting the requirements for environmental protection and not salvaged or recycled (including disposition in the year of those wastes of previous years). The disposition includes landfill (Safe landfills should be conducted for hazardous wastes), incineration, containment spaces, deep underground disposal, backfill in mining pits and disposal at sea.

Consumption Wastes Transported refers to volume of consumption wastes collected and transported to disposal factories or sites. Statistical calculations only when the source from garbage and garbage transfer station directly to the treatment plant and the final consumer satisfaction point clearance volume, for the secondary transit clearance volume can not be duplicated.

Ratio of Consumption Wastes Treated refers to consumption wastes treated over that produced. It is calculated as:

$$\text{Ratio of consumption wastes treated} = \frac{\text{consumption wastes treated}}{\text{consumption wastes produced}} \times 100\%$$

In practical statistics, as it is difficult to estimate, the volume of consumption wastes produced is replaced with that transported. During the audit, "Garbage clearance volume" and the total population to be (including temporary residents) corresponds, generally, urban waste generated per capita is about 1kg.

Environment Pollution and Destruction Accidents refer to sudden accidents, due to economic or social activities that are in contrast to environment protection laws or due to unforeseen factors or natural disasters, that lead to the environment pollution, the destruction of protected wild animals, plants or nature reserves, the damage to human health, the economic and property losses, and the negative impact on the society.

农 业

Agriculture 13

简 要 说 明

一、主要内容

本篇资料反映我省农业生产和农村经济的基本情况，包括农村基本情况、农业生产条件、农业机械拥有量、水利灌溉与除涝、农林牧渔业产值、主要农产品产量等。

二、统计范围

农业统计范围包括全社会除军马生产及农业科研机构进行的农业生产以外的所有农业生产活动。即农村各种经济组织和农户经营的农林牧渔业生产活动；各种专业性农、林、牧、渔场的农业生产活动；国家各级机关、团体、学校、部队进行的农业生产活动；集体所有制的乡、镇、村办农场的农业生产活动；以及工矿企业经营的农、林、牧、渔业生产活动。

三、资料来源

农业生产情况由省统计局农村统计处、国家统计局贵州调查总队、省农委、省水利厅整理提供。

林业生产造林资料由省林业厅提供。

水产品生产资料由省农委提供。

Brief Introduction

I. Main Contents

The data in this chapter show the basic conditions of agricultural production and rural economy, including basic situation of rural, conditions for agricultural production, quantity of agricultural machinery, facilities of water conservancy and efforts to eliminate water-logging, output of agriculture, forestry, animal husbandry and fishery, output of major products ect.

II. The Scope of Data

Statistics on agriculture cover all agricultural production activities except horse raising for military purpose and agricultural production activities undertaken by agriculture research institutions. In other words, included in agriculture statistics are production activities in agriculture, forestry, animal husbandry and fishery undertaken by rural economic units of various types and by rural households; production activities of farms specializing in agriculture, forestry, animal husbandry and fishery; production activities in agriculture undertaken by government agencies, institutions, schools and military units; production activities in agriculture undertaken by collective farms run by townships and villages; and production activities in agriculture, forestry, animal husbandry and fishery undertaken by manufacturing and mining enterprises.

II. Data Sources

Data on agricultural production are provided by Agriculture Department of Guizhou Provincial Bureau of Statistics, the Department of Guizhou Survey, NBS, the Committee on Agriculture of Guizhou Province, the Water Resources Department of Guizhou Province.

Data on forestry production afforestation are provided by Guizhou Forestry Department.

Data on aquatic production are provided by the Committee on Agriculture of Guizhou Province.

13-1 农村基本情况及农业生产条件
Basic Conditions of Rural Areas and Agricultural Production

指　标	Item	2011	2012	2013	2014	2015
农村基层组织	**Rural Grassroots Units**					
乡镇个数(个)	Number of Township and Town Governments(unit)	1445	1439	1388	1262	1197
村委会个数(个)	Number of Villagers' Committees(unit)	17583	18099	16859	16747	16612
农村社会基础设施	**Basic Facilities in Rural Areas**					
自来水受益村数(个)	Number of Villages with Access to Tap Water(unit)	13922	14443	13997	14153	14358
通汽车的村数(个)	Villages with Automobile(unit)	17336	17717	16766	16507	16461
通电话的村数(个)	Villages with Telephone Communication(unit)	16823	17066	16191	15980	15918
通有线广播的村数(个)	Villages with Wire Broadcast(unit)	6690	7713	7336	7722	7995
农业机械化	**Agricultural Mechanization**					
农用机械总动力(万千瓦)	Total Power of Agricultural Machinery (10000 kw)	1851.40	2106.65	2240.80	2458.40	2575.15
柴油机	Diesel Engine	1308.11	1489.89	1601.13	1735.05	1800.13
汽油机	Gas Engine	60.50	74.68	77.45	94.32	106.59
电动机	Electromotor	473.46	535.01	555.60	625.94	668.11
其他机械	Others	9.33	7.08	6.63	3.09	0.32
农村主要物资消耗	**Main Materials Consumption for Agricultural Use**					
农用化肥施用量(折纯法)(万吨)	Consumption of Chemical Fertilizer(pure)(10000 tons)	94.06	98.17	99.54	101.29	103.69
农药使用量(吨)	Consumption of Chemical Pesticides(ton)	14469	14450.2	13744	13425	13722
农用塑料薄膜使用量(吨)	Consumption of Farm Plastic Membrane(ton)	40857	44062	48031	48949	49403
农田水利建设	**Farmland and Water Conservancy**					
有效灌溉面积(千公顷)	Effective Irrigated Area(1000 hectares)	1266.80	1317.59	1367.66	1429.49	1506.56
旱涝保收面积(千公顷)	Area that Ensure Stable Yields Despite Droughtor Excessive Rain(1000 hectares)	659.31	666.41	672.47	679.29	729.44

注：“农业机械化”资料来源于省农委，“农田水利建设”资料来源于省水利厅。

Note:The data of "agricultural mechanization" are provided by the Provincial Agricultural Commission; and the data of "farmland and water conservancy" are provided by the Provincial Department of Water Resources.

13−2 年末主要农业机械拥有量
Major Agricultural Machinery at the Year-end

指 标	Item	2011	2012	2013	2014	2015	2015年比2014年增长(%) Increase Rate in 2015 over 2014(%)
大中型拖拉机(万台)	Large and Medium-sized Tractors(10000 unit)	3.12	3.92	4.19	4.21	4.28	1.7
大中型拖拉机配套农具(万套)	Large and Medium-sized Tractor Towing Farm Machinery (10000 unit)	1.38	1.43	1.53	1.62	1.71	5.5
小型拖拉机(万台)	Small Tractors (10000 unit)	6.64	7.31	8.59	9.52	9.92	4.3
小型拖拉机配套农具(万套)	Small Tractor Towing Farm Machinery (10000 unit)	2.61	2.88	2.90	3.10	3.01	-2.7
农用排灌电动机(万台)	Drainage and Irrigation Electromotor Engines(10000 unit)	19.06	21.09	22.50	25.62	27.23	6.3
农用排灌柴油机(万台)	Drainage and Irrigation Diesel Engines (10000 unit)	18.45	19.95	19.98	21.14	23.68	12.0
联合收割机(台)	Combine Harvesters(unit)	695	1057	1570	1812	2269	25.2

注：资料来源于省农委。

Note:The data in this table are provided by the Provincial Agricultural Commission.

13−3 灌溉、除涝治水
Irrigation, Flood Prevention, Water and Soil Conservation

项 目	Item	2011	2012	2013	2014	2015
水利投入(亿元)	Input of Water Conservancy(100 million yuan)	151.78	175.18	192.52	211.33	373.56
有效灌溉面积(千公顷)	Effective Irrigated Area(1000 Ha.)	1266.80	1317.59	1367.66	1429.49	1506.56
节水灌溉面积(千公顷)	Water-saving Irrigated Area (1000 Ha.)	396.00	403.28	304.37	313.28	325.58
除涝面积(千公顷)	Areas with Flood Prevention Measures(1000 Ha.)	54.81	55.70	53.49	89.90	97.56
水土流失治理面积(千公顷)	Area of Soil Erosion under Control(1000 Ha.)	2956.00	3225.99	5816.53	6046.39	6297.78
堤防长度(公里)	Total Length of Dikes(km)	1634.60	2256.55	2453.58	3025.19	3255.57
堤防保护面积(千公顷)	Area of Land Protected by Dikes (1000 Ha.)	169.12	215.79	196.39	287.72	302.28

注：资料来源于省水利厅。

Note:Data in this table are provided by the Provincial Department of Water Resources.

13-4 农林牧渔业增加值

Value-Added of Farming,Forestry, Animal Husbandry, Fishery and Their Services

单位：亿元 (100 million yuan)

指　标	Item	2011	2012	2013	2014	2015
农林牧渔业增加值	**Added Value of FFAFS**	**726.21**	**891.91**	**1031.70**	**1316.08**	**1712.65**
农　业	Farming	430.84	561.32	646.12	851.89	1096.54
林　业	Forestry	31.99	37.03	47.71	68.15	92.87
畜牧业	Animal Husbandry	223.22	245.70	280.68	331.16	415.94
渔　业	Fishery	12.78	17.83	23.96	29.25	35.26
农、林、牧、渔服务业	FFAF Services	27.38	30.03	33.23	35.63	72.04
农林牧渔业增加值增长速度(%)	**Added Value of FFAFS growth rate(%)**	**1.2**	**8.6**	**5.8**	**6.5**	**6.4**
农　业	Farming	-0.3	10.6	5.7	8.1	8.1
林　业	Forestry	7.4	6.8	7.0	7.3	7.9
畜牧业	Animal Husbandry	1.0	5.0	4.9	1.8	1.2
渔　业	Fishery	23.7	21.2	20.0	19.7	17.1
农、林、牧、渔服务业	FFAF Services	10.4	3.2	4.8	3.3	4.6

13-5 农林牧渔业总产值

Gross Output Value of Farming,Forestry,Animal Husbandry, Fishery and Their Services

单位：亿元 (100 million yuan)

指　标	Item	2011	2012	2013	2014	2015	2015年比2014年增长(%) Increase Rate in 2015over 2014(%)
农林牧渔业总产值	**Gross Output Value of Farming,Forestry, AnimalHusbandry and Fishery**	**1165.46**	**1436.61**	**1663.02**	**2118.48**	**2738.66**	**6.8**
农业产值	**Farming**	**655.30**	**864.86**	**997.13**	**1321.86**	**1772.59**	**8.7**
谷物及其他作物的种植	Planting of Cereal and other Crops	340.36	389.45	447.34	438.67	454.23	3.4
蔬菜、园艺作物的种植	Planting of Vegetable and Gardening Crops	249.10	387.95	429.89	728.90	1005.48	9.4
水果、坚果、饮料和香料作物的种植	Planting of Fruits, nuts, Beverages and Spice Crops	46.12	54.69	63.33	77.61	194.36	21.0
中药材的种植	Planting of Chinese Traditional Medicine	19.72	32.77	56.55	76.68	118.52	20.2
林业产值	**Forestry**	**46.66**	**54.19**	**69.87**	**99.62**	**137.70**	**8.2**
林木的培育和种植	Cultivating and planting of forest	5.90	6.90	13.55	26.42	109.07	8.6
木材和竹材的采运	Logging and Transporting of Timber & bamboo	12.51	14.46	17.15	16.39	18.56	5.9
林产品的采集	Collecting of Forest Products	28.25	32.83	39.17	56.82	10.07	8.3
畜牧业产值	**Animal Husbandry**	**381.95**	**421.55**	**482.68**	**569.29**	**665.17**	**1.5**
牲畜的饲养	Animal Raising	70.05	85.31	102.50	141.98	165.26	7.0
猪的饲养	Hogs Raising	253.35	273.87	309.03	331.67	390.65	-2.8
家禽的饲养	Poultry Raising	56.69	60.43	69.22	93.58	107.14	8.2
狩猎和捕捉动物	Hunting and Catching Animales	0.09	0.10	0.10	0.09	0.09	-3.6
其他畜牧业	Others	1.76	1.84	1.83	1.96	2.03	2.1
渔业产值	**Fishery**	**19.90**	**28.21**	**38.30**	**47.01**	**55.90**	**18.1**
农林牧渔服务业产值	**Gross Output Value of FFAF Services**	**61.65**	**67.80**	**75.04**	**80.70**	**107.30**	**5.2**

13-6 主要农作物播种面积
Sown Areas of Major Farm Crops

单位：千公顷 (1000 hectares)

指　标	Item	2011	2012	2013	2014	2015	2015年比2014年增长(%) Increase Rate in 2015over 2014(%)
农作物总播种面积	**Total Sown Areas**	**5021.22**	**5182.86**	**5390.11**	**5516.46**	**5542.17**	**0.5**
#粮食作物	Grain Crops	3055.56	3054.28	3118.42	3138.35	3114.91	-0.7
#稻　谷	Rice	681.53	682.95	684.45	681.96	675.14	-1.0
小　麦	Wheat	257.62	259.76	251.78	251.50	248.68	-1.1
玉　米	Corn	787.80	775.15	778.35	787.47	763.22	-3.1
大　豆	Soja	132.78	133.82	128.17	130.62	135.11	3.4
薯　类	Tubers	912.94	919.41	937.90	944.50	944.13	…
#马铃薯	Potato	668.01	676.27	689.50	704.25	709.18	0.7
油　料	Oil-bearing Crops	536.14	547.50	560.76	582.14	590.96	1.5
#油菜籽	Rapeseeds	488.98	496.96	506.72	521.61	528.11	1.2
花　生	Peanuts	38.90	41.02	43.56	48.90	51.30	4.9
糖　料	Sugar Crops	12.02	21.83	27.93	27.85	26.80	-3.8
#甘　蔗	Sugarcane	11.98	21.71	27.92	27.84	26.79	-3.8
烟　叶	Tobacco	212.24	249.17	266.43	228.51	194.20	-15.0
#烤　烟	Flue-cured Tobacco	200.01	237.01	254.86	216.41	182.06	-15.9
药材类	Medicinal Materials	44.35	74.68	117.54	146.60	155.81	6.3
蔬　菜	Vegetable	708.52	774.32	847.72	924.25	980.22	6.1

13-7 主要农作物产品产量
Yields of Major Farm Crops

单位：万吨 (10000 tons)

指 标	Item	2011	2012	2013	2014	2015	2015年比2014年增长(%) Increase Rate in 2015over2014(%)
粮食作物	**Grain Crops**	**876.90**	**1079.50**	**1029.99**	**1138.50**	**1180.00**	**3.6**
#稻 谷	Rice	303.93	402.43	361.30	403.24	417.54	3.5
小 麦	Wheat	50.38	52.39	51.51	61.50	61.67	0.3
玉 米	Corn	243.71	342.25	298.03	313.81	324.08	3.3
大 豆	Soja	7.11	7.84	8.04	11.78	12.60	7.0
薯 类	Tubers	239.31	235.83	263.36	289.91	303.84	4.8
#马铃薯	Potato	189.38	179.74	211.40	226.60	237.62	4.9
油料作物	**Oil-bearing Crops**	**78.85**	**87.38**	**91.53**	**98.05**	**101.34**	**3.4**
#油菜籽	Rapeseeds	71.81	78.18	81.78	86.69	89.03	2.7
花 生	Peanuts	6.07	7.86	8.25	9.71	10.50	8.1
甘 蔗	**Sugarcane**	**43.60**	**127.96**	**159.29**	**168.27**	**156.09**	**-7.2**
烤 烟	**Flue-cured Tobacco**	**32.50**	**37.31**	**41.79**	**35.34**	**32.93**	**-6.8**
蔬 菜	**Vegetable**	**1250.05**	**1375.63**	**1500.45**	**1625.62**	**1731.88**	**6.5**

13-8 主要农作物单产
Yields of Major Farm Crops Per Mu

单位：公斤/亩 (kg/mu)

指 标	Item	2011	2012	2013	2014	2015	2015年比2014年增长(%) Increase Rate in 2015over2014(%)
粮食作物	**Grain Crops**	**191**	**236**	**220**	**242**	**253**	**4.5**
#稻 谷	Rice	297	393	352	394	412	4.6
小 麦	Wheat	130	134	136	163	165	1.2
玉 米	Corn	206	294	255	266	283	6.4
大 豆	Soja	36	39	42	60	62	3.3
薯 类	Tubers	175	171	187	205	215	4.9
#马铃薯	Potato	189	177	204	215	223	3.7
油料作物	**Oil-bearing Crops**	**98**	**106**	**109**	**112**	**114**	**1.8**
#油菜籽	Rapeseed	98	105	108	111	112	0.9
花 生	Peanuts	104	128	126	132	136	3.0
甘 蔗	**Sugarcane**	**2427**	**3930**	**3804**	**4029**	**3884**	**-3.6**
烤 烟	**Flue-cured Tobacco**	**108**	**105**	**109**	**109**	**121**	**11.0**

13-9 茶叶、水果面积及产量

Total Sown Areas and Yields of Tea,Fruit

指　标	Item	2011	2012	2013	2014	2015	2015年比2014年增长(%) Increase Rate in 2015 over2014(%)
面　积(千公顷)	**Area(1000 Ha.)**						
茶园	Tea Field Area	196.37	251.52	313.24	369.26	418.89	13.4
桑园	Mulberry Field Area	4.47	3.92	3.01	3.81	3.76	-1.3
柞坡	Breed Tussah Field Area	5.46	3.72	3.82	3.32	2.88	-13.3
果园	Orchards Filed Area	169.02	192.96	228.13	262.14	300.48	14.6
产　量(万吨)	**Yield(10000 tons)**						
茶　叶	Tea	5.84	7.44	8.94	10.71	11.80	10.2
水　果	Fruits	128.03	147.72	167.75	196.38	224.90	14.5
#园林水果	Garden Fruit	79.52	90.06	105.74	125.98	147.65	17.2
#苹　果	Apples	2.17	2.49	3.25	4.39	5.27	20.0
梨	Pears	19.54	21.72	24.09	27.31	29.24	7.1
柑　桔	Citrus	20.81	22.74	25.48	28.91	32.01	10.7
香　蕉	Bananas	0.59	0.61	0.56	0.58	0.85	46.6
杨　梅	Red Bayberry	3.19	3.19	3.49	5.06	4.98	-1.6
猕猴桃	Chinese Gooseberrys	1.70	1.76	2.21	2.50	5.25	110.0
柿　子	Persimmons	1.25	1.46	1.46	1.50	1.49	-0.7

13-10 造林及林产品产量

Areas of Forestation and Output of Forest Products

单位：吨 (ton)

指　标	Item	2011	2012	2013	2014	2015
当年造林面积(千公顷)	**Areas of Forestation in this year(1000 hectares)**	**131.3**	**199.3**	**218.2**	**302.7**	**280**
林产品产量	**Output of Forest Products**					
生　漆	Lacquer	2001	1698	1827	6955	8600
油桐籽	Tung-oil Seed	75769	81638	70863	73095	68312
油茶籽	Tea-oil Seed	23166	26657	31220	69438	71790
乌桕籽	Tallow-seed	2487	2370	2305	2666	2653
五倍籽	Nutgall	1624	1922	2633	7207	6881
棕　片	Palm-flake	4530	4387	4321	5166	5341
松　脂	Pine Resin	12001	13014	13799	15992	17869
核　桃	Walnuts	17364	23680	34315	57383	74791
板　栗	Chestnut	22653	26076	31621	53233	58015

注：1."造林面积"数据来源于省林业厅。2.由于统计方法制度改变，2014年以来"林产品产量"数据来源于省林业厅。
Note:1."The areas of forestation" in the table are obtained from the Provincial Department of Forest.2 Due to the changing of statistics method, the data of "output of forestry products" since 2014 are provided by the Provincial Department of Forest.

13-11 畜牧业生产及水产品
Livestock Production and Aquatic Products

指 标	Item	2011	2012	2013	2014	2015	2015年比2014年增长(%) Increase Rate in 2015over 2014(%)
当年出栏数	**Number of Slaughtered Fattened Hogs, Ox,Goats and Sheep**						
猪(万头)	Slaughtered Fattened Hogs (10000 heads)	1689.66	1734.76	1832.28	1845.27	1795.26	-2.7
牛(万头)	Ox by Sold and Killed (10000 heads)	97.21	105.99	115.22	117.35	133.26	13.6
羊(万头)	Goats by Sold and Killed (10000 heads)	197.31	206.78	205.39	220.38	246.14	11.7
肉类总产量(万吨)	**Total Yield of Meat (10000 tons)**	**179.97**	**190.27**	**199.74**	**201.80**	**201.94**	**0.1**
#猪 肉	Pork	148.29	156.13	163.73	165.55	160.75	-2.9
牛 肉	Beef	12.00	13.04	14.13	14.68	16.76	14.2
羊 肉	Mutton	3.37	3.53	3.51	3.75	4.20	12.0
禽 肉	Poultry	14.35	15.41	15.48	14.84	16.31	9.9
其他畜产品产量	**Others**						
牛 奶(万吨)	Cow Milk(10000 tons)	4.85	5.10	5.45	5.71	6.20	8.6
禽 蛋(万吨)	Poultry Eggs(10000 tons)	13.65	14.65	15.44	16.20	17.58	8.5
蜂 蜜(吨)	Honey(ton)	2029	2052	2468	2733	3017	10.4
大牲畜年末存栏数(万头)	**Large Animals(year-end) (10000 heads)**	**550.82**	**541.03**	**536.90**	**572.05**	**609.20**	**6.5**
#牛	Cattle and Buffaloes	467.11	461.04	460.62	495.86	535.95	8.1
猪年末存栏数(万头)	**Hogs(year-end) (10000 heads)**	**1521.60**	**1604.09**	**1604.10**	**1600.57**	**1558.96**	**-2.6**
羊年末存栏数(万只)	**Sheep and Goats(year-end) (10000 heads)**	**256.49**	**290.09**	**299.59**	**337.40**	**354.67**	**5.1**
水产品(万吨)	**Aquatic Products (10000 tons)**	**10.88**	**13.47**	**16.70**	**20.99**	**24.98**	**19.0**

注：表中“水产品”数据来源于省农委。

Note:Data of "aquatic products" in the table are obtained from the Provincial Agricultural Commission.

13-12 历年农林牧渔业总产值

Gross Output Value of Farming, Forestry, Animal Husbandry and Fishery Over the Years

单位：亿元 (100 million yuan)

年 份 Year	合 计 Total	农 业 Farming	林 业 Forestry	畜牧业 Animal Husbandry	渔 业 Fishery	农林牧渔服务业 Services of Farming, Forestry,Animal Husbandry and Fishery
1978	27.46	21.72	1.07	4.64	0.03	
1979	31.74	24.54	1.27	5.90	0.03	
1980	36.44	28.05	1.46	6.89	0.04	
1981	41.93	32.07	2.08	7.69	0.09	
1982	51.49	38.93	2.49	9.95	0.12	
1983	52.66	38.17	3.48	10.84	0.17	
1984	63.09	45.43	4.44	12.94	0.28	
1985	70.24	47.42	5.37	17.05	0.40	
1986	79.34	53.54	5.27	20.05	0.48	
1987	92.25	61.95	5.50	24.23	0.57	
1988	123.39	78.90	6.13	37.55	0.81	
1989	133.69	85.64	5.90	41.30	0.85	
1990	145.53	95.23	7.95	41.38	0.97	
1991	165.34	112.08	9.44	42.68	1.14	
1992	176.73	116.03	12.22	47.18	1.30	
1993	201.40	126.20	11.85	62.33	1.02	
1994	277.13	180.26	13.61	81.18	2.08	
1995	344.85	224.16	15.29	102.54	2.86	
1996	388.29	265.57	14.99	104.57	3.16	
1997	417.54	289.20	15.39	109.37	3.58	
1998	402.32	274.55	15.48	108.12	4.17	
1999	407.12	278.67	16.02	108.07	4.36	
2000	412.97	279.61	18.04	110.67	4.65	
2001	418.61	279.95	15.08	118.46	5.13	
2002	431.39	278.88	18.17	128.80	5.54	
2003	466.72	275.46	25.87	139.48	6.08	
2004	524.64	317.69	23.25	168.79	7.02	7.89
2005	571.84	335.53	23.91	194.20	9.41	8.79
2006	601.54	347.97	25.85	189.79	7.44	30.49
2007	697.01	392.20	27.77	231.60	9.04	36.40
2008	843.80	464.80	35.63	291.65	10.49	41.23
2009	875.20	501.52	36.92	281.53	11.06	44.17
2010	997.82	587.31	41.01	304.16	13.82	51.52
2011	1165.46	655.30	46.66	381.95	19.90	61.65
2012	1436.61	864.86	54.19	421.55	28.21	67.80
2013	1663.02	997.13	69.87	482.68	38.30	75.04
2014	2118.48	1321.86	99.62	569.29	47.01	80.70
2015	2738.66	1772.59	137.70	665.17	55.90	107.30

注：2006年数据为第二次农业普查修订数(以下相关表同)。

Note: Data were adjusted according to the Second National Agricultural Census in 2006(The same applies to the relative tables below).

13-13 历年农林牧渔业总产值增长速度

Indices of Gross Output Value of Farming, Forestry, Animal Husbandry and Fishery Over the Years

单位：% (%)

年份 Year	合计 Total	农业 Farming	林业 Forestry	畜牧业 Animal Husbandry	渔业 Fishery	农林牧渔服务业 Services of Farming, Forestry,Animal Husbandry and Fishery
1978	2.9	0.7	7.7	13.2		
1979	1.0		2.4	11.0	1.4	
1980	4.3	3.7	6.2	6.1	59.3	
1981	6.9	7.3	-13.4	9.9	-3.7	
1982	19.8	20.9	13.8	16.9	4.4	
1983	2.6	-1.4	39.8	8.2	36.9	
1984	11.4	9.0	23.1	15.6	48.9	
1985	0.4	-3.1	0.9	12.6	12.5	
1986	8.4	9.4	-11.6	12.3	2.6	
1987	4.0	3.3	1.1	7.0	2.6	
1988	2.3	1.2	-5.6	7.4	5.2	
1989	4.8	5.9	-2.4	3.5	-2.9	
1990	2.4	2.9	6.4	0.2	6.6	
1991	13.1	16.5	9.2	6.3	9.9	
1992	0.8	-1.6	14.0	3.6	2.4	
1993	4.2	5.9	-9.9	3.9	20.2	
1994	3.7	4.0	0.7	3.6	9.7	
1995	3.0	0.8	0.3	8.9	16.6	
1996	4.5	5.6	-5.5	3.9	7.2	
1997	4.9	5.0	1.4	4.8	20.2	
1998	0.3	-2.7	2.2	7.1	19.2	
1999	3.6	3.6	-0.5	4.0	9.6	
2000	3.8	3.1	11.0	3.7	13.4	
2001	1.2	-0.1	-15.9	6.9	10.2	
2002	2.5	-1.4	16.7	8.5	8.1	
2003	5.4	4.9	1.0	8.8	6.4	
2004	5.5	5.4	-14.4	9.2	8.7	5.2
2005	5.9	4.3	-0.1	9.8	6.7	7.3
2006	4.8	2.4	4.4	8.2	19.8	9.2
2007	3.3	3.4	2.3	2.1	6.5	6.4
2008	6.8	6.1	15.5	7.1	1.5	6.9
2009	4.6	2.8	0.7	8.5	2.6	4.7
2010	5.2	2.7	9.7	8.2	11.6	9.2
2011	1.4	-0.2	7.4	1.2	25.1	10.3
2012	9.3	12.0	7.1	5.3	23.2	3.5
2013	6.0	5.9	7.1	5.1	21.2	4.8
2014	6.6	8.5	7.5	2.0	20.4	3.6
2015	6.8	8.7	8.2	1.5	18.1	5.2

13-14 历年农林牧渔业总产值指数(1978年=100)

Indices of Gross Output Value of Farming, Forestry, Animal Husbandry and Fishery Over the Years (year of 1978=100)

年份 Year	合计 Total	农业 Farming	林业 Forestry	畜牧业 Animal Husbandry	渔业 Fishery	农林牧渔服务业 Services of Farming, Forestry,Animal Husbandry and Fishery
1978	100.0	100.0	100.0	100.0	100.0	
1979	101.0	98.9	102.4	111.0	101.4	
1980	105.3	102.6	108.7	117.8	161.5	
1981	112.6	110.0	94.2	129.4	155.6	
1982	134.9	133.0	107.2	151.3	162.4	
1983	138.4	131.2	149.8	163.7	222.3	
1984	154.2	143.0	184.4	189.2	331.0	
1985	154.8	138.6	186.1	213.1	372.4	
1986	167.8	151.6	164.5	239.3	382.1	
1987	174.5	156.6	166.3	256.1	392.0	
1988	178.5	158.5	157.0	275.0	412.4	
1989	187.1	167.8	153.2	284.6	400.5	
1990	191.6	172.7	163.0	285.2	426.9	
1991	216.7	201.2	178.0	303.2	469.2	
1992	218.4	198.0	203.0	314.1	480.4	
1993	227.6	209.6	182.9	326.3	577.5	
1994	236.0	218.0	184.2	338.1	633.5	
1995	243.1	219.8	184.7	368.2	738.6	
1996	254.1	232.1	174.6	382.5	791.8	
1997	266.5	243.7	177.0	400.9	951.8	
1998	267.3	237.1	180.9	429.4	1134.5	
1999	276.9	245.6	180.0	446.5	1243.4	
2000	287.5	253.2	199.8	463.0	1410.0	
2001	290.9	253.0	168.0	495.0	1553.8	
2002	298.2	249.4	196.1	537.1	1679.7	
2003	314.3	261.6	198.1	584.4	1787.2	100.0
2004	331.6	275.7	169.5	638.1	1942.7	105.2
2005	351.1	287.6	169.4	700.7	2072.8	112.9
2006	368.0	294.5	176.8	758.1	2483.3	123.3
2007	380.1	305.1	180.9	774.8	2647.2	131.2
2008	406.0	323.7	207.0	829.8	2686.9	140.3
2009	424.6	332.8	208.4	900.3	2756.8	146.9
2010	446.7	341.8	228.6	974.1	3076.6	160.4
2011	453.0	341.1	245.5	985.8	3848.8	176.9
2012	495.1	382.0	262.9	1038.0	4741.7	183.1
2013	524.8	404.6	281.6	1091.0	5747.0	191.9
2014	559.5	439.0	302.7	1112.8	6919.3	198.8
2015	597.5	477.2	327.5	1129.5	8171.7	209.1

13-15 历年主要农产品产量

Output of Major Farm Crops Over the Years

单位：万吨 (10000 tons)

年 份 Year	粮 食 Grain	油 料 Oil-Bearing Crops	烤 烟 Flue-cured Tobacco	水 果 Fruits	肉类总产量 Total Yield of Meat	水产品 Aquatic Products
1978	643.36	9.89	8.11	4.82	12.80	0.37
1979	623.05	10.90	9.54	4.68	22.84	0.38
1980	648.35	15.59	5.56	4.97	26.67	0.55
1981	567.36	34.04	11.93	6.23	31.61	0.58
1982	654.00	48.10	16.41	6.58	35.26	0.60
1983	703.00	28.50	13.62	7.19	38.58	0.81
1984	757.80	30.59	21.48	9.23	44.76	1.22
1985	594.96	31.97	26.55	10.14	50.46	1.35
1986	672.34	41.90	19.24	13.88	57.09	1.40
1987	673.17	46.34	21.19	15.19	62.26	1.80
1988	635.68	39.87	29.15	15.63	68.73	1.86
1989	708.25	32.93	31.58	16.80	71.82	2.01
1990	721.00	43.87	28.66	16.68	74.47	2.24
1991	885.50	61.79	38.53	17.17	81.65	2.29
1992	788.90	53.38	44.90	14.18	85.59	2.36
1993	869.50	43.28	49.66	16.53	88.91	2.55
1994	938.70	47.32	33.04	16.47	95.02	2.80
1995	948.85	58.83	33.53	20.97	105.69	3.27
1996	1002.60	55.62	52.27	19.46	103.65	3.50
1997	1025.90	58.97	68.66	25.14	106.77	4.21
1998	1100.00	62.24	29.19	27.50	113.33	5.02
1999	1125.21	67.31	32.32	32.57	117.09	5.50
2000	1161.30	74.34	31.09	58.33	124.06	6.24
2001	1100.30	71.32	26.38	62.93	131.70	6.89
2002	1034.20	72.48	30.65	71.57	145.02	7.46
2003	1104.30	72.31	28.72	78.75	156.99	7.96
2004	1149.58	82.71	29.98	87.17	171.06	8.85
2005	1152.06	84.89	34.45	95.96	187.01	9.46
2006	1038.00	68.24	30.71	109.19	163.70	6.71
2007	1100.86	69.66	31.22	112.86	150.60	7.68
2008	1158.00	68.39	37.71	114.28	161.46	7.80
2009	1168.27	78.68	36.92	119.74	169.60	8.03
2010	1112.30	60.34	37.02	123.47	179.09	8.79
2011	876.90	78.85	32.50	128.03	179.97	10.88
2012	1079.50	87.38	37.31	147.72	190.27	13.47
2013	1029.99	91.53	41.79	167.75	199.74	16.70
2014	1138.50	98.05	35.34	196.38	201.80	20.99
2015	1180.00	101.34	32.93	224.90	201.94	24.98

注：1.肉类总产量1978—1984年为猪牛羊肉产量，1985—1988年为猪牛羊禽肉产量，1989年以后为猪牛羊禽肉产量和其他肉(如：马肉、狗肉、兔肉等)产量。2.2000年以后的水果包含果用瓜。

Note:1.The Data of Total Yield of Meat included output of pock,beef and mutton from 1978 to 1984;it included Output of Pock,Beef,Mutton and Meat of Poultry from 1985 to 1988;after 1989,it includes output of pock,beef,mutton,meat of poultry and other meat(e.g.horse,dog,rabbit meat and so on). 2.After 2000,the data of yield of fruits included output of melon used as fruits.

主要统计指标解释

农业机械总动力 指主要用于农、林、牧、渔业的各种动力机械的动力总和。包括耕作机械、排灌机械、收获机械、农用运输机械、植物保护机械、牧业机械、林业机械、渔业机械和其他农业机械〔内燃机按引擎马力折成瓦(特)计算、电动机按功率折成瓦(特)计算〕。不包括专门用于乡、镇、村、组办工业、基本建设、非农业运输、科学试验和教学等非农业生产方面用的动力机械与作业机械。

农用化肥施用量 指本年内实际用于农业生产的化肥数量，包括氮肥、磷肥、钾肥和复合肥。化肥施用量要求按折纯量计算数量。折纯量是指把氮肥、磷肥、钾肥分别按含氮、含五氧化二磷、含氧化钾的百分之一百成份进行折算后的数量。复合肥按其所含主要成分折算。

有效灌溉面积 指具有一定的水源，地块比较平整，灌溉工程或设备已经配套，在一般年景下当年能够进行正常灌溉的耕地面积。

农林牧渔业总产值 指以货币表现的农、林、牧、渔业全部产品和对农林牧渔业生产活动进行的各种支持性服务活动的价值总量，它反映一定时期内农业生产总规模和总成果。农业总产值的计算方法通常是按农林牧渔业产品及其副产品的产量分别乘以各自单位产品价格求得；然后将四业产品产值及农林牧渔服务业产值相加即为农业总产值。

农作物播种面积 指实际播种或移植有农作物的面积。凡是实际种植有农作物的面积，不论种植在耕地上还是种植在非耕地上，均包括在农作物播种面积中。在播种季节基本结束后，因遭灾而重新改种和补种的农作物面积，也包括在内。

粮食产量 指全社会的产量。包括国有经济经营的、集体统一经营的和农民家庭经营的粮食产量，还包括工矿企业办的农场和其他生产单位的产量。粮食除包括稻谷、小麦、玉米、高粱、谷子及其他杂粮外，还包括薯类和豆类。其产量计算方法，豆类按去豆荚后的干豆计算；薯类(包括甘薯和马铃薯，不包括芋头和木薯)1963年以前按每4公斤鲜薯折1公斤粮食计算，从1964年开始改为按5公斤鲜薯折1公斤粮食计算。城市郊区作为蔬菜的薯类(如马铃薯等)按鲜品计算，并且不作粮食统计。其他粮食一律按脱粒后的原粮计算。

油料产量 指全部油料作物的生产量。包括花生、油菜籽、芝麻、向日葵籽、胡麻籽（亚麻籽）和其他油料。不包括大豆、木本油料和野生油料。花生以带壳干花生计算。

猪、牛、羊肉产量 指当年出栏并已屠宰、除去头蹄下水后带骨肉(即胴体重)的重量。

期初(末)畜禽存栏头(只)数 指报告期初(末)农村各种合作经济组织和国营农场、农民个人、机关、团体、学校、工矿企业、部队等单位以及城镇居民饲养的大牲畜、猪、羊、家禽等畜禽的存栏数。

水产品产量 指人工养殖的水产品和天然生长的水产品的捕捞量。包括海水的鱼类、虾蟹类、贝类和藻类以及内陆水域的鱼类、虾蟹类和贝类，不包括淡水生植物。

Explanatory Notes on Main Statistical Indicators

Total Power of Agricultural Machinery refers to total mechanical power of machinery used in farming, forestry, animal husbandry and fishery, including machinery for ploughing, irrigation and drainage, harvesting, transport, plant protection, animal husbandry, forestry and fishery and other agricultural machineries. (For the power of internal combustion engines, it is converted from its horsepower into watts while for electric motors the output power is converted into watts.) Machinery employed for non-agricultural purposes, such as the machines used in township-run and village-run industry, construction, non-agricultural transport, scientific experiments and teaching, are not included.

Consumption of Chemical Fertilizers in Agriculture refers to the quantity of chemical fertilizers applied in agriculture in the year, including nitrogenous fertilizer, phosphate fertilizer, potash fertilizer, and compound fertilizer. The consumption of chemical fertilizers is calculated in terms of volume of effective components by means of converting the gross weight of the respective fertilizers into weight containing effective component (e.g. nitrogen content in nitrogenous fertilizer, phosphorous pentoxide contents in phosphate fertilizer, and potassium oxide contents in potash fertilizer). Compound fertilizer is converted in regard to its major components.

Effective Irrigated Area refers to area of land that are effectively irrigated, i.e. relatively level land, where there are water sources or complete sets of irrigation facilities to lift and move adequate water for irrigation purpose under normal conditions.

Gross Output Value of Farming, Forestry, Animal Husbandry and Fishery refers to the total value of products of farming, forestry, animal husbandry and fishery, and total value of services in support of farming, forestry, animal husbandry and fishery activities. It reflects the total scale and results of agricultural production during a given period. Gross output value of agriculture is obtained by multiplying the output of each product or by-product by its price, resulting in the output value of each single item. The sum of output values of all products of farming, forestry, animal husbandry and fishery and services in support to those industries is then equal to the gross output value of agriculture.

Sown Area of Crops refers to area of land sown or transplanted with crops regardless of being in cultivated area or non-cultivated area. Area of land re-sown due to natural disasters is also included.

Grain Output refers to the total output in the whole country including grains produced by State farms, collective units, rural households, as well as by farms affiliated to industrial and mining enterprises and other production units. Grain includes rice, wheat, corn, sorghum, millet and other miscellaneous grains as well as tubers and beans. Output of beans refers to dry beans without pods. The output of tubers (sweet potatoes and potatoes, not including taros and cassava) are converted into that of grain at the ratio 4:1, i.e. 4 kilograms of fresh tubers were equivalent to 1 kilogram of grain up to 1963. Since 1964 the ratio for conversion has been 5:1. Tubers supplied as vegetables (such as potatoes) in cities and suburbs are calculated as fresh vegetables and their output is not included in the output of grain. Output of all other grains refers to husked grain.

Output of Oil-bearing Crops refers to the total production of oil-bearing crops of various kinds, including peanuts (dry, in shell), rapeseeds, sesame, sunflower seeds, flax seeds, and other oil-bearing crops. Soybeans, oil-bearing woody plants, and wild oil-bearing crops are not included.

Output of Pork, Beef, and Mutton refers to the meat of slaughtered hogs, cattle, sheep and goats with head, feet, and offal taken away.

Number of Livestock or Poultry in Stock at Beginning (or End) of Period refers to the total number of large animals, pigs, sheep, fowls, etc. raised by rural cooperative organizations, State farms, rural individuals, government agencies, schools, industrial and mining enterprises, army, and urban residents at the beginning (or end) of the reference period.

Output of Aquatic Products refers to catches of both artificially cultured and naturally grown aquatic products, including fish, shrimps, crabs and shellfish in sea and inland water as well as seaweed. Freshwater plants are not included.

工 业

Industry 14

简 要 说 明

一、主要内容

本篇资料反映全省工业生产情况，包括规模以上工业企业主要经济指标、规模以上大中型工业企业按工业行业大类和按地区分组的主要经济指标和效益指标、规模以上工业主要工业产品产量。

二、统计范围

本篇资料中规模以上工业企业的统计范围为全部国有和年主营业务收入 2000 万元及以上的工业企业。

工业行业分类按 2011 年《国民经济行业分类》标准划分；企业规模划分按 2011 年《统计上大中小微型企业划分办法》标准执行。

三、调查方法

根据工业统计年度报表有关资料整理汇总。

四、资料来源

由省统计局工业统计处提供。

Brief Introduction

I. Main Contents

Data in this chapter reflect the basic conditions of the industrial production, include Main economic indicators of industrial enterprises above designated size; Main economic indicators and efficiency indicators of large and medium-sized industrial enterprises above designated size classified by branch of industry and by city; Output and production capacity of key industrial above designated size products.

II. Scopes of Statistics

The scopes of industrial enterprises above designated size are all industrial enterprises with revenue from principal business above 20 million yuan.

Data by branch of industry in this chapter are based on the 2011's *National Industrial Classification of all Economic Activities*, and data by size of enterprise are based on the 2011's *Standards of Enterprises by Size*.

III. Methods of Survey

The data on industrial enterprises in this Chapter are compiled mainly on the basis of annual industrial statistics reporting forms.

IV. Sources of Data

Data in this chapter are provided by the Industrial Department of Guizhou Province statistics Bureau.

14-1 规模以上工业企业单位数

Number of Industrial Enterprises above Designated Size

单位：个 (unit)

指 标	Item	2011	2012	2013	2014	2015
规模以上工业企业单位数	**Number of Industrial Enterprises above Designated Size**	**2329**	**2752**	**3590**	**3895**	**4482**
#国有控股企业	State-holding Enterprises	431	470	502	509	525
按轻重工业分	**Grouped by Type of Light and Heavy Industries**					
轻工业	Light Industry	463	571	881	1075	1374
重工业	Heavy Industry	1866	2181	2709	2820	3108
按企业规模分	**Grouped by Size of Enterprises**					
大型企业	Large Enterprises	71	80	98	101	104
中型企业	Medium-sized Enterprises	493	633	779	800	844
小型企业	Small Enterprises	1631	1966	2503	2724	3196
微型企业	Mini-enterprises	134	73	210	270	338
按登记注册类型分	**Grouped by Status of Registration**					
内资企业	Domestic Funded Enterprises	2253	2684	3518	3809	4393
国有企业	State-owned Enterprises	253	267	225	156	161
集体企业	Collective-owned Enterprises	30	29	27	18	16
股份合作企业	Cooperative Enterprises	29	25	22	11	8
联营企业	Joint Ownership Enterprises	20	18	10	7	3
有限责任公司	Limited Liability Corporations	664	886	1381	1594	1602
股份有限公司	Share-holding Corporations Limited	111	111	119	131	135
私营企业	Private Enterprises	1129	1313	1700	1851	2436
其他企业	Other Enterprises	17	35	34	41	32
港、澳、台商投资企业	Enterprises Invested from Hong Kong, Macao and Taiwan	37	32	32	44	49
外商投资企业	Foreign Invested Enterprises	39	36	40	42	40

注：1.规模以上工业统计口径为年主营业务收入2000万元及以上工业企业(以下相关表除特殊标注外，均同)。2.企业规模按国家统计局新制定的《统计上大中小微企业划分办法》执行。

Note: 1.The statistics of industrial enterprises above designated size was. And are industrial enterprise with annual revenue from principal business over 20 million yuan. 2.From 2011,the standard of size is executed according to "Statistics issued by the division of the large, medium, small and micro-enterprises" which is the newly established by National Bureau of Statistics.

14–2 按行业分规模以上工业企业单位数

Number of Industrial Enterprises above Designated Size by Sector

单位：个

指 标	Item	2011
规模以上工业企业单位数	**Number of Industrial Enterprises above Designated Size**	**2329**
采矿业	Mining	815
#煤炭开采和洗选业	Mining and Washing of Coal	743
黑色金属矿采选业	Mining and Processing of Ferrous Metal Ores	24
有色金属矿采选业	Mining and Processing of Non-Ferrous Metal Ores	15
非金属矿采选业	Mining and Processing of Non-metal Ores	32
制造业	Manufacturing	1347
#农副食品加工业	Processing of Food from Agricultural Products	117
食品制造业	Manufacture of Foods	37
酒、饮料和精制茶制造业	Manufacture of Liquor, Beverages and Refined Tea	118
烟草制品业	Manufacture of Tobacco	6
纺织业	Manufacture of Textile	9
纺织服装、服饰业	Manufacture of Textile, Wearing Apparel and Accessories	3
皮革、毛皮、羽毛及其制品和制鞋业	Manufacture of Leather,Fur,Feather and Related Products and and Footware	2
木材加工和木、竹、藤、棕、草制品业	Processing of Timber, Manufacture of Wood, Bamboo, Rattan, Palm and Straw Products	41
家具制造业	Manufacture of Furniture	2
造纸及纸制品业	Manufacture of Paper and Paper Products	27
印刷业和记录媒介的复制	Printing and Reproduction of Recording Media	8
文教体育用品制造业	Manufacture of Articles for Culture, Education, Arts and Crafts, Sport and Entertainment Activities	2
石油加工、炼焦及核燃料加工业	Processing of Petroleum,Coking and Processing of Nuclear Fuel	26
化学原料及化学制品制造业	Manufacture of Raw Chemical Materials and Chemical Products	134
医药制造业	Manufacture of Medicines	76
橡胶制品业	Manufacture of Rubber	9
塑料制品业	Manufacture of Plastics	30
非金属矿物制品业	Manufacture of Non-metallic Mineral Products	248
黑色金属冶炼及压延加工业	Smelting and Pressing of Ferrous Metals	166
有色金属冶炼及压延加工业	Smelting and Pressing of Non-ferrous Metals	78
金属制品业	Manufacture of Metal Products	19
通用设备制造业	Manufacture of General Purpose Machinery	37
专用设备制造业	Manufacture of Special Purpose Machinery	29
交通运输设备制造业	Manufacture of Transport Equipment	46
电气机械及器材制造业	Manufacture of Electrical Machinery and Apparatus	42
通信设备、计算机及其他电子设备制造业	Manufacture of Communication Equipment, Computers and Other Electronic Equipment	16
仪器仪表及文化、办公用机械制造业	Manufacture of Measuring Instruments and Machinery	9
工艺品及其他制造业	Manufacture of Artwork and Other Manufacturing	7
废弃资源和废旧材料回收加工业	Utilization of Waste Resources	3
电力、燃气及水的生产和供应业	Production and Supply of Electric Power,Gas and Water	167
电力、热力生产和供应业	Production and Supply of Electric Power and Heat Power	148
燃气生产和供应业	Production and Supply of Gas	6
水的生产和供应业	Production and Supply of Water	13

注：1.表中数据按国民经济行业分类(GB/T4754—2002)划分。2.本表不公布只有1个企业的行业、注册类型的数据。(以下相关表同)

Note: 1.Data in this table is classified by sector of the National Economy (GB/T4754-2002). 2.No published data with only one industry registered type. (the relative tables in the chapter are the same)

14-2 续表 Continued

单位：个 (unit)

指　　标	Item	2012	2013	2014	2015
规模以上工业企业单位数	**Number of Industrial Enterprises above Designated Size**	**2752**	**3590**	**3895**	**4482**
采矿业	Mining	937	1090	965	953
#煤炭开采和洗选业	Mining and Washing of Coal	843	916	782	734
黑色金属矿采选业	Mining and Processing of Ferrous Metal Ores	33	39	35	35
有色金属矿采选业	Mining and Processing of Non-Ferrous Metal Ores	17	29	29	31
非金属矿采选业	Mining and Processing of Non-metal Ores	44	106	119	153
制造业	Manufacturing	1640	2300	2714	3282
#农副食品加工业	Processing of Food from Agricultural Products	139	199	233	291
食品制造业	Manufacture of Foods	49	76	88	109
酒、饮料和精制茶制造业	Manufacture of Liquor, Beverages and Refined Tea	146	248	292	376
烟草制品业	Manufacture of Tobacco	6	5	2	2
纺织业	Manufacture of Textile	10	15	16	13
纺织服装、服饰业	Manufacture of Textile, Wearing Apparel and Accessories	7	17	33	56
皮革、毛皮、羽毛及其制品和制鞋业	Manufacture of Leather,Fur,Feather and Related Products and and Footware	4	11	23	29
木材加工和木、竹、藤、棕、草制品业	Processing of Timber, Manufacture of Wood, Bamboo, Rattan, Palm and Straw Products	63	95	104	119
家具制造业	Manufacture of Furniture	7	16	24	37
造纸和纸制品业	Manufacture of Paper and Paper Products	29	39	45	56
印刷业和记录媒介复制业	Printing and Reproduction of Recording Media	11	16	19	33
文教、工美、体育和娱乐用品制造业	Manufacture of Articles for Culture, Education, Arts and Crafts, Sport and Entertainment Activities	5	15	18	30
石油加工、炼焦和核燃料加工业	Processing of Petroleum,Coking and Processing of Nuclear Fuel	31	33	23	19
化学原料和化学制品制造业	Manufacture of Raw Chemical Materials and Chemical Products	156	199	212	233
医药制造业	Manufacture of Medicines	79	93	107	117
橡胶和塑料制品业	Manufacture of Rubber and Plastics Products	44	70	98	117
非金属矿物制品业	Manufacture of Non-metallic Mineral Products	328	501	632	766
黑色金属冶炼和压延加工业	Smelting and Pressing of Ferrous Metals	193	193	172	164
有色金属冶炼和压延加工业	Smelting and Pressing of Non-ferrous Metals	66	87	85	83
金属制品业	Manufacture of Metal Products	38	72	109	141
通用设备制造业	Manufacture of General Purpose Machinery	35	49	60	79
专用设备制造业	Manufacture of Special Purpose Machinery	35	51	65	74
汽车制造业	Manufacture of Automotive	26	34	37	52
铁路、船舶、航空航天和其他运输设备制造业	Manufacture of Railroad, Marine, Aerospace and Other Transportation Equipment	31	37	42	47
电气机械和器材制造业	Manufacture of Electrical Machinery and Apparatus	55	71	97	133
计算机、通信和其他电子设备制造业	Manufacture of Communication Equipment,Computers and Other Electronic Equipment	22	28	43	57
仪器仪表制造业	Manufacture of Measuring Instruments and Machinery	9	9	10	15
其他制造业	Others	10	13	16	17
废弃资源综合利用业	Utilization of Waste Resources	5	7	8	14
电力、燃气及水的生产和供应业	Production and Supply of Electric Power,Gas and Water	175	200	216	247
电力、热力生产和供应业	Production and Supply of Electric Power and Heat Power	153	165	171	197
燃气生产和供应业	Production and Supply of Gas	8	16	20	21
水的生产和供应业	Production and Supply of Water	14	19	25	29

注：表中数据按国民经济行业分类（GB/T4754-2011）划分。（以下相关表同）

Note: Data in this table is classified by sector of the National Economy (GB/T4754-2011). (The relative tables in the chapter are the same)

14-3 规模以上工业增加值
Value added of Industry above Designated Size

单位：亿元 (100 million yuan)

指 标	Item	2011	2012	2013	2014	2015	2015年比2014年增长(%) Increase Rate in 2015 over 2014(%)
规模以上工业增加值	**Value added of Industry above Designated Size**	**1638.71**	**2055.46**	**2531.92**	**3117.60**	**3542.03**	**9.9**
#国有控股企业	State-holding Industry	917.55	1194.83	1319.74	1503.54	1604.86	5.8
#私营企业	Private Enterprises	417.11	477.19	590.19	761.01	914.99	15.2
按轻重工业分	**Grouped by Type of Light and Heavy Industries**						
轻工业	Light Industry	545.78	773.04	969.29	1185.13	1374.19	8.3
重工业	Heavy Industry	1092.93	1282.42	1562.63	1932.47	2167.84	10.9
按企业规模分	**Grouped by Size of Enterprises**						
大型企业	Large Enterprises	580.70	904.47	1109.45	1206.87	1196.59	5.0
中型企业	Medium-sized Enterprises	366.95	537.78	756.28	956.96	895.07	8.4
小型企业	Small Enterprises	651.60	600.11	658.12	937.85	1426.93	15.3
微型企业	Mini-enterprises	39.46	13.10	8.07	15.91	23.44	27.3
按登记注册类型分	**Grouped by Status of Registration**						
国有企业	State-owned Enterprises	479.99	707.85	724.16	737.96	730.27	6.6
集体企业	Collective-owned Enterprises	2.75	9.91	8.72	3.89	6.35	21.7
股份合作企业	Cooperative Enterprises	3.23	10.01	19.53	15.23	12.28	5.5
股份制企业	Share-holding Enterprises	813.19	889.82	1354.78	1917.08	2353.38	11.4
外商及港澳台商投资企业	Enterprises with Funds from Foreign, Hong Kong, Macao and Taiwan	40.40	60.42	44.65	75.05	99.66	15.0
其他企业	Other Enterprises	299.16	377.45	380.08	368.40	340.10	6.0

注：工业增加值按收入法计算，增长速度按可比价计算(以下相关表同)。

Note:Value-added of industry above designated size is calculated by income approach and the increase rate is calculated at the comparable price(the relative tables in the chapter are the same).

14-4 按行业分规模以上工业增加值

Value added of Industry above Designated Size by Sector

单位：亿元 (100 million yuan)

指 标	Item	2011
规模以上工业增加值	**Value added of Industry above Designated Size**	**1638.71**
采矿业	Mining	446.32
#煤炭开采和洗选业	Mining and Washing of Coal	411.35
黑色金属矿采选业	Mining and Processing of Ferrous Metal Ores	5.71
有色金属矿采选业	Mining and Processing of Non-Ferrous Metal Ores	3.83
非金属矿采选业	Mining and Processing of Non-metal Ores	25.43
制造业	Manufacturing	952.38
#农副食品加工业	Processing of Food from Agricultural Products	20.01
食品制造业	Manufacture of Foods	13.99
酒、饮料和精制茶制造业	Manufacture of Liquor, Beverages and Refined Tea	238.88
烟草制品业	Manufacture of Tobacco	175.81
纺织业	Manufacture of Textile	2.11
纺织服装、服饰业	Manufacture of Textile, Wearing Apparel and Accessories	0.99
皮革、毛皮、羽毛及其制品和制鞋业	Manufacture of Leather,Fur,Feather and Related Products,and Footware	0.02
木材加工及木、竹、藤、棕、草制品业	Processing of Timber, Manufacture of Wood, Bamboo, Rattan, Palm and Straw Products	8.49
家具制造业	Manufacture of Furniture	1.45
造纸及纸制品业	Manufacture of Paper and Paper Products	4.64
印刷业和记录媒介的复制	Printing and Reproduction of Recording Media	6.62
文教体育用品制造业	Manufacture of Articles For Culture, Education and Sport Activity	0.4
石油加工、炼焦及核燃料加工业	Processing of Petroleum,Coking and Processing of Nuclear Fuel	11.89
化学原料及化学制品制造业	Manufacture of Raw Chemical Materials and Chemical Products	96.68
医药制造业	Manufacture of Medicines	52.02
橡胶制品业	Manufacture of Rubber	15.76
塑料制品业	Manufacture of Plastics	5.39
非金属矿物制品业	Manufacture of Non-metallic Mineral Products	61.41
黑色金属冶炼及压延加工业	Smelting and Pressing of Ferrous Metals	66.70
有色金属冶炼及压延加工业	Smelting and Pressing of Non-ferrous Metals	57.68
金属制品业	Manufacture of Metal Products	9.47
通用设备制造业	Manufacture of General Purpose Machinery	19.54
专用设备制造业	Manufacture of Special Purpose Machinery	7.88
交通运输设备制造业	Manufacture of Transport Equipment	32.82
电气机械及器材制造业	Manufacture of Electrical Machinery and Apparatus	8.05
通信设备、计算机及其他电子设备制造业	Manufacture of Communication Equipment, Computers and Other Electronic Equipment	10.50
仪器仪表及文化、办公用机械制造业	Manufacture of Measuring Instruments and Machinery for Cultural Activity and Office Work	3.05
工艺品及其他制造业	Manufacture of Artwork and Other Manufacturing	19.46
废弃资源和废旧材料回收加工业	Utilization of Waste Resources	0.68
电力、燃气及水的生产和供应业	Production and Supply of Electric Power,Gas and Water	240.01
电力、热力生产和供应业	Production and Supply of Electric Power and Heat Power	234.89
燃气生产和供应业	Production and Supply of Gas	1.24
水的生产和供应业	Production and Supply of Water	3.88

14-4 续表 Continued

单位：亿元 (100 million yuan)

指 标	Item	2012	2013	2014	2015	2015年比2014年增长(%) Increase Rate in 2015 over 2014 (%)
规模以上工业增加值	**Value added of Industry above Designated Size**	**2055.5**	**2531.9**	**3117.6**	**3542.0**	**9.9**
采矿业	Mining	523.79	641.94	789.17	813.84	9.3
#煤炭开采和洗选业	Mining and Washing of Coal	472.21	558.35	676.28	684.68	5.6
黑色金属矿采选业	Mining and Processing of Ferrous Metal Ores	9.54	16.25	20.17	23.21	15.9
有色金属矿采选业	Mining and Processing of Non-Ferrous Metal Ores	3.69	7.64	13.46	20.78	22.9
非金属矿采选业	Mining and Processing of Non-metal Ores	37.77	59.03	77.96	84.14	18.0
制造业	Manufacturing	1230.3	1564.0	1977.3	2350.3	11.1
#农副食品加工业	Processing of Food from Agricultural Products	20.56	30.33	39.90	55.89	10.2
食品制造业	Manufacture of Foods	21.35	26.42	34.36	45.10	13.3
酒、饮料和精制茶制造业	Manufacture of Liquor, Beverages and Refined Tea	378.82	495.62	613.85	716.05	10.2
烟草制品业	Manufacture of Tobacco	246.89	274.74	302.19	303.81	-2.3
纺织业	Manufacture of Textile	0.78	2.89	2.59	4.21	32.9
纺织服装、服饰业	Manufacture of Textile, Wearing Apparel and Accessories	1.82	3.19	6.80	13.16	40.3
皮革、毛皮、羽毛(绒)及其制品和制鞋业	Manufacture of Leather,Fur,Feather and Related Products,	1.84	4.16	7.69	11.71	20.8
木材加工及木、竹、藤、棕、草制品业	Processing of Timber, Manufacture of Wood, Bamboo, Rattan, Palm and Straw Products	15.49	24.93	33.12	40.00	14.2
家具制造业	Manufacture of Furniture	4.27	6.40	8.30	9.52	15.9
造纸及纸制品业	Manufacture of Paper and Paper Products	9.91	13.02	18.95	23.36	18.6
印刷和记录媒介复制业	Printing and Reproduction of Recording Media	4.60	6.21	9.71	14.11	22.6
文教、工美、体育和娱乐用品制造业	Manufacture of Articles for Culture, Education, Arts and Crafts, Sport and Entertainment Activities	0.64	1.00	2.70	4.52	55.9
石油加工、炼焦及核燃料加工业	Processing of Petroleum,Coking and Processing of Nuclear Fuel	20.68	20.52	17.62	33.95	20.8
化学原料及化学制品制造业	Manufacture of Raw Chemical Materials and Chemical	109.43	124.84	141.46	159.75	9.4
医药制造业	Manufacture of Medicines	52.70	68.45	85.53	101.63	6.9
橡胶和塑料制品业	Manufacture of Rubber and Plastics Products	16.84	21.84	35.76	44.32	8.0
非金属矿物制品业	Manufacture of Non-metallic Mineral Products	66.34	106.79	190.56	248.63	13.0
黑色金属冶炼及压延加工业	Smelting and Pressing of Ferrous Metals	58.92	64.19	79.42	79.11	5.4
有色金属冶炼及压延加工业	Smelting and Pressing of Non-ferrous Metals	75.20	94.07	140.13	151.11	18.4
金属制品业	Manufacture of Metal Products	17.31	25.53	29.98	40.75	14.7
通用设备制造业	Manufacture of General Purpose Machinery	12.47	21.23	28.75	33.75	12.7
专用设备制造业	Manufacture of Special Purpose Machinery	9.57	12.92	21.76	29.76	12.9
汽车制造业	Manufacture of Automobiles	14.81	27.17	28.97	37.03	10.9
铁路、船舶、航空航天和其他运输设备制造业	Manufacture of Railroad, Marine, Aerospace and Other Transportation Equipment	23.92	27.90	34.87	38.87	17.5
电气机械及器材制造业	Manufacture of Electrical Machinery and Apparatus	10.75	13.99	21.90	34.46	19.0
计算机、通信和其他电子设备制造业	Manufacture of Communication Equipment, Computers and Other Electronic Equipment	14.52	20.93	20.73	52.51	102.0
仪器仪表制造业	Manufacture of Measuring Instruments and Machinery	3.75	3.60	2.80	3.30	3.7
其他制造业	Other Manufacture	14.33	15.01	9.39	8.75	14.3
废弃资源综合利用业	Utilization of waste Resources	0.57	1.48	2.95	3.87	31.2
电力、燃气及水的生产和供应业	Production and Supply of Electric Power,Gas and Water	301.42	325.94	351.15	377.85	4.5
电力、热力生产和供应业	Production and Supply of Electric Power and Heat Power	295.39	318.03	340.17	364.53	4.2
燃气生产和供应业	Production and Supply of Gas	1.57	2.03	1.59	1.11	-19.8
水的生产和供应业	Production and Supply of Water	4.46	5.87	9.39	12.21	18.1

14-5 规模以上工业总产值

Gross Output Value of Industry above Designated Size

单位：亿元 (100 million yuan)

指　标	Item	2011	2012	2013	2014	2015
规模以上工业总产值	**Gross Output Value of Industry above Designated Size**	**5520.68**	**6544.02**	**8074.60**	**9507.33**	**10793.22**
#国有控股企业	State-holding Enterprises	2941.63	3284.31	3614.78	3966.86	4156.73
按轻重工业分	**Grouped by Type of Light and Heavy Industries**					
轻工业	Light Industry	1192.92	1389.71	1864.15	2305.15	2760.50
重工业	Heavy Industry	4327.76	5154.31	6210.45	7202.18	8032.72
按企业规模分	**Grouped by Size of Enterprises**					
大型企业	Large Enterprises	2276.04	2769.32	2943.70	3071.41	3280.57
中型企业	Medium-sized Enterprises	1496.03	2013.99	2594.80	2927.48	3262.41
小型企业	Small Enterprises	1673.10	1729.46	2509.81	3342.34	4030.13
微型企业	Mini-enterprises	75.51	31.25	26.29	166.10	220.11
按登记注册类型分	**Grouped by Status of Registration**					
内资企业	Domestic Funded	5321.74	6375.58	7838.06	9177.68	10420.81
国有企业	State-owned Enterprises	1484.30	1812.38	1691.64	1365.87	1489.23
集体企业	Collective-owned Enterprises	24.06	32.78	20.30	19.82	18.74
股份合作企业	Cooperative Enterprises	42.92	49.79	27.08	16.50	20.58
联营企业	Joint Ownership Enterprises	18.45	19.71	14.09	5.46	1.76
有限责任公司	Limited Liability Corporations	1918.53	2389.65	3353.49	4537.25	4878.92
股份有限公司	Share-holding Corporations Limited	603.50	470.07	618.21	684.87	748.92
私营企业	Private Enterprises	1214.36	1555.54	2092.04	2511.40	3233.03
其他企业	Other Enterprises	15.62	45.66	21.21	36.51	29.64
港、澳、台商投资企业	Enterprises with Funds from Hong Kong,Macco and Taiwan	73.27	58.51	88.90	180.78	230.10
外商投资企业	Foreign Funded Enterprises	125.67	109.93	147.64	148.87	142.30

14-6 按行业分规模以上工业总产值
Gross Output Value of Industry above Designated Size by Sector

单位：亿元

指 标	Item	2011
规模以上工业总产值	**Gross Output Value of Industry above Designated Size**	**5520.68**
采矿业	Mining	1102.35
#煤炭开采和洗选业	Mining and Washing of Coal	1015.81
黑色金属矿采选业	Mining and Processing of Ferrous Metal Ores	13.31
有色金属矿采选业	Mining and Processing of Non-Ferrous Metal Ores	14.38
非金属矿采选业	Mining and Processing of Non-metal Ores	58.43
制造业	Manufacturing	3401.89
#农副食品加工业	Processing of Food from Agricultural Products	126.13
食品制造业	Manufacture of Foods	75.72
酒、饮料和精制茶制造业	Manufacture of Liquor, Beverages and Refined Tea	597.52
烟草制品业	Manufacture of Tobacco	253.47
纺织业	Manufacture of Textile	8.07
纺织服装、服饰业	Manufacture of Textile, Wearing Apparel and Accessories	3.53
皮革、毛皮、羽毛及其制造业和制鞋业	Manufacture of Leather,Fur,Feather and Related Products, and Footware	25.27
木材加工及木、竹、藤、棕、草制品业	Timber Processing,Manufacture of Wood, Bamboo, Rattan,Palm and Straw Products	43.64
家具制造业	Manufacture of Furniture	7.12
造纸及纸制品业	Manufacture of Paper and Paper Products	38.02
印刷和记录媒介的复制	Printing and Reproduction of Recording Media	12.85
文教体育用品制造业	Manufacture of Articles For Culture, Education and Sport Activity	1.18
石油加工、炼焦和核燃料加工业	Processing of Petroleum,Coking and Processing of Nuclear Fuel	75.98
化学原料及化学制品制造业	Manufacture of Raw Chemical Materials and Chemical Products	476.80
医药制造业	Manufacture of Medicines	227.31
橡胶制品业	Manufacture of Rubber	112.95
塑料制品业	Manufacture of Plastics	31.97
非金属矿物制品业	Manufacture of Non-metallic Mineral Products	273.54
黑色金属冶炼和压延加工业	Smelting and Pressing of Ferrous Metals	541.53
有色金属冶炼和压延加工业	Smelting and Pressing of Non-ferrous Metals	299.07
金属制品业	Manufacture of Metal Products	45.29
通用设备制造业	Manufacture of General Purpose Machinery	50.94
专用设备制造业	Manufacture of Special Purpose Machinery	37.61
交通运输设备制造业	Manufacture of Transport Equipment	163.30
电气机械和器材制造业	Manufacture of Electrical Machinery and Apparatus	92.13
通信、计算机及其他电子设备制造业	Manufacture of Communication Equipment, Computers and Other Electronic Equipment	47.64
仪器仪表及文化、办公用机械制造业	Manufacture of Measuring Instruments and Machinery for Cultural Activity and Office Work	10.25
工艺品及其他制造业	Manufacture of Artwork and Other Manufacturing	16.07
废弃资源和废旧材料回收加工业	Utilization of waste Resources	4.00
电力、燃气及水的生产和供应业	Production and Supply of Electric Power,Gas and Water	1016.44
电力、热力生产和供应业	Production and Supply of Electric Power and Heat Power	980.17
燃气生产和供应业	Production and Supply of Gas	27.48
水的生产和供应业	Production and Supply of Water	8.79

14-6 续表 Continued

单位：亿元 (100 million yuan)

指　标	Item	2012	2013	2014	2015
规模以上工业总产值	**Gross Output Value of Industry above Designated Size**	**6544.02**	**8074.60**	**9507.33**	**10793.22**
采矿业	Mining	1352.90	1636.46	1885.27	1965.49
#煤炭开采和洗选业	Mining and Washing of Coal	1244.16	1445.11	1607.47	1635.64
黑色金属矿采选业	Mining and Processing of Ferrous Metal Ores	20.22	32.46	44.23	56.34
有色金属矿采选业	Mining and Processing of Non-Ferrous Metal Ores	16.52	31.47	57.21	64.47
非金属矿采选业	Mining and Processing of Non-metal Ores	72.00	127.42	176.36	209.04
制造业	Manufacturing	4017.15	5129.44	6265.79	7397.04
#农副食品加工业	Processing of Food from Agricultural Products	146.22	220.62	270.76	330.34
食品制造业	Manufacture of Foods	69.48	95.51	125.93	162.63
酒、饮料和精制茶制造业	Manufacture of Liquor, Beverages and Refined Tea	438.60	597.52	715.96	880.11
烟草制品业	Manufacture of Tobacco	316.70	348.60	374.70	367.34
纺织业	Manufacture of Textile	5.04	11.13	13.46	17.56
纺织服装、服饰业	Manufacture of Textile, Wearing Apparel and Accessories	4.88	12.19	28.07	50.64
皮革、毛皮、羽毛及其制造业和制鞋业	Manufacture of Leather,Furs,Feather and Related Products, and Footware	15.66	25.27	39.12	54.77
木材加工和木、竹、藤、棕、草制品业	Processing of Timber, Manufacture of Wood, Bamboo, Rattan, Palm and Straw Pródducts	71.01	112.62	137.48	161.20
家具制造业	Manufacture of Furniture	11.20	15.44	21.78	32.39
造纸和纸制品业	Manufacture of Paper and Paper Products	30.79	42.65	59.64	84.27
印刷和记录媒介复制业	Printing and Reproduction of Recording Media	12.15	18.82	26.72	39.47
文教、工美、体育和娱乐用品制造业	Manufacture of Articles for Culture, Education, Arts and Crafts, Sport and Entertainment Activities	2.84	7.38	14.58	29.00
石油加工、炼焦和核燃料加工业	Processing of Petroleum,Coking and Processing of Nuclear Fuel	105.81	107.69	152.01	184.91
化学原料和化学制品制造业	Manufacture of Raw Chemical Materials and Chemical Products	555.67	645.66	684.96	777.08
医药制造业	Manufacture of Medicines	227.33	300.47	354.29	401.60
橡胶和塑料制品业	Manufacture of Rubber and Plastics Products	141.23	174.14	223.26	252.66
非金属矿物制品业	Manufacture of Non-metallic Mineral Products	362.09	610.93	888.12	1021.62
黑色金属冶炼和压延加工业	Smelting and Pressing of Ferrous Metals	576.05	624.08	648.59	647.44
有色金属冶炼和压延加工业	Smelting and Pressing of Non-ferrous Metals	371.57	423.86	426.74	452.50
金属制品业	Manufacture of Metal Products	67.76	106.04	156.32	188.67
通用设备制造业	Manufacture of General Purpose Machinery	47.32	66.75	94.83	115.87
专用设备制造业	Manufacture of Special Purpose Machinery	39.20	71.08	102.21	113.81
汽车制造业	Manufacture of Automobiles	89.57	145.77	172.51	228.90
铁路、船舶、航空航天和其他运输设备制造业	Manufacture of Railwag, ship, Aerospace and Other Transport Equipments	126.67	111.67	163.43	192.22
电气机械和器材制造业	Manufacture of Electrical Machinery and Apparatus	86.95	130.50	179.03	210.30
计算机、通信和其他电子设备制造业	Manufacture of Computers, Communication and Other Electronic Equipment	63.89	61.13	130.41	309.57
仪器仪表制造业	Manufacture of Measuring Instruments and Machinery	9.91	10.34	11.38	14.27
其他制造业	Other Manufacture	17.77	23.57	38.73	58.09
废弃资源综合利用业	Utilization of Waste Resources	3.30	7.73	10.39	16.77
电力、燃气及水的生产和供应业	Production and Supply of Electric Power,Gas and Water	1173.97	1308.70	1356.27	1430.69
电力、热力生产和供应业	Production and Supply of Electric Power and Heat Power	1134.82	1263.73	1301.61	1382.33
燃气生产和供应业	Production and Supply of Gas	29.41	31.69	37.79	25.89
水的生产和供应业	Production and Supply of Water	9.74	13.28	16.87	22.47

14−7 规模以上工业企业主要经济指标

Major Economic Indicators of Industrial Enterprises above Designated Size

指 标	Item	2011	2012	2013	2014	2015
固定资产净值年平均余额(亿元)	Average Balance of Net Value of Fixed Assets (100 million yuan)	2693.51	2953.25	3574.57	4183.65	4601.60
流动资产年平均余额(亿元)	Average Balance of Circulating Funds(100 million yuan)	2654.50	2932.98	3643.86	4398.96	5172.39
主营业务收入(亿元)	Revenue from Principal Business(100 million yuan)	5022.11	5966.52	7357.43	8655.87	9876.81
利税总额(亿元)	Total Pre-tax Profits(100 million yuan)	901.37	1172.15	1268.68	1310.38	1460.84
#利润总额	Total Profits	456.20	627.02	636.59	628.68	732.76
产值利税率(%)	Ratio of Pre-Tax Profits to Output Value(%)	16.33	17.91	15.71	13.78	13.53
资金利税率(%)	Ratio of Pre-Tax Profit to Assets(%)	16.85	19.91	17.58	15.27	14.95
销售利税率(%)	Ratio of Pre-Tax Profit to Sales(%)	17.95	19.65	17.24	15.14	14.79
资本保值增值率(%)	Ratio of Assets Appreciation YOY(%)	118.66	121.72	117.66	115.87	117.94
总资产贡献率(%)	Contribution rate of Total Assets(%)	14.56	15.97	19.11	13.00	12.41
资产负债率(%)	Ratio of Debts to Assets(%)	64.67	64.90	58.20	63.68	63.52
流动资产周转次数(次/年)	Turnover of Current Assets (times/year)	1.95	1.89	1.72	1.86	1.77
成本费用利润率(%)	Ratio of Profits to Costs(%)	9.98	11.89	14.53	8.03	8.24
产销率(%)	Sales as Percentage of Output(%)	95.08	94.30	95.17	95.22	90.99

14−8 大中型工业企业主要经济指标

Major Economic Indicators of Large and Medium-sized Industrial Enterprises

指 标	Item	2011	2012	2013	2014	2015
固定资产净值年平均余额(亿元)	Average Balance of Net Value of Fixed Assets (100 million yuan)	2206.42	2481.32	3024.00	3494.72	3768.82
流动资产年平均余额(亿元)	Average Balance of Circulating Funds (100 million yuan)	2065.99	2297.86	2814.22	3347.32	3806.38
主营业务收入(亿元)	Revenue from Principal Business(100 million yuan)	3542.89	4484.76	5135.87	5589.52	6062.97
利税总额(亿元)	Total Pre-tax Profits(100 million yuan)	739.50	981.36	1023.18	1024.28	1111.30
#利润总额	Total Profits	371.65	520.55	490.38	467.07	521.30
资本保值增值率(%)	Ratio of Assets Appreciation YOY(%)	120.38	119.19	117.82	116.97	108.67
总资产贡献率(%)	Contribution rate of Total Assets(%)	14.93	16.33	14.39	13.02	12.63
资产负债率(%)	Ratio of Debts to Assets(%)	65.14	65.40	66.20	64.90	65.89
流动资产周转次数(次/年)	Turnover of Current Assets (times/year)	1.78	1.81	1.70	1.59	1.53
成本费用利润率(%)	Ratio of Profits to Costs(%)	11.74	13.29	10.65	9.38	9.76
产销率(%)	Sales as Percentage of Output(%)	95.32	94.42	94.36	94.67	87.09

14-9 规模以上工业主要产品产量
Output of Major Industrial Products above Designated Size

单位：万吨 (10000 tons)

指　标	Item	2011	2012	2013	2014	2015
粗钢	Crude Steel	434.01	531.27	531.44	551.81	466.59
成品钢材	Rolled Steel	462.77	560.22	573.28	552.39	463.04
铁合金	Ferroalloys	263.90	309.68	327.25	348.18	332.61
电解铝	Electrolyzed Aluminium	90.36	104.35	112.28	65.21	85.52
氧化铝	Aluminum Oxide	211.03	270.04	360.32	407.93	373.46
铝材	Aluminium Material	13.16	11.70	27.15	58.17	55.75
磷矿石	Phosphate Rock	2084.18	2281.95	2905.44	3397.42	4323.10
生铁	Pig Iron	482.35	552.93	539.22	498.64	407.58
农用化肥	Chemical Fertilizer	360.37	503.82	524.26	533.52	582.47
轮胎外胎(万条)	Tires(10000 units)	536.77	622.78	602.15	546.46	484.78
水泥	Cement	5250.89	6100.45	8352.95	9386.89	9909.52
发电量(亿千瓦小时)	Electricity(100 million kwh)	1359.01	1548.44	1620.08	1682.27	1740.92
#水电	Hydropower	334.66	511.65	423.09	622.26	723.65
煤气生产量(亿立方米)	Gas Production (100 million cu.m)	84.15	98.63	92.17	83.95	65.03
卷烟(万箱)	Cigarettes(10000 cases)	245.23	249.35	254.29	258.36	252.34
饮料酒(万千升)	Alcohol Beverages(10000 kiloliters)	61.80	67.14	91.21	116.99	139.81
#白酒	White Spirit	25.49	26.83	30.49	38.05	42.79
食用植物油	Edible Vegetable Oil	12.23	23.09	32.69	35.79	41.94
中成药	Traditional Chinese Medicine	4.92	5.74	7.92	7.68	8.53
家用电冰箱(万台)	Household Refrigerators (10000 sets)	169.54	159.04	155.33	168.22	174.14
彩色电视机(万部)	Color Television Sets(10000 sets)	77.87	90.61	121.97	115.68	138.64

14-10 规模以上工业企业主要经济指标(2015)

Major Econornic Indicators of Industrial Entevprises above Designated Size

单位：亿元 (100 million yuan)

指　标	Item	工业总产值 Total Output Value of Industry	资产合计 Total Assets	主营业务收入 Revenue from Principal Business	利税总额 Total Profits and Taxes	#利润总额 Total Profits
总　计	**Total**	**10793.22**	**13540.06**	**9876.81**	**1460.84**	**732.76**
#国有控股企业	State-holding Enterprises	4156.73	8062.82	4002.84	829.95	369.13
#农村工业	Rural Industry	42.76	57.29	35.43	5.07	2.64
按登记注册类型分	**Gorouped by Status of Registration**					
内资企业	Domestic-funded Enterprises	10420.81	13159.90	9524.69	1409.13	694.05
国有企业	State-owned Enterprises	1489.23	2326.08	1357.08	380.47	251.28
中央企业	Central Enterprises	732.68	1038.32	689.58	25.91	3.95
地方企业	Local Enterprises	756.55	1287.77	667.50	354.56	247.33
集体企业	Collective-owned Enterprises	18.74	12.58	17.69	-0.06	-0.56
股份合作企业	Cooperative Enterprises	20.58	18.88	15.28	4.96	2.38
联营企业	Joint Ownership Enterprises	1.76	1.31	1.76	0.47	0.42
有限责任公司	Limited Liability Corporations	4878.92	7328.50	4680.89	608.87	203.65
股份有限公司	Share-holding Corporations Limited	748.92	1200.78	577.65	89.81	51.30
私营企业	Private Enterprises	3233.03	2244.57	2849.93	320.47	182.45
其他企业	Others Enterprises	29.64	27.21	24.41	4.14	3.14
港、澳、台商投资企业	Enterprises Invested from Hong Kong, Macao and Taiwan	230.10	233.61	224.58	27.63	22.52
外商投资企业	Foreign Invested Enterprises	142.30	146.54	127.54	24.07	16.19
按轻重工业分	**Grouped by Type of Light and Heavy Industry**					
轻工业	Light Industry	2760.50	2853.81	2471.60	844.46	426.74
重工业	Heavy Industry	8032.72	10686.25	7405.20	616.38	306.02
按企业规模分	**Grouped by Size of Enterprises**					
大型企业	Large Enterprises	3280.57	6057.31	3190.22	786.97	351.44
型企业	Medium-sized Enterprises	3262.41	4189.65	2872.74	324.33	169.86
小型企业	Small Enterprises	4030.13	3082.31	3624.23	335.40	201.53
微型企业	Mini-enterprises	220.11	210.79	189.62	14.14	9.93

14-11 规模以上工业企业分行业主要经济指标(2015)

单位：亿元

指 标	Item	企业单位数(个) Number of Enterprises(unit)
总 计	**Total**	**4482**
采矿业	Mining	953
#煤炭开采和洗选业	Mining and Washing of Coal	734
黑色金属矿采选业	Mining and Processing of Ferrous Metal Ores	35
有色金属矿采选业	Mining and Processing of Non-Ferrous Metal Ores	31
非金属矿采选业	Mining and Processing of Non-metal Ores	153
制造业	Manufacturing	3282
农副食品加工业	Processing of Food from Agricultural Products	291
食品制造业	Manufacture of Foods	109
酒、饮料和精制茶制造业	Manufacture of Liquor, Beverages and Refined Tea	376
#白酒制造	Manufacture of Liquors	131
烟草制品业	Manufacture of Tobacco	2
纺织业	Manufacture of Textile	13
纺织服装、服饰业	Manufacture of Textile, Wearing Apparel and Accessories	56
皮革、毛皮、羽毛及其制品和制鞋业	Manufacture of Leather,Furs,Feather and Related Products, and Footware	29
木材加工和木、竹、藤、棕、草制品业	Processing of Timber, Manufacture of Wood, Bamboo, Rattan, Palm and Straw Products	119
家具制造业	Manufacture of Furniture	37
造纸和纸制品业	Manufacture of Paper and Paper Products	56
印刷和记录媒介复制业	Printing and Reproduction of Recording Media	33
文教、工美、体育和娱乐用品制造业	Manufacture of Articles for Culture, Education, Arts and Crafts, Sport and Entertainment Activities	30
石油加工、炼焦和核燃料加工业	Processing of Petroleum, Coking and Processing of Nuclear Fuel	19
化学原料和化学制品制造业	Manufacture of Raw Chemical Materials and Chemical Products	233
医药制造业	Manufacture of Medicines	117
橡胶和塑料制品业	Manufacture of Rubber and Plastics Products	117
非金属矿物制品业	Manufacture of Non-metallic Mineral Products	766
黑色金属冶炼和压延加工业	Smelting and Pressing of Ferrous Metals	164
有色金属冶炼和压延加工业	Smelting and Pressing of Non-ferrous Metals	83
金属制品业	Manufacture of Metal Products	141
通用设备制造业	Manufacture of General Purpose Machinery	79
专用设备制造业	Manufacture of Special Purpose Machinery	74
汽车制造业	Manufacture of Automobiles	52
铁路、船舶、航空航天和其他运输设备制造业	Manufacture of Railwag, ship, Aerospace and Other Transport Equipments	47
电气机械和器材制造业	Manufacture of Electrical Machinery and Apparatus	133
计算机、通信和其他电子设备制造业	Manufacture of Computers, Communication and Other Electronic Equipments	57
仪器仪表制造业	Manufacture of Measuring Instruments and Machinery	15
其他制造业	Other Manufacture	17
废弃资源综合利用业	Utilization of Waste Resources	14
电力、燃气及水的生产和供应业	Production and Supply of Electric Power,Gas and Water	247
电力、热力生产和供应业	Production and Supply of Electric Power and Heat Power	197
#电力生产	Production of Electric Power	110
电力供应	Distribution of Electric Power	87
燃气生产和供应业	Production and Supply of Gas	21
水的生产和供应业	Production and Supply of Water	29

Main Economic Indicators of Industrial Enterprises above Designated Size by Sector

(100 million yuan)

工业总产值 Total Output Value of Industry	资产合计 Total Assets	主营业务收入 Revenue from Principal Business	利税总额 Total Profits and Taxes	利润总额 Total Profits
10793.22	**13540.06**	**9876.81**	**1460.84**	**732.76**
1965.49	2606.35	1631.85	204.43	84.57
1635.64	2426.80	1327.55	149.24	53.74
56.34	16.58	52.87	6.60	3.18
64.47	38.77	61.43	10.79	5.27
209.04	124.21	190.00	37.80	22.38
7397.04	7774.07	6893.84	1123.61	576.23
330.34	149.93	300.69	22.67	14.79
162.63	87.33	150.60	25.59	18.75
880.11	1475.36	739.75	398.68	279.72
655.63	1321.13	542.10	360.88	253.37
367.34	296.46	375.28	284.70	38.82
17.56	14.29	16.53	1.05	0.79
50.64	30.75	47.18	2.42	1.06
54.77	23.53	66.27	4.82	3.40
161.20	44.28	159.31	14.34	7.21
32.39	14.32	31.45	2.59	1.93
84.27	59.36	81.45	6.84	4.58
39.47	26.14	33.44	6.45	4.72
29.00	15.74	27.87	2.62	1.39
184.91	128.88	176.95	14.72	13.08
777.08	1339.44	967.30	55.38	35.55
401.60	372.27	334.58	60.12	38.43
252.66	184.77	180.76	9.81	4.45
1021.62	922.64	941.83	77.10	40.07
647.44	414.84	581.05	13.31	0.27
452.50	471.99	361.75	33.94	20.57
188.67	145.78	171.32	11.59	5.94
115.87	96.21	100.88	7.92	4.31
113.81	112.35	102.31	7.97	5.32
228.90	162.96	219.50	19.96	11.77
192.22	400.27	168.98	6.15	3.64
210.30	162.37	176.80	12.43	7.87
309.57	535.97	307.66	17.04	5.82
14.27	18.54	12.06	0.90	0.41
58.09	61.35	46.47	1.88	1.35
16.77	4.42	12.81	0.61	0.22
1430.69	3159.64	1351.11	132.80	71.96
1382.33	2912.63	1300.19	129.00	69.78
528.28	2150.42	522.28	100.85	68.42
854.05	762.21	777.91	28.15	1.35
25.89	78.97	32.72	0.77	-0.09
22.47	168.04	18.20	3.03	2.27

14-12 规模以上国有控股工业企业主要经济指标(2015)

单位：亿元

指 标	Item	企业单位数(个) Number of Enterprises(unit)
总 计	**Total**	**525**
按轻重工业分	**Grouped by Type of Light and Heavy Industry**	
轻工业	Light Industry	69
重工业	Heavy Industry	456
按企业规模分	**Grouped by Scale of Enterprise**	
大型企业	Large Enterprises	67
中型企业	Medium-sized Enterprises	247
小型企业	Small Enterprises	185
微型企业	Micro-enterprises	26
按工业行业分	**Grouped by Industrial Sector**	
采矿业	Mining	80
#煤炭开采和洗选业	Mining and Washing of Coal	68
黑色金属矿采选业	Mining and Processing of Ferrous Metal Ores	2
有色金属矿采选业	Mining and Processing of Nonferrous Metal Ores	2
非金属矿采选业	Mining and Processing of Nonmetal Ores	8
制造业	Manufacturing	259
#农副食品加工业	Processing of Food from Agricultural Products	11
酒、饮料和精制茶制造业	Manufacture of Wine,Soft drinks and Refined tea	10
烟草制品业	Manufacture of Tobacco	2
纺织服装、服饰业	Manufacture of Textile, Wearing Apparel and Accessories	4
木材加工和木、竹、藤、棕、草制品业	Timber Processing , Bamboo , Cane , Palm Fiber and Straw Products	2
印刷和记录媒介复制业	Printing,Reproduction of Recording Media	3
石油加工、炼焦和核燃料加工业	Processing of Petroleum,Coking and Processing of Nuclear Fuel	2
化学原料和化学制品制造业	Manufacture of Raw Chemical Materials and Chemical Products	33
橡胶和塑料制品业	Manufacture of Rubber and Plastics Products	4
非金属矿物制品业	Manufacture of Non-metallic Mineral Products	54
黑色金属冶炼和压延加工业	Smelting and Pressing of Ferrous Metals	8
有色金属冶炼和压延加工业	Smelting and Pressing of Non-ferrous Metals	13
金属制品业	Manufacture of Metal Products	15
通用设备制造业	Manufacture of General Purpose Machinery	17
专用设备制造业	Manufacture of Special Purpose Machinery	14
汽车制造业	Manufacture of Automobiles	11
铁路、船舶、航空航天和其他运输设备制造业	Manufacture of Railway, Ship, Aerospace and Other Transportation Equipments	26
电气机械和器材制造业	Manufacture of Electrical Equipment and Apparatus	4
计算机、通信和其他电子设备制造业	Manufacture of Computers,Communication and Other Electronic Equipments	12
仪器仪表制造业	Manufacture of Measuring Instruments and Machinery	3
其他制造业	Other Manufacture	5
电力、燃气及水的生产和供应业	Production and Supply of Electric Power,Gas and Water	186
电力、热力的生产和供应业	Production and Supply of Electric Power and Heat Power	157
燃气生产和供应业	Production and Supply of Gas	5
水的生产和供应业	Production and Supply of Water	24

Major Economic Indicators of State-controlled Industrial Enterprises above Designated Size

(100 million yuan)

工业总产值 Total Output Value of Industry	资产合计 Total Assets	主营业务收入 Revenue from Principal Business	利税总额 Total Profits and Taxes	#利润总额 Total Profits
4156.73	**8062.82**	**4002.84**	**829.95**	**369.13**
941.23	1592.20	883.23	611.45	272.80
3215.50	6470.62	3119.61	218.50	96.33
2647.24	5308.16	2608.99	712.57	304.78
1151.53	2124.98	1051.83	83.97	34.95
323.39	562.40	309.90	30.99	27.41
34.57	67.28	32.11	2.42	1.99
419.21	1034.32	334.11	20.23	-5.54
386.37	1007.16	306.85	11.89	-10.97
1.09	1.08	0.85	-0.02	-0.03
7.05	3.30	7.05	1.95	0.73
24.70	22.78	19.36	6.41	4.73
2379.05	4123.38	2392.76	686.05	310.28
8.66	3.50	8.70	0.39	0.14
427.11	1068.03	376.95	318.24	228.34
367.34	296.46	375.28	284.70	38.82
3.16	2.93	2.51	-0.26	-0.35
2.46	0.36	2.40	0.06	0.03
2.51	2.33	2.35	0.13	0.05
125.86	92.70	122.47	12.28	11.55
295.77	1000.02	530.30	12.90	3.35
100.80	113.45	42.64	-0.95	-2.80
176.04	273.43	156.41	9.96	4.01
206.48	229.13	181.35	-2.35	-6.86
136.79	239.02	124.29	26.00	18.69
53.66	78.15	52.01	3.23	1.07
35.88	48.47	32.98	2.32	0.86
18.62	55.45	11.59	-0.28	-0.60
66.70	55.97	63.17	4.27	2.28
162.46	388.51	143.66	4.41	2.39
22.45	6.99	12.17	0.60	0.33
105.37	86.52	86.34	6.21	5.97
4.80	9.54	3.17	0.21	-0.09
27.21	45.07	19.00	1.09	0.98
1358.46	2905.12	1275.97	123.67	64.39
1337.53	2759.05	1256.81	123.16	64.38
3.29	14.75	5.00	-1.81	-1.69
17.65	131.32	14.17	2.32	1.70

14-13 规模以上集体工业企业主要经济指标(2015)

Main Economic Indicators of All Collective-owned Industrial Enterprises above Designated Size

单位：亿元 (100 million yuan)

指 标	Item	企业单位数(个) Number of Enterprises (unit)	工业总产值 Total Output Value of Industry	资产合计 Total Assets	主营业务收入 Revenue from Principal Business	利税总额 Total Profits and Taxes	#利润总额 Total Profits
总 计	**Total**	**16**	**18.74**	**12.58**	**17.69**	**-0.06**	**-0.56**
#亏损企业	Loss Making Enterprise	6	9.23	7.20	8.23	-0.64	-0.89
按轻重工业分	**Grouped by Type of Light and Heavy Industry**						
轻工业	Light Industry	4	5.77	1.48	5.75	0.39	0.24
重工业	Heavy Industry	12	12.97	11.09	11.94	-0.45	-0.79
按企业规模分	**Grouped by Size of Enterprises**						
#中型企业	Medium-sized Enterprises	4	9.26	5.82	9.18	-0.39	-0.64
小型企业	Small Enterprises	12	9.47	6.76	8.51	0.33	0.09
按工业行业分	**Grouped by Industries Sector**						
#采矿业	Mining	3	5.50	5.91	5.52	-0.51	-0.68
#黑色金属矿采选业	Mining and Processing of Ferrous Metal Ores	2	3.90	0.73	3.92	...	-0.02
制造业	Manufacturing	12	13.03	5.70	12.01	0.42	0.10
#非金属矿物制品业	Manufacture of Non-metallic Mineral Products	3	4.08	2.53	3.89	0.12	0.03
黑色金属冶炼和压延加工业	Smelting and Pressing of Ferrous Metals	3	1.01	1.05	1.00	-0.07	-0.13

14-14 规模以上外商投资和港澳台商投资工业企业主要经济指标(2015)

Major Economic Indicators of all above Designated Size Industrial Enterprises Funded by Foreigners and Hong kong,Macao and Taiwan

单位：亿元 (100 million yuan)

指 标	Item	企业单位数(个) Number of Enterprises (unit)	工业总产值 Gross Value of Industrial Output	资产合计 Total Assets	主营业务收入 Revenue from Principal Business	利税总额 Total Profits and Taxes	#利润总额 Total Profits
总 计	**Total**	**89**	**372.41**	**380.15**	**352.12**	**51.70**	**38.71**
#亏损企业	Loss Making Enterprises	23	42.14	51.87	32.11	-1.56	-2.25
#港、澳、台商投资企业	Enterprises with Funds from Hong kong, Macao and Taiwan	49	230.10	233.61	224.58	27.63	22.52
合资经营企业(港或澳、台资)	Joint Venture Enterprises(with Funds from Hong Kong, Macao and Taiwan)	22	143.92	141.46	149.06	22.74	19.26
港澳台商独资经营企业	Enterprises with Sole Funds from Hong Kong,Macao and Taiwan	23	82.09	90.02	71.89	4.79	3.22
外商投资企业	Foreign Funded Enterprises	40	142.30	146.54	127.54	24.07	16.19
中外合作经营企业	Cooperation Enterprises	20	64.40	47.46	62.41	11.12	8.14
外资企业	Foreign Funded Enterprises	17	66.24	78.37	53.49	10.55	5.66
按轻重工业分	**Grouped by Type of Light and Heavy Industry**						
轻工业	Light Industry	37	118.12	102.25	101.84	24.13	16.65
重工业	Heavy Industry	52	254.29	277.90	250.28	27.57	22.06
按企业规模分	**Grouped by Size of Enterprise**						
大型企业	Large Enterprises	3	33.43	41.99	32.42	5.48	3.33
中型企业	Medium-sized Enterprises	18	121.55	207.01	114.62	19.09	13.55
小型企业	Small Enterprises	58	201.96	115.15	200.01	27.32	22.11
微型企业	Micro Enterprises	10	15.47	16.00	5.07	-0.19	-0.29
按工业行业分	**Grouped by Industrial Sector**						
采矿业	Mining	6	21.68	27.96	21.35	2.90	1.85
#黑色金属矿采选业	Mining and Processing of Ferrous Metal Ores	3	7.45	0.72	7.41	0.83	0.26
制造业	Manufacturing	78	327.22	247.23	309.62	46.19	35.71
#农副食品加工业	Processing of Food from Agricultural Products	6	13.47	4.81	12.81	0.21	0.07
酒、饮料和精制茶制造业	Manufacture of Liquor, Beverages and Refined Tea	9	46.58	23.21	44.41	12.68	9.12
纺织服装、服饰业	Manufacture of Textile, Wearing Apparel and Accessories	2	1.13	0.27	1.13	0.06	0.00
印刷和记录媒介复制业	Printing,Reproduction of Recording Media	2	9.24	5.90	5.19	2.62	2.24
石油加工、炼焦和核燃料加工业	Processing of Petro leum, Coking and Processing of Nuclear Fuel	2	84.06	7.29	94.51	14.04	13.78
化学原料和化学制品制造业	Manufacture of Raw Chemical Materials and Chemical Products	5	6.43	17.15	3.87	1.15	0.81
医药制造业	Manufacture of Medicines	7	33.86	34.61	26.90	7.20	4.22
橡胶和塑料制品业	Manufacture of Rubber and Plastics	4	15.77	8.77	16.28	1.98	1.19
非金属矿物制品业	Manufacture of Non-metallic Mineral Products	15	37.12	56.52	35.63	0.96	-0.04
黑色金属冶炼和压延加工业	Smelting and Pressing of Ferrous Metals	4	11.68	4.44	3.85	0.16	0.05
有色金属冶炼和压延加工业	Smelting and Pressing of Non-ferrous Metals	3	20.66	25.03	20.08	2.49	2.48
汽车制造	Manufacture of Automobiles	3	3.77	2.61	3.09	0.75	0.72
电气机械和器材制造业	Manufacture of Electrical Machinery and Apparatus	4	14.17	10.25	13.83	0.41	0.22
计算机、通信和其他电子设备制造业	Manufacture of Computers, Communication and Other Electronic	4	16.89	28.11	15.75	0.57	0.54
电力、燃气及水的生产和供应业	Production and Supply of Electric Power,Gas and Water	5	23.51	104.96	21.15	2.62	1.15
#电力、热力的生产和供应业	Production and Supply of Electric Power and Heat Power	2	14.71	44.92	14.71	1.39	0.14
水的生产和供应业	Production and Supply of Water	2	8.18	59.85	5.82	1.17	0.99

14-15 规模以上工业企业主要经济效益指标(2015)

Main Indicators on Economic Efficiency of all Industrial Enterprises above Designated Size

单位：% (%)

指标	Item	产值利税率 Ratio of Pre-Tax Profit to Output Value	资金利税率 Ratio of Pre-Tax Profit to Asset	销售利税率 Ratio of Pre-Tax Profit to Sales
总计	**Total**	**13.5**	**14.9**	**14.8**
内资企业	Domestic Enterprises	13.5	14.9	14.8
国有企业	State-owned	25.5	21.8	28.0
中央企业	Central	3.5	3.3	3.8
地方企业	Local	46.9	37.3	53.1
集体企业	Collective-owned Enterprises	-0.3	-0.8	-0.3
股份合作企业	Cooperation Enterprises	24.1	30.8	32.4
联营企业	Joint-owned Enterprises	26.7	13.6	26.8
有限责任公司	Limited Liability Corporations	12.5	11.5	13.0
股份有限公司	Share-holding Corporations Enterprises	12.0	10.2	15.5
私营企业	Private Enterprises	9.9	21.1	11.2
其他企业	Others	14.0	16.7	17.0
港、澳、台商投资企业	Enterprises Invested from Hong kong,Macao and Taiwan	12.0	17.2	12.3
外商投资企业	Foreign Invested Enterprises	16.9	18.7	18.9
在总计中：	of the Total:			
#国有控股企业	State-controlled Enterprises	20.0	13.7	20.7
在总计中：	of the Total:			
#农村工业	Rural Industry	11.9	9.5	14.3
按轻重工业分	**Grouped by type of Light and Heavy Industry**			
轻工业	Light Industry	30.6	40.2	34.2
重工业	Heavy Industry	7.7	8.0	8.3
按企业规模分	**Grouped by Size of Enterprises**			
大型企业	Large Enterprises	24.0	17.6	24.7
中型企业	Medium-sized Enterprises	9.9	10.4	11.3
小型企业	Small Enterprises	8.3	16.3	9.3
微型企业	Mini-enterprises	6.4	9.6	7.5
按工业行业分	**Grouped by Industrial Sector**			
采矿业	Mining	10.4	12.7	12.5
#煤炭开采和洗选业	Mining and Washing of Coal	9.1	10.0	11.2
黑色金属矿采选业	Mining and Processing of Ferrous Metal Ores	11.7	56.2	12.5
有色金属矿采选业	Mining and Processing of Non-Ferrous Metal Ores	16.7	48.6	17.6
非金属矿采选业	Mining and Processing of Non-metal Ores	18.1	47.8	19.9
制造业	Manufacturing	15.2	19.5	16.3
#农副食品加工业	Processing of Food from Agricultural Products	6.9	21.1	7.5
食品制造业	Manufacture of Foods	15.7	38.2	17.0
酒、饮料和精制茶制造业	Manufacture of Liquor, Beverages and Refined Tea	45.3	37.2	53.9
烟草制品业	Manufacture of Tobacco	77.5	107.4	75.9
纺织业	Manufacture of Textile	6.0	9.4	6.3
纺织服装、服饰业	Manufacture of Textile, Wearing Apparel and Accessories	4.8	14.1	5.1
皮革、毛皮、羽毛及其制品和制鞋业	Manufacture of Leather,Fur,Feather and Related Products, and Footware	8.8	28.2	7.3

14-15 续表 continued

单位：% (%)

指 标	Item	产值利税率 Ratio of Pre-Tax Profits to Output Value	资金利税率 Ratio of Pre-Tax Profits to Assets	销售利税率 Ratio of Pre-Tax Profits to Sales
木材加工和木、竹、藤、棕、草制品业	Processing of Timber, Manufacture of Wood, Bamboo,Rattan, Palm and Straw Products	8.9	49.5	9.0
家具制造业	Manufacture of Furniture	8.0	27.3	8.2
造纸和纸制品业	Manufacture of Paper and Paper Products	8.1	15.8	8.4
印刷和记录媒介复制业	Printing and Reproduction of Recording Media	16.3	30.2	19.3
文教、工美、体育和娱乐用品制造业	Manufacture of Articles for Culture, Education, Arts and Crafts,Sport and Entertainment Activities	9.0	21.0	9.4
石油加工、炼焦和核燃料加工业	Processing of Petroleum,Coking and Processing of Nuclear Fuel	8.0	14.7	8.3
化学原料和化学制品制造业	Manufacture of Raw Chemical Materials and Chemical Products	7.1	5.3	5.7
医药制造业	Maufacture of Medicines	15.0	23.6	18.0
橡胶和塑料制品业	Manufacture of Rubber and Plastics Produets	3.9	7.1	5.4
非金属矿物制品业	Manufacture of Non-metallic Mineral Products	7.5	11.0	8.2
黑色金属冶炼和压延加工业	Smelting and Pressing of Ferrous Metals	2.1	4.3	2.3
有色金属冶炼和压延加工业	Smelting and Pressing of Non-ferrous Metals	7.5	9.3	9.4
金属制品业	Manufacture of Metal Products	6.1	10.2	6.8
通用设备制造业	Manufacture of General Purpose Machinery	6.8	11.7	7.8
专用设备制造业	Manufacture of Special Purpose Machinery	7.0	8.8	7.8
汽车制造业	Manufacture of Automobiles	8.7	15.9	9.1
铁路、船舶、航空航天和其他运输设备制造业	Manufacture of Railway, Ship, Aerospace and other Transport Equipments	3.2	2.1	3.6
电气机械和器材制造业	Manufacture of Electrical Machinery and Apparatus	5.9	9.5	7.0
计算机、通信和其他电子设备制造业	Manufacture of Computers,Communication and Other Electronic Equipments	5.5	6.1	5.5
仪器仪表制造业	Manufacture of Measuring Instruments and Machinery	6.3	6.2	7.5
其他制造业	Other Manufacture	3.2	3.7	4.0
废弃资源综合利用业	Utilization of Waste Resources	3.6	23.2	4.7
电力、燃气及水的生产和供应业	Production and Supply of Electric Power,Gas and Water	9.3	5.5	9.8
电力、热力生产和供应业	Production and Supply of Electric Power and Heat Power	9.3	5.6	9.9
燃气生产和供应业	Production and Supply of Gas	3.0	1.8	2.4
水的生产和供应业	Production and Supply of Water	13.5	3.4	16.6

14-16 规模以上国有控股工业企业主要经济效益指标(2015)

Major Indicators on Economic Efficiency of State-controlled Industrial Enterprises above Designated Size

单位：% (%)

指　标	Item	产值利税率 Ratio of Pre-Tax Profits to Output Value	资金利税率 Ratio of Pre-Tax Profits to Assets	销售利税率 Ratio of Pre-Tax Profits to Sales
总　计	**Total**	**20.0**	**13.7**	**20.7**
按轻重工业分	**Grouped by Type of Light and Heavy Industry**			
轻工业	Light Industry	65.0	50.3	69.2
重工业	Heavy Industry	6.8	4.5	7.0
按企业规模分	**Grouped by Size of Enterprises**			
大型企业	Large Enterprises	26.9	17.8	27.3
中型企业	Medium-sized Enterprises	7.3	5.1	8.0
小型企业	Small Enterprises	9.6	8.3	10.0
微型企业	Mini-enterprises	7.0	5.2	7.5
按工业行业分	**Grouped by Industrial sector**			
采矿业	Mining	4.8	3.6	6.1
#煤炭开采和洗选业	Mining and Washing of Coal	3.1	2.1	3.9
黑色金属矿采选业	Mining and Processing of Ferrous Metal Ores	-2.2	-2.7	-2.8
有色金属矿采选业	Mining and Processing of Non-Ferrous Metal Ores	27.7	127.5	27.7
非金属矿采选业	Mining and Processing of Non-metal Ores	26.0	53.4	33.1
制造业	Manufacturing	28.8	21.3	28.7
#农副食品加工业	Processing of Food from Agricultural Products	4.5	12.4	4.5
酒、饮料和精制茶制造业	Manufacture of Liquor, Beverages and Refined Tea	74.5	40.7	84.4
烟草制品业	Manufacture of Tobacco	77.5	107.4	75.9
纺织服装、服饰业	Manufacture of Textile, Wearing Apparel and Accessories	-8.2	-10.0	-10.3
木材加工和木、竹、藤、棕、草制品业	Processing of Timber,Manufacture of Wood, Bamboo,Rattan,Palm and Straw Products	2.3	14.5	2.3
印刷和记录媒介复制业	Printing and Reproduction of Recording Media	5.1	5.4	5.5
石油加工、炼焦和核燃料加工业	Processing of Petroleum,Coking and Processing of Nuclear Fuel	9.8	16.7	10.0
化学原料和化学制品制造业	Manufacture of Raw Chemical Materials and Chemical Products	4.4	1.6	2.4
橡胶和塑料制品业	Manufacture of Rubber and Plastics Produets	-0.9	-1.1	-2.2

14-16 续表 continued

单位：% (%)

指 标	Item	产值利税率 Ratio of Pre-Tax Profits to Output Value	资金利税率 Ratio of Pre-Tax Profits to Assets	销售利税率 Ratio of Pre-Tax Profits to Sales
非金属矿物制品业	Manufacture Non-metallic Mineral Pruducts	5.7	4.7	6.4
黑色金属冶炼和压延加工业	Smelting and Pressing of Ferrous Metals	-1.1	-1.3	-1.3
有色金属冶炼和压延加工业	Smelting and Pressing of Non-ferrous Metals	19.0	14.3	20.9
金属制品业	Manufacture of Metal Products	6.0	4.8	6.2
通用设备制造业	Manufacture of General Purpose Machinery	6.5	6.8	7.0
专用设备制造业	Manufacture of Special Purpose Machinery	-1.5	-0.7	-2.4
汽车制造业	Manufacture of Automobiles	6.4	9.2	6.8
铁路、船舶、航空航天和其他运输设备制造业	Manufacture of Railway, Ship, Aerospace and Other Transport Equipments	2.7	1.6	3.1
电气机械和器材制造业	Manufacture of Electrical Machinery and Apparatus	2.7	9.0	4.9
计算机、通信和其他电子设备制造业	Manufacture of Computers,Communication and Other Electronic Equipments	5.9	8.0	7.2
仪器仪表制造业	Manufacture of Measuring Instruments and Machinery	4.4	2.6	6.6
其他制造业	Other Manufacture	4.0	3.0	5.7
电力、燃气及水的生产和供应业	Production and Supply of Electric Power,Gas and Water	9.1	5.5	9.7
电力、热力的生产和供应业	Production and Supply of Electric Power and Heat Power	9.2	5.7	9.8
燃气生产和供应业	Production and Supply of Gas	-55.2	-8.8	-36.3
水的生产和供应业	Production and Supply of Water	13.1	2.9	16.4

14－17 规模以上集体工业企业主要经济效益指标(2015)

Main Indicators on Economic Benefit of Collective-owned Industrial Enterprises above Designated Size

单位：%　(%)

指　标	Item	产值利税率 Ratio of Pre-Tax Profits to Output Value	资金利税率 Ratio of Pre-Tax Profits to Assets	销售利税率 Ratio of Pre-Tax Profits to Sales
总　计	**Total**	**-0.3**	**-0.8**	**-0.3**
#亏损企业	Loss Making Enterprises	-7.0	-16.9	-7.8
按轻重工业分	**Grouped by Type of Light and Heavy Industry**			
轻工业	Light Industry	6.7	29.9	6.7
重工业	Heavy Industry	-3.4	-6.7	-3.7
按企业规模分	**Grouped by Size of Enterprises**			
中型企业	Medium-sized Enterprises	-4.2	-22.5	-4.3
小型企业	Small Enterprises	3.5	5.4	3.9
按工业行业分	**Grouped by Industrial Sector**			
采矿业	Mining	-9.3	-25.6	-9.2
#黑色金属矿采选业	Mining and Processing of Ferrous Metal Ores	-0.1	-0.4	-0.1
制造业	Manufacturing	3.2	8.1	3.5
#非金属矿物制品业	Manufacture of Non-metallic Mineral Products	2.9	5.7	3.0
黑色金属冶炼和压延加工业	Smelting and Pressing of Ferrous Metals	-6.8	-7.8	-6.9

14-18 大中型工业企业主要经济指标占全省规模以上工业比重(2015)

Percentages of Main Indicators of Large and Medium Industrial Enterprises as the whole Industrial Enterprises above Designated Size

单位：亿元 (100 million yuan)

指标	Item	规模以上工业 Industrial Enterprises above Designated Size	#大中型工业企业 Large and Medium industrial Enterprises		#国有大中型 State-owned Large and Medium Industrial Enterprises	
			绝对数 Absolute Figure	占规模以上工业比重(%) Percentage Taken to Industrial Enterprises above Designated Size(%)	绝对数 Absolute Figure	占规模以上工业比重(%) Percentage Taken to Industrial Enterprises above Designated Size(%)
企业单位数(个)	Number of Industrial Enterprises(unit)	4482	948	21.2	113	2.5
#亏损企业个数(个)	Number of Loss Making Industrial Enterprises(unit)	810	254	31.4	18	2.2
工业总产值	Gross Value of Industrial Output	10793.22	6542.98	60.6	1437.06	13.3
工业增加值	Value-added of Industry	3542. 03	2133.71	60.2	678.82	19.2
资产总计	Total Assets	13540.06	10246.96	75.7	2278.21	16.8
流动资产年平均余额	Average Balance of Current Assets	5172.39	3806.38	73.6	893.61	17.3
固定资产净值年平均余额	Annual Average Balance Net Value of Fixed Assets	4601.60	3768.83	81.9	796.82	17.3
负债总计	Total Liabilities	8600.79	6751.65	78.5	1097.17	12.8
主营业务收入	Revenue from Principal Business	9876.81	6062.97	61.4	1305.99	13.2
主营业务成本	Cost of Principal Business	7723.95	4558.91	59.0	881.51	11.4
主营业务税金及附加	Tax and Extra Charges from Principal Business	338.04	290.25	85.9	41.62	12.3
亏损企业亏损额	Total Deficit of Loss Making Industrial Enterprises	152.72	109.21	71.5	15.74	10.3
利税总额	Total Profits and Taxes	1460.84	1111.30	76.1	374.75	25.7
资金利税率(%)	Ratio of Pre-Tax Profits and Assets(%)	14.95	14.67	98.2	22.17	148.3

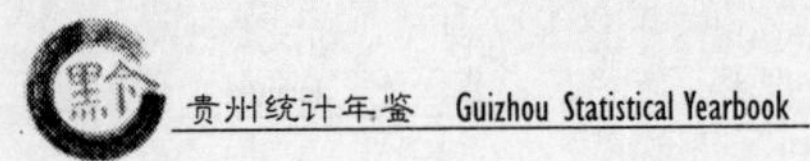

14-19 规模以上大中型工业企业分行业主要经济指标(2015)

单位：亿元

指标	Item	企业单位数(个) Number of Enterprises(unit)
总　计	**Total**	**948**
采矿业	Mining	356
#煤炭开采和洗选业	Mining and Washing of Coal	335
黑色金属矿采选业	Mining and Processing of Ferrous Metal Ores	7
有色金属矿采选业	Mining and Processing of Non-Ferrous Metal Ores	3
非金属矿采选业	Mining and Processing of Non-metal Ores	11
制造业	Manufacturing	482
#农副食品加工业	Processing of Food from Agricultural Products	18
食品制造业	Manufacture of Foods	7
酒、饮料和精制茶制造业	Manufacture of Liquor, Beverages and Refined Tea	44
烟草制品业	Manufacture of Tobacco	1
纺织业	Manufacture of Textile	4
纺织服装、服饰业	Manufacture of Textile, Wearing Apparel and Accessories	5
皮革、毛皮、羽毛及其制品和制鞋业	Manufacture of Leather, Fur, Feathers and other Products and Footwear	12
木材加工和木、竹、藤、棕、草制品业	Processing of Timber, Manufacture of Wood, Bamboo,Rattan, Palm and Straw Products	21
家具制造业	Manufacture of Fumiture	3
造纸和纸制品业	Manufacture of Paper and Paper Products	6
印刷和记录媒介复制业	Printing, and Reproduction of Recording Media	3
文教、工美、体育和娱乐用品制造业	Manufacture of Articles for Culture, Education, Arts and Crafts, Sport and Entertainment Activities	3
石油加工、炼焦和核燃料加工业	Processing of Petroleum, Coking and Processing of Nuclear Fuel	6
化学原料和化学制品制造业	Manufacture of Raw Chemical Materials and Chemical Products	46
医药制造业	Manufacture of Medicines	28
橡胶和塑料制品业	Manufacture of Plastics	9
非金属矿物制品业	Manufacture of Non-metallic Mineral Products	78
黑色金属冶炼和压延加工业	Smelting and Pressing of Ferrous Metals	37
有色金属冶炼和压延加工业	Smelting and Pressing of Non-ferrous Metals	25
金属制品业	Manufacture of Metal Products	12
通用设备制造业	Manufacture of General Purpose Machinery	14
专用设备制造业	Manufacture of Special Purpose Machinery	10
汽车制造业	Manufacture of Automobiles	18
铁路、船舶、航空航天和其他运输设备制造业	Manufacture of Railway, Ship, Aerospace and Other Transport Equipments	26
电气机械和器材制造业	Manufacture of Electrical Machinery and Apparatus	13
计算机、通信和其他电子设备制造业	Manufacture of Computers,Communication and Other Electronic Equipments	18
仪器仪表制造业	Manufacture of Measuring Instruments and Machinery	5
其他制造业	Other Manufacture	9
电力、燃气及水的生产和供应业	Production and Supply of Electric Power,Gas and Water	110
电力、热力的生产和供应业	Production and Supply of Electric Power and Heat Power	98
燃气生产和供应业	Production and Supply of Gas	3
水的生产和供应业	Production and Supply of Water	9

Main Indicators on Economic of Large and Medium Industrial Enterprises by Sector

(100 million yuan)

工业总产值 Gross Value of Industrial Output	资产合计 Total Assets	主营业务收入 Revenue from Principal Business	利税总额 Total Profits and Taxes	#利润总额 Total Profits
6542.98	**10246.96**	**6062.97**	**1111.30**	**521.30**
1073.67	1998.20	894.31	113.65	38.54
982.63	1926.95	809.93	93.22	25.99
16.55	5.01	15.81	1.73	0.66
3.89	4.06	3.88	0.16	-0.05
70.60	62.18	64.70	18.54	11.94
4181.79	5605.81	3957.83	876.06	426.29
42.02	27.59	39.21	3.58	2.10
56.86	47.93	46.40	12.93	10.09
596.72	1248.94	516.81	366.59	261.80
359.32	245.85	365.93	280.96	36.47
8.21	6.15	7.68	0.12	0.02
17.01	10.18	13.67	-0.19	-0.30
38.69	17.70	52.63	3.91	2.86
60.42	16.58	57.79	6.58	3.58
5.77	5.01	6.06	0.88	0.74
20.89	31.44	20.95	2.23	1.42
4.72	7.30	4.72	1.38	0.98
3.03	1.61	2.88	0.23	0.19
82.59	112.96	64.66	-0.64	-1.83
538.15	1201.10	748.58	34.33	22.15
265.49	279.95	228.75	46.48	30.12
123.98	133.25	62.92	1.29	-1.29
326.60	457.90	294.83	16.76	4.74
427.42	327.39	382.05	9.10	-0.73
356.74	428.83	280.64	28.45	17.89
42.92	75.74	42.82	2.01	0.11
41.79	51.05	35.47	2.99	1.30
24.03	50.76	23.62	2.42	1.72
184.86	134.43	178.97	17.51	9.81
172.79	391.49	151.71	4.48	2.41
84.46	93.70	65.28	3.89	2.57
235.84	130.22	215.22	25.45	15.72
9.80	13.50	8.08	0.80	0.44
48.72	57.06	38.01	1.48	1.19
1287.52	2642.95	1210.82	121.59	56.46
1266.20	2460.75	1186.83	120.39	55.88
8.18	52.11	13.41	-0.63	-0.89
13.13	130.08	10.59	1.83	1.47

14-20 规模以上工业销售产值(2015)

Output Value of Industrial Sales above Designated Size

单位：亿元 (100 million yuan)

指　标	Item	销售产值 Sales Value	#出口交货值 Delivery Value of Industry
总　计	**Total**	**9821.08**	**140.15**
#国有控股企业	State-controlled Enterprises	3429.16	112.01
按登记注册类型分	**By status of Registration**		
内资企业	Domestic Enterprises	9456.51	135.92
国有企业	State-owned Enterprises	891.66	22.28
中央企业	Central	160.48	0.05
地方企业	Local	731.18	22.23
集体企业	Collective-owned Enterprises	17.96	
股份合作企业	Cooperation Enterprises	15.33	
联营企业	Joint-owned Enterprises	1.74	
有限责任公司	Limited Liability Corporations	4721.79	78.46
股份有限公司	Share holding Corporations Limited	652.81	21.67
私营企业	Private Enterprises	3126.38	13.51
其他企业	Others	28.82	
港、澳、台商投资企业	Enterprises with Funds from Hong kong,Macao and Taiwan	235.71	1.98
外商投资企业	Foreign Funded Enterprises	128.86	2.25
按轻重工业分	**Grouped by Type of Light and Heavy Industry**		
轻工业	Light Industry	2629.55	32.37
重工业	Heavy Industry	7191.53	107.77
按企业规模分	**Grouped by Scale of Enterprise**		
大型企业	Large Enterprises	2572.36	109.83
中型企业	Medium-sized Enterprises	3125.84	15.95
小型企业	Small Enterprises	3908.29	11.34
微型企业	Mini-enterprises	214.59	3.03

14-21 规模以上工业主要产品产量、销售量和产销率(2015)

Output, Sales Volume, Ratio of Produots Solcl of Major Industrial Products above Designated Size

指 标	Item	产 量 Output	销售量 Quantity of Sale	产销率(%) Ratio of Products Sold(%)	2015年比2014年增长(%) Increase Rate in 2015 over 2014(%) 产 量 Output	 销售量 Quantity of Sale
磷矿石(折含P_2O_5 30%)(万吨)	Phosphorite Mineral(10000 tons)	4323.10	3201.81	74.1	15.1	13.4
配混合饲料(万吨)	Forage(10000 tons)	133.76	114.40	85.5	-1.2	-4.5
成品糖(万吨)	Refined(10000 tons)	8.49	6.12	72.0	19.0	13.5
乳制品(吨)	Dairy Products(ton)	81843	81053	99.0	4.0	4.6
罐头(吨)	Canned Food(ton)	26120	25242	96.6	5.4	4.0
饮料酒(万千升)	Alcohol Beverages(10000 kiloliter)	139.81	117.70	84.2	15.7	7.7
#白酒	White Spirit	42.79	40.07	93.6	11.1	28.1
啤酒	Beer	96.39	77.62	80.5	17.6	-0.5
软饮料(万吨)	Soft Drink(10000 tons)	419.88	352.20	83.9	19.2	7.4
卷烟(万箱)	Cigarettes(10000 cases)	252.34	259.44	102.8	-2.3	4.2
纱(万吨)	Yarn(10000 tons)	3.59	3.62	100.8	11.4	18.6
丝(吨)	Silk(ton)	594.12	375.46	63.2	104.2	31.3
服装(万件)	Garments(10000 pieces)	7445.39	5218.99	70.1	70.8	24.8
人造板(万立方米)	Artificial Board(10000cu.m)	361.50	352.10	97.4	16.0	12.9
机制纸(万吨)	Machine-made Paper(10000 tons)	25.03	24.47	97.8	-8.1	-12.5
硫酸(折100%)(万吨)	Sulfuric Acid(10000 tons)	743.11	33.38	4.5	12.3	2.9
氢氧化钠(烧碱折100%)(万吨)	Caustic Soda(10000 tons)	2.36	2.11	89.3	-62.6	-66.2
碳化钙(电石折300升/千克)(万吨)	Calcium Carbide(10000 tons)	8.34	8.50	101.9	-25.2	-24.6
合成氨(万吨)	Synthetic Ammonia(10000 tons)	240.98	137.02	56.9	4.9	10.7
农用化学肥料总计(折纯)(万吨)	Chemical Fertilizers(10000 tons)	582.47	575.49	98.8	8.2	11.3
#氮肥(折含N100%)	Nitrogen Fertilizers	229.27	223.15	97.3	-0.7	4.6
#尿素	Carbamide	76.62	75.57	98.6	-18.4	-16.0
磷肥(折含P_2O_5 100%)	Phosphate Fertilizers	348.02	346.81	99.7	14.5	14.6

14-21 续表 continued

指 标	Item	产 量 Output	销售量 Quantity of Sale	产销率(%) Ratio of Products Sold(%)	2015年比2014年增长(%) Increase Rate in 2015 over 2014(%)	
					产 量 Output	销售量 Quantity of Sale
合成洗涤剂(万吨)	Synthetic Detergents(10000 tons)	10.02	9.95	99.3	2.2	3.0
轮胎外胎(万条)	Tires(10000 tires)	484.78	482.62	99.6	-11.3	-9.6
塑料制品(万吨)	Plastic Products(10000 tons)	70.18	64.19	91.5	10.2	18.4
#农用薄膜(吨)	Rural Use Membrane(ton)	14916.46	14916.46	100.0	79.5	80.1
水泥(万吨)	Cement(10000 tons)	9909.52	9310.26	94.0	5.4	2.7
生铁(万吨)	Pig Iron(10000 tons)	407.58	64.45	15.8	-18.2	10.4
粗钢(万吨)	Crude Steel(10000 tons)	466.59	29.15	6.2	-15.4	-21.8
成品钢材(万吨)	Steel Products(10000 tons)	463.04	460.55	99.5	-16.2	-16.6
#盘条(线材)(万吨)	Wire Rod(10000 tons)	135.37	134.61	99.4	-24.5	-24.5
无缝钢管(吨)	Seamless Steel Pipe(ton)	5905.18	5757.56	97.5	-37.7	-36.8
铁合金(万吨)	Iron Alloy(10000 tons)	332.61	328.59	98.8	-4.4	-1.5
十种有色金属(万吨)	Ten kinds of Nonferrous Metals(10000 tons)	91.41	95.94	105.0	27.1	44.5
#铅(吨)	Lead(ton)	8522.00	8522.16	100.0	-56.7	-46.2
锌(万吨)	Zinc(10000 tons)	23017.12	23174.12	100.7	11.8	29.7
电解铝(万吨)	Aluminum(10000 tons)	85.52	90.12	105.4	31.1	49.4
氧化铝(万吨)	Aluminum oxide(10000 tons)	373.46	312.89	83.8	24.1	4.8
铝材(万吨)	Aluminium Material(10000 tons)	55.75	55.03	98.7	-3.7	-5.5
金属切削机床(台)	Metal-cutting Machine Tools(set)	1859	1827	98.3	-10.2	3.6
小型拖拉机(辆)	Mini-tractors(set)	5897	5897	100.0	13.6	13.6
交流电动机(万千瓦)	Alternating Current Motor(10000 kw)	9.44	18.71	198.2	-68.9	-37.1
家用电冰箱(万台)	Household Refrigerators(10000 sets)	174.14	170.64	98.0	3.5	2.1
集成电路(万块)	Integrated Circuits(10000 units)	3079.68	1877.99	61.0	51.2	150.3
彩色电视机(万台)	Color TV Sets(10000 sets)	138.64	135.99	98.1	14.5	12.4

14-22 高技术产业基本情况

Basic Statistics on High-tech Industry

指 标	Item	2011	2012	2013	2014	2015
规模以上高技术企业数(个)	Number of Enterprises (unit)	157	187	147	170	215
从业人员年平均人数(万人)	Annual Average Number of Employees (10 000 persons)	6.82	7.43		7.81	8.74
工业总产值(亿元)	Gross Value of Industrial Output (100 million yuan)	392.87	423.57	518.96	638.31	889.72
主营业务收入(亿元)	Revenue from Principal Business (100 million yuan)	316.59	345.80	412.53	531.80	734.27
利税总额(亿元)	Pre-Tax Profits(100 million yuan)	35.18	45.17	50.90	69.41	92.97
利润总额(亿元)	Profits (100 million yuan)	22.38	28.07	30.47	43.92	56.92

注：高技术产业统计口径2010—2012年为年主营业务收入500万元及以上工业企业，2013年起为年主营业务收入2000万元及以上工业企业。

Note: From 2010 to 2012, High tech industry's statistics caliber was the industrial enterprise with the main business income of 5 million yuan and above. The standard of main business income changed to 20 millions yuan from 2013.

14-23 历年规模以上工业总产值

Gross Value of Industrial Output above Designated Size Over the Years

单位：亿元 (100 million yuan)

年 份 Year	规模以上工业总产值 Gross Value of Industrial Output above Designated Size	轻工业 Light Industry	重工业 Heavy Industry
1996	514.10	191.40	322.70
1997	575.49	211.58	363.91
1998	507.91	185.66	322.25
1999	551.93	187.05	364.88
2000	631.60	206.30	425.30
2001	696.63	220.11	476.52
2002	797.90	253.00	544.90
2003	977.64	279.50	698.14
2004	1394.91	307.81	1087.10
2005	1690.40	380.85	1309.55
2006	2066.77	449.67	1617.10
2007	2520.36	527.16	1993.20
2008	3111.13	641.78	2469.34
2009	3426.69	758.14	2668.55
2010	4206.37	914.19	3292.18
2011	5520.68	1192.92	4327.76
2012	6544.02	1389.71	5154.31
2013	8074.60	1864.15	6210.45
2014	9507.33	2305.15	7202.18
2015	10793.22	2760.50	8032.72

注：本表统计口径1998年以前为乡及乡以上，1998—2010年为年主营业务收入500万元及以上工业企业，2011年及以后为年主营业务收入2000万元及以上工业企业(以下各相关表同)。

Notes: Before 1998, industrial statistics were based on type of industrial enterprises which are township level and above. From 1998 to 2010, industrial statistics referred to the industry enterprises which main business revenue achieve 5 million yuan and above. After 2011, industrial statistics referred to industry enterprises which main business revenue achive 20 million yuan and above. (The relative tables in the chapter are the same).

14-24 历年工业增加值

Value-added of Industry Over the Years

单位：亿元 (100 million yuan)

年 份 Year	全部工业增加值 Value-added of Industry	#规模以上工业增加值 Value-added of Industry above Designated Size	轻工业 Light Industry	重工业 Heavy Industry
1996	225.36	188.43	74.71	113.72
1997	251.10	204.72	75.27	129.45
1998	273.82	181.80	76.48	105.32
1999	294.42	196.04	77.46	118.58
2000	328.73	216.99	82.16	134.83
2001	360.73	236.57	87.66	148.91
2002	395.45	271.09	88.20	182.89
2003	473.38	346.49	116.72	229.77
2004	577.40	476.75	147.79	328.96
2005	707.35	585.85	177.19	408.66
2006	839.13	747.38	218.52	528.86
2007	978.86	890.48	267.87	622.61
2008	1195.30	1051.26	302.25	749.01
2009	1252.67	1170.29	352.38	817.91
2010	1516.87	1227.17	413.99	813.18
2011	1829.20	1638.71	545.78	1092.93
2012	2217.06	2055.46	773.04	1282.42
2013	2686.52	2531.92	969.29	1562.63
2014	3140.88	3117.60	1185.13	1932.47
2015	3315.58	3542.03	1374.19	2167.84

注：规模以上工业增加值统计口径1996-2010年为年主营业务收入500万元及以上的工业企业，2011年起为年主营业务收入2000万元及以上的工业企业（以下相关表同）。

Note:The statistical caliber of value added of industry above designated size referred to the Industry enterprises which main business revenue achieve 5 million yuan and above. After 2011, industrial statistics referred to industry enterprises which main busines revenue achieve 20 million yuan and above. (The relative tables in the chapter are the same)

14-25 历年工业增加值增长速度

Indices of Value-added of Industry Over the Years

(%)

年 份 Year	全部工业增加值 Value-added of Industry	#规模以上工业增加值 Value-added of Industry above Designated Size	轻工业 Light Industry	重工业 Heavy Industry
1996	12.1	10.3	11.0	9.8
1997	11.8	9.0	6.0	11.1
1998	10.4	10.2	8.1	11.5
1999	11.8	6.2	0.8	9.3
2000	7.5	13.8	12.2	14.7
2001	9.2	12.6	6.4	13.6
2002	11.0	16.2	13.4	17.6
2003	13.3	16.9	9.8	20.3
2004	15.9	20.1	22.1	19.2
2005	13.0	17.0	25.3	13.3
2006	13.8	17.5	13.1	19.7
2007	14.0	16.8	13.9	18.1
2008	8.6	10.1	14.0	8.4
2009	10.2	10.6	11.6	10.2
2010	15.7	15.8	15.9	15.7
2011	17.8	21.0	22.7	20.1
2012	15.6	16.2	17.6	15.5
2013	13.1	13.6	12.7	14.1
2014	11.1	11.3	11.5	11.2
2015	9.8	9.9	8.3	10.9

14-26 历年规模以上工业主要经济指标

Main Indicators of Industrial Enterprises above Designated Size Over the Years

单位：亿元 (100 million yuan)

年份 Year	主营业务收入 Revenue from Principal Business	轻工业 Light Industry	重工业 Heavy Industry	利税总额 Total Profits and Taxes	轻工业 Light Industry	重工业 Heavy Industry
1996	434.00	129.12	304.88	50.61	29.73	20.88
1997	419.82	128.07	291.75	60.82	38.42	22.40
1998	463.24	149.81	313.43	62.25	37.38	24.87
1999	507.55	162.34	345.21	65.81	40.47	25.34
2000	593.80	178.54	415.26	87.44	45.66	41.78
2001	646.01	193.35	452.66	94.30	51.27	43.03
2002	752.97	213.50	539.47	104.43	57.76	46.67
2003	974.30	248.48	725.82	135.87	72.15	63.72
2004	1325.95	274.04	1051.91	201.21	85.43	115.78
2005	1577.16	338.02	1239.14	232.49	113.50	118.99
2006	1948.57	389.38	1559.19	299.09	137.05	162.04
2007	2430.62	486.28	1944.34	403.49	187.27	216.22
2008	2922.35	567.80	2354.55	453.53	233.66	219.87
2009	3234.59	674.36	2560.23	470.60	252.25	218.35
2010	3926.01	807.13	3118.88	671.39	326.72	344.67
2011	5022.11	1091.79	3930.32	901.36	463.03	438.33
2012	5966.52	1299.99	4666.53	1172.15	608.19	563.96
2013	7357.43	1697.41	5660.02	1268.68	722.35	546.33
2014	8655.87	2064.97	6590.89	1310.38	781.12	529.27
2015	9876.81	2471.60	7405.20	1460.84	844.46	616.38

14-26 续表 continued

年 份 Year	利润总额 Total Profits	轻工业 Light Industry	重工业 Heavy Industry	资产合计 Total Assets	轻工业 Light Industry	重工业 Heavy Industry
1996	-3.57	-2.47	-1.10	960.79	257.78	703.01
1997	0.76	0.65	0.11	1076.72	294.65	782.07
1998	1.64	-0.65	2.29	1166.76	312.79	853.97
1999	0.65	1.14	-0.49	1328.55	357.12	971.43
2000	12.56	4.48	8.08	1517.13	371.83	1145.30
2001	18.59	6.98	11.61	1698.58	412.57	1286.01
2002	21.41	10.82	10.59	1797.46	404.54	1392.92
2003	37.52	19.00	18.52	1958.57	409.35	1549.22
2004	61.99	18.03	43.96	2441.52	430.64	2010.88
2005	70.79	34.31	36.48	2734.05	458.41	2275.64
2006	110.91	48.52	62.39	3214.39	514.26	2700.13
2007	174.41	81.29	93.12	3521.19	541.49	2979.70
2008	181.83	108.56	73.27	4566.10	700.92	3865.18
2009	191.73	109.42	82.31	5066.17	819.69	4246.48
2010	317.63	149.62	168.01	5960.13	1007.10	4953.03
2011	456.20	220.40	235.80	6990.58	1200.82	5789.76
2012	627.02	307.74	319.28	8302.29	1458.24	6844.05
2013	636.59	370.74	265.85	10339.87	1989.29	8350.58
2014	628.68	397.58	231.10	11747.39	2338.93	9408.46
2015	732.76	426.74	306.02	13540.06	2853.81	10686.25

14-27 历年主要工业产品产量

Output of Major Industrial Products Over the Years

年 份 Year	卷 烟 (万箱) Cigarettes (10000 cases)	茅台酒 (吨) Mao-Tai Chiew (ton)	发电量 (亿千瓦小时) Electricity (100 million kwh)	粗钢 (万吨) Crude Steel (10000 tons)	成品钢材 (万吨) Steel Products (10000 tons)	水泥 (万吨) Cement (10000 tons)	农用化肥 (万吨) Chemical Fertilizer (10000 tons)	磷矿石 (万吨) Phosphorite Material (10000 tons)
1978	31.60	1067	41.43	8.73	4.95	130.93	11.57	169.02
1979	34.30	1143	44.90	9.11	6.48	148.38	21.8	124.61
1980	44.00	1200	45.17	8.66	7.75	144.47	30.34	188.02
1981	48.70	1055	43.55	8.60	5.17	145.82	30.22	170.03
1982	56.10	1181	57.86	10.62	9.43	161.07	30.98	207.98
1983	64.40	1189	69.51	11.63	13.73	182.26	32.37	216.72
1984	85.70	1320	76.46	13.87	18.93	206.94	36.85	214.34
1985	106.10	1266	78.07	19.28	20.47	231.26	30.31	92.77
1986	102.10	1267	82.52	26.34	21.45	247.31	34.99	162.58
1987	146.40	1331	84.90	32.67	25.30	258.10	39.32	248.39
1988	188.40	1300	90.12	33.17	23.13	293.38	39.23	281.82
1989	205.10	1727	96.53	37.78	22.96	295.51	43.49	285.46
1990	208.00	1879	103.87	47.11	25.36	278.29	46.73	323.86
1991	194.00	1959	116.03	52.71	31.87	308.13	51.65	342.96
1992	202.90	2089	129.35	64.19	48.83	370.44	51.54	348.42
1993	193.60	2281	146.56	70.67	53.03	406.68	60.06	307.00
1994	204.90	3390	197.21	69.89	56.14	463.10	53.60	341.43
1995	202.90	3978	231.55	65.94	51.69	468.34	61.02	390.81
1996	197.70	4365	248.80	59.47	51.60	522.00	57.50	446.40
1997	205.30	4468	255.75	78.77	57.65	632.00	69.17	509.91
1998	195.80	5072	291.77	100.28	77.28	559.42	72.82	436.51
1999	187.60	5074	334.46	140.09	118.77	710.29	73.12	493.92
2000	187.40	5397	404.70	166.90	150.93	783.88	84.05	588.70
2001	180.80	7317	480.25	146.99	138.61	920.01	86.75	669.91
2002	177.80	9625	547.12	194.65	177.79	1121.11	158.49	729.20
2003	183.19	10869	636.60	206.10	192.97	1324.66	186.89	783.68
2004	194.74	12836	713.04	208.07	203.22	1428.80	213.78	801.98
2005	208.21	8885	786.78	237.83	214.85	1557.97	268.28	878.79
2006	211.73	9719	974.66	332.51	256.57	1799.40	338.76	1034.60
2007	220.71	10789	1166.32	349.36	328.14	1943.10	321.84	1198.83
2008	226.74	11308	1192.08	345.64	337.52	2048.94	262.21	1317.18
2009	232.24	12161	1363.09	343.10	337.62	2664.78	347.28	1360.66
2010	239.24	12911	1358.69	360.48	391.04	3694.84	384.92	1579.21
2011	245.23	13815	1359.01	434.01	462.77	5250.89	360.37	2084.18
2012	249.35	14272	1548.44	531.27	560.22	6100.45	503.82	2281.95
2013	254.29	15729	1620.08	531.44	573.28	8352.95	524.26	2905.44
2014	258.36	18319	1682.27	551.81	552.39	9386.89	533.52	3397.42
2015	252.34	22373	1740.92	466.59	463.04	9909.52	582.47	4323.10

注：1.表中工业产品产量1998年以前为全社会口径，1998年及以后为规模以上工业企业数据。2.茅台酒产量从2001年起计量单位为千升，2005年起按包装量统计。

Note: 1.Before 1998, the data of industrial product output from this chart referred to all the industries in society and it refers to the industrial above designated size after 1998.2. The measurement unit of the production of Maotai is Kiloliter from 2001. And, it has measured at packages from 2005.

主要统计指标解释

工业 指从事自然资源的开采，对采掘品和农产品进行加工和再加工的物质生产部门。具体包括：(1)对自然资源的开采，如采矿、晒盐等(但不包括禽兽捕猎和水产捕捞)；(2)对农副产品的加工、再加工，如粮油加工、食品加工、缫丝、纺织、制革等；(3)对采掘品的加工、再加工，如炼铁、炼钢、化工生产、石油加工、机器制造、木材加工等，以及电力、自来水、煤气的生产和供应等；(4)对工业品的修理、翻新，如机器设备的修理、交通运输工具（如汽车）的修理等。

工业统计调查单位为独立核算法人工业企业。

独立核算法人工业企业指从事工业生产经营活动的单位。独立核算法人工业企业应同时具备以下条件：①依法成立，有自己的名称、组织机构和场所，能够承担民事责任；② 独立拥有和使用资产、承担负债、有权与其他单位签订合同；③独立核算盈亏，并能够编制资产负债表。

国有及国有控股企业 指国有企业加上国有控股企业。国有企业（即原全民所有制工业或国营工业）指企业全部资产归国家所有、并按《中华人民共和国企业法人登记管理条例》规定登记注册的非公司制的经济组织。包括国有企业、国有独资公司和国有联营企业。1957年以前的公私合营和私营工业、后均改造为国营工业，1992年改为国有工业，这部分工业的资料不单独分列时，均包括在国有企业内。国有控股企业是对混合所有制经济的企业进行的“国有控股”分类。它是指这些企业的全部资产中国有资产（股份）相对其他所有者中的任何一个所有者占资（股）最多的企业。该分组反映了国有经济控股情况。

本篇涉及的其他企业登记注册类型的解释详见综合篇。

资产总计 指企业过去的交易或者事项形成的、由企业拥有或者控制的、预期会给企业带来经济利益的资源。资产一般按流动性分为流动资产和非流动资产。其中流动资产可分为货币资金、交易性金融资产、应收票据、应收账款、预付款项、其他应收款、存货等；非流动资产可分为长期股权投资、固定资产、无形资产及其他非流动资产等。根据会计“资产负债表”中“资产总计”项目的期末余额数填报。

流动资产合计 资产满足以下条件之一应归为流动资产：(1) 预计在一个正常营业周期中变现、出售或耗用，主要包括存货、应收账款等；(2) 主要为交易目的而持有； (3) 预计在资产负债表日起一年内（含一年）变现；(4) 自资产负债日起一年内，交换其他资产或清偿负债的能力不受限制的现金或现金等价物。包括货币资金、应收票据、应收账款、存货等项目。根据会计“资产负债表”中“流动资产合计”项目的期末余额数填报。

负债合计 指企业过去的交易或者事项形成的，预期会导致经济利监流出企业的现时义务。负债一般按偿还期长短分为流动负债和非流动负情。根据会计“资产负债表”中“负债合计”项目的期末余额数填报。

主营业务收入 指企业确认的销售商品、提供劳务等主营业务的收入。根据会计“主营业务收入”科目的期末贷方余额填报。

主营业务成本 指企业经营主要业务所发生的成本总额。根据会计“主营业务成本”科目的期末借方余额填报。

主营业务税金及附加 指企业经营主要业务应负担的营业税、消费税、城市维护建设税教育费附加等。根据会计“主营业务税金及附加”科目的期末借方余额填报。

利润总额 指企业在一定会计期间的经营成果，是生产经营过程中各种收入扣除各种耗费后的盈余，反映企业在报告期内实现的盈亏总额。根据会计“利润表”中“利润总额”项目的本期金额数填报。

应交增值税 指企业按税法规定，从事货物销售或提供加工、修理修配劳务等增加货物价值的活动本期应交纳的税金。计算公式为：

应交增值税=销项税额-（进项税额-进项税额转出）-出口抵减内销产品应纳税额-减免税款+出口退税

进项税额指企业在报告期内购入货物或接受应税劳务而支付的、准予从销项税额中抵扣的增值税额。

销项税额指企业在报告期内销售货物或提供应税劳务应收取的增值税额。

总资产贡献率 反映企业全部资产的获利能力，是企业经营业绩和管理水平的集中体现，是评价和考核企业盈利能力的核心指标。计算公式为：

$$总资产贡献率=\frac{利润总额+税金总额+利息支出}{平均资金总额}\times 100\%$$

公式中：税金总额为主营业务税金及附加与应交增值税之和；平均资产总额为期初期末资产之和的算术平均值。

资产负债率 该指标既反映企业经营风险的大小，也反映企业利用债权人提供的资金从事经营活动的能力。计算公式为：

$$资产负债率=\frac{负债总额}{资产总额}\times 100\%$$

资产与负债均为报告期期末数。

流动资产周转次数 指一定时期内流动资产完成的周转次数、反映投入工业企业流动资金的周转速度。计算公式为：

$$流动资产周转次数=\frac{产品销售收入}{全部流动资产平均余额}$$

公式中：全部流动资产平均余额为期初和期末的流动资产之和的算术平均值。

成本费用利润率 反映企业投入的生产成本及费用的经济效益，同时也反映企业降低成本所取得的经济效益。计算公式为：

$$成本费用利润率=\frac{利润总额}{成本费用总额}\times 100\%$$

公式中：成本费用总额为主营业务成本、销售费用、管理费用、财务费用之和。

Explanatory Notes on Main Statistical Indicators

Industry refers to the material production sector which is engaged in the extraction of natural resources and processing and reprocessing of minerals and agricultural products, including (1) extraction of natural resources, such as mining, salt production (but not including hunting and fishing); (2) processing and reprocessing of farm and sideline produces, such as rice husking, flour milling, wine making, oil pressing, silk reeling, spinning and weaving, and leather making; (3) manufacture of industrial products, such as steel making, iron smelting, chemicals manufacturing, petroleum processing, machine building, timber processing; water and gas production and electricity generation and supply; (4)repairing of industrial products such as the repairing of machinery and means of transport (including cars).

In industrial statistics surveys, the units of enquiry are corporate industrial enterprises with independent accounting systems.

Corporate industrial enterprises with independent accounting systems refer to enterprises engaging in industrial production activities, which meet the following requirements: (1) They are established legally, having their own names, organizations, location and able to take civil liability; (2) They possess and use their assets independently, assume liabilities and are entitled to sign contracts with other units; (3) They are financially independent and compile their own balance sheets.

State-owned and State-holding Enterprises refer to state-owned enterprises plus State-holding enterprises. State-owned enterprises (originally known as State-run enterprises with ownership by the whole society) are non-corproate economic entities registered in accordance with the Regulation of the People's Republic of China on the Management of Registration of Legal Enterprises, where all assets are owned by the State. Included in this category are State-owned enterprises, State-funded corporations and State-owned joint-operation enterprises. Joint State-private industries and private industries, which existed before 1957, were transformed into state-run industries since 1957, and into State-owned industries after 1992. Statistics on those enterprises are included in the State-owned industries instead of being grouped them separately. State-holding enterprises are a sub-classification of enterprises with mixed ownership, referring to enterprises where the percentage of State assets (or shares by the State) is larger than any other single share holder of the same enterprise. This sub-classification illustrates the control of the State over a particular industry.

For explanation of enterprises of other types of registration covered in this chapter, please refer to General Survey.

Total Assets refer to all resources that are owned or controlled by enterprises through previous trades or transactions with expectation of making economic profits. Classified by the degree of liquidity, total assets include current assets, and non-current assets. Current assets can be classified into monetary assets, trading financial assets, notes receivable, accounts receivable, advanced payments, other prepaid money and inventories. Non-current assets can be divided into long-term equity investment, fixed assets, intangible assets and other non-current assets. Date on this indicator can be obtained by the year-end figures of total assets in the Assets and Liability Table of accounting records of enterprises.

Total Current Assets refers to the assets that meet one of the following requirements: (1) expected to be cashed, sold or used in a normal operation cycle, mainly including inventory and accounts receivable; (2) be owned for trading prupose mainly; (3) expected to be cashed in one year (including one year) from the day of the Assets and Liability Table; (4) unlimited cash or cash equivalents that can be exchanged with other assets or being capable of settling debts during one year since the day of Assets and

Liability Table. Included are monetary assets, notes receivable, accounts receivable and inventories. Data on this indicator can be obtained by the year-end figures of total current assets in the Assets and Liability Table of the accounting records of enterprises.

Total Liabilities refer to payable liabilities of enterprises that accumulated from previous trades or transactions with expectation of economic profits leaking out. In terms of payment, it can be divided into liquid liabilities and long-term liabilities. Data on this item is obtained from the year-end figures on total liabilities from the Assets and Liability Table of the accounting record of the enterprises.

Revenue from Principal Business refers to the income confirmed of an enterprise from the principal business of selling products and providing labor services. Data on this indicator can be obtained from the year-end credit balance of "revenue from principal business" in the accounting record of enterprise.

Cost of Principal Business refers to the total cost occurred from the principal business of the enterprise. Date can be obtained from the year-end debit balance of "cost of principal business" in the accounting record of enterprise.

Tax and Extra Charges from Principal Business refers to the sales tax, consumption tax, urban maintenance and construction tax and education expenses shouldered by the enterprise from its principal business. Date are obtained from the year-end debit balance of "tax and extra charges from principal business" in the accounting record of enterprise.

Total Profits refers to the operation results in a certain accounting period, and it is the balance of various incomes minus various spendings in the course of operation reflecting the total profits and losses of enterprises in reference period. Date are obtained from the amount of "total profits" in the "profit table" of the accounting record of enterprise.

Value-added Tax Payable refers to the payable tax according to Tax Law of enterprises which engaged in selling of goods or providing services that bring added value to the goods, such as processing, repairing, fitting and other activities. The formula is as follows:

Value-added Tax Payable = tax on sales – (tax on purchase – transferred tax on purchase) – exports deduct tax payable on domestic sales – tax relief + the export tax rebate.

Tax on Purchase refers to the value-added tax payable by enterprises that purchase goods or receiving taxable services during the reference period and this part of the tax is allowed to be deducted from the tax on sales.

Tax on Sales refers to the value-added tax chargeable by enterprises that sell goods or provide taxable services during the reference period.

Ratio of Profits, Taxes and Interests to Average Assets reflects the profit-making capability of all assets, manifests the performance and management of the enterprise, and is a key indicator for evaluating the profit-making potential of the enterprise. It is calculated as follows:

$$\text{Ration of Profits, Taxes and Interests to Average Assets}(\%) = \frac{\text{total profits+total taxes+interest payment}}{\text{average assets}} \times 100\%$$

In the above formula, total taxes is the sum of tax of and extra charges on the principal business and value-added tax payable; and average assets is the arithmetic mean of the sum of beginning assets and ending assets.

Ratio of Debts to Assets reflects both the operation risk and the capability of the enterprise in making use of the capital from the creditors. It is calculated as follows:

$$\text{Ratio of Debts to Assets}(\%) = \frac{\text{total debts}}{\text{total assets}} \times 100\%$$

Both assets and debts are figures at the end of the reference period.

Turnover of Current Assets refers to the number of times of turnover of current assets in a given period of time, which reflects the speed of the turnover of current assets of industrial enterprises, and is calculated as follows:

$$\text{Turnover of Working Capital} = \frac{\text{sales revenue of products}}{\text{average balance of total working capital}}$$

In the above formula, average balance of total current assets refers to the arithmetic mean of the sum of current assets at the beginning and at the end of the reference period.

Ratio of Profits to Total Industrial Costs refers to the ratio of profits realized in a given period to the total costs in the same period, which reflects the economic efficiency of input cost and is calculated as follows:

$$\text{Ratio of Profits to Total Industrial Cost}(\%) = \frac{\text{total profits}}{\text{total costs}} \times 100\%$$

Total costs in the above formula are the sum of cost of principal business, marketing cost, management cost and financial cost.

建筑业

Construction 15

简 要 说 明

一、主要内容

本篇资料主要反映全省建筑业发展情况。包括企业数、从业人员、建筑业总产值、建筑业增加值、房屋建筑面积、利润税金、劳动生产率等。

二、统计范围

建筑业统计范围是纳入企业一套表名录库的资质以上建筑业企业。

三、统计调查方法

根据国家统计局制定的《建筑业统计报表制度》整理汇总。

三、资料来源

本篇资料由省统计局固定资产投资统计处提供。

Brief Introduction

I. Main Contents

Data in this chapter show the general situation and the development of the construction industry in Guizhou Province. They includ the number of enterprises; number of employed persons; gross output value and value added of the construction industry; floor space of buildings under construction; profits and taxes; and labour productivity etc.

II. Scope of Statistics

The scope of construction industry data in this chapter is the construction enterprises above qualification belong to the basic units of integrated business enterprise survey.

III. Methods of Survey

Data on construction enterprises are collected in accordance with the Statistical Reporting System of Construction stipulated by the National Bureau of Statistics.

IV. Sources of Data

Data in this chapter are provided by Fixed Assets Investment Department of Guizhou Provincial Bureau of Statistics.

15-1 建筑业主要指标

Main Economic Indicators on Construction Enterprises

指　　标	Item	2011	2012	2013	2014	2015
建筑业企业个数(个)	**Number of Construction Enterprises (unit)**	**581**	**628**	**678**	**841**	**892**
年末从业人员(万人)	Number of Emplyed Persons at the Year-end (10000 persons)	33.14	35.57	41.22	45.64	47.41
自有固定资产原价(亿元)	Fixed Assets Owned(original value) (100 million yuan)	92.00	101.17		114.17	131.24
自有固定资产净价(亿元)	Fixed Assets Owned(net value)(100 million yuan)	57.33	61.62		65.96	75.04
自有机械设备台数(万台)	Number of Machinery and Equipment Owned (10000 sets)	7.26	6.74			8.13
自有机械设备净值(亿元)	Net Value of Machinery and Equipment Owned (100 million yuan)	33.08	24.45			44.65
自有机械设备总功率(万千瓦)	Total Power of Machinery and Equipment Owned (10000 kw)	153.03	143.00			217.62
建筑业总产值(亿元)	**Gross Output Value of Construction (100 million yuan)**	**824.72**	**1039.95**	**1365.00**	**1640.24**	**1947.74**
#本年固定资产折旧	Depreciation of Fixed Assets	5.56	6.75		9.57	9.18
应付职工薪酬	Wages Payable	90.07	121.89		166.30	147.83
工程结算税金及附加	Taxes and Extra Charges on Project Settle Accounts	29.86	34.65		53.52	58.22
管理费用中的税金	Taxes in Management Expenses	0.83	1.34		1.21	1.59
营业利润	Operating Profits	14.31	12.51		35.55	44.70
房屋建筑施工面积(万平方米)	**Floor Space of Buildings under Construction (10000 sq.m)**	**6779**	**8254**	**12174**	**13890**	**16770**
房屋建筑竣工面积(万平方米)	**Floor Space of Buildings Completed (10000 sq.m)**	**1530**	**1863**	**2450**	**2801**	**3194**
利润总额(亿元)	Total Profits(100 million yuan)	14.4	16.30		35.07	45.70
税金总额(亿元)	Total Taxes(100 million yuan)	34.08	40.69		63.16	69.98
劳动生产率(元/人)	**Overall Labor Productivity(yuan/person)**					
按总产值计算	In Terms of Gross Output Value	222471	319469	368122	367684	349275
按增加值计算	In Terms of Value-added	98494	141459	155658	160881	149456
技术装备率(元/人)	Value of Machines Per Laborer(yuan/person)	9982	8148			8006
动力装备率(千瓦/人)	Power of Machines Per Laborer(kw/person)	4.52	4.76			4.59
房屋建筑面积竣工率(%)	Ratio of Floor Space of Buildings Completed(%)	22.6	22.6	20.13	20.17	19.05
产值利润率(%)	Ratio of Profit to Gross Output Value(%)	1.7	1.6		2.1	2.3
产值利税率(%)	Ratio of Pre-tax Profit to Gross Output Value(%)	5.9	5.5		5.9	5.9

注：应付职工薪酬2011年为应付工资数据。

Note: From 2010 to 2011, data of accrued payroll refers to the wages payable.

15-2 建筑业主要生产指标(2015)

指 标	Item	企业个数(个) Number of Constru-stion Enterp-rises (unit)	年末从业人员(万人) Number of Persons Engaged (10000 persons)	签订合同额(亿元) Value of Signed Contract (100 million yuan)	#本年新签合同额 New Value of Signed Contract in this year
总 计	**Total**	**892**	**47.41**	**5898.13**	**3294.46**
#国有及国有控股	State-owned and state-controlled Construction Enterprises	147	31.31	4345.38	2077.25
#施工总承包企业	General Contractors	696	45.19	5814.63	3244.88
专业承包企业	Special Contractors	196	2.22	83.50	49.58
按登记注册类型分组	**By Registration Status**				
#内资企业	Domestic Funded	891	47.41	5898.13	3294.46
#国有企业	State-owned	52	6.12	957.02	446.83
集体企业	Collective-owned	76	1.78	77.04	47.95
股份有限公司	Company Limited with Share Holding	37	1.83	702.76	372.99
私营企业	Private Enterprises	332	5.00	1058.32	945.25
按国民经济行业分组	**By Sector**				
房屋和土木工程建筑业	Building and Civil Engineering Construction	706	43.49	5518.54	3053.37
房屋工程建筑	Building Engineering Construction	565	31.06	3750.03	2355.42
土木工程建筑	Civil Engineering Construction	141	12.43	1768.51	697.95
建筑安装业	Construction Installation	84	2.87	317.65	214.59
建筑装饰业	Construction Decoration	65	0.64	30.57	14.66
其他建筑业	Others	37	0.41	31.38	11.83

Main Production Indicators on Construction Enterprises

建筑业总产值（亿元） Total Output Value of Construction (100 million yuan)	#在省外完成的产值 Value of Construction Which Fulfilled outside of Guizhou Province	#建筑工程 Output Value of Constr-uction	#安装工程 Output Value of Instal-lation	房屋建筑施工面积（万平方米） Floor Space of Buildings under Constru-ction (10000 sq.m)	#本年新开工面积 Started This Year	#实行投标承包面积 Verified Eligible Area of the First Time
1947.74	**419.30**	**1730.86**	**122.19**	**16769.59**	**5442.13**	**10114.63**
1497.31	414.93	1342.28	83.76	13157.44	3584.32	8389.08
1880.51	415.51	1686.53	103.41	16754.69	5428.25	10105.58
67.24	3.79	44.33	18.78	14.90	13.88	9.05
1947.74	419.30	1730.86	122.19	16769.39	5441.93	10114.63
315.05	85.30	268.93	25.65	3716.67	706.31	358.73
53.11		50.24	1.60	359.14	202.20	187.61
219.85	48.27	194.35	4.08	3225.56	775.66	1969.88
168.69	2.67	146.87	11.20	1661.30	761.70	819.56
1723.45	361.29	1580.11	57.84	16154.42	5228.11	9612.99
1152.61	200.49	1043.71	32.70	15930.92	5160.12	9426.79
570.84	160.80	536.40	25.13	223.51	67.99	186.20
171.89	56.47	103.00	62.07	608.91	208.22	495.84
21.66	1.28	20.86	0.68			
30.74	0.26	26.90	1.61	6.26	5.80	5.80

15-3 建筑业企业房屋建筑(2015)

指 标	Item	竣工面积(万平方米) Floor Space of Buildings Completed (10000sq.m)	#厂房、仓库 Workshop Storehouse	#住宅 Residential Buildings	#教育用房 Educational Buildings
总 计	**Total**	**3193.76**	**124.50**	**1980.74**	**330.69**
#国有及国有控股	Construction Enterprises of State-owned and state-controlled	1566.52	86.19	1095.73	120.70
#施工总承包企业	General Contractors	3183.13	121.58	1980.05	330.53
专业承包企业	Special Contractors	10.63	2.92	0.69	0.16
按登记注册类型分组	**By Registration Status**				
#内资企业	Domestic Funded	3193.76	124.50	1980.74	330.69
#国有企业	State-owned	526.48	7.74	438.67	31.27
集体企业	Collective-owned	206.52	10.91	107.43	24.93
股份有限公司	Company Limited with Share Holding	258.04	2.75	209.69	17.93
私营企业	Private Enterprises	697.46	14.77	394.57	91.53
按国民经济行业分组	**By Sector**				
#房屋和土木工程建筑业	Building and Civil Engineering Construction	3104.21	115.26	1919.46	317.93
房屋工程建筑	Building Engineering Construction	3045.42	112.80	1878.55	317.58
土木工程建筑	Civil Engineering Construction	58.79	2.46	40.91	0.35
建筑安装业	Construction Installation	83.48	9.24	60.82	12.76

House Buildings by Construction Enterprises

		总 造 价 (元/平方米) Total cost of Buildings Completed (yuan/sq.m)					
#卫生医疗用 房 Medical Buildings	#科研用房 Scientific Research Buildings		#厂房、仓库 Workshop Storehouse	#住 宅 Residential Buildings	#教育用房 Educational Buildings	#卫生医疗用 房 Medical Buildings	#科研用房 Scientific Research Buildings
59.21	**14.42**	**1456**	**1899**	**1447**	**1398**	**1712**	**1409**
27.48	2.86	1714	2132	1648	1677	2146	1549
59.12	14.42	1455	1870	1447	1399	1713	1409
0.08		1773	3142	1029	1122	1013	
59.21	14.42	1456	1899	1447	1398	1712	1409
	1.38	1405	1473	1482	610		1475
3.11	2.74	1227	1418	1249	1187	1255	1377
3.45	2.56	1949	1668	1874	1319	2235	1299
14.21	0.38	1212	1573	1155	1280	1518	868
59.21	14.42	1446	1884	1442	1343	1712	1409
59.20	14.07	1439	1907	1439	1343	1712	1330
0.01	0.35	1798	814	1558	1546	1000	4551
		1826	2094	1598	2782		

15-4 历年建筑业总产值和房屋施工、竣工面积

Gross Output Value of Construction and Floor Space of Building Over the Years

年份 Year	建筑业总产值(亿元) Gross Output Value of Construction (100 million yuan)	#国有及国有控股 State-owned and State-controlled	施工面积(万平方米) Floor Space Under Construction (10000 sq.m)	竣工面积(万平方米) Floor Space Completed (10000 sq.m)
1978	4.40	3.55	313	164
1979	4.44	3.40	371	185
1980	4.55	3.37	380	198
1981	4.76	3.27	392	213
1982	5.34	3.46	450	236
1983	6.22	3.85	501	258
1984	7.54	4.79	551	293
1985	9.81	6.34	662	342
1986	11.27	7.21	720	368
1987	12.93	8.62	725	378
1988	15.30	10.43	823	326
1989	15.57	11.07	765	305
1990	16.98	11.85	699	328
1991	20.32	14.09	739	335
1992	26.20	18.13	906	393
1993	37.65	26.63	1250	597
1994	48.69	36.65	1119	467
1995	55.40	44.58	1191	477
1996	66.49	52.45	1216	510
1997	76.70	59.78	1278	585
1998	83.20	62.42	1457	592
1999	96.65	70.91	1671	694
2000	109.06	77.04	1792	824
2001	150.20	110.40	1946	892
2002	181.12	133.62	2309	1054
2003	212.29	164.02	2520	980
2004	255.45	191.63	2820	1251
2005	271.23	207.88	3153	1150
2006	312.34	247.90	3369	1108
2007	348.79	271.69	3813	1204
2008	393.88	303.28	4230	1216
2009	523.91	408.00	4953	1244
2010	622.96	496.00	5756	1350
2011	824.72	659.29	6779	1530
2012	1039.95	859.68	8254	1863
2013	1365.00	1103.42	12174	2450
2014	1640.24	1264.19	13890	2801
2015	1947.74	1497.31	16770	3194

主要统计指标解释

建筑业总产值(即自行完成施工产值) 是以货币形式表现的建筑业企业在一定时期内生产的建筑业产品和提供服务的总和。建筑业总产值包括：

(1)建筑工程产值：指列入建筑工程预算内的各种工程价值。

(2)安装工程产值：指设备安装工程价值，不包括被安装设备本身价值。

(3)其他产值：建筑业总产值中除建筑工程、安装工程以外的产值。包括房屋构筑物修理产值、非标准设备制造产值、总包企业向分包企业收取的管理费以及不能明确划分的施工活动所完成的产值。

a.房屋构筑物修理产值：指房屋和构筑物修理所完成的产值，但不包括被修理房屋、构筑物本身价值和生产设备的修理价值。

b.非标准设备制造产值：指加工制造没有定型的非标准生产设备的加工费和原材料价值(如化工厂、炼油厂用的各种罐、槽，矿井生产统一使用的各种漏斗、三角槽、阀门等)以及附属加工厂为本企业承建工程制作的非标准设备的价值。

建筑业增加值 指建筑业企业在报告期内以货币表现的建筑业生产经营活动的最终成果。建筑业现价增加值按生产法和分配法（收入法）两种方法计算，以收入法的计算结果为准，即从收入的角度出发，根据生产要素在生产过程中应得的收入份额计算。

自有机械设备台数 指归本企业所有，属于本企业固定资产的生产性机械设备年末总台数。包括施工机械、生产设备、运输设备以及其他设备。

自有机械设备总功率 指本企业自有施工机械、生产设备、运输设备以及其他设备等列为在册固定资产的生产性机械设备年末总功率，按设定能力或查定能力计算。包括机械本身的动力和为该机械服务的单独动力设备，如电动机等。计量单位用千瓦，动力换算可按1马力＝0.735千瓦折合成千瓦数。电焊机、变压器、锅炉不计算动力。

房屋建筑施工面积 指在报告期内施工的全部房屋建筑面积，包括本期新开工的房屋面积、上期施工跨入本期继续施工的房屋面积、上期停缓建在本期恢复施工的房屋面积、本期竣工的房屋面积及本期施工后又停缓建的房屋面积。

房屋建筑竣工面积 指在报告期内房屋建筑按照设计要求全部完工，达到了住人和使用条件，经验收鉴定合格，正式移交使用单位的房屋建筑面积。

Explanatory Notes on Main Statistical Indicators

Gross Output Value of Construction refers to total of construction products and services, expressed in money terms, produced or rendered by construction and installation enterprises during a given period of time. It includes:

(1) Output value of construction projects: the value of projects covered by the project budgets;

(2) Output value of installation projects: the value of the installation of equipment, (excluding the value of the equipment to be installed);

(3) Other output values: the output value of construction industry apart from that of construction projects and installation projects. It includes: output value of repair of buildings and structures; output value of non-standard equipment manufacturing; overhead expenses received by contracted enterprises from the sub-contracted enterprises and the completed output value of construction activities for which there is no clear definition.

a. Output value of repair of buildings and structures: the value created through the repairs of buildings or structures. It does not include the value of buildings or structures being repaired and the value of the repair of production equipment;

b. Output value of manufactured non-standard equipment: the value of non-standard production equipment, including raw materials and manufacturing cost, made for the construction project (i.e., chemical plant; kettles or tanks used by refineries; various fillers, triangle tanks, valves used by mines). It also includes the output value of equipment manufactured by subsidiary workshops.

Value-added of Construction refers to the final result of the activities of production and operation of enterprises of the construction industry in monetary terms during the reference period. Value-added of construction is calculated by both production approach and income approach, with the figures from the income approach as the final figures., Under the income approach,, calculation starts from the perspective of income and is based on the share of income derived from the production process by the relevant factors of production.

The Number of Machinery and Equipment refer to the total number of all enterprises, the production of machinery and equipment belonging to the fixed assets of the enterprises at the end of the year. Including construction machinery, production equipment, transportation equipment and other equipment.

Total Power of Its Own Mechanical Equipment refers to the enterprise own construction machinery, production equipment, transportation equipment and other equipment for the fixed assets register production machinery and equipment at the end of the total power, according to the set or fixed capacity calculation. The power of the machine itself and the individual power equipment for the service, such as the motor, etc.. The calculation unit of power, power conversion can be reduced to 1 HP = 0.735 kw. Electric welding machine, transformer, boiler is not calculated power.

Floor Space of Buildings Under Construction refers to floor space of buildings under construction during the reference period, including the space of buildings for which construction has newly started, buildings for which construction has started earlier and is continuing during the reference period, and buildings for which construction has been suspended earlier but has restarted during the reference period, buildings completed during the reference period, and buildings under construction but construction has subsequently been during the reference period.

Floor Space of Buildings Completed refers to the total floor space of each of the buildings that are completed in the reference period in accordance with the requirements of the design, up to the standard for putting them into use, and have been checked and accepted by concerned departments as qualified ones.

运输和邮电

Transport, Postal and Telecommunication Services

16

简要说明

一、主要内容

本篇资料反映全省交通运输业、邮政和电信业发展的基本状况。

交通运输业资料主要包括：铁路、公路、水运、航空四种运输方式的线路里程、各种运输方式完成的货物运输量和旅客运输量等资料。

邮政、电信业资料主要包括：营业网点及邮政邮路情况，电信主要通信能力，主要的邮电业务完成情况等资料。

二、统计范围

1.铁路资料：包括国家铁路（含控股合资）、地方铁路和非控股合资铁路运营情况，不含军用铁路及由厂矿企事业单位自建的铁路专用线和不办理公共营业的专用铁路。

2.公路、水运资料：(1)公路和水路线路里程为年末通车和通航里程数，不含未正式投入使用的公路和航道里程；(2)民用汽车拥有量根据省公安厅交通管理局车管部门登记注册的车辆资料整理；(3)公路、水路客货运输量资料，由省交通运输厅负责收集整理；(4)公路、水路运输量统计包括全面调查和非全面调查两种方式，统计范围是在省交通运输主管部门登记注册的从事公路、水路客、货运输的营业性的车辆和船舶所完成的运输量。

3.民航运输资料：统计对象为在贵州境内注册从事民用航空运输飞行和通用飞行的航空运输企业和定期航班通航机场，不包括在贵州境内运输飞行的外国航空公司。统计范围为各航空公司从事国内运输、港澳台运输、国际运输的定期航班航线条数及里程、运输量及飞机构成和运营情况、通用航空飞行完成情况等。

4.邮政和电信业资料：包括邮政企业和获得快递业务经营许可的快递企业，以及从事电信运营的中国电信、中国移动、中国联通三家基础电信企业（不含专用网业务资料），主营业务收入100万元以上的软件和信息技术服务业等企业。邮电业务量按业务种类分为邮政业务量和电信业务量。

三、资料来源

本篇资料由省统计局服务业统计处负责整理、编辑。有关交通运输资料分别来源于省交通运输厅、成都铁路分局、贵州省机场集团有限公司、省邮政管理局、省通信管理局。

Brief Introduction

I. Main Contents

Data in this chapter present the development of transportation, post and telecommunications industry in Guizhou.

Data on transport cover mainly the length of the routes of four means of transportation, freight traffic and passenger traffic accomplished by various means of transportation etc.

Data on post and telecommunications industry cover mainly the situation of post and telecommunication offices and postal routes; main telecommunication capacity; business volume of postal and telecommunication services achieved.

II. Scope of Statistics

1. Data on railway transportation: including the operation and management of the national, local and joint-venture railways but not including railways for military purpose, lines built by industrial and mining enterprises and special railways not for commercial use.

2. Data on highways and waterways: (1) The length of highways and waterways refer to the length open to traffic or navigation at the end of the year, but not including the highways and waterways under construction or not officially having been put into use. (2) Data on the possession of civil motor vehicles are provided by the divisions of vehicle management, subordinate to the Traffic Management Bureau of Guizhou Public Security. (3) Data on passenger traffic and freight traffic by highways and waterways are collected and prepared by the Ministry of Transport of Guizhou province. (4) Data on highway and waterway transportation are collected through both comprehensive reporting system and non-comprehensive reporting system. The statistical scope encompasses all the enterprises, institutional units and individuals (including joint-households) registered in the Guizhou Provincial Transportation Department and engaged in highway or waterway freight or passenger transport business.

3. Data on civil aviation transport: The targets of statistical collection are enterprises registered for engagement in civil aviation transport flights and flights for general purposes and general aviation airports with scheduled flights. Excluded are foreign companies which operate flights within Guizhou territory. The scope of statistics encompasses number of lines, mileage flown, transport volume, composition of the fleets operational

situation of the airlines， performance of general purpose flights in respect of province transport, transport between China mainland and Hong Kong, Macao and Taiwan, and international transport.

4. Data on post and telecommunications industry: Data in this category include postal enterprises and express delivery companies with annual revenue above 2 million yuan, the three major enterprises of telecommunication: China Telecom, China Mobile and China Unicom (not including services provided through dedicated networks), and enterprises of software and IT services with turnover from primary activities above one million yuan. By types of business, the business volume of post and telecommunications is divided into postal services and telecommunication services; by coverage it is divided into province service, international service, and service between the Mainland and Hong Kong, Macao (business volume of the service to Taiwan is covered in that for Hong Kong and Macao).

III. Sources of Data

Data in this chapter are processed and compiled by the Service Department of Guizhou Provincial Bureau of Statistics. Data on transportation are from Guizhou Provincial Transportation Department, Chengdu Rallway Branch Bureau, Guizhou Airport Group Co., Ltd., Guizhou Provincial Postal Administration, Guizhou Communication Administration.

16-1 境内运输线路长度
Length of Domestic Transportation Routes

单位：公里 (km)

指　标	Item	2011	2012	2013	2014	2015	2015年比2014年增长(%) Increase Rate in 2015 over 2014(%)
铁路营业里程	**Length of Railways in Operation**	**2070**	**2058**	**2093**	**2373**	**2810**	**18.4**
#复线里程	Double-tracking Length	643	667	667	938	1356	44.6
公路线路里程	**Length of Highways**	**157820**	**164542**	**172564**	**179079**	**186407**	**4.1**
按行政等级分	**Classified by Administrative Level**						
国　道	State Road	4132	4436	4560	4654	4905	5.4
#国家高速公路	Expressway	1467	1772	1890	1985	2231	12.4
省　道	Provincial Road	7769	8071	8582	9199	10044	9.2
县　道	County Road	17350	17572	17572	17574	17582	…
乡　道	Township Road	18447	18455	18463	18489	18512	0.1
村　道	Village Road	109384	115267	122629	128399	134600	4.8
专用公路	Accommodation Highway	737	741	759	764	764	持平
按技术等级分	**Classified by Technical Grade**						
等级公路	Expressway and Class I to IV Highways	79643	86577	95419	107573	120613	12.1
高速公路	Expressway	2022	2630	3284	4007	5128	28.0
#四车道	Four-lane	1979	2587	3204	3926	4983	26.9
一　级	First Class	164	179	256	393	489	24.3
二　级	Second Class	3831	4060	4128	4497	6159	37.0
三　级	Third Class	8367	8453	8466	8714	7520	-13.7
四　级	Fourth Class	65258	71255	79285	89962	101317	12.6
等外公路	Highways Below Class IV	78177	77965	77145	71506	65794	-8.0
按路面类型分	**Classified by Pavement**						
有铺装路面(高级)	Paved Road (advanced)	14859	21610	31799	45085	60929	35.1
沥青混凝土	Asphalt Concrete	4512	5781	6862	9364	12602	34.6
水泥混凝土	Cement Concrete	10347	15830	24937	35721	48327	35.3
简易铺装路面	Simple Paved Road	29167	31988	34357	35147	34505	-1.8
未铺装路面	Not-paved Road	113794	110944	106408	98848	90973	-8.0
晴雨通车里程	Can be open to traffic in rainy or sunny days	157820	164542	172564	179079	186407	4.1
可绿化里程	Can be green	147643	153072	160440	166501	173177	4.0
养护里程	Maintained Road	157820	164542	172564	178213	183486	3.0
内河航道里程	**Length of Navigable Inland Waterways**	**3563**	**3563**	**3563**	**3661**	**3661**	**持平**

注：1.资料来源于省交通运输厅、成都铁路分局(以下相关表同)。2.公路线路里程包括村道里程。3.铁路复线里程数据为成都铁路局管辖范围内的数据。

Note:1.Data in the table are obtained from the Provincial Department of Transports and Chengdu Railway Branch(The relative tables in the chapter are the same). 2.Since 2008, the total length of highways has included the length of village road. 3.The data of Double-tracking vailway length in 2014 belongs to the domin ation area of railway Burean in Chengdu.

16-2 民用航空运输
Civil Aviation Transportation

指　　标	Item	2011	2012	2013	2014	2015	2015年比2014年增长(%) Increase Rate in 2015 over 2014(%)
机场个数(个)	**Numbei of Civil Airports(unit)**	**6**	**6**	**9**	**10**	**10**	**持平**
通航城市(个)	Cities Navigation (unit)	62	59	68	81	81	持平
#国际及地区城市	International and Regional Cities	6	5	7	12	14	16.7
运输航班(架次)	Flight Movements (unit)	72009	81928	107450	140219	155668	11.0
进出港旅客(万人次)	**Passengers Get in and Get out of the Airports(10000 person-times)**	**747.02**	**890.99**	**1125.46**	**1420.68**	**1563.28**	**10.0**
#进港旅客	Passengers Get in the Airports	353.01	421.25	532.77	663.25	735.97	11.0
民航货邮吞吐量(万吨)	**Volume of Freight Handled in Civil Aviation(10000 tons)**	**6.93**	**7.97**	**7.76**	**8.31**	**8.96**	**7.8**

注：1.资料来源于贵州省机场集团有限公司。2.通航城市数量仅为贵阳龙洞堡机场通航城市。

Note:1.Data in the table are provided by Airports Group Corporation Ltd. of Guizhou Province.2.The number of navigable city only for navigable city of guiyang airport.

16-3 民用汽车拥有量
Possession of Civil Vehicles

单位：万辆　　(10000 units)

指　　标	Item	2011	2012	2013	2014	2015	2015年比2014年增长(%) Increase Rate in 2015over 2014(%)
民用汽车合计	**Total**	**140.12**	**166.72**	**202.76**	**246.36**	**294.31**	**19.5**
#载客汽车	Passenger Vehicles	101.14	126.47	158.03	195.17	240.35	23.1
载货汽车	Trucks	34.23	36.72	41.50	47.77	50.33	5.4
#私人汽车	Private Vehicles	109.54	134.19	167.87	208.95	255.97	22.5

注：资料来源于省交警总队车辆管理所。

Note:Data in the table are obtained from the vehicle management office of the provincial traffic police corps.

16-4 快递业务量

Business Volume of Express services

指 标	Item	2011	2012	2013	2014	2015
快递（万件）	**Pieces of Express Mail Services(10000 pcs)**	**1533.90**	**1800.98**	**2931.23**	**4669.09**	**7034.25**
#国内同城快递	Local Express Service	172.66	202.57	398.35	950.20	1407.73
#国内异地快递	National Express Service	1356.34	1593.08	2519.23	3702.48	5620.50
#国际及港澳台	Hong Kong, Macao, Taiwan and International Express Service	4.90	5.33	13.64	16.40	6.02
快递业务收入（亿元）	**Revenue from Express Service (10000 yuan)**	**3.66**	**4.04**	**6.03**	**9.82**	**13.24**

注：资料来源于省邮政管理局。

Note: data in this table is provided by provincial postal administration.

16-5 旅客运量及周转量

Passenger Traffic and Passenger-Kilometers

指 标	Item	2011	2012	2013	2014	2015
旅客运量(万人)	**Passenger Traffic(10000 persons)**	**120554**	**142809**	**83435**	**86572**	**87541**
铁 路	Railways	3939	3902	4322	4409	4901
公 路	Highways	114429	136454	77358	80231	80621
水 运	Waterways	2186	2453	1755	1932	2019
旅客周转量(亿人公里)	**Passenger-Kilometers(100 million passenger-km)**	**631.74**	**718.22**	**593.62**	**635.50**	**658.23**
铁 路	Railways	204.58	199.20	211.21	217.39	229.92
公 路	Highways	422.01	513.07	377.87	412.92	422.79
水 运	Waterways	5.15	5.95	4.54	5.19	5.52

注：1.公路、水路运输量采用全国公路水路运输量专项调查数据。 2.由于交通运输部对公路、水运运输量统计方案进行调整，2013年起相关数据统计口径发生变化，相同指标数据与往年不可比。(下表同)

Note:1.National highway and waterway transportation volume survey data is used to highway and waterway transportation volume. 2.Because of the traffic department of transportation adjust the highway projects, the same indicators of waterway transport statistics in 2013 are not comparable with the correlation data in 2012 . (table below is the same)

16-6 货物运输量及周转量

Freight Traffic and Ton-Kilometers

指 标	Item	2011	2012	2013	2014	2015
货物运输量(万吨)	**Freight Traffic (10000 tons)**	**44890**	**52765**	**72700**	**85673**	**84539**
铁 路	Railways	7219	6665	6458	6319	5736
公 路	Highways	36684	45000	65100	78017	77341
水 运	Waterways	987	1100	1142	1337	1463
货物周转量(亿吨公里)	**Freight Ton-Kilometers (100 million ton-km)**	**1060.69**	**1177.78**	**1292.11**	**1442.24**	**1379.00**
铁 路	Railways	696.36	693.68	655.85	634.35	561.27
公 路	Highways	350.10	467.60	610.64	776.95	782.47
水 运	Waterways	14.23	16.50	25.62	30.94	35.26

16-7 电信主要指标

Major Indicators of Telecommunications

指　　标	Item	2011	2012	2013	2014	2015	2015年比2014年增长(%) Increase Rate in 2015 over 2014(%)
电信业务收入(亿元)	Business Revenue of Telecommunications (100 million yuan)	164.56	187.47	217.55	222.02	226.40	2.0
电信业务总量(亿元)	Business of Volume Telecommunications (100 million yuan)	204.35	244.11	278.15	353.98	481.00	35.9
交换机总容量(万门)	Capacity of Telephone Exchanges(10000 line)	4838.00	5026.53	5870.04	5671.60	5545.40	-2.2
移动电话交换机容量(万户)	Capacity of Mobile Telephone Exchanges (10000 subscribers)	4433.00	4106.76	4954	4928	4955	0.5
长途光缆线路长度(万公里)	Length of Long Distance Optical Cable Lines(10000km)	3.45	3.32	3.50	46.13	64.90	40.7
年末固定电话用户数(万户)	Number of Fixed Line Telephone at the Year-end (10000 subscribers)	403.96	380.00	362.99	339.10	312.50	-7.8
#农村电话用户	Rural Fixed Telephone Subscribers	149.07	115.55	93.39	77.75	62.91	-19.1
城市电话用户	Urban Fixed Telephone Subscribers	254.90	264.45	269.60	261.36	249.62	-4.5
#公　用	Public Telephone	34.63	33.43	31.86	30.74	20.18	-34.4
移动电话用户(万户)	Number of Mobile Telephone Subscribers (10000 subscribers)	2175.22	2515.00	2871.75	3059.85	3172.30	3.7
移动短信业务量(亿条)	Short Message Services(100 million messages)	129.26	124.49	140.06	123.36	67.90	-45.0
互联网宽带接入端口(万个)	Broad Band Subscribers Port of Internet (10 000 ports)	437.87	435.79	575.95	668.40	916.68	37.1
电话普及率(包括移动电话)(部/百人)	Popularization Rate of Telephone (Include Mobile Telephone) (sets/100 persons)	74.35	83.27	93.25	97.98	100.50	2.6
#移动电话普及率	Popularization Rate of Mobile Telephone	62.71	72.34	82.78	88.21	91.50	3.7
已通电话的行政村比重(%)	Percentage of Administrative Village with Phone Sets(%)	100	100	100	100	100	持平
国内长途电话(万分钟)	Number of Long Distance Telephone Calls Inside Country(10000 minutes)	111354	88786	77143	66294	144468	117.9
国际及港澳长途电话(万分钟)	Number of Long Distance Telephone Calls outside Country or to Macao、Hong Kong(10000 minutes)	111.00	79.22	65.95	50.31	37.31	-25.8

注：1.资料来源于省通信管理局。2.电信业务总量增长速度按可比价计算。3.电信业务总量2011年起采用2010年不变价计算。

Note:1.Data in the table are obtained from the provincial communications authority bureau. 2.The increase rate of business volume of telecommunication services is calculated at comparable prices. 3. Business volume calculates in 2010 constant prices from 2011.

16-8 邮政主要指标
Major Indicators of Post

指　标	Item	2011	2012	2013	2014	2015	2015年比2014年增长(%) Increase Rate in 2015 over 2014(%)
邮电局所总数(处)	**Number of Post and Telecommunication Offices (unit)**	**21496**	**19482**	**20582**	**21380**	**14832**	**-30.6**
邮政	Post	1425	1307	1326	1737	1778	2.4
电信	Telecommunication	20071	18175	19256	19643	13054	-33.5
邮路网路总长度(公里)	Length of Postal Routes (km)	99155	136429	154810	164841	187688	13.9
#汽车邮路	Number of Highway Postal Routes	58062	76734	38400	43177	45748.5	6.0
铁路邮路	Number of Railways Postal Routes	6413	5880	5880	2536	2536	持平
邮政业务总量(亿元)	Business Volume of Postal Services (100 million yuan)	14.97	17.93	22.64	27.75	33.77	21.7
函件(万件)	Number of Letters(10000 pcs)	5041	6036	5192	3809.37	3795.23	-0.4
报刊、杂志累计订销数(万份)	Issue of Newspapers and Magazines (10000 copies)	35056	38027	40469	40002.68	40829.66	2.1
国内快递(万件)	Pieces of Express Mail Services inside Nation(10000 pcs)	1529	1796	1071	4652.68	7028.23	51.1
国际快递(万件)	Pieces of Express Mail Services outside Nation(10000 pcs)	4.90	5.33	2.63	16.4	6.02	-63.3
邮政储蓄期末余额(亿元)	Post Deposits at the Year-end (100 million yuan)	347.38	457.89	556.61	623.63	662.05	6.2
集邮业务(万枚)	Stamps for Collection(10000 pcs)	1907	1918	2720.4	2616.1	3274.1	25.2
长话业务电路(2M)	Long Distance Cable Lines(2M)	118618	178267	665440	1024266	1244378	21.5

注：1.资料来源于省邮政管理局、省邮政储蓄银行、省通信管理局。2.邮电局所总数含电信部门特约代理点。3.2014年国家邮政局对相关指标口径、名称调整，邮路网路总长度2011—2013年为邮路总长度，国内快递和国际快递2011—2013年分别为“国内特快专递”和“国际特快专递”，更名指标数据与往年数据不可比。4.邮政业务总量增长速度按可比价计算。5.长话业务电路统计口径2011年及以前为固定长话电路业务(2M)、移动长话电路业务(2M)指标；2012年起包含固定长话电路业务(2M)、移动长话电路业务(2M)、数据及互联网电路业务等，与以往年份数据不可比。6.国内、国际特快专递含快递企业数据。7.省邮政管理局修正了2014年有路网路总长度数据。

Note:1. These information comes from the province postal service, the postal savings bank Guizhou Communication Administration. 2. The total numb of the post office containing special agents in telecom department. 3.In 2014 years CSPB caliber, name adjustment of relevant indicators, the total length “postal” index change to post road network, the total length of "domestic express delivery" and "international express mail" indicat were converted into domestic express and international express delivery, relative data and normal data cannot be renamed. 4. Growth rate of postal business volume was calculated at comparable price. 5.Before 2011 ,long-distance services circuit statistics caliber were for fixed long-distance business (2M), mobile long-distance circuit business (2M) indicator; 2012 contains fixed long-distance business (2M), mobile long-distance circuit business (2M), data and Internet business circuit, etc., which cann't compare with former years. 6. Domestic and international express mail include data ofdelivery enterprise.

16-9 历年交通运输

Transportation Over the Years

年份 Year	铁路营业里程(公里) Length of Railways in operation (km)	公路线路里程(公里) Length of Highways(km)	客运量(万人) Passenger Traffic (10000 persons)	铁路 Railway	公路 Highway	水运 Waterway	货运量(万吨) Freight Traffic (10000 tons)	铁路 Railway	公路 Highway	水运 Waterway
1978	1365	25954	3294	977	2260	57	3467	1320	2083	64
1979	1373	26166	4608	1083	3462	63	3599	1314	2209	76
1980	1374	27367	5950	1164	4700	86	3424	1395	1953	76
1981	1373	27422	7175	1224	5873	78	3541	1481	1991	69
1982	1396	27499	8026	1288	6648	90	3825	1581	2164	80
1983	1396	27675	8259	1456	6707	96	4233	1665	2488	80
1984	1411	27872	9915	1620	8184	111	4600	1777	2735	88
1985	1419	27999	10874	1638	9102	134	5717	1874	3758	85
1986	1419	28383	11033	1458	9387	188	6551	1949	4510	92
1987	1420	29823	13512	1461	11854	197	7613	2043	5479	91
1988	1420	30445	14361	1633	12564	164	8570	2074	6413	83
1989	1420	30716	14923	1530	13125	268	9459	2178	7170	111
1990	1420	31157	17048	1256	15682	110	9840	2315	7414	111
1991	1419	31588	19081	1255	17718	108	10008	2365	7551	92
1992	1423	31889	21641	1251	20262	128	11349	2498	8752	99
1993	1423	32092	23494	1366	22010	118	11495	2537	8851	107
1994	1423	32398	27076	1515	25313	248	12189	2599	9453	137
1995	1423	32487	36151	1572	34304	275	12586	2657	9806	123
1996	1423	32700	42429	1843	40245	341	12182	2770	9192	220
1997	1640	33211	46644	1957	44416	271	13077	2739	10117	221
1998	1648	33604	48468	2048	45987	433	13577	3044	10219	314
1999	1654	33973	49457	2194	46807	456	14065	3272	10449	344
2000	1641	34643	53032	2251	50313	468	15615	3577	11684	354
2001	1644	34618	54665	2017	52154	494	16344	3875	12114	355
2002	1893	44220	55980	1947	53478	555	17399	4356	12685	358
2003	1900	45304	55074	1796	52695	583	18224	4971	12886	367
2004	1891	46128	58707	1855	56077	775	19439	5504	13541	394
2005	1986	46893	64450	2191	61414	845	21771	6169	15082	520
2006	2014	113278	69270	2536	65786	948	24709	6826	17284	599
2007	2012	123247	74440	2979	70377	1084	26788	7289	18834	665
2008	1962	125365	80056	3199	75350	1507	33576	6683	26156	737
2009	1983	142561	84981	3204	80044	1733	34844	6997	27031	816
2010	2002	151644	97793	3437	92426	1930	40310	7991	31409	910
2011	2070	157820	120554	3939	114429	2186	44890	7219	36684	987
2012	2058	164542	142809	3902	136454	2453	52765	6665	45000	1100
2013	2093	172564	83435	4322	77358	1755	72700	6458	65100	1142
2014	2373	179079	86572	4409	80231	1932	85673	6319	78017	1337
2015	2810	186407	87541	4901	80621	2019	84540	5736	77341	1463

注：1.资料来源于省交通运输厅、成都铁路分局。2.2006年起，公路线路里程包括村道里程；2008年公路、水路运输量采用全国公路水路运输量专项调查数据(下表同)。3.由于交通运输部对公路、水运运输量统计方案进行调整，2013年相关数据统计口径发生变化，相同指标数据与以往年份不可比(下表同)。

Notes: 1. Data in the table are obtained from provincial transports department and Chengdu Railway Branch. 2.Since 2006, the data of total length has contained the length of village road; the data of highways and waterways freight traffic highways have been adapted to special volume investig data in 2008 (the same applies to the next table). 3.Because the statistics schemes of highway, waterway transport volume are adjusted by the Ministry of Transport of the People's Republic of China, the correlation data statistics caliber changes for 2013, the same indicators can not compare with previous years (the same applies to the next table)

16-10 历年旅客周转量和货物周转量
Passenger-kilometers and Freight Ton-kilometers Over the Years

年份 Year	旅客周转量(亿人公里) Passenger-kilometers (100 million passenger-km)	铁路 Railway	公路 Highway	水运 Waterway	货物周转量(亿吨公里) Freight Ton-kilometers (100 million ton.km)	铁路 Railway	公路 Highway	水运 Waterway
1978	25.50	16.04	9.26	0.20	79.60	72.30	6.57	0.73
1979	31.54	19.66	11.68	0.20	93.99	86.49	6.59	0.91
1980	37.69	22.77	14.67	0.25	96.03	88.99	5.91	1.13
1981	43.28	25.32	17.73	0.23	100.43	93.19	6.23	1.01
1982	46.93	26.70	19.99	0.24	109.69	98.99	9.50	1.20
1983	52.35	30.69	21.40	0.26	117.22	104.86	10.97	1.39
1984	61.04	36.21	24.55	0.28	132.72	119.19	11.61	1.92
1985	74.07	45.11	28.64	0.32	151.42	133.22	16.32	1.88
1986	76.45	47.39	28.70	0.36	171.03	148.13	20.44	2.46
1987	93.19	53.22	39.60	0.37	186.09	156.33	26.87	2.89
1988	105.67	61.20	44.14	0.33	196.04	159.75	33.50	2.79
1989	105.73	58.08	47.16	0.49	216.45	174.59	38.96	2.90
1990	102.90	49.20	53.34	0.36	224.31	179.72	41.84	2.75
1991	117.61	54.84	62.52	0.25	232.91	186.96	42.51	3.44
1992	136.77	66.62	69.84	0.31	268.80	214.88	49.84	4.08
1993	156.26	80.86	75.12	0.28	292.96	239.40	49.12	4.44
1994	173.71	88.72	84.53	0.46	298.44	243.87	50.06	4.51
1995	180.09	91.23	88.32	0.54	301.28	245.76	51.34	4.18
1996	185.94	88.32	96.84	0.78	317.70	261.99	51.07	4.64
1997	191.02	97.97	92.52	0.53	336.08	277.95	54.06	4.07
1998	201.77	101.13	99.97	0.67	330.30	270.40	54.84	5.06
1999	229.20	118.37	109.95	0.88	370.03	305.68	60.28	4.07
2000	238.36	120.79	116.54	1.03	404.07	334.11	65.86	4.10
2001	251.06	124.22	125.76	1.08	439.30	364.71	70.36	4.23
2002	250.79	116.10	133.60	1.09	486.03	407.26	74.25	4.52
2003	248.55	112.08	135.31	1.16	547.01	465.92	76.63	4.46
2004	278.21	125.87	150.79	1.55	610.88	520.70	84.27	5.91
2005	312.40	145.71	164.91	1.78	646.55	544.31	94.15	8.09
2006	349.82	160.98	186.91	1.93	680.96	557.70	114.48	8.78
2007	369.20	160.51	206.40	2.29	721.26	583.85	127.99	9.42
2008	407.59	163.00	241.15	3.44	809.93	564.31	234.96	10.66
2009	430.56	162.41	264.06	4.09	897.38	644.41	241.60	11.37
2010	514.41	189.38	320.46	4.57	1012.20	706.45	293.00	12.75
2011	631.74	204.58	422.01	5.15	1060.69	696.36	350.10	14.23
2012	718.22	199.20	513.07	5.95	1177.78	693.68	467.60	16.50
2013	593.62	211.21	377.87	4.54	1292.11	655.85	610.64	25.62
2014	635.50	217.39	412.92	5.19	1442.24	634.35	776.95	30.94
2015	658.23	229.92	422.79	5.52	1379.00	561.27	782.47	35.26

主要统计指标解释

铁路营业里程 又称营业长度，指投入客货运输营业或临时营业的线路长度。

公路线路里程 指报告期末公路的实际长度。包括城间、城乡间、乡（村）间能行驶汽车的公共道路，公路通过城镇街道的里程，公路桥梁长度、隧道长度、渡口宽度。不包括城市街道里程，断头路里程，农（林）业生产用道路里程，工（矿）企业等内部道路里程。按已竣工验收或交付使用的实际里程计算；两条或多条公路共同经由同一路段的重复里程，只计算一次。

内河航道里程 指在一定时期内，能通航运输船舶及排筏的天然河流、湖泊水库、运河及通航渠道的长度。包括全年季节性通航累计三个月以上的航道，不包括仅供零散流放竹、木排的河道。两省以河为界的航道里程，双方均按一半计算，以免重复。该指标可以反映内河水运网的规模、水平和发展情况。

货(客)运量 指在一定时期内，各种运输工具实际运送的货物(旅客)数量。货运按吨计算，客运按人计算。货物不论运输距离长短、货物类别，均按实际重量统计。旅客不论行程远近或票价多少，均按一人一次客运量统计；半价票、小孩票按一人统计。

货物(旅客)周转量 指在一定时期内，由各种运输工具运送的货物(旅客)数量与其相应运输距离的乘积之总和。计算货物周转量通常按发出站与到达站之间的最短距离，也就是计费距离计算。计算公式为：

货物(旅客)周转量＝Σ货物(旅客)运输量×运输距离

移动电话用户 指通过移动电话交换机进入移动电话网、占用移动电话号码的电话用户。用户数量以报告期末在移动电话营业部门实际办理登记手续进入移动电话网的户数进行计算，一部移动电话统计为一户。

固定电话用户 指在电信运营企业营业网点办理开户登记手续并已接入固定电话网上的全部电话用户。包括普通电话用户、公用电话用户、窄带综合业务数字网(N—ISDN)用户、智能网专用接入终端用户等。按行政区划分为城市电话用户和农村电话用户。1997年以前，市内电话用户是指接入县城及县以上城市的电话网上的电话用户；农村电话用户是指接入县邮电局农话台及县以下农村电话交换点，以县城为中心(除市话用户外)联通县、乡(镇)、行政村、村民小组的用户。从1997年起，电话用户数分组以用户所在区域划分，调整为城市电话用户和乡村电话用户，与过去的按市内电话和农村电话划分方法不同。电话用户总数、电话机总部数统计范围不变。

城市电话用户 指直辖市、省辖市、地级市、县级市的市区、市郊区及县城(包括县人民政府所在地的县城关区或行政建制相当于县人民政府所在地的镇)范围内接入局用交换机的电话用户数，包括分布在农村地区的独立工矿区、林区、驻军等接入局用交换机的电话用户数。

农村电话用户 指县城关区以下的集镇和农村接入局用交换机的电话用户数。

Explanatory Notes on Main Statistical Indicators

Length of Railways in Operation also is known as operating length and refers to the total length of the trunk line for passenger and freight transportation in full operation or temporary operation.

Length of Highways refers to the actual length of highways at the end of reference period. It covers public roads running vehicles among cities, city and rural areas, township (villages), highways passing through streets at small cities and towns, length of bridges and tunnels, width of ferry piers. It does not include the length of streets in cities, dead end highways, the length of streets built for agricultural (forest) production and inside factories (mines). It can only be calculated with the actual mileage having been completed, checked and accepted or put into operation. If two or more highways go the same section of the way, the length of the section is only calculated for once and no duplication is allowed.

Length of Navigable Inland Waterways refers to the length of the natural rivers, lakes, reservoirs and canals that are open to navigation for ships and rafts during a given period. It includes the channels with annual seasonal navigation for more than three months other than the waterways only for scattered bamboo and wooden rafts. If two provinces share one river as the border, the length of waterways will be half divided for each province to avoid duplication. This indicator can reflect the scale, level and development situation of the inland waterway network.

Freight (Passenger) Traffic refers to the weight of freight (number of passenger) transported with various means within a specific period of time. Freight transport is calculated in tons and passenger traffic is calculated in the number of persons. Despite the type of freight and travelling distance, the freight transport is calculated in the actual weight of the goods: and despite the travelling distance and ticket price, the passenger traffic is calculated by the principle that one person can be counted only once in one travel. The passenger who travel with a half price ticket or a child ticket is also calculated as one person.

Freight Ton-kilometers (Passenger-kilometers) refer to the sum of the products of the volume of transported cargo (passengers) multiplying by the transport distance. Normally, the shortest distance between the departure station and the destination station (i.e., the payable distance) is the basis to calculate the freight ton-kilometers. The formula is as follows:

Freight Ton-kilometers (Passenger-kilometers) =∑ {Freight (Passenger) Traffic × Distance of Transportation}

Mobile Telephone Subscribers refer to the persons who are connected with the mobile telephone communication network through the mobile telephone switchboards and occupy mobile phone numbers. In the reporting period the number of users in the mobile phone operating divisions actual registration number of households into the mobile phone network to calculate, a mobile phone is counted as a household.

Local Telephone Subscribers refers to all subscribers who have gone through registration procedures in the operation points of enterprises engaged in telecommunications and are hence connected to the local telecommunications service provider through fixed line network. Included are general subscribers, public telephones subscribers, N-ISDN subscribers and intelligent network terminal subscribers. They are also classified in terms of administrative districts as urban telephone subscribers and rural telephone subscribers according to location. Before 1997, the "local phone users" refers to access cities above county and county telephone line telephone subscribers; "Rural Telephone User" refers to access the post office, if farmers Taiwan county and below county rural telephone exchange points, to the county as the center (except local subscriber outside) Unicom county and township (town), administrative villages, village groups of users. From 1997 onwards, the number of telephone users adjust to the user group area classified as "urban telephone subscribers" and "rural telephone subscribers," with the past by local and rural telephone divided in different ways. But the number of telephone users and telephone statistical range are unchanged.

Urban Telephone Subscribers refers to number of telephone subscribers, located at municipalities, cities under the jurisdiction of province, cities at prefecture level, downtown and suburb of city at county level town and county towns (including country towns where county government located, and towns of county level according to the administrative organizational system), that are connected to the public line telephone network, including rural mineral area, forest area, military area.

Rural Telephone Subscribers refers to telephone subscribers, located at the towns below the level of county town and villages, that are connected to the public line telephone network.

批发、零售、住宿和餐饮业

17

Wholesale, Retail Trades, Hotels and Catering Services

简 要 说 明

一、主要内容

本篇资料主要反映全省批发和零售业、住宿和餐饮业的基本情况和经营状况。包括：社会消费品零售总额、限额以上批发和零售业的基本情况、商品交易、限额以上住宿和餐饮业基本情况。

二、统计范围

限额以上批发和零售业的法人企业、个体经营户，零售连锁集团，成交额在亿元以上的商品交易市场，以及参与商品零售、餐饮经营活动的各行业法人企业、产业活动单位和个体经营户。限额以上批发和零售业统计单位指：批发业，年主营业务收入 2000 万元及以上；零售业，年主营业务收入 500 万元及以上。

限额以上住宿和餐饮业法人企业、个体经营户；餐饮连锁集团；旅行社、星级饭店和旅游者。限额以上住宿和餐饮业统计单位为年主营业务收入 200 万元及以上。

三、统计调查方法

限额以上单位采用全面调查方法。

四、资料来源

由省统计局贸易外经统计处提供。

Brief Introduction

I. Main Contents

Data in this chapter reflect the development and operation of wholesale and retail trades，hotel and catering services.

Data on wholesale and retail trades' main contents include total retail sales of consumer goods, basic conditions, operating and financial status of the wholesale and retail trades above designated size, commodity

trading.

Data on hotel and catering services mainly include the basic conditions, operating and financial status of hotel and catering services above the designated size etc.

II. Scope of Statistics

Included in this chapter are the registered enterprises and self-employed individuals of wholesale and retail trades; chain enterprises; large commodity markets with transaction value over 100 million yuan; and corporation enterprises, economic active establishments and self-employed individuals involved in retail trades; catering services. The criteria for wholesale and retail sale trades above designated size are as follows: wholesale trade with annual principal business sales over 20 million yuan; retail trade, with annual principal business sales over 5 million yuan.

Data in this chapter cover the corporate enterprises of hotel and catering services above the designated size, self-employed households of hotel and catering services; chain catering services, travel agencies, star-rated hotels and tourists; The statistical unit of the enterprises of hotel and catering services above the designated size is the annual income of main business at and over 2 million yuan.

III. Methods of Survey

Data on all corporate enterprises of wholesale and retail trades above designated size, all corporate enterprises of hotel and catering services above designated size, are collected through comprehensive reporting system.

IV. Sources of Data

Data in this chapter are collected and processed by the Department of Trade and External Economic Relations of Guizhou Provincial Bureau of Statistics.

17-1 社会消费品零售总额
Total Retail Sales of Consumer Goods

年 份 Year	社会消费品零售总额(亿元) Total Retail Sales of Consumer Goods(100 million yuan)	按地域分 By Area		按行业分 By Sector	
		城镇 Urban	乡村 Rural	批发和零售业 Wholesale and Retail Trade	住宿和餐饮业 Hotel and Catering Services
1978	21.23	14.83	6.40		
1979	23.57				
1980	26.73	15.07	11.66		
1981	30.48				
1982	34.55				
1983	38.43				
1984	43.64				
1985	52.25	35.58	16.67		
1986	57.25				
1987	66.39				
1988	83.40				
1989	83.84				
1990	85.90	59.44	26.46		
1991	92.92				
1992	106.75				
1993	143.09				
1994	165.01				
1995	204.45	156.48	47.97		
1996	241.57	184.14	57.43		
1997	274.68	209.43	65.25		
1998	299.97	227.26	72.71		
1999	324.67	247.84	76.83		
2000	355.58	273.27	82.31	322.73	24.23
2001	391.14	302.50	88.64	352.09	30.04
2002	430.64	334.07	96.57	384.66	37.34
2003	474.57	370.01	104.56	422.31	43.24
2004	535.31	420.64	114.67	467.28	58.64
2005	615.75	485.50	130.25	539.60	65.63
2006	710.00	558.10	151.90	619.35	78.29
2007	858.15	667.83	190.32	720.80	121.43
2008	1075.24	838.81	236.43	952.04	106.90
2009	1265.46	971.37	275.88	1114.40	132.85
2010	1531.64	1233.74	297.90	1373.41	158.23
2011	1899.92	1561.07	338.85	1710.15	189.77
2012	2266.27	1863.59	402.68	2049.70	216.57
2013	2601.20	2148.26	452.94	2370.95	230.25
2014	2936.85	2425.25	511.60	2679.29	257.56
2015	3283.02	2711.57	571.45	2991.84	291.18

17–2 限额以上批发业和零售业

Basic Conditions of Enterprises above Designated Size of Wholesale and Retail Trades

指 标	Item	2011	2012	2013	2014	2015
批发业	**Wholesale Trade**					
法人企业(个)	Number of Corporation Enterprises(unit)	332	487	640	780	776
年末从业人数(人)	Engaged persons at Year-end(person)	45691	51372	51442	57986	56699
商品购进额(亿元)	Total Purchases Value(100 million yuan)	1124.58	1419.29	1878.97	2042.79	2306.87
商品销售额(亿元)	Total Sales Value(100 million yuan)	1309.90	1907.99	2391.89	2750.52	3182.40
期末商品库存额(亿元)	Stock(year-end)(100 million yuan)	127.38	175.80	223.23	230.47	239.46
零售业	**Retail Trade**					
法人企业(个)	Number of Corporations Enterprises(unit)	555	793	1178	1463	1651
年末从业人数(人)	Engaged Persons at Year-end(person)	44045	54865	67485	78431	83972
商品购进额(亿元)	Total Purchases value(100 million yuan)	588.27	764.09	970.87	1139.38	1246.16
商品销售额(亿元)	Total Sales value(100 million yuan)	690.58	898.82	1143.96	1399.19	1529.29
期末商品库存额(亿元)	Total stock at Year-end(100 million yuan)	59.71	76.89	89.11	151.30	177.50
年末零售营业面积(万平方米)	Retail Operating Area at year-end(10000 sq.m)	230.85	203.48	294.38	357.01	391.01

17-3 限额以上批发业企业(2015)

单位：万元

指 标	Item	法人企业(个) Number of Corporation Enterprises (Unit)
合 计	**Total**	**776**
按登记注册类型分	**by Status of Registration Status**	
内资企业	**Domestic Funded Enterprises**	772
国有企业	State-owned Enterprises	48
集体企业	Collective-owned Enterprises	21
联营企业	Joint Ownership Enterprises	1
有限责任公司	Limited Liability Corporations	340
国有独资公司	State Sole Funded Corporations	43
其他有限责任公司	Other Limited Liability Corporations	297
股份有限公司	Share-holding Corporations Ltd.	23
私营企业	Private Enterprises	338
私营独资企业	Private-funded Enterprises	3
私营有限责任公司	Private Limited Liability Corporations	325
私营股份有限公司	Private Share-holding Corporations Ltd	10
其他企业	Other Enterprises	1
港、澳、台商投资企业	**Enterprises with Funds From HongKong, Macao and Taiwan**	**1**
外商投资企业	**Foreign Funded Enterprises**	3
中外合资经营企业	Joint-venture Enterprises	3
按国民经济行业分	**by Sector**	
#农、林、牧产品批发	**Wholesale of Agricultural,Forestry and Livestock Products**	**18**
谷物、豆及薯类批发	Wholesale of Cereal, Bean and Tubers	3
种子批发	Wholesale of Seeds	3
饲料批发	Wholesale of Feedstuff	3
牲畜批发	Wholesale of Livestock	4
其他农畜产品批发	Others	5
食品、饮料及烟草制品批发	**Wholesale of Food,Beverages and Tobacco**	**139**
#米、面制品及食用油批发	Wholesale of Rice,Flour and Edible Oil	28
糕点、糖果及糖批发	Wholesale of Pastries, Candy and Sugar	1
果品、蔬菜批发	Wholesale of Fruits and Vegetables	8
肉、禽、蛋及水产品批发	Wholesale of Meat, Poultry, Eggs and Aquatic Products	16
盐及调味品批发	Wholesale of Salts and Condiments	14
营养和保健品批发	Wholesale of Nutraceutical Products	1
酒、饮料及茶叶批发	Wholesale of Wine,Beverages and Tea	57
烟草制品批发	Wholesale of Tobaccos	10
其他食品批发	**Wholesale of Other Food**	4
纺织、服装及家庭用品批发	**Wholesale of Textiles, Garments and Household Artides**	**32**

注：表中行业分类按国民经济行业分类(GB/T4754—2011分)(以下相关表同)。

Basic Conditions of Enterprises above Designated Size of Wholesale Trade

(10000 yuan)

从业人数(人) Engaged Persons (person)	购进总额 Total Value	销售总额 Total value	批发 Wholesale Trade	零售 Retail Trade	年末库存额 Stock (year-end)
56699	**23068682**	**31824039**	**29234482**	**2589557**	**2394597**
56393	22970184	31719260	29131493	2587768	2393403
20034	4874441	6861790	6816510	45280	769253
912	103677	107547	90379	17168	10428
33	10714	11879	11879		435
22871	12981311	19093156	17065480	2027676	1287925
6938	4678904	8606695	7253577	1353119	529415
15933	8302407	10486461	9811904	674557	758509
1741	1893116	2268571	1931594	336977	77820
10792	3102407	3371809	3211788	160021	247532
30	18451	19291	18984	307	746
10507	3021863	3248267	3090066	158202	243583
255	62093	104250	102738	1513	3202
10	4519	4509	3863	645	12
26	**3532**	**4564**	**4564**		**31**
280	94966	100216	98426	1790	1162
280	94966	100216	98426	1790	1162
513	**54826**	**63404**	**59610**	**3794**	**9499**
160	10837	10397	10248	149	2878
123	11127	12439	12410	28	5006
25	14752	15469	15469		465
108	7925	10303	10126	178	510
97	10185	14796	11358	3438	639
28417	**8094900**	**14989332**	**14074410**	**914922**	**1538339**
1604	200012	233755	204943	28812	77619
39	694	4444	3140	1304	89
439	58511	68117	60085	8032	2208
1021	65550	69365	63485	5880	4709
947	131331	182302	177292	5010	10390
182	32113	30445	30445		4934
4865	3592357	8269413	7406066	863347	661847
19011	4008831	6122218	6120898	1321	775590
309	5502	9272	8057	1215	952
1885	**319457**	**341252**	**325265**	**15987**	**62775**

Note: industries in this table are classifiated by sector of national economy industry(GB/T4754-2011)(the relative tables in this chapter are the same)

17-3 续表

单位：万元

指　　标	Item	法人企业(个) Number of Corporation Enterprises (Unit)
服装批发	Wholesale of Garments	6
鞋帽批发	Wholesale of Shoes and Hats	2
化妆品及卫生用品批发	Wholesale of Cosmetics and Sanitary Articles	4
厨房、卫生间用具及日用杂货批发	Wholesale of Kitchen Utensils, Toilet Ware and Daily Consumer Groceries Articles Sundry Goods	4
家用电器批发	Wholesale of Household Electrical Appliances	15
其他家庭用品批发	Wholesale of Other Household Articles	1
文化、体育用品及器材批发	**Wholesale of Cultural,Sports Articles and Equipment**	**12**
#文具用品批发	Wholesale of Cultural Articles	4
图书批发	Wholesale of Books	5
首饰、工艺品及收藏品批发	Wholesale of Jewelry,Handicrafts and Collections	1
其他文化用品批发	Wholesale of Other Cultural Articles	2
医药及医疗器材批发	**Wholesale of Medicines and Medical Appliances**	**93**
西药批发	Wholesale of Western Medicines	59
中药批发	Wholesale of Traditional Chinese Medicines	28
医疗用品及器材批发	Wholesale of Medical Articles and Appliances	6
矿产品、建材及化工产品批发	**Wholesale of Mineral Products,Building Materials and Chemical Products**	**395**
#煤炭及制品批发	Wholesale of Coal and Related Products	137
石油及制品批发	Wholesale of Petroleum and Related Products	17
非金属矿及制品批发	Wholesale of Nonmetal Minerals and Related Products	9
金属及金属矿批发	Wholesale of Metal Materials and Metal Minerals	68
建材批发	Wholesale of Building Materials	59
化肥批发	Wholesale of Fertilizer	63
其他化工产品批发	Wholesale of Other Chemical Products	42
机械设备、五金交电及电子产品批发	**Wholesale of Machinery,Hardware and Electronic Products**	**77**
农业机械批发	Wholesale of Agricultural Machinery	4
汽车批发	Wholesale of Automobiles	19
汽车零配件批发	Wholesale of Automobiles Fittings	6
摩托车及零配件批发	Wholesale of Motorcycles and Fittings	6
五金产品批发	Wholesale of Hardware Products	8
电气设备批发	Wholesale of Electrical Equipments	1
计算机、软件及辅助设备批发	Wholesale of Computer,Software and Assistance Appliances	6
通讯及广播电视设备批发	Wholesale of Communication , Broadcast and Television Equipments	5
其他机械设备及电子产品批发	Wholesale of Other Machinery and Electric Products	22
其他批发	**Others Wholesales**	**10**
再生物资回收与批发	Wholesale of Recycled Materials	3
其他未列明的批发	Other Wholesale Not Classified Elsewhere	7

continued

(10000 yuan)

从业人数(人) Engaged Persons (person)	购进总额 Total Value	销售总额 Total value	批发 Wholesale Trade	零售 Retail Trade	年末库存额 Stock (year-end)
249	40140	47001	46521	479	8654
199	16856	18616	17660	956	2614
138	11302	11969	11783	186	4525
272	14524	19339	19027	313	4423
1000	232434	239880	227597	12283	42127
27	4202	4448	2677	1771	433
444	**209070**	**176211**	**174039**	**2173**	**9053**
87	28597	30541	30213	328	6632
303	169714	133355	133025	330	615
2	2343	2942	2479	464	140
52	8416	9373	8322	1051	1667
5976	**1440747**	**1569191**	**1448407**	**120784**	**154901**
4608	1117357	1226761	1145309	81452	105585
1269	302531	318161	278970	39191	48486
99	20858	24269	24128	141	831
16428	**11925003**	**13570107**	**12100816**	**1469291**	**534767**
6360	2775052	3006701	2925168	81533	95974
3098	1529260	2628316	1313478	1314838	103959
171	145961	149530	149530		2067
1610	2726921	2786368	2766105	20263	116907
879	602195	665148	654704	10443	22713
2760	2992098	3091881	3065776	26106	133681
1550	1153516	1242163	1226055	16108	59466
2541	**958144**	**1033268**	**970896**	**62372**	**82183**
62	16730	20881	17101	3781	3127
633	111318	120064	94971	25093	19402
264	239334	253842	252797	1045	7317
146	96867	99987	99751	237	12685
214	55846	54500	53519	981	11390
8	1981	2411	1743	668	15
209	35931	40432	34131	6301	2460
251	102306	114182	107834	6347	3740
754	297832	326969	309051	17919	22047
495	**66534**	**81274**	**81039**	**235**	**3080**
156	20896	27573	27338	235	1335
339	45639	53701	53701		1745

17-4 限额以上批发业企业主要财务指标(2015)

Main Indicators of Enterprises above Designated Size of Wholesale Trade

单位：万元 (10000 yuan)

指 标	Item	主营业务收入 Revenue from Principal Business	主营业务成本 Cost of Principal Business	主营业务税金及附加 Taxes and Other Charges on Principal Business	销售费用 Selling Expenses	营业利润 Operating Profits
总 计	**Total**	**30210357**	**23806505**	**594452**	**943329**	**4174375**
按登记注册类型分	**by Status of Registration**					
内资企业	**Domestic Funded Enterprises**	30109568	23710717	594298	938465	4165743
国有企业	State-owned Enterprises	6073832	4308753	426695	377549	684869
集体企业	Collective-owned Enterprises	103335	94697	379	3928	216
联营企业	Joint Ownership Enterprises	10153	8948	13	359	120
有限责任公司	Limited Liability Corporations	18731634	14427510	143873	414731	3433417
国有独资公司	State Sole Funded Corporations	9497911	6754518	105075	209515	2306833
其他有限责任公司	Other Limited Liability Corporations	9233724	7672991	38798	205216	1126584
股份有限公司	Share-holding Corporations Ltd	2172225	2058553	14956	42848	27713
私营企业	Private Enterprises	3013877	2808061	8378	98943	19280
私营独资企业	Private-funded Enterprises	17601	15638	488	404	512
私营有限责任公司	Private Limited Liability Corporations	2904582	2706407	7737	95866	18539
私营股份有限公司	Private Share-holding Corporations Ltd	91694	86016	154	2674	229
其他企业	Other Enterprises	4511	4196	4	107	128
港、澳、台商投资企业	**Enterprises with Funds From HongKong, Macao and Taiwan**	**3900**	**3046**	**21**	**48**	**219**
外商投资企业	**Foreign Funded Enterprises**	**96889**	**92741**	**133**	**4816**	**8414**
按国民经济行业分	**by Sector**					
农、林、牧产品批发	**Wholesale Agricultural, Forestry Livestock Products**	**61127**	**54577**	**376**	**933**	**2590**
#谷物、豆及薯类批发	Wholesale of Cereal, Bean and Tubers	10397	9547	52	218	-115
种子批发	Wholesale of Seeds	12439	10455		383	833
饲料批发	Wholesale of Feedstuff	14640	14328	16	71	-181
牲畜批发	Wholesale of Livestock	8971	8038	154	201	335
其他农畜产品批发	Others	14680	12209	154	60	1719
食品、饮料及烟草制品批发	**Wholesale of Food,Beverages and Tobacco**	**13135939**	**7513459**	**540722**	**593334**	**4073982**
#米、面制品及食用油批发	Wholesale of Rice,Flour and Edible Oil	215314	193857	676	10048	-2907
糕点、糖果及糖批发	Wholesale of Pastries, Candy and Sugar	3284	2967	9	250	7
果品、蔬菜批发	Wholesale of Fruits and Vegetables	63975	51766	609	935	6133
肉、禽、蛋及水产品批发	Wholesale of Meat, Poultry, Eggs and Aquatic Products	65267	55598	1658	4183	631
盐及调味品批发	Wholesale of Salts and Condiments	161032	121875	1217	10750	11091
营养和保健品批发	Wholesale of Nutraceutical Products	26318	25092	92		46
酒、饮料及茶叶批发	Wholesale of Wine，Beverages and Tea	7145851	3255405	141176	282386	3341993
烟草制品批发	Wholesale of Tobaccos	5445319	3798348	395259	284310	716626
其他食品批发	**Wholesale of Other Food**	9579	8552	27	470	362
纺织、服装及家庭用品批发	**Wholesale of Textiles, Garments and Household Artides**	**297026**	**271101**	**753**	**16931**	**2316**

17-4 续表 continued

单位：万元 (10000 yuan)

指标	Item	主营业务收入 Revenue from Principal Business	主营业务成本 Cost of Principal Business	主营业务税金及附加 Taxes and Other Charges on Principal Business	销售费用 Selling Expenses	营业利润 Operating Profits
服装批发	Wholesale of Garments	40172	37950	63	1225	-392
鞋帽批发	Wholesale of Shoes and Hats	15911	13818	45	740	176
化妆品及卫生用品批发	Wholesale of Cosmetics and Sanitary Articles	11014	9398	145	114	504
厨房、卫生间用具及日用杂货批发	Wholesale of Kitchen Utensils, Toilet Ware and Daily Consumer Groceries Articles Sundry Goods	17782	16168	68	1678	-550
家用电器批发	Wholesale of Household Electrical Appliances	208268	190176	425	13053	2548
其他家庭用品批发	Wholesale of Other Household Articles	3879	3592	9	120	29
文化、体育用品及器材批发	**Wholesale of Cultural,Sports Articles and Equipment**	**170366**	**156651**	**421**	**3796**	**5588**
#文具用品批发	Wholesale of Cultural Articles	26132	24634	49	511	866
图书批发	Wholesale of Books	133213	121826	0	3015	4732
首饰、工艺品及收藏品批发	Wholesale of Jewelry,Handicrafts and Collections	2942	2573	354		7
其他文化用品批发	Wholesale of Other Cultural Articles	8078	7618	18	270	-17
医药及医疗器材批发	**Wholesale of Medicines and Medical Appliances**	**1350784**	**1246000**	**3142**	**40706**	**17202**
西药批发	Wholesale of Western Medicine	1051489	968508	2456	33134	17511
中药批发	Wholesale of Chinese Traditional Medicines	278241	258680	563	6831	-834
医疗用品及器材批发	Wholesale of Medical Articles and Appliances	21054	18812	123	741	526
矿产品、建材及化工产品批发	**Wholesale of Mineral Products,Building Materials and Chemical Products**	**14195643**	**13629213**	**46989**	**255941**	**68410**
#煤炭及制品批发	Wholesale of Coal and Related Products	2820878	2665203	10448	95372	-6129
石油及制品批发	Wholesale of Petroleum and products	2151010	2022474	1858	46876	48768
非金属矿及制品批发	Wholesale of Nonmetal Minerals and Related Products	130365	126656	170	731	1255
金属及金属矿批发	Wholesale of Metal Materials and Metal Minerals	2472677	2419387	2873	17670	2089
建材批发	Wholesale of Building Materials	620392	567673	2328	8539	9313
化肥批发	Wholesale of Fertilizer	4822532	4731137	18105	47112	2581
其他化工产品批发	Wholesale of Other Chemical Products	1177790	1096683	11207	39640	10533
机械设备、五金交电及电子产品批发	**Wholesale of Machinery,Hardware and Electronic Products**	**927127**	**872957**	**1691**	**28163**	**-443**
农业机械批发	Wholesale of Agricultural Machinery	20346	18434	29	968	-54
汽车批发	Wholesale of Automobiles	101653	95477	270	3757	-1988
汽车零配件批发	Wholesale of Automobiles Fittings	217771	205921	162	9616	-301
摩托车及零配件批发	Wholesale of Motorcycles and Fittings	85566	81882	116	1743	1053
五金产品批发	Wholesale of Hardware Products	48642	43861	111	1585	1339
电气设备批发	Wholesale of Electrical Equipments	1966	1865	2		-31
计算机、软件及辅助设备批发	Wholesale of Computer,Software and Assistance Appliances	34588	32825	54	397	215
通讯及广播电视设备批发	Wholesale of Communication , Broadcast and Television Equipments	100419	95180	377	573	204
其他机械设备及电子产品批发	Wholesale of Other Machinery and Electric Products	316177	297512	572	9524	-881
其他批发	**Others Wholesales**	**72346**	**62547**	**357**	**3524**	**4730**
再生物资回收与批发	Wholesale of Recycled Materials	23724	20083	204	673	736
其他未列明批发	Other Wholesale Not Classified Elsewhere	48621	42464	153	2851	3994

17-5 限额以上零售业企业(2015)

单位：万元

指　　标	Item	法人企业(个) Number of Corporations Enterprises (Unit)
合　　计	**Total**	**1651**
按登记注册类型分	**by Status of Registration**	
内资企业	**Domestic Funded Enterprises**	**1625**
国有企业	State-owned Enterprises	41
集体企业	Collective-owned Enterprises	8
股份合作企业	Cooperation Enterprises	2
联营企业	Joint Ownership Enterprises	1
#集体联营企业	Collective Joint Ownership Enterprises	1
有限责任公司	Limited Liability Corporations	598
国有独资公司	State Sole Funded Corporations	25
其他有限责任公司	Other Limited Liability Corporations	573
股份有限公司	Share-holding Corporations Ltd.	30
私营企业	Private Enterprises	936
私营独资企业	Private-funded Enterprise	103
私营合伙企业	Private Partnership Enterprises	9
私营有限责任公司	Private Limited Liability Corporations	795
私营股份有限公司	Private Share-holding Corporations Ltd.	29
其他	Other Enterprises	9
港、澳、台商投资企业	**Enterprises with Funds From Hongkong, Macao and Taiwan**	**16**
#合资经营企业(港或澳、台资)	Joint-venture Enterprises	9
港、澳、台商独资经营企业	Enterpises with Sole Fund	6
其他港澳台投资企业		1
外商投资企业	**Foreign Funded Enterprises**	**10**
#中外合资经营企业	Joint-venture Enterprises	1
外资企业	Enterprises with Sole Fund	9
按国民经济行业分	**by Sector**	
综合零售	**Integrated Retail**	**276**
百货零售	Retail of General Merchandise	120
超级市场零售	Retail of Supermarkets	145
其他综合零售	Other Integrated Retail	11
食品、饮料及烟草制品专门零售	**Retail of Food,Beverages and Tobaccos**	**197**
粮油零售	Retail of Grain and Oil	49
糕点、面包零售	Retail of Pastries and Bread	2
果品、蔬菜零售	Retail of Fruits and Vegetables	15
肉、禽、蛋及水产品零售	Retail of Meat, Poultry, Eggs and Aquatic Products	7
营养和保健品零售	Retail of Nutrition and health products	2
酒、饮料及茶叶零售	Retail of Wine,Beverages and Tea	99
烟草制品零售	Retail of Tobaccos	1
其他食品零售	Other Food Retail	22
纺织品、服装及日用品专门零售	**Sperial Retail of Textiles,Wearing Apparel and Household Artides**	**34**
#纺织品及针织品零售	Retail of Textiles and Knitwear	1
服装零售	Retail of Garments	22
鞋帽零售	Retail of Shoes and Hats	4

Basic Conditions of Enterprises above Designated Size in Retail Trade

(10000 yuan)

从业人数(人) Engaged Persons (person)	购进总额 Total Vslus	销售总额 Total Vslus			年末库存额 Stock(year-end)
			批 发 Wholesale Trade	零 售 Retail Trade	
83972	**12461581**	**15292928**	**1643920**	**13648751**	**1775047**
77897	**11843411**	**14562834**	**1621247**	**12941330**	**1651991**
1259	184622	244049	37633	206416	11723
79	41027	41757	6318	35439	3504
215	27443	32003		32003	1268
16	38312	40301		40301	743
16	38312	40301		40301	743
33420	5284572	6163874	639628	5523988	519682
963	84021	112251	11004	101248	30227
32457	5200550	6051622	628625	5422740	489456
5872	2591130	4000735	586242	3414493	584209
36475	3662959	4020814	351219	3669595	529346
1979	141471	157256	20142	137114	13587
184	11148	12997		12997	1367
32974	3379303	3714271	328779	3385491	504511
1338	131037	136290	2298	133993	9882
561	13346	19302	206	19096	1516
3149	**363640**	**470148**	**22673**	**447475**	**44008**
1463	309875	383526	15673	367853	39522
1664	52060	84940	5318	79622	4455
22	1705	1682	1682		31
2926	**254530**	**259946**		**259946**	**79048**
997	91581	72876		72876	65053
1929	162949	187070		187070	13995
27987	**1659786**	**1961510**	**18469**	**1942783**	**181445**
8786	691420	858397	5388	852752	69627
18148	883910	1013556	5148	1008408	106691
1053	84455	89557	7933	81623	5127
4623	**518054**	**607888**	**175380**	**432508**	**76565**
1219	97694	103291	21313	81978	20604
24	1164	1269		1269	30
815	36622	46045	27433	18612	1149
128	117925	115938	45439	70498	2700
36	7694	9141		9141	2143
1887	213677	280957	69349	211609	46134
182	16158	20712		20712	1945
332	27120	30534	11846	18688	1859
2055	**146556**	**176177**	**14074**	**162103**	**29875**
12	750	911	33	879	18
1874	130811	157847	10999	146848	27404
51	4432	5149	26	5123	93

17-5 续表

单位：万元

指　标	Item	法人企业(个) Number of Corporations Enterprises (Unit)
化妆品及卫生用品零售	Retail of Cosmetics and Hygiene Products	1
钟表、眼镜零售	Retail of Horologe and Spectacles	3
厨房用具及日用杂品零售	Retail of Kitchen utensils and Daily Consumer Articles Sundry Goods	1
其他日用品零售	Retail of Other Daily Consumer Use	2
文化、体育用品及器材专门零售	**Retail of Culture,Sporting Appliances and Equipments**	**59**
文具用品零售	Retail of Stationery	4
体育用品及器材零售	Retail of Sports Goods	2
图书零售、报刊零售	Retail of Books, newspapers and periodicals	35
音像制品及电子出版物零售	Retail of Audio and Visual Products and Electronic Publications	1
珠宝首饰零售	Retail of Jewelry	10
工艺美术品及收藏品零售	Retail of Arts and Handicrafts and Collections	3
乐器零售	Retail of Musical Instruments	1
照相器材零售	Retail of Photographic Equipment	2
其他文化用品零售	Retail of Other Cultural Articles	1
医药及医疗器材专门零售	**Retail of Medicines and Medical Appliances**	**92**
药品零售	Retail of Medicines	79
医疗用品及器材零售	Retail of Medicines and Medical Appliances	13
汽车、摩托车、燃料及零配件专门零售	**Retail of Motor Vehicles, Motorcycles, Fuel and Parts**	**712**
汽车零售	Retail of Automobiles	576
汽车零配件零售	Retail of Automobile Fittings	9
摩托车及零配件零售	Retail of Motorcycles and Parts	32
机动车燃料零售	Retail of Fuel of Motor Fuel	95
家用电器及电子产品专门零售	**Special Retail of Household Electrical Appliances and Electronic Produc**	**196**
家用试听设备零售	Retail of Household Audio and Vidio Appliances	37
日用家电设备零售	Retail of Household Electrical Appliances	94
计算机、软件及辅助设备零售	Retail of Computer,Software and Assistant Appliances	43
通讯设备零售	Retail of Communication Equipments	21
其他电子产品零售	Retail of Other Electronic Products	1
五金、家具及室内装修材料专门零售	**Special Retail of Hardware, Furniture and Interior Decoration Material**	**48**
#五金零售	Retail of Hardware	9
灯具零售	Retail of Light Fittings	1
家具零售	Retail of Furniture	26
木质装饰材料零售	Retail of Wooden decorative Materials	1
陶瓷、石材装饰材料零售	Retail of Ceramics, Stone Decorative Materials	2
其他室内装修材料零售	Retail of Other Interior Decoration Materials	9
货摊、无店铺及其他零售	**Stalls,Non-shop and Other Retails**	**37**
#互联网零售	E-commerce Retail	7
邮购及电视、电话零售	Retails by Post, TV and telephone	1
旧货零售	Retail of Second-hand Goods	1
生活用燃料零售	Retail of Fuel for Daily Use	14
其他未列明的零售	Other Retails not Classified Elsewhere	14

continued

(10000 yuan)

从业人数(人) Engaged Persons (person)	购进总额 Total Vslus	销售总额 Total Vslus	批发 Wholesale Trade	零售 Retail Trade	年末库存额 Stock(year-end)
18	3500	3788		3788	789
53	4006	4760	3007	1753	1190
34	411	1238		1238	199
13	2645	2485	10	2474	181
2008	**193577**	**189216**	**29017**	**160199**	**31182**
32	2407	2781	591	2189	394
57	2702	2969		2969	1251
1394	156929	147408	22025	125383	17161
85	8216	8416		8416	1218
245	12481	15568		15568	8674
93	2336	2720		2720	295
6	742	765		765	116
36	2676	2827	648	2179	1651
60	5087	5762	5754	8	421
9123	**866366**	**972867**	**208814**	**764053**	**153895**
8853	774987	842401	187099	655302	139650
270	91379	130466	21716	108751	14244
30202	**8138518**	**10327045**	**1020647**	**9306398**	**1230503**
22536	4920711	5412609	317754	5094855	627615
126	34710	43055	11306	31749	5743
435	40999	43828	714	43114	7111
7105	3142099	4827554	690874	4136680	590034
5602	**644382**	**715983**	**104851**	**611132**	**50040**
843	77777	89214	11334	77879	11599
2918	397340	435067	24451	410616	25823
733	64746	74610	8938	65673	5619
785	96810	107001	60128	46873	6575
323	7709	10091		10091	425
816	**77749**	**84558**	**10681**	**73878**	**6274**
75	15355	15835	1185	14650	463
60	8214	8099	8099		125
417	21189	22689		22689	3008
27	3169	4006		4006	983
50	21789	25698		25698	265
187	8034	8232	1397	6835	1429
1556	**216594**	**257685**	**61987**	**195698**	**15269**
146	48409	49564	39306	10259	5485
289	89482	120706		120706	4331
3	887	932		932	5
799	58368	62007	18358	43649	3330
319	19448	24476	4323	20153	2118

17-6 限额以上零售业企业主要财务指标(2015)

Main Financial Indicators of Enterprises above Designated Size of Retail Trade

单位：万元 (10000 yuan)

指标	Item	主营业务收入 Revenue from Principal Business	主营业务成本 Cost of Principal Business	主营业务税金及附加 Taxes and Other Charges on Principal Business	销售费用 Selling Expenses	营业利润 Operating Profits
总计	**Total**	**12788914**	**11551143**	**62184**	**647481**	**239471**
按登记注册类型分	**by Status of Registration**					
内资企业	**Domestic Funded Enterprises**	**12071256**	**10949654**	**58564**	**578113**	**187942**
国有企业	State-owned Enterprises	216277	192264	411	9804	2926
集体企业	Collective-owned Enterprises	40994	38281	105	927	626
股份合作企业	Cooperation Enterprises	29184	26421	84	1413	715
联营企业	Joint Ownership Enterprises	29415	23559	32	1236	2747
#集体联营企业	Collective Joint Ownership Enterprises	29415	23559	32	1236	2747
有限责任公司	Limited Liability Corporations	5236021	4693240	32283	286427	72536
国有独资公司	State Sole Funded Corporations	106612	81314	2347	8734	4322
其他有限责任公司	Other Limited Liability Corporations	5129409	4611926	29936	277694	68214
股份有限公司	Share-holding Corporations Ltd.	2869557	2716606	3339	93066	45724
私营企业	Private Enterprises	3630834	3242884	22216	184205	61732
私营独资企业	Private-funded Enterprises	153077	134187	1218	5696	5430
私营合伙企业	Private Partnership Enterprises	12424	10346	122	779	446
私营有限责任公司	Private Limited Liability Corporations	3326337	2976667	20196	170437	50397
私营股份有限公司	Private Share-holding Corporations Ltd.	138996	121684	681	7293	5458
其他	Other Enterprises	18976	16399	94	1035	936
港、澳、台商投资企业	**Enterprises with Funds From HongKong, Macao and Taiwan**	**448943**	**385808**	**2449**	**44438**	**28766**
合资经营企业(港或澳、台资)	Joint-venture Enterprises	375067	328030	1906	26023	27178
港、澳、台商独资经营企业	Enterpises with Sole Fund	72249	56484	488	18384	1459
其他港、澳、台商投资企业	Others	1627	1294	55	31	129
外商投资企业	**Foreign Funded Enterprises**	268714	215681	1171	24931	22763
中外合资经营企业	Joint-venture Enterprises	62288	48709	361	9028	1538
外资企业	Enterprises with Sole Fund	206427	166972	810	15902	21225
按国民经济行业分	**by Sector**					
综合零售	**Integrated Retail**	**1753986**	**1458151**	**17008**	**205081**	**73789**
百货零售	Retail of General Merchandise	738909	606664	11965	86254	51354
超级市场零售	Retail of Supermarkets	940680	788524	4887	112736	20060
其他综合零售	Other Integrated Retail	74398	62963	157	6090	2375
食品、饮料及烟草制品专门零售	**Retail of Food,Beverages and Tobaccos**	**558126**	**474833**	**13107**	**29176**	**12269**
粮油零售	Retail of Grain and Oil	99585	94110	306	3044	-3747
糕点、面包零售	Retail of Pastries and Bread	1075	800	63	30	85
果品、蔬菜零售	Retail of Fruits and Vegetables	42970	36708	140	2513	2175
肉、禽、蛋奶及水产品零售	Retail of Meat, Poultry, Eggs and Aquatic Products	99632	84820	6290	3714	298
营养和保健品零售	Retail of nutrition and health care products	7805	6310	26	1348	-423
酒、饮料及茶叶零售	Retail of Wine,Beverages and Tea	258503	213409	5674	15853	8987
烟草制品零售	Retail of Tobaccos	20712	16202	94	1498	2763
其他食品零售	Other Food Retail	27844	22475	515	1177	2132
纺织品、服装及日用品专门零售	**Special Retail of Textiles,Wearing Apparel and Household Articles**	**151437**	**111006**	**958**	**17208**	**16083**
纺织品及针织品零售	Retail of Textiles and Knitwear	911	780	4	56	7
服装零售	Retail of Garments	135290	97641	755	15728	15841
鞋帽零售	Retail of Shoes and Hats	4584	3724	53	679	43

17-6 续表 continued

单位：万元 (10000 yuan)

指 标	Item	主营业务收入 Revenue from Principal Business	主营业务成本 Cost of Principal Business	主营业务税金及附加 Taxes and Other Charges on Principal Business	销售费用 Selling Expenses	营业利润 Operating Profits
化妆品及卫生用品零售	Retail of Cosmetic and Hygiene Products	3237	2955	1	183	19
钟表、眼镜零售	Retail of Horologe and Spectacles	4069	3590	12	353	14
厨房用具及日用杂品零售	Retail of Kitchen utensils and Daily Consumer Articles Sundry Goods	1058	750	16	176	-90
其他日用品零售	Retail of Other Daily Consumer Use	2288	1566	116	33	249
文化、体育用品及器材专门零售	**Retail of Culture,Sporting Appliances and Equipments**	**179185**	**144316**	**804**	**11789**	**8707**
文具用品零售	Retail of Stationery	2156	1813	25	77	157
体育用品及器材零售	Retail of Sporting Goods	2538	2209	7	166	56
图书、报刊零售	Retail of Books, newspapers and periodicals	141386	113202	177	9565	7465
音像制品及电子出版物零售	Retail of Audio and Visual Products and Electronic Publications	8416	6536	0	602	334
珠宝首饰零售	Retail of Jewelry	13975	11755	474	863	54
工艺美术品及收藏品零售	Retail of Arts and Handicrafts and Collections	2720	1764	108	123	574
乐器零售	Retail of Musical Instruments	654	585	0	31	18
照相器材零售	Retail of Photographic Equipment	2416	2179	3	99	-40
其他文化用品零售	Retail of Other Cultural Articles	4925	4275	11	264	89
医药及医疗器材专门零售	**Retail of Medicines and edical Appliances**	**840972**	**730272**	**2921**	**48569**	**22674**
药品零售	Retail of Medicines	729214	636819	2414	44069	16023
医疗用品及器材零售	Retail of Medical Articles and Appliances	111758	93454	507	4500	6651
汽车、摩托车、燃料及零配件专门零售	**Retail of Motor Vehicles, Motorcycles, Fuel and Parts**	**8368170**	**7827921**	**18802**	**251038**	**78484**
汽车零售	Retail of Automobiles	4836744	4502096	12298	139422	18074
汽车零配件零售	Retail of Automobile Fittings	37778	34738	132	927	878
摩托车及零配件零售	Retail of Motorcycles and Parts	40469	33265	2133	1223	2958
机动车燃料零售	Retail of Fuel of Motor Fuel	3453180	3257822	4238	109467	56574
家用电器及电子产品专门零售	**Special Retail of Household Electrical Appliances and Electronic Products**	**632606**	**559761**	**4699**	**44169**	**12024**
家用试听设备零售	Retail of Household Audio and Vidio Appliance	83035	74727	273	4748	-11
日用家电设备零售	Retail of Household Electrical Appliances	376479	324273	3301	31834	8207
计算机、软件及辅助设备零售	Retail of Computer,Software and Assistant Appliances	66774	61349	657	1672	789
通讯设备零售	Retail of Communication Equipments	97693	91200	412	5892	1708
其他电子产品零售	Retail of Other Electronic Products	8625	8211	56	23	1332
五金、家具及室内装修材料专门零售	**Special Retail of Hardware, Furniture and Interior Decoration Materials**	**77616**	**64596**	**2071**	**2377**	**4619**
#五金零售	Retail of Hardware	12802	11854	80	96	210
灯具零售	Retail of Light Fittings	7141	6409	121	59	1
家具零售	Retail of Furniture	20822	16311	695	1154	1205
木质装饰材料零售	Retail of Wooden decorative Materials	3424	2571	17	594	87
陶瓷、石材装饰材料零售	Retail of Ceramics, Stone Decorative Materials	25464	21756	960	151	2409
其他室内装修材料零售	Retail of Other Interior Decoration Materials	7963	5695	199	323	708
货摊、无店铺及其他零售	**Stalls,Non-shop and Other Retails**	**226815**	**180287**	**1815**	**38074**	**10822**
#互联网零售	E-commerce Retail	42714	40720	46	1561	-35
邮购及电视、电话零售	Retails by Post, TV and telephone	103167	74502	950	32749	888
旧货零售	Retail of Second-hand Goods	905	688	27	85	35
生活用燃料零售	Retail of Fuel for Daily Use	57496	45005	358	3133	9570
其他未列明零售	Other Retails not Classified Elsewhere	22532	19372	434	547	363

17-7 商品交易市场

Commodity Exchange Markets

单位：个 (unit)

指 标	Item	2011	2012	2013	2014	2015
商品交易市场数	**Number of Commodity trading markets**	**2211**	**1658**	**1521**	**1494**	**1300**
消费品市场数	**Number of Consumable Markets**	**2170**	**1614**	**1443**	**1449**	**1257**
消费品综合市场	Consumable Comprehensive Markets	1176	705	586	616	556
农副产品市场	Agricultural Subproduct Markets	894	811	742	717	603
农副产品综合市场	Agricultural Subproduct Integrative Markets	846	786			
农副产品专业市场	Agricultural Subproduct Special Markets	48	25			
工业消费品市场	Industrial Consumable Markets	58	58	42	43	31
工业消费品综合市场	Industrial Consumable Comprehensive Markets	50	32			
工业消费品专业市场	Industrial Consumable Special Markets	8	26			
其他消费品市场	Other Consumable Markets	42	40	73	73	67
生产资料市场数	**Number of Production Markets**	**41**	**44**	**78**	**45**	**43**
生产资料综合市场	Production Comprehensive Markets	4	3	12	4	8
工业生产资料市场	Industrial Production Markets	27	31	28	32	27
机动车交易市场	Motor Vehicle Markets	11	12			
钢材交易市场	Steel Markets	5	7			
煤炭交易市场	Coal and Charcoal Markets	2	1			
木材交易市场	Wood Markets	5	6			
其他工业生产资料市场	Other Means of Industrial Production Market	4	5			
农业生产资料市场	Agricultural Production Markets	5	7	8	7	6
农业生产资料综合市场	Agricultural Production Comprehensive Markets	3	4			
农业生产资料专业市场	Agricultural Production Special Markets	2	3			
其他生产资料市场	Others	5	3	30	2	2

注：资料来源于省工商局。
Note:Data in the table are provided by the provincial administration for industry and commerce.

17-8 限额以上住宿业和餐饮业
Basic Conditions of Enterprises above Designated Size in Hotels and Catering Services

指 标	Item	2011	2012	2013	2014	2015
住宿业	**Hotels**					
法人企业(个)	Number of Corporation Enterprises(unit)	260	318	395	464	494
年末从业人数(人)	Engaged Hersons at Year-end(person)	26236	31793	32580	34125	32722
营业额(亿元)	Business Revenue (100 million yuan)	27.07	35.88	41.99	46.70	50.83
#客房收入	From Hotel Rooms	15.58	20.31	25.25	28.57	30.97
餐费收入	From Meals	9.30	12.25	13.12	14.01	15.02
客房数(万间)	Number of Rooms(10000 rooms)	3.05	3.76	4.39	6.02	5.46
床位数(万张)	Number of Beds(10000 beds)	5.20	6.32	7.31	9.51	8.95
年末餐饮营业面积(万平方米)	Business Area of Catering Services at Year-end(10000 sq.m)	49.19	64.65	56.81	66.68	73.13
餐饮业	**Catering Services**					
法人企业(个)	Number of Corporation Enterprises (unit)	153	183	304	385	385
年末从业人数(人)	Employed Persons at Year-end (person)	15234	17593	19645	17355	15016
营业额(亿元)	Business Revenue (100 million yuan)	15.88	19.02	21.12	22.70	23.67
#餐费收入	From Meals	13.63	16.42	17.99	19.10	19.75
年末餐饮营业面积(万平方米)	Business Area of Catering Services at Year-end(10000 sq.m)	36.24	40.44	53.90	58.73	54.61

17–9 限额以上住宿业企业(2015)

单位：万元

指 标	Item	法人企业(个) Number of Corporations Enterprises (unit)	从业人员平均人数(人) Engaged Persons at Year-end (person)	营业额 Business Revenue	#客房收入 from Hotel Rooms	#餐费收入 from Meals
合计	**Total**	**494**	**32288**	**508337**	**309655**	**150151**
按登记注册类型分	**by Status of Registration**					
内资企业	**Domestic Funded Enterprises**	**488**	**31582**	**497183**	**303760**	**145723**
国有企业	State-owned Enterprises	27	2615	40789	21692	15263
集体企业	Collective-owned Enterprises	7	187	8499	4992	2053
有限责任公司	Limited Liability Corporations	158	14390	240753	134266	79242
国有独资公司	State Sole Funded Corporations	6	1187	25944	9728	12315
其他有限责任公司	Other Limited Liability Corporations	152	13203	214809	124538	66927
股份有限公司	Share-holding Corporations Ltd.	6	362	11023	6219	3390
私营企业	Private Enterprises	283	13729	189796	132383	43769
私营独资企业	Private-funded Enterprises	55	1616	35565	24505	7680
私营合伙企业	Private Psrtrership Enterprises	13	592	6567	4125	1854
私营有限责任公司	Private Limited Liability Corporations	203	10918	139442	98942	32953
私营股份有限公司	Private Share-holding Corporations Ltd	12	603	8222	4811	1282
其他企业	Other Enterprises	7	299	6324	4208	2005
港、澳、台商投资企业	**Enterprises with Funds From Honkong, Macao and Taiwan**	**5**	**466**	**8027**	**4360**	**3155**
独资经营企业	Enterpises with Sole Fund	4	429	7272	3756	3004
投资股份有限公司	Share-holding Corporations Ltd. with Investraent	1	37	755	604	151
外商投资企业	**Enterprises with Foreign Investment**	**1**	**240**	**3126**	**1536**	**1273**
中外合资经营企业	Joint-venture Enterprises	1	240	3126	1536	1273
按国民经济行业分	**by Sector**					
旅游饭店	Tourist Hotel	338	26053	415686	245432	129873
一般旅馆	Fonda	143	5510	83738	58837	17626
其他住宿业	Others	13	725	8913	5387	2653

Basic Conditions of Enterprises above Designated Size in Hotel Services

(10000 yuan)

主营业务收入 Revenue from Principal Business	主营业务成本 Cost of Principal Business	主营业务税金及附加 Taxes and Other Charges on Principal Business	利润总额 Total profit	资产总计 Total Assets	#流动资产合计 Total Current Assets	#固定资产合计 Total Fixed Assets	负债合计 Total Liabilities	所有者权益 Total Owners' Equity
498711	**228385**	**27246**	**-11768**	**1527560**	**547993**	**688495**	**1073770**	**453790**
487449	**223979**	**26512**	**-12447**	**1501348**	**545274**	**669509**	**1061457**	**439892**
38693	17169	2297	-1637	56367	14855	33718	39709	16658
8092	4273	431	2025	14914	795	14068	1630	13285
235265	106996	13544	-14985	861139	316886	398300	670854	190285
25282	9728	1248	2378	45471	31436	12032	29376	16094
209984	97268	12296	-17363	815668	285451	386268	641478	174190
10778	5246	554	2211	12925	1057	6177	3092	9834
188065	87857	9436	-1005	549531	210344	212691	344328	205203
36595	21687	1742	3449	64438	11683	46206	18125	46313
7286	3963	361	878	9446	2152	6633	3794	5653
137364	58835	7096	-6640	456265	186310	155872	310369	145896
6819	3372	238	1308	19382	10198	3980	12040	7341
6557	2439	250	944	6472	1337	4555	1844	4628
8136	**3953**	**444**	**741**	**15297**	**1752**	**11727**	**9918**	**5379**
6918	3405	384	217	13707	1713	10179	9685	4022
1218	548	61	525	1590	39	1548	233	1357
3126	**453**	**290**	**-62**	**10914**	**968**	**7259**	**2395**	**8519**
3126	453	290	-62	10914	968	7259	2395	8519
411060	186995	22729	-12381	1286783	473488	575910	951651	335132
80161	37346	4086	1569	227258	70863	103564	112700	114558
7490	4044	431	-956	13519	3642	9021	9419	4100

17-10 限额以上餐饮业企业(2015)

单位：万元

指 标	Item	法人企业(个) Number of corporation Enterprises (unit)	从业人员平均人数(人) On average of staff (engaged persons)	营业额 Business Revenue	#餐费收入 From Meals
合计	**Total**	**385**	**15539**	**236689**	**197516**
按登记注册类型分	**by Status of Registration**				
内资企业	**Domestic Funded Enterprises**	**385**	**15539**	**236689**	**197516**
国有企业	State-owned Enterprises	4	291	2727	1670
集体企业	Collective-owned Enterprises	1	39	228	189
股份合作企业	Cooperative Enterprises	2	61	893	844
有限责任公司	Limited Liability Corporations	84	5121	80277	68718
国有独资公司	State Sole Funded Corporations	2	106	1354	1245
其他有限责任公司	Other Limited Liability Corporations	82	5015	78924	67473
股份有限公司	Share-holding Corporations Ltd.	2	243	5201	2779
私营企业	Private Enterprises	287	9621	144677	121442
私营独资企业	Private-funded Enterprises	97	1690	33987	31184
私营合伙企业	Private Psrtrership Enterprises	7	526	8514	7739
私营有限责任公司	Private Limited Liability Corporations	177	6949	98049	80318
私营股份有限公司	Private Share Holding Co.Ltd	6	456	4127	2201
其他	Other Enterprises	5	163	2686	1875
按国民经济行业分	**by Sector**				
正餐服务	Restaurant	377	15212	232073	192929
快餐服务	Fast Food	2	115	1814	1814
饮料及冷饮服务	Beverages and Cold Drinks	2	48	552	552
#咖啡馆服务	Coffee Library Services	2	48	552	552
其他餐饮业	Others	4	164	2250	2221
#餐饮配送服务	Food Delivery Service	3	121	1770	1741
其他未列明餐饮业	Other food and beverage industry not Listed	1	43	480	480

Basic Conditions of Enterprises above Designated Size in Catering Services

(10000 yuan)

主营业务收入 Revenue from Principal Business	主营业务成本 Cost of Principal Business	主营业务税金及附加 Taxes and Other Charges on Principal Business	利润总额 Total profit	资产总计 Total Assets	#流动资产合计 Current Assets	#固定资产合计 Total Fixed Assets	负债合计 Total Liabilities	所有者权益 Total Owners' Equities
232275	**132224**	**11392**	**14049**	**354893**	**157738**	**121490**	**236943**	**117950**
232275	**132224**	**11392**	**14049**	**354893**	**157738**	**121490**	**236943**	**117950**
2254	1114	140	29	858	369	459	438	420
228	92	13	-13	523	80	398	961	-438
893	325	35	57	1480	388	157	681	800
78707	45587	3665	8601	106988	51714	30378	75137	31851
1354	678	59	419	15288	7205	57	5260	10027
77353	44909	3606	8182	91700	44510	30321	69876	21824
5201	1330	192	1539	9713	7935	427	8565	1148
142289	82178	7170	3518	233740	96838	88508	150656	83085
33799	21914	1969	2305	23833	7175	14100	7934	15900
8570	3715	274	1139	7713	1982	4133	2361	5351
95898	54368	4733	617	159621	67912	52548	101953	57669
4022	2181	194	-543	42573	19769	17727	38408	4165
2703	1599	176	318	1590	414	1163	506	1084
227659	129044	11249	13988	351013	154722	120884	235663	115350
1814	1054	86	26	971	735	236	140	832
552	419	28	-32	427	427	1	173	254
552	419	28	-32	427	427	1	173	254
2250	1708	29	67	2481	1855	370	967	1514
1770	1415	3	67	2452	1851	345	962	1490
480	293	27		29	4	25	5	25

主要统计指标解释

社会消费品零售总额 指企业（单位、个体户）通过交易直接售给个人、社会集团非生产、非经营用的实物商品金额，以及提供餐饮服务所取得的收入金额。个人包括城乡居民和入境人员，社会集团包括机关、社会团体、部队、学校、企事业单位、居委会或村委会等。

社会消费品零售总额包括：（1）售给城乡居民作为生活用的商品和修建房屋用的建筑材料；（2）售给社会集团的各种办公用品和公用消费品；（3）售给机关、团体、学校、部队、企业、事业单位的职工食堂和旅店(招待所)附设专门供本店旅客食用，不对外营业的食堂的各种食品、燃料；企业、单位和国营农场直接售给本单位职工和职工食堂的自己生产的产品；（4）售给部队干部、战士生活用的粮食、副食品、衣着品、日用品、燃料；（5）售给来华的外国人、华侨、港澳台同胞的消费品；（6）居民自费购买的中、西药品、中药材及医疗用品；（7）报社、出版社直接售给居民和社会集团的报纸、图书、杂志，集邮公司出售的新、旧纪念邮票、特种邮票、首日封、集邮册、集邮工具等；（8）旧货寄售商店自购、自销部分的商品；（9）煤气公司、液化石油气站售给居民和社会集团的煤气灶具和罐装液化石油气；（10）农民售给非农业居民和社会集团的商品。不包括售给国民经济各部门企业、事业单位(包括国有经济的农场)生产经营用的各种原材料、燃料、设备、工具等和售给批发和零售贸易业、住宿和餐饮业作为转卖用的商品，旧货寄售商店受托寄售卖出的商品，服务业的营业收入，邮局出售邮票的收入，自来水、电力、煤气生产(供应)单位的产品供应收入，也不包括农民之间的商品销售。

商品购进额 指从本企业以外的单位和个人购进（包括从国外直接进口）作为转卖或加工后转卖的商品金额（含增值税）。商品购进包括：（1）从工农业生产者、批发和零售业企业、住宿和餐饮业企业、出版社或报社的出版发行部门和其他服务业企业购进的商品；（2）从机关团体、事业单位购进的商品；（3）从海关、市场管理部门购进的缉私和没收的商品；（4）从居民收购的废旧商品等，不包括：①企业为本单位自身经营用，不是作为转卖而购进的商品，如材料物资、包装物、低值易耗品、办公用品等；②未通过买卖行为而收入的商品，如接受其他部门移交的商品、借入的商品、收入代其他单位保管的商品、其他单位赠送的样品、加工回收的成品等；③经本单位介绍，由买卖双方直接结算，本单位只收取手续费的业务；④销售退回和买方拒付货款的商品；⑤商品溢余。

商品销售额 指对本单位以外的单位和个人出售的商品金额（包括售给本单位消费用的商品，含增值税）。商品销售包括：（1）售给城乡居民和社会集团消费用的商品；（2）售给农业、工业、建筑业、服务业等国民经济各行业用于生产、经营用的商品，包括售予批发和零售业作为转卖或加工后转卖的商品；（3）对国（境）外直接出口的商品。不包括：①未通过买卖行为付出的商品，如随机构变动移交给其他企业单位的商品、借出的商品、归还受其他单位委托代保管的商品、付出的加工原料和赠送给其他单位的样品等；②经本单位介绍，由买卖双方直接结算，本单位只收取手续费的业务；③购货退回的商品；④商品损耗和损失；⑤出售本单位自用的废旧物资。

商品库存额 对于批发和零售业法人单位和个体经营户，是指报告期末取得所有权的全部商品金额（含增值税）；对于批发和零售业产业活动单位，是指报告期末实际在库且归属法人具有所有权的全部商品金额（含增值税）。它反映批发和零售业企业(单位)的商品库存情况和对市场商品供应的保证程度。商品库存包括：(1)存放在批发和零售业经营单位(如门市部、批发站、经营处)仓库、货场、货柜和货架中的商品；(2)挑选、整理、包装中的商品；(3)已记入购进而尚未运到本单位的商品，即发货单或银行承兑凭证已到而货未到的商品；(4)寄放他处的商品，如因购货方拒绝承付而暂时存放在购货方的商品和已办完加工成品收回手续而未提回的商品；(5)委托其他单位代销(未作销售或调出)尚未售出的商品；(6)代其他单位购进尚未交付的商品。库存商品不包括所有权不属于本单位的商品、委托外单位加工生产尚未收回成品的商品、外贸企业代理其他单位从国外进口尚未付给订货单位的商品、代国家物资储备部门保管的商品等。

住宿业 指有偿为顾客提供临时住宿的服务活动。不包括提供长期住宿场所的活动，如出租房屋、公寓等，列入房地产开发经营。

餐饮业 指在一定场所，对食物进行现场烹饪、调制，并出售给顾客主要供现场消费的服务活动。

营业额 指住宿和餐饮业法人企业（单位）在经营活动中因提供服务或销售商品等取得的收入。包括客房收入、餐费收入、商品销售额和其他收入。其中，客房收入指住宿和餐饮业法人企业（单位）在经营活动中因提供住宿服务取得的收入。餐费收入指住宿和餐饮业法人企业（单位）因为顾客提供就餐服务取得的收入，包括经烹饪、调制加工后出售的各种食品，如主食、炒菜、凉拌菜等的收入。

Explanatory Notes on Main Statistical Indicators

Total Retail Sales of Consumer Goods refers to enterprises (units and self-employed) by trading sold directly to individuals, social groups, non production and non business use of the physical amount of goods, and provide catering services achieved the amount of revenue. Individuals, including urban and rural residents and immigration personnel, social groups, including organs, social groups, troops, Schools, enterprises and institutions, neighborhood committees, etc.

The total retail sales of consumer goods include: (1) commodities sold to urban and rural residents for their daily use and building materials sold to them for the construction or repair of houses; (2) office appliances and supplies sold to institutions; (3) food and fuels sold to canteens of institutions, enterprises ,schools ,military units and to canteens of hotels and hostels that only serve their guests ,and commodities produced by enterprises ,institutions or state farms and sold directly to their employees or their canteens; (4) grain and non-staple food, clothing ,daily articles and fuels sold to military personnel; (5)consumer goods sold to foreigners, overseas Chinese, and Chinese compatriots from Taiwan, Hong Kong and Macao during their stay in the mainland of China; (6) Chinese and western medicines, herbs and medical facilities purchased by residents; (7) newspapers, books and magazines directly sold to residents and social groups by publishers, new and old commemorative stamps, special stamps, first-day covers, stamp albums and other stamp-collection articles sold by stamp companies; (8) consumer goods purchased and then sold by second-hand shops; (9) stoves and other heating facilities and liquefied gas sold by gas companies to households and institutions; and (10) commodities sold by farmers to non-agricultural residents and social groups. Excluded under this heading are: raw materials, fuels, equipment, tools sold to enterprises, institutions and state farms for production purpose; commodities sold to trade establishments for re-selling; commissioned sales at second-hand shops; operational income of urban public utilities; stamps sold at post offices; income of water, power, gas production and supply establishments from the supply of their products; and sales of commodities among farmers.

Purchases of Commodities refer to the total value of purchases of commodities by enterprises (establishments) from other establishments or individuals (including direct import from abroad) for the purpose of re-selling, either with or without further processing of the commodities purchased. The commodities include: (1) commodities purchased from agricultural and industrial producer, wholesaler, retailer, publishing house and other service business; (2) commodities purchased from institutions and government departments; (3) confiscated goods purchased from the customs authorities or market management agencies; (4) second-hand goods and wastes purchased from residents; The commodities exclude: ①commodities purchased by enterprises (establishments) for use in their own business operation, commodities obtained without buying or selling procedures such as materials, consumable goods of low value, office appliance, etc. ②received goods without trading, such as goods handed over from others, borrowed goods, preserved goods for others, donated goods from others, processed and retrieved goods, etc. ③goods of direct settlement between buyer and seller with handling fees introduced by others, ④goods returned or refused to pay by the buyer, ⑤excessive goods.

Sales of Commodities refer to value of commodities sold by the establishments to other establishments and individuals (including goods sold for self consumption, including the value-added tax). The commodities include: (1) commodities sold to urban and rural residents and social groups for their consumption; (2) commodities sold to establishments in all industries for their production and operation, including agriculture, industry, construction, transportation, post and telecommunications, catering services, and public utility including commodities sold to wholesale and retail establishments for re-selling, with or without further processing; and (3) commodities

for direct export to abroad. Excluded are ①extended commodities without trading, such as goods handed over to other enterprises and institutions becase of the change of organizations, lent goods, returned goods preserved for others, extended processing materials and samples donated to others, ②goods of direct settlement between buyer and seller with handling fees introduced by others, ③goods returned after purchase, ④damaged and spoiled goods, ⑤waste and used goods of self use.

Stock of Commodities refers to total commodities possessed by wholesaler and retailer of various types of registration status at the end of the reference period, reflecting the commodity stock level of various wholesaler and retailer and the potential for market supply. It includes: (1) commodities located in storage, garages, counters, and shelves of operating places (such as sale stores, wholesale centers, and operating offices); (2) commodities in the process of being selected, sorted, and packed; (3) commodities not arrived but recorded as purchase in the account, i.e. commodities not arrived but payment receipts for the commodities from the sellers or the banks arrived; (4) commodities deposited in other places rather than places mentioned above, for instance: commodities in the hold of purchasers temporarily due to the refusal of payment and commodities not taken back after going through the formalities; (5) commodities entrusted to other units to sell but not sold yet; (6) commodities purchased for other units but not delivered yet. Commodities not included as stock are those not owned by the enterprises (units), commodities on commission for processing but not yet delivered, imported commodities of agency of foreign trade enterprise but not yet delivered to ordering units and finally those put in stock on behalf of the state material reserves units.

Hotel Services refer to the activities of enterprises providing paid services of lodging to the customer, excluding the activities of providing long period of services of lodging, such as leased house and apartments, which are shown in development and operation of real estate.

Catering Services refer to the activities of enterprises providing on-the-spot services of selling food cooked and prepared to the customer in certain sites.

Business Revenue refers to revenue received from providing services or selling commodities by enterprises and establishments engaged in hotels and catering services, including income from hotels, from catering services, from selling of commodities and from other services. Income from hotels refers to income of enterprises and establishments engaged in hotels and catering services by providing lodging services. Income from catering services refers to income of enterprises and establishments engaged in hotels and catering services by providing catering services, including selling of cooked or prepared foods, such as staple food, cooked dishes, or cold dishes.

旅游业

Tourism 18

简 要 说 明

一、主要内容

本篇主要反映全省旅游业发展变化情况。包括旅游业基本情况、旅游外汇收入、旅游业接待经营、风景名胜区、星级饭店等基本情况。

二、资料来源

本篇资料由省旅游发展委提供。

Brief Introduction

I. Main Contents

Data in this chapter reflect the development of tourism in Guizhou. They mainly include: tourism basic conditions, tourism foreign exchange earnings, tourism reception business, basic conditions of scenic area, star-rated hotels etc.

II. Sources of Data

Data in this chapter are provided by Guizhou Tourism Development Committee.

18-1 旅游业
Tourism

指　标	Item	2011	2012	2013	2014	2015
旅行社总数(个)	**Total Number of Travel Agencies(unit)**	**270**	**302**	**321**	**337**	**353**
出境游组团旅行社	International Travel Agencies	11	13	16	19	22
国内及入境旅游旅行社	Domestic Travel Agencies	259	289	305	318	331
旅行社职工人数(人)	**Number of Staff and Workers of Travel Agencies(person)**	**3240**	**3624**	**3852**	**5242**	**5540**
出境游组团旅行社	International Travel Agencies	226	260	316	1010	1120
国内及入境旅游旅行社	Domestic Travel Agencies	3014	3364	3536	4232	4420
旅游总人数(万人次)	**Total Number of Tourists (10000 person-times)**	**17019.36**	**21401.18**	**26761.28**	**32134.94**	**37630.01**
入境旅游人数	Number of Overseas Visitor Arrivals	58.51	70.50	77.70	85.50	94.09
外国人	Foreigners	23.62	30.42	31.97	35.94	39.83
港澳同胞	Chinese Compatriots From Hong Kong and Macao	16.91	20.85	22.93	24.55	27.06
台湾同胞	Chinese Compatriots From Taiwan Province	17.98	19.23	22.80	25.01	27.20
国内旅游人数	Total Number of Domestic Tourists	16960.85	21330.68	26683.58	32049.44	37535.92
旅游总收入(亿元)	**Tourism Earnings(100 million yuan)**	**1429.48**	**1860.16**	**2370.65**	**2895.98**	**3512.82**
国际旅游外汇收入(万美元)	Foreign Exchange Earnings from International Tourism (USD 10000)	13507.18	16893.60	20143.41	21671.23	20111.94
国内旅游收入(亿元)	Earnings from Domestic Tourism (100 million yuan)	1420.70	1849.49	2358.18	2882.66	3500.46
三大旅行社接待入境旅游人数(万人次)	**Number of International Tourists Received by Three Major Travel Service(10000 person-times)**	**1.51**	**1.27**	**3.66**	**5.62**	**4.43**
中国国际旅行社	China International Travel Service	0.39	0.77	0.73	0.53	0.65
贵州海外旅游总公司	Guizhou Overseas Tourism Corporation	0.69	0.14	2.55	4.68	3.34
中国青年旅行社	China Youth Travel Service	0.43	0.36	0.38	0.41	0.44

注：1.资料来源于省旅游发展委；2.2015年旅游统计口径调整，旅游收入按过夜游客花费和一日游游客花费进行核算，2014年及以前国际旅游外汇收入按过夜游客花费核算。（以下相关表同）

Note: 1.Data in the table are obtained from the provincial tourism administration(The relative tables are the same). 2.The tourism statistic scope are changed in 2015,tourism earnings of overnight tourism and one-day tour tourism consumption. Foreign exchang earnings from international tourism are calulated by overnight tourism consumption.

18-2 旅游外汇收入

Foreign Exchange Earnings from Tourism

单位：万美元 (USD 10000)

指　标	Item	2011	2012	2013	2014	2015
旅游外汇收入	**Tourism foreign exchange earnings**	**13507.18**	**16893.60**	**20143.41**	**21671.20**	**20111.94**
长途交通	Long Distance Transportation	5200.26	5084.97	5881.90	5981.26	5144.37
游　览	Sightseeing	540.29	658.85	1087.70	931.86	1148.28
住　宿	Accommodation	1701.9	1756.93	2598.50	2383.84	1594.18
餐　饮	Food and Beverage	729.39	1114.98	1631.60	1625.34	1091.67
商品销售	Shopping	3241.72	4983.61	5398.40	5894.57	6421.88
娱　乐	Entertainment	634.84	929.15	725.20	1516.99	612.98
邮电通讯	Postal and Communication Services	324.17	439.23	543.90	476.77	616.73
市内交通	Local Transportation	108.06	388.55	745.30	671.81	394.65
其他服务	Other Service	1026.55	1537.33	1530.90	2188.79	3087.20

18-3 接待外国旅游人数(按地区分)

Number of Overseas Tourists Visiting Guizhou(by Country/Territory)

单位：人次 (person-time)

指　标	Item	2011	2012	2013	2014	2015	2015年比2014年增长(%) Increase Rate in 2015 over 2014(%)
接待外国旅游人数	**Number of Overseas Tourists Visiting Guizhou**	**236244**	**304168**	**319743**	**359356**	**398307**	**10.8**
亚　洲	Asia	104624	122958	131790	138688	144649	4.3
非　洲	Africa	1536	2165	2250	4580	10193	122.6
欧　洲	Europe	57619	81799	85065	103327	116948	13.2
拉丁美洲	Latin America	45379	61853	64987	67391	68720	2.0
大洋洲	Oceanic	23518	30354	30406	31482	26686	-15.2
其　他	Others	3568	5039	5245	13888	31112	124.0

18-4 来黔境外旅游人数及人均消费支出
Number of Overseas Tourists Visiting Guizhou and Average Per Capita Spending

指　标	Item	2011	2012	2013	2014	2015	2015年比2014年增长(%) Increase Rate in 2015 over2014(%)
来黔境外旅游人数(万人次)	**Number of Foreign Tourists Visiting Guizhou(10000 person-times)**	**58.51**	**70.50**	**77.70**	**85.50**	**94.09**	**10.0**
外国人	Foreigner	23.62	30.42	31.98	35.94	39.83	10.8
港澳同胞	Chinese Compatriots From Hong Kong and Macao	16.91	20.85	22.92	24.55	27.06	10.2
台湾同胞	Chinese Compatriots from Taiwan Province	17.98	19.23	22.80	25.01	27.20	8.8
平均每人逗留天数(天/人)	Average Days Tourists Stay in Guizhou Per Capita (day/person)	1.39	1.43	1.41	1.44	1.51	4.9
平均每人每天消费支出(美元/人、天)	Average Per Capita Daily Spending (USD/person-day)	168.68	167.13	181.05	180.65	201.01	11.3

18-5 旅馆业接待经营
Operation of Hotels

指　标	Item	2011	2012	2013	2014	2015
接待能力	**Capacity**					
年末客房数(间)	Guest Rooms (Year-end) (unit)	26120	29358	32058	31320	32473
年末客房床位数(张)	Guest Beds (Year-end) (bed)	46204	51687	55738	53922	54114
客房开房率(%)	Room Occupancy Rate(%)	64.2	64.3	59.9	57.7	58.5
#星级宾馆	Star-rated Hotels	64.6	64.1	60.6	57.7	57.3
实际住宿人次数(万人次)	Actual Number of Guests (10000 person-times)	740.49	775.15	823.39	767.31	790.59
#海外来黔	Overseas Visitors	58.51	70.50	77.70	85.50	68.59
实际住宿人天数(万人天)	Actual Number of Guests and Days of Stay (10000 person-days)	997.23	1092.97	1198.42	1135.62	1201.69
#海外来黔	Overseas Visitors	81.22	101.18	109.60	123.46	103.80
经营和财务	**Management and Financial**					
营业收入(万元)	Operational Revenue(10000 yuan)	228252	245265	261241	239211	266432

18-6 星级饭店
Star-rated Hotels

单位：个 (unit)

指　标	Item	2011	2012	2013	2014	2015
星级饭店个数	**The number of Star-rated Hotels**	**340**	**368**	**377**	**358**	**343**
按经济类型分	**Grouped by Ownership**					
国有经济	State-owned	90	80	77	63	63
集体经济	Collective-owned	250	287	299	294	279
外商投资经济	Foreign Funded		1	1	1	1
按规模分	**Grouped by Capacity**					
客房总数300间以上	With Above than 300 Rooms	3	5	7	7	11
客房总数200-299间	With 200-299 Rooms	16	16	20	17	18
客房总数100-199间	With 100-199 Rooms	63	76	84	81	95
客房总数99间以下	With Less than 100 Rooms	258	271	266	253	219

18-7 风景名胜区
National Parks

名　称	Name	级 别	地　址
红枫湖风景名胜区	Hongfeng Lake National Park	国家级	贵州省贵阳市清镇市
黄果树风景名胜区	Huangguoshu Waterfalls National Park	国家级	贵州省安顺市镇宁、关岭县
龙宫风景名胜区	The Dragon Palace National Park	国家级	贵州省安顺市西秀区
织金洞风景名胜区	Zhijin Cave National Park	国家级	贵州省毕节市织金县
九洞天风景名胜区	Jiudongtian National Park	国家级	贵州省毕节市大方、纳雍县
马岭河峡谷——万峰湖风景名胜区	Malinghe Canyon ----Wanfeng Lake National Park	国家级	贵州省黔西南州兴义市
㵲阳河风景名胜区	Wuyang River National Park	国家级	贵州省黔东南州镇远、施秉、黄平县
黎平侗乡风景名胜区	Liping Dong-Village National Park	国家级	贵州省黔东南州黎平县
荔波樟江风景名胜区	Libo Zhangjiang National Park	国家级	贵州省黔南州荔波县
都匀斗篷山——剑江风景名胜区	Duyun Doupeng Mountain----Jianjiang National Park	国家级	贵州省黔南州都匀市
赤水风景名胜区	Chishui National Park	国家级	贵州省遵义市赤水市
九龙洞风景名胜区	Jiulong Cave National Park	国家级	贵州省铜仁市
紫云格凸河风景名胜区	Ziyun Getu River National Park	国家级	贵州省安顺市紫云县
平塘风景名胜区	Pingtang National Park	国家级	贵州省黔南州平塘县
瓮安江界河风景名胜区	Wengan Jiangjie River National Park	国家级	贵州省黔南州瓮安县
榕江苗山侗水风景名胜区	Rongjiang Mountain and Water Landscapes with Miao and Dong Dong Cultures National Park	国家级	贵州省黔东南州榕江县
石阡温泉群风景名胜区	Shiqian Hot Well Flock National Park	国家级	贵州省铜仁市石阡县
沿河乌江山峡风景名胜区	Yanhe Wujiang River Sanxia National Park	国家级	贵州省铜仁市沿河县
百花湖风景名胜区	Baihua Lake National Park	省级	贵州省贵阳市乌当区
花溪风景名胜区	Huaxi National Park	省级	贵州省贵阳市花溪区
息烽风景名胜区	Xifeng National Park	省级	贵州省贵阳市息烽县
修文阳明风景名胜区	Xiuwen Yangming National Park	省级	贵州省贵阳市修文县
贵阳香纸沟风景名胜区	Guiyang Xiangzhigou National Park	省级	贵州省贵阳市乌当区
开阳风景名胜区	Kaiyang National Park	省级	贵州省贵阳市开阳县
贵阳相思河风景名胜区	Guiyang Xiangsi River National Park	省级	贵州省贵阳市乌当区
清镇暗流河风景名胜区	Qingzhen Undercurrent River National Park	省级	贵州省贵阳市清镇市
普定梭筛风景名胜区	Puding Suoshai National Park	省级	贵州省安顺市普定县
关岭花江大峡谷风景名胜区	Guanling Huajiang Canyon National Park	省级	贵州省安顺市关岭县
平坝天台山——斯拉河风景名胜区	Pingba Tiantai Mountain ----Sila River National Park	省级	贵州省安顺市平坝区
百里杜鹃风景名胜区	One-Hundred-Li Azalea Belt National Park	省级	贵州省毕节市大方、黔西县
贵州屋脊赫章韭菜坪风景名胜区	Guizhou Fastigium Hezhang Jiucaiping National Park	省级	贵州省毕节市赫章县
鲁布革风景名胜区	Lubuge National Park	省级	贵州省黔西南州兴义市
泥凼石林风景名胜区	Nidang shilin National Park	省级	贵州省黔西南州兴义市
安龙招堤风景名胜区	Anlong Zhaodi National Park	省级	贵州省黔西南州安龙县
贞丰三岔河风景名胜区	Zhenfeng Sancha River National Park	省级	贵州省黔西南州贞丰县

18-7 续表 continued

名　　称	Name	级 别	地　　址
晴隆三望坪风景名胜区	Qinglong Sanwangping National Park	省级	贵州省黔西南州晴隆县
兴仁放马坪风景名胜区	Xingren Fangmaping National Park	省级	贵州省黔西南州兴仁县
岑巩龙鳌河风景名胜区	Cengong Longao River National Park	省级	贵州省黔东南州岑巩县
剑河风景名胜区	Jianhe National Park	省级	贵州省黔东南州剑河县
镇远高过河风景名胜区	Zhenyuan Gaoguo River National Park	省级	贵州省黔东南州镇远县
雷山风景名胜区	Leishan National Park	省级	贵州省黔东南州雷山县
锦屏三板溪——隆里古城风景名胜区	Jinping Sanbanxi----Longli National Park	省级	贵州省黔东南州锦屏县
丹寨风景名胜区	Danzhai National Park	省级	贵州省黔东南州丹寨县
从江风景名胜区	Congjiang National Park	省级	贵州省黔东南州从江县
龙里猴子沟风景名胜区	Longli Monkey Fossa National Park	省级	贵州省黔南州龙里县
福泉洒金谷风景名胜区	Fuquan Sajingu National Park	省级	贵州省黔南州福泉市
惠水涟江——燕子洞风景名胜区	Huishui Lianjiang--Yanzi Cave National Park	省级	贵州省黔南州惠水县
长顺杜鹃湖——白云山风景名胜区	Changshun Dujuan Lake--Baiyun Mountain National Park	省级	贵州省黔南州长顺县
三都都柳江风景名胜区	Sandu Duliu River National Park	省级	贵州省黔南州三都县
贵定洛北河风景名胜区	Guiding Luobei River National Park	省级	贵州省黔南州贵定县
独山深河桥风景名胜区	Dushan Shenhe Bridge National Park	省级	贵州省黔南州独山县
遵义娄山风景名胜区	Zunyi Loushan Mountain National Park	省级	贵州省遵义市桐梓县
绥阳宽阔水风景名胜区	Suiyang Kuankuoshui National Park	省级	贵州省遵义市绥阳县
仁怀茅台风景名胜区	Renhuai Moutai National Park	省级	贵州省遵义市仁怀市
习水风景名胜区	Xishui National Park	省级	贵州省遵义市习水县
余庆大乌江风景名胜区	Yuqing Wujiang River National Park	省级	贵州省遵义市余庆县
湄潭湄江风景名胜区	Meitan National Park	省级	贵州省遵义市湄潭县
梵净山——太平河风景名胜区	Fanjing Mountain----Taiping River National Park	省级	贵州省铜仁市江口县
印江木黄风景名胜区	Yinjiang Muhuang National Park	省级	贵州省铜仁市印江县
思南乌江白鹭洲风景名胜区	Sinan Wujiang River Bailuzhou National Park	省级	贵州省铜仁市思南县
松桃豹子岭——寨英风景名胜区	Songtao Baozi Mountain----Zhaiying National Park	省级	贵州省铜仁市松桃县
万山夜郎谷风景名胜区	Wanshan Yelang Canyon National Park	省级	贵州省铜仁市万山区
玉屏北硐萧笛之乡风景名胜区	Yuping Beidong Xiaodi-Village National Park	省级	贵州省铜仁市玉屏县
六枝牂牁江风景名胜区	Liuzhi Zangke River National Park	省级	贵州省六盘水市六枝特区
盘县古银杏风景名胜区	Panxian Ancientry Gingko National Park	省级	贵州省六盘水市盘县特区
盘县大洞竹海风景名胜区	PanXian Dadong Banboo Sea National Park	省级	贵州省六盘水市盘县特区
盘县坡上草原风景名胜区	PanXian Grassland on Mountain National Park	省级	贵州省六盘水市盘县特区
南开风景名胜区	Nankai National Park	省级	贵州省六盘水市水城特区
务川洪渡河风景名胜区	Wuchuan Hongduhe National Park	省级	贵州省遵义市务川县
罗甸大小井风景名胜区	Luodian Daxiaojin National Park	省级	贵州省黔南州罗甸县
德江乌江傩文化风景名胜区	Dejiang Wujiang Riverside National Park	省级	贵州省铜仁市德江县

18-8 全国重点文物保护单位
Historical and Cultrual Relics under Key Protection

文物单位名称	Name	地址
平坝天台山伍龙寺	Pingba Tiantai Wulong Temple	贵州省安顺市平坝县
云山屯古建筑群(含本寨)	The Ancientry Construction of Yunshantun(Including the Village)	贵州省安顺市西秀区
安顺文庙	Anshun Temple	贵州省安顺市西秀区
穿洞遗址	The Ruins of Chuandong	贵州省安顺市普定县
宁谷遗址	The Ruins of Ninggu	贵州省安顺市西秀区
黔西观音洞遗址	The Site of Kwan-yin Cave Qianxi	贵州省毕节市黔西县
赫章可乐遗址	The Ruins of Kele in Hezhang	贵州省毕节市赫章县
织金古建筑群	The Ancientry Construction Zhijin	贵州省毕节市织金县
川滇黔省革命委员会旧址	Finish the Committee old address of Chuan Dian Qian Province Revolution	贵州省毕节市大方县
奢香墓	The Mausoleum of Lady She Xiang	贵州省毕节市大方县
大屯土司庄园	Datun Headman's Castle	贵州省毕节市毕节市
马头寨古建筑群	The Ancientry Construction of Matouzhai	贵州省贵阳市开阳县
阳明洞和阳明祠	Yangming Cave and Yangming Ancestral Temple	贵州省贵阳市修文县、云岩区
文昌阁和甲秀楼	Wenchang Pavilion and Jiaxiu Floor	贵州省贵阳市贵阳市
息烽集中营旧址(含玄天洞)	The Site of Concentration Camp Xifeng(including Tien-dong)	贵州省贵阳市息烽县
大洞遗址	The Site of Dadong Cave	贵州省六盘水市盘县
郎德上寨古建筑群	The Ancientry Construction Langdeshangzhai	贵州省黔东南州雷山县
地坪风雨桥	Diping Pavilion Bridge	贵州省黔东南州黎平县
飞云崖古建筑群	The Ancientry Construction of Feishanya	贵州省黔东南州黄平县
旧州古建筑群	The Ancientry Construction of Jiuzhou	贵州省黔东南州黄平县
黎平会议会址	The Site of Liping Conference	贵州省黔东南州黎平县
和平村旧址	The Former Site of Peace Village	贵州省黔东南州镇远县
青龙洞	Qinglong Cave	贵州省黔东南州镇远县
增冲鼓楼	Zengchong Drum-tower	贵州省黔东南州从江县
福泉城墙	Ming Dynasty Wall in Fuquan	贵州省黔南州福泉市
葛镜桥	Gejing Bridge	贵州省黔南州福泉市
交乐墓群	Jiaole Tombs	贵州省黔西南州兴仁县
“二十四道拐”抗战公路	"Twenty-four Shui" Road War	贵州省黔西南州晴隆县
石阡万寿宫	Shiqian Wanshou Palace	贵州省铜仁市石阡县
万山汞矿遗址	The Site of Wanshan Hydrargyrum	贵州省铜仁市万山区
东山古建筑群	The Ancient Building Complex of Dongshan	贵州省铜仁市铜仁市
寨英古建筑群	The Ancient Building Complex of Zhaiying	贵州省铜仁市松桃县
思唐古建筑群	The Ancientry Construction Sitang	贵州省铜仁市思南县
黔东特区革命委员会旧址	The Site of Qiandong SAR Revolution Committee	贵州省铜仁市沿河县、德江县、印江县
遵义会议会址	The Site of Zunyi Conference	贵州省遵义市红花岗区
遵义海龙屯	Zunyi Hailongtun	贵州省遵义市汇川区
杨粲墓	Yangcan Tomb	贵州省遵义市汇川区
红军四渡赤水战役旧址	The Former Site of Battle of the Red Army Siduchishui	贵州省遵义市习水县、仁怀市、汇川区
湄潭浙江大学旧址	The Former Site of Zhejiang University in Meitan	贵州省遵义市湄潭县

注：资料来源于省文化厅，表中文物单位为第一至六批全国重点文物保护单位。

Note:Data in this table comes from the Provinvial Department of Culture.The units in this table are the sixth batch of national key cultural relics protection units.

18-8 续表 continued

名　称	Name	地址
龙广观音洞遗址	The Ruins of Guanglong Cave	贵州省黔西南州安龙县
普安铜鼓山遗址	The Ruins of Puan Timbal Hill	贵州省黔西南州普安县
茶马古道	Tea-Horse Road	四川、云南、贵州
务川大坪墓群	Wuchuan Daping Tombs	贵州省遵义市务川县
兴义万屯墓群	Xingyi Wan Tuen Tombs	贵州省黔西南州兴义市
平坝棺材洞	Pingba Coffin Hole	贵州省安顺市平坝区
惠水仙人桥洞葬	Huishui Fairy Bridge Burial Cave	贵州省黔南州惠水县
黔南水族墓群	Qiannan Aquarium Tombs	贵州省黔南州三都县、荔波县
小冲墓群	Small punch Tombs	贵州省六盘水市盘县
明十八先生墓	Eighteen persons' Tomb of Ming Dynasty	贵州省黔西南州安龙县
鲍家屯水利工程	Baojiatun Hydraulic	贵州省安顺市西秀区
镇远城墙	Zhenyuan Walls	贵州省黔东南州镇远县
安顺武庙	Anshun Wumiao	贵州省安顺市西秀区
隆里古建筑群	The Ancient Building Complex of Longli	贵州省黔东南州锦屏县
石阡府文庙	Shiqian Temple	贵州省铜仁市石阡县
榕江大利村古建筑群	The Ancient Building Complex in the Village Rongjiang Dali	贵州省黔东南州榕江县
楼上村古建筑群	The Ancient Building Complex in the Village Loushang	贵州省铜仁市石阡县
岩门长官司城	Yanmen Long lawsuit City	贵州省黔东南州黄平县
锦屏飞山庙	Jinping Feishan Temple	贵州省黔东南州锦屏县
高阡鼓楼	Gaoqian Drum-tower	贵州省黔东南州从江县
宰俄鼓楼	Zaie Drum-tower	贵州省黔东南州从江县
金勾风雨桥	Jingou Pavilion Boasting	贵州省黔东南州从江县
鲁屯牌坊群	Lu Tun Archway	贵州省黔西南州兴义市
复兴江西会馆	Jiangxi Hall in the Town of Fuxing	贵州省遵义市赤水市
三门塘古建筑群	The Ancient Buildings Complex in the Village of Sanmentang	贵州省黔东南州天柱县
敖氏和罗氏墓群石刻	Ao and Roche' Tombs of Carved Stone	贵州省毕节市金沙县
尚稽陈玉壂祠	Chenyu Temple in the Town of Shangji	贵州省遵义市遵义县
兴义刘氏庄园	The Liu Manor in Xingyi	贵州省黔西南州兴义市
茅台酒酿酒工业遗产群	Maotai Wine Industry Heritage Group	贵州省遵义市仁怀市
王若飞故居	Wang Ruofei's Former Residence	贵州省安顺市西秀区
述洞独柱鼓楼	Duzhu Drum-tower in the Village of Shudong	贵州省黔东南州黎平县
重安江水碾群	Chongan River Shuinian Group	贵州省黔东南州黄平县

注：表中文物单位为第七批全国重点文物保护单位。
Note:The units in this table are the seventh batch of national key cultural relics protection units.

18−9 星级饭店
Star-rated Hotels

名　称	Name	星级 Level	评定日期 Date of Assess	客房数 Rooms	床位数 Beds	地　址 Address	电　话 Telephone
贵州天怡豪生大酒店	Guizhou Howard Johnson Plaza Hotel	5	2005.03	310	440	贵阳市枣山路29号	0851-86518888
贵阳喜来登贵航酒店	Sheraton Guiyang Hotel	5	2010.08	355	500	贵阳市中华南路49号	0851-85888888
黔西南金州翠湖宾馆有限责任公司	Jinzhoucuihu Hotel in Qianxinanzhou	5	2010.12	188	270	兴义市瑞金南路60号	0859-3619999
贵阳世纪金源大饭店管理有限责任公司	Empark Grand Hotel - Guiyang	5	2012.03	520	755	观山湖区北京西路6号	0851-83928888
黔西南州富康国际酒店经营管理有限公司	Fortune International Hotel	5	2013.12	420	612	兴义市瑞金路19号	0859-3666666
贵州保利富豪温泉酒店	Regal Poly Guiyang Hotel	5	2013.12	209	332	乌当区顺海路88号保利温泉新城内	0851-86328888
贵州饭店有限责任公司	Guizhou Park Hotel	4	1998.07	367	551	贵阳市北京路66号	0851-86823888
贵阳华美达神奇大酒店	Guiyang Ramada Plaza Hotel	4	2014.05	221	323	云岩区北京路1号	0851-86771888
贵州锦江鲜花酒店有限公司	Guizhou Flower Hotel	4	2001.12	265	420	贵阳市中华南路1号	0851-85867888
贵州栢顿酒店	Trade-Point Hotel Guizhou	4	2001.05	254	364	贵阳市延安东路18号	0851-85827888
贵州丽豪大饭店有限公司	Gui Zhou Regal Hotel	4	2005.07	226	335	贵阳市瑞金北路115号	0851-86521888
贵州贵龙饭店	Gui Long Hotel - Guiyang	4	2001.06	170	289	贵阳市南明区瑞金南路372号	0851-85592888
贵州能辉酒店有限公司	Neng Hui Hotel	4	2003.12	178	279	贵阳市瑞金南路36号	0851-85898888
贵州武岳酒店	Guizhou Wuyue Hotel	4	2007.09	192	306	贵阳市南厂路1号	0851-86517777
贵阳雅迪尔国际大酒店	Gui Zhou Yonder International Hotel	4	2010.04	216	342	贵阳市中华南路7号	0851-85578888
贵州峰润喀斯特酒店有限公	Guizhou Casite Hotel	4	2011.01	195	305	南明区神奇路1号	0851-88196888
贵州故乡情投资置业有限责任公司（金芦笙酒店）	Jinlusheng town boutique Featured Hotels	4	2011.04	209	285	贵阳市宝山南路82号	0851-85623999
贵州民族大酒店	Guizhou Ethnic Hotel	4	2011.08	121	189	南明区箭道街23号	0851-85571888
贵阳西湖花园大酒店	West Lake Garden Hotel	4	2011.08	252	451	贵阳市宝山北路133号	0851-85292802
贵州都市怡景酒店	City Scene Hotel	4	2011.01	118	202	贵阳市都司路88号	0851-85848888
贵州铝厂宾馆	Guizhou Aluminum Hotel	4	2011.11	138	247	白云区刚玉街2号	0851-84899999
贵阳夏日康桥酒店有限公司	Guiyang Summer Cambridge Hotel	4	2011.11	89	141	白云区白云南路399号	0851-84439755
贵州长城酒店投资有限公司贵阳诺富特酒店	Guiyang Novotel Hotel	4	2012.08	242	320	贵阳市中华南路8号	0851-85881888
贵阳林城万宜酒店投资管理有限公司	Guiyang Linchengwanyi Hotel	4	2012.12	388	639	贵阳市遵义路326号	0851-86878888
贵山大酒店（贵州贵和汇酒店餐饮管理有限公司）	Guishan Large Hotel	4	2014.01	235	351	云岩区省府路39号	0851-85576999
贵阳高新乾银和悦酒店有限公司	Guiyang Gaoxin Qianyin Heyue Hotel	4	2014.08	125	220	贵阳市高新技术产业开发区湖滨路6号	0851-87711666
贵阳林城大酒店有限责任公司	Guiyang Lincheng Hotel	4	2015.01	117	183	云岩区八鸽岩路15号	0851-88788888
遵义市国泰大世界酒店有限责任公司	Zuyi Grand World Hotel	4	2008.12	169	246	汇川区珠海路一号	0851-28622966
遵义东方大酒店有限责任公司	Zunyi Oriental Hotel	4	2008.12	190	297	遵义市中华南路2号	0851-28266665
赤水中悦大酒店有限公司	Zhong Yue Hotel	4	2007.04	140	265	赤水市南正街22号	0851-22823888
遵义森林大酒店	Zunyi Woods Hotel	4	2011.12	121	212	汇川区深圳路中段茅草铺客运站旁	0851-28988888

18-9 续表1 continued

名 称	Name	星级 Level	评定日期 Date of Assess	客房数 Rooms	床位数 Beds	地 址 Address	电 话 Telephone
遵义市金城大酒店	Zunyi Jincheng Hotel	4	2012.10	131	215	汇川区香港路中段	0851-28773843
国酒门温泉酒店	GJM Hotspring Hotel	4	2012.12	96	169	仁怀市盐津河风景区内	0851-22316666
贵州省金黔嘉华旅游发展有限公司	Jinqianjiahua Hotel	4	2012.12	169	281	桐梓县河滨大道南段888号	0851-26666866
遵义市丽都酒店有限公司	Zunyi Lidu Hotel	4	2012.12	111	168	遵义市香港路638号	0851-28959999
凯旋大酒店	Triumphal Hotel - Anshun	4	2006.12	96	178	安顺市开发区南马广场	0851-33461999
泰翔柏丽酒店	Taixiang Boutique Hotel	4	2012.08	116	193	安顺市开发区西航路	0851-38186666
坝陵酒店	Guanling Baling Hotel	4	2012.08	232	430	关岭县关索高速路入口处	0851-37766201
关岭大酒店	Guanling Baling Hotel	4	2015.01	152	245	关岭县关索高速下站口	0851-37528888
三力酒店	San Li Hotel in Libo county	4	2007.09	455	820	荔波县玉屏镇恩铭路1号	0854-7113666
福丰假日酒店	Fu Feng Holiday Hotel	4	2011.11	122	180	三都县三合镇龙嘴角移民新村	0854-3029089
都匀伯爵花园酒店有限公司	Earl Garden Hotel	4	2009.10	149	195	都匀市开发区伯爵花园1号楼	0854-8199999
贵州福泉大酒店发展有限公司	Fuquan Hotel	4	2012.08	148	257	福泉市金山办事处洒金北路174号	0854-2212888
平塘朗博天逸酒店	Pingtang Langbo Tianyi Hotel	4	2014.08	112	198	平塘县迎宾大道2段8号	0854-7226999
长顺浩瀚酒店投资有限公司	Changshun vast Large Hotel	4	2014.06	112	191	长顺县城南大道1号	0854-6828888
贵州嘉瑞禾腾龙酒店管理有限公司	Jiaruihe Tenglong Hotel - Kaili	4	2003.08	188	281	凯里市宁波东路腾龙大厦	0855-8066666
贵州省凯里市金冠酒店	Kaili Jin Guan Hotel	4	2006.11	116	204	凯里市友庄路18号	0855-8068888
贵州金凯美悦酒店管理有限公司	Gold Camery Hotel	4	2008.09	110	181	凯里市北京西路70号	0855-8276688
天柱大酒店	Tianzhu Hotel	4	2013.08	80	146	天柱县凤城镇北部新区1号	0855-7821888
凯里市金泰元酒店	Kaili Jintaiyuan Hotel	4	2014.09	100	167	凯里市红洲路与320国道交叉口西侧	0855-8629265
贵州青酒集团日月国际大酒店有限责任公司	Zhenyuan Riyue International Hotel	4	2014.07	271	475	镇远县平冒街大菜园	0855-5719882
天柱县东方国际大酒店有限责任公司	Tianzhu Orient International Hotel	4	2013.03	144	225	天柱县凤城镇擎天东路1号	0855-7828888
凯里市和谐敦普酒店管理有限公司	Kaili Hexie Dunpu Hotel	4	2015.08	107	156	凯里市韶山南路70号	0855-2299999
松闽大酒店	Songtao Song Min Hotel	4	2012.01	142	220	松桃县麻阳街24号	0856-6966666
温州大酒店	Tongren Wenzhou Hotel	4	2012.10	115	176	铜仁市大庆北路85号	0856-6968888
江华国际酒店	Tongren Jin Hua International Hotel	4	2012.01	157	236	铜仁市清水大道江华国际(	0856-8121111
南长城国际大酒店	Tongren South Great Wall International Hotel	4	2013.04	304	493	碧江区南长城路9号	0856-5939999
松桃国际大酒店	Songtao International Hotel	4	2013.06	228	334	松桃县东城新区七星大道	0856-8333333
乌江酒店	Yanhe Wujiang Hotel	4	2013.11	121	206	沿河县环城路	0856-6977777
锦江宾馆	Jinjiang Hotel	4	2015.02	422	625	碧江区锦江南路8号	0856-8922222
温泉度假酒店	Hotspring Holiday Hotel	4	2015.08	306	502	石阡县汤山镇城南	0856-3928999
腾龙凯悦酒店	Tenglong Kaiyue Hotel - Bijie	4	2006.12	152	252	七星关区桂花路2号	0857-8291111
毕节大酒店	Bijie Hotel	4	2008.09	155	255	七星关区砂石路3号	0857-8689999

18-9 续表2 continued

名 称	Name	星级 Level	评定日期 Date of Assess	客房数 Rooms	床位数 Beds	地 址 Address	电 话 Telephone
宏洲国际大酒店	Hongzhou International Hotel	4	2011.10	204	298	织金县城关镇金北路151号	0857-7758888
杜鹃花大酒店	Rhododendron Large Hotel	4	2014.08	151	221	黔西县文化路	0857-4836666
黎明澳斯特酒店	Guizhou Dawn Macao Crest Hotel	4	2013.12	165	247	金沙县黎明路1号	0857-7212888
水西大酒店	Qianxi County Water West Large Hotel	4	2014.08	80	138	黔西县城关镇公园路水西公园旁	0857-4833333
洪山国际大酒店	Hongshan International Hotel	4	2015.12	301	450	七星关区洪山路1号	0857-8918823
六盘水时代假日酒店有限责任公司	Liupanshui Times Holiday Hotel	4	2009.08	263	279	钟山区钟山中路66号	0858-8108888
六盘水凤凰祥林大酒店有限责任公司	Liupanshui Fenghuang Xianglin Hotel	4	2010.01	130	207	六盘水市凤凰新区青峰路18号	0858-8779999
盘县红果大酒店有限公司	Liupanshui Hongguo Hotel	4	2012	189	360	盘县红果经济开发区凤鸣路	0858-3667239
牂牁江假日酒店	Zangkejiang Holiday Hotel	4	2012.12	114	176	六枝特区寨镇人民路22号	0858-8120000
贵州华联旅业有限责任公司	Guizhou Hualian Large Hotel	3	2013.06	141	261	贵阳市中华中路137号	0851-85810999
黔灵大酒店	Qianling Hotel	3	2000.04	168	305	贵阳市北京路255号	0851-88271888
贵州省发改委干部培训中心（贵州紫林宾馆）	Zilin Hotel	3	2004.02	195	362	贵阳市延安中路110号	0851-88309000
贵州久远物业有限公司久远饭店	Jiuyuan Hotel	3	2004.08	179	301	南明区瑞金南路36号	0851-85848501
中铁八局集团第三工程有限公司金品酒店	Guiyang Jinpin Hotel	3	2004.12	103	181	南明区朝阳洞路建材巷1号	0851-88216666
贵阳南翔酒店有限公司	Guiyang Nanxiang Hotel	3	2004.12	200	340	云岩区延安西路10号	0851-86522888
贵阳鸿鼎大酒店	Guiyang Hongding Large Hotel	3	2006.11	112	187	贵阳市沙冲路198号	0851-83835958
贵州新联酒店有限责任公司	New Union Building	3	1997.12	141	248	贵阳市宝山北路213号	0851-86765555
贵州丽豪大饭店有限公司贵阳机场宾馆	Guiyang Airport Hotel	3	2007.11	163	307	南明区龙洞堡机场内机场宾馆	0851-85497068
京瑞宾馆	Jingrui Hotel	3	2005.06	111	222	云岩区北京路194号	0851-86891600
益宏商务酒店	Guiyang Yihong Hotels Ltd.	3	2009.12	100	150	南明区油榨街2号	0851-85509101
贵阳浣溪假日大酒店	Yunyan Huanxi Holiday Hotel	3	2010.05	138	202	云岩区浣溪路104号	0851-88598888
玉龙宾馆（贵阳花溪玉龙旅游服务有限公司）	Huaxi Yulong Hotel	3	2011.03	35	70	花溪区吉林路1号	0851-83863865
贵阳贵武花园大酒店有限公司	Guiwu Garden Hotel	3	2011.09	94	152	观山湖区云潭南路133号	0851-84773093
贵阳水云天酒店	Water sky hotel	3	2011.09	90	158	南明区新华路翠微巷60号	0851-85515666
南江度假酒店	Nanjiang Holiday Hotel	3	2011.07	143	215	开阳县南江大峡谷景区内	0851-87524089
红枫湖旅游会议中心	Hongfeng Lake Tourist Resort	3	2011.07	126	227	清镇市望城坡	0851-88575042
贵州林都酒店管理有限责任公司	Guizhou Lindu Hotel	3	2011.12	97	180	云岩区延安西路2号	0851-85360367
贵阳腾晖酒店	Guiyang Tenghui Hotel	3	2012.05	90	153	修文县翠屏东路1号	0851-82327777
贵阳浣溪荣和大酒店	Wanxi Ronghe Hotel	3	2014.07	100	142	云岩浣纱路76号	0851-85620888
贵州金博酒店	Guizhou Jinbo Hotel	3	2014.07	116	196	白云区云峰大道97号	0581-84356069
正安县莱凯桐都大酒店有限责任公司	Les Cayes Tong Large Hotel	3	2014.01	110	183	正安县珍州西路	0851-23176666
遵义宾馆	Zunyi Hotel	3	2004.11	150	230	红花岗石龙路3号	0851-28224902

18-9 续表3 continued

名 称	Name	星级 Level	评定日期 Date of Assess	客房数 Rooms	床位数 Beds	地 址 Address	电 话 Telephone
遵义港澳大酒店有限责任公司	Zunyi Gang'ao Hotel	3	2005.11	87	141	遵义市澳门路8号	0851-28716888
遵义市京腾丽湾酒店	Zunyi Jingtengliwan Hotel	3	2006.11	140	214	红花岗区北京路与大连路交汇处	0851-28649898
习水县绿洲酒店有限责任公司	Xishui Lvzhou Hotel	3	2006.11	87	152	习水县西城区电厂生活区一侧	0851-22732100
广电酒店	Guangdian Hotel	3	2007.09	108	182	遵义市中华北路广电大厦	0851-28700555
赤水嘉联宾馆	Jialian Hotel	3	2008.12	64	122	赤水市人民南路运管大厦	0851-28776333
赤天化宾馆	Chitianhua hotel	3	2010.01	95	168	赤水市金华路东皇坡90号	0851-22877888
湄潭县湄潭大酒店	Meitan Hotel	3	2011.03	109	163	湄潭县茶乡北路35号	0851-24366595
赤水市金竹大酒店	Jinzhu Hotel	3	2011.12	89	166	赤水市文华办财神沱	0851-23306999
余庆县广电酒店	Yuqing Guangdian Hotel	3	2012.11	56	92	余庆县香港路广电网络公司内	0851-24646888
贵州佳乐家酒店连锁有限责任公司	Jialejia Hotel	3	2013.12	104	169	遵义医学院空腔医院住院部原粮店处商住楼	0851-23199955
绥阳县博雅宾馆	Boya Hotel	3	2013.09	82	121	绥阳县城解放北路168号	0851-26223854
余庆县构皮滩大酒店有限责任公司	Goupitan Large Hotel	3	2014.01	89	156	余庆县构皮滩镇卧龙庄	15186675565
茅园宾馆	Maoyuan Hotel	3	2004.01	47	81	仁怀市茅台镇国酒社区	0851-22386290
名酒宾馆	Renhuai Mingjiu Hotel	3	2007.09	71	119	仁怀市国酒大道二茅台路口处	13908520905
西秀山宾馆	Anshun Xixiushan Hotel	3	2001.04	221	393	安顺市南华路63号	0851-33337821
神奇福运大酒店	Shenqifuyun Hotel	3	2002.09	109	178	黄果树大街西段18号	0851-33290000
白马湖山庄	Baima Lake Villa	3	2005.07	32	58	镇宁县城关镇白马哨	0851-36791115
龙宫酒店	Dragon Palace Hotel	3	2006.01	31	62	西秀区龙宫镇	0851-33661388
黔岭宾馆	Guanling Qianling Hotel	3	2006.11	59	105	关岭县外环路128号	0851-37228888
纽曼·皇朝酒店	Anshun Newman Hotel	3	2008.03	60	120	安顺市开发区西航路（绿苑综合楼）	0851-33465757
龙宫水电宾馆	Longgong Shuidian Hotel	3	1998	100	180	安顺市龙宫风景名胜区	0851-33661186
廊桥.华油酒店	Langqiao Huayou Hotel	3	2010.07	74	136	安顺市塔山西路15号	0851-38122222
白云大酒店	Pingba Baiyun Hotel	3	2010.07	46	67	平坝区城关镇高新区	0851-34222888
凤凰山大酒店	Anshun Fenghuangshan Hotel	3	2011.12	121	221	安顺市塔山东路58号	0851-33234008
君临大酒店	Junlin Hotel	3	2012.05	117	179	安顺市新大十字塔山西路1号	0851-33350777
紫鑫酒店	Zixin Hotel	3	2012.06	103	183	西秀区黄果树大街消防支队内	0851-33334777
新华宾馆	Xinhua Hotel	3	2012.06	107	217	开发区西航路138号	0851-33459888
鑫焰酒店	Xinyan Hotel	3	2012.06	52	87	平坝区南客运站大楼	0851-34616666
汇景酒店	Huijing Hotel	3	2012.06	43	81	普定县龙潭加油站对面	0851-38718888
紫云宾馆	Ziyun Hotel	3	2013.11	150	267	紫云县商业街	0851-35238888
南星酒店	South Star Hotel	3	2013.11	63	121	开发区星光路中段	0851-32280000
顺安大酒店	Zhenning Hotel Hue	3	2014.09	114	195	镇宁县南北大街	0851-36730111
莱凯金座酒店	Anshun lucky jinzuo Hotel	3	2015.06	113	198	安顺市开发区太平小区路口	0851-32286888
都匀港龙大酒店	Duyun Ganglong Hotel	3	2002.08	126	226	都匀市河滨路134号	0854-8736888
金利源大酒店	Jinliyuan Hotel	3	2005	69	128	玉屏镇民族路24号	0854-3619188

18-9 续表4 continued

名称	Name	星级 Level	评定日期 Date of Assess	客房数 Rooms	床位数 Beds	地址 Address	电话 Telephone
神泉大酒店	Shenquan Hotel	3	2004.05	103	190	罗甸县政府路	0854-7620758
顺庆宾馆	Shunqing Hotel	3	2004	101	169	荔波县樟江北路30号	0854-3616889
纪龙大酒店	Jilong Hotel	3	2005.08	88	152	龙里县冠山街道兴龙路	0854-7071777
都匀市五月花景山餐饮有限公司	Duyun May Flower Hotel Wujing Hill	3	2005.1	120	176	都匀市剑江中路112号	0854-8756999
锦绣宾馆	Jinxiuyuan Park	3	2005.08	44	97	龙里县冠山街道五里桥	0854-5669506
长顺九九大酒店	Jiujiu Hotel	3	2011.11	51	94	长顺县和平中路	0854-6898888
桥城酒店	Duyun Qiaocheng Hotel	3	2007.09	86	154	都匀市文明路50号市政府对面	0854-8755888
贵州南方实业有限公司（南方大酒店）	Dushan Southern Hotel	3	2008	66	98	独山县百泉镇四通路18号	0854-3232888
金谷宾馆	Libo Jingu Hotel	3	2007.09	63	127	荔波县玉屏镇樟江北路2号	0854-3613888
西苑假日酒店	Xiyuan Holiday Hotel	3	2008.01	54	96	都匀市枣园小区路口	0854-8758888
贵定县环岛大酒店	Guiding Huandao Hotel	3	2009.01	30	36	贵定县城关镇八一村	0854-5230109
大鹏商务酒店	Dapeng Business Hotel	3	2005	95	187	玉屏镇樟江中路12号	0854-3618866
贵州飞凤湖国际民族文化置业有限责任公司(翠泉宾馆)	Dushan Cuiquan hotel	3	2009.04	68	136	独山县翠泉森林公园内	0854-3239018
怡景苑宾馆	Yijingyuan hotel	3	2006	60	123	荔波县漳江北街42号	0854-3617555
惠水县夜郎大酒店	Yelang Hotel	3	2008.12	32	56	惠水县和平镇建设东路	0854-6234567
桂花园度假酒店	Guihuayuan Holiday Hotel	3	2011.10	90	225	都匀市大河村	0854-8190588
灵江大酒店	Weng'an Lingjiang Hotel	3	2012.06	30	47	瓮安县行政新区一中前	0854-2776666
贵州青酒集团醉翁宾馆有限公司	Zhenyuan Zuiweng Hotel	3	2003.11	45	83	镇远县青溪五里牌	0855-5828588
施秉县三丰迎宾馆有限公司	Shibing Sanfeng Guest House	3	2004.05	91	200	施秉县城关镇平宁桥头	0855-4227188
鸿祺宾馆	Kaili Hongqi Hotel	3	2004.09	62	110	凯里市韶山南路3号	0855-8275555
黎平大酒店	Liping Hotel	3	2006.11	80	148	黎平德风镇富民北路	0855-6210666
黔东南凯莱酒店	Kaili Gloria Plaza Hotel	3	2006.12	97	189	凯里市韶山南路21号	0855-8277888
黔东南州凯铁大酒店有限公司	Kaitie Hotel	3	2008.09	65	128	凯里市清江路197号	0855-3811999
凯里大酒店	Kaili Hotel	3	2008.05	58	106	凯里市韶山北路1号	0855-8277778
忠德园假日酒店	Zhongdeyuan Holiday Hotel	3	2008.09	68	150	凯里市环城东路忠德园巷8号	0855-8538888
港赛大酒店	Gangsai Hotel	3	2007.07	80	139	黎平县城内平街养护段	0855-6230888
剑河县久格里吉民族风情开发有限公司	Jiugeliji Spa Resort	3	2008.09	60	115	剑河县温泉风景区内	0855-5158288
麻江县鑫源水电开发有限公司清源酒店	Qingyuan Hotel	3	2008.06	24	44	麻江县下司镇国家皮划艇激流回旋下司训练基地	0855-2685666
营盘坡民族宾馆	Yingpanpo National Hotel	3	2008	92	163	凯里市营盘东路53号	0855-3837779
镇远县铁溪度假酒店	Zhenyuan Tiexi Resort	3	2010.08	36	67	镇远县舞阳镇铁溪	0855-3879388
从江奥悦酒店	Congjiang Aoyue Hotel	3	2008.10	36	72	从江县丙妹镇江东南路9号	0855-6411808
馨泉宾馆	Jianhe Xinquan Villa	3	2011.08	40	80	剑河县岑松镇温泉村	0855-5158168
凯里宾馆	Kaili Hotel	3	2010.05	85	159	凯里市广场路3号	0855-8066100
凯里经济开发区金正酒店	Jinzheng Hotel	3	2010	67	121	凯里经济开发区开元大道15号	0855-8558988

18-9 续表5 continued

名称	Name	星级 Level	评定日期 Date of Assess	客房数 Rooms	床位数 Beds	地址 Address	电话 Telephone
麻江怡景湾酒店	Majiang Yijing Hotel	3	2010.01	42	78	麻江县下司镇桃花村怡景湾酒店	0855-2684777
三穗县华侨大酒店有限责任公司	Huaqiao Hotel	3	2011.04	71	121	三穗县八弓镇府政东路	0855-3855666
凯里市柏悦酒店管理有限公司	Boyue Hotel	3	2010.09	57	101	凯里市军分区大门西北侧	0855-8270000
凯里市万豪酒店	Wanhao Hotel	3	2011.03	72	120	凯里市环城西路69号	0855-8603999
镇远府城宾馆	Zhenyuan Fucheng Hotel	3	2012	73	132	镇远县舞阳镇兴隆街	0855-5711388
台江县金红阳原生态旅游开发有限公司	Taijiang Jinhongyang Eco-hotel	3	2009.11	63	118	台江县南宫森林公园碧水湾景区18号	0855-5478099
贵州云台山旅游经济发展有限公司（施秉杉木河酒店）	Shanmuhe Hotel	3	2012	57	115	施秉县舞阳河路	0855 4222888
西江黔森大酒店	Xijiang Qian Sen Hotel	3	2012.06	72	144	西江千户苗寨黔森路1号	0855-3347909
镇远县名城宾馆有限责任公司	Zhenyuan County City Hotel	3	2012.05	63	119	镇远县顺城街	0855-5720888
凯里市中瑞天禧酒店管理有限责任公司	Zhongrui Tianxi Hotel	3	2013.05	112	198	凯里市迎宾大道中段	0855-3830000
镇远大酒店	Zhenyuan Large Hotel	3	2013.05	105	198	镇远县和平街	0855-3878888
岑巩县双龙大酒店	Cengong County double Dragon Large Hotel	3	2014.04	78	148	岑巩县舞水南路8号	0855-3891111
黎平银河大酒店	LIping Yinhe Hotel	3	2014.09	90	151	黎平县城区中心地段（黎平大市场斜对面）	0855-6338666
贵州台江和天大酒店服务有限公司	Taijiang Hetian Hotel	3	2014.08	81	135	台江县台拱镇秀眉大道28号	0855-3846888
源丰商务酒店	Yuanfeng Business Hotel	3	2005.07	91	143	铜仁市锦江南路1号	15908560979
索非特大酒店	Jiangkou Sofite Hotel	3	2009.12	57	97	江口县3西路17号	0856-6622288
金平大酒店	Dejiang Jinping Hotel	3	2009.12	88	162	德江县环西路新时代花园	0856-8527555
金顶酒店	Tongren Jinding Hotel	3	2009.12	41	66	铜仁市北关路80号	0856-5212287
思南远航大酒店	Sinan Yuanhang Hotel	3	2009.06	100	100	思南县城北街29号	0856-7220555
玉屏宾馆	Yuping Hotel	3	2011	88	158	玉屏县平溪镇人民路333号	0856-3227888
梵天索菲特大酒店	Tongren Brahma Sofitel Hotel	3	2010.04	57	96	铜仁锦江大道8号	13985853337
金红大酒店	Jinhong Hotel	3	2010.12	53	100	沿河县城南路	0856-8228188
龙都大酒店	Longdu Hotel	3	2011.06	139	228	碧江区清水大道128号	0856-4123456
世纪华园大酒店	Songtao Shijiyuan Hotel	3	2012.04	49	84	松桃县蓼皋镇大十字	0856-2681888
盛世佳华酒店	Tongren Shengshijiahua Hotel	3	2011.11	64	97	铜仁市清水南路火车站旁	0856-6903888
世纪大酒店	Tongren Century Hotel	3	2011.12	146	251	铜仁市清水南路公园道一号	0856-5629999
亨达酒店	Tongren Hengda Hotel	3	2012.06	58	58	碧江区火车站D区	0856-5230999
印江腾龙酒店	Yinjiang Dragon Hotel	3	2012.03	108	208	印江县城西环开发区	0857-6228888
印江豪情大酒店	Yinjiang Passion Large Hotel	3	2013.12	30	54	印江县木黄镇	0856-6360080
印江金穗酒店	Yinjiang Golden Spike Hotel	3	2013.12	36	66	印江县县府路	0856-6318888
万山宾馆	Wanshan Hotel	3	2013.12	50	78	万山区麻音塘	0856-3461888
思南电力宾馆	Sinan Power Hotel	3	2012.07	30	58	思南县思唐镇安化社区275号	0856-7229947
苗王湖度假酒店	Miaowanghu Holiday Hotel	3	2014.04	51	91	松桃县黄板乡东方红水库	0856-2687518
华源国际大酒店	Shiqian Kokusai Hotel	3	2014.11	91	137	石阡县汤山镇北塔大道438号	0856-4180000

18-9 续表6 continued

名 称	Name	星级 Level	评定日期 Date of Assess	客房数 Rooms	床位数 Beds	地 址 Address	电 话 Telephone
君逸凯悦大酒店	Tongren Junyi Kaiyue Large Hotel	3	2014.10	132	245	铜仁市东太大道共青路41号	0856-5251111
黄金大酒店	Jinsha Huangjin Hotel	3	2008.01	122	214	金沙县长安街138号	0857-7254907
洪南大酒店	Hongnan Hotel	3	2008.09	81	117	七星关区洪南路计生大楼	0857-8292888
夜郎大酒店	Hezhang Yelang Hotel	3	2008.12	145	255	赫章县城南路	0857-3238998
化屋度假酒店	Qianxi Huawu Holiday Hotel	3	2008.05	31	64	黔西县新仁乡化屋村	0857-4634118
华熙酒店	Nayong Huaxi Hotel	3	2010.01	89	152	纳雍县城南大道	0857-3685777
金海大酒店	Jinhai Hotel	3	2011.09	96	108	七星关区贵毕路	0857-8930175
红楼酒店	Honglou Hotel	3	2004.06	48	90	大方县西大街南段	0857-5233712
金鑫酒店	Jinxin Hotel	3	2012.07	78	138	大方县奢香大道北段	0857-2198888
奢香大酒店	Shexiang Hotel	3	2012.11	79	130	七星关区清毕路长弘花苑内	0857-8631777
景鸿酒店	Qianxi Jinghong Hotel	3	2013.09	46	88	黔西县城关镇城东村6组	0857-4695888
草海大酒店	Caohai Hotel	3	2011.06	106	176	威宁县海边街道威双大道	0857-2199777
金三角大酒店	Liupanshui Jinsanjiao Hotel	3	2008	84	148	钟山区明湖路三号	0858-8233888
黔锦假日酒店管理有限公司	Qianjin Holiday Hotel	3	2012.03	137	205	盘县红果镇竹海西路1号	0858-3668995
兴凯花园酒店	Xingkai Garden Hotel	3	2010.03	76	122	盘县红果经济开发区丹霞北路1号	0858-3630666
大浪淘沙假日酒店	Panxian Da Lang Tao Sha Holiday Hotel	3	2013.06	74	126	盘县红果胜境大道300号	0858-3697777
盘县大酒店有限责任公司	Panxian Large Hotel	3	2013.05	151	254	盘县红果胜境大道54号	0858-3669627
兴义市城城大厦	Chengcheng Building	3	2005.07	51	72	兴义市桔山办神奇西路17号	0859-3112222
兴义市龙宇酒店	Longyu Hotel	3	2007.11	47	74	兴义市神奇西路26号	0859-3126222
贞丰县贞丰宾馆	Zhenfeng Hotel	3	2009.09	117	205	贞丰县金丰大道29号	0859-6613888
兴义市三生酒店	Xingyi Sansheng Hotel	3	2015.11	111	200	兴义市瑞金北路9号	0859-3338555
安龙县泰安酒店	Anlong Tai'an Hotel	3	2012.02	75	127	安龙县西二社区	0859-5225888
兴义市海钰酒店	Haiyu Hotel	3	2015.1	154	264	兴义市瑞金北路10号	0859-8709500
兴义市盘江宾馆	Panjiang Hotel	3	2005.07	226	406	兴义市盘江西路4号	0859-3223456
枫叶山庄	Fengye Villa	2	2000.10	66	129	清镇市青龙办事处红枫水力发电厂内红枫居委会	0851-82554172
仁达饭店	Renda Hotel	2	2004.09	72	144	贵阳市中华北路361号	0851-86825301
贵州民族宾馆	Guizhou National Hotel	2	2004.12	86	170	贵阳市市北路68号	0851-88633666
开阳尚怡宾馆	Kaiyang Shangyi Hotel	2	2009.04	32	54	开阳县城关镇开州大道	0851-87251666
七天连锁酒店同心路店	Seven Days Hotel Chain Tongxin Road Store	2	2011.11	78	100	白云区同心路5号白云大厦1楼	0851-86617999
一家快捷酒店	Yijia Inn	2	2011.11	43	48	白云区白云南路402号	0851-84370966
君安宾馆	Jun'an Hotel	2	2011.1	103	210	贵阳黔灵西路62号	0851-86816999
七天连锁花溪店	Seven Days Hotel Chain Huaxi Administrative Center Store	2	2011.12	93	105	花溪区清溪路493号	0851-88516677
开阳平达快捷旅店	Pinda Inn	2	2011.11	28	35	开阳县城关镇环城北路68号	0851-87228369
白云区七天连锁酒店	Baiyun District Seven Days Hotel Chain	2	2013.01	101	108	白云区刚玉街8号	0851-84899066

18-9 续表7 continued

名 称	Name	星级 Level	评定日期 Date of Assess	客房数 Rooms	床位数 Beds	地 址 Address	电 话 Telephone
贵阳白云假日酒店	Baiyun District Baiyun Holiday Hotel	2	2013.01	40	76	白云区同心西路147号	0851-84872777
开阳金都宾馆	Kaiyang Jindu Hotel	2	2004.10	66	120	开阳县城关镇人民西路	0851-87229388
开阳江南宾馆	Kaiyang Jiangnan Hotel	2	2010.05	35	71	开阳县环城北路	0851-87224688
息烽县鑫星酒店	Xifeng Xinxin Hotel	2	2015.05	52	75	息烽县永靖镇深港商贸城	0851-87711199
瑞海酒店	Ruihai Hotel	2	2001.12	88	152	遵义市外环路沙坝	0851-28866333
四川西南铁路国际旅行总社遵义通达大酒店	Tongda Hotel	2	2001.06	150	267	遵义市北京路134号	0851-23191121
贵州省桐梓县正华商贸有限公司正华大酒店	Zhenghua Hotel	2	2002.01	82	145	桐梓县娄山关镇河滨路火车站转盘旁	0851-26657869
蓝天宾馆	Blue Sky Hotel	2	2000.06	68	98	遵义市北京路99号	0851-28622916
绥阳县聚贤楼宾馆有限责任公司	Juxianlou Hotel	2	2005.12	44	73	绥阳县平安东路143号	0851-26233848
桐梓县娄山关生态乐园	Loushanguan Eco Paradise Hotel	2	2008.12	27	35	桐梓县娄山关镇娄山关村	0851-26825333
贵州彩阳实业有限公司彩阳酒店	Caiyang Hotel	2	2008.12	39	73	桐梓县娄山镇人民路	0851-26668888
遵义红花岗香山宾馆	Xiangshan Hotel	2	2007.09	64	103	红花岗区大兴路狮子桥头	0851-28234444
赤水大酒店	Chishui Hotel	2	2007	35	66	赤水市西内环路106号	0851-22821334
遵义云门囤旅游发展有限公司	Yunmentun Hotel	2	2008.12	53	100	遵义市新蒲新区三渡镇花桥村	0851-26581988
枫香温泉酒店	Fengxiang Spa	2	2008.05	37	80	遵义县枫香镇温水村	0851-27572608
凤冈县凤冈宾馆	Fenggang hotel	2	2008	58	91	凤冈县龙泉镇县府路	0851-25224567
凤冈县恒源酒店	Hengyuan Hotel	2	2008	57	95	凤冈县龙泉镇政通路	0851-25220160
汇川区军民酒店	Huichuan Military and civilian Hotel	2	2015.02	100	169	遵义市汇川区湛江路	0851-28935777
余庆县九五宾馆	Yuqing Jiuwu Hotel	2	2015.03	26	48	余庆县白泥镇中华中路时代花园	0851-24715555
腾达酒店	Tenda Hotel	2	2005.06	58	116	安顺市关岭外环路	0851-37228886
福源酒店	Fuyuan Hotel	2	2012.06	38	68	安顺市开发区北航路广电大楼旁	0851-33320666
长城宾馆	Great Wall Hotel	2	2009.07	29	48	平坝区武装部	0851-34227333
樟江大厦	Zhangjiang Building	2	2003.04	34	76	荔波县城内	0854-3618888
荔波宾馆	Libo Hotel	2	2003.04	36	67	荔波县政府大院内	0854-3612169
鲁黔宾馆	Luqian Hotel	2	2003.04	20	33	玉屏镇樟江中路	0854-3617098
锦源宾馆	Jinyuan Hotel	2	2005	20	40	玉屏镇民生路27号	0854-3618818
水上人间宾馆	Water world	2	2005	21	42	玉屏镇民生路六号	0854-3611768
东方宾馆	Dongfang Hotel	2	2005	20	39	荔波县玉屏镇沙梨园路1号	0854-3618968
怡心宾馆	Yixin Hotel	2	2005.09	15	24	三都三启镇县府路	0854-3927818
西苑酒店	Xiyuan Hotel	2	2006.01	40	68	都匀市西苑小区阿波罗公寓	0854-8683348
青旅大酒店	CYTS Hotel	2	2005	108	216	荔波县玉屏镇民族路28号	0854-3528666
蓝天宾馆	Blue Sky Hotel	2	2003.04	30	60	荔波县城	0854-3619831
前锦宾馆	Libo Qianjin Hotel	2	2005	44	92	玉屏镇文明路53号	0854-3616868
平塘银河大酒店	Yinhe Hotel	2	2008.01	30	62	平塘县腾龙大道	0854-7230688
平塘金胜宾馆	Jinsheng Hotel	2	2009.04	30	51	平塘县新市路25号	0854-7223688
金容宾馆	Jinrong Hotel	2	2008.12	25	51	荔波县玉屏镇苗甫路13号	0854-3613818
祥和宾馆	Xianghe Hotel	2	2005	30	64	荔波县玉屏镇民族路07号	0854-3616177

18-9 续表8 continued

名 称	Name	星级 Level	评定日期 Date of Assess	客房数 Rooms	床位数 Beds	地 址 Address	电 话 Telephone
富源宾馆	Fuyuan Hotel	2	2005	20	42	荔波县玉屏镇民生路57号	0854-3619298
东篱宾馆	Dongli Hotel	2	2008.12	30	60	荔波县城	0854-3612992
水电招待所	Shuidian Hotel	2	2008.12	21	33	瓮安县雍阳镇水电路	0854-2624584
名豪大酒店	Minghao Hotel	2	2008.12	38	60	瓮安县文峰中路	0854-2632588
东利酒店	Dongli Hotel	2	2008.12	23	34	瓮安县文峰中路	0854-2877988
杜鹃苑宾馆	Dujuanyuan Hotel	2	2006.09	70	120	长顺县新寨乡杜鹃湖	0854-6936032
凤凰宾馆	Fenghuang Hotel	2	2008	40	90	三都县三合镇县府路	0854-3927898
惠水县百联商务酒店	Huishui Bailian Business Hotel	2	2007	71	128	惠水县和平镇圆台东路	0854-6283989
溪桥宾馆	Libo Xiqiao Hotel	2	2009.12	53	103	荔波县樟江东路17号	0854-3618666
齐鲁宾馆	Libo Qilu Hotel	2	2008	25	47	荔波县玉屏镇樟江中路	0854-3618199
飞龙酒店	Guiding Feilong Hotel	2	2009	31	56	贵定县红旗路	0854-5233298
贵储酒店	Guichu Hotel	2	2009	40	65	贵定县红旗路	0854-5236666
地中海宾馆	Sandu Dizhonghai Hotel	2	2014.03	20	40	三都县三合镇都柳江社区中山路2号	0854-3026202
三都润丰宾馆	Sandu Runfeng Hotel	2	2010.07	23	27	三都县三合镇团结路34号	0854-3929123
馨豪酒店	Xinhao Hotel	2	2013.12	42	71	龙里县冠山街道兴龙路	0854-4974888
祥华酒店	Xianghua Hotel	2	2013.12	51	66	龙里县冠山街道青龙路	0854-5638862
虹泰宾馆	Hongtai Hotel	2	2010.09	20	38	平塘县平湖镇环城路	0854-7225888
育才宾馆	Yucai Hotel	2	2010.11	26	47	荔波县建设西路41号	0854-3619852
天琦公寓	Weng'an county Tianqi Hotel	2	2012.11	21	27	瓮安县文峰南路梅子树路口148号	0854-2777268
阳光宾馆	Weng'an county Yangguan Hotel	2	2012.11	24	45	瓮安县雍阳镇气象局旁	0854-2919777
黔海酒店	Qianhai Hotel	2	2013.12	48	71	龙里县冠山街道三林路	0854-5673555
龙架山宾馆	Long Hill Hotel	2	2013.12	93	200	龙里县冠山街道三林路	0854-5620338
岑巩县凯华大酒店有限公司	Cengong Kaihua Hotel	2	2006.12	75	126	岑巩县新兴大道下段	0855-3891888
剑泉山庄	Jianhe Spa and Jianquan Villa	2	2005.06	32	59	剑河县岑松镇温泉村	0855-5158088
从江宾馆	Congjiang hotel	2	2010.08	35	60	从江县江东南路	0855-6418669
雷山县圣城嘉源酒店	Leishan Shengchengjiayuan Hotel	2	2008.10	30	60	雷山县丹江镇	0855-3336718
麻江县下司第一楼	Majiang Xiasi Diyilou	2	2011.01	47	96	凯里市下司镇环城路	0855-2684000
金鼎龙大酒店	Jindinglong Hotel	2	2010.04	17	30	雷山县丹江镇	0855-3332888
香山大酒店	Kaili Xiangshan Hotel	2	2010.08	38	72	凯里市北京西路39号	0855-8601099
施秉县王府酒店有限公司	Shibing Wangfu Hotel	2	2012.06	33	59	施秉县城关镇中沙大道	0855-4326999
岑巩县惠璟大酒店	Cengong Huijing Hotel	2	2014.09	47	78	岑岑巩县舞水路口	0855-3570688
石阡宾馆	Shiqian hotel	2	2010.05	53	148	石阡县汤山镇	0856-7652777
天龙大酒店	Yanhe Tianlong Hotel	2	2005.09	39	73	沿河县城南路23号	0856-8228993
思南明星宾馆	Sinan Mingxing Hotel	2	2011	32	52	思南县民政局内	0856-7225085
玉屏贵阳大酒店	Yuping Guiyang Hotel	2	2011	24	39	玉屏县萧笛大道168号	0856-3222888
天生桥假日酒店	Tianshengqiao Holiday Hotel	2	2012.05	16	29	铜仁市川硐镇	13668562598
黔闽商务酒店	Qianmin Business Hotel	2	2012.11	31	57	松桃县滨江花园A区2号	0856-2323888
净裕酒店	Songtao Jingyu Hotel	2	2013.11	24	30	松桃县普觉镇毫口新街	0856-2689188

18-9 续表9 continued

名 称	Name	星级 Level	评定日期 Date of Assess	客房数 Rooms	床位数 Beds	地 址 Address	电 话 Telephone
梵净山假日酒店	Fanjing Mountain Holiday Hotel	2	2014.12	44	52	江口县杨澜桥	0856-6820888
皇嘉华假日酒店	Huang Jiahua Holiday Hotel	2	2014.11	44	70	石阡县汤山镇佛顶山大道	0856-554300
阳光假日酒店	Sunshine Holiday Hotel	2	2014.11	20	32	石阡县佛顶山大道	0856-7653277
石阡祥萍酒店	Shiqian Xiangping hotel	2	2014.11	31	46	石阡县佛顶山大道	0856-7620224
福禧酒店	Shiqian Fuxi hotel	2	2015.07	31	59	石阡县汤山镇佛顶山大道	0856-7626789
星旗酒店	Qianxi Star Hotel	2	2009.03	81	140	黔西县城关镇莲城大道转盘处星旗大厦	0857-4243999
金辉酒店	Jinhui Hotel	2	2006.07	108	179	金沙县中华路157号	0857-7251999
迎宾馆	Bijie Guest House	2	2009.07	63	113	七星关区学院路1号	0857-8312222
维尔乐宾馆	Hezhang wei'erle Hotel	2	2009.07	20	33	赫章县南环路	0857-3239898
富豪大酒店	Jinsha Fuhao Hotel	2	2011.12	51	81	金沙县东南环线新武装部旁	0857-7235555
名望宾馆	Mingwang Hotel	2	2010.08	20	40	赫章县城关镇环城南路	0857-3221513
安底温泉度假中心	Jinsha Andi Hot Spring Holiday Center	2	2011.12	16	78	金沙县安底镇温泉村小龙井组	0857-7388333
和泰快捷酒店	Dafang Hetai Fast Hotel	2	2013.09	92	161	大方县奢香大道中段	0857-5688998
威宁明珠酒店	Weining Mingzhu Hotel	2	2009.07	77	131	威宁县六桥街道向阳路	0857-6426458
工矿集团迎宾馆	Liuzhi Gongkuang Guest House	2	2003	32	56	六枝特区平寨镇人民路2号	0858-5532000
六枝宾馆	Liuzhi Hotel	2	2012.05	79	99	六枝特区平寨镇友谊路12号	0858-5322660
凯豪酒店	Kaihao Hotel	2	2006	41	72	六枝特区平寨镇交通路1号	0858-5319999
丰鑫假日酒店	Fengxin Holiday Hotel	2	2012.05	93	137	六枝特区平寨镇团结路5号	0858-5898888
六盘水市红果美豪商务酒店	Meihao Business Hotel	2	2013.06	33	54	六盘水市红果经济开发区杜鹃西路69号	0858-3572111
兴义市顶效南昆宾馆	Nankun Hotel	2	2004.11	44	69	兴义市顶效开发区开发大道98号	0859-2282831
兴义市隆泰酒店	Qianxinanzhou Longtai Hotel	2	2007.07	27	54	兴义市幸福路	0859-3290555
安龙县鸿钰酒店	Anlong Liyuehongyu Hotel	2	2010.09	36	63	安龙县西枫街道办事处西河村	0859-5216111
港湾快捷酒店	Gangwan Inn	1	2011.08	42	60	白云区建设路47号	0851-84611112
赛菲尔商务宾馆	Saifeier Business Hotel	1	2011.11	36	42	白云区金塘北街四合院	0851-84480899
博纳快捷酒店	Bona Inn	1	2011.11	40	60	白云区尖山路85号	0851-85619999
凤冈县腾龙商务酒店	Dragon Business Hotel	1	2013.02	36	59	凤冈县龙泉镇迎新大道	0851-25119199
凤冈县佳佳宾馆	Jia Jia Hotel	1	2013	53	76	凤冈县龙泉镇龙凤大道218号	0851-25119555
亲情宾馆	Qingqin Hotel	1	2006.09	19	34	平塘县平湖镇新平路48号	0854-5210021
玖玖宾馆	Jiujiu Hotel	1	2006.09	15	27	平塘县平湖镇新平路90号	0854-5210022
青松宾馆	Qingsong Hotel	1	2011.12	81	146	罗甸县龙坪镇解放西路	0854-7620518
麒麟大酒店	Kylin Hotel	1	2012.12	31	54	罗甸县信邦大道新苑村二组二级路口	0854-7837888
从江观音阁山庄	Congjiang Guanyinge Villa	1	2010.08	51	87	从江县江东南路	0855-6417988
谦和酒店	Huangping Qianhe Hotel	1	2011.06	40	72	黄平县新州镇康平路	0855-2436366
丰丰宾馆	Huangping Feng Feng Hotel	1	2011.06	40	72	黄平县新州镇四屏路	0855-2438198
岑巩县兴岑大酒店	Cengong Xingcen Hotel	1	2006.12	15	24	岑巩县万福路	0855-3575333
岑巩县万向宾馆	Cengong Wanxiang Hotel	1	2006.12	22	43	岑巩县新兴大道中段	0855-3573068
兴义市瑞权宾馆	Ruiquan Hotel	1	2009.07	55	85	兴义市坪东西路49号	0859-3815588

18-10 历年旅游人数及收入

Tourism Numbers and Earnings Over the Years

年 份 Year	国内旅游人数 (万人次) Number of Domestic Visitors (10000 person-times)	国内旅游收入 (亿元) Earnings from Domestic Tourism (100 million yuan)	入境旅游人数 (万人次) Number of Overseas Visitor Arrivals (10000 person-times)	#外国人 (万人次) Foreigners (10000 person-times)	国际旅游外汇收入(万美元) Foreign Exchange Earnings from International Tourism(10000 USD)
1980			0.17	0.07	0.70
1981			0.23	0.06	2.49
1982			0.51	0.18	5.73
1983			0.71	0.19	8.03
1984	204	0.07	1.02	0.27	15.86
1985	244	0.07	1.13	0.29	61.95
1986	248	0.05	1.40	0.46	100.19
1987	261	0.07	1.88	0.77	137.22
1988	296	0.18	2.36	0.75	162.54
1989	397	0.18	1.37	0.47	136.75
1990	399	0.19	2.41	0.74	180.90
1991	630	0.66	3.75	1.04	307.35
1992	1426	2.21	7.63	1.87	686.13
1993	1647	4.29	10.25	4.26	1049.45
1994	1700	4.28	12.08	7.61	2109.63
1995	1750	7.18	13.65	7.78	2897.73
1996	1800	8.53	12.53	6.67	3811.95
1997	1850	30.81	15.02	7.81	4429.10
1998	1880	35.14	15.13	6.77	4831.18
1999	1910	43.75	16.70	6.57	5501.54
2000	1980	57.95	18.39	7.12	6092.23
2001	2100	75.81	20.55	7.85	6873.23
2002	2200	99.86	22.81	8.45	7950.63
2003	1835	114.36	7.70	2.40	2893.91
2004	2480	161.02	23.10	7.63	8020.27
2005	3099	242.83	27.62	9.26	10141.36
2006	4716	377.79	32.14	10.70	11515.66
2007	6220	504.04	43.00	15.48	12917.55
2008	8151	643.82	39.54	18.22	11697.37
2009	10400	797.69	39.95	16.28	11044.40
2010	12863	1052.64	50.01	18.61	12957.88
2011	16961	1420.70	58.51	23.62	13507.18
2012	21331	1849.49	70.50	30.42	16893.60
2013	26684	2358.18	77.70	31.97	20143.41
2014	32049	2882.66	85.50	35.94	21671.23
2015	37536	3500.46	94.09	39.83	20111.94

主要统计指标解释

入境游客人数 指报告期内来中国(大陆)观光、度假、探亲访友、就医疗养、购物、参加会议或从事经济、文化、体育、宗教活动的外国人、港澳台同胞等游客(即入境旅游人数)。统计时，入境游客按每入境1次统计1人次。

入境游客包括入境过夜游客和入境一日游游客。

国内游客人数 指报告期内在中国(大陆)观光游览、度假、探亲访友、就医疗养、购物、参加会议或从事经济、文化、体育、宗教活动的中国(大陆)居民，其出游的目的不是通过所从事的活动谋取报酬。统计时，国内游客按每出游1次统计1人次。

国内游客包括国内过夜游客和国内一日游游客。

国际旅游(外汇)收入 入境游客在中国(大陆)境内旅行、游览过程中用于交通、参观游览、住宿、餐饮、购物、娱乐等全部花费。

出境游组团旅行社 指从事招徕、组织、接待中国内地居民出国旅游，赴香港特别行政区、澳门特别行政区和台湾地区旅游，以及招徕、组织、接待在中国内地的外国人、在内地的香港特别行政区、澳门特别行政区居民和在大陆的台湾地区居民出境旅游的业务的旅行社。

国内及入境旅游旅行社 指从事招徕、组织和接待中国内地居民在境内旅游的业务和从事招徕、组织、接待外国旅游者来我国旅游，香港特别行政区、澳门特别行政区旅游者来内地旅游，台湾地区居民来大陆旅游，以及招徕、组织、接待在中国内地的外国人，在内地的香港特别行政区、澳门特别行政区居民和在大陆的台湾地区居民在境内旅游的业务的旅行社。

国内旅游收入 国内游客在旅游过程中(由游客或游客的代表为游客)支付的一切旅游支出就是国家(省、区、市)的国内旅游收入。旅游支出应包括过夜游客和一日游游客在整个游程中行、游、住、食、购、娱，以及为亲友、家人购买纪念品、礼品等方面的旅游支出，不包括为商业目的购物、购买房、地、车、船等资本性或交易性的投资、馈赠亲友的现金及给公共机构的捐赠。

星级饭店 指设备、设施、服务符合《旅游饭店星级的划分与评定》（GB/T14308-2003），通过相关旅游管理部门评定，并取得星级饭店称号的饭店（含预备星级饭店）。

Explanatory Notes on Main Statistical Indicators

Number of Oversea Visitor arrivals refer to the number of foreigners, Chinese compatriots from Hong Kong, Macao and Taiwan Chinese who come to China within the reference period for sight-seeing, vacation, visiting relatives, medical treatment, shopping, attending conference, or to engage in economic, cultural, sports and religious activities(namely the number of oversea arrivals). In compiling statistics, each time of entering China is counted as one person-time.

Inbound tourists are including inbound overnight tourists and inbound tour tourists.

Number of domestic tourists refers to the number of Chinese (mainland) residents who travel within China (mainland) for sight-seeing, vacation, visiting relatives, medical treatment, shopping, attending conference, or to engage in economic, cultural, sports and religious activities. In compiling statistics, each time of travelling is counted as one person-time.

Domestic tourists are including domestic overnight visitors and domestic day trip visitors.

Foreign Exchange Earnings from International Tourism refer to the total expenditure of foreigners, overseas Chinese, Chinese compatriots from Hong Kong, Macao and Taiwan during their stay in the mainland of China on transportation of sighting, accommodation, food, shopping and entertainment.

Outbound travel agencies refer to the agencies which is engaged in the solicitation, organization, hospitality Chinese mainland residents to travel abroad, to visit Hong Kong SAR, Macao SAR and Taiwan tourism and attract, organize the reception of foreigners in the Chinese mainland, the mainland Hong Kong SAR, Macao SAR residents and residents of Taiwan on the mainland outbound travel business travel.

Domestic and inbound tourism travel agencies refer to the agencies which is engaged in soliciting travel, organization and hospitality Chinese mainland residents to travel in the territory and engaged in soliciting business, organization, reception of foreign tourists to China's tourism, Hong Kong SAR, Macao SAR mainland tourists to travel to the mainland for Taiwan residents tourism and attract, organization, reception of foreigners in China Mainland, the Mainland Hong Kong SAR, Macao SAR residents and residents of Taiwan on the mainland tourism business.

Income from Domestic tourism refer to the payment of all tourism expenditure revenue domestic tourists in the tourism process (by the representatives of visitors or tourists for tourists) payment of all tourism expenditure is the national (provincial, autonomous regions and municipalities) of domestic tourism revenue. Travel expenses shall include overnight visitors and day visitors in the entire run Bank of China, travel, housing, food, shopping and entertainment, as well as friends, family, buy souvenirs, gifts and other aspects of tourism expenditure, not including for commercial purposes, shopping, purchase house, ground, cars, boats and other capital investment or trading, cash and gift donations to public institutions.

Star-rated Hotels refer to hotels rated with stars as assessed by the relevant tourism authorities according to GB/T14308-2003 standard with reference to their infrastructure, facilities and service levels.

金融业

Financial Intermediation

19

简 要 说 明

一、主要内容

本篇资料主要反映全省金融、保险和证券业发展情况。

二、资料来源

1.金融资料由中国人民银行贵阳中心支行、贵州银监局提供。

2.保险业资料由中国保险监督管理委员会贵州监管局提供。

3.证券资料由中国证监会贵州监管局提供。

Brief Introduction

I. Main Contents

Data in this chapter show the development of financial, securities and insurance industries of Guizhou.

II. Sources of Data

(1) Data on financial are provided by Guiyang Central Sub-branch of The People's Bank of China, Guizhou Bureau of China Banking Regulatory Commission.

(2) Data on securities are provided by Guizhou Bureau of China Insurance Regulatory Commission.

(3) Data on securities are provided by Guizhou Bureau of China Securities Regulatory Commission.

19−1 各类金融机构
Financial Institutions

单位：个

指　　标	Item	2013	2014	2015
银行类	**Banking Institutions**	**4581**	**4748**	**4915**
#商业银行	Commercial Banks	1766	2326	2654
外资银行	Foreign Funded Banks	1	1	1
非银行类	Non-Bank Financial Intermediaries	**6**	**6**	**6**
#财务公司	Finance Companies	5	5	5
信托公司	Trust Companies	1	1	1

注：资料来源于贵州银监局。

Note: included Emerging Financial Institutions since .

19−2 金融机构人民币各项存贷款余额
Saving Deposits and Loans Blance of Financial Institutions

单位：亿元　　(100 million yuan)

指　　标	Item	2011	2012	2013	2014	2015	2015年比2014年增长(%) Increase Rate in 2015 over 2014(%)
资金来源合计	**Sources of Funds**	**8300.17**	**9891.66**	**12234.52**	**14036.29**	**18299.80**	**30.4**
各项存款	Total Deposits	8742.79	10540.06	13265.01	15263.26	19438.64	26.9
#财政存款	Fiscal Deposits	447.67	412.56	424.78	534.84	761.66	42.4
个人存款	Personal Deposits	3934.48	4806.09	5919.05	6620.56	7394.86	9.2
资金运用合计	**Uses of Funds**	**8300.17**	**9891.66**	**12234.52**	**14036.29**	**18299.80**	**30.4**
各项贷款	Total Loans	6841.92	8274.78	10104.30	12368.30	15051.94	21.7
#短期贷款	Short-term Loans	1293.00	1744.63	2244.51	2803.96	3143.33	12.1
中长期贷款	Medium-term & Long-term Loans	5439.64	6405.81	7759.30	9403.72	11680.25	24.2

注：资料来源于中国人民银行贵阳中心支行。

Note: Data in the table are obtained from Guiyang Central Branch of PBC.

19-3 保 险

Insurance

单位：个 (unit)

指 标	Item	2011	2012	2013	2014	2015	2015年比2014年增长(%) Increase Rate in 2015 over 2014(%)
机构数	**Total**	**930**	**949**	**991**	**1052**	**1102**	**4.8**
省级分公司	Provincial Branches	22	23	23	25	27	8.0
地市级分公司	Branches at Prefecture Level	117	123	137	146	150	2.7
县级支公司	Branches at County Level	384	416	447	496	540	8.9
办事处或营业部	Business Offices and Departments	38	38	38	36	36	持平
营销服务部	Marketing Deparements	369	349	346	349	349	持平
职工人数	**Total**	**11283**	**11390**	**11860**	**12827**	**16493**	**28.6**
省级分公司	Provincial Branches	2666	2732	2761	2792	3642	30.4
地市级分公司	Branches at Prefecture Level	5444	5335	5542	5868	7901	34.6
县级支公司	Branches at County Level	2597	2504	2741	3340	4076	22.0
办事处或营业部	Business Offices and Departments	33	218	291	354	279	-21.2
营销服务部	Marketing Departments	543	601	525	473	595	25.8

注：资料来源于中国保险监督管理委员会贵州监管局(以下相关表同)。

Note:Data in the table are obtained from the provincial insurance regulatory bureau(the relative tables in the chapter are the same).

19-4 财产保险
Property Insurance

单位：万元 (10000 yuan)

指 标	Item	2011	2012	2013	2014	2015	2015年比2014年增长(%) Increase Rate in 2015 over 2014(%)
保费收入	**Premium**	**617886**	**738037**	**934898**	**1173603**	**1403184**	**19.6**
企业财产保险	Enterprise Property Insurance	38138	35794	40438	40015	39312	-1.8
机动车辆保险	Motor Vehicle Insurance	480928	593675	755887	930033	1103547	18.7
货物运输保险	Freight Transport Insurance	7290	6713	6625	6657	5396	-18.9
责任保险	Liability Insurance	29781	34106	37825	44302	53580	20.9
信用保证保险	Export Credit and Guarantee Insurance	7624	12478	14946	24239	55143	127.5
农业保险	Agriculture Insurance	2119	6876	16194	43949	51795	17.9
其他保险	Other Insurance	52006	48396	62983	84409	94410	11.8
储金	**Deposits**	**5822**	**7225**	**41765**	**7369**	**15954**	**116.5**
赔案件数(万件)	**Cases of Claims(10000 cases)**	**49.52**	**65.93**	**85.61**	**124.54**	**159.31**	**27.9**
赔款支出	**Claim and Payment**	**262491**	**395728**	**468568**	**588310**	**695516**	**18.2**
企业财产保险	Enterprise Property Insuance	10467	28811	11836	17981	24265	35.0
机动车辆保险	Motor Vehicle Insurance	225500	324388	397667	490885	564657	15.0
货物运输保险	Freight Transport Insurance	517	412	443	837	528	-36.9
责任保险	Liability Insurance	10904	17514	17984	23992	23345	-2.7
信用保证保险	Export Credit and Guarantee Insurance	193	558	1049	2148	15193	607.3
农业保险	Agriculture Insurance	1311	2316	7108	11033	19856	80.0
其他保险	Other Insurance	13598	21728	32481	41435	47671	15.1
未决赔款	**Outstanding Claim**	**189131**	**196770**	**250852**	**321479**	**334596**	**4.1**

注：本表包括人保财险、太保产险、平安产险、天安保险、安邦保险、阳光产险、大地产险、国寿产险、都邦产险、太平保险、华安产险鼎和产险、华泰产险、安诚产险、锦泰产险、永诚产险16家财产保险分公司数据(下表同)。

Note:.Data in the table include figures of the Guizhou Branches of PICC,Pacific Property Insurance Company, Ping'an Property Insurance Company, Tianan Insurance Company,Anbang Insurance Company,Yangguang Property Insurance Company, Dadi Property Insurance Company, China Li Property & Casualty Insurance Company, DuBang Insurance,Dinghe Insurance Company，Huatai Insuurance company and An-cheng Insurance Company (the same applies to the next table) .

19-5 财产保险主要指标(2015)
Major Indicators on Property Insurance

指　标	Item	合　计 Total	企业财产保险 Enterprise Property Insurance	家庭财产保险 Family Property Insurance	机动车辆保险 Motor Vehide Insurance	工程保险 Engin-eering Insurance	责任保险 Liability Insu-rance	保证保险 Guarantee Insu-rance	信用保险 Export Credit Insurance
承保件数(万件)	Amount Insured (10000 cases)	2020	1	6	662	0	13	3	0
保险金额或责任限额(亿元)	Insurance Value or Liability Limit (100 million yuan)	60316.12	4199.45	1070.32	19223.96	873.20	18258.00	64.67	5.46
签单保费(万元)	Premium of Sign Bill (10000 yuan)	1402024	39783	9929	1103660	18937	53656	54166	261
赔付件数(万件)	Amount Claim and Payment (10000 cases)	159.31	0.51	1.23	113.93	0.16	1.04	0.82	
已决赔款(万元)	Settled claim (10000 yuan)	662218	24027	7243	536427	9081	21945	15615	2
未决赔款(万元)	Outstanding claim (10000 yuan)	334596	28709	606	230575	17819	23149	586	1

19-5 续表 continued

指　标	Item	船舶保险 Ship Insurance	货物运输保险 Freight Transport Insurance	特殊风险保险 Special Risk Insurance	农业保险 Agric-ultural Insurance	健康险 Health Insu-rance	意外伤害保险 Accident Injury Insurance	其他险 Others Insu-rance
承保件数(万件)	Amount Insured(10000 cases)	0.04	7.72		0.88	29.99	529.32	766.81
保险金额或责任限额(亿元)	Insurance Value or Liability Limit (100 million yuan)	1.44	1052.39	144.37	783.05	2406.16	12232.45	1.22
签单保费(万元)	Premium of Sign Bill(10000 yuan)	164.52	5392.70	217.56	51556.94	17585.55	46040.94	674.29
赔付件数(万件)	Amount Claim and Payment (10000 cases)		0.03		1.83	2.99	1.09	35.68
已决赔款(万元)	Settled claim(10000 yuan)	172.22	318.52	0.18	18600.16	9748.29	18606.74	432.00
未决赔款(万元)	Outstanding claim(10000 yuan)	786.29	731.28	186.45	13767.89	3241.73	14430.17	7.16

注：赔付件数指已决赔付件数。

Note:Amount Claim and Payment refers to indemnity Expenditure.

19-6 人寿保险
Life Insurance

单位：万元 (10000 yuan)

指 标	Item	2011	2012	2013	2014	2015	2015年比2014年增长(%) Increase Rate in 2015 over 2014(%)
保费收入	**Premium**	**700228**	**764119**	**881254**	**957021**	**1174783**	**22.8**
#新单保费	Premium of New Guarantee Slip	368371	310106	342673	355082	637017	79.4
#个人业务	Personal Business	670327	733130	814520	876164	1084522	23.8
人寿保险	Life Insurance	624908	676263	741759	781899	959155	22.7
意外伤害险	Accident Injury Insurance	13608	16385	21633	29090	34567	18.8
健康险	Health Insurance	31811	40482	51127	65174	90800	39.3
团体业务	Group Business	29901	30988	66734	80857	90261	11.6
人寿保险	Life Insurance	7051	7285	7262	7001	11618	66.0
意外伤害险	Accident Injury Insurance	15121	14618	19346	20373	18224	-10.5
健康险	Health Insurance	7730	9085	40126	53484	60419	13.0
有效保单件数(万件)	**Cases of Virtual Guarantee Slip (10000 cases)**	**458.74**	**490.63**	**544.51**	**607.77**	**696.39**	**14.6**
赔款及给付支出	**Claim and Payment**	**132696**	**157626**	**255813**	**308371**	**374195**	**21.3**
个人业务	Personal Business	93250	110036	193168	206479	277551	34.4
赔款支出	Benefit Paid	9495	7967	9625	10661	12242	14.8
年金给付	Payment for Annuity	14179	22935	38340	32937	54191	64.5
满期给付	Payment for Expiration	54158	60679	125087	137244	177615	29.4
死伤医疗给付	Payment for Death and Injured person	15418	18454	22336	25636	33503	30.7
团体业务	Group Business	39446	47591	45891	101892	96644	-5.2
赔款支出	Claim and Payment	10766	13123	20269	52988	63364	19.6
年金给付	Payment for Annuity	2465	3130	3340	4795	4426	-7.7
满期给付	Payment for Expiration	25039	30248	35585	42676	27326	-36.0
死伤医疗给付	Payment for Death and Injured Person	1177	1090	1232	1432	1528	6.7

注：本表数据包含国寿、太保寿险、平安寿险、新华人寿、泰康人寿、平安养老、太平人寿、人保寿险、生命人寿、泰康养老、阳光人寿11家人寿保险分公司数据(下表同)。

Note: Data in the table include figures of the Guizhou Branches of China Life Insurance Company,Pacific Life Insurance Company, Ping'an Life Insurance Company, Xinhua Life Insurance Company, Taikang Life Insurance Company , Ping'an pension Insurance and Life Insurance Company(the same applies to the next table) .

19−7 人寿保险主要指标(2015)

Major Indicators on Life Insurance

单位：万元 (10000 yuan)

指标项目	Item	合 计 Total	寿险业务 Life Insurance Busi-ness	普通寿险 Normal Life Insu-rance			分红寿险 Share out Bonus		
					个人业务 Pers-onal	团体业务 Group		个人业务 Pers-onal	团体业务 Group
保费收入	Premium	1174783	970773	458282	447704	10579	501144	500105	1039
期末有效保险金额(亿元)	Virtual Insurance Value at the year-end(100 million yuan)	38184.30	3866.76	3101.46	2901.13	200.33	495.30	492.65	2.65
期末有效承保人次(万人)	Virtual Insurance Person-time at the year-end (10000 persons)	5684.66	904.75	719.90	699.45	20.45	137.13	128.07	9.06
期末有效承保保单件数(万件)	Cases of Virtual Guarantee Slip at the year-end (10000 cases)	696.39	417.47	249.41	244.42	4.99	123.94	122.31	1.63
赔款和给付支出	Expenditure for Claim and Payment	374195	288866	78607	45713	32894	207225	207204	21
#赔款支出	Claim and Payment	75606							
死伤医疗给付	Payment for Death,Injury or Medical Treatmnet	35031	25449	16762	15598	1164	6490	6490	
满期给付	Mature Payment	204941	204801	37420	10094	27326	166544	166544	
年金给付	Payment for Annuity	58617	58617	24425	20020	4404	34192	34171	21
退保金	Insurance Withdrawed	264860	263222	117917	117806	111	145300	144783	517
在售产品数量（个）	Amount of Products under Selling(unit)	2535	743	452	391	61	416	395	21

19−7 续表 continued

单位：万元 (10000 yuan)

指标项目	Item	投资连结产品 Life Insurance Product in investment	万能寿险 Omnip-otence Life Insurance	健康险业务 Health Insu-rance	个人业务 Personal	团体业务 Group	意外伤害保险业务 Unforeseen Injury Insurance
保费收入	Premium	204	11142	151218	90800	60419	52791
期末有效保险金额(亿元)	Virtual Insurance Value at the year-end (100 million yuan)	4.88	265.12	26920.40	1638.23	25282.17	7397.14
期末有效承保人次(万人)	Virtual Insurance Person-time at the year-end(10000 persons)	0.56	47.16	2649.80	987.48	1662.32	2130.12
期末有效承保保单件数(万件)	Cases of Virtual Guarantee Slip at the year-end(10000 cases)	0.51	43.61	101.37	90.15	11.22	177.55
赔款和给付支出	Expenditure for Claim and Payment	39	2995	71412	17222	54190	13916
#赔款支出	Claim and Payment			61690	7864	53825	13916
死伤医疗给付	Payment for Death,Injury or Medical Treatmnet	22	2175	9582	9218	365	
满期给付	Mature Payment	17	820	140	140		
年金给付	Payment for Annuity						
退保金	Insurance Wthdrawed	0.13	4.97	1638.14	1627.27	10.87	
在售产品数量（个）	Amount of Products under Selling (unit)	26	135	1027	694	333	479

19−8 贵州上市公司股票发行情况(2015)
Summary List of Stocks Publicly Issued by Guizhou Enterprises

单位：亿股 (100 million shares)

上市公司名称	Listed Companies	上市时间 Listed Time	板块类别 Setor of Listed Companies	总股本(亿股) Total Capital Stock	流通股 Gover-nment Share	募集资金总额(亿元) Total Amount Issued (100 million yuan)
中天城投	Century Zhong Tian Investment Jiont Stock Co.,Ltd.	1994.02.02	主板	43.18	39.20	31.52
黔轮胎	Gui Zhou Tyre Co., Ltd.	1996.03.08	主板	7.75	7.45	40.20
中航重机	Guizhou Liyuan Hydraulic Components Co., Ltd.	1996.11.06	主板	7.78	7.78	54.44
振华科技	China Zhenhua(Group) Science & Technology Co., Ltd.	1997.07.03	主板	4.69	4.29	25.51
天成控股	Controlled Company Co., Ltd.	1997.11.27	主板	5.09	5.09	10.98
高鸿股份	Gohigh Data Networks Technology Co., Ltd.	1998.06.09	主板	5.91	4.87	26.82
南方汇通	South Huiton Co., Ltd.	1999.06.06	主板	4.22	4.22	6.19
渝能源	Chongqing Energy Co., Ltd.	1999.09.23	主板	3.78	3.78	1.80
赤天化	Guizhou Chitianhua Corp.	2000.02.21	主板	9.50	9.50	21.54
红星发展	Guizhou Redstat Developing Co., Ltd.	2001.03.20	主板	2.91	2.91	3.80
盘江股份	Guizhou Panjiang Refined Coal Co., Ltd.	2001.05.31	主板	16.55	16.55	76.87
贵州茅台	Kweichow Moutai Co., Ltd.	2001.08.27	主板	12.56	12.56	22.44
贵航股份	Guizhou Guihang Automotive Components Co., Ltd.	2001.12.27	主板	2.89	2.89	12.97
益佰制药	Guizhou Yibai Phamacy Co., Ltd.	2004.03.23	主板	7.91	7.82	13.97
贵绳股份	Guizhou Guisheng Co., Ltd.	2004.05.14	主板	2.45	2.45	9.78
航天电器	Guizhou Spaceflight Dianqi Co., Ltd.	2004.07.26	中小板	4.29	4.29	6.12
久联发展	Guizhou Jiulian Development Co., Ltd.	2004.09.08	中小板	3.27	3.27	14.92
黔源电力	Guizhou Qianyuan Electric Power Co., Ltd.	2005.03.03	中小板	3.05	3.05	13.78
信邦制药	Guizhou Xinbang Pharmaceutical Co., Ltd.	2010.04.16	中小板	14.83	7.34	19.70
贵州百灵	Guizhou Bailing Group Pharmaceutical Co., Ltd.	2010.06.03	中小板	14.11	7.32	14.80
朗玛信息	Longmastrr Inforation & Technology Co., Ltd.	2012.02.16	创业版	3.38	1.63	9.66

注：1.资料来源于中国证监会贵州监管局。2募集资金总额包括首发、增发、配股、可转债等募集的资金。

Note:1.Data in the table are provided by the Guizhou Securities Regulatory Bureau of the CSRC. 2.Total Raised Capitals,including money raised by the first, issuing, convert-ible bonds of listed companies.The total amount of funds raised of Guizhou Panjiang Refined coalco, LTD.indude infusion of funds.

19-9 历年金融机构人民币各项存贷款余额

Saving Deposits and Loans Balance of Financial Institutions Over the Years

单位：亿元 (100 million yuan)

年 份 Year	各项存款余额 Total Deposits Balance	#个人储蓄存款 Personal Saving Deposits	人均储蓄余额（元） Per Captia Savings Deposit (yuan)	各项贷款余额 Total Loans Balance
1978	18.05	1.84	6.91	21.62
1979	19.82	2.42	8.93	23.31
1980	24.43	3.73	13.54	24.94
1981	25.75	5.28	18.85	30.10
1982	30.75	7.26	25.46	33.99
1983	35.25	8.86	30.68	36.07
1984	45.33	12.33	42.27	46.22
1985	52.27	16.61	56.27	63.41
1986	69.76	22.21	74.06	89.67
1987	83.79	30.37	99.60	107.76
1988	91.92	34.99	112.87	125.17
1989	107.35	44.54	141.44	142.73
1990	144.39	61.27	190.32	183.91
1991	187.06	80.30	243.99	234.56
1992	232.80	102.07	305.80	290.01
1993	291.22	141.88	419.16	357.00
1994	364.84	181.05	527.30	421.07
1995	478.21	247.62	710.89	513.41
1996	586.26	311.19	881.12	610.51
1997	712.80	362.87	1013.43	761.88
1998	815.43	423.08	1164.96	840.63
1999	945.80	484.51	1315.23	899.83
2000	1106.64	539.49	1445.23	1064.82
2001	1341.11	641.67	1698.83	1212.23
2002	1553.00	759.05	1988.13	1403.92
2003	1898.62	912.84	2368.88	1714.04
2004	2322.27	1094.55	2816.16	2020.04
2005	2777.54	1350.90	3633.79	2303.93
2006	3300.08	1596.86	4304.20	2696.11
2007	3826.37	1790.14	4889.76	3128.63
2008	4736.93	2237.05	6189.96	3569.27
2009	5898.26	2676.09	7503.41	4656.50
2010	7363.92	3244.99	9250.26	5747.53
2011	8742.79	3934.48	11325.50	6841.92
2012	10540.06	4806.09	13824.51	8274.78
2013	13265.01	5919.05	16944.93	10104.30
2014	15263.26	6620.56	18888.19	12368.30
2015	19438.64	6861.43	19499.51	15051.94

注：1.2005年及以后各年人均储蓄余额采用按人口普查修订后常住半年的年平均人口计算，以前年份按常住一年口径计算。2.表中个人储蓄存款及人均储蓄余额2010年及以前为城乡居民储蓄存款和城乡居民人均储蓄。

Note: 1.Per captia savings deposit are calculated by permanent population in half a year scope since 2005,and by permanent population in one year scop before 2005.2.The year 2010 and before personal savings deposit and per captia savings deposit respectively refer to resident savings and per cap savings deposit of urban and rural.

主要统计指标解释

存款 指企业、机关、团体或居民根据资金必须收回的原则，把货币资金存入银行或其他信用机构保管并取得一定利息的一种信用活动形式。根据存款对象的不同可划分为企业存款、财政存款、机关团体存款、基本建设存款、城镇储蓄存款、农村存款等科目。它是银行信贷资金的主要来源。

贷款 指银行或其他信用机构根据资金必须归还的原则，按一定利率，为企业、个人等提供资金的一种信用活动形式。我国银行贷款分为流动资金贷款、固定资产贷款、城乡个体工商户贷款以及农业贷款等科目。

保费 指投保人为取得保险保障，按保险合同约定向保险人支付的费用。

赔款 指保险人对保险事故造成的损失，根据合同约定向被保险人或受益人给予的经济补偿。

给付 人身保险合同中，保险人向被保险人或受益人给付保险金的行为。

Explanatory Notes on Main Statistical Indicators

Deposit is a form of credit by which enterprises, institutions, organizations or households can put money into banks and other credit institutions for safekeeping and interest earning under the principle of free withdrawal. According to different depositors, deposits are divided into enterprise deposits, treasury deposits, deposits of government agencies and organizations, capital construction deposits, urban savings deposits, rural deposits and other deposits. Deposits are major sources of the credit funds of banks.

Loan is a form of credit by which banks and other credit institutions provide funds at certain interest rate to enterprises and individuals in the light of the principle of unconditional repayment. Loans from Chinese banks include circulating capital loans, fixed assets loans, loans to urban and rural individuals engaged in industrial and commercial business and agricultural loans.

Premium refers to the fee paid by the insurant to the insurer to obtain the obligation of compensation from the insurance within the agreed terms.

Settled Claim is the economic compensation that for the insurance losses caused by the accident and according to the contract, the insurer paid to the insured or the beneficiary.

Payment is the Insurance payments behavior that in the life insurance contract, the insurer paid for the insured or the beneficiary.

教育

Education 20

简 要 说 明

一、主要内容

本篇资料主要反映全省教育事业发展情况。包括：公办教育和民办教育、学历教育和非学历教育。具体有高等教育(研究生教育、普通高等教育和成人高等教育)、中等教育(高中阶段教育和初中阶段教育)、初等教育(小学)、学前教育、民族教育、学校数、在校学生数、招生数、毕业生数、教职工数和专任教师数等。

二、资料来源

本篇资料由省教育厅、省人力资料社会保障厅提供。

Brief Introduction

I. Main Contents

Data in this chapter show the development of education, cover the situations on education funded by government and non-government agencies, and the education with and without academic credentials including higher education (education of postgraduates, general higher education and adult education), secondary education (senior and junior high schools), elementary education (primary schools), preschool education, national education, the number of schools, the number of students enrolled, the number of new students enrolled, the number of graduates, the number of staff and workers, the number of full-time teachers.

II. Sources of Data

Data in this chapter are Provincial by Guizhou Department of Education, the Ministry of Human Resources and Social Security of Guizhou province.

20-1 各级各类学校数
Number of Schools by Level and Type

单位：所 (unit)

指　标	Item	2011	2012	2013	2014	2015
研究生培养机构	Institutions Providing Postgraduate Programs	8	9	9	8	8
普通高等学校	Regular Higher Education Institutions	48	49	52	55	59
#成人高等学校	Adult Higher Education Institutions	4	4	4	4	4
中等职业教育	Secondary Vocational Education	227	229	218	209	206
调整后中等职业教育	Adjusted Secondary Vocational Education	32	34		1	
普通中等专业教育	Regular Specialized Secondary Schools	54	54	58	63	67
职业高中	Vocational Senior Secondary Schools	126	125	146	133	129
成人中等专业学校	Adult Specialized Secondary Schools	15	16	14	12	10
普通中学	Regular Secondary Schools	2641	2661	2664	2604	2558
高　中	Senior Secondary Schools	447	446	448	438	430
初　中	Junior Secondary Schools	1635	1621	1609	1593	2128
九年一贯制学校	9-Year Schools	559	594	607	573	561
小　学	Primary Schools	12008	11529	10632	9275	8520
幼儿园	Kindergartens	2677	3159	4016	4767	5993
特殊教育	Special Education	52	56	60	65	75
工读学校	Correctional Work-Study Schools	4	5	6	7	11
成人中学	Adult Secondary Schools	13	51	23	28	1
成人技术培训学校	Adult Technical Training Schools	8202	7863	6994	7098	6146
成人小学	Adult Primary Schools	5059	4935	4169	3560	3071

注：资料来源于省教育厅(以下相关表同)。

Note:Data in the table are provided by the Provincial Department of Education(The relative tables in the chapter are the same).

20-2 各级各类学校专任教师数
Number of Full-time Teachers by Level and Type of School

单位：人 (person)

指　　标	Item	2011	2012	2013	2014	2015
专任教师	**Number of Full-time Teachers**					
培养研究生的单位	Institutions Providing Postgraduate Programs	2971	3133	3409	3316	3518
普通高等学校	Regular Higher Education Institutions	21855	22803	25351	28144	30515
成人高等学校	Adult Higher Education Institutions	314	361	368	371	379
中等职业教育	Secondary Vocational Education	11635	12585	14326	16342	17787
调整后中等职业教育	Adjusted Secondary Vocational Education	1339	1712		55	
普通中等专业教育	Regular Specialized Secondary Schools	3677	3841	4816	5861	6944
职业高中	Vocational Senior Secondary Schools	5354	5784	8209	9181	9595
成人中等专业学校	Adult Specialized Secondary Schools	1233	1216	1265	1209	1167
其它机构	Other Institutions	32	32	36	36	81
普通中学	Regular Secondary Schools	147396	156325	162309	171988	179875
高　中	Senior Secondary Schools	36223	41572	46964	52365	56198
初　中	Junior Secondary Schools	111173	114753	115345	119623	123677
小　学	Primary Schools	197094	197983	192953	192850	193511
幼儿园	Kindergartens	18120	23846	34188	43081	55856
特殊教育	Special Education	901	996	1093	1241	1408
工读学校	Correctional Work-Study Schools	65	82	88	120	183
成人中学	Adult Secondary Schools	33	35	21	60	3
成人技术培训学校	Adult Technical Training Schools	5515	5339	5920	6203	6106
成人小学	Adult Primary Schools	3403	3155	2789	2249	1538

20-3 各级各类学校招生数

Number of New Students Enrollment by Level and Type of School

单位：人 (person)

指　标	Item	2011	2012	2013	2014	2015
研究生	Postgraduates	4417	4769	4937	5097	5407
普通高等教育	Regular Higher Education Institutions	107841	127963	131245	145849	160181
成人高等教育	Adult Higher Education	26054	32661	38368	43256	35288
#成人高等学校	Adult Higher Education Institutions	3041	4004	5290	5050	2873
中等职业教育	Secondary Vocational Education	148242	150784	247135	235809	228109
调整后中等职业教育	Adjusted Secondary Vocational Education	16283	20395		1100	
普通中等专业教育	Regular Specialized Secondary Schools	61181	58945	91983	89722	86060
职业高中	Vocational Senior Secondary Schools	66736	68119	111222	100713	103783
成人中等专业教育	Adult Specialized Secondary Education	4042	3325	43930	44274	38266
#成人中等专业学校	Adult Specialized Secondary Schools	1788	986	517	1145	774
普通中学	Regular Secondary Schools	1022950	1050119	1046445	1016349	976148
高　中	Senior Secondary Schools	277290	318188	330212	349047	343484
初　中	Junior Secondary Schools	745660	731931	716233	667302	632664
小　学	Primary Schools	626379	591024	510554	554793	607667
幼儿园	Kindergartens	632789	668389	694176	763491	786694
特殊教育	Special Education	2858	2904	2684	2769	4852
工读学校	Correctional Work-Study Schools	660	609	538	253	490

注：2013年实施教育“9+3”计划，加大成人中等专业教育力度（以下相关表同）。

Note: In 2013，the implementation of education " 9 +3" program has increased adult secondary professional education efforts. (The relative tables in the chapter are the same)

20-4 各级各类学校在校生数

Number of Students Enrollment by Level and Type of School

单位：人 (person)

指　　标	Item	2011	2012	2013	2014	2015
在校生数	**Total Enrollment**					
研究生	Postgraduate	12436	13344	14057	14667	15484
普通高等教育	Regular Higher Education Institutions	344100	383815	419040	460401	500882
成人高等教育	Adult Higher Education	79615	85575	101698	116719	121577
#成人高等学校	Adult Higher Education Institutions	6064	6488	11457	12789	10924
中等职业教育	Secondary Vocational Education	379908	383367	475512	544462	602491
调整后中等职业教育	Adjusted Secondary Vocational Education	39497	47532		1650	568
普通中等专业教育	Regular Specialized Secondary Schools	170659	165583	204053	220320	238123
职业高中	Vocational Senior Secondary Schools	151786	158059	220885	246681	268727
成人中等专业教育	Adult Specialized Secondary Education	17966	12193	50574	75811	95073
#成人中等专业学校	Adult Specialized Secondary Schools	14057	8008	2290	2010	2528
普通中学	Regular Secondary Schools	2827096	2873822	2960110	3010982	2958569
高　中	Senior Secondary Schools	689042	772972	857077	942656	978870
初　中	Junior Secondary Schools	2138054	2100850	2103033	2068326	1979699
小　学	Primary Schools	4087382	3800803	3555333	3463056	3463095
幼儿园	Kindergartens	877824	982511	1077687	1198864	1304713
特殊教育	Special Education	14474	13657	12721	13535	17888
工读学校	Correctional Work-Study Schools	400	549	623	501	600
成人中学	Adult Secondary Schools	1203	7500	768	1163	90
成人技术培训学校	Adult Technical Training Schools	2180591	2014520	1755865	1693020	1646885
成人小学	Adult Primary Schools	128006	135401	110207	128434	174654

20-5 各级各类学校毕业生数

Number of Graduates by Level and Type of School

单位：人 (person)

指　标	Item	2011	2012	2013	2014	2015
毕业生数	**Graduates**					
研究生	Postgraduate	3335	3820	4093	4396	4538
普通高等教育	Regular Higher Education Institutions	83016	85285	92395	99562	116824
成人高等教育	Adult Higher Education	29953	23343	22657	24335	29840
#成人高等学校	Adult Higher Education Institutions	2166	1742	2217	3314	4506
中等职业教育	Secondary Vocational Education	90966	100340	100281	108500	118846
调整后中等职业教育	Adjusted Secondary Vocational Education	6933	10647			
普通中等专业教育	Regular Specialized Secondary Schools	46622	47080	50400	51645	51064
职业高中	Vocational Senior Secondary Schools	35230	39931	44881	45393	52809
成人中等专业教育	Adult Specialized Secondary Education	2181	2682	5000	11462	14973
#成人中等专业学校	Adult Specialized Secondary Schools	1913	1560	749	563	266
普通中学	Regular Secondary Schools	830799	859136	868894	912527	983124
高　中	Senior Secondary Schools	180203	195861	210409	238495	280735
初　中	Junior Secondary Schools	650596	663275	658485	674032	702389
小　学	Primary Schools	773003	760174	723478	664842	636867
幼儿园	Kindergartens	365936	477201	491678	499442	524936
特殊教育	Special Education	1244	1389	1378	1470	1523
工读学校	Correctional Work-Study Schools	652	268	588	178	364
成人中学	Adult Secondary Schools	3243	10005	3313	3517	300
成人技术培训学校	Adult Technical Training Schools	2195836	1984866	1740821	1631110	1614488
成人小学	Adult Primary Schools	129893	125809	99934	124921	143437

20−6 教师职称

Technical Rank of Teachers

单位：人 (person)

指　标	Item	2011	2012	2013	2014	2015
高等学校教师数	**Teachers of Regular Higher Education Institutions**	**22169**	**23164**	**25719**	**28515**	**30894**
正高级	Senior	2038	2166	2515	2684	2944
副高级	Sub-senior	6544	7129	8103	8773	9600
中　级	Middle	8863	8726	9000	9297	9843
初　级	Junior	3383	3387	3663	4408	4650
无职称	No Rank	1341	1756	2438	3353	3857
中等职业学校教师数	**Teachers of Secondary Vocational Education**	**11635**	**12585**	**14326**	**16342**	**17787**
正高级	Senior	68	89	22	36	37
副高级	Sub-senior	2101	2302	2405	2632	2768
中　级	Middle	4605	4708	4775	5100	5476
初　级	Junior	3492	3698	4099	4941	5811
无职称	No Rank	1369	1788	3025	3633	3695
普通中学教师数	**Teachers of Regular Secondary Schools**	**147396**	**156325**	**162309**	**171988**	**179875**
中学高级	Senior-rank of Secondary Teacher	16522	18031	19840	24535	28574
中学一级	First-rank of Secondary Teacher	46402	49150	52650	56566	61044
中学二级	Second-rank of Secondary Teacher	63548	63585	62142	61182	60499
中学三级	Third-rank of Secondary Teacher	6640	5030	4084	3772	3572
未评职称	No Rank of Secondary Teacher	14284	20529	23593	25933	26186
小学教师数	**Teachers of Regular Primary Schools**	**197094**	**197983**	**192953**	**192850**	**193511**
中学高级	Senior-rank of Secondary Teacher	763	326	555	516	445
小学高级	Senior-rank of Primary Teacher	82258	81489	83842	94840	101943
小学一级	First-rank of Primary Teacher	76802	75320	69341	60301	56362
小学二级	Second-rank of Primary Teacher	18572	15801	14883	14448	13813
小学三级	Third-rank of Primary Teacher	971	840	1219	564	705
未评职称	No rank of Primary Teacher	17728	24207	23113	22181	20243

20-7 各级各类学校女学生和女教师数

Female Students and Teachers by Level and Type of School

单位：人 (person)

指 标	Item	2011	2012	2013	2014	2015
在校女生数	**Number of Female Students Entrollment**					
普通高等教育	Regular Higher Education	178663	201277	223391	251116	278605
成人高等教育	Adult Higher Education	40274	43189	56646	66826	72816
中等职业教育	Vocational Secondary Education	193289	199383	252847	284816	310726
普通中学	Regular Secondary Schools	1356343	1387546	1430914	1453719	1432512
#高 中	Senior Secondary Schools	330129	377426	425058	472304	498604
初 中	Junior Secondary Schools	1026214	1010120	1005856	981415	933908
小 学	Primary Schools	1913008	1775234	1654132	1609910	1609191
女教师数	**Number of Female Teachers**					
普通高等学校	Regular Higher Education Institutions	10690	11131	12591	14049	15468
成人高等学校	Adult Higher Education Institutions	167	191	196	201	206
中等职业学校	Secondary Vocational Schools	5053	5534	6360	7597	8348
普通中学	Regular Secondary Schools	55196	60701	64728	71113	76305
#高 中	Senior Secondary Schools	14186	16829	19864	22871	25190
初 中	Junior Secondary Schools	41010	43872	44864	48242	51115
小 学	Primary Schools	91253	94049	92794	95082	97172

20-8 各级各类学校师生比

Student-Teacher Ratio by Level and Type of School

单位：学生/教师 (Student/Teacher)

指　标	Item	2011	2012	2013	2014	2015
普通高等学校	Regular Higher Education Institutions	15.74	16.83	16.53	16.36	16.41
普通高中	Regular Senior Secondary School	19.02	18.59	18.25	18.00	17.42
初中	Junior Secondary School	19.23	18.31	18.23	17.29	16.01
小　学	Primary School	20.74	19.20	18.43	17.96	17.90

20-9 各级各类学校学生入学率

Enrollment Rate by Level and Type of School

单位：% (%)

指　标	Item	2011	2012	2013	2014	2015
小学学龄儿童入学率	Enrollment Rate of School-age Children in Primary Schools	98.6	99.3	99.3	99.1	99.5
小学毕业生升学率	Percentage of Graduates of Primary Schools Entering into Junior Secondary Schools	96.5	96.3	99.0	100.0	99.3
初中阶段毛入学率	Rate of Primary School Graduates Entering into Junior Secondary Schools	94.2	97.4	101.1	102.5	104.0
高中阶段毛入学率	Rate of Junior Secondary School Graduates Entering into Senior Secondary Schools	58.9	62.2	68.0	78.0	86.1
高等教育毛入学率	Rate of Senior Secondary School Graduates Entering into Institution of Higher Learning	23.2	25.5	27.4	29.4	31.2

20-10 普通高等学校基本情况(2015)
Regular Institutions of Higher Education

单位：人 (person)

类别	Sort	学校数(所) Number of Schools (unit)	毕业生数 Graduates with Degrees or Diplomas	招生数 New Enrollment	在校学生人数 Enro-llment	教职员工 Teachers, Staff & Workers	#专任教师 Full-time Teachers	#正、副教授 Senior and Sub-senior Professors
普通高等院校	**Regular Institutions of Higher Education**	**59**	**116824**	**160181**	**500882**	**42097**	**30515**	**12430**
综合大学	Comprehensive Universities	20	43416	54667	159274	13355	9545	3755
理工院校	Science & Engineering	8	13953	24020	60722	4404	3487	784
农业院校	Agriculture	1		438	438	289	222	62
医药院校	Medicine & Pharmacy	10	15577	23429	79489	7333	5268	2616
师范院校	Teacher Training	13	26344	32193	117086	10546	7501	3326
财经院校	Finance & Economics	4	11627	17917	55939	3724	2768	962
政法院校	Politics and Law	1	1758	1711	4588	425	301	133
民族院校	Ethnic Minortities	2	4149	5806	23346	2021	1423	792
高等职业技术学院	**Vocational and Technical Colleges**	**25**	**41844**	**67861**	**162482**	**11610**	**9052**	**2199**

20-11 普通高等学校分科专任教师数(2015)
Number of Full-time Teachers in Institutions of Higher Education by Field of Study

单位：人 (person)

类别	Sort	专任教师数 Full-time Teachers	正高级 Senior	副高级 Subsenior	中级 Middle	初级 Junior	无职称 No Rank
总计	**Total**	**30515**	**2930**	**9500**	**9717**	**4533**	**3835**
哲学	Philosophy	1033	106	370	311	128	118
经济学	Economics	1585	143	476	555	208	203
法学	Law	1627	159	578	559	177	154
教育学	Education	3087	232	981	1007	372	495
文学	Literature	3950	307	1346	1358	525	414
历史学	History	579	76	218	179	56	50
理学	Science	3617	384	1268	1039	458	468
工学	Engineering	5699	429	1564	1884	1060	762
农学	Agriculture	987	168	358	256	72	133
医学	Medicine	4581	689	1410	1226	820	436
管理学	Administrators	1990	157	500	672	367	294
艺术学	Art	1780	80	431	671	290	308

20-12 研究生数

Number of Postgraduates

单位：人 (person)

指 标	Item	2011	2012	2013	2014	2015
招研究生数	Number of New Postgraduates Entrants	4417	4769	4937	5097	5407
#女 性	Female	2248	2362	2648	2816	2986
在校研究生数	Number of Postgraduates Enrollment	12436	13344	14057	14667	15484
#女 性	Female	6211	6673	7390	7852	8385
毕业研究生数	Number of Postgraduates Graduate	3335	3820	4093	4396	4538
#女 性	Female	1570	1837	2085	2282	2378

20-13 技工学校基本情况

Technical Schools

单位：人 (person)

指 标	Item	2013	2014	2015	2015年比2014年增 长(%) Increase Rate in 2015over 2014(%)
学校数（所）	Number of Schools (unit)	34	34	47	38.2
招生数	Number of Entrants	21912	34648	39220	13.2
在校学生数	Number of Students Enrolment	40985	61458	73177	19.1
毕业生数	Number of Graduates	6721	7810	14098	80.5
教职工数	Teachers and Staff	3867	5620	7806	38.9
专任教师数	Full-time Teachers	3455	5591	7384	32.1
文化技术理论课教师	Classroom Teachers	2040	2979	3563	19.6
生产实习课指导教师	Practical Training Teachers	758	1149	2080	81.0
理论实习一体化教师	Classroom cum Practical Training Teachers	657	1463	1741	19.0

注：资料来源于省人力资源社会保障厅。

Note: Date in the table are obtained from Provincial Department of Human Resources and Social Security.

20-14 中等职业学校(机构)数 (2015)
Number of Secondary Vocational Schools

单位：个 (unit)

指　标	Item	总　计 Total	地方部门 Local Departments	教育部门 Departments of Education	非教育部门 Departments of Non-Education	民　办 Private
中等职业学校	**Secondary Vocational Schools**	**206**	**149**	**111**	**38**	**57**
调整后中等职业学校	Adjusted Vocational Secondary Schools					
普通中等专业学校	Regular Specialized Secondary Schools	67	61	33	28	6
成人中等专业学校	Adult Specialized Secondary Schools	10	9	3	6	1
职业高中学校	Vocational Senior Secondary Schools	129	79	75	4	50

20-15 中等职业学校(2015)
Secondary Vocational Schools

单位：人 (person)

指　标	Item	学校数(所) Schools (unit)	毕业生数 Graduates	招生数 New Enrollment	在校学生数 Total Enrolment	教职员工 Teachers, Staff & Workers	#专任教师 Full-time Teachers
中等职业学校	**Secondary Vocational Schools**	**206**	**118846**	**228109**	**602491**	**21753**	**17787**
调整后中等职业学校	Adjusted Vocational Secondary Schools				568		
普通中等专业学校	Regular Specialized Secondary Schools	67	51064	86060	238123	9009	6944
成人中等专业学校	Adult Specialized Secondary Educaiton	10	14973	38266	95073	1551	1167
职业高中	Vocational Senior Secondary Schools	129	52809	103783	268727	11087	9595
#其他机构(教学点)	Others Institutions					106	81

20-16 中等职业学校(机构)学生分科类情况(2015)

Students in Secondary Vocational Schools by Field of Study

单位：人 (person)

指标	Item	招生数 New Enrollment	#应届毕业生 Current Year Graduates	#初中毕业生 Junior Secondary School Graduates	在校学生数 Total Enrollment	毕业生数 Graduates	#获得职业资格证书 With Certificate On Professional Competence
总计	**Total**	**228109**	**201589**	**198792**	**602491**	**118846**	**102800**
农林牧渔类	Farming,Forestry,Animal Husbandry and Fishery	16118	11180	11025	47532	11873	9370
资源环境类	Resources and Environment	467	424	393	6108	3902	3831
能源与新能源类	Energy and New Energy	1184	1146	1022	3037	668	632
土木水利类	Civil and Hydraulic Engineering	9576	8923	8749	28893	7453	6904
加工制造类	Manufacturing	18989	16854	16585	53176	11421	10311
石油化工类	Petroleum and Chemical	457	408	352	2104	324	294
轻纺食品类	Light Textile and Food	2823	1756	1750	9979	1219	1067
交通运输类	Transportation	31640	28396	28166	72596	9058	8383
信息技术类	Information Technologies	40527	35286	34757	101181	18673	16260
医药卫生类	Medicine and Health	29402	28320	27602	80862	14749	11760
休闲保健类	Leisure and Health-care	3249	3160	3154	6482	229	215
财经商贸类	Finance and Trade	13453	10800	10761	30002	6224	4397
旅游服务类	Tourism and services	16263	14330	14228	43460	6291	4927
文化艺术类	Culture and Art	6492	5718	5713	16402	2395	2225
体育与健身	Physical Education	708	681	681	1545	230	230
教育类	Education	28921	28081	27905	81379	19549	17794
司法服务类	Justice Services	573	545	460	1286	312	303
公共管理与服务类	Public Management and Services	2606	2299	2271	8279	1830	1771
其他	Other	4661	3282	3218	8188	2446	2126

20-17 民族教育
Minority Nationality Education

指　标	Item	2011	2012	2013	2014	2015
学校数(所)	**Number of Schools(unit)**					
普通高校	Regular Higher Education Institutions	2	2	2	2	2
普通中学	Regular Secondary Schools	194	205	211	206	205
小　学	Primary Schools	637	614	605	588	578
专任教师数(人)	**Full-time Teachers(person)**					
普通高校	Regular Higher Education Institutions	5189	5872	5777	7105	7598
成人高校	Adult Higher Education Institutions	40	49	64	98	73
普通中学	Regular Secondary Schools	60519	64441	66469	69363	72776
#高　中	Senior Secondary Schools	14041	16552	18816	20463	22157
中等职业学校	Secondary Vocational Schools	3501	3351	3719	4030	4592
小　学	Primary Schools	80267	84680	81916	77444	81069
在校生数(人)	**Number of Total Enrollment(person)**					
普通高等教育	Regular Higher Education Institutions	117205	141345	144480	169124	188547
成人高等教育	Adult Higher Education	22601	27640	35373	36488	34469
普通中学	Regular Secondary Schools	1127199	1148755	1195659	1233687	1233488
#高　中	Senior Secondary Schools	275147	313056	349855	384598	404915
中等职业学校	Secondary Vocational Schools	135113	138442	179593	194642	212603
小　学	Primary Schools	1697558	1596713	1519620	1491503	1503617
毕业生数(人)	**Number of Graduates(person)**					
普通中学	Regular Secondary Schools	325984	343094	346312	365203	396618
#高　中	Senior Secondary Schools	70296	77553	84314	97856	115010
小　学	Primary Schools	304096	303243	292089	277398	266062

20-18 民办教育
Private Education

指　　标	Item	2011	2012	2013	2014	2015
学校数(所)	**Number of Schools(unit)**					
普通高等学校	Regular Higher Education Institutions	10	11	11	11	13
中等职业教育学校	Secondary Vocational Schools	62	64	64	55	57
普通中学	Regular Secondary Schools	346	372	404	411	431
#高　中	Senior Secondary Schools	94	92	93	94	95
小　学	Primary Schools	269	273	260	261	258
在校学生数(人)	**Number of Total Enrollment(person)**					
普通高等学校	Regular Higher Education Institutions	58030	64527	73850	82312	90469
中等职业教育学校	Secondary Vocational Schools	41267	40114	39057	41558	43646
普通中学	Regular Secondary Schools	169007	183239	199010	217087	231068
#高　中	Senior Secondary Schools	55248	58441	63377	75836	88487
小　学	Primary Schools	173050	173542	160602	158272	155714
教职员工数(人)	**Teachers, Staff and Workers(person)**					
普通高等学校	Regular Higher Education Institutions	3818	4111	4655	5430	6164
中等职业教育学校	Secondary Vocational Schools	2226	2175	2163	1984	2353
普通中学	Regular Secondary Schools	13771	15814	18330	20490	22597
小　学	Primary Schools	4770	5094	4454	4807	4950
专任教师数(人)	**Full-time Teachers(person)**					
普通高等学校	Regular Higher Education Institutions	2993	3037	3520	3998	4620
中等职业教育学校	Secondary Vocational Schools	1264	1302	1331	1341	1576
普通中学	Regular Secondary Schools	10138	11766	13575	15206	17104
小　学	Primary Schools	3928	4181	3631	3828	3959

20−19 成人教育
Adult Education

指 标	Item	2011	2012	2013	2014	2015
学校数（所）	**Number of Schools(unit)**					
成人高等教育学校	Adult Higher Education Institutions	4	4	4	4	4
成人中等专业教育学校	Adult Specialized Secondary Schools	15	16	14	12	10
成人中学	Adult Secondary Schools	13	51	23	28	1
成人技术培训学校	Adult Technical Training Schools	8202	7863	6994	7098	6146
成人小学	Adult Primary Schools	5059	4935	4169	3560	3071
在校生数（万人）	**Number of Students Enrollment(10000 persons)**					
成人高等教育	Adult Higher Education	7.96	8.56	10.17	11.67	12.16
成人中等专业教育	Adult Specialized Secondary Education	1.80	1.22	5.06	7.58	9.51
成人中学	Adult Secondary Schools	0.12	0.75	0.08	0.12	0.01
成人技术培训学校	Adult Technical Training Schools	218.06	201.45	175.59	169.30	164.69
成人小学	Adult Primary Schools	12.80	13.54	11.02	12.84	17.47
毕业生数（万人）	**Number of Graduates(10000 persons)**					
成人高等教育	Adult Higher Education	3.00	2.33	2.27	2.43	2.98
成人中等专业教育	Adult Specialized Secondary Education	0.22	0.27	0.50	1.15	1.50
成人中学	Adult Secondary Schools	0.32	1.00	0.33	0.35	0.03
成人技术培训学校	Adult Technical Training Schools	219.58	198.49	174.08	163.11	161.45
成人小学	Adult Primary Schools	12.99	12.58	9.99	12.49	14.34

20-20 历年教育事业发展情况

年份 Year	在校学生数(万人) Students Enrollment(1 0000 persons)			小学毕业生升学率(%) Percentage of Graduates of Primary Schools Entering into Junior Secondary Schools(%)
	普通高等学校 Regular Institutions of Higher Education	普通中学 Regular Secondary Schools	小学 Primary Schools	
1978	1.33	137.17	423.60	76.1
1979	1.78	126.07	413.71	70.0
1980	1.71	110.24	404.22	62.6
1981	1.81	96.58	403.49	56.7
1982	1.67	89.53	412.30	53.8
1983	1.68	82.39	415.79	51.5
1984	2.03	85.13	436.56	53.1
1985	2.30	91.59	447.68	54.2
1986	2.52	99.00	461.99	53.8
1987	2.60	102.35	458.27	47.7
1988	2.73	98.63	449.70	56.6
1989	2.76	93.31	440.36	67.1
1990	2.70	96.54	435.05	60.8
1991	2.57	100.23	433.85	59.6
1992	2.67	103.99	435.94	59.9
1993	2.93	100.55	439.81	63.9
1994	3.23	103.08	455.30	70.5
1995	3.47	108.43	475.34	72.7
1996	3.57	113.47	489.32	71.5
1997	3.85	121.54	503.82	75.8
1998	4.26	127.10	505.36	75.1
1999	5.65	138.63	500.96	77.8
2000	7.55	157.20	500.21	78.7
2001	10.82	184.60	490.17	84.4
2002	12.27	212.81	484.28	88.2
2003	14.94	235.30	476.87	92.4
2004	17.99	249.34	479.41	96.0
2005	20.68	254.96	473.76	97.4
2006	22.15	256.31	474.38	97.8
2007	24.17	256.00	466.31	95.6
2008	26.75	261.78	469.79	98.7
2009	29.91	269.45	456.87	97.7
2010	32.33	276.75	433.50	96.3
2011	34.41	282.71	408.74	96.5
2012	38.38	287.38	380.08	96.3
2013	41.90	296.01	355.53	99.0
2014	46.04	301.10	346.31	100.0
2015	50.09	295.86	346.31	99.3

Development of Education Over the Years

学龄儿童入学率(%) Percentage of School-Aged Children Enrolled(%)	专任教师数(人) Number of Full-time Teachers(person)		
	普通高等学校 Regular Higher Education Institutions	普通中学 Regular Secondary Schools	小学 Primary Schools
89.5	2753	54227	155930
86.1	3357	55532	151860
80.8	3638	51950	155708
78.5	3606	46892	159494
78.3	3986	44646	152176
81.2	4183	43821	152338
83.6	4555	41879	155715
84.9	4830	45159	157622
86.9	5177	47119	162105
89.2	5559	50216	161689
89.9	5588	51618	163514
88.8	5530	53279	164298
91.3	5469	55528	166662
90.3	5371	57074	168364
92.4	5542	59006	166769
93.8	5550	60453	165276
95.1	5540	63059	168842
96.0	5599	64292	168358
96.7	5600	66842	166526
97.4	5699	69355	168493
97.7	5929	72865	167823
98.2	6050	76654	170680
98.5	7240	81156	174822
98.2	9007	88079	173238
98.2	11079	97641	177920
98.2	11775	107312	179367
97.8	13792	115616	180793
98.3	14353	122721	183679
98.6	15398	128274	188762
98.6	16964	131087	191991
97.2	18037	135360	200024
98.4	19634	139302	199189
97.9	20351	143128	197913
98.6	21855	147396	197094
99.3	22803	156325	197983
99.3	25351	162309	192953
99.1	28144	171988	192850
99.5	30515	179875	193511

主要统计指标解释

普通高等学校 指通过国家普通高等教育招生考试，招收高中毕业生为主要培养对象，实施高等学历教育的全日制大学、独立设置的学院，独立学院和高等专科学校、高等职业学校及其他普通高教机构。

成人高等学校 指通过国家成人高等教育招生考试，招收具有高中毕业或同等学历的人员为主要培养对象，利用函授、业余、脱产等多种形式，对其实施高等学历教育的学校。包括：职工高等学校、农民高等学校、管理干部学院、教育学院、独立函授学院、广播电视大学、其他成人高教机构。

小学学龄儿童入学率 指调查范围内已入小学学习的学龄儿童占校内外学龄儿童总数(包括弱智儿童，不包括盲聋哑儿童)的比重。计算公式为：

小学学龄儿童入学率=已入学的小学学龄儿童数/校内外小学学龄儿童总数×100%

Explanatory Notes on Main Statistical Indicators

Regular Institutions of Higher Education refer to recruiting graduates from senior secondary schools as the main target by National Matriculation TEST. They include full-time universities, colleges, institutions of higher professional education, institutions of higher vocational education, institutions of higher vocational education and others.

Institutions of Higher Education for Adults refer to educational establishments, enrolling staff and workers with senior secondary school or equivalent education, and providing higher education courses in many forms of correspondence, spare time, or full time for adults. Professionals thus trained receive a qualification equivalent to graduates studying regular courses at regular universities, colleges and professional colleges. Institutions of higher learning for adults include schools of higher education for staff and workers, schools of higher education for peasants, colleges for management cadres, pedagogical colleges, independent correspondence colleges, Radio and TV universities and other educational establishments.

Enrollment Ratio of Primary Schools refers to the proportion of school age children enrolled at schools to the total number of school age children both in and outside schools (including retarded children, but excluding blind, deaf and mute children). The formula is:

$$\text{Net Enrolment Ratio of Primary Schools}=\frac{\text{Total Primary School-age Children at Schools}}{\text{Total Primary School-age Children Whether or Not Attending School}}\times 100\%$$

科学技术

Technology 21

简 要 说 明

一、主要内容

本篇资料主要反映全省科技事业发展状况。包括全社会规模以上工业法人单位、政府属研究机构、高等学校的研究与试验发展（R&D）活动情况；规模以上工业法人单位创新活动开展情况；专利申请和授权情况；高技术企业生产及研发活动情况；科技成果情况；科协系统科技活动情况等。

二、统计范围

科技活动统计范围为全社会有研究与试验发展（R&D）活动的企事业单位，具体包括规模以上工业法人单位、地级及以上独立核算的政府属科学研究与技术开发机构及科技信息与文献机构、全日制普通高等学校及附属医院，以及研究与试验发展（R&D）活动相对密集行业（包括农、林、牧、渔业，建筑业，交通运输、仓储和邮政业，信息传输、软件和信息技术服务业，金融业，租赁和商务服务业，科学研究和技术服务业，水利、环境和公共设施管理业，卫生和社会工作，文化、体育和娱乐业等）中从事研究与试验发展（R&D）活动的企事业单位。

创新活动统计范围为规模以上工业法人单位。

三、统计调查方法

研究与试验发展(R&D)活动情况采用全面调查取得；创新活动情况采用全面调查取得；科协、专利等资料采用抽样等多种调查方法取得。

四、资料来源

综合资料由省统计局社会科技统计处根据科技综合统计报表的有关资料整理汇总，规模以上工业法人单位科技活动情况根据企业（单位）科技活动统计报表的有关资料整理汇总。

政府属研究机构资料、专利申请和授权资料由省科技厅提供。

科协系统科技活动资料由省科协提供。

Brief Introduction

I. Main Contents

Statistics in this chapter reflect the development of science and technology in Guizhou province. It contains the data on research and development (R&D) activities of the whole society, industrial corporate units above designated size, scientific and technological institutions under the government and institutions of higher education; data on innovation activities of industrial corporate units above designated size; data on patents application accepted and granted; data on production, research and development activities of high-tech enterprises; data on scientific and technological achievements; data on the scientific and technological activities in the system of associations for science and technology.

Ⅱ.Scope of Statistics

Data on scientific and technological activities cover research and development (R&D) activities of enterprises and institutions of whole society, mainly including industrial corporate units above designated size, scientific research and technological development institutions and scientific and technological information and literature institutions of prefecture level and above under the government with independent accounting, full-time universities and colleges, affiliated hospitals, and enterprises and institutions engaged in R&D activities in relatively R&D-intensive industries (such as agriculture, forestry, animal husbandry, fishery, construction, transport, storage and post, information transmission, software and information technology service, finance, leasing and business services, scientific research and technical services, management of water conservancy, environment and public facilities, health and social service, culture, sports and entertainment).

Data on innovation activities cover industrial corporate units above designated size.

Ⅲ.Statistical Methodology

Data on R&D activities are collected through complete surveys. Data on innovation activities are collected through complete surveys. Data on scientific and technological associations, patents are collected through sample surveys and other surveys.

Ⅳ. Sources of Data

Social and Scientific Department of Guizhou Provincial Bureau of Statistics provides provincial comprehensive data on the basis of comprehensive reporting forms of science and technology; data on scientific and technological activities of industrial corporate units above designated size based on reporting forms of enterprises'(units') scientific and technological activities.

Guizhou Science and Technology Department provides information on scientific and technological institutions under the government, and the data on patent apply and authorize.

Guizhou Association for Science and Technology provides data on the scientific and technological activities of associations for science and technology.

21-1 科技活动
Scientific and Technological Activities

指 标	Item	2013	2014	2015	2015年比2014年增长(%) Increase Rate in 2015over 2014(%)
科技活动人员(人)	**Persons Engaged in Scientific and Technological Activities (person)**	**69101**	**71771**	**75153**	**4.7**
科研机构	**Scientific Research Institutions**				
科研机构数(个)	Number of Institutions(unit)	357	449	482	7.3
科研用仪器设备原价(万元)	Original Cost of Instrument and Equipment for Scientific Research(10000yuan)	446569	432228	513542	18.8
#进 口	Import	121437	122116	120473	-1.3
研究与实验发展(R&D)	**Research and Development**				
研究与试验发展(R&D)人员(人)	R&D Personnel(person)	36113	38158	40516	6.2
#博士毕业	Doctor	2067	2472	2825	14.3
硕士毕业	Master	5934	7049	7669	8.8
研究与试验发展(R&D)经费支出(万元)	Expenditure on R&D(10000yuan)	471850	554795	623196	12.3
科技产出	**S&T Output**				
专利申请数(件)	Number of Patents Application(piece)	4598	5449	5756	5.6
#发明专利	Inventions	2018	2699	2768	2.6
专利授权数(件)	Number of Patents Granted(piece)	516	652	1432	119.6
#发明专利	Inventions	151	182	340	86.8
有效发明专利数(件)	Number of Inventions In Force(piece)	2672	4080	6240	52.9
专利所有权转让及许可数(件)	Number of Patents Ownership Assigned and Granted (piece)	30	53	67	26.4
专利所有权转让及许可收入(万元)	Revenue from Patents Ownership Assigned and Granted(10000yuan)	217	9512	914	-90.4
植物新品种权授予数(项)	Number of New Plant Breed Rights Granted(unit)	17	15	29	93.3
形成国家或行业标准数(项)	Number of Standards Adopted by State or Industry(unit)	188	172	185	7.6
发表科技论文(篇)	Scientific Papers Issued(piece)	18629	19360	20746	7.2
出版科技著作(种)	Publication on Science an Technology(kind)	490	588	647	10.0

21-2 研究与试验发展(R&D)活动
Scientific Research and Development

指 标	Item	2013	2014	2015	2015年比2014年增长(%) Increase Rate in 2015over 2014(%)
有研究与试验发展(R&D)活动的单位(个)	**Number of Institutions Having R&D Activities(unit)**	**359**	**416**	**477**	**14.7**
R&D人员	**Bisic Statistics on R&D Personnel**				
R&D人员(人)	R&D Personnel(person)	36113	38158	40516	6.2
#女性	Female	11588	11727	12290	4.8
#研究人员	Research Personnel	20109	21979	21296	-3.1
#全时人员	Full-time Personnel	18582	20115	21153	5.2
非全时人员	Part-time Personnel	17531	18043	19363	7.3
#博士毕业	Doctor	2067	2472	2825	14.3
硕士毕业	Master	5934	7049	7669	8.8
本科毕业	Bachelor	11969	12433	13415	7.9
其他学历	Others	16143	16204	16607	2.5
R&D人员折合全时当量(人年)	Full-time Equivalent of R&D Personnel(person-year)	23888	23962	23537	-1.8
#研究人员	Research Personnel	12067	12656	11542	-8.8
#基础研究	Basic Research	3080	3418	3454	1.1
应用研究	Applied Research	3070	3263	4179	28.1
试验发展	Experimental Development	17736	17281	15903	-8.0
R&D经费	**Expenditure on R&D**				
R&D经费内部支出(万元)	Intramural Expenditure on R&D (10000yuan)	471850	554795	623196	12.3
#基础研究	Basic Research	53888	59759	77790	30.2
应用研究	Applied Research	49680	63878	66723	4.5
试验发展	Experimental Development	368282	431158	478683	11.0
#日常性支出	Daily Expenditure	399301	471326	517345	9.8
#人员劳务费	Personnel Service Fees	109830	141056	168728	19.6
资产性支出	Expenditure on Assets	72548	83468	105851	26.8
#仪器和设备	Insrument and Equipment	51185	63321	76126	20.2
#政府资金	Government Appropriation Funds	123526	132720	160345	20.8
企业资金	Self-raised Funds by Enterprises	315922	388509	418891	7.8
境外资金	Overseas Funds	323	503	128	-74.6
其他资金	Other Funds	32079	33063	43832	32.6
经费投入强度(%)	**Intensity of Funds Input(%)**	**0.59**	**0.60**	**0.59**	**-0.01(百分点)**
R&D项目(课题)	**Projects of R&D**				
R&D项目(课题)数(项)	Projects of R&D(unit)	14284	16203	16912	4.4
R&D项目(课题)参加人员折合全时当量(人年)	Participants(man-year)	21000	21787	21360	-2.0
#研究人员	Research Personnel	10691	11366	10084	-11.3
R&D项目(课题)经费内部支出(万元)	Intramural Expenditure on R&D(10000yuan)	399251	457529	497299	8.7

21-3 规模以上工业企业科技活动

Scientific and Technological Activities of Industrial Enterprises above Designated Size

指 标	Item	2011	2012	2013	2014	2015
科技活动人员(人)	**Persons Engaged in Scientific and Technological Activities (person)**	**30593**	**33009**	**36826**	**38210**	**39450**
科研机构	**Scientific Research Institutions**					
科研机构数(个)	Number of Institutions(unit)	163	148	165	224	242
科研用仪器设备原价(万元)	Original Cost of Instrument and Equipment for Scientific Research(10000yuan)	363719	341337	345935	302154	364192
#进 口	Import	68306	73325	83242	70781	59864
研究与实验发展(R&D)	**Research and Development**					
研究与试验发展(R&D)人员(人)	R&D Personnel(person)	12309	16509	21071	20771	22465
#研究人员	Research Personnel	4882	6391	7579	8197	7363
#全时人员	Full-time Personnel	7135	9764	12095	13071	14034
#博士毕业	Doctor	102	99	64	123	107
硕士毕业	Master	523	756	471	1030	1163
研究与试验发展(R&D)人员折合全时当量(人年)	Full-time Equivalent of R&D Personnel (Person-year)	9564	12135	16049	15659	14916
#研究人员	Research Personnel	3945	4850	6327	6305	5235
#基础研究	Basic Research		9	16	37	
应用研究	Applied Research	114	188	346	289	1216
试验发展	Experimental Development	9450	11939	15687	15332	13699
研究与试验发展(R&D)经费支出(万元)	Expenditure on R&D(10000yuan)	275217	315079	342541	410132	457303
#基础研究	Basic Research		177	101	486	
应用研究	Applied Research	3159	4379	4952	11371	15766
试验发展	Experimental Development	272058	310523	337488	398276	441537
#日常性支出	Daily Expenditure	257837	288505	309056	362687	403774
#人员劳务费	Personnel Service Fees	47662	62238	71593	98072	122028
资产性支出	Expenditure on Assets	17380	26574	33485	47446	53529
#仪器和设备	Insrument and Equipment	16798	22298	30952	41739	52285
#政府资金	Government Appropriation Funds	25322	31114	47086	38657	51877
企业资金	Self-raised Funds by Enterprises	239918	266602	286509	364976	400371
境外资金	Overseas Funds	74	83	125	294	
其他资金	Other Funds	9903	17280	8820	6206	5056
科技产出	**Statistics on S&T Outputs**					
专利申请数(件)	Number of Patents Application(piece)	2034	2794	3446	4051	3782
#发明专利	Inventions	813	1347	1516	1918	1953
有效发明专利数(件)	Number of Valid Patents for Invention(piece)	990	1370	1985	3146	4096
专利所有权转让及许可数(件)	Number of Patents Ownership Assigned and Granted (piece)	31	18	26	42	60
专利所有权转让及许可收入(万元)	Revenue from Patents Ownership Assigned and Granted(10000yuan)	500	145		9363	774
形成国家或行业标准数(项)	Number of Standards Adopted by State or Industry (unit)	263	169	165	158	156
发表科技论文(篇)	Scientific Papers Issued(piece)	1015	1170	1014	1165	1096

注：规模以上工业企业指年主营业务收入2000万元及以上工业企业。

Note:The industrial enterprises which are above designated size refer to the industrial enterprises with the sales revenue above 20 million yuan.

21-4 规模以上工业企业新产品开发及生产情况(2015)

New product Development and Production of Industrial Enterprises above Designated Size

指 标	Item	新产品开发项目数(项) The number of new pruduct development (unit)	新产品开发经费支出(万元) Expenditure on New Product Development (10000 yuan)	新产品销售收入(万元) Sales Revenue of New Product (10000 yuan)	#出口 Expots
合 计	**Total**	**1623**	**424215**	**3944834**	**473911**
#大中型工业企业	Large and Medium-sized Industrial Enterprises	1261	350720	3328153	465992
按登记注册类型分	**by Status of Registration**				
内资企业	Domestic Funded Enterprises	1571	414413	3897738	473911
#国有企业	State-owned Enterprises	171	44020	381001	149907
有限责任公司	Limited Liability Corporations	1056	273984	2868720	277060
股份有限公司	Share-holding Corporations Ltd.	204	63758	448475	44694
港、澳、台商投资企业	Enterprises with Funds From Honkong, Macao and Taiwan	36	6131	41872	
外商投资企业	Foreign Funded Enterprises	16	3671	5225	
按行业分	**By Industrial Sector**				
#煤炭开采和洗选业	Mining and Washing of Coal			552	
食品制造业	Manufacture of Foods	16	1034	2695	
酒、饮料和精制茶制造业	Manufacture of Liquor, Beverages and Refined Tea	49	24531	335554	151320
烟草制品业	Manufacture of Tobacco	123	8342	487385	
石油加工、炼焦及核燃料加工业	Processing of Petroleum, Coking, Processing of Nuclear Fuel	3	1112	20917	
化学原料及化学制品制造业	Manufacture of Raw Chemical Material and Chernical Products	67	61060	1096235	268919
医药制造业	Manufacture of Medicines	209	34460	355657	1
非金属矿物制品业	Manufacture of Non-metallic Mineral Products	35	3690	11552	11
黑色金属冶炼和压延加工业	Smelting and Pressing of Ferrous Metals	18	6616	71864	29
有色金属冶炼和压延加工业	Smelting and Pressing of Non-ferrous Metals	16	3994	49860	1928
金属制品业	Manufacture of Metal Product	41	11914	115459	6456
通用设备制造业	Manufacture of General Purpose Machinery	59	4916	68494	
专用设备制造业	Manufacture of Special Purpose Machinery	54	13371	56026	542
汽车制造业	Manufacture of Automobiles	31	17396	118213	3671
计算机、通信和其他电子	Manufacture of Computer ,Communication and other Electronic Equipment	411	33280	196599	2692
电力、热力生产和供应业	Production and Supply of Electric Power and Heat Power.	45	20962	58255	

21−5 政府属独立研究与开发机构科技活动

Scientific and Technological Activities of Government-affiliated Independent Research Institutions

指 标	Item	2011	2012	2013	2014	2015	2015年比2014年增长(%) Increase Rate in 2015 over 2014(%)
科技机构数(个)	**Number of S&T Institutions(unit)**	**105**	**106**	**105**	**106**	**105**	**-0.9**
县级以上自然类研究与开发机构	The Scientific Research and Development Institution above the county level.	60	63	62	63	65	3.2
县级以上社会、人文科学研究机构	The Research Institutions of Social and Human Studies above the county level.	4	4	4	4	4	持平
县级以上部门属科技情报与文献机构	Department of S&T Informations and Literature Institutions at County and Higher Levels	6	6	6	6	6	持平
县级政府部门属研究与开发机构	Scientific Research and Development Institutions at County Level	10	9	8	8	6	-25.0
县级以上研究与开发转制机构	Conversed Scientific Research and Development Institution at County and Higher Levels	25	24	25	25	24	-4.0
科技活动人员数(人)	**Personnel Engaged in S&T Activities (person)**	**5019**	**4627**	**4948**	**5499**	**5373**	**-2.3**
县级以上自然类研究与开发机构	The Scientific Research and Development Institution above the county level.	3218	3032	3106	3300	3463	4.9
县级以上社会、人文科学研究机构	The Research Institutions of Social and Human Studies above the county level.	223	224	226	213	256	20.2
县级以上部门属科技情报与文献机构	Department of S&T Informations and Literature Institutions at County and Higher Levels	128	130	150	142	155	9.2
县级政府部门属研究与开发机构	Scientific Research and Development Institutions at County Level	102	103	104	89	75	-15.7
县级以上研究与开发转制机构	Conversed Scientific Research and Development Institution at County and Higher Levels	1348	1138	1362	1755	1424	-18.9
大学本科及以上学历人数(人)	**University,College and Above(person)**	**3612**	**3432**	**3792**	**4266**	**4268**	**0.0**
县级以上自然类研究与开发机构	The Scientific Research and Development Institution above the county level.	2273	2182	2330	2581	2743	6.3
县级以上社会、人文科学研究机构	The Research Institutions of Social and Human Studies above the county level.	200	200	201	190	232	22.1
县级以上部门属科技情报与文献机构	Department of S&T Informations and Literature Institutions at County and Higher Levels	84	97	112	114	127	11.4
县级政府部门属研究与开发机构	Scientific Research and Development Institutions at County Level	28	29	31	29	22	-24.1
县级以上研究与开发转制机构	Conversed Scientific Research and Development Institution at County and Higher Levels	1027	924	1118	1352	1144	-15.4

注：资料来源于省科技厅(以下相关表同)。

Note: Data in the table are obtained from the Department of Science and Technology(The relative tables in the chapter are the same)

21-5 续表 continued

指　标	Item	2011	2012	2013	2014	2015	2015年比2014年增长(%) Increase Rate in 2015 over 2014(%)
经费收入总额(万元)	**Funding for S&T Activities(10000 yuan)**	**175937**	**210700**	**258654**	**285659**	**304397**	**6.6**
县级以上自然类研究与开发机构	The Scientific Research and Development Institution above the county level.	96246	112779	104276	123615	127359	3.0
县级以上社会、人文科学研究机构	The Research Institutions of Social and Human Studies above the county level.	3469	4574	5956	5904	7960	34.8
县级以上部门属科技情报与文献机构	Department of S&T Informations and Literature Institutions at County and Higher Levels	1972	2845	2576	2941	3963	34.8
县级政府部门属研究与开发机构	Scientific Research and Development Institutions at County Level	1259	1335	1170	1130	1343	18.8
县级以上研究与开发转制机构	Conversed Scientific Research and Development Institution at County and Higher Levels	72992	77151	144676	152069	163772	7.7
经费支出总额(万元)	**Expenditures on S&T Activities (10000 yuan)**	**171663**	**182102**	**254670**	**265331**	**310368**	**17.0**
县级以上自然类研究与开发机构	The Scientific Research and Development Institution above the county level.	87132	105898	109580	116474	141746	21.7
县级以上社会、人文科学研究机构	The Research Institutions of Social and Human Studies above the county level.	3262	4584	4951	4225	6617	56.6
县级以上部门属科技情报与文献机构	Department of S&T Informations and Literature Institutions at County and Higher Levels	2003	2780	2634	2679	3740	39.6
县级政府部门属研究与开发机构	Scientific Research and Development Institutions at County Level	1394	1417	1152	1050	1292	23.0
县级以上研究与开发转制机构	Conversed Scientific Research and Development Institution at County and Higher Levels	77872	67423	136353	140903	156973	11.4
研究与试验发展经费支出(R&D经费支出)(万元)	**Expenditure on R&D(10000 yuan)**	**30422**	**36899**	**55735**	**59558**	**78874**	**32.4**
县级以上自然类研究与开发机构	The Scientific Research and Development Institution above the county level.	20024	25426	42667	46414	61393	32.3
县级以上社会、人文科学研究机构	The Research Institutions of Social and Human Studies above the county level.	1001	1690	1510	2014	4037	100.4
县级以上部门属科技情报与文献机构	Department of S&T Informations and Literature Institutions at County and Higher Levels				375	508	35.5
县级政府部门属研究与开发机构	Scientific Research and Development Institutions at County Level		29				
县级以上研究与开发转制机构	Conversed Scientific Research and Development Institution at County and Higher Levels	9398	9754	11558	10755	12935	20.3

21-6 省部级以上成果登记(完成人员)

Staffs Personnel of Provincial or Ministerial Level and above

单位：人次 (person-time)

指标	Item	2011	2012	2013	2014	2015
合 计	**Total**	**979**	**1479**	**1712**	**2009**	**1386**
按学历分	**by Education Background**					
博士	Doctor	133	215	242	314	219
硕士	Master	255	365	419	555	435
大本	Undergraduate Student	515	751	954	1001	651
大专	Junior College Student	68	114	75	115	68
中专	Senoir Middle School	8	27	13	17	8
其他	Below Senoir Middle School		7	9	7	5
按年龄结构分	**by Type of Age**					
35岁以下(含35岁)	thirty-five and below	328	380	500	570	399
36-45岁	thirty-six to forty-five	353	568	625	762	479
46-55岁	forty-six to fifty-five	238	393	466	541	415
56-65岁	fifty-six to sixty-five	45	106	94	123	74
65岁以上	above sixty-five	15	32	27	13	19
按技术职称分	**by Type of Title**					
院士	Academicians		1	2		1
正高	Senior Title	198	345	398	444	329
副高	Sub-senior Title	302	468	531	751	454
中级	Middle Title	345	464	551	594	444
初级	Primary Title	91	120	149	137	100
其他	No Rank	43	81	81	83	58

21-7 省部级以上成果登记（数量及投资额）
Number of Achievements and Investment of Projects at Provincial or Ministerial Level and above（number & investment）

指　标	Item	2011	2012	2013	2014	2015
成果登记(项)	**Achievement Registration(item)**	**90**	**132**	**141**	**147**	**115**
发明专利授权数(件)	Invention of Patent Authorigations Granted (piece)	240	120	150	174	116
制订标准数(个)	Number of Standards for Formulation (unit)	8	21	8	7	4
按成果类别分(项)	by Typt of Achievement Sort (item)					
#基础研究	Basic Research	19	28	26	22	25
应用研究	Applied Research	71	104	115	124	89
按成果应用属性分(项)	by Typt of Achievement Application Property (item)					
#原始性创新	Original Invention	22	11	8	9	13
国外引进消化 吸收创新	Absorb and Digest Invention of Foreign Indraught	11	18	26	12	12
国内技术二次开发	Twice Development of Inner Technology	38	75	81	103	64
项目投资额(万元)	**Project Investment (10000 yuan)**	**212819**	**109689**	**58093**	**295362**	**114161**
国家资金	Government Funds	6127	11886	4376	2122	6153
部门资金	Department Funds	947	10798	3905	36693	12809
地方资金	Local Funds	6223	37697	5324	6297	4647
基金投入	Fund Input	135	1176	228	124	272
自有资金	Self-raised Funds	195620	35323	43807	249584	90280
银行贷款	Loans from Bank	200	200	200	500	
国外资金	Foreign Funds.	12	6			
其他资金	Other Funds	3555	12603	253	42	
净利润(万元)	**After-Tax Profit (10000 yuan)**	**354367**	**120310**	**125554**	**296395**	**64726**
实交税金(万元)	**Tax (10000 yuan)**	**104371**	**41289**	**83925**	**134026**	**35752**

21-8 事业、企业单位各类专业技术人员

Specialized Technical Personnel in Enterprises and institutions

单位：万人

指　标	Item	2011	2012	2013	2014	2015
总　计	**Total**	**57.72**	**59.15**	**61.91**	**64.22**	**66.28**
#女　性	Female	24.16	25.55	27.79	29.63	31.14
按专业分	**By Specialized Subject**					
#工程技术人员	Engineering Technical Personnel	5.73	5.74	6.07	6.26	6.70
农业技术人员	Agricultural Technical Personnel	2.49	2.47	2.38	2.35	2.39
卫生技术人员	Medical Technical Persomnel	7.84	8.12	9.10	9.58	10.01
科学研究人员	Scientific Research Personnel	0.16	0.20	0.19	0.25	0.27
教学人员	Teaching Personnel	37.09	38.20	39.24	40.16	40.96
按专业技术职务分	**By Professional Titles**					
#高　级	Senior	3.76	4.08	4.69	5.48	6.37
中　级	Medium	18.59	18.86	20.35	22.94	24.79
初　级	Junior	32.54	32.90	31.71	29.92	29.51
按学历分	**By Education Background**					
大学本科以上	University,College and above	21.32	24.00	27.90	31.79	35.05
大学专科	Specialized Institutions of Higher Education	26.35	26.35	26.11	25.46	25.02
中专以下	Senior Middle School and the Level below	10.05	8.80	7.91	6.97	6.22

注：1.资料来源于省人力资源社会保障厅。 2.本表数据按岗位统计，不含非公经济单位和中央驻黔单位数据。3.事业单位部分专业技术人员划到管理人员统计。

Note: 1.Data in the table are obtained from the Provincal Department of Human Resources and Social Security.2.Data in this table are counted by post, and don't include non-public economic units and the central unit of data in Guizhou.3.Since 2010, due to adjustment of statistical cabliers part of the professional and technical personnel of institutions have designated to manage personnel and statistics.

21-9 专利申请受理及授权
Patent Application Accepted and Granted

单位：件

指 标	Item	2011	2012	2013	2014	2015
受理专利总计	**Total Patent Applications Accepted**	**8351**	**11296**	**17405**	**22471**	**18295**
按种类分	**Grouped by Sort**					
发 明	Inventions	2358	3103	3988	8203	7538
实用新型	Utility Models	3170	4111	6456	7335	8317
外观设计	Designs	2823	4082	6961	6933	2440
按对象分	**Grouped by Applicant**					
非职务发明创造	Non-service Creations and Inventions	2072	2192	3089	7896	3277
职务发明创造	Service Creations and Inventions	6279	9104	14316	14575	15018
大专院校	Universities and Colleges	312	366	1056	1176	1864
科研单位	Research Institutions	357	530	626	542	632
工矿企业	Industrial and Mineral Enterprises	5507	7949	12100	12413	11614
机关团体	Government Agencies and Organizations	103	259	534	444	908
授权专利总计	**Total Patent Authorigations Granted**	**3386**	**6054**	**7915**	**10107**	**14115**
按种类分	**Grouped by Sort**					
发 明	Inventions	596	635	776	1047	1501
实用新型	Utility Models	1885	3149	3916	5207	7007
外观设计	Designs	905	2270	3223	3853	5607
按对象分	**Grouped by Applicant**					
非职务发明创造	Non-service Creations and Inventions	992	1283	1731	1369	4635
职务发明创造	Service Creations and Inventions	2394	4771	6184	8738	9480
大专院校	Universities and Colleges	141	182	345	460	1074
科研单位	Research Institutions	378	269	333	377	392
工矿企业	Industrial and Mineral Enterprises	1841	4214	5426	7795	7794
机关团体	Government Agencies and Organizations	34	106	80	106	220

注：资料来源于省科技厅。

Note: Data in the table are obtained from the Provincial Intellectual Property Right Bureau.

21-10 科协系统科学技术普及情况

Popularization of science and Technology

指　　标	Item	2013	2014	2015	2015年比2014年增长(%) Increase Rate in 2015over 2014(%)
科学技术普及活动	**Science and Teohnology Popularization Activityes**				
举办科普宣讲活动(次)	Popular Science Propaganda Activities(unit)	3020	5028	6122	21.8
宣讲活动受众人数(万人次)	Audience of Preaching Activity (10000 Person-time)	311	372	368	-1.1
参加活动科技人员（万人次）	Personnel Participated in the Activities of aud Technical (10000 Person-time)	8	10	14	44.3
科普基础设施建设	**Imfrastrueture Corstruction in Popularizatime of Science**				
科技馆(个)	Number of Science and Technology Museum	3	3	3	持平
全年参观人数(万人次)	Number of Participcmts (10000 Person-time)	28	19	35	83.1
#少儿参观人数	Number of Child and Youth's participation	19	12	15	25.0
科普画廊建筑面积(宣传栏、橱窗)(平方米)	Gallery construction Area in popularization of science(square meter)	42801	52258	38183	-26.9
科普画廊展示面积（平方米）	Gallery Exhobition Area in popularization of science(square meter)	64920	87836	64114	-27.0

注：资料来源于省科协。

Note: Data in the table are provided by Guizhou Associa for Science and Technology.

主要统计指标解释

科技活动 指在自然科学、农业科学、医药科学、工程与技术科学、人文与社会科学领域(简称科学技术领域)中，与科技知识的产生、发展、传播和应用密切相关的有组织的活动。可分为研究与试验发展(R&D)、研究与试验发展成果应用及相关的科技服务三类活动。

科技活动人员 指直接从事科技活动、以及专门从事科技活动管理和为科技活动提供直接服务，累计的实际工作时间占全年制度工作时间10%及以上的人员。(1)直接从事科技活动的人员包括：在独立核算的科学研究与技术开发机构、高等学校、各类企业及其他事业单位内设的研究室、实验室、技术开发中心及中试车间(基地)等机构中从事科技活动的研究人员、工程技术人员、技术工人及其它人员；虽不在上述机构工作，但编入科技活动项目(课题)组的人员；科技信息与文献机构中的专业技术人员；从事论文设计的研究生等。(2)专门从事科技活动管理和为科技活动提供直接服务的人员，包括：独立核算的科学研究与技术开发机构、科技信息与文献机构、高等学校、各类企业及其他事业单位主管科技工作的负责人，专门从事科技活动的计划、行政、人事、财务、物资供应、设备维护、图书资料管理等工作的各类人员，但不包括保卫、医疗保健人员、司机、食堂人员、茶炉工、水暖工、清洁工等为科技活动提供间接服务的人员。该指标用来反映投入科技活动人力的规模。

研究与试验发展(R&D) 指在科学技术领域，为增加知识总量、以及运用这些知识去创造新的应用进行的系统的创造性的活动，包括基础研究、应用研究、试验发展三类活动。国际上通常采用R&D活动的规模和强度指标反映一国的科技实力和核心竞争力。

基础研究 指为了获得关于现象和可观察事实的基本原理的新知识(揭示客观事物的本质、运动规律，获得新发现、新学说)而进行的实验性或理论性研究，它不以任何专门或特定的应用或使用为目的。其成果以科学论文和科学著作为主要形式。用来反映知识的原始创新能力。

应用研究 指为获得新知识而进行的创造性研究，主要针对某一特定的目的或目标。应用研究是为了确定基础研究成果可能的用途，或是为达到预定的目标探索应采取的新方法(原理性)或新途径。其成果形式以科学论文、专著、原理性模型或发明专利为主。用来反映对基础研究成果应用途径的探索。

试验发展 指利用从基础研究、应用研究和实际经验所获得的现有知识，为产生新的产品、材料和装置，建立新的工艺、系统和服务，以及对已产生和建立的上述各项作实质性的改进而进行的系统性工作。其成果形式主要是专利、专有技术、具有新产品基本特征的产品原型或具有新装置基本特征的原始样机等。在社会科学领域，试验发展是指把通过基础研究、应用研究获得的知识转变成可以实施的计划(包括为进行检验和评估实施示范项目)的过程。人文科学领域没有对应的试验发展活动。主要反映将科研成果转化为技术和产品的能力，是科技推动经济社会发展的物化成果。

研究与试验发展人员 指参与研究与试验发展项目研究、管理和辅助工作的人员， 包括项目组(课题)人员，企业科技行政管理人员和直接为项目(课题)活动提供服务的辅助人员。不包括全年从事研究与试验发展活动工作量不到0.1年的人员。反映投入从事拥有自主知识产权的研究开发活动的人力规模。

研究与试验发展人员全时当量 指全时人员折合成全时工作量与所有非全时人员折合成全时工作量的总计。一个全时人员的折合全时工作量计为1，非全时人员按实际投入工作量进行累加。例如：有两个全时人员和三个非全时人员(工作量分别为20%、30%和70%)，则全时当量为1+1+0.2+0.3+0.7=3.2人年。为国际上比较科技人力投入而制定的可比指标。

专业技术人员 指从事专业技术工作和专业技术管理工作的人员，即企事业单位中已经聘任专业技术职务从事专业技术工作和专业技术管理工作的人员，以及未聘任专业技术职务，现在专业技术岗位上工作的人员。包括工程技术人员，农业技术人员，科学研究人员，卫生技术人员，教学人员，经济人员，会计人员，统计人员，翻译人员，图书资料、档案、文博人员，新闻出版人员，律师、公证人员，广播电视播音人员，工艺美术人员，体育人员，艺术人员及企业政治思想工作人员，共十七个专业技术职务类别。用来反映科技人力资源情况。

科技活动经费内部支出 指报告年内用于科技活动的实际支出，包括劳务费、科研业务费、科研管理费，非基建投资购建的固定资产、科研基建支出以及其他用于科技活动的支出。不包括生产性活动支出、归还贷款支出及转拨外单位支出。反映科技投入实际完成情况。

专利 一般是专利权的简称，指专利权人对发明创造享有的专利权。即国家依法在一定时期内授予发明创造或者其权利继受者独占使用其发明创造的权利。

专利同时也指具体专利技术，即受国家认可并在公开的基础上进行法律保护的技术或者方案。

专利还可指具体的物质文件，即国家颁发的确认申请人对其发明创造享有的专利证书或记载发明创造内容的专利文献。

发明 对产品、方法或其改进所提出的新的技术方案。

Explanatory Notes on Main Statistical Indicators

Scientific and Technological Activities(S&T Activities) refer to organized activities which are closely related with the creation, development, dissemination and application of the scientific and technical knowledge in the fields of natural sciences, agricultural science, medical science, engineering and technological science, humanities and social sciences (referred to as scientific and technological fields). S&T activities can be classified in to 3 categories: research and development (R&D) activities, application of R&D results, and related S&T services.

Personnel Engaged in S&T Activities refer to personnel directly engaged in S&T activities, in the management of S&T activities, and in providing direct service to S&T activities, who spend over 10% of the total working hours in a year in S&T activities. (1) Personnel directly engaged in S&T activities include researchers, engineers, technicians and other related personnel engaged in S&T activities in independent-accounting R&D institutions, institutions of higher learning, and in research institutes, laboratories, technology development centers and central experiment workshops under enterprises and institutions. Also included are people working in S&T research project teams, professional and technical personnel working in S&T information archiving institutes, and graduate students working on the design of their thesis. (2) Personnel engaged in the management of S&T activities and in providing direct service to S&T activities include senior management people responsible for S&T activities in independent-accounting R&D institutions, S&T information archiving institutes, institutions of higher learning, and in enterprises and institutions where S&T activities are undertaken. Also included are people responsible for the planning, administration, personnel management, financial management, logistics supply, equipment maintenance, information and library management that are related with S&T activities. People providing indirect services are excluded, such as security, medical service, drivers, plumbers, cleaners and those providing catering and related service. This indicator reflects the size of personnel engaged in S&T activities.

Research and Development (R&D) refers to systematic and creative activities in the field of science and technology aiming at increasing the knowledge and using the knowledge for new application. R&D includes 3 categories of activities: basic research, applied research and experimentation for development. The scale and intensity of R&D are widely used internationally to reflect the strength of S&T and the core competitiveness of a country in the world.

Basic Research refers to empirical or theoretical research aiming at obtaining new knowledge on the fundamental principles regarding phenomena or observable facts to reveal the intrinsic nature and underlying laws and to acquire new discoveries or new theories. Basic research takes no specific or designated application as the aim of the research. Results of basic research are mainly released or disseminated in the form of scientific papers or monographs. This indicator reflects the innovation capacity for original knowledge.

Applied Research refers to creative research aiming at obtaining new knowledge on a specific objective or target. Purpose of the applied research is to identify the possible uses of results from basic research, or to explore new (fundamental) methods or new approaches. Results of applied research are expressed in the form of scientific papers, monographs, fundamental models or invention patents. This indicator reflects the exploration of ways to apply the results of basic research.

Experiments and Development refer to systematic activities aiming at using the knowledge from basic and applied researches or from practical experience to develop new products, materials and equipment, to establish new production process, systems and services, or to make substantial improvement on the existing products, process or services. Results of experiment and development activities are embodied in patents, exclusive technology, and monotype of new products or equipment. In social sciences, experiment and development activities refer to the process of converting the knowledge from basic or applied researches into feasible programmes (including conduct of demonstration projects for assessment and evaluation). There are no experiment and development activities in the science of humanities. This indicator reflects the capability of transferring the results of S&T into technique and products, and measures the realization of S&T in spearheading the economic and social development.

R & D Personnel refer to persons engaged in research, management and supporting activities of R & D, including persons in the project teams, persons engaged in the management of S&T activities of enterprises and supporting staff providing direct service to the research projects, and not including annual research and experimental development activities in less than 0.1 years of staff workload. This indicator reflects the size of personnel engaged in R&D activities with independent intellectual property.

Full-time Equivalent of R&D Personnel refers to the sum of the full-time persons and the full-time equivalent of part-time persons converted by workload. A full-time staff equivalent to full-time work is counted as a part-time personnel according to actual efforts to accumulate. For instance, if there are 2 full-time persons and 3 part-time workers (20%, 30% and 70% of working hours respectively on R&D activities), the full-time equivalent are 2+0.2+0.3+0.7=3.2 person-years. This is an internationally comparable indicator of S&T manpower input.

Professional and Technical Personnel refer to persons engaged in professional and technical work or in the management of professional and technical activities, i.e., people with professional or technical positions who are engaged in professional and technical work or in the management of professional and technical activities, and people without professional or technical positions but are working on professional or technical posts. They include professionals and technicians working in 17 categories of technical occupations including engineering, agriculture, scientific researches, medical service, teaching, economic research and application, accounting, statistics, translation, libraries, archives, cultural and museum service, journalism and publication, lawyers, notarization service, radio and television broadcasting, handicraft and fine arts, sports, performing art, and political workers in enterprises. This indicator reflects the condition of human resources in S&T.

Self-raised Funds by Enterprises refers to self-raised funds by enterprises from their own expenditure or from other enterprises and funds received by universities or research institutions from enterprises for scientific research or technical development projects. Excluded in this category are funds from government agencies, financial institutions or from foreign institutions.

Patent is an abbreviation for the patent right and refers to the exclusive right of ownership by the inventors or designers for the creation or inventions, given from the patent offices after due process of assessment and approval in accordance with the Patent Law.

Patent also refers to a specific patented technology that recognized by the State and public legal protection on the basis of technical or program.

Patent document also refers to a specific substance, which confirm that the applicant issued by the state enjoyed their inventions patented inventions certificate or record the content of patent documents.

Inventions refer to new technical proposals to the products or methods or their modifications.

文化、体育和卫生

Culture, Sports and Public Health

22

简 要 说 明

一、主要内容

本篇资料主要反映全省文化、体育、卫生事业发展情况。

文化、体育内容包括文化事业机构、文化娱乐、艺术表演团体、群众艺术馆、广播电视、期刊报纸出版、体育运动员获奖、群众体育活动等。

卫生内容包括医疗卫生机构、卫生人员、卫生设施、卫生经费、基层医疗卫生服务、妇幼保健、疾病控制、医疗保障制度等情况。

二、资料来源

新闻出版、广播、电视资料由省新闻出版广电局提供。

文化资料由省文化厅提供。

体育资料由省体育局提供。

卫生资料由省卫生计生委提供。

Brief Introduction

I. Main Contents

Data in this chapter mainly reflect the development of culture, sports and public health undertakings.

Data on culture and sports include culture undertakings, culture and entertainment, art performance troupes, mass art centers, radio and television; the publication of magazines and newspapers, the awards of athlete, the activities of mass sports.

Data on public health include the number of medical and health institutions, health personnel, health facility, health expenses, medical and health services at grass-root level, maternal and child health, disease control and health security system.

II. Sources of Data

Data on news and publication, radio broadcasting and television are provided by Guizhou Provincial administration of press, publication, radio, film and television.

Data on culture are provided by Guizhou Provincial Department of Culture.

Data on sports are provided by Sport Administration of Guizhou Province.

Data on public health are provided by Health and Family Planning Commission of Guizhou Province.

22-1 文化事业机构和人员
Number of Institution and Personel in Culture Industry

指 标	Item	2011	2012	2013	2014	2015
机构总计(个)	**Total Number of Institutions(unit)**	**2075**	**2213**	**2241**	**2235**	**2204**
艺术事业	Art Institutions	56	90	113	113	103
文物事业	Cultural Relics	130	151	152	150	150
图书馆事业	Libraries	94	93	94	95	96
群众文化事业	Mass Culture	1579	1661	1687	1686	1665
文艺科研	Art Research Institutions	4	2	2	2	2
其他文化事业	Other Culture Units	212	216	193	189	188
人员总计(人)	**Total Number of Persons Engaged(person)**	**14945**	**16380**	**17996**	**17902**	**17637**
艺术事业	Arts	2259	2531	3955	3744	3257
文物事业	Cultural Relics	1691	2166	1693	1551	1692
图书馆事业	Libraries	950	976	1014	1015	1046
群众文化事业	Mass Culture	5223	5320	5986	6006	5957
文艺科研	Art Research Institutions	33	21	21	20	21
其他文化事业	Others	4789	5366	5327	5566	5664

注：1.资料来源于省文化厅(以下相关表同)。2.机构和人员数不含文化市场新分的机构和人员数。3.2013年对1个机构两块牌子从业人员进行重新划分，因此文物业从业人员有所减少。

Note: 1.Data in the table are provided by the Provinvial Department of Culture(The relative tables in the chapter are the same). 2. Number of Instituiions and Personnel in the table exclude newly increased Institutions and Personnel. 3. In 2013,one institution with two brands practitioners were divided again, so the property practitioners has decreased.

22-2 文化事业单位数
Basic Statistics on Culture Establishment

单位：个 (unit)

指　标	Item	2011	2012	2013	2014	2015
艺术表演场所	Arts Performance Places	11	10	6	6	6
公共图书馆	Public Libraries	94	93	94	95	96
博物馆、纪念馆	Museums and Memorials	53	66	75	74	73
群众艺术馆、文化馆	Mass Art Centers and Cultural Centers	97	97	98	98	98
档案馆	Archives	107	107	107	107	108

注:1.2013年博物馆、纪念馆统计范围增加民间博物馆机构。2.2013年非文化部门艺术表演场所减少4个。

Note: 1. The statistical range of museums and memorials has included folk museum agencies in 2013. 2. Non-cultural department arts centers in 2013.

22-3 文化娱乐业(2015)
Culture and Entertainment Industry

指　标	Item	机构数(个) Institutions (unit)	从业人员(人) Number of Employed Persons(person)	营业收入(万元) Operating Revenue (10000 yuan)	营业利润(万元) Primary Business Profit (10000 yuan)
总　计	**Total**	**5080**	**33351**	**269646**	**91279**
非国有艺术表演团体	Non-state Performing Arts Groups	53	1507	3566	-909
娱乐场所	Places of Entertainment	1991	18190	148662	50011
互联网上网服务营业场所（网吧）	Internet access service establishments (internet cafes)	3036	13654	117418	42177

22-4 艺术表演场所(2015)
Art Preformances Places

指　标	Item	机构数(个) Number of Institutions (unit)	从业人员(人) Number of Staff and Workers (person)	座席数(个) Seats (unit)	演(映)出场次(场) Number of Performances (show)	#艺术演出场次 Art Performance	观众人次(万人次) Number of Spectators (10000 person-times)
总　计	**Toatl**	**6**	**72**				
#省　级	Province Level	4	56				
地　级	Prefectural Level	2	16				
县　级	County Level						
#文化系统	Cultural Organizations and Institutions	6	72				

注：2015年文化系统6个艺术表演场所均处于改扩建中，全年无演出。

Note: There is no performance throughout the year for the culture system's 6 arts performance places were all in expansion in 2015.

22-5 文化部门艺术表演团体(2015)
Art Troupes of Culture Sector

指 标	Item	剧团数(个) Number of Troupes (unit)	从业人员(人) Number of Employed Persons (person)	国内演出(场) Number of Domestic Performances (show)	#在农村演出 Shows in Rural Areas	国内观众人数(万人次) Number of Domestic Spectators (10000 person-times)
总 计	**Total**	**41**	**1515**	**3670**	**2260**	**479.50**
按隶属关系分	**By Jurisdiction of Management**					
#国有剧团	State-owned Troupes	33	1217	3413	2090	414.25
按剧种分	**By Type of Art**					
话剧、儿童剧、滑稽剧团	Drama, Children's Play and Comedy Troupes	1	70	140	20	14.00
歌舞、音乐类	Song and Dance Troupe,Music Troupes	34	982	2920	2000	414.53
京剧、昆曲类	Peking Opera Troupes and Kunqu Troupes	1	53	150	20	8.50
地方戏曲类	Local Opera Troupes	2	233	290	150	19.00
杂技、魔术、马戏类	Acrobatics , Magic, Circus Troupes	1	84	80	50	11.45
曲艺类	Folk Arts	1	82	80	10	12.00
综合性艺术表演团体	Comprehensive Art Perfonabce	1	11	10	10	0.02

22-6 群众文化馆(站)(2015)
Mass Culture Centers(Stations)

指 标	Item	合计 Total	文化馆 Culture Centers	文化站 Culture Stations
馆(站)个数(个)	**Number of Centers(unit)**	**1665**	**98**	**1567**
组织各类讲座次数(次)	Organizing Lectures(time)	401	401	
组织文艺活动次数(次)	Organizing Art Performances(time)	18490	5132	13358
举办业余文艺训练班(班次)	Conducting Amateur Art Training Courses(class)	8840	2337	6503
#结业人数(万人次)	Number of Persons Completed(10000 person-times)	59.67	16.69	42.98
举办展览次数(次)	Number of Exhibitions(unit)	3245	543	2702

注：2015年中央下达专项资金用于各地开展群众文化活动，文艺活动次数较上年有所增长。

Note: The number of culture activities has increased over last year, for the central governments grant special funds to use the local mass culture activity

22-7 广播、电视

Radio and Television Industry

指　　标	Item	2011	2012	2013	2014	2015
广播电视台(座)	Broadcasting and Television Stations(unit)	79	84	85	84	85
广播节目综合人口覆盖率(%)	Radio Coverage Rate of the Population(%)	88.0	88.5	90.0	91.5	92.3
#农村	Rural	86.1	86.6	88.6		
广播节目自办套数(套)	Number of Radio Programs with Ownership(set)	31	39	38	40	46
#公共广播	Public Radio	31	39	38	40	46
广播节目制作时间(万小时)	Length of Radio Programs Produced(10 000 hours)	10.58	12.94	12.06	12.50	13.81
公共广播节目播出时间(万小时)	Length of Public Radio Programs Broadcasted (10 000 hours)	18.92	20.87	22.55	22.74	25.33
电视节目综合人口覆盖率(%)	TV Coverage Rate of Population(%)	92.8	93.0	94.1	95.4	96.0
#农村	Rural	91.7	91.9	93.4		
有线广播电视用户数(万户)	Users of Cable Radio and TV (10 000 households)	396.57	396.61	394.28	386.18	421.92
#农村	Rural	210.53	218.20	44.70		
数字电视用户数(万户)	Number of Users of Digital TV(10 000 households)	349.67	357.69	394.28	386.18	421.92
有线广播电视入户率(%)	Popularization Rate of Cable Radio and TV(%)	34.3	32.9	32.1	30.8	33.1
#农村	Rural	22.0	22.2	4.5		
电视节目自办套数(套)	Number of TV Programs with Ownership(set)	101	101	102	102	103
#公共电视	Public TV	101	101	102	102	103
电视节目制作时间(万小时)	Length of TV Programs Produced(10 000 hours)	3.10	4.61	4.15	4.27	4.26
公共电视节目播出时间(万小时)	Length of Public TV Programs Broadcasted (10 000 hours)	22.71	24.00	23.50	24.07	27.25
电视剧播出数(万部)	Number of TV Plays Broadcasted(10 000 sets)	0.26	0.26	0.25	0.21	0.23
#进口电视剧播出数(部)	Imported TV Plays(set)	127	115	107	50	50
电视剧播出数(万集)	Number of TV Plays Broadcasted(10 000 parts)	6.45	6.29	5.75	4.67	6.34
#进口电视剧播出数	Imported TV Plays	0.26	0.23	0.24	0.12	0.12

注：1.资料来源于省新闻出版广电局(以下相关表同)。2.2014年起国家新闻出版广电总局取消农村统计指标.

Note: 1.Data in the table is provided by Guizhou provinvial press and publication bureau. (The relative tables in the chapter are the same). 2.State Press and Publication Administration of Radio canceled rural statistical indicators since 2014.

22-8 广播、电视节目播出时间(2015)

Broadcasting Hours of Radio and Television Programs

单位：小时 (hour)

指 标	Item	全年公共节目播出时间 Broadcasting Hours	#新闻咨询类节目 News	#专题服务类节目 Special Subject	#综合益智类节目 General Entertainment
广播电台	**All Radio Broadcasting Stations**	**253308**	**46313**	**44704**	**53399**
省 级	Province Level	61320	5184	14207	16981
地 级	Prefectural Level	114129	25618	22549	28362
县 级	County Level	77859	15511	7948	8056
电视台	**All Television Stations**	**272464**	**72377**	**35374**	**11781**
省 级	Province Level	56288	8550	10902	1733
地 级	Prefectural Level	126711	17826	15534	7236
县 级	County Level	89465	46001	8938	2812

22-9 图书出版

Books Published

指 标	Item	2011	2012	2013	2014	2015
出版图书(种)	**Number of Publications(kind)**	**856**	**966**	**894**	**845**	**738**
#新出版	New Publications	545	575	667	721	564
总印数(万册)	Printed Copies(10000 copies)	8492	7304	6278	10099	9636
总印张数(万印张)	Printed Sheets(10000 sheets)	57278	48304	44066	64882	65251

22-10 杂志出版
Magazines Published

指　标	Item	2011	2012	2013	2014	2015
出版杂志(种)	**Number of Publications(kind)**	**88**	**88**	**88**	**90**	**90**
每期平均印数(万册)	Average Printed Copies Per Issue(10000 copies)	78	86	84	84	80
总印数(万册)	Printed Copies(10000 copies)	1413	1485	1575	1523	1756
总印张数(万印张)	Printed Sheets(10000 sheets)	7257	7062	7792	7890	9109

22-11 报纸出版
Newspaper Published

指　标	Item	2011	2012	2013	2014	2015
出版报纸(种)	**Number of Publications(kind)**	**44**	**44**	**43**	**42**	**42**
每期平均印数(万份)	Average Printed Copies Per Issue(10000 copies)	175	170	156	147	126
总印数(万份)	Printed Copies(10000 copies)	44931	41704	38954	36409	33375
总印张数(万印张)	Printed Sheets(10000 sheets)	200712	178188	162120	156095	105503

22-12 报纸分类出版数量(2015)
Number of Newspaper Published by Category

指　标	Item	出版报纸(种) Number of Public-ations (kind)	每期平均印数(万份) Average Publication Per Issue (10000 copies)	总印数(万份) Total Printed (10000 copies)	总印张数(万印张) Total Printed Sheets (10000 sheets)
总　计	**Total**	**6**	**47.25**	**15220.26**	**66635.26**
#贵州日报	Guizhou Daily	1	16.38	5979.14	15463.85
贵州都市报	Guizhou Urban Newspaper	1	13.80	4940.83	23324.03
贵阳晚报	Guiyang Evening Newspaper	1	11.30	4047.05	26520.60
文　摘	Tabloid	1	0.97	48.64	218.88
每周广播电视报	Broadcasting and Television Weekly Newspaper	2	4.80	204.60	1107.90

22-13 体育运动员

Athletes

单位：人 (person)

指　标	Item	2011	2012	2013	2014	2015
优秀运动员	**Excellent Athletes**	**189**	**173**	**173**	**153**	**188**
#女运动员	Female	67	66	74	55	78
专职教练员	**Full-time Coaches**	**219**	**167**	**219**	**212**	**199**
#女专职教练员	Female	61	46	67	58	56
等级运动员发展人数	**Number of Certified Athletes**	**488**	**511**	**301**	**279**	**403**
等级裁判员发展人数	**Number of Certified Referees**	**5130**	**939**	**2059**	**2315**	**1191**

注：资料来源于省体育局(以下相关表同)。

Note: The data in the table are provided by the provinvial Sport Administration(The relative tables in the chapter are the same).

22-14 体育运动获奖

Medals Won by Guizhou Athletes in Domestic and International Competitions

单位：项 (unit)

指　标	Item	2011	2012	2013	2014	2015
国内外大赛第一名	Number of the First-Order	12	9	7	23	7
国内外大赛第二名	Number of the Second-Order	21	2	13	11	8
国内外大赛第三名	Number of the Third-Order	28	5	17	15	31

22-15 公共体育场地

Number of Public Stadiums and Gymnasiums

单位：个 (unit)

指　标	Item	2013	2014	2015
总　计	**Total**	**1653**	**3570**	**2260**
#体育场馆	Stadiums	3	11	11
全民健身活动中心	The National fitness activities center	18	6	4
乡镇体育健身场所	Villages and Towns sports fitness sites	111	295	300
村级农民体育健身场所	Villages farmer sports fitness sites	911	2948	1630
全民健身工程(条)	**Body-building Activities of The Whole Nation(unit)**	**340**	**310**	**315**

注：2014年起体育系统报表制度改革，只统计体育系统场地数。2013年数据为第六次全国体育场地普查初步汇总数。

Note:The reporting system of sport system has changed since 2014, which is only account spots number.data of 2013 was preliminary summary data of the sixth national stadium census.

22-16 卫生事业
Health Care

指　　标	Item	2011	2012	2013	2014	2015
卫生机构(个)	**Number of Health Institutions(unit)**	**5683**	**27379**	**29182**	**28995**	**28740**
#医院、卫生院	Hospitals and Township Hospitals	2071	2210	2429	2612	2631
床位数(万张)	**Number of Beds(10000 beds)**	**11.75**	**13.65**	**16.33**	**18.17**	**19.65**
#医院、卫生院床位	Number of Hospital and Township Hospitals Beds	10.80	12.97	15.58	17.84	18.73
卫生人员合计(万人)	**Number of Employed Personnel in Health Care Institutions (10000 persons)**	**13.29**	**19.21**	**22.23**	**23.73**	**25.89**
#卫生技术人员	Medical Technical Personnels	11.22	12.98	15.66	16.98	18.70
#执业(助理)医师	Licensed(Assistant) Doctors	4.40	4.92	5.59	5.78	6.34
#注册护士	Registered Nurse	4.16	4.87	5.94	6.71	7.61
医疗机构病床使用率(%)	**Utilization Rate in Medical Institutions(%)**	**79.6**	**83.2**	**81.3**	**77.1**	**74.0**
人均卫生费(元)	**Expenditure for Health of each Person(yuan)**	**1221**	**1378**	**1580**	**1578**	**1847**
平均每千人拥有：	**Per 1000 Person：**					
床位数(张)	Beds(set)	2.77	3.21	3.81	4.20	5.57
#医院、卫生院床位	Number of Hospital Beds	2.55	3.05	3.64	4.12	5.31
卫生人员(人)	Number of Employed Personnel in Health Care Institutions(person)	3.14	4.52	5.19	5.49	7.33
#卫生技术人员	Medical Technical Personnels	2.65	3.06	3.65	3.93	5.30
#执业(助理)医师	Licensed(Assistant) Doctors	1.04	1.12	1.30	1.34	1.80
医院服务情况	**Hospital Services**					
诊疗人次(万人次)	Visits (10000 person-times)	2910.53	3464.00	4063.16	4474.63	4966.24
入院人数(万人)	Inpatients (10000 persons)	243.34	325.04	406.70	443.42	480.10
出院人数(万人)	Patients Discharged from Hospital (10000 persons)	240.59	320.49	401.46	438.95	465.45
每百门诊急诊入院人数（人）	Inpatients per 100 Outpatient and Emergency Visits (person)	8.70	9.75	10.43	10.29	10.10
病床使用率(%)	Utilization Rate of Beds (%)	87.1	89.11	85.81	82.71	80.83
出院者平均住院日(天)	Average Stay Days in Hospital(day)	9.20	8.90	8.50	8.50	8.50

注：1.资料来源于省卫生计生委，表中2011年数据不含村卫生室，2012年起含村卫生室(以下相关表同)。2.医院服务情况指医院类别的医疗服务情况。3.每千人口指标以户籍人口数为基数计算。人均卫生费2011年为测算数，2012—2013年为推算数。

Note:1.Data in the table is provided by the Committee of Population and Family Planning of Guizhou Provincial. In the year of 2011, data in this table exclude health clinics of village, but including health clinics of village from 2012(the same applies to the next table). 2.The Hospital Services include all medical institutions refer to hospitals' services.3.Indicators of per thousand population are calculated based on household registration population. Per capita health costs in 2011 were measured, while data in 2012 and 2013 was calculated .

22-17 卫生机构、床位、人员数(2015)

Number of Health Institutions,Beds and Personnels

指标	Item	机构数(个) Institutions (unit)	床位数(张) Hospital Beds (Bed)	人员数(人) Number of Personels (person)	#卫生技术人员数 Medical Technical Personels
合计	**Total**	**28740**	**196517**	**259261**	**187361**
医院	Hospitals	1186	148237	145570	121191
#市	City	519	74254	81556	67526
县	County	667	73983	64014	53665
#综合医院	Genaral Hospital	918	112280	113322	94723
县医院	Hospitals at County Level	71	30173	28436	24683
中医医院	Hospital Specialized in TCM	87	18765	17877	15310
中西医结合医院	Hospitals of Integrated Traditional Chinese with Western Medicine	22	1527	1340	1106
民族医院	Nationalities Hospitals	7	485	506	405
专科医院	Specialized Hospitals	149	14950	12427	9583
护理院	Nursing Hospital	3	230	98	64
疗养院(所)	Sanatoriums	1	100	42	41
社区卫生服务中心(站)	Community Health Service Centers (Stations)	622	2973	7608	6309
社区卫生服务中心	Community Health Service Centers	166	2923	4100	3315
社区卫生服务站	Community Health Service Stations	456		3508	2994
卫生院	Health Centers	1445	39097	39812	34200
#农村乡镇卫生院	Rural Township Health Centers	1419	38454	39014	33562
中心卫生院	Central Health Centers	562	22426	20660	17772
乡卫生院	Ecumenic Health Centers	857	16028	18354	15790
门诊部、诊所、医务室	Outpatient Department Clinic and Infirmary	3278		9265	8891
#私人办诊所	Private Clinique	2890		7224	7063
专科防治所(站)	Specialized Disease Prevention and Treatment Institution	10	675	381	287
疾控中心(卫生防疫站)	CDC(Epidemic Prevention Station)	100		5060	4098
#县疾控中心	CDC at County Level	69		2804	2353
卫生监督机构	Sanitation Supervise Centers	95		1652	1393
#县卫生监督机构	Sanitation Supervise Centers at County Level	66		938	791
妇幼保健院(所、站)	Women and Children Care Agencies	102	5485	6828	5905
#县妇幼保健院(所、站)	Women and Children Care Agenciesat County level	64	2802	3670	3165
医学科学研究机构	Research Institution of Medicine Science	2		22	21
村卫生室	Health Clinics of Village	20832		37935	1916
其他卫生机构	Other Health Project Institution	1067		5086	3109
按主办单位分	**By Host Unit**				
政府办	Government Office	5323	133837	155964	129304
卫计部门办	Health Department	4560	130357	151752	126523
社会办	Industrial and Other Department	12208	22239	46252	20301
个人办	Private	11203	40491	57045	37756
按经济类型分	**By Type of Economic**				
公立	The Public	13086	144786	182370	140181
国有	State-owned	5916	144122	167655	138878
集体	Collective	7170	664	14715	1303
民营	Private	15654	51731	76891	47180
联营	Joint venture	190	832	819	501
私营	Private	14190	41946	63717	37853
其他	other	1274	8953	12355	8826

22-18 卫生防疫防治和妇幼卫生事业

Sanitation and Epidemic Prevention,Maternity and Child Care

指 标	Item	2011	2012	2013	2014	2015
专科疾病防治院(所、站)机构数(个)	**Specialized Disease Prevention and Treatment Institution(unit)**	**9**	**7**	**10**	**9**	**10**
人员总数(人)	Number of Personnels(person)	243	202	261	384	381
#卫生技术人员数	Medical Technical Personnels	191	162	212	287	287
床位数(张)	Hospital Beds(bed)	280	440	486	455	675
疾病预防控制中心机构数(个)	**Center for Disease Control and Prevention (unit)**	**103**	**101**	**101**	**101**	**100**
人员总数(人)	Number of Personnels(person)	4542	4737	4952	4944	5060
#卫生技术人员数(人)	Medical Technical Personnels(person)	3629	3627	3958	3953	4098
妇幼保健机构数(个)	**Institutions of Maternity and Child Care (unit)**	**94**	**96**	**98**	**100**	**102**
人员总数(人)	Number of Personnels(person)	3888	4216	4889	5355	6828
#卫生技术人员数(人)	Medical Technical Personnels(person)	3341	3601	4201	4596	5905
床位数(张)	**Hospital Beds(bed)**	**4398**	**3785**	**4141**	**4376**	**5485**

22-19 县及县以上医院、卫生院(2015)

Hospitals and Health Centers at County Level and above

指　标	Item	机构合计(个) Institutions (unit)	诊疗人次数(万人次) Number of Visits and Inpatients (10000 person-times)	#门　诊(万人次) Number of Visits in Clinics (10000 person-times)	入院人数(万人) Inpatients (10000 person)	出院人数(万人) Outpatients (10000 person)
县及县以上医院合计	**Hospitals at County Level and above**	**1186**	**4966.24**	**4239.29**	**480.10**	**465.45**
#综合医院	General Hospitals	918	3980.54	3381.70	385.90	372.95
中医医院	Hospitals Specialized in Traditional Chinese Medicine	87	675.33	591.60	62.83	61.89
妇幼保健院(所、站)	**Maternity and Child Care Hospital(Centers orStations)**	**102**	**322.96**	**259.53**	**19.95**	**19.88**
#妇幼保健院	Maternity and Child Care Hospital	57	269.16	208.40	16.45	16.44
卫生院合计	**Health Centers**	**1445**	**2484.59**	**2354.14**	**132.03**	**131.13**
#农村乡镇卫生院	Rural Health Centers	1419	2466.79	2337.54	130.51	129.61
中心卫生院	Central Health Centers	562	1324.83	1253.85	80.00	78.65
乡卫生院	Ecumenic Health Centers	857	1141.96	1083.69	50.51	50.96

22-19 续表 continued

指　标	Item	平均开放病床数(张) Average Beds Opened (bed)	病床周转次数(次/年) Turnover of Beds (time/year)	病床工作日(日/床) Working Days of Bed (day/Bed)	病床使用率(%) Utilization Rate of Beds(%)	出院者平均住院日(天/人) Average Stay Days in Hospital (day/Person)	每百门(急)诊入院人数(人) Inpatients Per 100 OutPatient and Emergency Visits
县及县以上医院合计	**Hospitals at County Level and above**	**139619**	**33.3**	**295.0**	**80.83**	**8.5**	**10.10**
#综合医院	General Hospitals	106138	35.1	294.8	80.75	8.3	10.11
#中医医院	Hospitals Specialized in Traditional Chinese Medicine	18251	33.9	313.2	85.82	9.1	9.71
妇幼保健院(所、站)	**Maternity and Child Care Hospital(Centers orstations)**	**4891**	**40.6**	**231.9**	**63.53**	**5.3**	**6.67**
#妇幼保健院	Maternity and Child Care Hospital	3775	43.5	258.6	70.86	5.6	6.65
卫生院合计	**Health Centers**	**37093**	**35.4**	**188.2**	**51.56**	**4.8**	**5.49**
#农村乡镇卫生院	Rural Township Health Centers	36522	35.5	188.7	51.69	4.8	5.47
中心卫生院	Central Health Centers	21360	36.8	197.4	54.09	4.8	6.23
乡卫生院	Ecumenic Health Centers	15162	33.6	176.3	48.29	4.7	4.58

22-20 县、乡、村三级医疗、预防、保健

Health Organization at County,Town and Village Level

指 标	Item	2011	2012	2013	2014	2015
县医院个数(个)	**Number of Hospitals at County Level (unit)**	**70**	**70**	**70**	**70**	**68**
平均每院病床数(张)	Average Number of Beds Per Hospital(bed)	242.36	278.74	333.17	416.47	441.07
平均每院人员数(人)	Average Personnels Per Hospital(person)	233.37	258.26	322.06	380.57	416.91
#平均每院卫生技术人员数	Average Medical Technical Personnels Per Hospital Per Station	203.16	224.81	282.39	334.79	362.22
县妇幼保健院(所、站)机构数(个)	**Maternity and Child Care Centers at County Level (unit)**	**57**	**58**	**57**	**61**	**64**
平均每院(所、站)床位数(张)	Average Number of Beds Per Station (bed)	28.54	33.43	38.84	39.10	43.78
平均每院(所.站)人员数(人)	Average Personnels Per Station (person)	30.49	33.38	36.61	41.00	57.34
#每院(所.站)卫生技术人员数	Medical Technical Personnels Per Stati on	26.91	33.38	31.89	35.34	49.45
县疾病预防控制中心机构数(个)	**Center for Disease Control and Prevention at County Level (unit)**	**69**	**71**	**75**	**71**	**69**
平均每所站人员数(人)	Personnels Per Station(person)	35.14	37.48	37.84	37.89	40.64
#平均每站卫生技术人员数	Average Medical Technical Personnels Per Station	29.45	31.34	31.75	31.51	34.10
农村乡镇卫生院机构数(个)	**Institutions of Rural Health Centers (unit)**	**1436**	**1438**	**1430**	**1427**	**1419**
农村乡镇卫生院床位数 (张)	Number of Beds of Rural Rural Health Centers(bed)	29541	33148	36812	38178	38454
平均每院床位数(张)	Average Number of Beds Per Hospital(bed)	20.57	23.05	25.74	26.75	27.1
平均每千乡村人口乡镇卫生院床位数(张)	Average Number of Beds of Rural Health Centers Hospitals Per 1000 Rural Personnels(bed)	0.83	0.93	1.03	1.06	1.88
农村乡镇卫生院人员数(人)	Personnels of Rural Health Centers (person)	23047	26113	29725	32845	39014
平均每院人员数(人)	Average Personnels Per Hospital (person)	16.05	18.16	20.79	23.02	27.49
平均每千乡村人口乡镇卫生院人员数(人)	Average Medical Technical Personnels of Rural Health Centers Per 1000 Rural Personnels(person)	0.65	0.73	0.83	0.91	1.91
村卫生室个数(个)	**Number of Health Clinics of Village (unit)**	**20260**	**21445**	**21220**	**20945**	**20832**
村卫生室覆盖率(%)	Coverage Rate of Health Clinics of Village (%)	93.8	100.0	100.0	100.0	100.0
开展合作医疗的村数(个)	Number of Villages of Carrying out Rural Cooperative Medical Treatment(unit)	17583	18099	16869	18878	18723
开展合作医疗的村覆盖率(%)	Coverage Rate of Villages of Carrying out Rural Cooperative Medical Treatment (%)	100.0	100.0	100.0	100.0	100.0
平均每村设置医疗点数(个)	Average Number of Medical Treatment Stations Per Village(unit)	1.15	1.18	1.26	1.11	1.11
乡村医生和卫生员数(人)	Doctors and Health Workers(person)	34587	37760	36328	36294	36019
#乡村医生所占比例(%)	Proportion of Rural Doctors(%)	76.7	73.4	75.5	75.0	74.3
平均每村乡村医生和卫生员数(人)	Average Number of Doctors and Health Workers Per Village(person)	1.97	2.09	2.15	1.73	1.92
平均每千乡村人口乡村医生和卫生员数(人)	Average Number of Doctors and Health Workers Per 1000 Rural Personnels (person)	0.97	1.06	1.01	1.00	1.76

注：1.县医院指卫生计生部门办的县综合医院，且不含县级市和区。2.“村卫生室覆盖率”=设置村卫生室的村数/行政村总数。3.2014年及以前每千农业人口数以省公安厅提供的乡村户籍人口数为基数计算，2015年以后每千乡村人口数以统计局提供的乡村常住人口数为基数，2015年为2046.76万。

Note: 1.Hospitals at county level running by the health department refers to general hospital,and exclude county-level city and district. 2."the coverage rate of township hospitals"=number of villages with medical treatment sations/the number of administrative villages.

22-21 28种传染病报告发病及死亡人数(2015)

List of 28 Infectious Diseases Reported and Number of Death

单位：人 (person)

顺位 No.	发病 Diseases		死亡 Death	
	疾病名称 Diseases	发病人数Persons	疾病名称 Diseases	死亡人数Persons
1	肺结核 Pulmonary Tuberculosis	46817	艾滋病 AIDS	510
2	病毒性肝炎 Viral Hepatitis	26635	肺结核 Pulmonary Tuberculosis	144
3	梅毒 Syphilis	11356	狂犬病 Hydrophobia	62
4	细菌性和阿米巴性痢疾 Dysentery	2947	乙脑 Encephalitis B	1
5	淋病 Gonorrhea	1669	新生儿破伤风 Newborn Tetanus	9
6	伤寒副伤寒 Typhoid and Paratyphoid Fever	610	病毒性肝炎 Viral Hepatitis	8
7	艾滋病 AIDS	2112	梅毒 Syphilis	
8	猩红热 Scarlet Fever	800	细菌性和阿米巴性痢疾 Dysentery	
9	流行性乙型脑炎 Encephalitis B	51	钩端螺旋体病 Leptospirosis	
10	狂犬病 Hydrophobia	62	流行性脑脊髓膜炎 Epidemic Encephalitis	2
11	流行性出血热 Hemorrhage Fever	46	流行性出血热 Hemorrhage Fever	2
12	百日咳 Pertussis	42	人感染高致病性禽流感 Highly Pathogenic Avian Influenza	1
13	麻疹 Measles	246	淋病 Gonorrhea	
14	钩端螺旋体病 Leptospirosis	21	伤寒副伤寒 Typhoid and Paratyphoid Fever	1
15	新生儿破伤风 Newborn Tetanus	21	疟疾 Malaria	
16	疟疾 Malaria	14	麻疹 Measles	
17	流行性感冒(包含甲型H1N1流感) A(H1N1)Flu	3329	流行性感冒(包含甲型H1N1流感) A(H1N1)Flu	
18	布鲁氏菌病 Brucellosis	68	炭疽 Anthrax	
19	流行性脑脊髓膜炎 Epidemic Encephalitis	3	鼠疫 The Plague	
20	炭疽 Anthrax	4	血吸虫病 Schistosomiasis	
21	人感染高致病性禽流感 Highly Pathogenic Avian Influenza	1	百日咳 Pertussis	1
22	血吸虫病 Schistosomiasis		布鲁氏菌病 Brucellosis	
23	霍乱 Cholera		猩红热 Scarlet Fever	
24	鼠疫 The Plague		登革热 Dengue Fever	
25	登革热 Dengue Fever	3	霍乱 Cholera	
26	传染性非典型肺炎 SARS		传染性非典型肺炎 SARS	
27	脊髓灰质炎 Poliomyelitis		脊髓灰质炎 Poliomyelitis	
28	白喉 Diphtheria		白喉 Diphtheria	

22-22 28种传染病报告发病率、死亡率及病死率(2015)
List of Incidence,Death and Mortality Rates of 28 Infectious Disease Reported

顺位 No.	发病 Disease Incidence 疾病名称 Diseases	发病率(1/10万) Incidence (1/100 000)	死亡 Death 疾病名称 Diseases	死亡率(1/10万) Death Rate (1/100 000)	病死 Mortality Rate 疾病名称 Diseases	病死率(%) Mortality Rate(%)
1	肺结核 Pulmonary Tuberculosis	133.4600	狂犬病 Hydrophobia	0.1800	人禽流感 Highly Pathogenic Avian Influenza	100.0000
2	病毒性肝炎 Viral Hepatitis	75.9300	艾滋病 AIDS	1.4500	狂犬病 Hydrophobia	100.0000
3	梅毒 Syphilis	32.3700	肺结核 Pulmonary Tuberculosis	0.4100	艾滋病 AIDS	21.1500
4	细菌性和阿米巴性痢疾 Dysentery	8.4000	流行性乙型脑炎 Encephalitis B		新生儿破伤风 Newborn Tetanus	42.8600
5	淋病 Gonorrhea	4.7600	病毒性肝炎 Viral Hepatitis	0.0200	流脑 Epidemic Encephalitis	66.6700
6	伤寒+副伤寒 Typhoid and Paratyphoid Fever	1.7400	新生儿破伤风 Newborn Tetanus	0.2100	钩端螺旋体病 Leptospirosis	
7	艾滋病 AIDS	6.0200	梅毒 Syphilis		流行性乙型脑炎 Encephalitis B	
8	猩红热 Scarlet Fever	2.2800	细菌性和阿米巴性痢疾 Dysentery		流行性出血热 Hemorrhage Fever	4.3500
9	流行性乙型脑炎 Encephalitis B	0.1500	流脑 Epidemic Encephalitis	0.0060	肺结核 Pulmonary Tuberculosis	0.3100
10	狂犬病 Hydrophobia	0.1800	流行性出血热 Hemorrhage Fever	0.0060	淋病 Gonorrhea	
11	流行性出血热 Hemorrhage Fever	0.1300	人禽流感 Highly Pathogenic Avian Influenza	0.0030	梅毒 Syphilis	
12	百日咳 Pertussis	0.1200	淋病 Gonorrhea		细菌性和阿米巴性痢疾 Dysentery	
13	麻疹 Measles	0.7000	伤寒+副伤寒 Typhoid and Paratyphoid Fever	0.0020	病毒性肝炎 Viral Hepatitis	0.0300
14	钩端螺旋体病 Leptospirosis	0.0600	疟疾 Malaria		炭疽 Anthrax	
15	新生儿破伤风 Newborn Tetanus	0.4800	流行性感冒(包含甲型H1N1流感) A(H1N1)Flu		流行性感冒(包含甲型H1N1流感) A(H1N1)Flu	
16	疟疾 Malaria	0.0400	炭疽 Anthrax		鼠疫 The Plague	
17	流行性感冒(包含甲型H1N1流感) A(H1N1)Flu	9.4900	麻疹 Measles		麻疹 Measles	
18	布鲁氏菌病 Brucellosis	0.1900	血吸虫病 Schistosomiasis		疟疾 Malaria	
19	流脑 Epidemic Encephalitis	0.0090	鼠疫 The Plague		百日咳 Pertussis	2.3800
20	炭疽 Anthrax	0.0100	百日咳 Pertussis	0.0030	血吸虫病 Schistosomiasis	
21	人禽流感 Highly Pathogenic Avian Influenza	0.0030	淋病 Gonorrhea		伤寒+副伤寒 Typhoid and Paratyphoid Fever	0.1600
22	登革热 Dengue Fever	0.0090	布鲁氏菌病 Brucellosis		布鲁氏菌病 Brucellosis	
23	血吸虫病 Schistosomiasis		猩红热 Scarlet Fever		猩红热 Scarlet Fever	
24	鼠疫 The Plague		登革热 Dengue Fever		登革热 Dengue Fever	
25	霍乱 Cholera		霍乱 Cholera		霍乱 Cholera	
26	传染性非典型肺炎 SARS		传染性非典型肺炎 SARS		传染性非典型肺炎 SARS	
27	脊灰 Poliomyelitis		脊灰 Poliomyelitis		脊灰 Poliomyelitis	
28	白喉 Diphtheria		白喉 Diphtheria		白喉 Diphtheria	

22-23 5岁以下儿童和孕产妇死亡率

Mortality Rate of the Maternal and Children Aged under 5

指　标	Item	2011	2012	2013	2014	2015
新生儿死亡率(‰)	**Newborn Mortality Rate(‰)**	**5.1**	**5.9**	**4.6**	**5.1**	**4.6**
城 市	Urban	4.7	4.9	3.7	2.9	4.2
农 村	Rural	5.1	6.8	5.1	6.2	4.8
婴儿死亡率(‰)	**Infant Mortality Rate(‰)**	**8.6**	**11.4**	**9.2**	**7.9**	**8.7**
城 市	Urban	8.4	6.8	6.3	4.7	7.6
农 村	Rural	8.9	13.8	10.7	9.5	9.2
5岁以下儿童死亡率(‰)	**Mortality Rate of Children under 5(‰)**	**11.2**	**15.1**	**13.0**	**11.7**	**12.2**
城 市	Urban	10.8	8.1	8.9	7.0	10.3
农 村	Rural	11.3	18.7	15.1	14.2	13.2
孕产妇死亡率(1/10万)	**Maternal Mortality Rate(1/100 000)**	**24.5**	**32.0**	**22.4**	**29.4**	**24.6**
城 市	Urban	30.2	32.0	26.3	30.8	31.8
农 村	Rural	22.5	34.2	21.4	29.1	20.9

注：2011年数据源自妇幼卫生年报表，2012年起数据源自妇幼卫生监测数据。

Note:Data is obtained from the Annual Report of Maternal and Child Health in 2011.The remaining data of 2012 originated from maternal and child health surveillance data.

22-24 新型农村合作医疗

Conditions of New Cooperative Medical System

指　标	Item	2011	2012	2013	2014	2015
开展新农合县（市、区、特区)数(个)	Number of Counties Implementing of NCMS (unit)	88	88	88	88	88
参加新农合人数(万人)	Number of Enrollees(10000 persons)	3074.80	3112.21	3213.95	3247.40	3292.33
参合率(%)	Enrollment Rate(%)	97.1	98.0	98.7	98.9	99.1
当年筹资总额(亿元)	Total Fund Raised at Current Year (100 million yuan)	68.73	90.25	107.34	127.82	149.48
人均筹资(元)	Per Capita Premiums(yuan)	230	290	330	390	450
当年基金支出(亿元)	Payout at Current Year(10000 million yuan)	52.25	85.75	116.40	123.28	124.90
补偿受益人次(万人次)	Number of Beneficiaries from Reimbursement (10000 person-times)	4408.91	4890.82	5520.51	5755.28	5464.12

22–25 历年卫生事业发展情况

Development of Health Care Over the Years

年份 Year	卫生机构数(个) Number of Health Institutions (unit)	#医院、卫生院 Hospitals Health Center's	卫生机构床位数(张) Number of Beds in Health Institutions(bed)	#医院、卫生院 Hospitals Health Center's	卫生技术人员数(人) Medical Technical Personnels (person)	#执业(助理)医师 Licensed (Assistant) Doctors	每万人口拥有Per 10000 person 床位数(张) Number of Beds(bed)	执业(助理)医师数(人) Number of Licensed(Assistant) Doctors(person)
1978	6274	4510	40274	37533	58190	21228	14.0	7.9
1979	6267	4516	42812	40001	60635	21868	14.6	8.0
1980	6246	4529	43627	40835	63766	26491	14.7	9.5
1981	6634	4588	44752	41314	68918	26798	14.6	9.5
1982	6595	4605	46226	42301	70671	27097	14.7	9.4
1983	6605	4602	47555	43292	72988	28433	14.9	9.8
1984	6673	4643	49271	44123	75808	29309	15.0	10.0
1985	6480	3295	49805	45226	76722	29153	15.2	9.8
1986	6760	3358	50893	46259	79776	30475	15.3	10.1
1987	6716	3349	52595	48059	81599	31305	15.6	10.2
1988	7021	3896	54193	49543	84904	35249	15.8	11.3
1989	6926	3620	57428	52063	84891	35646	16.4	11.2
1990	6949	3721	59013	53074	86120	37185	16.2	11.4
1991	6908	3630	59168	53978	87774	37978	16.3	11.5
1992	4734	1624	57767	52405	87927	38537	15.6	11.5
1993	3908	1623	57720	51888	84409	38060	15.2	11.2
1994	3930	1660	59648	53766	88053	40358	15.5	11.7
1995	3934	1692	60295	54475	87005	40260	15.5	11.5
1996	10932	1870	58205	54051	84273	43548	15.2	12.2
1997	8955	1870	57560	53627	84348	43236	14.9	12.0
1998	9113	1877	57844	54492	84400	44138	14.9	12.1
1999	9703	1874	58624	55138	85613	45473	14.9	12.3
2000	8992	1878	58380	55148	85397	45673	14.8	12.2
2001	8791	1872	59120	55876	86103	46412	14.8	12.3
2002	7027	1857	59850	57742	79727	36964	15.1	11.3
2003	6499	1866	59281	56273	77557	36911	14.9	11.2
2004	6664	1850	61313	58113	76699	36911	14.9	12.2
2005	6571	1843	61784	58398	77805	35521	16.6	9.5
2006	6147	1855	66452	62586	82324	41147	17.9	11.1
2007	5907	1939	75806	71400	85298	42100	20.7	11.5
2008	5848	1934	83132	78129	89313	38830	23.0	10.7
2009	5736	1982	97527	91164	95270	40171	27.3	11.3
2010	5637	2005	105277	97490	102527	42158	30.0	12.0
2011	5683	2071	117534	108029	112210	44037	27.7	10.4
2012	27379	2210	136542	129670	152608	49200	32.1	11.2
2013	29182	2429	163332	155848	156557	55877	38.1	13.0
2014	28995	2512	181728	174002	169799	57802	42.0	13.4
2015	28740	2631	196517	187334	187361	63412	55.7	18.0

注：1.表中数据2011年及以前的数据不含村卫生室，2012年起含村卫生室。2.每万人口指标2011年以前以常住人口数为基数计算，2011年起以户籍人口数为基数计算。2015年以常住人口为基数计算。

Note:1.In the year of 2011 and before data in this table exclude health clinics of village, but including health clinics of village in 2012 and after.

2.Before 2011, per ten thousand population indicators were calculated on the number of permanent resident population , but since 2011 they have calculated on the number of household registered population.

主要统计指标解释

文化事业机构 指由文化部门主办或实行行业管理的文化及相关产业机构以及由文化部门主办的非文化及相关产业机构等。

艺术表演团体 指由文化部门主办或实行行业管理（经文化行政部门审批并领取营业性演出许可证），专门从事表演艺术等活动的各类专业艺术表演团体，含民间职业剧团（不包括群众业余文艺表演团队）。

艺术表演观众人数(人次) 指在国内和国外的艺术表演的观众人数。包括售票、包场等有演出收入的场次人数和政府采购的公益性演出场次人数及参加汇演、调演等无演出收入的公开演出场次人数，包括流动舞台车演出场次人数，不包括彩排和内部观摩等无演出收入的场次人数。

广播节目综合人口覆盖率 指根据国家广电总局制定的《广播电视人口覆盖率统计技术标准和方法》进行统计调查的，在对象区内采用无线、有线、卫星等技术手段能够收听到包括中央、省、地市、县广播节目其中任意一套的人口数占全国总人口数的百分比。

电视节目综合人口覆盖率 指根据国家广电总局制定的《广播电视人口覆盖率统计技术标准和方法》进行统计调查的，在对象区内采用无线、有线、卫星等技术手段能够收看到包括中央、省、地市、县级电视节目中任意一套的人口数占全国总人口数的百分比。

等级运动员发展人数 指经考核正式批准授予等级运动员称号的人数。运动员等级分为国际级运动健将、运动健将、一级运动员、二级运动员。

等级裁判员发展人数 指经考核正式批准授予等级裁判员称号的人数。裁判员等级分为国际级裁判员、国家级裁判员、一级裁判员、二级裁判员。

体育场 指有400米跑道(中心含足球场)，有固定道牙，跑道6条以上，并有固定看台的室外田径场地。体育场按看台容纳观众人数分为：甲级25000人以上，乙级15000−25000人，丙级5000−15000人，丁级5000人以下。

体育馆 指有固定看台，可供篮球、排球、羽毛球、乒乓球、体操等项目训练比赛活动用的室内运动场地。体育馆按看台容纳观众人数分为：甲级6000人以上，乙级4000−6000人，丙级2000−4000人，丁级2000人以下。

医院 包括综合医院、中医医院、中西医结合医院、民族医院、各类专科医院和护理院。包括医学院校附属医院，不包括专科疾病防治院、妇幼保健院和疗养院。

社区卫生服务中心(站) 指为本社区居民提供预防、医疗、保健、康复、健康教育、计划生育技术服务等的基层卫生机构。包括社区卫生服务中心和社区卫生服务站。

卫生技术人员 包括执业医师、执业助理医师、注册护士、药师(士)、检验及影像技师(士)、卫生监督员和见习医(药、护、技)师(士)等卫生专业人员(不包括药剂员、检验员、护理员等)，不包括从事管理工作的卫生技术人员(如院长、副院长、党委书记等)。其中见习医师(士)指毕业于高中等院校医学专业但尚未取得医师执业证书的医师和医士。

执业医师 指具有《医师执业证》及其“级别”为“执业医师”且实际从事临床工作的人员，不包括取得执业证书但从事管理工作的人员（如院长、书记等）。执业医师类别分为临床、中医、口腔和公共卫生。

执业助理医师 指具有《医师执业证》及其“级别”为“执业助理医师”且实际从事临床工作的人员，不包括取得执业证书但从事管理工作的人员。执业助理医师类别分为临床、中医、口腔和公共卫生。

孕产妇死亡率 $$孕产妇死亡率=\frac{该年该地区孕产妇死亡人数\times 100000}{某年某地区活产率\times 100000}$$

5岁以下儿童死亡率 $$5岁以下儿童死亡率=\frac{该年该地区5岁以下儿童死亡人数}{某年某地区活产率}\times 1000‰$$

婴儿死亡率 指某地区一年内出生未满28天（0—27天）的婴儿死亡人数与该地区当年全部活产数的比率。

$$婴儿死亡率=\frac{该年该地区婴儿死亡人数}{某年某地区活产数}\times 10000‰$$

参加新农合人数 指根据本地新农合的实施方案，到本年度新农合筹资截止时，已缴纳参加新农合资金的人口数。

Explanatory Notes on Main Statistical Indicators

Cultural Institutions defined by the cultural industry management department sponsored or cultural institutions and related industries as well as non-organized by the cultural sector and related industries and cultural institutions.

Art Performance Troupe defined by the cultural industry management department sponsored or carried (by the cultural administrative departments for approval and obtain business performance license), specializing in the performing arts and other activities of the various professional performing arts groups, including the professional troupes (Excluding the masses of amateur theatrical performance team).

Number of Spectators at Art Performance refers to the domestic and foreign performing arts attendance. Including ticketing, private use, which are the number of performances and screenings of revenue for government procurement and participation in the number of public performances show and other non-public performances show the number of performances, including the number of mobile stage vehicle, not including rehearsals and internal observation and other the number of non-performing income screenings.

The Population Coverage Rate of Radio refers to the percentage of population, who can receives to one of central, provincial, city, prefecture, and county radio programs by wireless, cable, satellite and other technical means, in the surveying area, to national total population, according to Statistical Standard and Method on Television and Radio Coverage of Population established by the State Administration of Broadcasting, Film and Television.

The Population Coverage Rate of Television refers to the percentage of population, who can watch one of central, provincial, city, prefecture, and county television programs by wireless, cable, satellite and other technical means, in the surveying area, to national total population, according to Statistical Standard and Method on Television and Radio Coverage of Population established by the State Administration of Broadcasting, Film and Television.

Number of Athletes in Grades refers to the number of athletes who have been given titles through examination. The titles of athletes include international masters of sports, masters of sports, first-grade and second-grade.

Number of Referees in Grades refers to the number of referees who have been given titles after examination. They are classified as international referees, national referees and referees of the first and second grades.

Stadiums refer to stadiums for track and field events with six lane 400-meter tracks around soccer fields, permanent track marks and permanent bleachers. Stadiums are classified according to seating capacity. They include: Class A stadiums seating 25000 people each. Class B stadiums seating 15000 to 25000 people each, Class C stadiums seating 5000 to 15000 people each, and Class D stadiums seating fewer than 5000 people.

Gymnasiums refer to indoor sports grounds with permanent seats in which basketball, volleyball. badminton, table tennis and gymnastics competitions can be held. Gymnasiums are classified according to seating capacity. They include Class A gymnasiums seating over 6000 people, Class B gymnasiums seating 4000 to 6000 people, Class C gymnasiums seating 2000 to 4000 people, and Class D gymnasiums seating fewer than 2000 people.

Hospitals include: polyclinics, traditional Chinese medical hospitals, hospitals integrated with traditional Chinese therapeutics and western therapeutics, ethical hospitals, various specialties hospitals and nursing hospitals, including medical colleges affiliated hospitals,

but excluding specialized prevention and treatment hospital, maternal and child health care hospitals and convalescent hospitals.

Community Health Service Centers (stations) refer to the primary units that provide the health care for community residents, such as disease prevention and control, medical treatment, health care, rehabilitation, health education, family planning technical services, including community health service centers and community health service stations.

Medical Technical Personnel refers to practicing physicians, practicing physician assistant, registered nurses, pharmacists (who), inspection and imaging technician (who), health supervisors and trainee doctors (medicine, nursing, technology) division (disabilities) and other health professionals (not including pharmacy staff , inspectors, care workers, etc.), not including those engaged in the management of health and technical personnel (such as president, vice president, party secretary, etc.). The trainee doctors (who) refers graduated from high school and other institutions but has not yet obtained physician medical specialty physicians and healers practicing certificate.

Licensed Doctors refer to the medical workers who have obtained the licenses of qualified doctors and are employed in medical treatment, disease prevention or healthcare institutions, excluding the licensed doctors engaged in management job. The classification of licensed doctors is clinician, Chinese medicine, dentist and public health.

Licensed Assistant Doctors refer to the medical workers who have obtained the licenses of qualified assistant doctors and are employed in medical treatment, disease prevention or healthcare institutions, excluding the licensed assistant doctors engaged in management job. The classification of licensed assistant doctors is clinician, Chinese medicine, dentist and public health.

Maternal Mortality Rate

$$\text{Maternal Mortality Rate} = \frac{\text{number of maternal deaths} \times 100000}{\text{live births} \times 100000}.$$

Mortality Rate of Children under 5

$$\text{Mortality Rate of Children under 5} = \frac{\text{death number of children under 5}}{\text{live birth}} \times 1000‰.$$

Newborn Mortality Rate refers to the ratio of neonatal deaths of new birth under the age of 28 days (0-27 days) in a year of the region to the total number of live births of this region.

$$\text{Newborn Mortality Rate} = \frac{\text{death number of newborn}}{\text{live birth}} \times 1000‰.$$

Number of Persons Participated in the New Rural Cooperative Medical System refers to the number of persons who have given payment to the new cooperative medical system by the deadline of fundraising during the year according to the implementation plan of the new system.

社会服务及其他

Social Services and Others 23

简 要 说 明

一、主要内容

本篇资料主要反映社会服务、残疾人事业发展、公检法司、交通事故情况及火灾情况。

社会服务内容包括消费者协会受理投诉、生产安全、社会保险、社会福利、民政事业、残疾人事业基本情况、婚姻情况、殡葬服务情况等。

公检法司内容包括司法部门律师、公证、调解工作情况，人民检察院办案情况，人民法院审理案件和收结案情况等。

二、资料来源

本篇资料分别由省司法厅、省消费者协会、省人民检察院、省高级人民法院、省安全监管局、省公安厅、省人力资源社会保障厅、省民政厅、省残联提供。

Brief Introduction

I. Main Contents

Data in this chapter mainly reflect the development of civil affairs, work for persons with disabilities, legal and judicial affairs, traffic accidents and fire accidents.

Data on civil affairs include: consumers association receiving complaints, production safety social insurance, social welfare, civil affairs, basic statistics on the work for persons with disabilities, marriage registration service, funeral and interment services.

Data on public security, procuratorial, legal and judicial affairs cover information such as statistics on lawyers, notarization and mediation, cases handled by procuratorate’s offices, cases accepted and settled by the people’s courts.

II. Sources of Data

Data in this chapter are provided respectively by Guizhou Provincial Department of Justice, Guizhou Consumers Association, the People's Procuratorate of Guizhou, Guizhou Higher People's Court, Guizhou Provincial Administration of Work Safety, Department of Public Security of Guizhou Province, Human Resources and Social Security Department of Guizhou Province, Department of Civil Affairs of Guizhou Province, Guizhou Disabled Peoples' Federation.

23-1 律师、公证、调解工作
Lawyers,Notarization and Mediation

指 标	Item	2011	2012	2013	2014	2015
律师工作	**Lawyers**					
法律律师事务所(个)	Number of Law Offices(unit)	267	286	328	357	405
专职律师(人)	Full-time Lawyers(person)	2030	2359	2778	3509	3348
辅助工作人员(人)	Assistant(person)	879	468	551	1404	1761
聘请常年法律顾问(个)	Number of Permanent Legal Advisors(person)	8973	4708	4738	4398	4278
全年办理(件)	Number of Cases in Whole Year(case)	84788	78097	138712	129181	134763
刑事案件诉讼代理	Agent of Criminal Cases	5698	5882	8282	7874	8581
民事诉讼代理	Agent of Civil Cases	14156	16969	18860	20630	25603
行政诉讼代理	Agent of Administrative Action	431	627	856	507	1127
经济案件诉讼代理	Agent of Economic Cases	5783	6049	8695	9006	9672
非诉讼法律事务	Agent of Non-litigious Legal Affairs	1860	1569	1579	1120	1412
解答法律询问	Agent of Legal Advisory Services	55172	53228	85915	84839	85847
代写法律事务文书	Agent of Legal Document Written on Behalf of Clients	6620	8650	11885	7700	10683
调解成功	Successful Mediation	851	3792	2640	1453	1510
公证工作	**Notarization**					
公证处(个)	Number of Notary Offices(unit)	97	97	97	97	97
公证员(人)	Notaries(person)	256	230	235	258	245
公证辅助人员(人)	Assistant Notaries(person)	63	77	143	226	150
办理公证文书(件)	Number of Notarized Documents(case)	75353	77937	96634	96627	98878
#经济合同公证	Notarized Documents on Economic Affairs	15335	20924	27882	29114	19794
#涉外公证	Foreign-related Notarization	10023	11046	15051	15837	16130
国内公证	Domestic Notarization	63482	45967	68752	80790	82748
公证费收入(万元)	Income of Notarization(10000 yuan)	1280	1263	2664	3148	3295
人民调解工作	**Number of People's Mediation**					
人民调解委员会(个)	Number of People's Mediation Committees(unit)	22976	22498	22543	20082	19968
人民调解人员(人)	Number of Mediators(person)	115699	115315	115804	104983	106107
调解民间纠纷(件)	Number of Civil Disputes Mediated(case)	198778	184749	187966	180113	169465
调解成功率(%)	The Rate of Success of Mediation(%)	96.7	95.7	96.9	97.9	97.1
基层法律服务工作	**Law Service at Basic Level**					
法律服务所(个)	Offices for Law Service(unit)	451	477	436	473	383
法律工作者(人)	Law Staffs(person)	1431	1774	1913	2137	1469
代理案件(件)	Cases Deputed(case)	12654	12691	13594	14296	19581
避免经济损失(万元)	Number of Avoided Economical Loss(10000 yuan)	24869	21853	24586	86565	29209
刑释解教人员安置帮教工作	**Settling and Assisting and Teaching Work for People That Has Been Released After Serving a Sentence**					
设立工作机构(个)	Institutions Established(unit)	99	102	94	98	94
工作人员(人)	Staffs(person)	194	197	189	210	182
安置人数(人)	Number of Persons Settled Down(person)	24209	14764	25137	31227	36165
帮教人数(人)	Number of Persons Assisted and Teached(person)	27642	33598	31853	37578	41237

注：资料来源于省司法厅(下表同)。

Note:Data in the table are obtained from provinvial department of justice(the same applies to the next table).

23-2 国内公证文书分类
Domestic Notarial Documents by Type

单位：件 (piece)

指 标	Item	2014	2015
总 计	**Total**		
经济合同(协议)合计	**Total Economic contracts (agreements)**	**29114**	**19794**
#买卖合同(购销、房屋买卖)	Contract of sale (purchase and sales, house sale)	2534	1962
企业经营合同(联营合同、企业租赁、资产经营责任制)	Business Contracts (joint venture contract, corporate leasing, asset management responsibility)	164	2
借款合同(贷款)	Contracts for Loan of Money (Loan)	9167	3904
劳务(劳动)合同	Labor Service(Labor) Contract	5	14
建筑工程合同(建筑工程承包)	Contracts for Construction Projects(Construction Contract)	1	1
承包合同(农林牧副渔承包、工商服务承包、乡镇企业承包)	Contract Agreements(agriculture, forestry, animal husbandry and fishery contracting, business services contracting, township enterprises contracting)	32	20
租赁合同(财产租赁、房屋租赁)	Leasing Contracts (property lease, rental)	693	413
扶养协议(遗赠扶养协议、赡养协议)	Child Support Agreement(Legacy support agreement, maintenance agreement)	43	30
出国留学协议(留学协议)	Study abroad agreement(Study protocol)	140	186
其他(其他民事协议、计划生育)	Other (Other Civil Agreements,Planned Parenthood)	2707	1237
民事法律关系公证合计	**Total civil legal relations Notary**	**755**	**44740**
#收养关系(收养、解除收养)	Adoptive Relationship (adoption, termination of adoptive)	25	37
继承(继承权)	Inherit(Inheritance)	12480	14710
财产权(产权、宅基地使用权)	Property rights (property， land use rights)	20	21
亲属关系	Kinship Confirmation	806	864
单方法律行为	**Unilateral legal acts(By the end of 2012 after the Justice Department modified statistical reports,the notarial matters were classified)**	**32150**	**30445**
#委托(委托书、法人委托书)	Delegate (power of attorney, power of attorney)	15027	15291
声明(声明书)	Declaration	11854	11941
赠与(赠与书)	handsel(Gift book)	2619	1561
遗嘱	testament	1174	460
现场监督类	**Site supervision class**	**1728**	**1212**
#招标投标	Bidding	105	31

23-3 消费者协会受理投诉

Cases Accepted and Heard by Consumer Association

单位：件 (piece)

指 标	Item	2011	2012	2013	2014	2015
总 计	**Total**	**4986**	**3931**	**5479**	**3051**	**3214**
#家用电器类	Household Appliances	1228	876	1248	678	660
#视听产品	Televison	218	58	64	45	48
电冰箱	Refrigerators	77	10	8	3	3
洗衣机	Washing Machines	86	20	1	2	3
空调器	Air-Conditioner	77	24		1	
摩托车	Motorcycles	53	6	3	2	6
医疗器械	Assistant Things of Medical Treatment	13	3	7	6	2
服装鞋帽	Garment,Shoes and Caps	550	588	730	462	373
家 具	Furniture	58	38	102	40	48
食 品	Foods	368	361	522	275	273
房屋及装修建材	Houses and Fitment Material	364	283	441	282	349
#房 屋	Houses	87	47	80	94	97
装饰材料	Fitment Material	170	141	197	77	109
电信服务	Telecome	641	283	147	100	147
邮政业服务	Mail	35	42	66	38	94
农用生产资料类	Agricultural Production Materials	93	115	126	75	43
其他类	Others	407	265	473	197	292

注：资料来源于省消费者协会。

Note: Data in the table are obtained from provinvial consumers association.

23-4 检察院主要业务

Cases of Procuratorate

指 标	Item	2011	2012	2013	2014	2015
职务犯罪(件)	**Crime by Taking Advantage of Duty(case)**					
受案	Cases Accepted	1003	1019	951	1437	2388
立案	Cases Registered	929	977	922	1037	1083
结案	Cases Settled	908	1013	907	972	1053
批准、决定批捕	**Total of Arrests**					
案件数（万件）	Cases (10000 cases)	1.88	2.16	2.19	2.25	2.2
人数（万人）	Persons (10000 persons)	2.89	3.22	3.11	3.13	2.98
决定起诉	**Total of Public Prosecutions**					
案件数（万件）	Cases (10000 cases)	2.24	2.63	2.75	2.91	2.83
人数（万人）	Persons (10000 persons)	3.42	3.93	4.00	4.15	3.91

注：资料来源于省人民检察院。

Note:Data in the table are obtained from the provincial people's procuratorate.

23-5 人民法院刑事一审案件收案

First Trail Criminal Cases Accepted by Courts

单位：件 (case)

指 标	Item	2011	2012	2013	2014	2015
总 计	**Total**	**22570**	**26448**	**27819**	**30094**	**32163**
危害国家安全罪	Offences Against State Security	2	3	5	3	1
危害公共安全罪	Offences Against Public Security	2334	3115	3417	3784	4354
破坏社会主义市场经济秩序罪	Offences Against Socialist Economic Order	360	433	519	650	672
侵犯公民人身权利民主权利罪	Offences Against Citizens' Personal and Democratic Rights	4944	5382	5196	5581	5578
侵犯财产罪	Offences Against Properties	9320	10730	9891	9501	10014
妨害社会管理秩序罪	Offences Against Social Management of Order	4688	5622	7939	9557	10303
危害国防利益罪	Offences Against National Defense		2	1	2	2
贪污贿赂罪	Offences on Corruption and Bribery	801	1016	738	876	1077
渎职罪	Offences on Abuse and Dereliction of Duty	116	137	113	139	159
其他	Other	5	8		1	3

注：资料来源于省高级人民法院(以下相关表同)。

Note:Date in the table are obtained from provincial higher people's court(The relative tables in the chapter are the same).

23-6 人民法院刑事一审案件结案

First Trail Criminal Cases Settled by Courts

单位：件 (case)

指 标	Item	2011	2012	2013	2014	2015
总 计	**Total**	**22412**	**26260**	**27534**	**28597**	**30137**
危害国家安全罪	Offences Against State Security	1	3	5	3	1
危害公共安全罪	Offences Against Public Security	2326	3096	3405	3673	4230
破坏社会主义市场经济秩序罪	Offences Against Socialist Economic Order	352	418	492	564	555
侵犯公民人身权利民主权利罪	Offences Against Citizens' Personal and Democratic Rights	4898	5344	5113	5185	5205
侵犯财产罪	Offences Against Properties	9295	10694	9844	9179	9653
妨害社会管理秩序罪	Offences Against Social Management of Order	4655	5577	7885	9186	9885
危害国防利益罪	Offences Against National Defense		2	1	2	2
贪污贿赂罪	Offences on Corruption and Bribery	776	983	684	695	506
渎职罪	Offences on Abuse and Dereliction of Duty	104	135	105	109	98
其他	Other	5	8		1	2

23-7 人民法院刑事案件中青少年犯罪

Juvenile Delinquency Among Criminal Cases

单位：人 (person)

指 标	Item	2011	2012	2013	2014	2015
刑事罪犯总数	**Number of Criminals**	**28171**	**30239**	**35272**	**31483**	**34668**
#青少年罪犯	Juvenile Criminals	9266	9503	10645	10024	10010
#不满18岁	Less Than 18	3014	2993	3282	2940	2994
18-25岁	Aged 18-25	6252	6510	7363	7084	7016
青少年罪犯占刑事罪犯(%)	Proportion of Juvenile Criminals to Total Criminals(%)	32.9	31.4	30.2	31.8	28.9

23-8 生产安全
Production Safety

指　　标	Item	2011	2012	2013	2014	2015
各类事故死亡人数合计(人)	**Number of Deaths for Production Security Accidents(person)**	**1655**	**1301**	**1156**	**1040**	**926**
工矿商贸企业	Enterprises of Industry,Mining,Commerce and Trade	523	296	206	140	87
煤　矿	Coal Mine	256	117	105	59	29
金属与非金属矿	Metallic and Non-metallic Mine	69	34	8	9	11
建筑业	Construction	81	74	62	44	31
其　他	Others	117	71	31	28	16
火　灾	Fire Accidents	54	31	66	59	49
道路交通	Roadway Traffic Accidents	1020	931	847	795	741
铁路交通	Railway Traffic Accidents	49	38	34	46	38
其　他	Others	9	5	3		11
亿元地区生产总值生产安全事故死亡人数(人/亿元)	Number of Deaths of Production Security Accidents Per of GDP (person/100 million yuan)	0.29	0.19	0.14	0.11	0.08
工矿商贸企业从业人员10万人死亡率(人/10万人)	Number of Deaths Per 100000 Persons of Employed Personels of Enterprises of Industry,Mining, Commerceand Trade (person/100000 persons)	5.08	2.88	1.77	1.32	0.98
煤矿百万吨死亡人数(人/百万吨)	Number of Deaths Per Unit of Yields of Coal Mine (person/per million tons)	1.64	0.65	0.50	0.32	0.17
道路交通万车死亡人数(人/万车)	Number of Deaths of Roadway Traffic Accidents Per Unit of Vehicles (person/10000 sets)	3.32	2.62	2.10	1.76	1.27

注：资料来源于省安全监管局，其中火灾死亡人数来源于省公安厅。

Note: Data in the table are obtained from provincial production safety supervision management administration, among them，fire death toll is from the Provincial Public Security Department.

23-9 火灾事故情况
Fire Accidents

指　标	Item	2013	2014	2015
实际发生数(起)	**Number of Fire Accidents(case)**	**2915**	**4221**	**3483**
按火灾原因分	**Grouped by Cause**			
生产作业	Operation	110	150	96
电　气	Electric	1277	1784	1584
吸　烟	Smoking	64	104	67
生活用火不慎	Not Careful with Cooking Fire	518	802	619
玩　火	Playing with Fire	111	182	115
自　燃	Natural Fire	57	91	97
不　明	Uncertain	125	77	42
其　他	Others	653	1031	784
死亡人数(人)	Number of Deaths(person)	66	59	49
受伤人数(人)	Number of Injuries(person)	41	27	28
直接财产损失(万元)	Direct Economic Losses(10000 yuan)	11203	17667	6538
平均每起事故损失(万元)	Average Loss of Fire (10000 yuan)	3.84	4.19	1.87

注：资料来源于省公安厅(下表同)。

Note: Data in the table are obtained from provincial department of public security(the same applies to the next table).

23-10 交通事故(2015)
Traffic Accidents

指　标	Item	发生数(起) Number of Traffic Accidents(case)	死亡人数（人） Number of Deaths (person)	受伤人数(人) Number of Injuries (person)	损失折款(万元) Losses Converted into Cash(10000 yuan)
总　计	**Total**	**1035**	**741**	**1150**	**1198.95**
#重大事故	Extraordinarily Serious Accidents	1	21	3	5.00
较大事故	Serious Accidents	20	81	50	204.90
机动车	Vehicles	952	676	1115	1139.58
#汽　车	Motor Vehicles	667	490	804	932.55
摩托车	Motorcycles	256	157	272	156.62
拖拉机	Tractors	14	13	30	35.75
非机动车	Non-motor-driven Vehicles	20	10	21	3.80
行人乘车人	Pedestrians and Passengers	63	55	14	55.57

注：重大事故为一次死亡10-29人，较大事故为一次死亡3-9人。

Note: A major accident refers to 10-29 people died at a time , and a larger accident refers to 3-9 people died at a time.

23-11 社会保险
Social Insurance

指 标	Item	2011	2012	2013	2014	2015
社会保险基金	**Social Security Fund**					
社会保险基金收入(亿元)	Reveneu(100 million yuan)	256.94	310.85	351.06	386.81	463.97
社会保险基金支出(亿元)	Expenses(100 million yuan)	181.74	229.08	279.25	319.42	362.85
社会保险基金累计结余(亿元)	Balance at year-end(100 million yuan)	343.13	366.79	502.47	569.86	670.98
城乡居民基本养老保险	**The New Rural Social Pension Insurance**					
城乡居民基本养老保险参保人数(万人)	The number of insured (10 000 persons)	849.74	1226.78	1439.34	1586.64	1649.03
城乡居民基本养老保险基金收入(亿元)	Reveneu(100 million yuan)	24.84	36.51	43.84	47.78	62.20
城乡居民基本养老保险基金支出(亿元)	Expenses(100 million yuan)	14.35	27.63	28.90	32.00	46.14
城镇职工基本养老保险	**Basic Pension Insurance of urban Staff**					
城镇职工基本养老保险参保人数(万人)	Number of Urban Employees Joining in Basic Pension Insurance(10 000 persons)	282.06	309.38	337.29	361.45	392.09
#参保职工	Number of Employees	210.71	231.67	254.68	274.32	297.26
城镇职工基本养老保险基金收入(亿元)	Reveneu(100 million yuan)	179.25	216.94	240.21	259.83	315.38
城镇职工基本养老保险基金支出(亿元)	Expenses(100 million yuan)	127.57	153.07	178.45	207.80	242.16
离退休人员社区管理服务率(%)	Rate of Community Management and Services for Retirees(%)	61.1	70.2	73.2	75.0	76.04
基本医疗保险	**Basic Medical Care Insurance**					
基本医疗保险参保人数(万人)	Number of Persons Joining in Basic Medical Care Insurance(10 000 persons)	629.00	648.30	672.09	687.14	955.45
城镇职工	Urban Worker	314.06	329.27	344.72	354.76	372.74
#农民工	Migrant Worker	14.76	13.79	17.83	16.79	17.78
#城镇(乡)居民	Urban Residents	314.94	319.03	327.37	332.38	582.71
基本医疗保险基金收入(亿元)	Reveneu(100 million yuan)	61.26	72.93	84.33	96.274	135.93
城镇职工	Urban Worker	54.31	65.75	76.32	88.416	112.11
城镇(乡)居民	Urban Residents	6.95	7.18	8.01	7.858	23.83
基本医疗保险基金支出(亿元)	Expenses(100 million yuan)	46.22	65.41	80.12	94.04	114.37
城镇职工	Urban Worker	42.44	60.50	74.14	86.74	97.29
城镇（乡）居民	Urban Residents	3.78	4.91	5.98	7.30	17.08
失业保险	**Unemployment Insurance**					
失业保险参保人数(万人)	Number of Persons Joining in Unemployment Insurance(10 000 persons)	160.52	173.46	185.17	191.86	205.31
领取失业金人数(万人)	Beneficiaries of Unemployment Insurance Fund(10 000 persons)	1.08	1.02	1.33	1.54	1.73
失业保险基金收入(亿元)	Reveneu(100 million yuan)	11.64	14.91	17.97	20.29	17.71
失业保险基金支出(亿元)	Expenses(100 million yuan)	2.34	6.49	13.09	9.77	8.46
# 失业金（亿元）	Jobless Claims	0.82	0.78	1.01	1.45	1.91
职业培训补贴支出(亿元)	Expenses of Professional Training (100 million yuan)	0.14	0.38	0.24	0.18	0.08
工伤保险	**Work Injury Insurance**					
工伤保险参保人数(万人)	Number of Persons Joining in Injury Insurance (10 000 persons)	193.96	238.19	260.39	275.41	290.22
#农民工	Migrant Worker	69.78	81.13	87.46	90.25	89.13
工伤保险基金收入(亿元)	Reveneu(100 million yuan)	9.12	11.02	13.07	14.13	14.21
工伤保险基金支出(亿元)	Expenses(100 million yuan)	6.55	7.97	11.45	11.99	11.52
生育保险	**Maternity Insurance**					
生育保险参保人数(万人)	Number of Persons Joining in Basic Maternity Insurance(10 000 persons)	198.09	221.58	238.75	248.82	263.64
生育保险基金收入(亿元)	Reveneu(100 million yuan)	1.47	2.22	3.50	4.14	4.56
生育保险基金支出(亿元)	Expenses(100 million yuan)	0.61	1.05	2.11	3.12	3.41

注：1.资料来源于省人力资源社会保障厅。2.2014年起，因制度整合，原新型农村社会养老保险统计口径调整为城乡居民基本养老保险。2015年起，将统筹城乡基本医疗保险的黔西南州纳入人社部门统计，原城镇居民基本医疗保险调整为城镇（乡）居民基本医疗保险。

Note: 1.Date in the table are obtained from Provincial Department of Human Resources and Social Security. 2.Since 2014, basce pension insurance for urban and rural residents refers to the new rural saial pension insurance. Urban employecs basic pension insurance dhanged to The original number of basic pension insurarce .

23-12 社会福利机构
Social Welfare Institutions and Enterprises

单位：个 (unit)

项　目	Item	2011	2012	2013	2014	2015
总　计	**Total**	**1722**	**7020**	**14986**	**21077**	**22894**
提供住宿的社会服务机构	Social Welfare Institutions with Acammoclations	1185	1240	1286	519	936
社会福利企业	Social Welfare Enterprises	81	59	48	41	32
优抚事业单位	Administration Agencies for Martyrs	62	63	81	80	64
救助类单位	Collecting and Repatriation Units	64	71	72	75	78
殡仪服务单位	Funeral and Interment services Institutions	119	128	139	148	148
彩票发行单位	Lottery Issuing Units	15	15	12	13	13
社区服务单位	Community Service Facilities	196	5444	13348	19773	21623

注：1.资料来源于省民政厅。2.提供住宿的社会服务活动机构2011—2013年为收养性福利单位，2014年起调整为提供住宿的社会服务活动机构，包括：为老年人与残疾人提供收留抚养服务的机构、为智障与精神病人提供收留抚养服务的机构、为儿童提供收留抚养和救助服务的机构、其他提供住宿的服务机构。其中，农村养老机构2015年增加，系因2014年民政部调整口径，将原未办理法人登记的农村养老服务机构从提供住宿的社会服务机构调至社区服务设施，2015年对已办理法人登记的农村敬老院调整回提供住宿的社会服务机构中；同时把没有组织机构代码的机构从提供住宿的社会服务机构中调出。3.社会福利企业和优抚事业单位减少，系因民政部调整口径，对未注册登记的机构一概不予统计；一个机构多块牌子的机构只统计主牌。（以下相关表同）

Note:1.The data in the table are provided by the provincial department of civol affairs. 2.In 2011-2013,institutions where provide social services accommodation were regarded as adapting welfare unit, while those institution were adjusted to provide social service activities,including institution where provide where provid accomoodations for elderly , disabilities,mental patients or children with services, and institutions provide other services.Among them,rural pension agency dropped significantly in 2014. it might because the Ministry of Civil Affairs was adjus cabliers, which tansfer unregistered rural nursing home to communities pension institutions.(The relative tables in the chapter are the same)

23-13 社会福利机构工作人员
Staff Employed by Social welfare Institutions and Enterprises

单位：人 (person)

项　目	Item	2011	2012	2013	2014	2015
总　计	**Total**	**14679**	**35677**	**75184**	**102058**	**106069**
提供住宿的社会服务机构	Social Welfare Institutions with Accommodations	4274	4658	5488	5955	5666
社会福利企业	Social Welfare Enterprises	5216	3343	2424	2145	1882
优抚安置事业单位	Administration Agencies for Martyrs	466	314	351	338	329
救助类单位	Collecting and Repatriation Units	347	371	429	431	494
殡仪服务单位	Funeral and Interment services Institutions	2925	2985	3192	3483	3660
彩票发行单位	Lottery Issuing Units	160	181	188	236	265
社区服务单位	Community Service Facilities	1291	23825	63112	89470	93773

23-14 社会服务及设施和民政事业发展主要指标

Main Indicators of Social Services & Facilities and Civil Administration Career Development

指　标	Item	2011	2012	2013	2014	2015
城市社区服务设施数(个)	**Number of Urban Community Service Facilities(unit)**	**6593**	**11587**	**4721**	**3110**	**3452**
#城市社区服务单位数	Number of Community Service Institutions	196	5444	2268	2586	3005
城镇便民利民服务网点(个)	Number of Urban Service Points for Civilian (unit)	26587	27699	14577	15515	15309
乡镇敬老院覆盖率(%)	Coverage Rate of Villages and Town Elderly Welfare Homes(%)	68.3	72.3	78.4	81.4	93.06
提供住宿的社会服务机构床位数(张)	Number of Beds of Welfare Home (unit)	44025	52996	67129	86111	161327
提供住宿的社会服务机构床位利用率(%)	Using Rate of Bed(%)	61.8	53.4	53.0	49.8	55.2
享受城市低保人数(万人)	Number of Persons Receiving Lowest Cost of living in Urban Area (10000 persons)	54.34	53.00	51.00	47.00	40.00
城市低保生活保障支出(万元)	Expenditure of Lowest Cost of living in Urban Area(10000 yuan)	143028	155819	174125	167700	168125

注：1.城市社区服务设施数，2010—2012年为城镇社区服务机构数。

Note: 1.The number of city community service facilities from 2010 to 2012 is the urban community service organizations.

23-15 社会福利救济主要支出

Major Expenditures of Welfare Relief Funds

单位：万元 (10000 yuan)

指　标	Item	2011	2012	2013	2014	2015
总　　计	**Total**	**830472**	**891463**	**972636**	**970604**	**1013671**
优抚对象补助金额	Funds for Family Members of Martyrs and Disabled Veterans	95162	110456	130472	123959	138089
#国家支出	Government Funds	95162	110456	130472	123959	138089
传统救济对象的国家救济金额	Funds for Family Members of Traditional Relief	29995	33180	35930	45596	55772
最低生活保障支出	Expenditure for Persons Receiving Lowest Cost-of-living	692908	731412	786453	777983	786193
城　市	For Urban Areas	143028	155819	174125	167700	168126
农　村	For Rural Areas	549880	575593	612328	610283	618067
提供住宿社会服务机构支出	Funds for Adopting Social Welfare Institution	12407	16415	19781	23065	33617
#国家支出	Government Funds	12407	16415	19781	23065	33617

注：1.优抚对象包括：死亡抚恤，伤残抚恤，在乡复员、退伍军人生活补助，义务兵优待金，其他优抚支出。 2.传统救济对象包括：五保供养，城市“三无”救助，流浪乞讨人员救助，临时救助，传统救济。

Note:1.Entitled groups including:death pension, disability pension, in the township demobilized, veterans living allowance, compulsory special allowances, special care and other expenses. 2.Traditional Relieves groups including:five guarantees, the city "three noes" rescue, vagrants and beggars,temporary relief, traditional Relief.

23-16 享受补助、救济人员

Persons Receiving Subsidies and Relief Funds

单位：万人 (10000 persons)

指　　标	Item	2011	2012	2013	2014	2015
城乡居民最低生活保障人数	**Number of Urban and Rural Residents Receiving Minimum Living Allowance**	**585**	**566**	**528**	**463**	**372**
城　市	Urban Area	54	53	51	47	40
农　村	Rural Area	531	513	477	416	332
传统救济人数	Number of Persons Receiving Traditional Relief Funds	1.71	1.74	1.83	2.15	2.38
提供住宿的社会服务机构“三无”对象人数	Number of Persons Adopted by Adopting Social Welfare Institutions with Accommodations	2.25	2.34	3.05	3.56	4.29

注：1.提供住宿的社会服务机构“三无”对象人数里包含社区养老机构中农村养老人数。2.2015年开展低保核查，推进减量提标工作，因此城乡低保人数大幅减少。

Note:"three noes"objects of social service institutions provide accommodations including the number of rural old-age pension in community organizations.

23-17 享受国家定期抚恤、补助、救济人员数

Persons Receiving Regular Subsidy and Commiseration of Country

单位：人 (person)

指　　标	Item	2011	2012	2013	2014	2015
合　计	**Total**	**223071**	**263107**	**261395**	**232737**	**225605**
伤残抚恤人数	Number of Persons Receiving Disability Commiseration	15809	16057	15999	14801	14330
“三属”抚恤人数	Number of Persons Comfort and Compensated Bereaved Family	4931	4810	4759	3652	3178
烈士家属	Family Numbers of Martyr	2911	2781	2734	1967	1636
牺牲、病故军人家属	Family Numbers of Immolate & Die of Illness Armyman	2020	2029	2025	1685	1542
定期补助人数	Number of Persons Receiving Regular Subsidies	202331	242240	240637	214284	204919
#复退军人定补人数	Number of Ex-servicemen	80397	76315	69774	45738	37290
参战、参试定补人数	Number of Persons Receiving Regular Subsidies for War and Test	88530	90147	90285	86861	84254

注：参战、参试定补人数指参加对越自卫反击战及核试验等人员。

Note:Persons receiving regular subsidies for sar and sest refer to these persons taking part in acting in self-defence war and nuclear test.

23-18 残疾人事业基本情况

Basic Statistics on the Work for Person with Disablilities

单位：人 (person)

指　　标	Item	2013	2014	2015
康复	**Rehabilitation**			
视力残疾康复	Rehabilitation of Persons with Visual Disability			
贫困白内障患者免费手术(例)	Free Surgeries for Poor Cataract Patients(case)	9220	9292	10158
低视力者配用助视器	Persons with Low-vision Fitted with Vision-aids	3807	2745	3200
盲人定向行走训练	Blind Persons Receiving Orientation Skill Training	2275	2300	1810
聋儿康复	**Rehabilitation of Children with Hearing Disability**			
年收训聋儿	Deaf Children Trained in the year	381	383	421
培训家长	Parents Trained	759	690	745
精神病防治康复	**Prevention and Rehabilitation of Mental Illness (PRMI)**			
开展精神病防治康复工作市县数(个)	Counties Carried on the Works of Prevention and Rehabilitation of Mental Illness(unit)	86	86	83
接受治疗的精神病患者	Treatment Provided for Patients with Sever Psychiatric Diseases	13675	14262	16312
孤独症儿童训练	Children with Autism Trained	309	308	304
肢体残疾康复	**Rehabilitation of Persons with Physical Disability**			
肢体残疾人社区康复训练	Persons with Mobility Impairment Receiving Rehabilitation Training in Communities	1415	1419	1677
脑瘫儿童机构康复训练	Rehabilitation Training Institutions for Children with Cerebral Palsy	398	374	466
贫困肢体残疾儿童矫治手术	Rehabilitation of Children with Physical Disability in Poverty	218	252	209
智力残疾康复	**Rehabilitation of Persons with Intellectual Disability**			
智残儿童社区康复训练	Children with Intellectual Disability Receiving Rehabilitation Training at Community	369	369	408
智残儿童机构康复训练	Children with Intellectual Disability Receiving Rehabilitation Training at Institutions	370	562	1085
辅助器具供应服务数(件)	**Provision of Assistive Devices (piece)**	**18476**	**18464**	**20932**
贫困残疾人假肢装配例数(例)	**Prosthesis Installed for Poor Disabled(case)**	**734**	**528**	**614**
大　腿	for Ham	284	206	225
小　腿	for Shank	359	260	291
特殊假肢	Special Prosthesis	91	62	95
社区康复协调员培训	**Workers Trained for Disabled person at Community**	**1926**	**1488**	**1179**

23-18 续表 Continued

单位：人 (person)

指　标	Item	2013	2014	2015
教育	**Education**			
未入学适龄残疾儿童少年	School-age Disabled Children Unable to Enter School	4427	4635	3007
职业教育与培训	Vocational Education and Training			
机构数(个)	Number of Institutions (unit)	40	40	38
教育与培训人数(人次)	Number or Educated and Trained (person-time)	4423	5142	5146
就业	**Employment**			
城镇残疾人就业状况	Employed PWDs in Urban Areas			
当年安排就业	Persons Employed in the Year	5928	6774	6302
#按比例就业	Employed by Quote Scheme	1379	1572	1383
公益性岗位安置	Employed at Public Institution	176	143	263
集中就业	Employed in Collective Form	1149	1384	1302
个体及其他形式就业	Self-employed or Employed in Other Forms	3224	3675	3107
农村残疾人就业状况	Employed PWDs in Rural Areas			
就　业	Employed	791526	747962	748492
残疾人就业服务机构(个)	Employment Service Institutions for Handicapped (unit)			
省	Provinces	1	1	1
市、州	Prefectures	9	9	9
县、市、区	County、Cities	63	63	61
盲人按摩	**Massage by Persons with Visual Disability**			
保健按摩人员培训	Massage Therapists Training	467	496	388
医疗按摩人员培训	Keep-fit Massage Training	27	48	20
扶贫	**Poverty Alleviation**			
本年度脱贫人数	Disabled Persons Overcoming Poverty	68873	59499	128120
农村贫困残疾	PWDs im Rural Areas	867102	852285	563521
当地低收入残疾	Disabled Persons at the Local Low-income Level	587793	486040	362400
残联组织建设	**Organization Development of the Disabled Persons' Federation**			
残疾人工作者	Workers Working for the Disabled	3294	3237	2739

注：资料来源于省残联。

Note :Data in the table are provided by Disabled Federation of Gui zhou Province.

23-19 婚姻
Marriages and Divorces

指 标	Item	2010	2011	2012	2013	2014	2015
准予登记结婚(对)	**Registered Marriages(couple)**	**375051**	**373423**	**417840**	**429812**	**437203**	**492606**
#初婚(人)	First Marriages(person)	692590	679348	780707	835350	852237	953016
再婚(人)	Remarriages(person)	57512	67498	54973	24274	22169	32196
#女性	Female	27696	34236	29838	12462	11267	16180
涉外婚姻(对)	**Registered Marriages with Foreigner and the Citizen of Hong Kong,Macao,Taiwan(couple)**	**369**	**500**	**440**	**438**	**409**	**393**
#国内公民(人)	Domestic Citizen(person)	369	500	439	438	409	393
#女性	Female	330	457	367	359	333	293
离婚人数(人)	**Divorces(person)**	**127938**	**144420**	**162460**	**171478**	**191428**	**216790**
#民政部门批准	Permitted by Civil Administration Department	89384	104032	118810	124674	141696	162589

注：资料来源于省民政厅。

Note: Data in the table are provided by provincial Civil Affairs Department

23-20 殡葬服务情况
Funeral and Interment Services

指 标	Item	2011	2012	2013	2014	2015
殡葬类单位数（个）	Number of Funeral and Interment Enterprises	119	128	139	148	148
从业人员（人）	Employed Persons(Porson)	2925	2985	3192	3483	3660
火化炉数（台）	Number of Cremators(unit)	86	101	117	124	136
火化数（万具）	Cremated Remains(10000 units)	6.11	6.44	6.82	7.21	8.11
#安葬数（万具）	Number of the Buried(10000 units)	1.79	1.28	1.67	1.85	2.37
火化率（%）	Cremation Rate(%)	25.16	26.41	27.82	29.94	39.8

注：安葬数为当年安葬数。

Note: Number of the buried refers to the number in current year.

主要统计指标解释

公证员 指按照《公证法》规定，在公证机构从事公证业务的执业公证员、公证助理员、行政人员、其他人员。

办理公证文书 指公证处在一定时期内办结的公证文书件数。公证文书按司法部规定或批准的格式制作，包括国内公证和涉外公证两部分。国内公证分为经济合同公证和民事法律关系公证两大类。

人民调解人员 指人民调解委员会委员和人民调解委员会聘任的，负责对《人民调解法》规定人民调解委员会可以受理的民间纠纷进行调解的人员。

调解民间纠纷 是指人民调解委员会通过说服、疏导等方法，促成当事人在平等协商基础上自愿达成调解协议，解决民间纠纷的活动。

批准、决定逮捕 指人民检察院对公安机关、国家安全机关、监狱管理机关提出逮捕的犯罪嫌疑人进行审查，根据事实，依法做出逮捕决定。该指标主要反映人民检察院对提请逮捕犯罪嫌疑人进行审查后依法做出批准逮捕决定的情况。

青少年罪犯 指人民法院在报告期内判决发生法律效力的有罪判决中14周岁以上不满25周岁的罪犯。其中14周岁以上不满18周岁的罪犯为未成年罪犯。

城市居民最低生活保障人数 指在报告期末家庭平均收入在当地规定的最低生活保障线以下的家庭人员及国家规定有民政部门救济的特殊人员和60年代精减退职老职工救济人员等。

农村居民最低生活保障人数 指报告期末在建立农村最低生活保障制度的地区，得到当地政府或集体给予最低生活保障的农业人口家庭人数。

城市社区服务设施数 是指社区服务站、社区服务中心、其他社区服务设施的总和。是面向老年人及家庭的商品递送、医疗保健、家庭保洁、日间照料、陪伴服务等为社区居家老服务的设施和突出综合服务功能，将党员活动室、就业保障网络、社区卫生服务站、文化活动室、图书馆、“爱心超市”社区捐款接收站点、警务站（室）、老年活动室、未成年人文化活动场所等具有综合服务功能的设施。原则上，每个社区服务站设施的最低标准能满足社区居委会办公所需，并配置多功能社区活动场所，建筑面积不低于200平方米。在此基础上可根据社区居民的实际需求，重点强化若干类服务功能。

基本养老保险参保人数 指报告期末按照国家法律、法规和有关政策规定参加基本养老保险并在社保经办机构已建立缴费记录档案的人数，包括中断缴费但未终止养老保险关系的职工人数，报告期末参加基本养老保险的离休、退休和退职人员，不包括只登记未建立缴费记录档案的人数。

基本医疗保险参保人数 指报告期末按国家有关规定参加基本医疗保险的人数。包括参加保险的职工人数和退休人员人数。

失业保险参保人数 指报告期末按照国家法律、法规和有关政策规定参加了失业保险的城镇企业事业单位的职工及地方政府规定参加失业保险的其他人员的人数。

工伤保险参保人数 指报告期末依据国家有关规定参加工伤保险的职工人数和有雇工的个体工商户的雇工数。

生育保险参保人数 指报告期末依据有关规定参加生育保险的职工人数。

Explanatory Notes on Main Statistical Indicators

Notary Personnel refers to judicial workers of the state notary offices handling notarization work according to law. They include notaries, assistant notaries, and other people working for notary offices.

Notarized Documents refer to the documents settled by notary offices in a year. The notary documents are drawn up in accordance with the regulations of the Ministry of Justice, including domestic documents and foreign-related documents. Domestic documents are divided into two major categories, documents on economic contracts and documents on civil legal relations.

Mediators refer to workers on peoples mediation committees responsible for mediating in civil disputes and cases of slight infraction of the law. They include members of the mediation committees and mediators of mediation groups.

Mediation of civil disputes refers to the people's mediation committee through persuasion, persuasion and other methods, to facilitate the parties to reach a voluntary agreement on the basis of equality, the settlement of civil disputes.

Approval for Arrest refers to the decision made by people's procurator ate office, in accordance with the law and relevant facts, to approve the arrest of the suspect(s) as proposed by the public security departments, state security departments or prisons authority. This indicator reflects approved arrests made by people's procuratorate offices that are proposed by related departments.

Juvenile Criminals refers to the offenders within the age range of 14 to 25 convicted guilty by the court during the reporting period while those between 14 and 18 are defined as minor offenders.

Number of Urban Residents Entitled to Minimum Living Allowances refers to the number of those whose average family income is below a minimum local standard by the end of the reporting period and special staff who were relieved by states provide State regulations and the District Department and 1960s streamline relief workers older workers retire, etc.

Number of Rural Residents Entitled to Minimum Living Allowances refers to the number of those receiving the minimum living allowances from the local government or community in the rural areas where this allowances system is in place as of the end of the reporting period.

Number of Service Facilities in Urban Communities refers to community service centers, community service centers, other community service facilities combined. Is for the elderly and home delivery of goods, health care, household cleaning, day care, companionship services, home care services for community facilities and outstanding comprehensive service functions, will party room, employment security networks, community health service stations, cultural activities room, library, "love supermarket" community donations receiving stations, police stations (room), old activity room, minors and other cultural activities with comprehensive service functions of the facility. In principle, each community service station facilities to meet the minimum standards required for community neighborhood committee office, and configure the multi-purpose community activities, building area of not less than 200 square meters. On this basis, according to the actual needs of community residents, can focus on enhancing certain types of services.

Number of Basic Pension Insurance refer to the people participating in the basic pension insurance program according to national laws, regulations and related policies at the end of the reference period, who have already had payment records in social security management agencies, including those who have interrupt payment without terminating the insurance program. Those who have registered in the program but with no payment records are not included.

Number of Basic Medical Care Insurance refers to the number of people participating in the basic medical care insurance program according to related regulations as at the end of reference period, including number of staff and workers and retirees participating in this insurance program.

Number of Unemployment Insurance refers to the number of staff and workers in urban enterprises or institutions who have participated in the unemployment insurance program according to relevant policies and regulations, and other people who have participated according to local government regulations, as at the end of reference period.

Number of Work Injury Insurance refers to the number of staff and workers who have participated in the work injury insurance program according to relevant national regulations and hirelings who were hired by individual industrial and commercial households.

Number of Maternity Insurance refers to the number of staff and workers who have participated in the maternity insurance program according to relevant regulation at the end of the reporting period.

民营经济

Private Economy 24

简 要 说 明

一、主要内容

本篇资料主要反映全省民营经济发展情况。包括民营经济基本情况、民营经济增加值、民营经济投资、规模以上民营经济工业、限额以上民营经济批零住餐、资质以上民营经济建筑业等。

二、资料来源

本篇资料分别由省统计局、省工商局提供。

Brief Introduction

I. Main Contents

Data in this chapter present the development of Guizhou private economy. It contains the basic situation of private economy, value-added of private economy, private economy investment, industrial enterprises above designated size of private economy, wholesale and retail trade enterprises above designated size of private economy, construction enterprises above qualification of private economy.

II. Sources of Data

Data in this chapter are provided by Guizhou Provincial Bureau of Statistics, Administration for Industry and Commerce of Guizhou.

24-1 民营经济基本情况(2015)
Basic Conditions of Private Economy

指标	Item	机构 Number of Enterprises			资产 Assets			从业人员 Emplyed Persons		
		单位数(个) Number of Enterprises (units)	增长(%) Increase Rate (%)	占全省企业单位数的比重(%) The proportion of the provincial total(%)	资产(金)数额(亿元) Amount of Assets (100million)	增长(%) Increase Rate (%)	占全省企业单位资产(金)比重(%) The proportion of the provincial total(%)	人数(万人) Persons (10000 persons)	增长(%) Increase Rate (%)	占全省企业单位从业人员比重(%) The proportion of the provincial total(%)
一、民营企业	**Private Enterprise**	**158264**	**17.7**	**95.9**	**26992**	**13.1**	**36.1**	**273.30**	**11.3**	**70.3**
按登记注册类型分	**By Status of Registration**									
私营企业	Private Enterprises	101951	25.5	61.8	8979	30.0	12.0	146.70	18.6	37.7
集体企业	Collective-owned Enterprises	1876	-0.7	1.1	970	-2.8	1.3	7.00	3.9	1.8
股份合作企业	Cooperative Enterprises	997	-5.0	0.6	2948	-4.9	3.9	3.00	-11.5	0.8
集体联营企业	Collective Joint Ownership Enterprises	227	-3.4	0.1	12	-7.0	…	0.30	-4.5	0.1
其他联营企业	Other Joint Ownership Enterprises	147	-2.6	0.1	14	64.2	…	0.30	1.3	0.1
其他有限责任公司	Other Limited Liability Corporations	35110	3.7	21.3	10758	9.2	14.4	82.40	3.1	21.2
股份有限公司	Share-holding Corporations Limited	2066	3.6	1.3	2563	13.9	3.4	9.10	3.4	2.4
其他内资企业	Other domestic Funded enterprises	15890	12.8	9.6	747	1.0	1.0	24.50	10.1	6.3
按行业分	**By Industry**									
第一产业	Primary Industry	30265	20.2	18.3	543	28.0	0.7	32.50	17.4	8.4
第二产业	Secondary Industry	42535	14.8	25.8	8442	17.0	11.3	129.70	9.5	33.4
工业	Industry	36821	13.1	22.4	7163	14.5	9.6	107.90	9.2	27.9
建筑业	Construction	5714	31.9	3.5	1279	36.4	1.7	21.80	14.1	5.6
第三产业	Tertiary Industry	85464	18.3	51.8	18008	11.0	24.1	111.20	11.9	28.6
交通运输、仓储和邮政业	Transportat, Storage and Post	3135	18.2	1.9	221	14.5	0.3	6.90	2.8	1.8
批发和零售业	Wholesale and Retail Trades	39327	17.7	23.8	2867	8.4	3.8	36.70	15.0	9.4
住宿和餐饮业	Hotels and Catering services	5743	27.4	3.5	331	40.7	0.4	10.10	10.3	2.6
金融业	Finance Intemediation	1560	13.4	0.9	5556	0.1	7.4	4.10	1.2	1.1
房地产业	Real Estate	7116	10.0	4.3	6462	23.0	8.6	15.30	11.7	3.9
其他服务业	Other service industries	28583	19.9	17.3	2570	9.3	3.4	38.10	12.5	9.8
二、个体经营户	**privately owned business**	**1491891**	**16.5**		**905**	**37.6**		**254.50**	**15.3**	

注："个体经营户"资料来源于省工商局。

Note:Data of "privately owned business "is from Provincial Industrial and Commercial Bureau.

24-2 民营经济增加值

Value-added of Private Economy

单位：亿元 (100 million yuan)

指　标	Item	2011	2012	2013	2014	2015
民营经济增加值	**Value—added of Private Economy**	**2103.98**	**2759.40**	**3493.52**	**4275.38**	**5246.19**
#工　业	Industry	728.81	1042.88	1376.85	1858.84	2162.20
建筑业	Construction	127.69	85.97	124.04	151.50	190.77
交通运输、仓储和邮政业	Transport,Storage and Post	320.63	388.18	437.20	469.37	539.18
批发和零售业	Wholesale and Retail Trades	234.14	248.36	257.85	278.44	351.85
住宿和餐饮业	Hotels and Catering Services	193.28	240.62	273.34	299.06	349.29
房地产业	Real Estate	146.60	56.13	82.19	91.06	97.74
#第一产业	Primary Industry	197.77	378.24	508.27	655.34	939.38
第二产业	Secondary Industry	856.50	1128.85	1500.89	2010.34	2352.97
第三产业	Tertiary Industry	1049.71	1252.31	1484.36	1609.70	1953.84

注：2012年起民营经济增加值核算口径调整(以下相关表同)。

Note: The accounting caliber of the added value of private economy was adjusted in 2012(the related tables in the chapter are the same) .

24-3 民营经济分产业增加值占该产业增加值比重

Value-added of Private Economy Unit as Percentage to GDP

单位：% (%)

指　标	Item	2011	2012	2013	2014	2015
民营经济增加值占比	**Gross Domestic Product**	**36.9**	**40.3**	**43.2**	**46.1**	**50.0**
#工　业	Industry	39.8	47.0	51.3	59.2	65.2
建筑业	Construction	35.0	18.7	21.0	21.1	22.9
交通运输、仓储和邮政业	Transport,Storage and Post	54.3	56.5	56.6	56.6	58.6
批发和零售业	Wholesale and Retail Trades	52.2	48.3	44.3	44.6	52.4
住宿和餐饮业	Hotels and Catering Services	86.1	90.3	92.7	92.7	96.9
房地产业	Real Estate	91.5	31.8	40.5	41.3	42.1
#第一产业	Primary Industry	27.2	42.4	50.9	51.2	57.3
第二产业	Secondary Industry	39.0	42.1	45.8	52.1	56.7
第三产业	Tertiary Industry	37.7	38.2	38.9	39.0	41.4

24-4 民营经济固定资产投资
Private Economic Investment in Fixed Assets

单位：亿元 (100 million yuan)

指　　标	Item	2014	2015	2015年比2014年增长(%) Increase Rate in 2015 over 2014 (%)
民营经济固定资产投资	**Private Fixed Asset Investment**	**4145.83**	**4823.76**	**16.4**
按登记注册类型分	**By Status of Registration**			
私　营	Private Enterprises	1840.45	2272.88	23.5
集　体	Collective Ownership Enterprises	21.97	39.59	80.2
股份合作	Cooperative Company	23.35	16.85	-27.8
集体联营	Collective Joint Ownership Enterprises	1.25	2.40	91.4
其他联营	Other Joint Ownership Enterprises	3.20	7.88	146.2
其他有限责任公司	Other Limited Liability Corporations	1851.43	1968.42	6.3
股份有限公司	Share-holding corporations Limited	198.26	185.41	-6.5
其他内资	Other domestic Funded enterprises	172.51	285.68	65.6
个体经营	Self-employed	33.41	44.64	33.6
按行业分	**By Industry**			
第一产业	Primary Industry	152.79	146.97	-3.8
第二产业	Secondary Industry	1495.80	1779.85	19.0
工　业	Industry	1493.64	1800.97	20.6
建筑业	Construction	2.15	5.79	168.9
第三产业	Tertiary Industry	2497.25	2896.94	16.0
交通运输、仓储和邮政业	Transport,Storage and Post	39.87	63.77	60.0
批发和零售业	Wholesale & Retail Trades	84.75	128.65	51.8
住宿和餐饮业	Hotels & Catering Trade	62.00	90.23	45.5
金融业	Finance Intermediation	4.26	6.21	45.8
房地产业	Real Estate	2004.23	2011.16	0.3
其他服务业	Other service industries	302.14	596.92	97.6

注：本表统计口径为计划总投资500万元及以上固定资产项目投资和房地产开发项目投资。

Note: This table's statistical caliber is the fixed assets investment projects in plan of total investment at 5 million yuan and above and real estate investment projects.

24-5 资质以上民营经济建筑企业主要经济指标(2015)

Main Economic Indicators of Construction Enterprises above Qualification of Private Economy

指标	Item	有工作量企业数(个) Number of Workload Enterprises(unit)	建筑业总产值(亿元) Gross Output Value of Construction (100 million yuan)	平均人数(人) Average Number of Employed Persons (person)
总计	**Total**	**611**	**450.43**	**187318**
按登记注册类型分组	**By status of Registration**			
内资企业	Domestic Funded	611	450.43	187318
#联营企业	Joint Ownership Enterprises	1	0.03	23
其他联营企业	Others Joint Ownership Enterprises	1	0.03	23
有限责任公司	Limited Liability Corporations	261	200.14	87097
其他有限责任公司	Other Limited Liability Corporations	261	200.14	87097
股份有限公司	Share-holding Companies Limited	31	28.26	13099
私营企业	Private Enterprises	250	168.69	64068
私营独资企业	Private-funded Enterprises	2	2.14	245
私营合伙企业	Private Partnership Enterprise			
私营有限责任公司	Private Limited Liability Companies	231	146.03	55264
私营股份有限公司	Private Share-holding Corporations Ltd.	17	20.51	8559
按建筑业行业中类分组	**Grouped by Classification of Construction Industry**			
房屋和土木工程建筑业	Building and Civil Engineering Construction	476	416.43	173066
建筑安装业	Construction Installation Industry	67	15.79	7814
建筑装饰业	Construction Descoration	43	7.18	3279
其他建筑业	Other Constructions	25	11.02	3159
按企业资质等级分组	**By Qualification level**			
施工总承包	General Construction Contract	464	417.15	171715
一级	First Grade	10	32.42	14458
二级	Second Grade	147	177.87	77820
三级及以下	Third Grade and Below	307	206.86	79437
专业承包	Professional Contract	147	33.28	15603
一级	First Grade	7	1.89	793
二级	Second Grade	56	19.55	9572
三级及以下	Third Grade and Below	84	11.84	5238

24-6 规模以上民营经济工业企业主要经济指标(2015)

Main Economic Indicators of Industrial Enterprises above Designated Size of Private Economy

单位：亿元 (100 million yuan)

指 标	Item	企业数(个) Number of Enterprises (unit)	工业总产值(当年价) Gross Industial OutputValue (current price)	固定资产原价 Original Value of Fixed Assets	主营业务收入 Revenue from Principal Business	利润总额 Total Profits
总 计	**Total**	**3872**	**6350.06**	**1722.26**	**5621.93**	**340.14**
#亏损企业	Loss Making Enterprises	635	996.21	499.19	728.25	-69.33
按轻重工业分	**Grouped by Type of Light and Heavy Industry**					
轻工业	Light Industry	1270	1706.94	376.93	1492.73	138.50
重工业	Heavy Industry	2602	4643.12	1345.33	4129.20	201.64
按企业规模分	**Grouped by Size of Enterprise**					
大型企业	Large Enterprises	23	500.45	113.53	477.42	43.96
中型企业	Medium-sized Enterprises	344	1419.46	644.42	1179.41	90.95
小型企业	Small Enterprises	3505	4430.15	964.30	3965.10	205.23
按登记注册类型分	**Grouped by Registration Categories**					
#集体企业	Collective-owned Enterprises	16	18.74	4.71	17.69	-0.56
股份合作企业	Cooperative Enterprises	8	20.58	2.86	15.28	2.38
联营企业	Joint Owned Enterprises	2	1.37	0.42	1.36	0.36
有限责任公司	Limited Liability Corporations	1284	2733.53	827.12	2421.14	124.41
股份有限公司	Share-holding Corporations Limited	95	313.38	149.19	292.33	27.74
私营企业	Private Enterprises	2435	3232.83	732.24	2849.73	182.66
其他企业	Others Enterprises	32	29.64	5.72	24.41	3.14

注：本表统计口径为年主营业务收入2000万元及以上工业企业。

Note: Above scale industrial private economic statistics refer to the revenue from principal business of 20 million yuan and above of industrial enterprises.

24-6 续表

单位：亿元

指　标	Item	企业数(个) Number of Enterprises (unit)
按工业行业分	**Grouped by Industrial Sector**	**3872**
煤炭开采和洗选业	Mining and Washing of Coal	665
黑色金属矿采选业	Mining and Processing of Ferrous Metal Ores	30
有色金属矿采选业	Mining and Processing of Non-Ferrous Metal Ores	28
非金属矿采选业	Mining and Dressing of Non-metal Ores	144
农副食品加工业	Processing of Food from Agricultural Products	273
食品制造业	Manufacture of Foods	105
酒、饮料和精制茶制造业	Manufacture of Liquor, Beverages and Refined Tea	358
纺织业	Manufacture of Textile	12
纺织服装、服饰业	Manufacture of Textile, Wearing Apparel and Accessories	50
皮革、毛皮、羽毛及其制品和制鞋业	Manufacture of Leather,Fur,Feather and Related Products, and Footware	27
木材加工和木、竹、藤、棕、草制品业	Processing of Timber, Manufacture of Wood,Bamboo, Rattan, Palm and Straw Products	116
家具制造业	Manufacture of Furniture	36
造纸和纸制品业	Manufacture of Paper and Paper Products	55
印刷和记录媒介复制业	Printing and Reproduction of Recording Media	28
文教、工美、体育和娱乐用品制造业	Manufacture of Articles For Culture, Education, Arts and Crafts and Sport and Entertainment Activities	29
石油加工、炼焦和核燃料加工业	Processing of Petroleum, Coking and Processing of Nuclear Fuel	16
化学原料和化学制品制造业	Manufacture of Raw Chemical Materials and Chemical Products	195
医药制造业	Manufacture of Medicines	110
橡胶和塑料制品业	Manufacture of Rubber and Plastics Products	109
非金属矿物制品业	Manufacture of Non-metallic Mineral Products	697
黑色金属冶炼和压延加工业	Smelting and Pressing of Ferrous Metals	152
有色金属冶炼和压延加工业	Smelting and Pressing of Non-ferrous Metals	67
金属制品业	Manufacture of Metal Products	126
通用设备制造业	Manufacture of General Purpose Machinery	62
专用设备制造业	Manufacture of Special Purpose Machinery	59
汽车制造业	Manufacture of Automobiles	39
铁路、船舶、航空航天和其他运输设备制造业	Manufacture of Railway, ship, Aerospace and Other Transport Equipments	20
电气机械和器材制造业	Manufacture of Electrical Machinery and Apparatus	125
计算机、通信和其他电子设备制造业	Manufacture of Computers ,Communication and Other Electronic Equipment	41
仪器仪表制造业	Manufacture of Measuning Instruments and Machinery	12
其他制造业	Other Manufacture	12
废弃资源综合利用业	Utilization of Waste Resources	14
电力、热力生产和供应业	Production and Supply of Electric Power and Heat Power	38
燃气生产和供应业	Production and Supply of Gas	15
水的生产和供应业	Production and Supply of Water	4

注：工业行业按国民经济行业分类(GB/T4754—2011)进行分类。

Continued

(100 million yuan)

工业总产值(当年价) Gross Industial Output Value (current price)	固定资产原价 Original Value of Fixed Assets	主营业务收入 Revenue from Principal Business	利润总额 Total Profits
6350.06	**1722.26**	**5621.93**	**340.14**
1249.15	385.56	1020.43	64.80
47.80	4.61	44.60	2.95
54.80	8.62	51.89	4.26
172.84	27.36	159.47	16.25
307.81	51.52	278.79	14.53
147.81	25.19	137.40	18.45
406.61	106.54	320.71	42.89
16.22	4.39	15.42	0.79
46.35	11.78	43.53	1.42
41.33	4.96	37.54	1.99
158.39	12.28	156.56	7.18
29.91	4.34	28.28	1.52
83.60	39.80	80.87	4.51
27.71	10.15	25.89	2.43
28.53	2.60	27.49	1.36
54.56	12.18	53.07	1.72
474.88	169.23	433.13	31.40
367.73	77.11	307.68	34.21
136.09	20.00	121.84	6.06
808.46	285.03	749.78	36.10
429.28	55.39	395.86	7.08
295.04	124.58	217.39	-0.60
135.00	18.36	119.31	4.87
79.99	9.65	67.90	3.45
89.19	15.01	84.41	5.88
159.03	46.17	154.01	8.81
28.73	3.13	24.43	1.16
173.68	21.61	150.81	7.32
187.31	50.69	205.57	-0.69
9.47	2.58	8.89	0.50
30.88	7.73	27.47	0.37
16.77	1.10	12.81	0.22
30.09	82.16	28.67	5.25
21.98	18.50	27.10	1.59
1.98	1.73	1.91	0.15

Note:Data in this table is classified by sector of the National Economy (GB/T4754-2011).

24-7 限额以上民营经济批发零售企业主要经济指标(2015)

Main Economic Indicators of Wholesale and Retail Trade Enterprises above Designated Size of Private Economy

单位：万元 (10000 yuan)

指　标	Item	企业个数（个）Number of Enterprises (unit)	固定资产原价 Original Value of Fixed Assets	主营业务收入 Revenue from Principal Business	主营业务税金及附加 Tax and associate charges on Principal Business	利润总额 Total Profits
批发业	**Wholesale Trade**	**621**	**313072**	**10192082**	**44693**	**1068279**
按登记注册类型分组	**By status of Registration**					
内资企业	State-owned Enterprises	621	313072	10192082	44693	1068279
#集体企业	Collective-owned Enterprises	21	14802	103335	379	725
有限责任公司	Limited Liability Corporations	247	160798	6837721	31770	1041485
其他有限责任公司	Other Limited Liability Corporations	247	160798	6837721	31770	1041485
股份有限公司	Share-holding Corporations Ltd.	14	51788	232639	4161	10326
私营企业	Private Enterprises	338	85000	3013877	8378	15615
私营独资企业	Private-funded Enterprises	3	545	17601	488	512
私营有限责任公司	Private Limited Liability Corporations	325	82897	2904582	7737	15452
私营股份有限公司	Private Share-holding Corporations Ltd.	10	1558	91694	154	-349
其他企业	Other Enterprises	1	684	4511	4	128
按批发行业分组	**by Wholesale Trade Sector**					
农畜产品批发业	Wholesale of Agriculture and Livestock Products	16	7211	56280	222	2337
食品、饮料及烟草制品批发	Wholesale of Food, Beverage and Tobacco	99	36157	3603727	25065	1044145
纺织、服装及日用品批发	Wholesale of Textiles, Wearing Apparel and Household Articles	31	4709	289966	735	2927
文化、体育用品及器材批发	Wholesale of Culture, Sports Appliances and Equipments	5	752	18131	37	40
医药及医疗器材批发	Wholesale of Medicines and Medical Appliances	78	53610	1190325	2840	14424
矿产品、建材及化工产品批发	Wholesale of Mineral Products, Building Materials and Chemical Products	318	191482	4510687	14361	4792
机械设备、五金交电及电子产品批发	Wholesale of Mechanical, Hardware and Electronic products	68	14761	500169	1318	-501
其他批发	Other Wholesale	6	4389	22796	116	114

24-7 续表 continued

单位：万元 (10000 yuan)

指　标	Item	企业个数（个）Number of Enterprises (unit)	固定资产原价 Original Value of Fixed Assets	主营业务收入 Revenue from Principal Business	主营业务税金及附加 Tax and associate charges on Principal	利润总额 Total Profits
零售业	**Retail Trade**	**1509**	**672957**	**8125581**	**50159**	**96306**
按登记注册类型分组	**By status of Registration**					
内资企业	State-owned Enterprises	1509	672957	8125581	50159	96306
＃集体企业	Collective-owned Enterprises	8	3017	40994	105	862
股份合作企业	Share-holding Cooperative Enterprises	2	2602	29184	84	635
联营企业	Joint Ownership Enterprises	1	3849	29415	32	
有限责任公司	Limited Liability Corporations	537	259252	4129976	27090	34861
股份有限公司	Share-holding Corporations Ltd.	17	42572	255057	565	-2065
私营企业	Private Enterprises	936	359588	3630834	22216	60426
私营独资企业	Private-funded Enterprises	103	18528	153077	1218	4068
私营合伙企业	Private Partnership Enterprise	9	1230	12424	122	446
私营有限责任公司	Private Limited Liability Corporations	795	329975	3326337	20196	50110
私营股份有限公司	Private Share-holding Corporations Ltd.	29	9855	138996	681	5802
其他企业	Other Enterprises	8	2076	10122	67	1586
按零售行业小类分组	**By Retail Trade Sector**					
综合零售	Integrated Retail	254	197273	1275034	13534	35077
食品、饮料及烟草制品专门零售	Special Retail of Food, Beverage and Tobaccos	158	45730	384439	9788	11064
纺织、服装及日用品专门零售	Special Retail of Textiles, Garments and Daily	31	22292	104053	722	1299
文化、体育用品及器材专门零售	Special Retail of Culture, Sports Appliances and Equipments	28	4400	69821	524	2161
医药及医疗器材专门零售	Special Retail of Medicines and Medical Appliances	84	21781	536998	2202	15292
汽车、摩托车、燃料及零配件专门零售	Special Retail of Motor Vehicles, Motorcycles, Fuels and Parts	685	329144	4872562	15204	15287
家用电器及电子产品专门零售	Special Retail of Household Electric Appliances and Electronic Products	193	24758	618956	4582	10154
五金、家具及室内装修材料专门零售	Special Retail of Hardware, Furniture and Interior Decoration Materials	47	7295	76993	2066	2368
货摊、无店铺及其他零售	Stalls, Non-shop and Other Retails	29	20284	186726	1537	3605

24-8 限额以上民营经济住宿餐饮企业主要经济指标(2015)

单位：万元

指 标	Item	企业个数(个) Number of Enterprises(unit)
住宿业	**Quartering Services**	**439**
按登记注册类型分组	**By Status of Registration**	
内资企业	State-owned Enterprises	439
#集体企业	Collective-owned Enterprises	7
有限责任公司	Limited Liability Corporations	136
其他有限责任公司	Other Limited Liability Corporations	136
股份有限公司	Share-holding Companies Ltd.	6
私营企业	Private Enterprises	283
私营独资企业	Private-funded Enterprises	55
私营合伙企业	Private Partnership Enterprise	13
私营有限责任公司	Private Limited Liability Corporations	203
私营股份有限公司	Private Share-holding Corporations Ltd.	12
其他企业	Other Enterprises	7
按住宿行业分组	**By Accommodation Industry Sector**	
旅游饭店	Tourist Hotel	297
一般旅馆	Fonda	131
其他住宿服务	Other Hotel Services	11
餐饮业	**Catering Services**	**376**
按登记注册类型分组	**by Status of Registration**	
内资企业	State-owned Enterprises	376
#集体企业	Collective-owned Enterprises	1
股份合作企业	Share-holding Cooperative Enterprises	2
有限责任公司	Limited Liability Corporations	79
其他有限责任公司	Other Limited Liability Corporations	79
股份有限公司	Share-holding Corporations Ltd.	2
私营企业	Private Enterprises	287
私营独资企业	Private-funded Enterprises	97
私营合伙企业	Private Partnership Enterprises	7
私营有限责任公司	Private Limited Liabilities Corporations	177
私营股份有限公司	Private Share-holding Corporations Ltd.	6
其他企业	Others Enterprises	5
按餐饮行业分组	**By Catering industry Sector**	
正餐服务	Restaurant	368
快餐服务	Fast Food	2
饮料及冷饮服务	Beverages and Cold Drinks	2
其他餐饮服务业	Others	4

Main Economic Indicators of Accommodation and Catering Enterprises above Designated Size of Private Economy

(10000 yuan)

固定资产原价 Original Value of Fixed Assets	主营业务收入 Revenue from Principal Business	主营业务税金及附加 Taxes and Other charges on Principal Business	利润总额 Total Profits
617650	**380521**	**20535**	**-4056**
617650	380521	20535	-4056
14575	8092	431	2025
336061	167030	9864	-8231
336061	167030	9864	-8231
7000	10778	554	2211
254795	188065	9436	-1005
55662	36595	1742	3449
8222	7286	361	878
185541	137364	7096	-6640
5371	6819	238	1308
5219	6557	250	944
503879	306424	16821	-5334
104377	69798	3462	1421
9394	4299	251	-143
146141	**218296**	**10876**	**10229**
146141	218296	10876	10229
656	228	13	-13
269	893	35	57
32382	66981	3290	4811
32382	66981	3290	4811
643	5201	192	1539
110717	142289	7170	3518
16055	33799	1969	2305
5554	8570	274	1139
70414	95898	4733	617
18694	4022	194	-543
1474	2703	176	318
145184	213680	10733	10168
569	1814	86	26
2	552	28	-32
386	2250	29	67

民族自治地方

Minority Nationality Autonomous Areas

25

简要说明

一、主要内容

本篇资料主要反映全省民族自治地方经济社会发展情况。

二、资料来源

本篇资料由省民政厅、省统计局、省民宗委、省财政厅提供。民族自治地方及少数民族统计部分资料根据《民族自治地方国民经济和社会发展统计报表》加工、整理。

Brief Introduction

I. Main Contents

Data in this chapter present the social and economic development of ethnic minority autonomous regions of Guizhou.

II. Sources of Data

Data in this chapter are provided by Guizhou Civil Affairs Bureau, Guizhou Provincial Bureau of Statistics, Ethnic and Religious Affairs Commission of Guizhou Province, Guizhou Provincial Finance Bureau. Data on ethnic minority autonomous regions are collected, prepared and provided by Ethnic and Religious Affairs Commission of Guizhou Province, basis on National Autonomous Areas for National Economic and Social Development Statistical Reports.

25-1 民族自治地方行政区划

Administrative Division of Minority Nationality Autonomous Areas

单位：个 (unit)

民族自治州(县)名称	Autonomous State(County)	地级 Prefectural Level	县级 County Level	#县级市 City at County Level	成立时间 Time of Comeinto Existence	土地面积(平方公里) Total Land Area(sq.km)
黔西南布依族苗族自治州	Qianxinan(Bouyei & Miao)Autonomous State	1	8	1	1982年05月01日	16804
黔东南苗族侗族自治州	Qiandongnan(Miao & Dong)Autonomous State	1	16	1	1956年07月23日	30337
黔南布依族苗族自治州	Qiannan(Bouyei & Miao)Autonomous State	1	12	2	1956年08月08日	26197
道真仡佬族苗族自治县	Daozhen(Gelao & Miao)Autonomous County		1		1987年11月29日	2156
务川仡佬族苗族自治县	Wuchuan(Gelao & Miao)Autonomous County		1		1987年11月26日	2773
镇宁布依族苗族自治县	Zhenning(Bouyei & Miao)Autonomous County		1		1963年09月11日	1703
关岭布依族苗族自治县	Guanling(Bouyei & Miao)Autonomous County		1		1981年12月31日	1468
紫云苗族布依族自治县	Ziyun(Miao & Bouyei)Autonomous County		1		1966年02月11日	2284
威宁彝族回族苗族自治县	Weining(Yi,Hui & Miao)Autonomous County		1		1954年11月11日	6296
玉屏侗族自治县	Yuping(Dong)Autonomous County		1		1984年11月07日	516
印江土家族苗族自治县	Yinjiang(Tujia & Miao)Autonomous County		1		1987年11月20日	1961
沿河土家族自治县	Yanhe(Tujia)Autonomous County		1		1987年11月23日	2469
松桃苗族自治县	Songtao(Miao)Autonomous County		1		1956年12月31日	2861
三都水族自治县	Sandu(Shui)Autonomous County		1		1957年01月02日	2384

注：资料来源于省民政厅。

Note: Data in the table are provided by the provinvial department of civil affairs.

25-2 少数民族分布

Geographic Distribution of Minority Nationalities

民族	Nationality	分布的主要地区	Main Geographic Distribution
苗族	Miao	黔东南州、黔南州、黔西南州、松桃县、紫云县、务川县、水城县	Qiandongnan,Qiannan,Qianxinan,Songtao,Ziyun Wuchuan,Shuicheng
布依族	Bouyei	黔南州、黔西南州、镇宁县、紫云县	Qiannan,Qianxinan,Zhenning,Ziyun
侗族	Dong	黔东南州、玉屏县、碧江区、石阡县	Qiandongnan,Yuping,Bijiang,Shiqian
土家族	Tujia	铜仁市	Tongren
彝族	Yi	毕节市、六盘水市	Bijie,Liupanshui
仡佬族	Gelao	遵义市、关岭县、石阡县	Zunyi,Guanling,Shiqian
水族	Shui	三都县	Sandu
回族	Hui	威宁县、兴仁县、平坝区、兴义市	Weining,Xingren,Pingba,Xingyi
白族	Bai	毕节市、盘县	Bijie,panxian
瑶族	Yao	黔东南州、荔波县	Qiandongnan,Libo
壮族	Zhuang	从江县、独山县、荔波县、都匀市	Congjiang,Dushan,Libo,Duyun
畲族	She	凯里市、麻江县、都匀市、福泉市	Kaili,Majiang,Duyun,Fuquan
毛南族	Maonan	平塘县、独山县、惠水县	Pingtang,Dushan,Huishui
蒙古族	Mongoloid	毕节市、石阡县、思南县	Bijie,Shiqian,Sinan
仫佬族	Mulam	凯里市、麻江县、黄平县	Kaili,Majiang,Huangping
满族	Man	黔西县、大方县、金沙县、云岩区	Qianxi,Dafang,Jinsha,Yunyan
羌族	Qiang	石阡县、江口县	Shiqian,Jiangkou

25−3 民族自治地方经济社会主要指标

Major Social and Economic Indicators of Minority Nationality Autonomous Areas

指 标	Item	2014	2015	2015年比2014年增长(%) Increase Rate in 2015 over 2014(%)
人口	**Population**			
年末常住人口(万人)	Number of Resident Population at Year-end(10000 persons)	1355.78	1357.77	0.1
#少数民族人口	Minority Population	872.44	875.76	0.4
地区生产总值	**Gross Domestic Product**			
地区生产总值(亿元)	Gross Domestic Product(100 million yuan)	2855.13	3327.29	13.5
固定资产投资	**Investment in Fixed Assets**			
固定资产投资(亿元)	Total Investment in Fixed Assets(100 million yuan)	2705.33	4578.81	69.3
财政、金融	**Government Finance and Banking**			
一般公共预算收入(亿元)	Public Government Revenue(100 million yuan)	313.82	361.86	15.3
一般公共预算支出(亿元)	Public Government Expenditure(100 million yuan)	1053.88	1226.29	16.4
金融机构人民币各项存款余额(亿元)	Total Savins Deposit Balance at Year-end (100 million yuan)	3160.29	4100.77	29.8
#储蓄余额(亿元)	Urban and Rural Resident Savings Deposit Balance (100 million yuan)	1908.34	1989.58	4.3
金融机构人民币各项贷款余额(亿元)	Total Loan Balance at Year-end(100 million yuan)	2198.22	2751.04	25.1
农业	**Agriculture**			
农林牧渔业增加值(亿元)	Gross Output Value of Farming, Forestry, Animal Husbandry and Fishery(100 million yuan)		729.74	6.6
粮食产量(万吨)	Grain Output(10000 tons)	516.85	522.88	1.2
油菜籽产量(万吨)	Output of Rapeseeds(10000 tons)	22.94	31.23	36.1
大牲畜年底存栏数(万头)	Large Domestic Animals(year-end)(10000 heads)	296.89	242.72	-18.2
猪年底存栏数(万头)	Hogs(year-end)(10000 heads)	681.07	608.40	-10.7
羊年底存栏数(万只)	Sheep and Goats(year-end)(10000 heads)	194.04	160.71	-17.2
工业（规模以上）	**Industry**			
企业数（个）	Number of enterprises(unit)	1635	1694	3.6
工业增加值（亿元）	Value added of industry(100 million yuan)	736.64	873.81	12.2
运输邮电	**Transportation, Post and Telecommunication**			
公路里程(公里)	Length of Highways(km)	89496	107834	20.5
邮路总长度(公里)	Length of Postal Routes(km)	40143	43302	7.9
商业	**Trade**			
社会消费品零售总额(亿元)	Total Retail Sales of Consumer Goods(100 million yuan)	746.03	833.34	11.7
人均水平	**Per Capita Standard of Living**			
人均地区生产总值(元)	Per Capita Gross Domestic Product(yuan)	21059	24524	16.5
人均一般公共预算收入(元)	Per Capita Local Financial Revenue(yuan)	2315	2667	15.2
城乡居民人均储蓄(元)	Per Capita Urban and Rural Resident Savings(yuan)	14076	14664	4.2

注：1.规模以上工业统计口径为年主营业务收入2000万元及以上工业企业，固定资产投资统计口径为计划总投资50万元及以上的固定资产项目投资和房地产开发项目投资（以下相关表同）。2.人均水平数据按常住半年人口计算。

Note: 1. Above scale industrial statistics refer to the main business income of 20 million yuan and above industrial enterprise,Investment in fixed assets statistical criteria is total investment plan of 500,000 yuan and above the fixed assets investment projects, investment in real estate development project(the same applies to the next table). 2.Data of per capita standard of living are calculated according to resident population staying at home for 6 months.

25-4 民族自治地方经济社会主要指标(2015)
Major Social and Economic Indicators of Minority Nationality Autonomous Areas

指　标	Item	民族自治地方 Minority Nationality Autonomous Areas	民族自治州 Minority Nationality Autonomous State	民族自治县 Minority Nationality Autonomous County
人口	**Population**			
年末常住人口(万人)	Number of Population at The Year-end(10000persons)	1357.77	954.92	429.65
#少数民族人口	Minority Population	1049.91	772.63	313.14
人口密度(人/平方公里)	Population Density(person/sq.km)	138.00	130.22	156.49
地区生产总值(亿元)	**Gross Domestic Product(100 million yuan)**	3327.29	2516.11	860.12
第一产业增加值	Value-added of Primary Industry	723.20	481.76	254.99
第二产业增加值	Value-added of Secondary Industry	1046.04	833.54	219.98
第三产业增加值	Value-added of Tertiary Industry	1558.06	1200.81	385.14
农业	**Agriculture**			
乡村从业人口(万人)	Rural Employment(10000 persons)	961.80	653.87	328.50
农用机械总动力(万千瓦)	Total power of Agricultural machinery(10000 kw)	1129.18	859.68	290.00
化肥使用量(折纯量)(万吨)	Consumption of Chemical Fertilizers(10000 tons)	40.45	27.69	13.17
有效灌溉面积(千公顷)	Irrigated Areas(1000 hectares)	439.91	277.66	173.93
农作物播种面积(千公顷)	Total Sown Areas (1000 hectares)	2380.16	1636.15	790.38
#粮　食	Grain	1289.87	879.15	439.01
油菜籽	Rapeseeds	225.43	159.15	72.75
粮食总产量(万吨)	Total Grain Yield(10000 tons)	522.88	351.08	181.80
油菜籽产量(万吨)	Output of Rapeseeds(10000 tons)	31.23	22.12	10.25
烤烟产量(万吨)	Output of Flue -cured Tobacco (10000 tons)	15.69	8.61	7.08
茶叶产量(万吨)	Output of Tea (10000 tons)	5.46	3.23	2.33
当年造林面积(千公顷)	Afforested Areas in 2014(1000 hectares)	247.54	199.94	53.93
牲畜当年存栏数	Animals in Hand			
大牲畜(万头)	Large Animals(10000 heads)	242.72	150.03	103.11
猪(万头)	Hogs(10000 heads)	608.40	450.41	295.23
羊(万只)	Sheep and Goats(10000 heads)	160.71	112.70	96.91
牲畜当年出栏数	Number of Slaughtered Animals			
大牲畜(万头)	Large Animals(10000 heads)	60.81	30.90	31.75
猪(万头)	Hogs(10000 heads)	811.11	545.71	266.99
羊(万只)	Sheep and Goats(10000 heads)	143.78	67.10	77.30
肉类总产量(万吨)	Output of Meat(10000 tons)	88.71	57.78	32.56
水产品产量(万吨)	Total Aquatic Products(10000 tons)	15.26	11.93	3.62
农林牧渔业增加值(亿元)	Gross Output Value of Farming,Forestry,Animal Husbandry and Fishery(100 million yuan)	729.74	490.09	253.21
#农　业	Farming	442.75	291.95	159.68

25-4 续表 continued

指 标	Item	民族自治地方 Minority Nationality Autonomous Areas	民族自治州 Minority Nationality Autonomous State	民族自治县 Minority Nationality Autonomous County
林 业	Forestry	53.21	42.29	11.92
牧 业	Animal Husbandry	184.70	121.51	66.31
渔 业	Fishery	25.87	19.70	6.56
工业(规模以上)	**Industry(above designated size)**			
企业单位数(个)	Number of Enterprises(unit)	1694	1328	384
工业销售产值(亿元)	Sales Output Value of Industry(100 million yuan)	2939.54	2473.24	478.56
工业增加值(亿元)	Value-added of Industry(100 million yuan)		748.35	129.83
利润总额(亿元)	Total Profits(100 million yuan)	128.91	105.63	26.07
固定资产投资	**Investment in Fixed Assets**			
固定资产投资(亿元)	All Investment in Fixed Assets in the Whole Province (100 million yuan)	3318.65	2332.09	1048.33
商业	**Trade**			
社会消费品零售总额(亿元)	Total Retail Sales of Consumer Goods (100 million yuan)	833.34	666.79	178.48
财政、金融	**Government Finance and Banking**			
一般公共预算收入(亿元)	Public Govemment Revenue (100 million yuan)	361.86	312.64	52.37
一般公共预算支出(亿元)	Public Govemment Expenditure(100 million yuan)	1226.29	935.35	312.52
金融机构人民币各项存款余额(亿元)	Deposits Balance(100 million yuan)	4100.77	3292.10	866.03
#储蓄余额	Urban and Rural Resident Savings Deposit Balance	1989.58	1559.55	459.20
金融机构人民币各项贷款余额(亿元)	Loans Balance(100 million yuan)	2751.04	2216.96	570.86
交通运输	**Traffic**			
公路里程(公里)	Length of Highways(km)	107834	63886	45195
邮电、通讯	**Post and Telecommunications**			
邮政所总数(处)	Number of Post Offices(unit)	759	619	158
邮路总长度(公里)	Length of Postal Routes(km)	43303	34863	9350
农村投递线路总长度(公里)	Rural Delivery Routes(km)	40683	18452	22941
固定电话年末用户(万户)	Number of Fixed Telephone Subscribers at the Year-end (10000 units)	99.19	69.77	98.40

25-5 民族自治地方一般公共预算收入(2015)
General Public Financial Budget Revenue of Minority Nationality Autonomous Areas

单位：万元 (10000 yuan)

指　标	Item	民族自治地方 Miniority Nationality Autonomous Area	民族自治州 Nationality Minority Autonomous State	民族自治县 Minority Nationality Autonomous County
一般公共预算收入	**General Public Budget Revenue**	**3618607**	**3126412**	**523712**
税收收入	**Tax Revenue**	**2592192**	**2208463**	**403020**
#增值税	Value-added Tax	179574	156927	23499
营业税	Business Tax	658608	547567	115523
企业所得税	Corporate Income Tax	174841	156756	19273
个人所得税	Individual Income Tax	48616	41745	7173
资源税	Resource Tax	51842	45710	6499
城市维护建设税	City Maintenance and Construction Tax	108246	94718	14043
耕地占用税	Farm Land Occupation Tax	659844	590110	77304
契　税	Deed Tax	159476	136128	24438
非税收入	**Non-tax Revenue**	**1026415**	**917949**	**120692**
#专项收入	Special Program Receipts	151341	126917	25133
行政事业性收费收入	Change of Administrative and Institntional Units	180256	154786	27728
罚没收入	Penalty Receipts	95239	80266	16405
国有资本经营收入	Operation Income of State-owned Assets	4844	4768	76
国有资源(资产)有偿使用收入	Income from use of Stated-owned Resources(Assets)	519669	484209	42560

注：资料来源于省财政厅(下表同)。

Note:Data in the table are obtained from Guizhou Provincial Finance Department(the same applies to the next table).

25-6 民族自治地方一般公共预算支出(2015)
General Public Budget Expenditure of Minority Nationality Autonomous Areas

单位：万元 (10000 yuan)

指　标	Item	民族自治地方 Miniority Nationality Autonomous Area	民族自治州 Minority Nationality Autonomous State	民族自治县 Minority Nationality Autonomous County
一般公共预算支出	**General Public Financial Budget Expenditure**	**12262934**	**9353546**	**3125224**
一般公共服务	Expenditure for General Public Service	1673910	1359332	361101
国　防	Expenditure for National Defense	11590	9087	2573
公共安全	Expenditure for Public Security	546404	439452	116318
教　育	Expenditure for Education	2818036	2087104	782454
科学技术	Expenditure for Science and Technology	150762	127568	26431
文化体育与传媒	Expenditure for Culture,Sports and Media	183682	158713	28261
社会保障和就业	Expenditure for Social Safety Net and Employment Effort	1120778	870653	263327
医疗卫生	Expenditure for Medical and Health Care	1379507	1004954	402015
节能环保	Energy Saving and Environment Protection	367525	293937	79171
城乡社区事务	Urban and Rural Community Affairs	349630	275177	76721
农林水事务	Agriculture,Forestry and Water Conservancy	1968070	1494940	509527
交通运输	Transportation	158996	124941	36000
其他支出	Other Expenditures	66938	55694	11606

脱贫进展

26 Anti-poverty and Development

简 要 说 明

一、主要内容

本篇资料主要反映全省、市（州）、县（市、区、特区）脱贫攻坚进展情况。包括贫困人口和贫困发生率、扶贫开发工作重点县主要经济社会指标占全省比重、扶贫开发工作重点县主要指标等。

二、资料来源

本篇资料分别由省扶贫办、省统计局、国家统计局贵州调查总队提供。

Brief Introduction

I. Main Contents

Data in this chapter present the development of Priority Poverty Alleviation Program of Guizhou province, city (state), county (district or special administrative region). Contains number of poverty population and it's arisen rate, the major indicators of key county of anti-poverty and development and its percentage to provincial total, major indicators on key county of anti-poverty and development.

II. Sources of Data

Data in this chapter are provided by the Poverty Allevation and Development Office of Guizhou Province, Guizhou Provincial Bureau of Statistics, Department of Guizhou Survey, NBS.

26-1 扶贫开发工作重点县主要指标占全省比重(2015)

Major Indicators of key County of Anti-poverty and Development and Its Percentage to Provincial Total

单位：亿元 (100 million yuan)

指 标	Item	全省合计 Provincial Total	扶贫开发工作重点县合计 Poverty Counties Total	扶贫开发工作重点县占全省比重(%) As Percentage to Provincial Total(%)
国土面积(万平方公里)	Area of Territory(10000 sq.km)	17.61	11.63	66.0
年末常住人口(万人)	Permanent Resident Population at the Year-end (10000 persons)	3592.50	1787.22	49.7
地区生产总值	Gross Domestic Product	10502.56	4110.42	39.1
一般公共预算收入	General Public Financial Budget Revenue	1503.38	302.26	20.1
一般公共预算支出	General Public Financial Budget Expenditure	3939.50	1380.58	35.0
农林牧渔业增加值	Gross Output Value of Agricalture, Forestry, Animal Husban dry and Fishery	1712.65	982.82	57.4
粮食产量(万吨)	Output of Grain(10000 tons)	1180.00	716.85	60.7
规模以上工业增加值	Value-added of Industry above Designated Size	3542.03	1083.89	30.6
社会消费品零售总额	Total Retail Sales of Consumer Goods	3238.02	780.02	24.1

26-2 贫困人口及贫困发生率(2015)

Number of Poverty Population and It's Arisen Rate

市(州) 县(市、区、特区)	City(State) Country(City、Section、Special Region)	贫困村（个） Poverty Village (unit)	农村贫困人口(万人) Poverty Population (10000 person)	贫困发生率(%) Poverty Headcount Rate(%)	贫困发生率比上年下降百分点 Decrease of Poverty Headcount Rate over the last year
全省合计	**Provincial Total**	**9000**	**493.00**	**14.0**	**4.0**
贵阳市	**Guiyang**	**67**	**1.52**	**0.8**	**1.0**
南明区	Nanming				
云岩区	Yunyan				
花溪区	Huaxi	11	0.16	0.6	0.4
乌当区	Wudang		0.16	1.2	0.9
白云区	Baiyun				
观山湖区	Guanshanhu		0.09	0.6	0.8
开阳县	Kaiyang	14	0.14	0.4	1.7
息烽县	Xifeng	12	0.29	1.5	1.4
修文县	Xiuwen	12	0.31	1.1	0.7
清镇市	Qingzhen	18	0.37	0.9	1.4
六盘水市	**Liupanshui**	**615**	**41.65**	**15.7**	**3.9**
钟山区	Zhongshan	22	0.82	4.8	4.0
△六枝特区	Liuzhi	130	8.32	13.9	3.1
△水城县	Shuicheng	182	17.13	21.0	3.8
△盘　县	Panxian	281	15.38	14.3	4.5
遵义市	**zunyi**	**871**	**55.83**	**8.4**	**2.4**
红花岗区	Honghuagang	8	0.90	4.0	2.1
汇川区	Huichuan	13	1.16	6.0	1.0
遵义县	Zunyi	105	8.02	6.7	1.2
桐梓县	Tongzi	121	4.24	6.0	2.0
绥阳县	Suiyang	46	2.99	5.7	1.9
△正安县	Zhengan	90	7.17	15.1	1.3
△道真县	Daozhen	48	3.59	11.6	4.8
△务川县	Wuchuang	67	5.72	13.7	5.1
凤冈县	Fenggang	41	2.92	7.2	1.9
湄潭县	Meitan	64	2.77	6.3	2.1
余庆县	Yuqing	30	1.44	5.4	2.4
△习水县	Xishui	127	9.00	13.2	4.6
赤水市	Chishui	51	1.79	7.5	2.6
仁怀市	Renhuai	60	4.12	6.9	1.3
安顺市	**Anshun**	**583**	**34.39**	**13.7**	**4.0**
西秀区	Xixiu	134	3.89	6.3	1.9
平坝区	Pingba	57	2.93	9.0	3.6
△普定县	Puding	98	6.91	15.1	5.6
△镇宁县	Zhenning	114	6.77	18.7	3.0
△关岭县	Guanling	88	6.63	18.0	6.1
△紫云县	Ziyun	92	7.26	19.3	5.0
毕节市	**Bijie**	**1981**	**115.45**	**16.5**	**3.3**
七星关区	Qixingguan	282	14.73	13.3	2.6
△大方县	Dafang	224	17.07	19.1	4.4
黔西县	Qianxi	209	10.10	14.3	-0.7
金沙县	Jinsha	87	5.35	11.4	3.1
△织金县	Zhijin	333	19.78	22.5	4.8
△纳雍县	Nayong	245	15.84	18.1	4.3
△威宁县	Weining	314	19.15	14.5	4.1
△赫章县	Hezhang	287	13.43	17.9	3.8

注：1.△为新阶段扶贫开发工作重点县。2.毕节市黔西县因农村户籍人口减少，造成贫困发生率增长。3.黔东南州麻江县碧波镇、下司镇两镇划归凯里市，两地因减贫数据基数变化，新老口径农村贫困发生率不可比。

Note:1.These counties with'△' refer to basilic counties of antipoverty and development.2.In Qianxi country of Bijie City,the poverty headcount rate has increased because of the reduction of rural household registration.3.The Bibo country and the Xiasi country of Qiandongnan are belong to Kaili City,the poverty headcount ratecan not be compared,because the data base of the reduction poverty changes.

26-2 续表 continued

市(州) 县(市、区、特区)	City(State) Country(City、Section、Special Region)	贫困村（个） Poverty Village (unit)	农村贫困人口(万人) Poverty Population (10000 person)	贫困发生率(%) Poverty Headcount Rate(%)	贫困发生率比上年下降百分点 Decrease of Poverty Headcount Rate over the last year
铜仁市	**Tongren**	**1565**	**58.32**	**15.5**	**5.1**
碧江区	Bijiang	34	1.46	8.9	5.2
万山区	Wanshan	37	1.77	13.3	4.3
△江口县	Jiangkou	80	2.97	13.8	5.0
玉屏县	Yuping	44	1.65	12.7	4.6
△石阡县	Shiqian	173	6.59	16.5	4.7
△思南县	Sinan	279	10.21	16.4	5.0
△印江县	Yinjiang	203	5.95	14.3	4.9
△德江县	Dejiang	174	7.63	20.2	5.6
△沿河县	Yanhe	250	10.50	17.0	6.0
△松桃县	Songtao	291	9.59	14.2	4.7
黔西南州	**Qianxinan**	**629**	**43.23**	**13.8**	**4.7**
兴义市	Xingyi	92	4.95	7.4	1.2
△兴仁县	Xingren	78	4.69	10.6	5.5
△普安县	Puan	44	3.53	10.5	4.7
△晴隆县	Qinglong	56	7.94	25.7	7.1
△贞丰县	Zhenfeng	83	6.46	16.1	4.5
△望谟县	Wangmo	103	6.64	21.2	6.6
△册亨县	Ceheng	74	4.93	20.9	8.3
△安龙县	Anlong	99	4.09	9.4	5.0
黔东南州	**Qiandongnan**	**1853**	**84.32**	**21.7**	**4.9**
凯里市	Kaili	73	4.53	12.1	
△黄平县	Huangping	135	8.21	23.0	4.9
△施秉县	Shibing	33	2.39	21.9	4.9
△三穗县	Sansui	85	4.75	23.8	5.3
镇远县	Zhenyuan	57	3.53	20.6	3.7
△岑巩县	Cengong	68	3.73	19.9	5.5
△天柱县	Tianzhu	170	8.08	22.5	5.1
△锦屏县	Jinping	112	5.13	23.7	4.8
△剑河县	Jianhe	181	5.83	23.7	4.6
△台江县	Taijiang	93	3.38	24.0	4.8
△黎平县	Liping	249	9.17	19.9	4.6
△榕江县	Rongjiang	160	8.14	27.6	6.2
△从江县	Congjiang	207	7.73	23.9	5.1
△雷山县	Leishan	90	2.83	20.8	5.7
△麻江县	Majiang	44	3.03	20.6	
△丹寨县	Danzai	96	3.86	23.8	5.4
黔南州	**Qiannan**	**836**	**58.29**	**16.5**	**4.2**
都匀市	Duyun	52	3.72	11.3	2.0
福泉市	Fuquan	26	3.08	14.1	4.6
△荔波县	Libo	51	3.49	21.1	4.5
贵定县	Guiding	51	3.59	13.8	2.8
瓮安县	Wengan	46	3.98	9.1	2.5
△独山县	Dushan	74	5.82	17.6	5.1
△平塘县	Pingtang	69	6.19	19.6	6.4
△罗甸县	Luodian	100	7.75	24.2	6.1
△长顺县	Changshun	39	5.03	20.5	6.0
龙里县	Longli	74	2.39	12.3	2.6
惠水县	Huishui	108	5.10	12.7	2.1
△三都县	Sandu	146	8.15	25.3	7.0

26-3 扶贫开发工作重点县主要指标(2015)

单位：亿元

扶贫开发工作重点县名称	County	年末常住人口（万人）Population (year-end) (10000persons)	地区生产总值 Gross Domestic Product	一般公共预算收入 General Public Financial Budget Revenue	一般公共预算支出 General Public Financial Budget Expenditure	农林牧渔业增加值 Gross Output Value of Agriculture, Forestry, Animal Husbandry and Fishery
扶贫开发工作重点县合计	**Total**	**1787.22**	**4110.42**	**302.26**	**1380.58**	**982.82**
六盘水市	**Liupanshui**					
六枝特区	Liuzhi	49.90	147.89	13.04	39.40	30.03
水城县	Shuicheng	74.26	206.29	20.70	50.01	32.86
盘　县	Panxian	104.60	474.24	47.51	94.83	45.63
遵义市	**Zunyi**					
正安县	Zhengan	38.57	71.09	4.40	26.89	24.34
※道真县	Daozhen	24.59	48.33	3.80	21.70	18.44
※务川县	Wuchuan	32.09	51.55	4.19	24.85	19.63
习水县	Xishui	51.96	127.95	7.61	37.42	27.59
安顺市	**Anshun**					
普定县	Puding	39.10	84.35	7.25	24.60	16.27
※镇宁县	Zhenning	28.45	74.91	6.88	23.01	15.48
※关岭县	Guanling	28.36	70.64	4.42	20.34	16.88
※紫云县	Ziyun	27.11	51.54	4.60	20.60	18.48
毕节市	**Bijie**					
大方县	Dafang	78.45	179.04	5.83	38.30	37.81
织金县	Zhijin	79.23	154.41	9.80	47.91	33.53
纳雍县	Nayong	67.73	171.19	6.48	39.03	28.52
※威宁县	Weining	127.68	189.37	8.89	62.22	65.62
赫章县	Hezhang	65.62	112.06	3.06	37.14	39.86
铜仁市	**Tongren**					
江口县	Jiangkou	17.37	41.43	1.80	18.04	13.12
石阡县	Shiqian	30.51	59.60	3.04	26.09	21.85
思南县	Sinan	50.01	101.37	4.91	38.89	26.55
※印江县	Yinjiang	28.48	74.22	2.69	29.50	24.12
德江县	Dejiang	37.11	84.57	5.02	32.07	23.49
※沿河县	Yanhe	45.08	84.55	3.91	36.69	26.60
※松桃县	Songtao	48.98	103.45	5.93	36.52	27.67

注：规模以上工业统计中径为年主营业务收入2000万元及以上的全部工业企业。固定资产投资统计口径为计划总投资50万元及以上固定资产投资项目和房地产开发投资项目。

Major Indicators on key County of Anti-poverty and Development

(100 million yuan)

粮食产量 (万吨) Output of Grain (10000 tons)	人均粮食 (公斤) Per Capita Output of Grain(kg)	农村常住居民人均可支配收入(元) Per Capita Annual Net Income of Rural Households(yuan)	规模以上工业增加值 Value-addedof Industry above Designated Size	个人储蓄存款 Savings Deposit	固定资产投资 Investment in Fixed Assets	社会消费品零售总额 Total Retail Sales of Consumer Goods
716.85	**401**		**1083.89**	**2029.43**	**5528.18**	**780.02**
19.89	333	6404	26.99	60.75	243.83	36.17
22.60	277	6400	126.74		377.60	16.94
36.25	338	6933	241.57	142.67	654.65	76.99
23.02	484	6786	8.30	61.21	89.08	19.38
14.65	474	6785	5.03	53.72	65.09	12.30
17.42	416	6757	3.96	46.77	73.97	12.41
26.10	383	7082	64.35	70.76	222.60	24.10
9.85	216	6116	26.42	31.40	107.00	17.55
9.52	264	5969	5.31	28.84	79.22	18.63
9.44	257	5986	4.16	32.26	57.71	20.64
10.43	277	5868	2.34	24.99	51.64	14.44
26.87	300	6260	38.32	78.19	201.12	28.69
34.26	390	6184	27.43	76.59	252.27	29.04
26.32	300	5873	52.40	55.34	219.39	23.82
49.41	374	6196	24.81	61.56	216.83	28.95
25.48	340	5857	14.61	50.60	117.17	21.23
6.67	311	6162	5.24	28.29	79.72	8.30
13.65	342	6148	6.92	40.91	54.85	9.55
22.84	366	5996	19.88	69.45	161.30	22.39
13.85	332	6037	7.04	43.86	95.11	12.03
17.51	464	5907	12.14	42.35	90.44	15.75
18.98	307	5960	10.32	54.41	137.88	16.79
24.01	356	5915	27.55	59.70	138.48	21.38

Note: The Statistical caliber of the table refers to the industries which main business revenue achieve 20 millions yuan and above. The Statistic soope of investment in fixed asset refers to those projects which planned to invest 500 thousand yuan at least in investment in fixed assets and real estate development investment projects.

26-3 续表

单位：亿元

扶贫开发重点县名称	County	年末常住人口（万人）Population (year-end) (10000persons)	地区生产总值 Gross Domestic Product	一般公共预算收入 General Public Financial Budget Revenue	一般公共预算支出 General Public Financial Budget Expenditure	农林牧渔业增加值 Gross Output Value of Agriculture, Forestry, Animal Husbandry and Fishery
黔西南州	**Qianxinan**					
兴仁县	Xingren	41.78	112.83	14.16	38.25	24.22
普安县	Puan	25.80	60.10	8.01	24.18	14.45
晴隆县	Qinglong	24.80	55.13	5.01	20.50	13.87
贞丰县	Zhenfeng	30.74	91.35	10.65	29.38	21.61
望谟县	Wangmo	24.48	46.55	2.83	24.08	19.86
册亨县	Ceheng	19.16	36.81	2.70	17.51	14.87
安龙县	Anlong	36.04	88.19	7.04	29.73	24.67
黔东南州	**Qiandongnan**					
黄平县	Huangping	26.28	43.66	3.39	19.58	14. 61
施秉县	Shibing	13.08	30.84	2.70	12.69	7. 46
三穗县	Sansui	15.52	35.33	3.24	14.58	7. 20
岑巩县	Cengong	16.06	36.56	3.77	15.88	8. 14
天柱县	Tianzhu	26.07	67.37	5.39	23.93	14. 44
锦屏县	Jinping	15.37	34.76	1.89	15.69	7. 16
剑河县	Jianhe	18.08	36.06	4.04	18.27	9. 84
台江县	Taijiang	11.11	25.47	2.03	12.20	6. 02
黎平县	Liping	38.91	67.27	4.77	30.21	15. 99
榕江县	Rongjiang	28.63	48.26	5.76	24.36	14. 22
从江县	Congjiang	29.06	48.25	4.00	23.01	14. 42
雷山县	Leishan	11.70	23.76	2.18	17.32	6. 24
麻江县	Majiang	12.22	26.53	1.90	12.69	7. 66
丹寨县	Danzhai	12.25	24.44	1.38	13.40	6. 29
黔南州	**Qiannan**					
荔波县	Libo	12.72	45.30	3.10	17.59	8.76
独山县	Dushan	26.95	62.06	4.00	20.98	14.40
平塘县	Pingtang	23.94	47.55	3.41	21.21	14.42
罗甸县	Luodian	25.77	57.01	2.83	21.00	13.15
长顺县	Changshun	18.66	46.01	3.17	14.71	10.94
※三都县	Sandu	26.80	48.94	3.15	21.58	13.56

continued

粮食产量 (万吨) Output of Grain (10000 tons)	人均粮食 (公斤) Per Capita Output of Grain(kg)	农村常住居民人均可支配收入(元) Per Capita Annual Net Income of Rural Households(yuan)	规模以上工业增加值 Value-addedof Industry above Designated Size	个人储蓄存款 Savings Deposit	固定资产投资 Investment in Fixed Assets	社会消费品零售总额 Total Retail Sales of Consumer Goods
17.07	386	6345	29.21	38.23	151.83	17.27
8.38	249	5729	24.01	26.18	73.80	7.74
8.66	280	5463	16.31	22.44	79.28	6.38
11.82	295	6134	48.01	38.30	102.10	8.98
7.56	241	5206	4.14	19.54	52.04	4.42
5.18	220	5361	3.99	19.29	39.89	2.50
19.53	450	6086	23.06	46.94	92.50	11.51
10.71	300	5816	4.48	38.64	51.14	11.03
5.73	525	6497	2.61	28.65	36.15	7.45
5.40	271	6168	7.15	25.38	50.79	12.44
6.40	341	6144	14.34	24.98	49.49	10.26
11.55	322	6349	19.54	52.75	91.37	17.20
5.84	270	5705	13.57	34.19	34.01	9.24
6.17	251	5825	4.12	28.95	42.36	9.61
4.24	301	5580	5.21	17.73	43.41	5.53
12.78	277	5945	10.77	56.73	84.57	18.89
8.25	279	5766	9.21	36.14	61.43	12.76
10.94	338	6126	5.12	26.70	71.35	12.67
4.57	336	6064	0.32	19.32	28.04	6.19
4.70	319	5870	1.91	23.48	23.47	4.27
4.67	288	5862	9.81	20.45	59.89	5.45
5.03	304	6916	13.01	25.64	68.37	9.88
11.29	341	7029	20.50	43.07	74.65	16.40
11.01	348	6666	4.56	25.93	66.42	11.92
10.48	327	7160	9.22	26.44	81.40	11.10
9.83	401	6768	13.51	19.54	69.68	9.51
10.00	310	6758	4.37	29.18	61.77	11.94

市(州)、县(市、区、特区)资料

27

Main Statistics of City (State,Prefecture) and County (City,District,Special Region)

简 要 说 明

一、主要内容

本篇资料主要反映全省市（州）、县（市、区、特区）经济社会发展基本情况。

二、资料来源

本篇资料分别由省统计局、国家统计局贵州调查总队、省公安厅、省人力资源社会保障厅、省财政厅、省农委、中国人民银行贵阳中心支行、省交通运输厅、省通信管理局、省邮政管理局、省教育厅、省卫生计生委等单位提供。

Brief Introduction

I. Main Contents

Data in this chapter present the social and economic development of city (state), county (district or special administrative region).

II. Sources of Data

Data in this chapter are provided respectively by Guizhou Provincial Bureau of Statistics, Department of Guizhou Survey, NBS, the Ministry of Human Resources and Social Security of Guizhou Province, Guizhou Provincial Finance Bureau, Guiyang Central Sub-branch of The People's Bank of China, Guizhou Provincial Bureau of Communications, Guizhou Communications Administation, Guizhou Provincial Postal Administation, Guizhou provincial Bureau of Education, Health and Family Planning Commission of Guizhou Province.

27-1 各市(州)地区生产总值及增速(2015)

Gross Domestic Product and Its Composition by Region

市（州）名称	City (State)	地区生产总值 Gross Domestic Product	第一产业增加值 Primary Industry	第二产业增加值 Secondary Industry	#工业 Industry	第三产业增加值 Tertiary Industry	人均地区生产总值(元) Per Capita Gross Domestic Product(yuan)
绝对数(亿元)	**Level (100 million yuan)**						
贵阳市	Guiyang	2891.16	129.89	1108.52	714.15	1652.75	63003
六盘水市	Liupanshui	1201.08	114.51	614.14	528.27	472.43	41618
遵义市	Zunyi	2168.34	349.27	970.75	799.82	848.32	35123
安顺市	Anshun	625.41	113.10	207.62	159.66	304.69	27065
毕节市	Bijie	1461.35	324.71	566.56	453.10	570.07	22230
铜仁市	Tongren	770.89	191.10	221.21	160.55	358.59	24712
黔西南州	Qianxinan	801.65	159.97	273.29	223.92	368.39	28464
黔东南州	Qiandongnan	811.55	163.48	232.38	161.66	415.69	23311
黔南州	Qiannan	902.91	158.31	327.87	247.16	416.73	27888
比上年增长(%)	**Composition(%)**						
贵阳市	Guiyang	12.5	6.4	14.6	10.2	11.1	11.3
六盘水市	Liupanshui	12.1	6.9	12.1	10.9	12.9	11.8
遵义市	Zunyi	13.2	6.8	13.7	12.2	14.1	12.7
安顺市	Anshun	13.6	6.5	13.8	11.8	15.2	13.3
毕节市	Bijie	12.9	6.9	12.6	11.7	15.5	12.3
铜仁市	Tongren	12.7	6.7	13.8	12.2	14.9	12.4
黔西南州	Qianxinan	13.6	6.5	13.3	11.8	15.6	13.6
黔东南州	Qiandongnan	13.1	6.4	10.5	11.4	17.0	13.0
黔南州	Qiannan	13.3	6.5	12.5	12.3	16.4	13.2

注：表中绝对数按当年价格计算，增长速度按可比价格计算。

Note:Data of absolute figures in the table are calculated at current prices,and increase rates are calculated at comparable prices.

27-2 各市(州)年末常住人口

Permanent Population at the year-end by Region

单位：万人 (10000 persons)

市(州)名称	City (State)	2011	2012	2013	2014	2015
贵阳市	Guiyang	439	445.17	452.19	455.60	462.18
六盘水市	Liupanshui	285	285.90	287.45	288.20	288.99
遵义市	Zunyi	610	611.70	614.25	615.49	619.21
安顺市	Anshun	228	228.34	230.05	230.81	231.35
毕节市	Bijie	652	652.41	653.82	654.12	660.61
铜仁市	Tongren	308	309.44	310.40	311.65	312.24
黔西南州	Qianxinan	280	281.20	282.22	281.12	282.16
黔东南州	Qiandongnan	346	347.27	348.34	347.75	348.54
黔南州	Qiannan	321	322.64	323.50	323.30	324.22

27-3 各市(州)户籍人口

Household Registered Population by Region

市(州)名称	City (State)	总户数(万户) Total Number of Household (10000 households)		平均每户人数(人) Population of Per Household(person)	
		2014	2015	2014	2015
贵阳市	Guiyang	119.11	122.08	3.21	3.21
六盘水市	Liupanshui	102.73	104.00	3.20	3.21
遵义市	Zunyi	236.63	246.18	3.33	3.22
安顺市	Anshun	86.77	89.19	3.34	3.32
毕节市	Bijie	240.39	249.40	3.66	3.63
铜仁市	Tongren	129.56	131.75	3.34	3.32
黔西南州	Qianxinan	100.36	101.97	3.51	3.45
黔东南州	Qiandongnan	133.36	134.39	3.50	3.52
黔南州	Qiannan	125.62	126.31	3.23	3.28

注：资料来源于省公安厅(下表同)。

Note:Data in the table are obtained from Guizhou Provincial Department of Public Security.(the same table below)

27-3 续表 Continued

单位：万人 (10000 persons)

市(州)名称	City (state)	年末人口数 Total Population at The Year-end		按性别分 Grouped by sex			
				男 Male		女 Female	
		2014	2015	2014	2015	2014	2015
贵阳市	Guiyang	382.91	391.79	194.44	198.75	188.47	193.03
六盘水市	Liupanshui	328.34	333.40	173.34	175.78	155.00	157.62
遵义市	Zunyi	787.03	793.35	409.25	413.88	377.78	379.48
安顺市	Anshun	289.98	296.49	150.42	153.42	139.56	143.07
毕节市	Bijie	880.79	904.20	462.24	474.27	418.55	429.93
铜仁市	Tongren	432.28	436.83	228.41	229.94	203.86	206.89
黔西南州	Qianxinan	351.87	351.68	182.07	182.79	169.81	168.90
黔东南州	Qiandongnan	466.20	473.54	248.01	252.45	218.19	221.10
黔南州	Qiannan	406.08	414.03	212.37	216.24	193.71	197.79

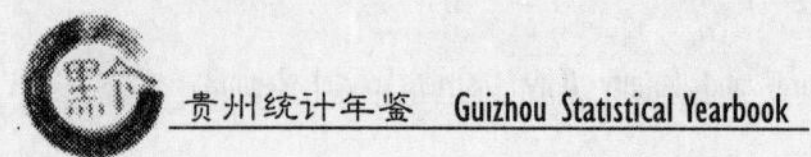

27-4 各市(州)非私营单位在岗职工年平均人数、年平均工资(2015)

Number of Staff and Workers and Their Annual Average Wages in Non-private units by Region

市(州)名称	City (State)	合计 Total	国有经济 State -owned units	城镇集体经济 Urban Collective-owned Units	其他经济类型 Units of Other Types of Ownership	2015年比2014年增长(%) Increase Rate in 2015 over 2014(%)
在岗职工年平均人数(万人)	**Annual Average of Staff and Workers(10000 persons)**	**273.69**	**150.80**	**4.55**	**118.34**	**-0.8**
贵阳市	Guiyang	90.91	32.50	1.05	57.36	-0.7
六盘水市	Liupanshui	21.39	7.82	0.22	13.35	-4.7
遵义市	Zunyi	38.76	25.07	0.60	13.09	-2.2
安顺市	Anshun	16.30	9.13	0.49	6.68	2.7
毕节市	Bijie	30.50	21.83	0.44	8.23	-0.1
铜仁市	Tongren	16.91	12.95	0.42	3.54	2.2
黔西南州	Qianxinan	14.73	10.24	0.36	4.13	-2.0
黔东南州	Qiandongnan	23.98	18.45	0.41	5.12	3.6
黔南州	Qiannan	20.21	12.81	0.56	6.84	-3.7
年平均工资(元)	**Annual Average Wages (yuan)**	**62591**	**69068**	**69106**	**54087**	**14.5**
贵阳市	Guiyang	63949	73939	43844	58655	7.8
六盘水市	Liupanshui	57001	67615	129706	49589	9.3
遵义市	Zunyi	66991	75412	69228	50763	17.2
安顺市	Anshun	60798	66863	83489	50847	23.6
毕节市	Bijie	56659	59809	82246	46935	16.1
铜仁市	Tongren	68402	74305	49909	49061	26.3
黔西南州	Qianxinan	65801	70722	70869	53170	24.0
黔东南州	Qiandongnan	58628	60704	89883	48654	18.8
黔南州	Qiannan	61858	67963	67948	49921	17.4

27–5 各市(州)投资、消费(2015)

Investment in Fixed Assets by Region

单位：亿元 (100 million yuan)

市(州)名称	City (State)	固定资产投资 Investment in Fixed Assets	比上年增长(%) Growth Rate(%)	社会消费品零售总额 Total retail sales of social consumer goods	比上年增长(%) Growth Rate(%)
贵阳市	Guiyang	2804.45	20.1	1060.17	11.5
六盘水市	Liupanshui	1112.48	24.3	292.72	12.0
遵义市	Zunyi	1693.74	24.1	639.93	12.2
安顺市	Anshun	535.43	25.3	155.82	11.8
毕节市	Bijie	1344.93	19.2	301.95	12.1
铜仁市	Tongren	717.19	20.0	165.64	11.9
黔西南州	Qianxinan	654.00	25.5	192.13	11.8
黔东南州	Qiandongnan	814.84	19.8	255.76	11.6
黔南州	Qiannan	863.25	24.1	218.90	11.7

注：固定资产投资统计口径为计划总投资500万元及以上固定资产项目投资和房地产开发项目投资，不含跨区域项目投资。

Note:Data in the table refer to those projects planned to invest 5 million yuan at least in investment in fixed assets and real estate it development. but doesn't include investment in cross-regional projects.

27–6 各市(州)能源利用效率(2015)

Energy Using Effutency by Region

市(州)名称	City (State)	单位地区生产总值能耗(吨标准煤/万元) Energy Consumption Per Unit of GDP(ton of SEC/10000 yuan)	单位地区生产总值能耗比上年增长(%) Growth Rate of Energy Consumption Per Unit of GDP over Preceding Year(%)	单位地区生产总值电耗(千瓦时/万元) Electricity Consumption Per Unit of GDP (KWh/10000 yuan)	单位地区生产总值电耗比上年增长(%) Growth Rate of Electricity Consumption Per Unit of GDP over Preceding Year(%)
贵阳市	Guiyang	0.94	-7.32	1064	-8.2
六盘水市	Liupanshui	1.57	-9.96	1391	-7.3
遵义市	Zunyi	0.92	-7.76	983	-5.7
安顺市	Anshun	1.19	-5.80	1609	-5.6
毕节市	Bijie	0.91	-5.58	1020	-3.3
铜仁市	Tongren	1.13	-6.01	1461	-10.2
黔西南州	Qianxinan	1.22	-5.87	1779	5.0
黔东南州	Qiandongnan	1.26	-10.66	1252	-4.4
黔南州	Qiannan	1.13	-8.02	1457	-9.5

27-7 各市(州)一般公共预算收入(2015)

General Public Financial Budget Revenue by Region

市(州)名称	City (State)	一般公共预算收入(亿元) General Public Budget Revenue(100 million yuan)	税收收入 Tax Revenue	#增值税 Value Added Tax	#营业税 Business Revenue	#企业所得税 Corporate Income Tax	#个人所得税 Individual Income Tax	非税收入 Non-Tax Revenue	#专项收入 Special Program Roceipts	2015年比2014年增长(%) Increase Rate in 2015over 2014(%)
贵阳市	Guiyang	374.15	301.89	35.20	101.14	30.40	11.91	72.26	26.81	12.8
六盘水市	Liupanshui	130.26	89.36	7.07	15.36	3.13	1.77	40.90	3.57	1.2
遵义市	Zunyi	177.61	139.89	20.81	44.02	9.29	4.37	37.72	11.47	11.2
安顺市	Anshun	69.86	54.65	3.83	15.35	2.71	0.94	15.22	2.00	19.5
毕节市	Bijie	107.62	79.21	8.80	17.16	4.32	2.46	28.41	9.31	-7.3
铜仁市	Tongren	56.61	45.29	3.71	14.72	2.66	0.99	11.32	2.63	12.9
黔西南州	Qianxinan	108.23	79.79	5.60	17.56	4.81	1.70	28.44	3.32	14.5
黔东南州	Qiandongnan	103.96	65.63	4.20	15.83	5.56	1.21	38.33	4.81	12.2
黔南州	Qiannan	100.45	75.43	5.90	21.37	5.30	1.27	25.02	4.55	18.9

注：资料来源于省财政厅(下表同)。

Note:Data in the table were obtained from Guizhou Provincial Financial Department(the same applies to the next table).

27-8 各市(州)一般公共预算支出(2015)

General Public Budget Expenditure by Region

市(州)名称	City (State)	一般公共预算支出(亿元) General Public Financial Budget Expenditure (100 million yuan)	#一般公共服务 Expenditure for General Public Service	#教育 Expenditure for Education	#科学技术 Expenditure for Science and Technology	#文化体育与传媒 Expenditure for Culture, Sports and Media	#社会保障和就业 Expenditure for Safety Net and Emdoyment Effort	#医疗卫生 Expenditure for Medical and Health Care	#节能环保 Expenditure for Energy Saving and Environmental Protection	#农林水事务 Expenditure for Agriculture, Forestry and Water Conservancy	2015年比2014年增长(%) Increase Rate in 2015 over 2014(%)
贵阳市	Guiyang	503.52	72.37	98.66	14.55	7.98	34.62	39.46	16.70	40.38	12.2
六盘水市	Liupanshui	257.27	33.85	50.37	3.55	3.51	21.88	27.01	8.94	39.02	14.4
遵义市	Zunyi	473.41	54.41	111.37	3.79	6.52	37.77	58.74	12.05	66.49	19.5
安顺市	Anshun	196.99	22.49	41.92	1.77	2.40	21.38	21.78	6.98	27.19	14.0
毕节市	Bijie	409.75	36.34	110.85	2.77	4.24	38.70	59.03	11.75	55.01	13.4
铜仁市	Tongren	301.30	31.85	72.12	2.86	3.45	31.31	34.03	7.17	47.10	17.5
黔西南州	Qianxinan	271.39	37.67	65.73	2.84	3.49	24.16	27.11	10.04	41.96	14.6
黔东南州	Qiandongnan	354.98	53.92	76.95	4.67	6.65	36.45	40.28	9.46	56.64	15.0
黔南州	Qiannan	308.99	44.34	66.03	5.24	5.74	26.45	33.10	9.90	50.89	18.0

27－9 各市(州)金融机构人民币各项存贷款余额(2015)

Saving Deposits and Loans Balance of Financial Institutions by Region

单位：亿元 (100 million yuan)

市(州)名称	City (State)	金融机构人民币各项存款余额 Total Deposits	#个人储蓄存款 Personal Savings Deposits	金融机构人民币各项贷款余额 Total Loans
贵阳市	Guiyang	8772.22	2036.53	7875.58
六盘水市	Liupanshui	976.80	422.13	779.74
遵义市	Zunyi	3304.46	1362.94	1925.48
安顺市	Anshun	852.79	363.96	610.27
毕节市	Bijie	1254.63	625.62	884.46
铜仁市	Tongren	980.31	490.14	716.77
黔西南州	Qianxinan	962.79	392.68	654.57
黔东南州	Qiandongnan	1157.99	633.83	759.71
黔南州	Qiannan	1171.33	533.05	802.68

注：资料来源于中国人民银行贵阳中心支行。

Note:Data in the table are obtained from the People's bank of China Guiyang Branch.

27－10 各市(州)城镇常住居民家庭人均年收支(2015)

Per capita Income and Expenditure of Urban Resident by Region

单位：元 (yuan)

市(州)名称	City (State)	城镇常住居民人均可支配收入 Per Capita Annual Disposable Income of Urban Resident	2015年比2014年增长(%) Increase Rate in 2015 over 2014(%)	城镇常住居民人均消费性支出 Per Capita Annual Consumption Expenditnre of Urban Resident	2015年比2014年增长（%） Increase Rate in 2015 over 2014(%)
贵阳市	Guiyang	27241	9.1	20020	14.5
六盘水市	Liupanshui	23327	10.2	14974	10.6
遵义市	Zunyi	24997	10.0	16815	12.9
安顺市	Anshun	22936	9.0	15249	10.5
毕节市	Bijie	23121	8.9	14522	10.0
铜仁市	Tongren	22471	11.1	14687	11.5
黔西南州	Qianxinan	23342	9.6	15008	11.4
黔东南州	Qiandongnan	23173	10.4	14024	11.2
黔南州	Qiannan	23911	10.2	15442	11.5

27-11 各市(州)农村常住居民家庭人均年收支(2015)

Per Capita Net Income and Living Expenditure of Rural Households by Region

单位：元

市(州)名称	City (State)	农村常住居民人均可支配收入 Annual Per Capita Disposable Income of Rural Households	2015年比2014年增长(%) Increase Rate in 2015 over 2014 (%)	农村常住居民人均期内现金可支配收入 Annual Per Capita Cash Income of Rural Households	农村常住居民人均生活消费支出 Annual Per Capita Living Expenditures of Rural Households
贵阳市	Guiyang	11918	10.1	11626	8684
六盘水市	Liupanshui	7522	10.8	6721	6071
遵义市	Zunyi	9249	10.6	8266	7274
安顺市	Anshun	7402	11.0	6833	6408
毕节市	Bijie	6945	11.6	5946	5879
铜仁市	Tongren	6931	11.2	5951	5705
黔西南州	Qianxinan	7059	11.3	6194	5633
黔东南州	Qiandongnan	6863	11.8	5807	5746
黔南州	Qiannan	8047	10.8	7257	7052

27-12 各市(州)所在城市分类价格指数

Urban Price Indices of Major Cities by Region

(上年=100) (preceding year=100)

城市名称	City	居民消费价格指数 Residents Consumer Price Index		商品零售价格指数 Retail Price Index	
		2014	2015	2014	2015
贵阳市	Guiyang	102.7	102.3	101.2	99.7
六盘水市	Liupanshui	101.3	101.7	101.3	101.1
遵义市	Zunyi	102.0	101.8	101.6	100.4
安顺市	Anshun	102.3	101.8	101.7	100.3
毕节市	Bijie	103.2	101.1	102.0	100.1
铜仁市	Tongren	102.0	102.2	101.1	101.0
兴义市	Xingyi	101.9	101.1	100.5	100.0
凯里市	Kaili	101.3	100.5	100.0	99.1
都匀市	Duyun	102.3	102.2	100.9	99.9

27-13 各市(州)乡村从业人员数(2015)

Rural Employment by Region

单位：万人 (10000 persons)

市(州)名称	City (State)	合计 Total	农业 Agric-ulture	工业 Indu-stry	建筑业 Constru-ction	交通运输仓储和邮政业 Trans-port, Storage and Post	信息传输、计算机服务和软件业 Information Transmission, Computer Services and Software	批发与零售业 Whole-sale and Retail Trade	住宿和餐饮业 Hotel and Catering Services	其他行业 Other Services
贵阳市	Guiyang	114.09	47.90	10.40	11.59	4.37	1.27	6.96	4,48	27.13
六盘水市	Liupanshui	146.30	74.48	11.73	8.14	3.93	0.36	4.50	2.15	41.01
遵义市	Zunyi	426.57	166.72	38.99	33.68	11.13	2.76	23.58	11.32	138.40
安顺市	Anshun	153.89	79.09	9.41	9.86	3.62	0.78	4.35	3.15	43.62
毕节市	Bijie	439.77	217.47	32.04	21.29	8.28	1.90	14.65	7.91	136.24
铜仁市	Tongren	225.55	107.14	13.86	14.34	4.05	0.86	6.34	3.53	75.42
黔西南州	Qianxinan	187.23	105.11	12.85	11.68	5.17	0.79	7.55	3.40	40.67
黔东南州	Qiandongnan	241.78	125.28	12.60	12.19	4.11	0.59	6.01	3.76	77.23
黔南州	Qiannan	224.87	105.37	13.18	12.51	4.54	0.53	7.43	4.22	77.09

27-14 各市(州)农业机械总动力及拥有量(2015)

Total Power and Possession of Agricultural Machinery by Region

市(州)名称	City (State)	农业机械总动力(万千瓦) Total Power of Agricultural Machinery (10000 kw)	大中型拖拉机(台) Number of Large and Medium-sized Agricultural (set)	小型拖拉机(台) Number of Small Tractors (set)	农用水泵(台) Agricultural Water Pump (unit)
贵阳市	Guiyang	187.10	3000	3549	33472
六盘水市	Liupanshui	185.50	1747	6595	24325
遵义市	Zunyi	429.73	7713	6884	113611
安顺市	Anshun	191.10	3884	4570	60895
毕节市	Bijie	420.68	5818	50339	38048
铜仁市	Tongren	301.36	3964	9100	79652
黔西南州	Qianxinan	266.27	3139	4765	62279
黔东南州	Qiandongnan	292.10	4019	5450	58452
黔南州	Qiannan	301.31	9562	7990	91468

注：资料来源于省农委。

Note:Data in this table are obtained from the Agricultural Committee of Guizhou Province.

27-15 各市(州)农林牧渔业增加值(2015)

Value-Added of Farming,Forestry, Animal Husbandary, Fishery and Their Services by Region

单位：亿元 (100 million yuan)

市(州)名称	City (State)	合计 Total	农业 Farming	林业 Forestry	牧业 Animal Husbandary	渔业 Fishery	农林牧渔服务业 Services of FFAF	2015年比2014年增长(%) Increase Rate in 2015 over 2014 (%)
贵阳市	Guiyang	129.89	86.95	0.80	32.34	1.40	8.40	6.4
六盘水市	Liupanshui	114.51	71.69	8.03	29.43	0.20	5.16	6.9
遵义市	Zunyi	349.27	223.83	18.49	91.16	8.89	6.91	6.8
安顺市	Anshun	113.10	70.28	5.57	31.44	4.27	1.54	6.5
毕节市	Bijie	324.72	204.40	15.76	83.30	1.86	19.40	6.9
铜仁市	Tongren	191.10	120.67	7.29	47.58	8.34	7.21	6.7
黔西南州	Qianxinan	168.30	102.02	8.75	42.58	6.63	8.33	6.5
黔东南州	Qiandongnan	163.48	84.52	26.20	40.22	9.05	3.48	6.4
黔南州	Qiannan	158.31	105.41	7.34	38.72	4.02	2.83	6.5

27-16 各市(州)农用化肥施用量(2015)

Consumption of Chemical Fertilizers for Agricultural Use by Region

单位：吨 (ton)

市(州)名称	City (State)	合计 Total	氮肥 Nitrogenous Fertilizer	磷肥 Phosphate Fertilizer	钾肥 Potash Fertilizer	复合肥 Compound Fertilizer	2015年比2014年增长(%) Increase Rate in 2015over2014(%)
贵阳市	Guiyang	63926	29505	5152	8440	20829	1.9
六盘水市	Liupanshui	71144	45432	6803	4946	13963	0.8
遵义市	Zunyi	227310	120116	28681	24732	53781	1.6
安顺市	Anshun	67109	29562	11755	5620	20172	1.7
毕节市	Bijie	220113	111537	20128	21027	67421	2.0
铜仁市	Tongren	110380	53166	13902	9892	33420	5.2
黔西南州	Qianxinan	81846	48099	11675	9117	12955	1.5
黔东南州	Qiandongnan	78538	28102	10887	5626	33923	-0.5
黔南州	Qiannan	116511	62165	13566	10680	30100	6.2

注：本表按折纯法计算。

Note:Consumption of chemical fertilizers is required in calculation to convert the gross weight into weight containing 100% effective component.

27-17 各市(州)主要农作物播种面积(2015)
Sown Areas of Major Farm Crops by Region

单位：千公顷 (1000 hectares)

市(州)名称	City (State)	总计 Total	粮食作物 Sown Areas of Grain Arops	#夏粮 Summer Grain Crops	按品种分 #稻谷 Rice	#小麦 Wheat	#玉米 Corn	#大豆 Soja	油菜籽 Rapeseeds	烤烟 Flue-cured Tobacco
贵阳市	Guiyang	291.90	111.35	26.45	32.84	3.91	41.09	6.72	38.74	8.87
六盘水市	Liupanshui	255.42	180.00	76.58	15.21	22.27	69.66	6.85	8.38	7.69
遵义市	Zunyi	1294.34	775.40	242.80	159.91	22.39	155.15	39.48	130.81	49.39
安顺市	Anshun	289.66	145.72	31.56	52.90	9.32	46.08	4.58	58.05	8.07
毕节市	Bijie	1165.18	677.27	282.41	41.80	56.11	174.58	37.45	64.07	38.37
铜仁市	Tongren	616.51	353.01	103.38	93.19	19.59	69.63	16.83	69.05	20.58
黔西南州	Qianxinan	453.94	253.49	74.84	49.82	55.19	79.82	5.67	31.55	23.78
黔东南州	Qiandongnan	608.74	309.01	81.29	127.61	3.81	47.12	9.75	56.10	12.98
黔南州	Qiannan	573.47	316.65	90.05	109.69	32.75	83.19	10.64	71.37	12.33

27-18 各市(州)主要农产品产量(2015)
Output of Major Farm Crops by Region

单位：万吨 (10000 tons)

市(州)名称	City (State)	粮食 Grain	#夏粮 Summer Grain Crops	2015年比2014年增长(%) Increase Rate in 2015 over 2014	油菜籽 Rapeseeds	烤烟 Flue-cured Tobacco	茶叶 Tea	水果 Fruits
贵阳市	Guiyang	45.39	8.89	-1.2	6.58	1.63	0.37	20.62
六盘水市	Liupanshui	80.86	20.09	-0.7	1.05	1.35	0.12	6.12
遵义市	Zunyi	302.49	68.09	3.8	25.61	9.17	4.91	36.42
安顺市	Anshun	66.73	8.01	-2.2	8.88	1.26	0.30	16.58
毕节市	Bijie	257.55	68.36	3.0	13.47	7.85	0.24	18.41
铜仁市	Tongren	134.90	34.14	0.3	11.31	3.06	2.62	22.56
黔西南州	Qianxinan	103.53	15.44	1.4	4.17	4.16	0.63	12.67
黔东南州	Qiandongnan	120.19	19.45	1.2	7.48	2.23	1.09	40.79
黔南州	Qiannan	127.36	21.35	1.3	10.47	2.21	1.51	50.73

27-19 各市(州)牲畜出、存栏量(2015)

Amount of Livestocks in Hand and Slaughtered by Region

单位：头、只 (head)

市(州)名称	City (State)	出栏 Amount of Slaughtered Livestocks			存栏 Amount of Livestock in Hand		
		猪 Hogs	牛 Cattle and Buffalo	羊 Sheep and Goats	猪 Hogs	牛 Cattle and Buffalo	羊 Sheep and Goats
贵阳市	Guiyang	1301814	59862	30172	977713	230598	45428
六盘水市	Liupanshui	1123171	81438	144658	1162756	350639	241953
遵义市	Zunyi	4853465	206516	680362	3609854	966936	853450
安顺市	Anshun	1203452	121774	68335	1206889	531730	89244
毕节市	Bijie	3555319	217744	385610	3424251	909400	707793
铜仁市	Tongren	2282835	143160	787352	2160247	617100	797031
黔西南州	Qianxinan	1504231	147287	281967	1379165	609611	538161
黔东南州	Qiandongnan	1810836	142208	190338	1434888	717289	322962
黔南州	Qiannan	2142035	148212	198654	1690125	674988	265922

27-20 各市(州)主要畜产品、水产品产量(2015)

Output of Major Livestock Products and Aquatic Products by Region

市(州)名称	City (State)	肉类总产量(万吨) Total Output of Meat (10000 tons)	2015年比2014年增长(%) Increase Rate in 2015 over 2014(%)	禽蛋(万吨) Poultry Eggs (10000 tons)	水产品(吨) Aquatic Products(ton)
贵阳市	Guiyang	15.75	2.2	2.54	9800
六盘水市	Liupanshui	12.25	1.3	0.71	1060
遵义市	Zunyi	50.65	3.4	4.75	56307
安顺市	Anshun	14.94	1.1	1.79	16729
毕节市	Bijie	38.79	1.9	3.24	10651
铜仁市	Tongren	25.08	0.8	2.29	35911
黔西南州	Qianxinan	16.89	0.7	2.39	55457
黔东南州	Qiandongnan	19.66	0.9	1.29	33468
黔南州	Qiannan	21.24	1.0	1.07	30379

注：水产品数据来源于省农委。

Note: Output of aquatic products in this table are obtained from the Agricultural Commission of Guizhou province.

27-21 各市(州)规模以上工业增加值(2015)

Total Gross Industrial Value-added above Designated Size by Region

单位：亿元 (100 million yuan)

市(州)名称	City (State)	工业增加值 Industrial Value-added	轻工业 Light Industry	重工业 Heavy Industry	2015年比2014年增长（%） Increase Rate in 2015 over 2014(%)
贵阳市	Guiyang	711.59	353.19	358.40	9.7
六盘水市	Liupanshui	490.71	7.43	483.28	10.0
遵义市	Zunyi	929.69	687.58	242.11	12.1
安顺市	Anshun	150.50	37.64	112.86	11.8
毕节市	Bijie	360.11	84.47	275.64	11.8
铜仁市	Tongren	167.07	55.02	112.05	12.2
黔西南州	Qianxinan	259.03	31.25	227.78	11.9
黔东南州	Qiandongnan	181.72	42.29	139.43	11.5
黔南州	Qiannan	307.60	92.94	214.60	12.3

注：统计口径为年主营业务收入2000万元及以上的工业企业(下表同)。

Note: The Statistical caliber of the table refers to the industries which main business revenue achieve 20 millions yuan and above. (The same applies to the next table).

27-22 各市(州)规模以上工业企业主要工业产品产量(2015)

Ouput of Major Industrial Products above Designated Size by Region

市(州)名称	City (State)	发电量(亿千瓦小时) Electricity (100 million kwh)	化肥(万吨) Chemical Fertilizer(10000 tons)	水泥(万吨) Cement (10000 tons)
贵阳市	Guiyang	124.96	394.05	1220.70
六盘水市	Liupanshui	354.33		947.44
遵义市	Zunyi	275.37	41.13	1900.49
安顺市	Anshun	90.65	6.51	822.20
毕节市	Bijie	291.67	5.97	1029.82
铜仁市	Tongren	118.49	2.56	666.92
黔西南州	Qianxinan	295.82	34.20	950.83
黔东南州	Qiandongnan	99.63		813.38
黔南州	Qiannan	90.02	98.04	1557.76

27-23 各市(州)公路里程(2015)

Length of Highways by Region

单位：公里 (km)

市(州)名称	City (State)	公路里程 Total Length of Highways	#等级公路 Expressway and class Ⅰ to Ⅳ Highway	#高速公路 Expressway	#有铺装路面(高级) Paved Road (advanced)	#沥青混凝土 Asphalt concrete
贵阳市	Guiyang	9846.57	8992.18	449.09	5791.32	956.08
六盘水市	Liupanshui	13664.43	11145.93	293.95	4061.67	1231.40
遵义市	Zunyi	29348.48	15803.27	940.81	7418.79	2286.97
安顺市	Anshun	13710.53	6357.24	286.00	4077.76	816.60
毕节市	Bijie	30564.44	19757.43	606.33	6730.04	1502.67
铜仁市	Tongren	25386.86	16543.52	607.47	10551.84	1245.12
黔西南州	Qianxinan	17354.81	12625.79	403.81	5201.85	973.36
黔东南州	Qiandongnan	29234.44	16735.57	730.01	10300.81	1797.70
黔南州	Qiannan	17296.46	12651.84	810.44	6794.63	1791.67

注：资料来源于省交通运输厅。

Note:Data in the table are obtained from Guizhou Provincial Department of Transportation.

27-24 各市(州)邮政、电信主要指标(2015)

Major Indicators of Post and Telecommunications by Region

市(州)名称	City (State)	年末固定电话用户数(万户) Number of Fixed Line Telephone at the Year-end (10000 subscribers)	移动电话用户(万户) Number of Mobile Telephone Subscribers (10000 subscribers)	互联网宽带接入用户(万户) Number of Subscribers of Internet Service (10000 subscribers)	交换机总容量(万门) Capacity of Telephone Exchanges (10000 line)	报刊、杂志累计订销数(万份) Issue of Newspapers and Magazines (10000 copies)	邮政储蓄期末余额(亿元) Post Deposits at the Year-end(100 million yuan)
贵阳市	Guiyang	97.04	856.63	116.15	1137.37	12845.37	68.91
六盘水市	Liupanshui	23.67	265.39	24.94	409.58	2876.36	37.47
遵义市	Zunyi	64.08	562.21	66.86	1109.85	6539.01	174.58
安顺市	Anshun	17.38	158.67	22.22	282.32	2520.53	27.94
毕节市	Bijie	23.75	364.63	34.89	668.17	2164.07	70.15
铜仁市	Tongren	16.86	219.11	28.19	452.04	3449.35	78.66
黔西南州	Qianxinan	14.46	220.17	26.53	476.15	2669.66	41.93
黔东南州	Qiandongnan	27.49	271.73	39.58	518.86	3979.51	81.76
黔南州	Qiannan	27.82	246.27	31.87	485.60	3785.8	80.64

注：1.资料来源于省通信管理局、省邮政管理局、省邮政储蓄银行。2.交换机总容量、年末固定电话用户数、移动电话用户数、互联网宽带接入用户等指标市州汇总数不等于全省数据。

Note:1.Date in the table are obtained from the Provincal Communications Authority Bureau, the Provincial Postal Service and Postal Savings bank of China Guizhou Branch. 2.The sum total of Capacity of Telephone Erchanges by region is not equal to the total of province.

27-25 各市(州)教育事业主要指标(2015)

Major Indicators of Education by Region

市(州)名称	City (State)	高等教育 Higher Education 学校数(所) Number of schools (unit)	高等教育 Higher Education 在校学生(人) Students Enrollment (person)	普通中学 Secondary Schools 学校数(所) Number of schools (unit)	普通中学 Secondary Schools 在校学生(人) Students Enrollment (person)	小学 Primary Schools 学校数(所) Number of schools (unit)	小学 Primary Schools 在校学生(人) Students Enrollment (person)
贵阳市	Guiyang	31	394425	311	248666	559	333788
六盘水市	Liupanshui	2	11627	227	249091	614	253038
遵义市	Zunyi	6	74376	446	508595	1321	535881
安顺市	Anshun	4	17394	150	171930	593	237149
毕节市	Bijie	5	21209	454	681797	2071	831021
铜仁市	Tongren	4	29132	255	318101	929	333966
黔西南州	Qianxinan	2	11752	260	246790	820	319497
黔东南州	Qiandongnan	3	31413	240	292247	844	338759
黔南州	Qiannan	6	46615	215	241352	769	279996

注：1.资料来源于省教育厅。2.高等教育学校数包括：中科院地化所、普通高等学校、成人高等学校，高等教育在校学生包括：研究生、普通高等教育、成人高等教育。

Note:1.Data in the table are obtained from Guizhou Provincial Department of Education.2.Institutions of higher education include Localization of Chinese Academy of Sciences,regular schools of higher education,and adult institutions of higher education.Students enrollment include those students enrolling in postgradu-ates education,ragular institutions of higher education and adult institution of higher education.

27-26 各市(州)卫生人员数(2015)

Number of Employed Persons in Health Care Institutions by Region

单位：人 (person)

市(州)名称	City (State)	总计 Total	卫生技术人员 Medical Technical Personnel	#执业(助理)医师 Licensed (Assistant) Doctors	执业医师 Licensed Doctor	#注册护士 Registered Nurse	#药师(士) Pharmacist	#技师(士) Laboratory Technician	乡村医生和卫生员 Village Doctors and Assistants	其他技术人员 Other Technical Personnel	管理人员 Admini-strative Personnel	工勤技能人员 Logistics Technical Workers
贵阳市	Guiyang	47969	38625	14478	13389	16951	1655	2182	1730	2003	2977	2634
六盘水市	Liupanshui	19006	13068	4505	3678	5332	569	792	2962	690	923	1363
遵义市	Zunyi	48754	35386	11871	9558	14871	1481	1935	6022	2158	2017	3171
安顺市	Anshun	13297	9560	3110	2433	3939	357	583	1963	385	793	596
毕节市	Bijie	39661	25448	7978	5287	10412	897	1420	8347	1799	2474	1593
铜仁市	Tongren	23642	16327	4821	3757	6344	634	1105	4746	651	931	987
黔西南州	Qianxinan	17478	12618	4137	3218	4862	524	691	2703	650	795	712
黔东南州	Qiandongnan	28974	21043	6677	4705	7969	807	1270	4684	908	1168	1171
黔南州	Qiannan	20480	15286	5835	4394	5377	679	1003	2862	454	1056	822

注：资料来源于省卫生计生委。(以下相关表同)

Note:Data in the table are obtained from Guizhou Provincial Department of Health and Fanily Planning(the same applies to relative tables below).

27-27 各市(州)每千人口拥有卫生技术人员数(2015)

Medical Technical Personnel in Health Care Institutions Per 1000 Persons by Region

单位：人 (person)

市(州)名称	City (State)	卫生技术人员 Medical Technical Personnel 合计 Total	每千人口拥有 Per 1000 Person	执业(助理)医师 Lecensed(Assistant) Doctors 合计 Total	每千人口拥有 Per 1000 Person	注册护士 Registered Nurses 合计 Total	每千人口拥有 Per 1000 Person
贵阳市	Guiyang	38625	8.36	14478	3.13	16951	3.67
六盘水市	Liupanshui	13068	4.52	4505	1.56	5332	1.85
遵义市	Zunyi	35386	5.71	11871	1.92	14871	2.4
安顺市	Anshun	9560	4.13	3110	1.34	3939	1.7
毕节市	Bijie	25448	3.85	7978	1.21	10412	1.58
铜仁市	Tongren	16327	5.23	4821	1.54	6344	2.03
黔西南州	Qianxinan	12618	4.47	4137	1.47	4862	1.72
黔东南州	Qiandongnan	21043	6.04	6677	1.92	7969	2.29
黔南州	Qiannan	15286	4.71	5835	1.8	5377	1.66

注：每千人口拥有数根据2015年各市（州）常住人口数计算。

Note:Number per thousand population are based on household population of 2014.

27-28 各市(州) 社区卫生服务中心(站)医疗服务情况(2015)

Medical Services of Community Health Service Centers(Stations) by Region

市(州)名称	City (State)	社区卫生服务中心 Community Health Service Centers: 诊疗人次(万人次) Visits (10 000 person-times)	入院人数(人) Inpatients (person)	病床使用率(%) Utilization Rate of Beds (%)	出院者平均住院日(日) Average Stay Days in Hospital (day)	医师日均担负诊疗人次(人次) Daily Visits Each Doctor (person-time)	医师日均担负住院床日(日) Daily Inpatients Each Doctor (day)	社区卫生服务站 ommunity Health Service Statio: 诊疗人次(万人次) Visits (10 000 person-times)	医师日均担负诊疗人次(人次) Daily Visits Each Doctor (person-time)
贵阳市	Guiyang	72.43	7282	35.05	12.00	7.00	0.60	58.17	9.30
六盘水市	Liupanshui	2.93	1253	86.81	6.40	5.10	2.60	39.07	8.40
遵义市	Zunyi	46.59	38881	71.85	5.00	8.60	2.50	102.97	9.70
安顺市	Anshun	7.70	24794	64.48	1.80	9.30	3.80	20.64	6.70
毕节市	Bijie	21.32	12901	50.37	4.80	6.30	1.60	4.58	12.20
铜仁市	Tongren	17.11	7177	34.45	4.30	7.80	1.00	24.75	13.60
黔西南州	Qianxinan	0.84	69	1.18	0.5	3.7	0.24	30.96	11.00
黔东南州	Qiandongnan	8.87	1556	49.45	4.00	5.50	0.40	1.56	10.40
黔南州	Qiannan	20.20	4566	44.11	5.80	7.00	0.70	8.65	19.20

27−29 各市(州)医疗卫生机构服务情况(2015)
Services in Hospitals by Region

市(州)名称	City (State)	诊疗人次（万人次）Visits (10 000 person-times)	#医院 Hospital	#农村乡镇卫生院 Rural Township Health Centers	入院人数（万人）Inpatients (10000 persons)	#医院 Hospital	#农村乡镇卫生院 Rural Township Health Centers	出院人数（万人）Patients Discharged from Hosptials (10000 persons)	#医院 Hospital	#农村乡镇卫生院 Rural Township Health Centers
贵阳市	Guiyang	2629.40	1273.91	210.10	91.21	82.14	3.77	80.99	71.96	3.75
六盘水市	Liupanshui	662.08	254.09	155.08	38.39	29.25	6.62	38.35	29.22	6.61
遵义市	Zunyi	2799.18	962.02	503.37	146.44	98.31	42.00	146.08	97.62	42.34
安顺市	Anshun	611.39	247.18	88.97	41.32	26.99	10.14	40.70	26.54	10.04
毕节市	Bijie	1870.06	566.96	341.70	88.69	69.20	15.42	87.44	68.07	15.26
铜仁市	Tongren	1149.08	386.95	291.11	65.07	47.50	15.02	63.98	46.72	14.86
黔西南州	Qianxinan	1004.12	355.81	199.76	43.50	32.60	8.10	42.75	32.09	7.88
黔东南州	Qiandongnan	1255.74	441.18	308.66	73.40	50.51	20.78	72.46	50.09	20.26
黔南州	Qiannan	1248.48	478.15	368.04	54.40	43.59	8.66	53.90	43.15	8.62

27−29 续表 continued

市(州)名称	City (State)	每百门诊急诊入院人数(人) Inpatientsper 100 Outpatient and Emergency Visits (person)	#医院 Hospital	#农村乡镇卫生院 Rural Township Health Centers	病床使用率(%) Utilization Rate of Beds (%)	#医院 Hospital	#农村乡镇卫生院 Rural Township Health Centers	出院者平均住院日(天) Average Stay Days in Hospital (day)	#医院 Hospital	#农村乡镇卫生院 Rural Township Health Centers
贵阳市	Guiyang	5.47	6.70	1.82	85.50	86.37	34.42	10.60	10.60	4.80
六盘水市	Liupanshui	8.31	12.07	4.37	69.73	73.81	50.45	8.20	9.16	5.00
遵义市	Zunyi	9.26	10.60	8.69	84.90	89.38	73.24	7.00	8.14	4.70
安顺市	Anshun	11.13	11.39	12.51	79.90	84.98	61.20	6.50	8.20	3.40
毕节市	Bijie	9.74	13.04	4.70	53.22	66.60	39.84	8.20	8.88	6.10
铜仁市	Tongren	9.12	13.28	5.33	67.90	74.65	50.60	6.50	7.10	5.00
黔西南州	Qianxinan	7.35	9.44	4.14	72.40	83.86	41.35	6.50	7.15	4.40
黔东南州	Qiandongnan	9.62	11.88	7.05	74.51	83.34	52.73	7.30	8.50	4.40
黔南州	Qiannan	6.19	9.43	2.39	74.16	83.16	41.47	7.30	7.92	4.70

27-30 各市(州)火灾情况(2015)

Fires by Region

市(州) 名称	City (State)	火灾 (起) Fire Accidents (case)	死亡 (人) Deaths (person)	受伤 (人) Injuries (person)	直接财产 损失(万元) Averoge Number of Fires(10000 yuan)
贵阳市	Guiyang	1336	18	6	887
六盘水市	Liupanshui	154		2	180
遵义市	Zunyi	280	5	2	835
安顺市	Anshun	117	2		363
毕节市	Bijie	508	7	7	868
铜仁市	Tongren	334	4	9	1010
黔西南州	Qianxinan	335	3		443
黔东南州	Qiandongnan	249	4	1	1492
黔南州	Qiannan	160	6	1	454

注：1.资料来源于省公安厅；2.本表中数据不含贵安新区数。公安系统对贵安新区单独统计。2015年贵安新区发生火灾10起，无人员伤亡，直接财产损失为4.9万元。

Note:1.Data in the table are obtained from Guizhou Provincial Department of Public Security.

27-31 各县(市、区、特区)地区生产总值(2015)

Gross Domestic Product by County(City,District,Special region)

单位：亿元 (100 million yuan)

县(市、区、特区)名称	County (City, District, Special region)	地区生产总值 Gross Domestic Product	第一产业增加值 Primary Industry	第二产业增加值 Secondary Industry	#工业 Industry	第三产业增加值 Tertiary Industry	2015年比2014年增长(%) Increase Rate in 2015over 2014(%)
南明区	Nanming	606.05	3.66	129.88	40.81	472.51	13.1
云岩区	Yunyan	650.02	0.58	124.37	58.76	525.07	12.8
花溪区	Huaxi	494.97	17.62	295.01	242.52	182.34	12.4
乌当区	Wudang	145.08	13.93	68.94	50.25	62.21	16.0
白云区	Baiyun	178.23	5.61	93.81	81.14	78.81	15.4
观山湖区	Guanshanhu	153.23	3.22	54.70	18.78	95.31	13.8
开阳县	Kaiyang	187.17	27.21	102.09	72.01	57.87	15.5
息烽县	Xifeng	149.09	15.73	71.25	64.46	62.12	15.4
修文县	Xiuwen	140.04	19.53	61.36	45.84	59.14	15.0
清镇市	Qingzhen	253.33	22.79	116.01	50.34	114.53	14.6
钟山区	Zhongshan	384.69	5.99	184.43	162.98	194.26	13.3
六枝特区	Liuzhi	147.89	30.03	53.05	44.82	64.81	12.6
水城县	Shuicheng	206.29	32.86	106.89	91.87	66.54	13.3
盘　县	Panxian	474.24	45.63	289.05	244.12	139.56	13.6
红花岗区	Honghuagang	332.19	13.58	102.31	76.93	216.30	14.2
汇川区	Huicuan	243.00	11.76	116.75	103.48	114.50	14.2
遵义县	Zunyi	315.12	69.06	145.16	114.88	100.90	15.5
桐梓县	Tongzi	125.16	29.73	47.73	31.93	47.71	14.0
绥阳县	Suiyang	86.34	30.57	23.83	14.52	31.94	14.9
正安县	Zhengan	71.09	24.34	15.90	7.36	30.85	15.8
※道真县	Daozhen	48.33	18.44	9.42	4.61	20.48	15.5
※务川县	Wuchuan	51.55	19.63	10.76	4.31	21.16	14.7
凤冈县	Fenggang	60.15	21.90	14.46	8.15	23.79	14.7
湄潭县	Meitan	77.09	24.11	20.43	14.08	32.55	15.0
余庆县	Yuqing	64.46	17.00	20.67	11.64	26.79	16.6
习水县	Xishui	127.95	27.59	55.74	39.31	44.61	15.1
赤水市	Chishui	84.11	15.26	36.65	29.38	32.19	14.9
仁怀市	Renhuai	505.72	26.30	352.18	341.24	127.24	12.7
西秀区	Xixiu	247.67	29.29	84.59	71.82	133.79	15.6
平坝区	Pingba	102.77	16.70	51.01	41.35	35.06	14.7
普定县	Puding	84.35	16.27	34.11	28.29	33.97	15.5
※镇宁县	Zhenning	74.91	15.48	19.12	10.53	40.31	14.8
※关岭县	Guanling	70.64	16.88	16.12	5.97	37.64	12.0
※紫云县	Ziyun	51.54	18.48	8.69	4.16	24.37	10.4
七星关区	Qixingguan	290.56	60.36	99.63	82.26	130.57	13.8
大方县	Dafang	179.04	37.10	71.93	57.20	70.02	14.4
黔西县	Qianxi	174.49	30.42	73.41	55.01	70.66	14.0
金沙县	Jinsha	205.55	29.20	110.30	93.60	66.05	13.5
织金县	Zhijin	154.41	34.54	58.03	40.63	61.84	14.1
纳雍县	Nayong	171.19	26.13	87.03	74.14	58.03	13.6
※威宁县	Weining	189.37	67.41	49.66	37.92	72.31	15.3
赫章县	Hezhang	112.06	39.55	23.14	18.31	49.37	12.8
碧江区	Bijiang	128.63	11.64	49.05	35.18	67.94	14.8
万山区	Wanshan	38.16	9.32	15.86	12.20	12.98	14.4

注：1.※为少数民族自治县(以下相关表同)。2.表中绝对数按当年价格计算，增长速度按可比价格计算。

Note:1.Counties with ※ refer to autonomous counties(The relative tables in this chapter are the same).2.Absolute Figures in the table are calculated at prices,and increase rates are calculated at comparable prices.

27-31 续表 continued

单位：亿元 (100 million yuan)

县(市、区、特区)名 称	County (City, District, Special region)	地区生产总值 Gross Domestic Product	第一产业增加值 Primary Industry	第二产业增加值 Secondary Industry	#工 业 Industry	第三产业增加值 Tertiary Industry	2015年比2014年增长(%) Increase Rate in 2015over 2014(%)
江口县	Jiangkou	41.43	13.12	11.21	5.48	17.10	12.6
※玉屏县	Yuping	62.62	6.73	34.62	31.32	21.27	13.9
石阡县	Shiqian	59.60	21.85	8.37	4.74	29.38	13.6
思南县	Sinan	101.37	26.55	24.32	15.75	50.50	13.6
※印江县	Yinjiang	74.22	24.12	14.81	10.58	35.29	13.6
德江县	Dejiang	84.57	23.49	17.16	10.68	43.92	14.0
※沿河县	Yanhe	84.55	26.60	15.47	8.56	42.48	12.9
※松桃县	Songtao	103.45	27.67	33.83	28.07	41.95	13.9
兴义市	Xingyi	318.60	34.74	115.38	98.85	168.48	14.7
兴仁县	Xingren	112.83	24.22	38.26	29.43	50.35	14.2
普安县	Puan	60.10	14.45	25.30	20.25	20.35	13.5
晴隆县	Qinglong	55.13	13.87	18.10	13.52	23.16	14.5
贞丰县	Zhenfeng	91.35	21.61	43.33	36.71	26.41	14.4
望谟县	Wangmo	46.55	19.86	5.43	2.91	21.26	14.3
册亨县	Ceheng	36.81	14.87	4.08	2.89	17.86	14.6
安龙县	Anlong	88.19	24.67	27.51	22.72	36.01	15.5
凯里市	Kaili	210.21	12.96	67.91	47.58	129.34	16.5
黄平县	Huangping	43.66	14.61	4.99	2.62	24.06	12.9
施秉县	Shibing	30.84	7.46	7.75	6.19	15.64	11.4
三穗县	Sansui	35.33	7.20	9.72	6.08	18.41	14.4
镇远县	Zhenyuan	60.91	10.83	26.31	22.14	23.77	13.2
岑巩县	Cengong	36.56	8.14	11.37	10.20	17.05	14.1
天柱县	Tianzhu	67.37	14.44	24.61	20.15	28.33	13.1
锦屏县	Jinping	34.76	7.16	11.47	10.33	16.13	13.2
剑河县	Jianhe	36.06	9.84	6.12	4.09	20.10	11.6
台江县	Taijiang	25.47	6.02	4.72	3.06	14.73	12.0
黎平县	Liping	67.27	15.99	17.66	8.80	33.62	14.9
榕江县	Rongjiang	48.26	14.22	12.82	6.01	21.22	15.1
从江县	Congjiang	48.25	14.42	12.97	4.78	20.86	15.0
雷山县	Leishan	23.76	6.24	4.04	2.02	13.48	11.3
麻江县	Majiang	26.53	7.66	6.86	5.99	12.02	14.4
丹寨县	Danzhai	24.44	6.29	6.56	4.07	11.60	13.1
都匀市	Duyun	171.67	14.86	60.72	35.95	96.08	13.9
福泉市	Fuquan	124.43	12.99	55.78	40.87	55.66	15.0
荔波县	Libo	45.30	8.76	12.92	10.26	23.62	13.3
贵定县	Guiding	69.79	9.89	31.33	22.97	28.57	14.2
瓮安县	Wengan	97.19	18.38	36.35	32.00	42.46	14.6
独山县	Dushan	62.06	14.40	19.77	17.93	27.88	14.6
平塘县	Pingtang	47.55	14.42	9.03	5.67	24.10	13.8
罗甸县	Luodian	57.01	13.15	20.16	15.66	23.70	13.6
长顺县	Changshun	46.01	10.94	11.86	10.18	23.20	13.6
龙里县	Longli	71.49	8.89	44.88	36.17	17.73	15.0
惠水县	Huishui	70.69	18.06	24.19	19.96	28.45	14.2
※三都县	Sandu	48.94	13.56	7.48	3.24	27.89	13.2

27－32 各县(市、区、特区)人均地区生产总值(2015)

Per Capita Gross Domestic Product by County(City，District，Special region)

单位：元 (yuan)

县(市、区、特区)名称	County (City，District，Special region)	人均地区生产总值 Per Capita Gross Domestic Product(yuan)	增长速度(%) Increase Rate in 2015 over 2014(%)	县(市、区、特区)名称	County (City，District，Special region)	人均地区生产总值 Per Capita Gross Domestic Product(yuan)	增长速度(%) Increase Rate in 2015 over 2014(%)
南明区	Nanming	69246	12.0	万山区	Wanshan	33197	14.0
云岩区	Yunyan	65443	12.6	江口县	Jiangkou	23858	12.4
花溪区	Huaxi	77635	11.4	※玉屏县	Yuping	52140	13.4
乌当区	Wudang	61247	14.3	石阡县	Shiqian	19547	13.5
白云区	Baiyun	64516	13.9	思南县	Sinan	20282	13.5
观山湖区	Guanshanhu	62791	8.2	※印江县	Yinjiang	26070	13.4
开阳县	Kaiyang	51085	14.6	德江县	Dejiang	22807	13.5
息烽县	Xifeng	66989	13.9	※沿河县	Yanhe	18766	12.8
修文县	Xiuwen	53000	13.4	※松桃县	Songtao	21132	13.6
清镇市	Qingzhen	53604	13.2				
				兴义市	Xingyi	40274	14.3
钟山区	Zhongshan	63950	12.9	兴仁县	Xingren	27007	14.5
六枝特区	Liuzhi	29673	12.3	普安县	Puan	23385	13.0
水城县	Shuicheng	27828	13.0	晴隆县	Qinglong	22231	14.5
盘　县	Panxian	45397	13.4	贞丰县	Zhenfeng	29813	14.1
				望谟县	Wangmo	19023	16.2
红花岗区	Honghuagang	48779	13.4	册亨县	Ceheng	19221	14.7
汇川区	Huichuan	53202	13.3	安龙县	Anlong	24505	15.4
遵义县	Zunyi	33472	15.0				
桐梓县	Tongzi	23859	13.7	凯里市	Kaili	39211	11.1
绥阳县	Suiyang	22700	14.9	黄平县	Huangping	16621	13.0
正安县	Zhengan	18475	15.4	施秉县	Shibing	23598	11.4
※道真县	Daozhen	19703	15.0	三穗县	Sansui	22779	14.5
※务川县	Wuchuan	16098	14.3	镇远县	Zhenyuan	29895	13.2
凤冈县	Fenggang	19335	14.3	岑巩县	Cengong	22779	14.3
湄潭县	Meitan	20392	14.6	天柱县	Tianzhu	25857	13.1
余庆县	Yuqing	27223	16.1	锦屏县	Jinping	22632	13.2
习水县	Xishui	24662	14.9	剑河县	Jianhe	19953	11.6
赤水市	Chishui	34828	14.5	台江县	Taijiang	22931	12.1
仁怀市	Renhuai	91483	12.2	黎平县	Liping	17300	14.9
				榕江县	Rongjiang	16868	15.1
西秀区	Xixiu	32142	15.2	从江县	Congjiang	16614	15.1
平坝区	Pingba	33668	12.2	雷山县	Leishan	20324	11.3
普定县	Puding	21876	13.7	麻江县	Majiang	21728	35.1
※镇宁县	Zhenning	26310	14.7	丹寨县	Danzhai	19967	13.1
※关岭县	Guanling	24092	15.6				
※紫云县	Ziyun	18985	10.3	都匀市	Duyun	37706	13.9
				福泉市	Fuquan	42521	14.8
七星关区	Qixingguan	25440	13.1	荔波县	Libo	35620	13.3
大方县	Dafang	22897	14.0	贵定县	Guiding	29104	14.0
黔西县	Qianxi	25045	12.9	瓮安县	Wengan	24997	14.4
金沙县	Jinsha	36619	12.5	独山县	Dushan	23035	14.6
织金县	Zhijin	19573	13.6	平塘县	Pingtang	19885	13.7
纳雍县	Nayong	25354	13.2	罗甸县	Luodian	22175	13.3
※威宁县	Weining	14882	14.8	长顺县	Changshun	24685	13.5
赫章县	Hezhang	17112	12.5	龙里县	Longli	44640	14.9
				惠水县	Huishui	19967	14.0
碧江区	Bijiang	41433	13.7	※三都县	Sandu	18281	13.0

27-33 各县(市、区、特区)年末常住人口

Permanent Population at Year-end by County(City,District,Special region)

单位：万人 (10000 persons)

县(市、区、特区)名称	County (City, District, Special region)	2011	2012	2013	2014	2015
南明区	Nanming	84.47	85.06	86.30	87.07	87.97
云岩区	Yunyan	97.60	98.39	99.09	99.21	99.44
花溪区	Huaxi	36.39	36.72	63.08	63.34	64.17
乌当区	Wudang	39.22	41.68	23.23	23.47	23.91
白云区	Baiyun	26.87	27.13	27.18	27.35	27.90
观山湖区	Guanshanhu	25.60	25.89	22.72	23.66	25.15
开阳县	Kaiyang	35.74	35.92	36.29	36.42	36.86
息烽县	Xifeng	21.33	21.53	21.90	22.01	22.50
修文县	Xiuwen	25.17	25.48	25.91	26.19	26.65
清镇市	Qingzhen	46.96	47.39	46.49	46.88	47.64
钟山区	Zhongshan	61.88	62.28	59.78	60.08	60.23
六枝特区	Liuzhi	49.36	49.46	49.66	49.78	49.90
水城县	Shuicheng	70.29	70.43	73.86	74.01	74.26
盘　县	Panxian	103.47	103.73	104.15	104.33	104.60
红花岗区	Honghuagang	66.83	67.17	67.48	67.74	68.46
汇川区	Huichuan	44.78	45.01	45.23	45.36	45.99
遵义县	Zunyi	93.24	93.23	93.64	93.90	94.39
桐梓县	Tongzi	51.68	51.94	52.20	52.38	52.54
绥阳县	Suiyang	37.87	38.06	38.15	37.96	38.11
正安县	Zhengan	38.14	38.14	38.33	38.39	38.57
※道真县	Daozhen	24.13	24.26	24.38	24.47	24.59
※务川县	Wuchuan	31.70	31.70	31.87	31.95	32.09
凤冈县	Fenggang	30.67	30.83	30.98	31.03	31.19
湄潭县	Meitan	37.27	37.46	37.64	37.71	37.90
余庆县	Yuqing	23.34	23.45	23.57	23.62	23.74
习水县	Xishui	51.77	51.77	51.77	51.80	51.96
赤水市	Chishui	23.82	23.92	24.04	24.09	24.21
仁怀市	Renhuai	54.77	54.76	54.98	55.09	55.47
西秀区	Xixiu	75.95	76.07	76.64	76.90	77.21
平坝区	Pingba	29.58	29.62	29.83	29.93	31.12
普定县	Puding	37.54	37.59	37.89	38.02	39.10
※镇宁县	Zhenning	28.15	28.20	28.40	28.49	28.45
※关岭县	Guanling	29.95	29.99	30.21	30.28	28.36
※紫云县	Ziyun	26.82	26.87	27.08	27.19	27.11
七星关区	Qixingguan	113.00	113.20	113.47	113.50	114.93
大方县	Dafang	78.00	77.73	77.90	77.94	78.45
黔西县	Qianxi	69.00	68.84	68.99	69.02	70.33
金沙县	Jinsha	56.00	55.47	55.59	55.62	56.65
织金县	Zhijin	78.00	78.36	78.53	78.55	79.23
纳雍县	Nayong	67.00	67.14	67.28	67.31	67.73
※威宁县	Weining	126.00	126.48	126.73	126.82	127.68
赫章县	Hezhang	65.00	65.19	65.33	65.36	65.62
碧江区	Bijiang	29.52	30.24	30.54	30.93	31.16
万山区	Wanshan	11.25	11.33	11.43	11.48	11.51

注：由于行政区划调整，2013年起花溪区、乌当区、观山湖区、清镇市、凯里市、麻江县数据为现行行政区划统计数。

Note:Due to admisoration division adjustent, from 2013, data refers to statistics of the current administration division.

27-33 续表 continued

单位：万人 (10000 persons)

县(市、区、特区)名 称	County(City, District, Special region)	2011	2012	2013	2014	2015
江口县	Jiangkou	17.21	17.29	17.29	17.36	17.37
※玉屏县	Yuping	11.75	11.83	11.93	11.99	12.03
石阡县	Shiqian	30.27	30.35	30.42	30.47	30.51
思南县	Sinan	49.72	49.79	49.90	49.95	50.01
※印江县	Yinjiang	28.29	28.35	28.40	28.46	28.48
德江县	Dejiang	36.62	36.71	36.80	37.05	37.11
※沿河县	Yanhe	44.88	44.96	45.02	45.03	45.08
※松桃县	Songtao	48.49	48.59	48.67	48.93	48.98
兴义市	Xingyi	78.20	78.50	78.88	78.86	79.36
兴仁县	Xingren	41.70	41.90	41.98	41.78	41.78
普安县	Puan	25.40	25.50	25.61	25.60	25.80
晴隆县	Qinglong	24.60	24.70	24.81	24.80	24.80
贞丰县	Zhenfeng	30.30	30.40	30.55	30.54	30.74
望谟县	Wangmo	25.10	25.20	25.26	24.46	24.48
册亨县	Ceheng	19.00	19.10	19.15	19.14	19.16
安龙县	Anlong	35.70	35.90	35.98	35.94	36.04
凯里市	Kaili	48.22	48.57	53.29	53.41	53.81
黄平县	Huangping	26.14	26.21	26.30	26.25	26.28
施秉县	Shibing	13.02	13.03	13.08	13.06	13.08
三穗县	Sansui	15.50	15.53	15.57	15.50	15.52
镇远县	Zhenyuan	20.28	20.32	20.40	20.36	20.39
岑巩县	Cengong	16.04	16.10	16.14	16.04	16.06
天柱县	Tianzhu	25.80	26.00	26.08	26.04	26.07
锦屏县	Jinping	15.26	15.34	15.38	15.35	15.37
剑河县	Jianhe	18.02	18.04	18.09	18.06	18.08
台江县	Taijiang	11.02	11.09	11.12	11.10	11.11
黎平县	Liping	38.70	38.85	38.93	38.86	38.91
榕江县	Rongjiang	28.60	28.63	28.67	28.59	28.63
从江县	Congjiang	29.07	29.09	29.12	29.02	29.06
雷山县	Leishan	11.63	11.67	11.70	11.68	11.70
麻江县	Majiang	16.52	16.60	12.22	12.20	12.22
丹寨县	Danzhai	12.17	12.20	12.25	12.23	12.25
都匀市	Duyun	44.04	44.29	45.54	45.48	45.57
福泉市	Fuquan	28.17	27.93	29.24	29.20	29.32
荔波县	Libo	14.39	14.50	12.73	12.71	12.72
贵定县	Guiding	22.95	23.10	23.92	23.92	24.04
瓮安县	Wengan	37.74	38.43	38.86	38.82	38.94
独山县	Dushan	26.34	25.93	26.95	26.93	26.95
平塘县	Pingtang	22.71	23.02	23.88	23.88	23.94
罗甸县	Luodian	25.55	25.00	25.64	25.65	25.77
长顺县	Changshun	18.98	18.64	18.64	18.62	18.66
龙里县	Longli	17.95	17.96	16.03	15.99	16.04
惠水县	Huishui	34.04	34.99	35.37	35.35	35.46
※三都县	Sandu	28.14	28.85	26.73	26.74	26.80

27-34 各县(市、区、特区)户籍人口(2015)

Household Registered Population by County (City，District，Special region)

单位：万人 (10000 persons)

县(市、区、特区)名称	County (City，District，Special region)	年末总人口 Permanent Population at the year-end	县(市、区、特区)名称	County (City，District，Special region)	年末总人口 Permanent Population at the year-end
南明区	Nanming	57.86	万山区	Wanshan	16.10
云岩区	Yunyan	62.90	江口县	Jiangkou	24.65
花溪区	Huaxi	50.27	※玉屏县	Yuping	15.75
乌当区	Wudang	20.74	石阡县	Shiqian	41.39
白云区	Baiyun	20.11	思南县	Sinan	68.01
观山湖区	Guanshanhu	24.28	※印江县	Yinjiang	44.97
开阳县	Kaiyang	45.02	德江县	Dejiang	54.58
息烽县	Xifeng	26.89	※沿河县	Yanhe	67.67
修文县	Xiuwen	31.86	※松桃县	Songtao	72.44
清镇市	Qingzhen	51.86			
			兴义市	Xingyi	84.84
钟山区	Zhongshan	46.64	兴仁县	Xingren	54.90
六枝特区	Liuzhi	72.77	普安县	Puan	34.01
水城县	Shuicheng	93.47	晴隆县	Qinglong	33.43
盘　县	Panxian	120.53	贞丰县	Zhenfeng	41.07
			望谟县	Wangmo	31.89
红花岗区	Honghuagang	53.71	册亨县	Ceheng	24.06
汇川区	Huichuan	37.54	安龙县	Anlong	47.47
遵义县	Zunyi	124.58			
桐梓县	Tongzi	74.70	凯里市	Kaili	56.95
绥阳县	Suiyang	55.72	黄平县	Huangping	38.78
正安县	Zhengan	65.08	施秉县	Shibing	17.41
※道真县	Daozhen	34.86	三穗县	Sansui	22.78
※务川县	Wuchuan	46.50	镇远县	Zhenyuan	27.60
凤冈县	Fenggang	44.15	岑巩县	Cengong	23.31
湄潭县	Meitan	50.31	天柱县	Tianzhu	41.37
余庆县	Yuqing	30.53	锦屏县	Jinping	23.52
习水县	Xishui	74.69	剑河县	Jianhe	27.43
赤水市	Chishui	31.41	台江县	Taijiang	16.77
仁怀市	Renhuai	69.56	黎平县	Liping	54.95
			榕江县	Rongjiang	36.68
西秀区	Xixiu	91.01	从江县	Congjiang	35.15
平坝区	Pingba	37.09	雷山县	Leishan	16.10
普定县	Puding	49.56	麻江县	Majiang	16.89
※镇宁县	Zhenning	40.01	丹寨县	Danzhai	17.87
※关岭县	Guanling	39.27			
※紫云县	Ziyun	39.55	都匀市	Duyun	49.05
			福泉市	Fuquan	33.20
七星关区	Qixingguan	162.13	荔波县	Libo	17.86
大方县	Dafang	118.51	贵定县	Guiding	29.70
黔西县	Qianxi	97.92	瓮安县	Wengan	48.10
金沙县	Jinsha	69.53	独山县	Dushan	35.31
织金县	Zhijin	119.75	平塘县	Pingtang	32.95
纳雍县	Nayong	104.38	罗甸县	Luodian	35.31
※威宁县	Weining	147.37	长顺县	Changshun	26.31
赫章县	Hezhang	84.61	龙里县	Longli	23.24
			惠水县	Huishui	45.87
碧江区	Bijiang	31.28	※三都县	Sandu	37.14

注：资料来源于省公安厅。

Note: Data in the table above are obtained from the Public Security Department of Guizhou Province.

27−35 各县(市、区、特区)固定资产投资
Investment in Fixed Assets by County(City,District,Special region)

单位：万元　　(10000 yuan)

县(市、区、特区)名　称	County (City,District, Special region)	2014	2015	2015年比2014年增长(%) Increase Ratein 2015 over 2014(%)
南明区	Nanming	4337026	4971762	14.6
云岩区	Yunyan	3435173	4083095	18.9
花溪区	Huaxi	3859756	4646058	20.4
乌当区	Wudang	1548985	1921891	24.1
白云区	Baiyun	3573608	4417429	23.6
观山湖区	Guanshanhu	3564560	4262670	19.6
开阳县	Kaiyang	2680386	3256392	21.5
息烽县	Xifeng	2282607	2838714	24.4
修文县	Xiuwen	2095575	2545181	21.5
清镇市	Qingzhen	2586171	3131108	21.1
钟山区	Zhongshan	3239893	4062826	25.4
六枝特区	Liuzhi	1936080	2438293	25.9
水城县	Shuicheng	3005603	3776033	25.6
盘　县	Panxian	5179742	6546516	26.4
红花岗区	Honghuagang	3356411	4122064	22.8
汇川区	Huicuan	1574569	1988638	26.3
遵义县	Zunyi	3471798	4304427	24.0
桐梓县	Tongzi	1551157	1920311	23.8
绥阳县	Suiyang	979421	1220326	24.6
正安县	Zhengan	707501	890816	25.9
※道真县	Daozhen	512568	650865	27.0
※务川县	Wuchuan	581846	739714	27.1
凤冈县	Fenggang	500731	623125	24.4
湄潭县	Meitan	1040694	1315953	26.4
余庆县	Yuqing	698898	889201	27.2
习水县	Xishui	1789752	2226046	24.4
赤水市	Chishui	1181809	1477897	25.1
仁怀市	Renhuai	2575812	3242005	25.9
西秀区	Xixiu	3330859	4240999	27.3
平坝区	Pingba	1418582	1790441	26.2
普定县	Puding	845817	1070046	26.5
※镇宁县	Zhenning	627338	792186	26.3
※关岭县	Guanling	457537	577051	26.1
※紫云县	Ziyun	407261	516407	26.8
七星关区	Qixingguan	3062606	3573164	16.7
大方县	Dafang	1741211	2011249	15.5
黔西县	Qianxi	1854304	2171873	17.1
金沙县	Jinsha	3011213	3487185	15.8
织金县	Zhijin	2475623	2522653	1.9
纳雍县	Nayong	2113202	2193854	3.8
※威宁县	Weining	1810634	2168305	19.8
赫章县	Hezhang	1095632	1171738	6.9
碧江区	Bijiang	1667102	2009000	20.5
万山区	Wanshan	508548	622124	22.3

注：统计口径为计划总投资50万元及以上固定资产项目投资和房地产开发项目投资，不包括跨县(市、区)域项目投资及220KV及以上。输电线路投资。

Note: Data in the table refers to those projects that planned to invest 500,000 yuan at least in fixed assets and real estate development. Data in the table do not include investment in cross-regional projects,nor investment in power transmission and distribution voltage reach projects as the 220KV and above.

27-35 续表 continued

单位：万元 (10000 yuan)

县(市、区、特区)名 称	County (City,District, Special region)	2014	2015	2015年比2014年增长(%) Increase Ratein 2015 over 2014(%)
江口县	Jiangkou	651508	797248	22.4
※玉屏县	Yuping	585552	706393	20.6
石阡县	Shiqian	448443	548492	22.3
思南县	Sinan	1358292	1613047	18.8
※印江县	Yinjiang	788458	951061	20.6
德江县	Dejiang	740747	904420	22.1
※沿河县	Yanhe	1161750	1378827	18.7
※松桃县	Songtao	1148705	1384813	20.6
兴义市	Xingyi	3176955	4030681	26.9
兴仁县	Xingren	1223457	1518310	24.1
普安县	Puan	591309	737954	24.8
晴隆县	Qinglong	638274	792837	24.2
贞丰县	Zhenfeng	805221	1021020	26.8
望谟县	Wangmo	400887	520411	29.8
册亨县	Ceheng	307075	398936	29.9
安龙县	Anlong	719882	925048	28.5
凯里市	Kaili	3734831	4504206	20.6
黄平县	Huangping	425063	511351	20.3
施秉县	Shibing	301233	361480	20.0
三穗县	Sansui	421499	507905	20.5
镇远县	Zhenyuan	489115	587427	20.1
岑巩县	Cengong	407624	494866	21.4
天柱县	Tianzhu	758921	913741	20.4
锦屏县	Jinping	282929	340081	20.2
剑河县	Jianhe	350686	423599	20.8
台江县	Taijiang	361115	434060	20.2
黎平县	Liping	699481	845673	20.9
榕江县	Rongjiang	507307	614348	21.1
从江县	Congjiang	589675	713506	21.0
雷山县	Leishan	232362	280441	20.7
麻江县	Majiang	193631	234681	21.2
丹寨县	Danzhai	499101	598921	20.0
都匀市	Duyun	2393834	3006679	25.6
福泉市	Fuquan	1183367	1473132	24.5
荔波县	Libo	550482	683746	24.2
贵定县	Guiding	686533	856704	24.8
瓮安县	Wengan	1183367	1475586	24.7
独山县	Dushan	596200	746454	25.2
平塘县	Pingtang	532933	664177	24.6
罗甸县	Luodian	652333	814027	24.8
长顺县	Changshun	560067	696777	24.4
龙里县	Longli	1085933	1361431	25.4
惠水县	Huishui	975600	1214521	24.5
※三都县	Sandu	496833	617721	24.3

27-36 各县(市、区、特区)一般公共预算收入(2015)

General Public Financial Budget Revenue by County (City,District,Special region) (2015)

县(市、区、特区)名　称	County (City,District,Special region)	一般公共预算收入(万元) General Public Budget Revenue(10000 yuan)	#增值税 Value added Tax	位　次 Order
南明区	Nanming	435660	33370	3
云岩区	Yunyan	358798	33487	5
花溪区	Huaxi	338920	19958	7
乌当区	Wudang	184447	12763	16
白云区	Baiyun	263690	26398	9
观山湖区	Guanshanhu	446528	17021	2
开阳县	Kaiyang	116859	9632	24
息烽县	Xifeng	73660	7572	36
修文县	Xiuwen	81071	9663	32
清镇市	Qingzhen	136465	7426	21
钟山区	Zhongshan	200120	5624	14
六枝特区	Liuzhi	130391	1956	23
水城县	Shuicheng	206961	8389	13
盘　县	Panxian	475120	24813	1
红花岗区	Honghuagang	245183	17930	10
汇川区	Huichuan	147075	17201	19
遵义县	Zunyi	192140	12395	15
桐梓县	Tongzi	50965	4142	51
绥阳县	Suiyang	58251	1903	46
正安县	Zhengan	44032	1771	58
※道真县	Daozhen	38003	1901	66
※务川县	Wuchuan	41858	1863	59
凤冈县	Fenggang	32650	1394	70
湄潭县	Meitan	56657	2057	48
余庆县	Yuqing	38711	2676	65
习水县	Xishui	76066	6758	35
赤水市	Chishui	56540	1682	49
仁怀市	Renhuai	283130	82365	8
西秀区	Xixiu	244323	16423	11
平坝区	Pingba	96989	3681	29
普定县	Puding	72472	3272	37
※镇宁县	Zhenning	68809	2493	39
※关岭县	Guanling	44247	1992	57
※紫云县	Ziyun	45950	964	56
七星关区	Qixingguan	228699	19040	12
大方县	Dafang	58321	5728	45
黔西县	Qianxi	81003	6794	33
金沙县	Jinsha	151083	13640	18
织金县	Zhijin	97970	7521	28
纳雍县	Nayong	64829	5592	41
※威宁县	Weining	88929	4034	30
赫章县	Hezhang	30559	2300	75
碧江区	Bijiang	113350	9407	26
万山区	Wanshan	20042	1057	84

注：资料来源于省财政厅(下表同)。

Note:Data in the table are obtained from Guizhou Provincial Financial Department(the same applies to the next table).

27-36 续表 continued

县(市、区、特区)名 称	County (City,District,Special region)	一般公共预算收入(万元) General Public Budget Revenue(10000 yuan)	#增值税 Value Added Tax	位 次 Order
江口县	Jiangkou	17961	757	87
※玉屏县	Yuping	39085	3087	64
石阡县	Shiqian	30449	1400	76
思南县	Sinan	49122	3364	54
※印江县	Yinjiang	26907	1085	81
德江县	Dejiang	50165	2402	52
※沿河县	Yanhe	39089	2470	63
※松桃县	Songtao	59318	2758	44
兴义市	Xingyi	349829	15595	6
兴仁县	Xingren	141638	4704	20
普安县	Puan	80124	2772	34
晴隆县	Qinglong	50106	1693	53
贞丰县	Zhenfeng	106526	4435	27
望谟县	Wangmo	28262	717	78
册亨县	Ceheng	26962	1036	80
安龙县	Anlong	70408	5185	38
凯里市	Kaili	366974	10788	4
黄平县	Huangping	33880	2095	69
施秉县	Shibing	26986	913	79
三穗县	Sansui	32369	1010	71
镇远县	Zhenyuan	67109	3545	40
岑巩县	Cengong	37739	1094	67
天柱县	Tianzhu	53893	2786	50
锦屏县	Jinping	18893	1684	86
剑河县	Jianhe	40429	989	60
台江县	Taijiang	20281	534	83
黎平县	Liping	47660	1452	55
榕江县	Rongjiang	57636	1274	47
从江县	Congjiang	40024	1272	61
雷山县	Leishan	21772	530	82
麻江县	Majiang	19031	980	85
丹寨县	Danzhai	13759	558	88
都匀市	Duyun	169909	6369	17
福泉市	Fuquan	135489	7018	22
荔波县	Libo	31007	904	74
贵定县	Guiding	61175	2948	43
瓮安县	Wengan	116192	5672	25
独山县	Dushan	40002	1799	62
平塘县	Pingtang	34111	742	68
罗甸县	Luodian	28314	2810	77
长顺县	Changshun	31731	1183	72
龙里县	Longli	82539	5536	31
惠水县	Huishui	61550	3400	42
※三都县	Sandu	31517	852	73

27-37 各县(市、区、特区)一般公共预算支出(2015)
General Public Budget Expenditure by County(City,District,Special region)

县（市、区、特区）名称	County (City,District, Special region)	一般公共预算支出(万元) General Public Budget Expenditures (10000 yuan)	#教育支出 Expenditure for Education	位次 Order
南明区	Nanming	507945	120912	9
云岩区	Yunyan	431638	113939	15
花溪区	Huaxi	567863	104284	5
乌当区	Wudang	294923	51443	38
白云区	Baiyun	348530	67590	27
观山湖区	Guanshanhu	473824	48024	13
开阳县	Kaiyang	296957	62670	36
息烽县	Xifeng	232929	57647	55
修文县	Xiuwen	218594	52293	59
清镇市	Qingzhen	330406	116450	29
钟山区	Zhongshan	342235	79801	28
六枝特区	Liuzhi	394045	100817	16
水城县	Shuicheng	500076	100877	10
盘　县	Panxian	948276	161467	1
红花岗区	Honghuagang	446181	99919	14
汇川区	Huichuan	249309	60819	46
遵义县	Zunyi	479642	133559	11
桐梓县	Tongzi	302297	82079	33
绥阳县	Suiyang	241518	58279	52
正安县	Zhengan	268891	75216	42
※道真县	Daozhen	217041	52357	61
※务川县	Wuchuan	248492	63794	47
凤冈县	Fenggang	218112	56092	60
湄潭县	Meitan	261491	70907	44
余庆县	Yuqing	174911	42500	77
习水县	Xishui	374189	100213	22
赤水市	Chishui	224198	47476	58
仁怀市	Renhuai	510639	118097	8
西秀区	Xixiu	559574	118096	6
平坝区	Pingba	261532	60885	43
普定县	Puding	246049	52616	48
※镇宁县	Zhenning	230127	52392	56
※关岭县	Guanling	203430	51459	70
※紫云县	Ziyun	206009	42518	68
七星关区	Qixingguan	582041	167108	4
大方县	Dafang	383014	112371	19
黔西县	Qianxi	328218	79707	30
金沙县	Jinsha	377445	77125	21
织金县	Zhijin	479117	132394	12
纳雍县	Nayong	390274	133706	17
※威宁县	Weining	622217	181211	3
赫章县	Hezhang	371440	110831	23
碧江区	Bijiang	272068	58243	41
万山区	Wanshan	169400	32906	79

27-37 续表 continued

县（市、区、特区）名 称	County (City,District, Special region)	一般公共预算支出(万元) General Public Budget Expenditures (10000 yuan)	#教育支出 Expenditure for Education	位 次 Order
江口县	Jiangkou	180430	31894	74
※玉屏县	Yuping	155024	27127	82
石阡县	Shiqian	260868	65509	45
思南县	Sinan	388857	97950	18
※印江县	Yinjiang	294954	75766	37
德江县	Dejiang	320704	106220	32
※沿河县	Yanhe	366896	90873	24
※松桃县	Songtao	365198	93435	25
兴义市	Xingyi	626026	151691	2
兴仁县	Xingren	382452	97952	20
普安县	Puan	241845	58368	51
晴隆县	Qinglong	205028	48051	69
贞丰县	Zhenfeng	293831	79517	39
望谟县	Wangmo	240820	60289	53
册亨县	Ceheng	175092	40686	76
安龙县	Anlong	297272	83500	35
凯里市	Kaili	535772	117213	7
黄平县	Huangping	195801	46466	71
施秉县	Shibing	126890	26073	86
三穗县	Sansui	145771	33007	84
镇远县	Zhenyuan	183337	39116	72
岑巩县	Cengong	158817	34490	80
天柱县	Tianzhu	239292	67801	54
锦屏县	Jinping	156915	28849	81
剑河县	Jianhe	182740	38680	73
台江县	Taijiang	121996	23380	88
黎平县	Liping	302148	73070	34
榕江县	Rongjiang	243566	56599	49
从江县	Congjiang	230126	51673	57
雷山县	Leishan	173196	32430	78
麻江县	Majiang	126879	26288	87
丹寨县	Danzhai	134011	30628	85
都匀市	Duyun	361037	69939	26
福泉市	Fuquan	281922	51272	40
荔波县	Libo	175877	34828	75
贵定县	Guiding	208281	44175	67
瓮安县	Wengan	324397	71869	31
独山县	Dushan	209787	52421	66
平塘县	Pingtang	212128	46364	63
罗甸县	Luodian	209963	52800	65
长顺县	Changshun	147104	35269	83
龙里县	Longli	211218	40545	64
惠水县	Huishui	241962	65811	50
※三都县	Sandu	215836	51522	62

27－38 各县(市、区、特区)城镇常住居民人均可支配收入(2015)

Per Capita Disposable income of Urban Households by County (City,District,Special region)

单位：元 (yuan)

县(市、区、特区)名 称	County (City,District, Special region)	城镇常住居民人均可支配收入 Per Capita Disposable Income of Urban Households	2015年比2014年增长(%) Increase Rate in 2015 over 2014(%)
南明区	Nanming	28061	8.8
云岩区	Yunyan	28117	8.8
花溪区	Huaxi	26532	8.9
乌当区	Wudang	26410	8.1
白云区	Baiyun	26605	8.6
观山湖区	Guanshanhu	26561	8.7
开阳县	Kaiyang	26291	10.7
息烽县	Xifeng	25095	11.9
修文县	Xiuwen	26113	10.6
清镇市	Qingzhen	26231	11.0
钟山区	Zhongshan	25092	10.3
六枝特区	Liuzhi	21315	10.5
水城县	Shuicheng	21407	9.2
盘　县	Panxian	22183	10.2
红花岗区	Honghuagang	27462	10.0
汇川区	Huichuan	27462	10.0
遵义县	Zunyi	26498	10.0
桐梓县	Tongzi	22441	9.0
绥阳县	Suiyang	23122	10.3
正安县	Zhengan	22092	10.6
※道真县	※Daozhen	22121	10.9
※务川县	※Wuchuan	22087	11.0
凤冈县	Fenggang	22360	10.1
湄潭县	Meitan	25222	9.9
余庆县	Yuqing	22511	10.4
习水县	Xishui	22868	10.2
赤水市	Chishui	23938	10.2
仁怀市	Renhuai	26468	9.0
西秀区	Xixiu	24427	9.0
平坝区	Pingba	22508	9.3
普定县	Puding	21891	9.1
※镇宁县	※Zhenning	21583	9.0
※关岭县	※Guanling	21413	9.2
※紫云县	※Ziyun	20808	8.0
七星关区	Qixingguan	24614	8.3
大方县	Dafang	22320	8.9
黔西县	Qianxi	23036	9.6
金沙县	Jinsha	24956	8.5
织金县	Zhijin	22343	9.0
纳雍县	Nayong	22312	9.4
※威宁县	※Weining	22154	9.1
赫章县	Hezhang	22093	9.0
碧江区	Bijiang	24427	11.3
万山区	Wanshan	23103	12.1
江口县	Jiangkou	22299	11.0
※玉屏县	※Yuping	23278	11.2
石阡县	Shiqian	21760	10.9
思南县	Sinan	21829	11.0
※印江县	※Yinjiang	21758	11.4
德江县	Dejiang	21860	11.2
※沿河县	※Yanhe	21753	9.9
※松桃县	※Songtao	21755	11.7
兴义市	Xingyi	25110	8.6
兴仁县	Xingren	22669	8.9
普安县	Puan	22132	10.8
晴隆县	Qinglong	21972	10.6
贞丰县	Zhenfeng	22245	10.6
望谟县	Wangmo	21528	11.2
册亨县	Ceheng	21942	11.3
安龙县	Anlong	22199	10.9
凯里市	Kaili	24686	10.2
黄平县	Huangping	22815	10.7
施秉县	Shibing	22541	10.5
三穗县	Sansui	22931	10.9
镇远县	Zhenyuan	23079	9.9
岑巩县	Cengong	22730	10.5
天柱县	Tianzhu	22587	10.5
锦屏县	Jinping	22569	10.4
剑河县	Jianhe	22756	10.8
台江县	Taijiang	22230	9.4
黎平县	Liping	22676	10.7
榕江县	Rongjiang	22496	10.5
从江县	Congjiang	22710	10.8
雷山县	Leishan	22564	10.7
麻江县	Majiang	22645	9.9
丹寨县	Danzhai	22795	10.9
都匀市	Duyun	25940	10.3
福泉市	Fuquan	24344	10.2
荔波县	Libo	23247	10.4
贵定县	Guiding	22658	10.6
瓮安县	Wengan	24124	10.2
独山县	Dushan	23175	10.0
平塘县	Pingtang	22378	10.1
罗甸县	Luodian	22593	10.2
长顺县	Changshun	22018	9.2
龙里县	Longli	24155	10.5
惠水县	Huishui	23634	10.1
※三都县	※Sandu	22204	10.1

27-39 各县(市、区、特区)农村常住居民人均可支配收入(2015)

Per Capita Disposable Income of Rural Households by County(City,District,Special region)

单位：元 (yuan)

县(市、区、特区)名 称	County (City,District, Special region)	农村常住居民人均可支配收入 Per Capita Annual Disposable Income of Rural Households	2015年比2014年增长（%） Increase Rate in 2015 over 2014（%）	县(市、区、特区)名 称	County (City,District, Special region)	农村常住居民人均可支配收入 Per Capita Annual Net Income of Rural Households	2015年比2014年增长（%） Increase Rate in 2015 over 2014（%）
南明区	Nanming	13896	9.2	万山区	Wanshan	7001	14.4
云岩区	Yunyan	14026	9.2	江口县	Jiangkou	6787	10.2
花溪区	Huaxi	12414	9.6	※玉屏县	※Yuping	8709	9.9
乌当区	Wudang	13061	9.5	石阡县	Shiqian	6834	11.2
白云区	Baiyun	14006	9.1	思南县	Sinan	6677	11.4
观山湖区	Guanshanhu	13242	9.4	※印江县	※Yinjiang	6650	10.2
开阳县	Kaiyang	11308	10.6	德江县	Dejiang	6600	11.7
息烽县	Xifeng	10822	10.6	※沿河县	※Yanhe	6640	11.4
修文县	Xiuwen	10856	10.7	※松桃县	※Songtao	6593	11.5
清镇市	Qingzhen	11522	10.4				
				兴义市	Xingyi	9042	10.4
钟山区	Zhongshan	9931	9.8	兴仁县	Xingren	6999	10.3
六枝特区	Liuzhi	7114	11.1	普安县	Puan	6439	12.4
水城县	Shuicheng	7088	10.8	晴隆县	Qinglong	6239	14.2
盘　县	Panxian	7686	10.9	贞丰县	Zhenfeng	6784	10.6
				望谟县	Wangmo	5883	13.0
红花岗区	Honghuagang	11221	9.9	册亨县	Ceheng	6047	12.8
汇川区	Huichuan	11241	9.9	安龙县	Anlong	6731	10.6
遵义县	Zunyi	10826	10.6				
桐梓县	Tongzi	8987	10.2	凯里市	Kaili	8817	11.9
绥阳县	Suiyang	9579	10.8	黄平县	Huangping	6526	12.2
正安县	Zhengan	7560	11.4	施秉县	Shibing	7205	10.9
※道真县	※Daozhen	7572	11.6	三穗县	Sansui	6933	12.4
※务川县	※Wuchuan	7534	11.5	镇远县	Zhenyuan	7006	10.7
凤冈县	Fenggang	8498	10.2	岑巩县	Cengong	6894	12.2
湄潭县	Meitan	10113	10.6	天柱县	Tianzhu	7098	11.8
余庆县	Yuqing	8883	10.2	锦屏县	Jinping	6390	12.0
习水县	Xishui	7847	10.8	剑河县	Jianhe	6524	12.0
赤水市	Chishui	9235	10.6	台江县	Taijiang	6171	10.6
仁怀市	Renhuai	9420	10.2	黎平县	Liping	6587	10.8
				榕江县	Rongjiang	6464	12.1
西秀区	Xixiu	9007	10.8	从江县	Congjiang	6867	12.1
平坝区	Pingba	7639	11.3	雷山县	Leishan	6810	12.3
普定县	Puding	6825	11.6	麻江县	Majiang	6569	11.9
※镇宁县	※Zhenning	6566	10.0	丹寨县	Danzhai	6595	12.5
※关岭县	※Guanling	6621	10.6				
※紫云县	※Ziyun	6543	11.5	都匀市	Duyun	9234	9.8
				福泉市	Fuquan	8301	10.8
七星关区	Qixingguan	7116	11.5	荔波县	Libo	7670	10.9
大方县	Dafang	6974	11.4	贵定县	Guiding	7989	11.0
黔西县	Qianxi	7014	11.7	瓮安县	Wengan	8324	10.7
金沙县	Jinsha	7904	10.6	独山县	Dushan	7823	11.3
织金县	Zhijin	6883	11.3	平塘县	Pingtang	7393	10.9
纳雍县	Nayong	6566	11.8	罗甸县	Luodian	7933	10.8
※威宁县	※Weining	6945	12.1	长顺县	Changshun	7512	11.0
赫章县	Hezhang	6560	12.0	龙里县	Longli	8354	11.2
				惠水县	Huishui	8114	10.7
碧江区	Bijiang	9410	11.3	※三都县	※Sandu	7501	11.0

27-40 各县（市、区、特区）乡村从业人员(2015)

Number of Rural Employment by County (City,District,Special region)

单位：人 (person)

县(市、区、特区)名称	County (City,District, Special region)	合计 Total	第一产业 Primary Industry	第二产业 Secondary Industry	第三产业 Tertiary Industry	2015年比2014年增长(%) Increase Rate in 2015 over 2014(%)
南明区	Nanming	39888	10551	6665	22672	0.8
云岩区	Yunyan	28513	852	8254	19407	-46.7
花溪区	Huaxi	148682	66315	21350	61017	-0.6
乌当区	Wudang	82750	25733	13432	43585	5.8
白云区	Baiyun	49869	25469	9473	14927	-2.1
观山湖区	Guanshanhu	69450	14112	28177	27161	0.3
开阳县	Kaiyang	183589	81076	32173	70340	0.2
息烽县	Xifeng	120510	50983	17656	51871	0.1
修文县	Xiuwen	173906	83536	27598	62772	1.5
清镇市	Qingzhen	243751	120325	55081	68345	0.9
钟山区	Zhongshan	82613	47376	16070	19167	7.4
六枝特区	Liuzhi	348620	137614	51276	159730	2.4
水城县	Shuicheng	418467	231424	55095	131948	4.4
盘　县	Panxian	613330	328415	76209	208706	0.3
红花岗区	Honghuagang	136453	48941	26316	61196	6.5
汇川区	Huicuan	114440	33809	35068	45563	-5.9
遵义县	Zunyi	751781	222259	142169	387353	1.1
桐梓县	Tongzi	430651	148714	91732	190205	4.2
绥阳县	Suiyang	348317	138644	46209	163464	4.2
正安县	Zhengan	435325	119197	111593	204535	0.7
※道真县	Daozhen	216969	96489	22217	98263	6.3
※务川县	Wuchuan	275293	136044	30234	109015	0.5
凤冈县	Fenggang	256640	122547	28361	105732	1.9
湄潭县	Meitan	268847	135723	22651	110473	4.4
余庆县	Yuqing	178857	75480	16894	86483	0.2
习水县	Xishui	371521	149146	68955	153420	-1.9
赤水市	Chishui	141272	75602	13177	52493	0.8
仁怀市	Renhuai	339329	164651	71073	103605	…
西秀区	Xixiu	365980	151571	59530	154879	-1.8
平坝区	Pingba	214518	142303	20340	51875	3.8
普定县	Puding	268672	127439	48520	92713	2.1
※镇宁县	Zhenning	213540	124290	28244	61006	0.5
※关岭县	Guanling	229114	121549	15505	92060	4.4
※紫云县	Ziyun	247052	123733	20644	102675	0.4
七星关区	Qixingguan	717732	312652	113602	291478	-19.4
大方县	Dafang	619498	313072	68233	238193	1.4
黔西县	Qianxi	458596	232269	58413	167914	-13.4
金沙县	Jinsha	286020	123125	35218	127677	1.2
织金县	Zhijin	556432	281862	75932	198638	0.6
纳雍县	Nayong	549544	225016	88956	235572	-3.9
※威宁县	Weining	805243	504338	59468	241437	0.7
赫章县	Hezhang	404669	182336	33507	188826	2.4
碧江区	Bijiang	108255	52305	13906	42044	-0.3
万山区	Wanshan	69870	30649	9798	29423	-3.5

27-40 续表 continued

单位：人 (person)

县(市、区、特区)名称	County (City,District, Special region)	合计 Total	第一产业 Primary Industry	第二产业 Secondary Industry	第三产业 Tertiary Industry	2015年比2014年增长(%) Increase Rate in 2015 over 2014(%)
江口县	Jiangkou	125554	68657	9701	47196	0.1
※玉屏县	Yuping	86863	35864	18795	32204	1.0
石阡县	Shiqian	274321	140957	20521	112843	0.7
思南县	Sinan	392006	177117	82124	132765	0.6
※印江县	Yinjiang	249780	86619	47515	115646	3.2
德江县	Dejiang	193472	88474	23991	81007	-1.6
※沿河县	Yanhe	331054	187056	20885	123113	0.1
※松桃县	Songtao	424326	203737	34783	185806	0.1
兴义市	Xingyi	390179	218266	50812	121101	-1.6
兴仁县	Xingren	259785	158842	26240	74703	0.5
普安县	Puan	184553	111515	20139	52899	1.5
晴隆县	Qinglong	183391	112263	18396	52732	4.2
贞丰县	Zhenfeng	234157	139376	27459	67322	3.0
望谟县	Wangmo	170514	76225	33410	60879	0.9
册亨县	Ceheng	140214	84130	14298	41786	3.6
安龙县	Anlong	309517	150452	54571	104494	-3.0
凯里市	Kaili	208514	95974	29927	82613	-0.6
黄平县	Huangping	210880	132803	33782	44295	3.4
施秉县	Shibing	65410	46738	4413	14259	4.9
三穗县	Sansui	126279	45592	12204	68483	0.2
镇远县	Zhenyuan	122318	68083	16999	37236	0.3
岑巩县	Cengong	129612	67673	8714	53225	2.5
天柱县	Tianzhu	223170	97623	7546	118001	-0.1
锦屏县	Jinping	125375	60116	15890	49369	1.1
剑河县	Jianhe	149062	76927	17996	54139	1.5
台江县	Taijiang	92872	44451	14035	34386	-3.6
黎平县	Liping	282384	137940	28099	116345	-0.6
榕江县	Rongjiang	213257	113877	18731	80649	1.1
从江县	Congjiang	191942	125939	14743	51260	3.5
雷山县	Leishan	82640	43406	6235	32999	0.3
麻江县	Majiang	94843	56805	10616	27422	-1.0
丹寨县	Danzhai	99202	38805	8018	52379	1.0
都匀市	Duyun	198753	103048	21122	74583	-2.1
福泉市	Fuquan	154129	61444	44081	48604	2.8
荔波县	Libo	106194	52792	11438	41964	4.1
贵定县	Guiding	162632	70325	14652	77655	-1.2
瓮安县	Wengan	293370	100423	39718	153229	3.8
独山县	Dushan	214620	91344	28224	95052	3.2
平塘县	Pingtang	200128	100829	17709	81590	0.7
罗甸县	Luodian	179092	94636	13213	71243	1.3
长顺县	Changshun	136617	86134	9383	41100	…
龙里县	Longli	117192	67873	9831	39488	0.7
惠水县	Huishui	280140	119325	34792	126023	0.6
※三都县	Sandu	205788	105542	12708	87538	-1.0

27-41 各县(市、区、特区)农林牧渔业增加值(2015)

Value-Added of Farming,Forestry,Animal Husbandry Fishery and Their Services

单位：万元

县(市、区、特区)名称	County (City,District, Special region)	合计 Total	农业 Farming	林业 Forestry	牧业 Animal Husbandry	渔业 Fishery	农林牧渔服务业 Services of FFAF	2015年比2014年增长(%) Increase Rate in 2015 over 2014(%)
南明区	Nanming	36605	30526		5858		221	6.0
云岩区	Yunyan	5817	4982		815		20	6.0
花溪区	Huaxi	176221	126437	100	38810	51	10823	6.4
乌当区	Wudang	139266	104952	496	24637	681	8500	6.4
白云区	Baiyun	56133	42231	499	9413	80	3910	6.6
观山湖区	Guanshanhu	32232	22353	29	4701	1189	3960	6.2
开阳县	Kaiyang	272095	162428	2266	88909	2166	16326	6.5
息烽县	Xifeng	157303	99589	746	41150	5976	9842	6.6
修文县	Xiuwen	195308	133177	247	49036	645	12203	6.7
清镇市	Qingzhen	227880	142855	3600	60087	3170	18168	6.5
钟山区	Zhongshan	59960	24692	206	25922	35	9106	6.6
六枝特区	Liuzhi	300251	207471	16214	58595	1392	16579	6.9
水城县	Shuicheng	328574	232803	9477	78269	79	7948	7.0
盘　县	Panxian	456309	251946	54373	131504	518	17969	6.9
红花岗区	Honghuagang	135815	69968	2638	53021	3955	6233	6.6
汇川区	Huicuan	117554	68426	468	43036	457	5167	6.6
遵义县	Zunyi	690602	484524	6084	148590	38731	12673	6.8
桐梓县	Tongzi	297325	193336	26750	66288	6491	4460	6.8
绥阳县	Suiyang	305660	220749	4539	68123	6130	6119	6.8
正安县	Zhengan	243433	147072	32655	57225	2684	3797	7.0
※道真县	Daozhen	184367	116466	13663	49773	1479	2986	7.0
※务川县	Wuchuan	196293	126145	13430	48193	2603	5922	7.1
凤冈县	Fenggang	218976	137083	22527	52700	2766	3900	6.8
湄潭县	Meitan	241116	176707	4848	49219	4234	6108	6.9
余庆县	Yuqing	169969	108270	5753	44400	8527	3019	6.9
习水县	Xishui	275946	161261	6531	101278	2461	4415	7.1
赤水市	Chishui	152635	60688	38579	46516	5052	1800	6.8
仁怀市	Renhuai	263018	167571	6453	83234	3307	2453	6.6
西秀区	Xixiu	292949	189593	9857	81993	7542	3963	6.5
平坝区	Pingba	166950	100857	9664	46109	8062	2258	6.4
普定县	Puding	162704	100466	7316	45022	7655	2245	6.5
※镇宁县	Zhenning	154763	94612	5795	41925	10344	2086	6.7
※关岭县	Guanling	168841	104394	9480	47355	5286	2324	6.6
※紫云县	Ziyun	184804	112843	13610	52017	3825	2509	6.3
七星关区	Qixingguan	608014	402620	25852	142043	1337	36161	6.6
大方县	Dafang	378102	241232	16993	94210	2703	22965	6.8
黔西县	Qianxi	308310	193251	12261	82125	2456	18217	7.1
金沙县	Jinsha	277554	142229	30878	75411	6245	22791	7.1
织金县	Zhijin	335251	202185	10167	96381	2360	24159	7.3
纳雍县	Nayong	285166	162896	21150	84427	2006	14687	6.9
※威宁县	Weining	656208	415632	27128	175289	818	37342	6.9
赫章县	Hezhang	398565	283923	13189	83113	676	17664	6.9
碧江区	Bijiang	116434	76421	4032	27007	4616	4358	7.0
万山区	Wanshan	93221	57092	7910	22565	2420	3234	6.8

27-41 续表 continued

单位：万元 (10000 yuan)

县(市、区、特区)名 称	County (City,District, Special region)	合计 Total	农 业 Farming	林 业 Forestry	牧 业 Animal Husbandry	渔 业 Fishery	农林牧渔服务业 Services of FFAT	2015年比2014年增长(%) Increase Rate in 2015 over 2014(%)
江口县	Jiangkou	131207	85665	4589	30587	4866	5500	6.4
※玉屏县	Yuping	67343	41475	1798	17465	2585	4020	6.8
石阡县	Shiqian	218485	144287	8456	54687	5125	5930	6.5
思南县	Sinan	265497	157356	10658	66078	18850	12555	6.6
※印江县	Yinjiang	241167	152965	8004	61008	11790	7400	7.2
德江县	Dejiang	234926	147986	11155	57587	10225	7973	6.6
※沿河县	Yanhe	266038	165914	7905	68500	13161	10558	6.4
※松桃县	Songtao	276661	177570	8408	70350	9745	10588	7.1
兴义市	Xingyi	347433	207657	12066	85840	18939	22931	6.7
兴仁县	Xingren	242245	162257	9596	59395	1816	9181	6.5
普安县	Puan	144458	94258	7511	36447	911	5331	6.2
晴隆县	Qinglong	138689	82021	7611	36768	6263	6026	6.0
贞丰县	Zhenfeng	216092	140753	7236	54251	4091	9761	6.4
望谟县	Wangmo	198644	120243	11329	52096	8541	6435	5.9
册亨县	Ceheng	148695	77137	20332	38527	6393	6306	7.0
安龙县	Anlong	246742	135849	11830	62474	19309	17280	7.2
凯里市	Kaili	129642	80045	6101	35668	5327	2501	6.4
黄平县	Huangping	146130	89788	13077	34761	4719	3785	6.6
施秉县	Shibing	74576	48676	6582	17024	1231	1063	6.4
三穗县	Sansui	72042	38184	9671	19493	2995	1699	6.7
镇远县	Zhenyuan	108346	61377	17295	25506	3197	971	6.4
岑巩县	Cengong	81421	43435	7082	22324	1931	6649	6.7
天柱县	Tianzhu	144362	79556	20729	36562	5891	1624	6.5
锦屏县	Jinping	71593	29774	15416	17467	7372	1564	6.6
剑河县	Jianhe	98385	39159	19590	26667	12169	800	6.3
台江县	Taijiang	60160	25336	14107	15354	4482	881	6.5
黎平县	Liping	159895	60412	43707	38375	15731	1670	6.3
榕江县	Rongjiang	142167	66794	36108	30726	7225	1314	6.3
从江县	Congjiang	144182	65405	32914	30669	13426	1768	6.5
雷山县	Leishan	62437	37258	5104	16712	1485	1878	6.4
麻江县	Majiang	76573	47456	3955	18482	1761	4919	6.5
丹寨县	Danzhai	62857	32586	10583	16363	1604	1721	6.3
都匀市	Duyun	148644	102032	4232	37145	2754	2481	6.3
福泉市	Fuquan	129924	90774	5165	31963	1641	381	6.5
荔波县	Libo	87597	47545	8860	21725	4585	4882	6.7
贵定县	Guiding	98904	69153	3975	22761	593	2423	6.7
瓮安县	Wengan	183843	120263	3760	48710	8540	2570	6.5
独山县	Dushan	143988	99940	5277	35712	1621	1438	6.7
平塘县	Pingtang	144196	103597	5693	32360	1357	1189	6.3
罗甸县	Luodian	131535	79779	6677	31573	11138	2368	6.5
长顺县	Changshun	109415	69220	7525	27363	1322	3985	6.5
龙里县	Longli	88902	63481	1083	21876	841	1621	6.7
惠水县	Huishui	180594	119520	11193	44791	1880	3210	6.3
※三都县	Sandu	135603	88747	9932	31198	3961	1765	6.3

27-42 各县(市、区、特区)粮食、肉类产量(2015)

Output of Grain, Meat and Its Order by County(City,Section,Special region)

县(市、区、特区)名 称	County (City,Section, Special region)	粮食产量(吨) Output of Grain (ton)	2015年比2014年增长(%) Increase Rate in 2015 over 2014(%)	人均粮食产量(公斤) Per Capita Output of Grain (kg)	肉 类 总产量(吨) Output of Meat (ton)	2015年比2014年增长(%) Increase Rate in 2015 over 2014(%)
南明区	Nanming				2805	-1.8
云岩区	Yunyan				528	-4.5
花溪区	Huaxi	45520	-0.8	177	17683	0.2
乌当区	Wudang	33526	-0.7	255	10995	0.7
白云区	Baiyun	10253	-6.9	128	5461	1.0
观山湖区	Guanshanhu	10025	-6.8	71	1253	4.6
开阳县	Kaiyang	104275	-0.3	324	47708	4.0
息烽县	Xifeng	72258	-0.8	381	17149	3.1
修文县	Xiuwen	90170	0.3	328	20100	1.8
清镇市	Qingzhen	87850	0.1	204	33784	1.6
钟山区	Zhongshan	21237	0.3	125	10915	38.5
六枝特区	Liuzhi	198876	-6.1	333	24767	-2.7
水城县	Shuicheng	226000	-0.1	277	32155.3	-2.0
盘 县	Panxian	362536	2.2	338	54706.6	-0.2
红花岗区	Honghuagang	68803	-2.9	306	18363	0.8
汇川区	Huicuan	67018	-5.0	347	21589	-1.8
遵义县	Zunyi	591100	2.6	493	96584	4.7
桐梓县	Tongzi	242904	4.3	344	43111.58	0.8
绥阳县	Suiyang	254541	4.8	488	28156	1.2
正安县	Zhengan	230233	2.4	484	25259	1.1
※道真县	Daozhen	146547	1.8	474	21928	0.9
※务川县	Wuchuan	174232	0.8	416	25827.3	1.6
凤冈县	Fenggang	203215	14.6	500	29751	0.7
湄潭县	Meitan	225676	3.6	515	30793	0.7
余庆县	Yuqing	181429	9.2	686	30984	0.8
习水县	Xishui	261045	2.7	383	69711	16.0
赤水市	Chishui	143684	4.1	599	17113	2.2
仁怀市	Renhuai	234449	3.2	394	47356	0.6
西秀区	Xixiu	168513	-4.9	273	43089	1.1
平坝区	Pingba	106439	0.2	328	17615	0.8
普定县	Puding	98505	-6.0	216	22557	1.0
※镇宁县	Zhenning	95182	-5.4	264	13063	2.2
※关岭县	Guanling	94376	-2.0	257	19478	1.0
※紫云县	Ziyun	104300	6.9	277	33594	0.8
七星关区	Qixingguan	431629	2.7	390	69151	1.0
大方县	Dafang	268724	2.6	300	41939	1.2
黔西县	Qianxi	279689	3.3	396	39313	1.2
金沙县	Jinsha	240734	4.3	514	35925	1.1
织金县	Zhijin	342630	3.3	390	42301	1.2
纳雍县	Nayong	263200	2.0	300	35274	4.1
※威宁县	Weining	494065	3.4	374	83264	4.0
赫章县	Hezhang	254800	2.1	340	40782	0.6
碧江区	Bijiang	83398	1.0	508	13442	0.6
万山区	Wanshan	49594	-5.5	373	12048	0.5

注：人均粮食产量按照乡村人口计算。

Note:The population of Per Capite Output of Grain calculate by the rural population.

27-42 续表 continued

县(市、区、特区)名称	County (City,Section, Special region)	粮食产量(吨) Output of Grain (ton)	2015年比2014年增长(%) Increase Rate in 2015 over 2014(%)	人均粮食产量(公斤) Per Capita Output of Grain (kg)	肉类总产量(吨) Output of Meat (ton)	2015年比2014年增长(%) Increase Rate in 2015 over 2014(%)
江口县	Jiangkou	66740	-0.6	311	15302	0.3
※玉屏县	Yuping	40880	0.2	314	10232	0.9
石阡县	Shiqian	136524	5.1	342	24560	0.8
思南县	Sinan	228406	3.4	366	45047	0.8
※印江县	Yinjiang	138515	1.7	332	30018	0.8
德江县	Dejiang	175051	-1.8	464	28577	1.2
※沿河县	Yanhe	189770	-4.7	307	33484	1.2
※松桃县	Songtao	240107	1.3	356	38126	0.8
兴义市	Xingyi	253225	3.3	377	49723.5	0.5
兴仁县	Xingren	170704	0.1	386	22737.6	0.7
普安县	Puan	83842	0.4	249	12663	0.2
晴隆县	Qinglong	86590	0.3	280	13014	0.2
贞丰县	Zhenfeng	118230	1.0	295	15105	0.3
望谟县	Wangmo	75584	-0.1	241	17423.8	1.7
册亨县	Ceheng	51830	-0.7	220	10870.5	2.0
安龙县	Anlong	195320	2.6	450	27345.7	0.6
凯里市	Kaili	100212	1.2	267	23410	1.1
黄平县	Huangping	107119	1.5	300	12445	1.2
施秉县	Shibing	57275	1.4	525	7264	0.6
三穗县	Sansui	54003	1.5	271	13586	0.9
镇远县	Zhenyuan	82058	1.7	478	10817	0.3
岑巩县	Cengong	63999	1.4	341	10006	0.3
天柱县	Tianzhu	115493	1.1	322	22281	0.3
锦屏县	Jinping	58441	1.4	270	9352	0.6
剑河县	Jianhe	61743	0.1	251	13490	0.4
台江县	Taijiang	42401	1.6	301	5073	0.8
黎平县	Liping	127826	1.2	277	16634	1.1
榕江县	Rongjiang	82505	1.1	279	11969	1.2
从江县	Congjiang	109403	1.2	338	15410	2.0
雷山县	Leishan	45684	0.3	336	6213	0.6
麻江县	Majiang	47009	1.0	319	10123	1.3
丹寨县	Danzhai	46695	1.0	288	8513	1.4
都匀市	Duyun	102245	0.4	311	25895	0.7
福泉市	Fuquan	117621	0.9	537	14045	1.9
荔波县	Libo	50255	6.0	304	9601	2.2
贵定县	Guiding	80934	0.5	311	10391	0.9
瓮安县	Wengan	184818	1.7	422	40110	0.4
独山县	Dushan	112893	1.2	341	17541	0.8
平塘县	Pingtang	110138	1.0	348	14141	0.6
罗甸县	Luodian	104827	0.8	327	21194	0.5
长顺县	Changshun	98288	0.8	401	13161	0.9
龙里县	Longli	70890	0.8	366	9428	2.8
惠水县	Huishui	140686	1.2	351	20286	1.1
※三都县	Sandu	100030	2.3	310	16560	1.6

27-43 各县(市、区、特区)油菜籽、烤烟产量(2015)

Output of Rapeseed and Fluecured Tobacco and Its Order by County(City,District,Special region)

县(市、区、特区)名称	County (City,District, Special region)	油菜籽产量(吨) Output of Rapeseeds (ton)	2015年比2014年增长(%) Increase Rate in 2015 over 2014(%)	烤烟产量(吨) Output of Flue-cured Tobacco (ton)	2015年比2014年增长(%) Increase Rate in 2015 over 2014(%)
南明区	Nanming				
云岩区	Yunyan				
花溪区	Huaxi	4595	13.1	600	-11.1
乌当区	Wudang	4734	0.1		
白云区	Baiyun	647	0.8		
观山湖区	Guanshanhu	910	-0.7		
开阳县	Kaiyang	19686	-1.0	8322	5.9
息烽县	Xifeng	10363	-10.8	1302	-1.1
修文县	Xiuwen	13457	7.3	1458	-20.8
清镇市	Qingzhen	11401	6.1	4616	-18.3
钟山区	Zhongshan				
六枝特区	Liuzhi	8006	7.6	274	43.5
水城县	Shuicheng	237	41.9	6710	-2.9
盘　县	Panxian	2279	-2.2	6504	-20.2
红花岗区	Honghuagang	6735			
汇川区	Huicuan	6270	-2.9	1671	-0.1
遵义县	Zunyi	73867	2.7	14668	-13.0
桐梓县	Tongzi	20100	2.3	6077	-9.5
绥阳县	Suiyang	30903	-2.8	8020	-5.7
正安县	Zhengan	22950	5.8	7000	-27.5
※道真县	Daozhen	9114	4.2	12060	-9.6
※务川县	Wuchuan	9286	2.1	13413	-8.8
凤冈县	Fenggang	15625	-6.6	7054	-3.3
湄潭县	Meitan	20800	-9.7	7497	-12.6
余庆县	Yuqing	16590	-6.0	9411	-2.0
习水县	Xishui	8725	5.8	2056	2.9
赤水市	Chishui	330	3.8		
仁怀市	Renhuai	14798	5.7	2795	1.6
西秀区	Xixiu	34994	3.4	4928	-10.8
平坝区	Pingba	11943	3.2	3673	1.1
普定县	Puding	12396	4.0	614	-69.0
※镇宁县	Zhenning	10573	4.0	419	-8.7
※关岭县	Guanling	5382	13.7	307	-10.8
※紫云县	Ziyun	13553	71.1	2670	2.1
七星关区	Qixingguan	6993	0.2	8452	-0.5
大方县	Dafang	7230	-8.5	13424	10.0
黔西县	Qianxi	78103	1.6	8278	5.5
金沙县	Jinsha	26773	1.3	4442	7.1
织金县	Zhijin	15106	4.7	3322	-5.6
纳雍县	Nayong	252	12.5	3521	持平
※威宁县	Weining	54	8.0	31537	3.2
赫章县	Hezhang	175	-1.7	5531	1.6
碧江区	Bijiang	4622	5.7		
万山区	Wanshan	3722	14.1		

27-43 续表 continued

县(市、区、特区)名称	County (City,District, Special region)	油菜籽产量(吨) Output of Rapeseeds (ton)	2015年比2014年增长(%) Increase Rate in 2015 over 2014(%)	烤烟产量(吨) Output of Flue-cured Tobacco (ton)	2015年比2014年增长(%) Increase Rate in 2015 over 2014(%)
江口县	Jiangkou	4788	3.0	1871	-6.2
※玉屏县	Yuping	4184	4.3	110	-67.0
石阡县	Shiqian	20020	7.0	6758	13.3
思南县	Sinan	21786	-10.4	4813	4.9
※印江县	Yinjiang	14710	2.3	2800	-40.2
德江县	Dejiang	15096	2.9	6770	-0.9
※沿河县	Yanhe	9857	0.1	5202	-7.9
※松桃县	Songtao	14354	4.3	2247	-5.3
兴义市	Xingyi	12560	9.0	11343	-6.0
兴仁县	Xingren	7259	13.0	6751	持平
普安县	Puan	2110	12.3	9099	-29.6
晴隆县	Qinglong	1752	7.5	2421	-4.9
贞丰县	Zhenfeng	6027	13.4	3938	14.9
望谟县	Wangmo	2892	13.4		
册亨县	Ceheng	3960	15.1		
安龙县	Anlong	5147	9.6	8076	0.4
凯里市	Kaili	3971	-5.2	687	-3.1
黄平县	Huangping	7161	7.0	2025	-0.5
施秉县	Shibing	4640	持平	5095	-7.5
三穗县	Sansui	3266	5.9	166	-8.8
镇远县	Zhenyuan	7847	7.8	5098	-8.3
岑巩县	Cengong	5816	9.5	5510	-2.4
天柱县	Tianzhu	6038	6.3	1136	-22.8
锦屏县	Jinping	4883	7.1	342	-7.6
剑河县	Jianhe	3066	4.3		
台江县	Taijiang	2459	1.5		
黎平县	Liping	8358	4.4		
榕江县	Rongjiang	6847	1.0		
从江县	Congjiang	5464	2.7		
雷山县	Leishan	586	3.5		
麻江县	Majiang	3680	2.4	2097	-7.7
丹寨县	Danzhai	764	-3.5	164	-2.4
都匀市	Duyun	8726	2.0	568	-19.7
福泉市	Fuquan	12005	6.4	4000	-13.0
荔波县	Libo	4895	6.5	49	
贵定县	Guiding	7184	2.9	1159	-25.6
瓮安县	Wengan	17817	-0.8	6480	-14.6
独山县	Dushan	9500	11.8	1730	49.8
平塘县	Pingtang	9913	0.8	2250	-2.7
罗甸县	Luodian	2820	3.8		
长顺县	Changshun	6523	3.0	3415	-43.5
龙里县	Longli	6770	-0.1	755	-8.5
惠水县	Huishui	7048	4.6	1737	-5.2
※三都县	Sandu	11468	4.3		

27-44 各县(市、区、特区)规模以上工业增加值(2015)

Value-added of Industry above Designated Size and Its Order by County(City,District,Special region)

单位：万元 (10000 yuan)

县(市、区、特区)名 称	County (City,District, Special region)	工业增加值 Value-added of Industry	2015年比2014年增长（%） Increase Rate in 2015 over 2014(%)	县(市、区、特区)名 称	County (City,District, Special region)	工业增加值 Value-added of Industry	2015年比2014年增长（%） Increase Rate in 2015 over 2014(%)
南明区	Nanming	411706	14.1	江口县	Jiangkou	52401	10.3
云岩区	Yunyan	515145	5.7	※玉屏县	Yuping	349429	13.6
花溪区	Huaxi	2422016	8.1	石阡县	Shiqian	69164	13.6
乌当区	Wudang	555806	14.0	思南县	Sinan	198838	14.1
白云区	Baiyun	901365	15.2	※印江县	Yinjiang	70411	13.7
观山湖区	Guanshanhu	176786	12.7	德江县	Dejiang	121413	13.9
开阳县	Kaiyang	603671	14.0	※沿河县	Yanhe	103213	13.8
息烽县	Xifeng	539246	14.1	※松桃县	Songtao	275456	13.7
修文县	Xiuwen	620177	13.7				
清镇市	Qingzhen	370029	8.1	兴义市	Xingyi	1103106	13.7
				兴仁县	Xingren	292051	13.3
钟山区	Zhongshan	954001	11.7	普安县	Puan	240142	11.7
六枝特区	Liuzhi	269930	11.5	晴隆县	Qinglong	163075	13.5
水城县	Shuicheng	1267404	11.5	贞丰县	Zhenfeng	480051	13.4
盘　县	Panxian	2415737	12.0	望谟县	Wangmo	41432	13.2
				册亨县	Ceheng	39896	14.5
红花岗区	Honghuagang	435589	14.4	安龙县	Anlong	230553	13.6
汇川区	Huicuan	996902	11.4				
遵义县	Zunyi	1379628	17.3	凯里市	Kaili	462789	15.3
桐梓县	Tongzi	258667	16.2	黄平县	Huangping	44825	12.9
绥阳县	Suiyang	216327	18.0	施秉县	Shibing	26125	12.7
正安县	Zhengan	83022	18.3	三穗县	Sansui	71471	15.5
※道真县	Daozhen	50251	18.2	镇远县	Zhenyuan	272820	11.3
※务川县	Wuchuan	39640	17.1	岑巩县	Cengong	143422	12.3
凤冈县	Fenggang	101670	17.2	天柱县	Tianzhu	195381	13.7
湄潭县	Meitan	187408	18.1	锦屏县	Jinping	135654	13.2
余庆县	Yuqing	158359	17.9	剑河县	Jianhe	41166	14.2
习水县	Xishui	643454	17.0	台江县	Taijiang	52083	-4.8
赤水市	Chishui	305590	17.0	黎平县	Liping	107688	13.4
仁怀市	Renhuai	4440422	11.9	榕江县	Rongjiang	92098	14.8
				从江县	Congjiang	51223	14.5
西秀区	Xixiu	777571	14.5	雷山县	Leishan	3243	-47.8
平坝区	Pingba	345019	12.5	麻江县	Majiang	19110	12.5
普定县	Puding	264218	12.4	丹寨县	Danzhai	98053	13.5
※镇宁县	Zhenning	53107	12.5				
※关岭县	Guanling	41627	12.6	都匀市	Duyun	338544	13.5
※紫云县	Ziyun	23437	11.3	福泉市	Fuquan	517268	14.0
				荔波县	Libo	130138	12.7
七星关区	Qixingguan	948269	10.6	贵定县	Guiding	443827	14.2
大方县	Dafang	383200	14.2	瓮安县	Wengan	419335	13.8
黔西县	Qianxi	327100	14.1	独山县	Dushan	205000	13.5
金沙县	Jinsha	750100	14.6	平塘县	Pingtang	45600	13.5
织金县	Zhijin	274300	14.3	罗甸县	Luodian	92236	13.3
纳雍县	Nayong	524000	14.5	长顺县	Changshun	135086	13.3
※威宁县	Weining	248066	14.5	龙里县	Longli	428357	14.5
赫章县	Hezhang	146100	14.7	惠水县	Huishui	276902	14.0
				※三都县	Sandu	43706	12.5
碧江区	Bijiang	303380	14.2				
万山区	Wanshan	127014	13.4				

注：统计口径为年主营业务收入2000万元及以上的工业企业。

Note: The Statistical caliber of this table in the table refers to the industries which main business revenue achieve 20 millions yuan and above.

27-45 各县(市、区、特区)社会消费品零售总额(2015)

Total Retail Sales of Social Consumer Goods by County (City,District,Special Region)

单位：万元 (10000 yuan)

县(市、区、特区)名称	County (City,District, Special Region)	社会消费品零售总额 Total Retail Sales of Consumer Goods	城镇 Urban	乡村 Rural
南明区	Nanming	3366524	3366524	
云岩区	Yunyan	3064515	3064515	
花溪区	Huaxi	2086406	1199684	886722
乌当区	Wudang	340932	325136	15795
白云区	Baiyun	431573	428901	2672
观山湖区	Guanshanhu	1014698	1014698	
开阳县	Kaiyang	359629	147088	212541
息烽县	Xifeng	195327	109010	86317
修文县	Xiuwen	226803	94629	132174
清镇市	Qingzhen	404475	347849	56626
钟山区	Zhongshan	1626210	1354697	271513
六枝特区	Liuzhi	361665	301267	60398
水城县	Shuicheng	169422	141129	28293
盘　县	Panxian	769907	641333	128574
红花岗区	Honghuagang	1934275	1835711	98563
汇川区	Huicuan	1032803	947078	85725
遵义县	Zunyi	665914	597192	68722
桐梓县	Tongzi	252116	188875	63240
绥阳县	Suiyang	195358	134750	60609
正安县	Zhengan	193819	112110	81709
※道真县	Daozhen	123007	59001	64006
※务川县	Wuchuan	124149	73154	50996
凤冈县	Fenggang	168482	108189	60293
湄潭县	Meitan	257065	176277	80789
余庆县	Yuqing	159877	108843	51034
习水县	Xishui	240983	196829	44154
赤水市	Chishui	234084	167134	66950
仁怀市	Renhuai	817320	770816	46505
西秀区	Xixiu	613757	429630	184127
平坝区	Pingba	231754	139052	92701
普定县	Puding	175488	105293	70195
※镇宁县	Zhenning	186338	111803	74535
※关岭县	Guanling	206441	123865	82577
※紫云县	Ziyun	144419	86651	57768
七星关区	Qixingguan	1073688	816515	257174
大方县	Dafang	286871	215154	71718
黔西县	Qianxi	315419	236564	78855
金沙县	Jinsha	313068	234801	78267
织金县	Zhijin	290385	217789	72596
纳雍县	Nayong	238194	178645	59548
※威宁县	Weining	289537	217153	72384
赫章县	Hezhang	212342	159257	53086
碧江区	Bijiang	407112	326008	81104
万山区	Wanshan	97839	77293	20546

注：由于2015年行政区划调整，碧江区、万山区数据与2014年不可比。

Note: Data in Qianxi, Bijiang, Wanshan can not be compared with the year 2014, for the division of administrative areas was adjusted in 2(

27-45 续表 continued

单位：万元 (10000 yuan)

县(市、区、特区)名 称	County (City,District, Special Region)	社会消费品零售总额 Total Retail Sales of Consumer Goods	城镇 Urban	乡村 Rural
江口县	Jiangkou	83009	67237	15772
※玉屏县	Yuping	89655	75310	14345
石阡县	Shiqian	95472	76378	19094
思南县	Sinan	223859	172371	51488
※印江县	Yinjiang	120274	98625	21649
德江县	Dejiang	157539	122880	34659
※沿河县	Yanhe	167872	135976	31896
※松桃县	Songtao	213778	160334	53445
兴义市	Xingyi	1333384	1161558	171827
兴仁县	Xingren	172698	112792	59906
普安县	Puan	77367	62290	15077
晴隆县	Qinglong	63751	47174	16578
贞丰县	Zhenfeng	89845	73055	16790
望谟县	Wangmo	44164	32631	11533
册亨县	Ceheng	25008	19633	5375
安龙县	Anlong	115059	103682	11377
凯里市	Kaili	1001412	764077	237335
黄平县	Huangping	110344	84193	26151
施秉县	Shibing	74451	56806	17645
三穗县	Sansui	124405	94921	29484
镇远县	Zhenyuan	126165	96264	29901
岑巩县	Cengong	102601	78285	24316
天柱县	Tianzhu	172037	131265	40772
锦屏县	Jinping	92396	70498	21898
剑河县	Jianhe	96067	73299	22768
台江县	Taijiang	55333	42219	13114
黎平县	Liping	188880	144115	44765
榕江县	Rongjiang	127647	97395	30252
从江县	Congjiang	126729	96694	30035
雷山县	Leishan	61934	47255	14679
麻江县	Majiang	42719	32595	10124
丹寨县	Danzhai	54514	41594	12920
都匀市	Duyun	621524	551463	70061
福泉市	Fuquan	207867	184435	23432
荔波县	Libo	98797	87660	11137
贵定县	Guiding	151051	134024	17027
瓮安县	Wengan	188398	167161	21237
独山县	Dushan	164026	145536	18490
平塘县	Pingtang	119182	105748	13435
罗甸县	Luodian	110959	98452	12508
长顺县	Changshun	95120	84398	10722
龙里县	Longli	144895	128561	16333
惠水县	Huishui	167850	148929	18921
※三都县	Sandu	119376	105919	13457

27-46 各县(市、区、特区)金融机构人民币各项存贷款余额(2015)

Urban and Rural Resident Savings Deposit Balance and Loan by County(City,District,Special region)

单位：亿元 (100 million yuan)

县(市、区、特区)名 称	County (City,District, Special region)	金融机构人民币各项存款余额 Total Deposits	#个人储蓄蓄存款 Personal Saving Deposits	金融机构人民币各项贷款余额 Total Loans
开阳县	Kaiyang	115.73	56.82	82.72
息烽县	Xifeng	81.97	40.27	63.52
修文县	Xiuwen	70.49	35.92	60.12
清镇市	Qingzhen	168.99	84.81	150.74
六枝特区	Liuzhi	104.50	60.75	91.28
盘 县	Panxian	284.88	142.67	196.54
遵义县	Zunyi	271.21	166.83	187.43
桐梓县	Tongzi	127.40	81.25	71.28
绥阳县	Suiyang	98.70	65.24	60.69
正安县	Zhengan	101.63	61.21	64.68
※道真县	Daozhen	81.11	53.72	33.86
※务川县	Wuchuan	95.07	46.77	48.32
凤冈县	Fenggang	75.87	48.57	52.60
湄潭县	Meitan	136.90	80.86	91.18
余庆县	Yuqing	77.10	47.71	57.08
习水县	Xishui	131.27	70.76	85.28
赤水市	Chishui	104.63	65.81	85.12
仁怀市	Renhuai	567.99	120.27	233.96
平坝区	Pingba	129.59	60.19	97.31
普定县	Puding	74.44	31.40	68.02
※镇宁县	Zhenning	75.20	28.84	72.51
※关岭县	Guanling	64.70	32.26	43.16
※紫云县	Ziyun	57.03	24.99	36.22
七星关区	Qixingguan	472.72	171.49	297.19
大方县	Dafang	118.95	78.19	74.28
黔西县	Qianxi	120.59	65.87	97.91
金沙县	Jinsha	99.33	65.98	99.40
织金县	Zhijin	147.21	76.59	128.64
纳雍县	Nayong	92.51	55.34	78.18
※威宁县	Weining	117.48	61.56	65.38
赫章县	Hezhang	85.82	50.60	43.49
碧江区	Bijiang	314.38	112.24	215.20
万山区	Wanshan	37.70	15.02	17.88

注：资料来源于人民银行贵阳中心支行。

Notes:Data in the table are obtained from Guiyang Central Branch of PBC.

27-46 续表 continued

单位：亿元 (100 million yuan)

县(市、区、特区)名 称	County (City,District, Special region)	金融机构人民币各项存款余额 Total Deposits	#个人储蓄存款 Personal Saving Deposits	金融机构人民币各项贷款余额 Total Loans
江口县	Jiangkou	53.84	28.29	44.68
※玉屏县	Yuping	45.94	23.93	50.83
石阡县	Shiqian	72.85	40.91	53.32
思南县	Sinan	116.22	69.45	90.84
※印江县	Yinjiang	79.83	43.86	66.73
德江县	Dejiang	67.25	42.35	60.22
※沿河县	Yanhe	88.49	54.41	48.37
※松桃县	Songtao	103.81	59.70	68.71
兴义市	Xingyi	496.06	181.75	351.07
兴仁县	Xingren	84.77	38.23	82.77
普安县	Puan	53.46	26.18	39.78
晴隆县	Qinglong	48.21	22.44	27.51
贞丰县	Zhenfeng	76.24	38.30	45.37
望谟县	Wangmo	57.02	19.54	28.75
册亨县	Ceheng	44.22	19.29	26.68
安龙县	Anlong	102.81	46.94	52.64
凯里市	Kaili	416.91	169.37	277.20
黄平县	Huangping	58.67	38.64	31.28
施秉县	Shibing	42.39	28.65	21.65
三穗县	Sansui	41.23	25.38	24.33
镇远县	Zhenyuan	47.09	30.35	38.58
岑巩县	Cengong	48.47	24.98	33.68
天柱县	Tianzhu	76.44	52.75	36.80
锦屏县	Jinping	51.07	34.19	22.93
剑河县	Jianhe	42.54	28.95	24.48
台江县	Taijiang	38.12	17.73	40.76
黎平县	Liping	80.35	56.73	59.85
榕江县	Rongjiang	55.98	36.14	47.93
从江县	Congjiang	42.96	26.70	26.52
雷山县	Leishan	33.86	19.32	21.68
麻江县	Majiang	43.51	23.48	31.54
丹寨县	Danzhai	38.39	20.45	20.52
都匀市	Duyun	379.66	143.90	237.76
福泉市	Fuquan	96.70	47.55	99.78
荔波县	Libo	53.26	25.64	35.99
贵定县	Guiding	71.89	37.28	43.91
瓮安县	Wengan	119.02	66.98	87.29
独山县	Dushan	80.95	43.07	48.57
平塘县	Pingtang	57.79	25.93	38.48
罗甸县	Luodian	56.36	26.44	39.16
长顺县	Changshun	50.33	19.54	29.56
龙里县	Longli	87.23	33.59	57.17
惠水县	Huishui	60.78	33.94	48.21
※三都县	Sandu	57.36	29.18	36.78

27-47 各县(市、区、特区)普通中学(2015)

县(市、区、特区)名 称	County (City,Distric, Special Region)	学校数(所) Total Schools (unit)	#初中 Junior Secondary Schools	毕业生数(人) Graduates(person) 初中 Junior Secondary Schools	高中 Senior Secondary Schools
南明区	Nanming	68	58	7989	2887
云岩区	Yunyan	64	52	11092	5186
花溪区	Huaxi	54	42	8397	3971
乌当区	Wudang	15	11	2585	907
白云区	Baiyun	12	8	4439	2552
观山湖区	Guanshanhu	23	16	4017	2423
开阳县	Kaiyang	21	19	5938	3777
息烽县	Xifeng	14	11	3511	1672
修文县	Xiuwen	15	10	3482	1726
清镇市	Qingzhen	25	16	7627	3519
钟山区	Zhongshan	50	40	13322	8343
六枝特区	Liuzhi	40	35	9722	3590
水城县	Shuicheng	60	56	12867	3552
盘　县	Panxian	77	64	22254	9437
红花岗区	Honghuagang	43	31	9543	5947
汇川区	Huicuan	35	26	7295	3936
遵义县	Zunyi	52	43	18401	11271
桐梓县	Tongzi	45	39	9250	4101
绥阳县	Suiyang	33	26	8145	2445
正安县	Zhengan	38	34	8394	2858
※道真县	Daozhen	22	20	5486	2267
※务川县	Wuchuan	28	24	8357	4080
凤冈县	Fenggang	21	17	7640	3731
湄潭县	Meitan	25	22	8400	3410
余庆县	Yuqing	15	13	4589	2692
习水县	Xishui	35	27	9332	3332
赤水市	Chishui	17	14	3167	1765
仁怀市	Renhuai	37	29	11575	5001
西秀区	Xixiu	52	42	13864	7084
平坝区	Pingba	23	18	4841	1905
普定县	Puding	15	14	6317	1509
※镇宁县	Zhenning	21	20	4296	980
※关岭县	Guanling	20	18	4413	1482
※紫云县	Ziyun	19	18	4898	1508
七星关区	Qixingguan	105	87	30670	10038
大方县	Dafang	55	40	18511	6511
黔西县	Qianxi	59	51	14514	4813
金沙县	Jinsha	30	27	10205	2989
织金县	Zhijin	45	38	21507	5904
纳雍县	Nayong	40	35	17111	4549
※威宁县	Weining	68	57	38634	9050
赫章县	Hezhang	52	42	17199	4504
碧江区	Bijiang	24	17	6304	6327
万山区	Wanshan	10	8	2406	335

注：资料来源于省教育厅（以下相关表同）。

Regular Secondary Schools by County(City,District,Special region)

招生数(人) New Enrollment(person)		在校学生数(人) Students Enrollment(person)		专任教师(人) Full-time Teachers(person)	
初中 Junior Secondary Schools	高中 Senior Secondary Schools	初中 Junior Secondary Schools	高中 Senior Secondary Schools	初中 Junior Secondary Schools	高中 Senior Secondary Schools
7662	2967	24392	8510	1930	611
8676	5443	28265	16630	2097	1321
6994	4468	22532	13010	1603	886
3156	1288	8613	3518	721	288
4211	2820	13218	7797	802	669
4286	2961	12722	8505	977	582
3615	2734	12852	8753	950	492
2553	2027	8443	5573	592	348
2622	2128	8956	5868	720	416
5392	4190	18888	11621	1314	863
13480	8690	40609	27127	2367	1418
10524	4163	31294	12123	1733	634
12242	5287	38123	15223	2356	539
14705	11490	49443	35149	3335	1847
8765	6860	27555	21119	1764	1298
5972	3997	19709	11567	1339	827
12950	9889	43632	32034	3198	1524
9203	4671	27697	13580	1699	754
6355	3840	21337	10080	1468	607
6854	3903	22348	11344	1651	653
4404	2992	15158	8540	934	480
6906	4090	23667	12376	1417	739
5829	3713	18766	10573	1264	585
6016	3952	20859	12239	1443	682
4364	2192	13057	7353	777	408
9067	4088	28890	12948	1782	808
3135	1566	9498	4992	753	309
10248	5304	31732	15945	2331	969
13904	8560	41950	23986	2423	1260
5002	2126	14980	6299	924	422
6509	2129	19605	6287	1214	394
5057	1221	14627	3678	885	181
5131	1843	14746	4750	874	343
4714	1577	15817	5205	759	283
30159	14551	90371	39447	5134	1930
16154	8242	49922	23794	3326	1428
12697	6244	40489	17367	2627	892
9447	4551	29582	11678	1711	698
18384	9642	58397	23394	3024	1150
17841	6194	52062	16395	2487	751
37255	16549	114717	41702	4967	1976
16087	7743	52776	19704	3054	1232
6662	7891	19967	20694	1360	1136
1771	1699	5849	3421	394	258

Note：Data in the table are provided by the Provincteal of Education(The rclative tables in the chapter are the same).

27-47 续表

县（市、区、特区）名称	County (City,Distric, Special Region)	学校数（所） Total Schools (unit)	#初中 Junior Secondary Schools	毕业生数(人) Graduates(person) 初中 Junior Secondary Schools	高中 Senior Secondary Schools
江口县	Jiangkou	15	13	3286	1733
※玉屏县	Yuping	8	6	1990	1024
石阡县	Shiqian	28	24	7006	2598
思南县	Sinan	40	34	13384	6332
※印江县	Yinjiang	22	17	6274	2714
德江县	Dejiang	31	27	10416	3549
※沿河县	Yanhe	38	34	11361	2971
※松桃县	Songtao	39	35	10824	3529
兴义市	Xingyi	78	58	15686	9500
兴仁县	Xingren	43	39	8773	2283
普安县	Puan	30	28	6913	1494
晴隆县	Qinglong	23	21	4749	1683
贞丰县	Zhenfeng	23	20	5338	1624
望谟县	Wangmo	20	18	6033	1475
册亨县	Ceheng	18	16	4026	838
安龙县	Anlong	25	21	9183	2801
凯里市	Kaili	38	26	9851	6216
黄平县	Huangping	13	11	5569	2269
施秉县	Shibing	9	8	2656	853
三穗县	Sansui	7	6	2739	1270
镇远县	Zhenyuan	14	12	3756	1570
岑巩县	Cengong	15	13	4092	1615
天柱县	Tianzhu	16	14	5098	2711
锦屏县	Jinping	18	16	2981	1710
剑河县	Jianhe	15	12	4113	1268
台江县	Taijiang	9	8	2460	980
黎平县	Liping	24	20	8064	3116
榕江县	Rongjiang	23	20	5037	2096
从江县	Congjiang	20	18	4796	1210
雷山县	Leishan	6	5	2402	1012
麻江县	Majiang	8	7	2276	936
丹寨县	Danzhai	5	4	2447	943
都匀市	Duyun	28	18	6016	3973
福泉市	Fuquan	17	14	4178	1938
荔波县	Libo	7	6	2617	1566
贵定县	Guiding	17	15	3912	1076
瓮安县	Wengan	28	23	6105	3639
独山县	Dushan	7	4	4478	2123
平塘县	Pingtang	19	18	4494	1425
罗甸县	Luodian	19	17	4235	1988
长顺县	Changshun	17	16	3860	1708
龙里县	Longli	12	11	3127	1273
惠水县	Huishui	22	20	7536	2472
※三都县	Sandu	22	20	5746	1765

continued

招生数(人) New Enrollment(person)		在校学生数(人) Students Enrollment(person)		专任教师(人) Full-time Teachers(person)	
初中 Junior Secondary Schools	高中 Senior Secondary Schools	初中 Junior Secondary Schools	高中 Senior Secondary Schools	初中 Junior Secondary Schools	高中 Senior Secondary Schools
2840	1583	8879	4877	676	329
1812	976	5699	2996	446	219
6338	3803	19633	10528	1179	638
10450	7947	35110	22956	1752	1265
5765	3350	18966	9815	1208	571
9666	4483	28391	12074	1727	704
11203	3290	34484	9716	1952	462
9340	5340	29909	14137	2127	896
15696	10301	47562	31261	3269	2028
9819	2965	27612	7770	1840	532
4985	2194	16224	5356	930	296
4583	2377	14703	5888	663	266
7365	2036	19320	5477	1186	306
6010	2089	17023	5685	1152	294
3198	1635	11478	3902	748	274
6527	3620	18265	9264	1313	461
9789	6983	29526	20711	1841	1376
5376	2345	17678	7152	994	378
2215	960	6982	2815	465	162
2554	1310	7969	3907	562	256
3501	1813	11647	5377	685	320
3486	1800	10791	5033	686	342
3582	2301	10761	7271	1051	361
2298	1766	7390	5560	630	347
3533	2009	11620	5311	668	266
2286	1050	6783	3021	378	170
5217	3965	18981	11279	1236	545
4821	2625	15033	6793	1008	391
4480	2595	14218	7311	923	292
2094	1100	6587	3493	418	204
2052	1094	6636	3644	541	208
2421	1090	7507	3460	491	163
5212	4053	16136	12567	1236	748
2968	1955	9962	6776	785	429
2210	1482	7052	4480	440	249
3164	1779	10651	4656	734	326
5216	3609	16553	11109	1156	562
3302	2323	10688	6825	779	439
4787	2157	13690	6282	830	372
5242	2217	15842	6422	954	388
3480	1417	11110	4089	733	271
2586	1256	8335	3174	576	194
6447	3507	20727	9603	1321	569
5788	2459	17474	7149	908	438

27-48 各县(市、区、特区)小学(2015)

Primary Schools by County(City,District,Special region)

县(市、区、特区)名称	County (City,Distric, Special Region)	学校数(个) Schools (unit)	毕业生数(人) Gruaduates (person)	招生数(人) New Enrollment (person)	在校学生数(人) Students Enrollment (person)	专任教师(人) Full-time Teachers (person)	学龄儿童入学率(%) Enrollment Ratio of Primary Schools(%)	学龄女童入学率(%) Enrollment Ratio of School Girls(%)
南明区	Nanming	84	8890	10361	57408	3030	122.8	110.5
云岩区	Yunyan	77	11343	11397	62365	3092	115.9	115.9
花溪区	Huaxi	93	7502	9569	48714	2568	111.7	112.4
乌当区	Wudang	45	2520	3413	17252	1143	128.0	129.0
白云区	Baiyun	49	4010	5084	26219	1445	190.3	187.1
观山湖区	Guanshanhu	41	3525	6017	29793	1551	138.7	136.9
开阳县	Kaiyang	30	3740	4598	21968	1336	100.5	102.5
息烽县	Xifeng	27	2521	3291	16869	1043	102.9	104.8
修文县	Xiuwen	35	2539	3997	18564	985	99.6	102.3
清镇市	Qingzhen	78	5137	7325	34636	1944	103.3	107.2
钟山区	Zhongshan	77	13385	11115	63616	3180	129.2	129.1
六枝特区	Liuzhi	147	9822	10893	60856	3078	95.9	95.4
水城县	Shuicheng	175	12646	11843	66366	3772	83.5	87.8
盘　县	Panxian	215	14180	12527	62200	4206	99.5	100.0
红花岗区	Honghuagang	69	8534	9771	53898	2523	145.3	143.1
汇川区	Huicuan	68	5653	6265	35208	1788	135.8	135.9
遵义县	Zunyi	220	12008	13148	70949	5079	94.0	96.7
桐梓县	Tongzi	146	9000	8699	47969	2602	80.6	76.4
绥阳县	Suiyang	81	6248	5464	31308	1902	90.0	92.0
正安县	Zhengan	106	6345	6323	36872	2244	91.2	90.2
※道真县	Daozhen	63	4251	3910	24388	1442	83.7	84.7
※务川县	Wuchuan	76	6304	4714	31308	1884	73.4	75.1
凤冈县	Fenggang	85	5563	4554	27936	1617	89.4	90.5
湄潭县	Meitan	66	5637	5560	31849	1989	99.6	100.2
余庆县	Yuqing	77	4157	3756	23247	1080	88.7	89.5
习水县	Xishui	145	8928	10241	53006	2984	85.6	86.8
赤水市	Chishui	36	3092	3731	20708	1324	78.6	79.1
仁怀市	Renhuai	83	10317	8436	47235	3011	95.4	94.9
西秀区	Xixiu	145	13156	13349	76238	4204	112.7	114.1
平坝区	Pingba	97	5037	5386	28664	1752	88.1	91.6
普定县	Puding	80	6773	7058	39113	2175	99.7	99.6
※镇宁县	Zhenning	88	6148	5314	30566	1667	87.5	90.4
※关岭县	Guanling	95	5070	5522	31320	1608	97.7	96.7
※紫云县	Ziyun	88	4630	5223	31248	1632	96.5	96.1
七星关区	Qixingguan	298	28848	28727	156535	8393	94.5	94.3
大方县	Dafang	320	20956	20684	92462	4879	95.6	95.7
黔西县	Qianxi	149	12627	12030	65499	3792	99.1	95.3
金沙县	Jinsha	86	10111	10476	61688	3135	91.5	90.4
织金县	Zhijin	291	18915	15645	93848	4230	94.1	94.0
纳雍县	Nayong	237	18816	16180	97472	4346	97.5	96.9
※威宁县	Weining	416	37866	27407	176622	8051	99.2	99.1
赫章县	Hezhang	274	16405	14309	86895	4506	99.7	99.7
碧江区	Bijiang	54	5299	6064	33215	1854	163.1	164.2
万山区	Wanshan	40	1914	1884	10149	655	70.7	72.9

27-48 续表 continued

县(市、区、特区)名 称	County (City,Distric, Special Region)	学校数(个) Schools (unit)	毕业生数(人) Gruaduates (person)	招生数(人) New Enrollment (person)	在校学生数(人) Students Enrollment (person)	专任教师(人) Full-time Teachers (person)	学龄儿童入学率(%) Enrollment Ratio of Primary Schools(%)	学龄女童入学率(%) Enrollment Ratio of School Girls(%)
江口县	Jiangkou	37	3491	2860	15558	918	88.4	84.3
※玉屏县	Yuping	29	1817	2174	11609	772	95.9	98.8
石阡县	Shiqian	68	6677	4155	27515	1859	94.0	98.4
思南县	Sinan	155	10107	7254	49100	2975	97.7	98.8
※印江县	Yinjiang	99	6491	4825	33848	2037	98.4	100.3
德江县	Dejiang	106	9336	6701	46181	2358	98.6	95.7
※沿河县	Yanhe	200	11243	7582	59023	3381	99.5	99.0
※松桃县	Songtao	141	9802	8111	47768	3724	99.9	99.9
兴义市	Xingyi	155	13168	14085	77250	4501	104.6	99.0
兴仁县	Xingren	121	9984	8545	53111	2964	99.7	99.8
普安县	Puan	105	5238	4418	29611	1842	98.9	97.8
晴隆县	Qinglong	95	5374	5407	32168	1493	99.5	99.9
贞丰县	Zhenfeng	133	7376	6236	41449	2387	97.2	96.9
望谟县	Wangmo	98	6244	4562	31831	2106	94.9	93.2
册亨县	Ceheng	59	3369	3503	19271	999	92.0	92.9
安龙县	Anlong	54	6889	6557	34806	2078	103.1	105.1
凯里市	Kaili	70	9264	9373	52609	2846	109.1	110.5
黄平县	Huangping	77	5768	4125	26334	1381	99.2	95.7
施秉县	Shibing	35	2433	2149	12610	799	99.7	99.7
三穗县	Sansui	34	2538	2913	16641	909	99.5	105.7
镇远县	Zhenyuan	29	3491	3413	18186	996	99.1	97.9
岑巩县	Cengong	39	3418	2833	16490	1040	99.4	95.5
天柱县	Tianzhu	46	3929	4581	24489	1562	99.9	103.1
锦屏县	Jinping	38	2257	2448	13835	819	92.9	92.6
剑河县	Jianhe	54	3460	3461	19338	1118	98.5	98.7
台江县	Taijiang	33	2354	2136	13164	838	99.1	98.9
黎平县	Liping	141	5157	6347	33672	2028	99.8	99.8
榕江县	Rongjiang	74	5032	4785	27593	1568	99.2	98.4
从江县	Congjiang	100	4697	4915	27905	1580	93.1	94.3
雷山县	Leishan	28	2013	1885	11051	808	99.3	101.6
麻江县	Majiang	21	2036	1685	10400	733	88.6	88.9
丹寨县	Danzhai	25	2387	2326	14442	935	99.1	101.5
都匀市	Duyun	38	5089	5203	28599	1852	99.7	102.8
福泉市	Fuquan	66	2910	4279	20476	1206	99.2	98.5
荔波县	Libo	40	2174	2143	12254	742	92.3	93.3
贵定县	Guiding	74	3217	3536	19047	1258	99.9	98.6
瓮安县	Wengan	48	4964	6440	32957	1666	99.3	100.7
独山县	Dushan	29	2984	3490	19477	1220	99.9	102.9
平塘县	Pingtang	88	4768	3621	23716	1190	100.0	100.0
罗甸县	Luodian	73	5300	4443	26907	1515	95.6	93.4
长顺县	Changshun	72	3551	3061	16759	1138	99.3	99.2
龙里县	Longli	56	2594	3069	16216	1027	99.9	99.9
惠水县	Huishui	78	6174	5622	31994	1996	99.9	100.0
※三都县	Sandu	107	5934	5150	31594	1626	99.7	99.8

全国及各省(区、市)资料

28

Main Statistics of Provinces (autonomous regions,municipalities) in the Whole Country

简 要 说 明

一、主要内容

本篇资料包括全国及各省（自治区、直辖市）主要经济社会指标。

二、资料来源

由国家统计局相关专业司提供，部分数据为初步统计数。

Brief Introduction

I、 Main Contents

National and provincial (autonomous regions, municipalities directly under the central government) economic and social indicators.

II、 Sources of Data

Data is provided by the relevant professional division of the National Bureau of Statistics, Some of them are preliminary Statistics.

28-1 全国及各省(区、市)人口、地区生产总值(2015)

单位：亿元

地 区	Region	年末总人口(万人) Total Population at year-end (10000 persons)	位次 Order	地区生产总值 Gross Domestic Product	位次 Order	第一产业增加值 Primary Industry	位次 Order
全 国	**National Total**	**137462**		**676708**		**60863**	
北 京	Beijing	2171	26	23014.59	13	140.21	29
天 津	Tianjin	1547	27	16538.19	19	208.82	28
河 北	Hebei	7425	6	29806.11	7	3439.45	5
山 西	Shanxi	3664	18	12766.49	24	783.16	25
内蒙古	Inner Mongolia	2511	23	17831.51	16	1617.42	18
辽 宁	Liaoning	4382	14	28669.02	10	2384.03	12
吉 林	Jilin	2753	21	14063.13	22	1596.28	20
黑龙江	Heilongjiang	3812	16	15083.67	21	2633.50	9
上 海	Shanghai	2415	24	25123.45	12	109.82	30
江 苏	Jiangsu	7976	5	70116.38	2	3986.05	3
浙 江	Zhejiang	5539	10	42886.49	4	1832.91	15
安 徽	Anhui	6144	8	22005.63	14	2456.69	11
福 建	Fujian	3839	15	25979.82	11	2118.10	13
江 西	Jiangxi	4566	13	16723.78	18	1772.98	16
山 东	Shandong	9847	2	63002.33	3	4979.08	1
河 南	Henan	9480	3	37002.16	5	4209.56	2
湖 北	Hubei	5852	9	29550.19	8	3309.84	8
湖 南	Hunan	6783	7	28902.21	9	3331.62	7
广 东	Guangdong	10849	1	72812.55	1	3345.54	6
广 西	Guangxi	4796	11	16803.12	17	2565.45	10
海 南	Hainan	911	28	3702.76	28	854.72	24
重 庆	Chongqing	3017	20	15717.27	20	1150.15	22
四 川	Sichuan	8204	4	30053.10	6	3677.30	4
贵 州	**Guizhou**	**3530**	**19**	**10502.56**	**25**	**1640.61**	**17**
云 南	Yunnan	4742	12	13619.17	23	2055.78	14
西 藏	Tibet	324	31	1026.39	31	98.04	31
陕 西	Shanxi	3793	17	18021.86	15	1597.63	19
甘 肃	Gansu	2600	22	6790.32	27	954.09	23
青 海	Qinghai	588	30	2417.05	30	208.93	27
宁 夏	Ningxia	668	29	2911.77	29	237.76	26
新 疆	Xinjiang	2360	25	9324.80	26	1559.08	21

The Population and GDP of the Whole Country and All Provinces

(100 million yuan)

第二产业增加值 Secondary Industry	位次 Order	第三产业增加值 Tertiary Industry	位次 Order	地区生产总值比上年增长(%) Increase Rate of GDP in 2015 over 2014(%)	位次 Order	人均地区生产总值(元) Per Capita Gross Domestic Product(yuan)	位次 Order
274278		**341567**		**6.9**		**49351**	
4542.64	24	18331.74	5	6.9	25	106284	2
7704.22	18	8625.15	14	9.3	4	107960	1
14386.87	6	11979.79	12	6.8	27	40255	19
5194.27	22	6789.06	20	3.1	30	35017	27
9000.58	14	7213.51	19	7.7	24	71903	6
13041.97	10	13243.02	8	3.0	31	65524	9
7005.71	20	5461.14	24	6.3	28	51852	12
4798.08	23	7652.09	16	5.7	29	39462	21
7991.00	16	17022.63	6	6.9	25	103141	3
32044.45	2	34085.88	2	8.5	11	87995	4
19711.67	4	21341.91	4	8.0	17	77644	5
10946.83	12	8602.11	15	8.7	9	35997	25
13064.82	9	10796.90	13	9.0	6	67966	7
8411.57	15	6539.23	21	9.1	5	36724	24
29485.90	3	28537.35	3	8.0	17	64168	10
17917.37	5	14875.23	7	8.3	13	39131	22
13503.56	7	12736.79	11	8.9	7	50654	13
12810.82	11	12759.77	10	8.5	11	42968	16
32613.54	1	36853.47	1	8.0	17	67503	8
7717.52	17	6520.15	22	8.1	15	35190	26
875.82	30	1972.22	28	7.8	23	40818	18
7069.37	19	7497.75	17	11.0	1	52330	11
13248.08	8	13127.72	9	7.9	21	36836	23
4147.83	**25**	**4714.12**	**25**	**10.7**	**3**	**29847**	**29**
5416.12	21	6147.27	23	8.7	9	29015	30
376.19	31	552.16	31	11.0	1	31999	28
9082.13	13	7342.10	18	7.9	21	48023	14
2494.77	27	3341.46	27	8.1	15	26165	31
1207.31	29	1000.81	30	8.2	14	41252	17
1379.60	28	1294.41	29	8.0	17	43805	15
3596.40	26	4169.32	26	8.8	8	40036	20

28-2 全国及各省(区、市)固定资产投资(不含农户)、房地产开发情况(2015)

地区	Region	固定资产投资(亿元) Investment in Fixed Assets(100 million yuan)	位次 Order	房地产开发投资(亿元) Real Estate Investment (100 million yuan)	位次 Order
全国	**National Total**	**551590.04**		**95978.85**	
北京	Beijing	7446.02	26	4177.05	11
天津	Tianjin	11814.57	21	1871.55	20
河北	Hebei	28905.74	5	4285.27	9
山西	Shanxi	13744.59	17	1494.87	23
内蒙古	Inner Mongolia	13529.15	18	1081.05	24
辽宁	Liaoning	17640.37	13	3558.64	13
吉林	Jilin	12508.59	20	924.24	27
黑龙江	Heilongjiang	9884.28	24	992.15	26
上海	Shanghai	6349.39	27	3468.94	14
江苏	Jiangsu	45905.17	2	8153.68	2
浙江	Zhejiang	26664.72	6	7111.93	3
安徽	Anhui	23803.93	10	4424.86	8
福建	Fujian	20973.98	11	4469.61	7
江西	Jiangxi	16993.90	14	1520.10	22
山东	Shandong	47381.46	1	5892.16	4
河南	Henan	34951.28	3	4818.93	5
湖北	Hubei	26086.42	7	4249.23	10
湖南	Hunan	24324.17	9	2613.75	16
广东	Guangdong	29950.48	4	8538.47	1
广西	Guangxi	15654.95	15	1909.09	19
海南	Hainan	3355.40	29	1704.00	21
重庆	Chongqing	14208.15	16	3751.28	12
四川	Sichuan	24965.56	8	4813.03	6
贵州	**Guizhou**	**10676.70**	22	**2205.09**	**18**
云南	Yunnan	13069.39	19	2669.01	15
西藏	Tibet	1295.68	31	50.02	31
陕西	Shanxi	18231.03	12	2494.29	17
甘肃	Gansu	8626.60	25	768.06	28
青海	Qinghai	3144.17	30	336.00	30
宁夏	Ningxia	3426.42	28	633.64	29
新疆	Xinjiang	10525.42	23	998.88	25

注：本表统计口径为计划总投资500万元及以上固定资产项目投资和房地产开发项目投资，分省数据不含跨省项目。

The Investment in Fixed Assets(Excluding Rural Households) and Real Estate Development of the Whole Country and All Province

房地产开发企业房屋施工面积(万平方米) Floor Space under Construction(10000 aq.m)	位次 Order	房地产开发企业房屋竣工面积(万平方米) Floor Space Completed (10000 aq.m)	位次 Order	房地产开发企业商品房销售面积(万平方米) Floor Space of Commercial Houses(10000 aq.m)	位次 Order
735693.37		**100039.10**		**128494.97**	
12993.08	22	2631.45	17	1554.25	25
10230.22	26	2903.57	14	1771.07	23
30434.76	9	4039.31	9	5854.65	10
15734.48	19	2114.49	20	1592.55	24
17641.28	18	1697.16	22	2369.37	20
29283.18	10	3237.53	12	3916.19	13
11566.47	24	1287.40	26	1491.85	26
12410.35	23	2924.21	13	1996.61	21
15095.33	21	2647.18	16	2431.36	19
58118.44	1	10296.96	1	11414.05	2
41687.33	4	5892.86	4	5985.30	9
34244.67	7	5537.74	5	6174.09	8
30891.14	8	3436.56	11	4037.76	12
15293.60	20	1907.89	21	3478.23	16
57206.44	3	8277.76	2	9727.04	3
40994.40	5	5390.32	6	8556.34	4
28296.28	13	2785.17	15	6244.55	7
28322.13	12	3969.96	10	6363.01	6
57941.86	2	6044.43	3	11681.01	1
18608.36	17	1675.18	24	3523.41	15
8316.98	28	1068.59	28	1052.28	28
28985.67	11	4630.29	7	5381.37	11
38981.36	6	4545.71	8	7671.20	5
20877.67	**14**	**2582.68**	**18**	**3559.81**	**14**
20722.20	16	2546.74	19	3145.13	17
380.62	31	92.27	31	51.27	31
20752.16	15	1681.50	23	2978.94	18
8586.18	27	962.24	29	1434.96	27
2585.59	30	454.41	30	392.96	30
7045.68	29	1168.98	27	839.16	29
11465.44	25	1608.58	25	1825.18	22

Note: The statistic scope in the table refers to those projects planned to invest 5 million yuan at least in investment in fixed assets and real estate development, but provincial data don't include inter-provincial project.

28-3 全国及各省(区、市)内外贸易(2015)

Imports and Exports of the Whole Country and All Provinces

单位：亿美元 (USD 100 million)

地 区	Region	社会消费品零售总额(亿元) Total Retail Sales of Consumer Goods (100 million yuan)	位 次 Order	进出口总额 Total Exports and Imports	位 次 Order	出口额 Exports	位 次 Order	进口额 Imports	位 次 Order
全 国	**National Total**	**300930.8**		**39569.0**		**22749.5**		**16819.5**	
北 京	Beijing	10338.0	28	3196.19	5	546.73	8	2649.46	2
天 津	Tianjin	5257.3	13	1143.47	8	511.83	9	631.64	7
河 北	Hebei	12990.7	19	514.82	12	329.39	14	185.43	13
山 西	Shanxi	6033.7	31	147.15	24	84.21	23	62.94	25
内蒙古	Inner Mongolia	6107.7	26	127.50	26	56.54	26	70.96	24
辽 宁	Liaoning	12787.2	27	959.59	9	507.14	10	452.45	9
吉 林	Jilin	6651.9	20	189.38	23	46.54	27	142.85	18
黑龙江	Heilongjiang	7640.2	22	209.86	21	80.31	24	129.55	19
上 海	Shanghai	10131.5	25	4492.38	3	1959.41	4	2532.97	3
江 苏	Jiangsu	25876.8	15	5456.12	2	3386.67	2	2069.45	4
浙 江	Zhejiang	19784.7	23	3473.43	4	2765.95	3	707.48	6
安 徽	Anhui	8908.0	6	479.69	15	322.75	15	156.94	17
福 建	Fujian	10505.9	2	1693.60	7	1130.16	6	563.44	8
江 西	Jiangxi	5925.5	10	424.67	17	331.27	13	93.40	22
山 东	Shandong	27761.4	14	2417.48	6	1440.60	5	976.88	5
河 南	Henan	15740.4	2	738.36	11	430.66	11	307.69	10
湖 北	Hubei	14003.2	4	455.99	16	292.14	16	163.85	15
湖 南	Hunan	12024.0	5	293.33	19	191.40	18	101.94	21
广 东	Guangdong	31517.6	17	10228.71	1	6435.12	1	3793.59	1
广 西	Guangxi	6348.1	18	512.62	14	280.26	17	232.36	11
海 南	Hainan	1325.1	24	139.59	25	37.42	28	102.17	20
重 庆	Chongqing	6424.0	1	744.77	10	551.90	7	192.87	12
四 川	Sichuan	13877.7	6	514.71	13	332.29	12	182.42	14
贵 州	**Guizhou**	**3283.0**	**9**	**122.20**	**27**	**99.49**	**22**	**22.72**	**26**
云 南	Yunnan	5103.2	16	245.20	20	166.19	20	79.01	23
西 藏	Tibet	408.5	6	9.15	31	5.87	31	3.28	30
陕 西	Shanxi	6578.1	12	305.04	18	147.88	21	157.15	16
甘 肃	Gansu	2907.2	21	79.97	28	58.13	25	21.84	27
青 海	Qinghai	691.0	11	19.34	30	16.42	30	2.93	31
宁 夏	Ningxia	789.6	29	37.90	29	29.76	29	8.14	29
新 疆	Xinjiang	2606.0	30	196.78	22	175.06	19	21.72	28

注：进出口数据按经营单位所在地分。

Note: The data of import and export are estimated according to the enterprise's location of business activity.

28-4 全国及各省(区、市)主要农产品产量(2015)

The Output of Main Agricultural Products of the Whole Country and All Provinces

单位：万吨 (10000 tons)

地 区	Region	粮食产量 Output of Grain	位次 Order	油料产量 Oil-bearing Crops	位次 Order	肉类产量 Output of Pork, Beef and Mutton	位次 Order	蔬菜产量 Vegetables Products	位次 Order
全 国	**National**	**62143.92**		**3536.98**		**8625.0**		**78526.10**	
北 京	Beijing	62.64	31	0.57	30	36.4	27	205.14	29
天 津	Tianjin	181.75	27	0.42	31	45.8	26	441.54	27
河 北	Hebei	3363.81	8	151.54	8	462.5	5	8243.69	2
山 西	Shanxi	1259.57	18	15.30	25	85.6	24	1302.21	22
内蒙古	Inner Mongolia	2827.01	10	193.58	7	245.7	15	1445.33	20
辽 宁	Liaoning	2002.50	13	46.12	20	429.4	7	2932.84	9
吉 林	Jilin	3647.04	4	76.42	13	261.1	14	859.95	24
黑龙江	Heilongjiang	6323.96	1	18.34	24	228.7	16	957.44	23
上 海	Shanghai	112.08	28	1.18	29	20.3	31	364.47	28
江 苏	Jiangsu	3561.34	5	143.11	9	369.4	12	5595.67	4
浙 江	Zhejiang	752.23	23	31.35	21	131.1	21	1806.94	17
安 徽	Anhui	3538.12	6	227.85	6	419.4	9	2714.17	11
福 建	Fujian	661.10	24	30.67	22	216.6	17	1903.57	13
江 西	Jiangxi	2148.71	12	123.96	10	336.5	13	1359.09	21
山 东	Shandong	4712.70	3	324.10	3	774.0	1	10272.87	1
河 南	Henan	6067.10	2	599.74	1	711.1	2	7456.52	3
湖 北	Hubei	2703.28	11	339.60	2	433.3	6	3851.96	7
湖 南	Hunan	3002.93	9	242.89	5	540.1	4	3996.85	6
广 东	Guangdong	1358.13	17	110.34	11	424.2	8	3438.78	8
广 西	Guangxi	1524.75	15	64.68	16	417.3	10	2786.37	10
海 南	Hainan	183.99	26	11.26	27	78.0	25	572.19	26
重 庆	Chongqing	1154.89	22	59.87	19	213.8	18	1780.47	18
四 川	Sichuan	3442.80	7	307.55	4	706.8	3	4240.79	5
贵 州	**Guizhou**	**1180.00**	**20**	**101.34**	**12**	**201.9**	**19**	**1731.88**	**19**
云 南	Yunnan	1876.36	14	65.92	15	378.3	11	1873.90	14
西 藏	Tibet	100.63	30	6.40	28	28.0	30	69.63	31
陕 西	Shanxi	1226.79	19	62.66	18	116.2	22	1822.53	16
甘 肃	Gansu	1171.13	21	71.57	14	96.3	23	1823.14	15
青 海	Qinghai	102.72	29	30.48	23	34.7	28	166.40	30
宁 夏	Ningxia	372.60	25	15.25	26	29.2	29	575.82	25
新 疆	Xinjiang	1521.26	16	62.88	17	153.2	20	1933.92	12

28-5 全国及各省(区、市)主要工业产品产量(2015)

The Output of Main Industrial Products of the Whole Country and All Provinces

地 区	Region	成品钢材(万吨) Products Steel (10000 tons)	水 泥(万吨) Cement (10000 tons)	农用化肥(万吨) Chemical Fertilizers (10000 tons)	家用电冰箱(万台) Household (10000 sets)	十种有色金属(万吨) Ten Kinds of Nonferrous Metals (10000 tons)	铝(万吨) Electrolyzed Aluminum (10000 tons)	铁合金(万吨) Ferroalloy (ton)
全 国	**National Total**	**112349.6**	**234796.2**	**7627.4**	**8992.8**	**5090.2**	**3141.0**	**3666.4**
北 京	Beijing	175.0	553.5					1.1
天 津	Tianjin	8186.2	777.6	13.1	58.4	4.0		9.7
河 北	Hebei	25244.3	9073.2	215.8		14.6	1.2	21.5
山 西	Shanxi	4267.3	3564.7	465.0		103.6	66.0	177.4
内蒙古	Inner Mongolia	1897.2	5807.1	293.0		340.4	259.6	600.6
辽 宁	Liaoning	6321.6	4543.0	64.7	147.1	91.7	46.5	113.0
吉 林	Jilin	1152.5	3584.9	57.1		0.2		39.2
黑龙江	Heilongjiang	403.8	3021.1	49.2		0.1		11.1
上 海	Shanghai	2202.7	433.6	1.5	148.2	4.6		
江 苏	Jiangsu	13560.8	18013.7	203.8	907.6	39.8		156.4
浙 江	Zhejiang	4047.7	11286.5	35.3	713.7	42.1		23.5
安 徽	Anhui	3334.7	13085.1	309.7	2888.2	139.3		6.1
福 建	Fujian	2820.7	7746.2	52.1		40.9	13.5	35.5
江 西	Jiangxi	2577.6	9438.0	140.8	85.9	167.8		2.1
山 东	Shandong	9003.2	15173.9	617.5	872.1	918.2	806.4	112.0
河 南	Henan	4766.8	16565.6	561.5	253.1	521.3	325.9	149.4
湖 北	Hubei	3421.2	11288.9	1408.1	286.2	96.2	10.4	33.0
湖 南	Hunan	1951.3	11613.6	108.4	8.9	267.5	33.0	226.9
广 东	Guangdong	3271.0	14489.7	71.5	2195.9	36.6		0.2
广 西	Guangxi	3545.4	11059.0	110.5		157.5	57.6	542.4
海 南	Hainan	34.7	2225.2	64.2				
重 庆	Chongqing	1411.4	6798.8	214.9	179.8	65.3	61.2	42.0
四 川	Sichuan	2702.5	14040.6	497.1	73.6	59.3	35.0	211.6
贵 州	**Guizhou**	**463.0**	**9909.5**	**582.5**	**174.1**	**91.4**	**85.5**	**332.6**
云 南	Yunnan	1695.4	9305.3	334.4		332.8	120.0	82.3
西 藏	Tibet	2.5	467.9			0.2		
陕 西	Shanxi	1655.6	8580.1	187.1		200.7	63.9	71.1
甘 肃	Gansu	847.8	4764.3	46.7		381.4	230.4	85.7
青 海	Qinghai	113.6	1744.5	519.9		230.6	218.5	215.3
宁 夏	Ningxia	201.6	1742.5	82.4		140.7	120.0	345.9
新 疆	Xinjiang	1070.5	4098.6	319.6		601.4	586.4	18.8

注：统计口径为年主营业务收入2000万元及以上的工业企业。在纳入规模以上工业统计的主要产品中，本表选取了贵州支柱行业生产的13种主要产品列示。

Note:The Statistical caliber of the table refers to the industry enterprises whose main business revenue are 20 millions yuan and above. Among the main industrial products above designated size, this table choose 13 major industrial products which producted form Guizhou pillar indnstrials.

28-5 续表 continued

地 区	Region	轮胎外胎（万条）Tires (10000 tires)	磷肥（万吨）Phosphate Fertilizer (10000 tons)	磷矿石（万吨）Phosphorite Mineral (10000 tons)	卷 烟（亿支）Cigarettes (100 million pieces)	白 酒（万千升）Distilled Spirit (10000 kiloliter)	中成药（万吨）Traditional Chinese Medicine (10000 tons)
全 国	**National Total**	**92515.5**	**2026.4**	**14203.7**	**25890.7**	**1312.8**	**327.5**
北 京	Beijing	55.3			183.9	27.6	4.6
天 津	Tianjin	7781.4			227.3	2.4	0.9
河 北	Hebei	59.8	3.4	64.8	848.5	24.4	6.8
山 西	Shanxi	155.0	9.3		163.5	8.4	1.6
内蒙古	Inner Mongolia		14.6		355.0	69.0	1.4
辽 宁	Liaoning	2448.2		11.5	290.7	46.4	2.6
吉 林	Jilin	322.6	2.0		584.0	67.7	34.7
黑龙江	Heilongjiang	493.5	0.5		426.0	57.4	2.7
上 海	Shanghai	971.0			991.8		0.7
江 苏	Jiangsu	9508.0	7.8	8.8	1046.1	99.1	2.4
浙 江	Zhejiang	6684.1	0.7		948.3	1.5	3.3
安 徽	Anhui	2829.6	81.4	79.5	1268.9	46.5	5.0
福 建	Fujian	3449.0	22.1	7.3	941.3	5.4	1.6
江 西	Jiangxi	242.3	19.3		678.0	18.2	12.0
山 东	Shandong	41300.3	62.3		1441.5	113.1	18.8
河 南	Henan	2840.8	28.5	87.8	1674.3	110.5	32.6
湖 北	Hubei	1016.4	782.4	5540.2	1389.4	88.0	42.0
湖 南	Hunan	482.7	12.7	19.7	1757.4	23.7	13.2
广 东	Guangdong	4946.7	71.5		1403.0	19.3	24.5
广 西	Guangxi	279.5	51.0		784.1	11.8	30.3
海 南	Hainan				122.5	1.2	0.1
重 庆	Chongqing	2156.3	56.5	34.9	546.5	20.4	10.8
四 川	Sichuan	3449.8	185.0	1280.7	945.8	370.9	53.6
贵 州	**Guizhou**	**484.8**	**348.0**	**4323.1**	**1261.7**	**42.8**	**8.5**
云 南	Yunnan	7.5	218.6	2744.5	3903.6	9.6	5.0
西 藏	Tibet					0.1	0.2
陕 西	Shanxi	211.7	19.1	0.9	910.1	13.6	5.1
甘 肃	Gansu		14.7		515.0	4.3	1.8
青 海	Qinghai					1.8	0.2
宁 夏	Ningxia	192.3	12.7		81.0	0.9	0.1
新 疆	Xinjiang	146.9	2.3		201.5	6.8	0.4